Fischer Kolleg Abiturwissen

Geschichte

Fischer Taschenbuch Verlag

Autoren:
- Dr. Angelika Fox (Kapitel Entstehung des Deutschen Reiches, Das Deutsche Reich, ausgenommen Der erste Weltkrieg)
- Hans K. Hirsch (Kapitel Die Weimarer Republik, Der Nationalsozialismus, Deutsche Nachkriegsgeschichte sowie Der Erste Weltkrieg im Kapitel Das Deutsche Reich)

Konzeption und Redaktion
der Neuausgabe 2002:
Peter Lengle und Michaela Mohr
Fachredaktion: Stephan Kraft
Grafiken: imprint, Zusmarshausen

Aktualisierte und überarbeitete Neuausgabe
Veröffentlicht im Fischer Taschenbuch Verlag,
einem Unternehmen der S. Fischer Verlag GmbH
Frankfurt am Main, November 2004

Satz: imprint, Zusmarshausen
Druck und Bindung: Clausen & Bosse, Leck
Printed in Germany
ISBN 3-596-15606-8
ISBN 3-596-16600-4 (Kassette)

Vorwort zur Neuausgabe 2002

Die vorliegende Ausgabe des Abiturwissens ist der Tradition und den Neuerungen verpflichtet. Ein Wort des Respekts richtet sich an die Erstautoren der Reihe, denen es gelungen ist, in vielen Beiträgen bleibende Bildungsinhalte zu formulieren, die auch Wandlungen der pädagogischen Vorstellungen durch ihre präzise und ansprechende Vermittlung von komplexen Zusammenhängen überdauert haben. Was sich beinahe 30 Jahre bewährt hat, erscheint nun in einem neuen Gewand, das sich an der heute üblichen Aufbereitung von Inhalten orientiert.

Der Wert des Werkes liegt in der Fortführung der bekannten Qualitäten und in einer vorsichtigen Aktualisierung des Lernstoffes, die konsequent weiter geführt wird. Im Mittelpunkt der Reihe steht eine Zusammenschau über das im Abitur vorausgesetzte Wissen, eine Schnittmenge der Lehrpläne der jeweiligen Bundesländer, die in ihrer Differenziertheit schwer zu durchschauen sind. Solides Basiswissen – in den einzelnen Bänden der Reihe vermittelt – ist die Grundlage des in allen Prüfungen geforderten fächerübergreifenden Zusammenhangs, der auch für ein Fachstudium oder für eine qualifizierte Berufsausbildung eine unabdingbare Voraussetzung darstellt.

Da der Schwerpunkt des vorliegendes Bandes auf der Darstellung der deutschen Geschichte im europäischen Zusammenhang liegt, sei an dieser Stelle auf den Band »Sozialkunde« verwiesen: Darin enthalten sind: Deutsche Außen- und Sicherheitspolitik (Bundesrepublik Deutschland, ehemalige DDR und der Prozess der deutschen Einigung; NATO, UN), Kommunismus im Wandel (Sowjetunion bzw. Russland, ehemalige Ostblockstaaten, Volksrepublik China) und Islamischer Fundamentalismus.

Jedes Kapitel wird durch eine knappe Zusammenfassung des folgenden Beitrags eingeleitet. Visualisierung der wichtigsten Sachverhalte in Überblicken und Zusammenfassungen in Form einer Schnellleseebene.

Entstehung des Deutschen Reiches

Das Deutsche Reich

Die Weimarer Republik

Der Nationalsozialismus

Deutsche Nachkriegsgeschichte bis heute

Zeittafeln

Entstehung des Deutschen Reiches

Der Prozess, der letztlich im Jahr 1871 das Deutsche Reich entstehen ließ, begann bereits mit der Entwicklung jenes Gedankenguts, das die Französische Revolution auslösen sollte. Denn im Gefolge der großen europäischen Revolution und durch die Napoleonische Epoche wurden in Deutschland Ereignisse in Gang gesetzt, die nach mehr als einem halben Jahrhundert die Konstitution des Deutschen Reiches unter Reichskanzler Otto von Bismarck stark mit beeinflusst haben.

Von der Französischen Revolution bis zum Rheinbund

1774–1792	Ludwig XVI. König von Frankreich
14. Juli 1789	Sturm auf die Bastille in Paris, Beginn der Französischen Revolution
1790–1792	Leopold II., Kaiser des Heiligen Römischen Reiches Deutscher Nation
27. August 1791	Pillnitzer Konvention: Kaiser Leopold II. und Friedrich Wilhelm II. vereinbaren Intervention in Frankreich
1792–(1804) 1806	Franz II., Kaiser des Heiligen Römischen Reiches Deutscher Nation
1792/93–1797	1. Koalitionskrieg
21. Januar 1793	Hinrichtung König Ludwigs XVI.
27./28. Juli 1794	Sturz und Hinrichtung Maximilien de Robespierres
1795	Baseler Frieden: Ausschaltung Preußens als europäische Großmacht
17. Oktober 1797	Frieden von Campoformio: Ausschaltung Österreichs als europäische Großmacht
1797–1799	Rastatter Kongress
1797–1840	Friedrich Wilhelm III. König von Preußen
ab 1798	Umgestaltung Europas nach französischen Vorstellungen
1798–1801/02	2. Koalitionskrieg
9. November 1799	Staatsstreich Napoleons: Erlass einer Konsulatsverfassung
Dezember 1800	Schlacht bei Hohenlinden
9. Februar 1801	Frieden von Lunéville
25. Februar 1803	Reichsdeputationshauptschluss: Säkularisation und Mediatisierung
(1804) 1806–1835	Franz I. Kaiser von Österreich (bis 1806 als Franz II. Kaiser des Heiligen Römischen Reiches Deutscher Nation)
Dezember 1804	Napoleon wird Kaiser von Frankreich: Einführung des Code civil
1805	3. Koalitionskrieg
21. Oktober 1805	Vernichtung der französischen Flotte bei Trafalgar durch England
Dezember 1805	Dreikaiserschlacht bei Austerlitz; Sieg Napoleons
Dezember 1805	Frieden von Preßburg
12. Juli 1806	Gründung des Rheinbundes unter dem Protektorat Napoleons: 15 deutsche Klein- und Mittelstaaten unterschreiben Rheinbundakte

Von der Französischen Revolution bis zum Wiener Kongress

Politik und Staatsführung des 18. Jahrhunderts waren geprägt vom so genannten Absolutismus. Ab der Mitte des Jahrhunderts wurde der auf den monarchischen Staatsanspruch zugeschnittene Absolutismus vom »aufgeklärten Absolutismus« abgelöst. Der regierende Fürst wurde im ausgehenden 18. Jahrhundert zum ersten Diener des Staates.

Führende Repräsentanten dieser Staatsform waren König Friedrich II., der Große von Preußen und Kaiser Joseph II. von Österreich. Trotz einer Öffnung gegenüber starren Normen in Gesellschaft, Wirtschaft und Politik hielt sich in fast allen europäischen Staaten das ständische System (Adel, Klerus, Bürgertum). Vor allem die beiden ersten Stände, Adel und Klerus, genossen große Privilegien. Eine Ausnahme in der europäischen Staatenwelt bildete nur England. Hier lag ein Großteil der Machtausübung in den Händen des Parlaments.

Auf dem Kontinent war die Wirtschaft in erster Linie von der Landwirtschaft geprägt, in den Städten vom Handwerk. Die unfreien Bauern bewirtschafteten den Boden für ihre Grundherren oder mussten für das Nutzungsrecht Abgaben in Form von Naturalien oder Frondiensten (Arbeitseinsätzen) leisten.

Ab der Mitte des 18. Jahrhunderts vermehrte sich das aus Tagelöhnern, Saisonarbeitern und Nichtsesshaften zusammengesetzte Landproletariat und machte schließlich um das Jahr 1800 in manchen Gegenden bis zu 60 Prozent der ländlichen Bevölkerung aus. Auf diese Art und Weise staute sich ein gewaltiges Konfliktpotenzial an, das sich nicht erst in den Bauernaufständen von 1789 entlud. Bereits in der Mitte des 18. Jahrhunderts kam es in ganz Europa immer wieder zu Unruhen und kleineren Aufständen.

Das städtische Bürgertum lebte vor allem von Handel und Gewerbe. Einige Bürger kamen durch ihren wirtschaftlichen Erfolg und ihre Bildung zu Wohlstand und Selbstbewusstsein. Sie waren besonders aufgeschlossen für die neuen Ideen der Aufklärung und formulierten Forderungen nach rechtlicher und wirtschaftlicher Gleich stellung.

Europa und die Französische Revolution

Die Französische Revolution verhalf den Ideen der Aufklärung zum Durchbruch und verbreitete eine nationale Begeisterung, die dem Volk Kraft und Einheit verlieh, und an dessen Ende Forderungen nach der Vergrößerung des eigenen Staatsgebiets und Erweiterungen des Einflusses auf die europäische Ordnung standen. An die Stelle der monarchisch-absolutistischen Staatsordnung trat die Volkssouveränität, anstatt einer ständischen Gesellschaft mit seiner ungerechten Verteilung von Rechten und Besitz verschaffte sich der Gleichheits- und Freiheitsgedanke Gehör.

Die Französische Revolution, die am 14. Juli 1789 mit der Erstürmung der Bastille, dem alten Stadtgefängnis in Paris, ihren Anfang nahm, schlug bald in eine Gewaltherrschaft um, die sich nur noch durch Siege legitimierte. Die sich selbst einberufende Pariser Nationalversammlung beseitigte alte Rechte und Privilegien und verkündete 1791 eine neue Verfassung, die eine konstitutionelle Monarchie vorsah. Um von der labilen innenpolitischen Situation abzulenken, erklärte man im April 1792 Österreich den Krieg.

Die radikalen Republikaner (Jakobiner) unter Maximilien de Robespierre (→ »Biografien«) lehnten diesen Krieg ab. Sie ließen König Ludwig XVI. (→ »Biografien«) gefangen nehmen und hinrichten. Ein Jahr später proklamierten sie die Französische Republik mit einer neuen Verfassung. Die jetzt folgende Schreckensherrschaft dauerte mehr als ein Jahr, bevor die Gemäßigten wieder die Oberhand gewannen, eine neue Verfassung verkündeten, sich aber gleichzeitig in Abhängigkeit von Napoleon Bonaparte begaben.

Biografien

Ludwig XVI., König von Frankreich (1754 – 1793)

Der letzte Vertreter des Absolutismus in Frankreich scheiterte trotz umfassender Reformen an der Finanznot des Staates; er lehnte die nach der Revolution vorgesehene konstitutionelle Monarchie ab und wurde zum Tod verurteilt

1770	Heirat mit Marie-Antoinette von Österreich
1774 - 1792	König von Frankreich
1789	Ausbruch der Französischen Revolution
1791	gescheiterter Fluchtversuch nach Varennes
1792	Krieg gegen Österreich und Preußen
1792	Absetzung und Inhaftierung
1793	Tod durch die Guillotine

Maximilien de Robespierre, Rechtsanwalt und Revolutionär (1758 – 1794)

Einer der wichtigsten Anführer der Französischen Revolution;
nahm durch seine Schreckensherrschaft (»Terreur«) eine fast unumschränkte Machtstellung ein, die zu seinem Sturz führte.

1789	Mitglied der Generalstände und der konstituierenden Nationalversammlung; Mitglied der radikalen Jakobiner
3. September 1791	neue Verfassung: konstituionelle Monarchie
ab 10. August 1792	Mitglied des faktisch regierenden Wohlfahrtsausschusses
1793/94	Schreckensherrschaft; betrieb die Verurteilung König Ludwigs XVI. und seines Gegenspielers Georges Danton zum Tode
5. April 1794	Hinrichtung von Danton
28. Juli 1794	Tod durch die Guillotine

Napoleon Bonaparte, als Napoleon I. Kaiser der Franzosen (1769–1821)

Von grenzenlosem Herrscherwillen geprägt, stieg Napoleon während der Französischen Revolution zum General auf; 1799 Erster Konsul; 1804 Kaiser der Franzosen; etablierte eine Militärdiktatur mit demokratischen Formen

1796/1797	erfolgreicher Feldzug gegen Österreich in Oberitalien
9./10. November 1799	Sturz des Direktoriums
13. Dezember 1799	Konsularverfassung; Erster Konsul
1802	Konsul auf Lebenszeit
2. Dezember 1804	Krönung zum erblichen Kaiser
1804	Erlass des Code civil (Grundlage des bürgerlichen Rechts)
26. Mai 1805	König von Italien
1805–1806	Sieg gegen Österreich und Preußen
12. Juli 1806	Gründung des Rheinbundes
1809	erneuter Sieg über Österreich
2. April 1810	Heirat mit der österreichischen Kaisertochter Marie Louise (1809 Scheidung von Joséphine)
1812/13	Niederlage im Feldzug gegen Russland
1813/14	Befreiungskriege gegen Napoleon
6. April 1814	Abdankung und Verbannung nach Elba
1. März 1815	Rückkehr nach Frankreich; Herrschaft der Hundert Tage
18. Juni 1815	Niederlage in der Schlacht bei Waterloo; Verbannung auf Lebenszeit auf Insel St. Helena
1821	Tod Napoleons (1840 im Invalidendom in Paris beigesetzt)

Europa unter dem Einfluss Napoleons

Napoleon Bonaparte (→ »Biografien«) war als Offizier im revolutionären Frankreich schnell zum General aufgestiegen. 1799 stürzte er die französische Regierung, erklärte die Revolution für beendet, machte sich selbst zum Ersten Konsul und erließ noch im gleichen Jahr eine neue Verfassung. Diese wahrte zwar nach außen hin die Gewaltenteilung, begründete tatsächlich aber eine zentralistische Ordnung, in deren Mittelpunkt Napoleon als Erster Konsul stand.

Die Exekutive lag vollständig in seinen Händen, für die Legislative war zwar noch eine Volksvertretung zuständig, die aber lediglich über die von Napoleon ausgeübte Gesetzesinitiative und Formulierung der Gesetze abstimmte. Gleichzeitig sicherte er sich erheblichen Einfluss auf die Auswahl der Parlamentarier. Schließlich behielt sich der selbst ernannte Konsul die Ernennung der Richter vor, das heißt, auch für die Judikative war er de facto zuständig. Napoleon griff dennoch zum Mittel der Volksabstimmung (Plebiszit), um sich wenigstens scheinbar demokratisch legitimieren zu lassen: 1802 ließ er sich das Konsulat auf Lebenszeit und 1804 das Kaisertum vom Volk bestätigen.

Die innere Neugestaltung Frankreichs

Die in der Napoleonischen Verfassung festgelegte zentralistische Verwaltung basierte auf einem ausgebildeten, staatlich besoldeten und obrigkeitsgebundenen Beamtenapparat. Die Anordnungen der von Napoleon kontrollierten Zentralbehörde in Paris wurden über den Präfekten in die Departements, über die Unterpräfekten in die Arrondissements, über die Maires in die Gemeinden und weiteren Behörden weitergegeben. Im Jahre 1804 trat der Code civil/Code Napoléon in Kraft. Er regelte als Bürgerliches Gesetzbuch alle gesellschaftlichen Angelegenheiten und basierte auf den Grundrechten Religionsfreiheit, Gleichheit aller vor dem Gesetz, persönliche Freiheit und Recht auf Privateigentum. Die in der Revolution aufgehobenen Standesprivilegien blieben damit weiterhin beseitigt. Ein allgemeines System direkter und indirekter Steuern brachte den Bürgern eine gerechte Belastung und dem Staat eine sichere Finanzgrundlage. Die Französische Revolution mündete somit 1804 in ein straff gegliedertes Kaiserreich, das sich vom Ancien Régime in einigen Punkten grundlegend unterschied: Es handelte sich um eine Gesellschaft ohne ständische Privilegien und feudale Bindungen, in der Gleichheit als Rechtsgleichheit aller Bürger unter dem Kaiser galt. Ein neuer Nationalismus als verbindende Kraft – eine Folge der Revolution – wurde außenpolitisch zur Grundlage der militärischen Erfolge Napoleons in den nächsten Jahren.

Der Aufstieg Frankreichs zur europäischen Großmacht

Napoleon begnügte sich nicht mit der uneingeschränkten Macht im eigenen Land. Er sah sich als legitimer Erbe der Revolution, der das französische Staatsgebiet bis zum Rhein als natürliche Ostgrenze der Nation erweitern wollte. Die ersten Schritte zur Machtausdehnung auf deutsches Reichsgebiet waren schon während der Revolution im Jahre 1792 gemacht worden. Die beiden ersten Koalitionskriege endeten jeweils mit einem Sieg Frankreichs, das seinen politischen Einfluss im Osten zum Teil bis an den Rhein, im Süden auf Piemont und Parma ausdehnen konnte. Napoleon errichtete in Holland, der Schweiz und Mailand so genannte »Tochterrepubliken«.

Das Staatensystem Europas um 1800

Das europäische Staatensystem dominierten um 1800 fünf Großmächte: England, Frankreich, Russland, Österreich und Preußen, eifrigst darauf bedacht, das Mächtegleichgewicht zu halten. Kleinere, schwächere Fürsten unterlagen der steten Gefahr, durch Kriege oder auch nach Absprachen der Großen Land und Einfluss einzubüßen. So verschwand Polen nach den drei Teilungen, die sich nach Absprachen zwischen Russland, Preußen und Österreich ergeben hatten, von der europäischen Landkarte.

Das Deutsche Reich bestand aus einer Vielzahl politischer Gebilde. An der Spitze des lockeren Staatenverbandes unterschiedlicher Machtgebilde stand der Kaiser. Dieser war bei Entscheidungen von den drei Reichsständen (Adel, Klerus, Bürgertum) abhängig. Der seit 1663 als »Immerwährender Reichstag« in Regensburg tagende Gesandtenkongress hatte Mitspracherecht über Krieg und Frieden, Militärfragen, Gesetzgebung und zudem Steuererhebungen.

Alle Landesherren versuchten selbstverständlich ihre Interessen zu wahren und ihren Besitzstand sowie Machteinfluss auf Kosten anderer zu erweitern, die Loslösung vom Reich (Souveränität) und damit vom Kaiser war ihnen aufgrund der Reichsverfassung von 1648 verwehrt. So fand der Kaiser nur Unterstützung bei den Adligen und Städten, die direkt dem Kaiser unterstanden, das heißt reichsunmittelbar waren. Ihnen lag an einem starken Reichsoberhaupt, um nicht von anderen Fürsten einverleibt zu werden. Das alte Reich war an der Wende zum 19. Jahrhundert ein schwerfälliges Gebilde mit geringer Autorität ihrer Führung geworden, schwerfällig im politischen Handeln und in der Umsetzung notwendiger Reformen, aber dennoch eine Rechtsgemeinschaft, die über Jahrhunderte funktioniert hatte.

In den Friedensschlüssen von Basel (1795), Campoformio (1798) und Lunéville (1802) mussten Preußen und Österreich auf ihre linksrheinischen Reichsteile zugunsten Frankreichs verzichten. Die betroffenen weltlichen Fürsten des Deutschen Reiches sollten mit rechtsrheinischen Gebieten entschädigt werden. Die dazu notwendige Säkularisation und Mediatisierung stellten einen grundlegenden Verstoß gegen die Reichsverfassung dar. Eine Reichsdeputation – ein eigens eingesetz-

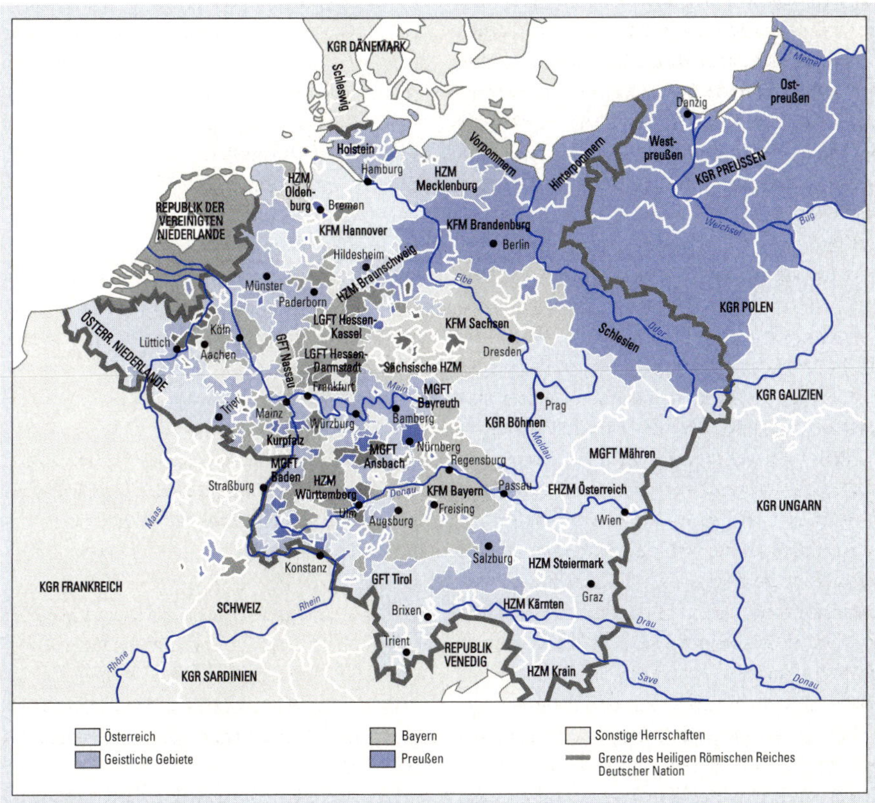

Mitteleuropa um 1770

Von der Herrschaft Napoleons bis zum Wiener Kongress

6. August 1806	Ende des Heiligen Römischen Reiches Deutscher Nation
August 1806	Doppelschlacht bei Jena und Auerstedt
November 1806	Verhängung der Kontinentalsperre gegen England (bis 1813)
April 1807	4. Koalitionskrieg
Juli 1807	Frieden von Tilsit zwischen Napoleon und Zar Alexander I.
April 1809	5. Koalitionskrieg: Erhebung Österreichs gegen Napoleon
Oktober 1809	Frieden von Schönbrunn
1809	Napoleons Herrschaft in Mitteleuropa auf dem Höhepunkt
1812	Russlandfeldzug Napoleons und Vernichtung der »Großen Armee«
30. Dezember 1812	Konvention von Tauroggen
16. März 1813	Preußen erklärt Frankreich den Krieg: Beginn der so genannten Befreiungskriege gegen die Napoleonische Herrschaft
August 1813	Reichenbacher Konvention: Österreich tritt der Koalition gegen Napoleon (Russland, Preußen, Schweden, England) bei
16./19. Oktober 1813	Völkerschlacht von Leipzig
1. März 1814	Vertrag von Chaumont: Bündnis gegen Frankreich
20./21. März 1814	Schlacht bei Arcis-sur-Aube
11. April 1814	Abdankung Napoleons und Verbannung auf die Insel Elba
1814/15–1824	Ludwig XVIII. König von Frankreich
30. Mai 1814	1. Frieden von Paris
1814/15	Wiener Kongress
3. Januar 1815	Geheimbündnis: England, Österreich und Frankreich gegen Preußen und Russland
März 1815	Rückkehr Napoleons und »Herrschaft der 100 Tage«
8. Juni 1815	Wiener Bundesakte
18. Juni 1815	Schlacht bei Waterloo
22. Juni 1815	endgültige Abdankung Napoleons und Verbannung auf St. Helena
26. September 1815	»Heilige Allianz« zwischen Russland, Preußen, Österreich
20. November 1815	2. Frieden von Paris: Beginn des Zeitalters der Restauration

ter Ausschuss des Reichstages – erarbeitete dennoch die Einzelheiten der Entschädigung auf der Grundlage eines napoleonisch-russischen Plans. Die Reichsdeputation legte 1803 ihre Ergebnisse in Form des Reichsdeputationshauptschlusses vor und machte damit den ersten Schritt auf dem Weg zur Auflösung des Heiligen Römischen Reiches Deutscher Nation.

Der Reichsdeputationshauptschluss

Der Reichsdeputationshauptschluss sah eine Neuordnung des gesamten Reichsgebiets vor. Die Zahl der kleineren reichsunmittelbaren Territorien wurde zugunsten von Preußen und den süddeutschen Mittelstaaten stark reduziert und die Aufhebung der Hoheits- und Eigentumsrechte der meisten geistlichen (Säkularisation) und auch weltlichen (Mediatisierung) Fürstentümer vorgeschlagen. Sie verloren dadurch ihre Reichsunmittelbarkeit und gingen in den Territorien der entschädigungsberechtigten Landesherren auf.

Der Säkularisation fielen Hochstifte, Fürstbistümer und Reichsabteien, das Vermögen vieler Klöster zum Opfer, sie gingen ebenfalls in die Obhut des Staates über: Insgesamt wurden 25 Hochstifte, darunter auch die Kurfürstentümer Köln und Trier, und 44 Reichsabteien enteignet. Ausgenommen blieben neben dem mächtigen Mainzer Kurfürsten und Reichskanzler als Person zunächst (bis 1809) nur die Ritterorden. Mediatisiert wurden fast alle Reichsstädte, Reichsdörfer, Reichsritterschaften und viele Reichsfürstentümer.

Die größten Gewinne machten Württemberg, Baden, Bayern und Preußen. Ganz besonders das Königtum Preußen festigte durch die erheblichen Territorialgewinne seine Macht im Nordwesten Deutschlands. Die drei süddeutschen Staaten konnten ihre Länder ebenfalls beträchtlich vergrößern und wuchsen zu ansehnlichen Mittelstaaten heran. Sie bildeten fortan in Deutschland eine dritte Gewalt neben Preußen und Österreich, ohne allerdings für Frankreich ein Gefahrenpotenzial darzustellen. Baden erhielt die rechtsrheinische Pfalz (vorher bayerisch), Württemberg den Hauptteil des einstigen schwäbischen Reichskreises und Bayern Franken sowie Schwaben.

Die Auflösung des Heiligen Römischen Reiches

Im Jahre 1803 holte Napoleon zum entscheidenden Schlag gegen England aus. Nach der Besetzung Hannovers, das in Personalunion mit dem englischen Königshaus verbunden war, traten Russland, Schweden und schließlich auch Österreich auf die Seite des englischen Königs. Die drei süddeutschen Staaten sowie Spanien unterstützten dagegen den französischen Kaiser. England sicherte sich im dritten Koalitionskrieg mit einem einzigen Sieg die Seeherrschaft in Europa für das gesamte 19. Jahrhundert: Admiral Nelson vernichtete 1805 bei Trafalgar die Flotte Napoleons und verhinderte so die Invasion auf der Insel. Der Kampf auf dem Festland endete dagegen mit dem Sieg des französischen Kaisers: Die vereinigten Armeen von Österreich und Russland wurden in der »Dreikaiserschlacht« von Austerlitz (1805) vernichtend geschlagen. Preußen hatte sich neutral verhalten. Im Anschluss daran liquidierte Napoleon endgültig das angeschlagene Alte Reich. Er schloss mit den Monarchen von Bayern, Württemberg und Baden Verträge, die ihnen Souveränität zusicherten, Rangerhöhungen in Aussicht stellten und Säkularisation sowie Mediatisierung in ihren eigenen Territorien ermöglichten. Preußen schlug sich jetzt auf die Seite Frankreichs. Damit war Österreich isoliert und musste im Frieden von Pressburg im Jahr 1805 demütigende Auflagen akzeptieren: Die Donaumonarchie verlor mit Tirol und Gebieten in Italien ein Achtel seines Territoriums und bestätigte die Souveränität der drei süddeutschen Staaten. Damit führte Napoleon das Alte Reich unter Führung des österreichischen Kaisers ad absurdum.

Der Rheinbund unter dem Protektorat Frankreichs

Zum Jahreswechsel 1805/1806 stiegen Bayern und Württemberg zu Königreichen, Baden zum Großherzogtum auf. Napoleon schuf nun ein »Drittes Deutschland«, das ein Gegengewicht gegen Österreich und Preußen bildete. Grundlage dafür war der Rheinbund – ein unter dem Protektorat Frankreichs stehendes Bündnis deutscher Klein- und

Mittelstaaten. Im Sommer 1805 verließen 15 süd- und südwestdeutsche Territorien das Heilige Römische Reich Deutscher Nation, erklärten ihre Souveränität und unterschrieben die von Napoleon Bonaparte vorgelegte Rheinbundakte, darunter die Fürsten von Bayern und Württemberg, der Großherzog von Baden und der Mainzer Kurfürst Karl Theodor von Dalberg. Bis zum November 1807 traten weitere 23 Staaten dem Rheinbund bei, darunter Sachsen und das von Napoleon gegründete Königreich Westfalen.

Alle Mitgliedsländer verpflichteten sich, dem französischen Kaiser bei Kriegen auf dem Festland ihre Armee zur Verfügung zu stellen und gleichzeitig die Kosten für Truppeneinquartierungen und Kontributionen zu tragen (Offensiv- und Defensivallianz; → Karte »Deutschland und der Rheinbund 1812«).

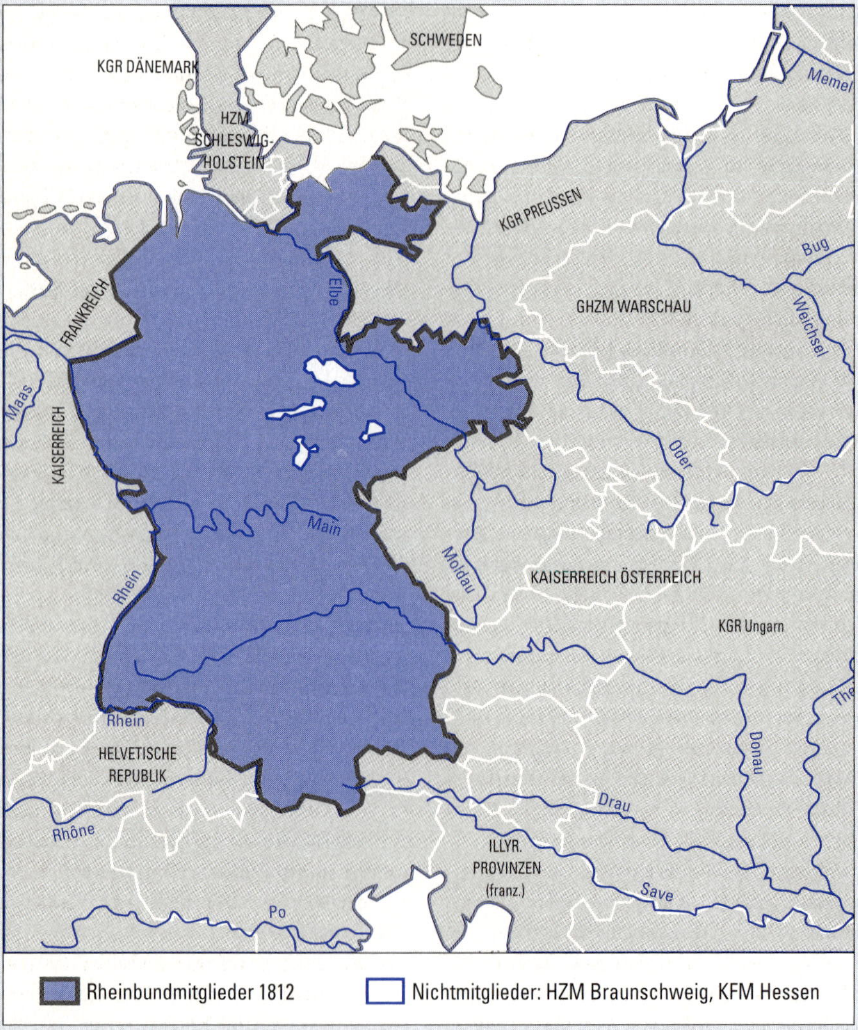

Deutschland und der Rheinbund 1812

Das Ende des Alten Reiches

Der Rheinbund bedeutete definitiv das Ende des Alten Reiches. Napoleon forderte außerdem Kaiser Franz II. (→ »Biografien«) ultimativ zur Niederlegung der Reichskrone auf. Dieser fügte sich am 6. August 1806, erklärte sein Kaisertum für erloschen und entband die Reichsstände von ihren Rechten und Pflichten. Fortan nannte er sich nur noch Kaiser Franz I. von Österreich. Im Sommer 1806 hatte das Heilige Römische Reich Deutscher Nation aufgehört zu existieren.

Im Jahre 1806 musste sich auch Preußen den Expansionsplänen Napoleons fügen. Ein Jahr zuvor hatte König Friedrich Wilhelm III. (→ »Biografien«) im Dritten Koalitionskrieg noch seine Neutralität gewahrt, jetzt wagte Preußen mit dem russischen Zaren als dem einzigen Verbündeten den Krieg gegen Frankreich. Er endete in einer vernichtenden Niederlage.

Der französische Kaiser zog in Berlin ein und verkündete dort Ende 1806 die Kontinentalsperre gegen England. Damit wurde dem gesamten Herrschaftsbereich Napoleons der Handel mit England untersagt, um die Seemacht wirtschaftlich in die Knie zu zwingen – militärisch war dies seit Trafalgar (1805) nicht mehr möglich. Die Kontinentalsperre ruinierte mit der totalen Abschnürung die festländischen Häfen und fügte den auf Export angewiesenen Wirtschaftszweigen schweren Schaden zu. Obwohl 1807 auch der preußische König Friedrich Wilhelm III. und der russische Zar Alexander I. (→ »Biografien«) die Kontinentalsperre akzeptieren mussten, hatte sie dennoch nicht den gewünschten Erfolg. Vielmehr führten die sich verschlechternden Lebensbedingungen in den Rheinbundstaaten zu einer antifranzösischen Stimmung und leiteten letztendlich den Niedergang der Napoleonischen Herrschaft ein.

Im Juli 1807 schlossen Zar Alexander I. und Napoleon den Frieden von Tilsit, dem ein Friedensvertrag zwischen Preußen und Frankreich folgte. Preußen blieb nur auf Intervention des Zaren als selbstständiger Staat erhalten, verlor aber neben den Provinzen Brandenburg, Pommern, Preußen und Schlesien vor allem seinen Status als europäische Macht. Die im Osten abgetrennten Gebiete wurden zum Großherzogtum Warschau zusammengefasst und in Personalunion mit dem Königreich Sachsen verbunden. Das Haus Wettin profitierte vom Beitritt zum Rheinbund, machte allerdings Jahre später den großen Fehler, sich nicht rechtzeitig von Napoleon zu distanzieren. Die einstmals westlich der Elbe gelegenen Provinzen Preußens baute Napoleon in seinen Einflussbereich ein.

Aus dem englischen Hannover, Braunschweig und Kurhessen schuf er das Königreich Westfalen, das er seinem Bruder Jérôme unterstellte und dem Rheinbund eingliederte. Westfalen musste 1810/11 das Küstengebiet an der Nordsee zusammen mit einem Landstreifen bis Lübeck an Frankreich abtreten. Die preußischen Besitzungen westlich der Elbe kamen an das im Jahr 1806 geschaffene Großherzogtum Berg, das Napoleon seinem Schwager Murat unterstellte.

Innenpolitischer Umbau deutscher Gebiete nach französischem Vorbild

Die Mitgliedstaaten des deutschen Rheinbundes drängten – wenn auch mit unterschiedlicher Intensität – auf innenpolitische Reformen: Nach dem Vorbild Frankreichs sollten ständische und feudale Sonderrechte zurückgedrängt sowie Reformen in Verwaltung, Wirtschaft und Politik eingeleitet werden. Eine »Revolution von oben« führte zu einer gewissen Modernisierung der deutschen Länder.

Einführung des französischen Verwaltungssystems

Die innere Neugestaltung der deutschen Staaten sollte gleichzeitig den Machtbereich Napoleons festigen. In den linksrheinischen Staaten gelang es Napoleon noch als französischer Konsul 1798, das französische Verwaltungssystem einzuführen. Dadurch entstanden aus den kleinflächigen Staatsgebilden großräumige und abgerundete Departements mit Unterbezirken und Behörden, denen Berufsbeamte vorstanden.

Auch der Code civil wurde teilweise übernommen und damit ständische Unterschiede weitgehend beseitigt. Die Bauern wurden aus ihrer grundherrlichen Abhängigkeit entlassen und konnten nun Grund und Boden als freie Menschen erwerben und bewirtschaften. Jedem stand aufgrund von bürgerlicher Freiheit und Gleichheit die Möglichkeit offen, in den Staatsdienst einzutreten und in höchste Stellen aufzusteigen. Ein einheitliches Steuersystem verhinderte die ungerechte Belastung des Einzelnen. Neben den neuen Rechten hatten die Bürger aber auch Pflichten zu übernehmen. Eingeführt wurde die allgemeine Wehrpflicht, die Napoleon in den folgenden Jahren ständig in Anspruch nahm.

Die Rheinbundstaaten und die Reformen

Das Freiheitsprinzip galt zukünftig auch für die Wirtschaftsordnung. Zollschranken fielen und die Gewerbefreiheit löste die alten Zunftbeschränkungen ab. Staatliche Vergünstigungen förderten die Anfänge der Industrialisierung. Die napoleonischen Veränderungen kamen vor allem dem gebildeten, aufstrebenden und unternehmungsfreudigen Bürgertum zugute, das sich zu einer tragenden Gesellschaftsschicht entwickelte.

Napoleon empfahl allen Rheinbundstaaten nachdrücklich die Angleichung an das französische Verwaltungs- und Wirtschaftssystem, die allerdings erst nach 1805 und dann auch nur in Teilen gelang. Im Prinzip lassen sich fünf Ländergruppen (mit Ausnahme von Österreich und Schleswig-Holstein als Sonderfälle) unterscheiden:

Nach einer Phase so genannter »Vorreformen« erfolgte in Preußen 1807/08 ein erster Reformanlauf (Heinrich Friedrich Karl Reichsfreiherr vom und zum Stein), der seit 1810 in modifizierter Form fortgesetzt wurde (Karl August Fürst von Hardenberg).

In den meisten nord- und mitteldeutschen Staaten wurden keine Reformen durchgeführt, so auch in Sachsen und in beiden Mecklenburger Ländern. Hier hielt sich weitgehend der Absolutismus alter Prägung und damit auch die alte Ständeordnung. Bayern, Baden, Württemberg, in Teilen auch Hessen-Darmstadt und Nassau waren die eigentlichen Reformstaaten im Rheinbund. Sie griffen Anregungen der französischen Staats- und Verwaltungsordnung auf.

Das neue Königreich Westfalen – bis zu einem gewissen Grad auch das Großherzogtum Berg – wurde zu einem napoleonischen Musterstaat. Der Bruder Napoleons, Jérôme, führte die erste geschriebene Verfassung auf deutschem Boden ein. Er übernahm dazu den Code civil, weitere Rechtsbücher Frankreichs ohne Einschränkungen sowie die französischen Verwaltungsinstanzen und auch Finanzinstitutionen.

Innen- und außenpolitische Motive der Reformen

Die Regierungen der einzelnen Staaten führten sowohl aus innenpolitischen Gründen als auch aufgrund ihrer außenpolitischen Lage Reformen durch.

Innenpolitische Motive:

- Integration neu erworbener Gebiete
- Durchsetzung aufklärerischer Ideen
- Beseitigung der alten Ständeverfassung – Durchsetzung der Staatssouveränität
- Versuch der Lösung finanzieller Schwierigkeiten durch den Abbau von Privilegien
- Bildung, politische Erziehung und Mobilisierung der »Staatsnation«

Außenpolitische Motive:

- Napoleonischer Druck
- Distanz bzw. Revanche gegenüber Frankreich

Preußische Reformen / Stein-Hardenberg'sche Reformen

Das verstümmelte Preußen konzentrierte sich nach dem Frieden von Tilsit auf seinen inneren Umbau, der jedoch nicht vom Bürgertum, sondern von Staatsbeamten und Offizieren getragen wurde. Zunehmend sah man in Reformen die Vorbedingung für einen Wiederaufstieg und die Befreiung von der französischen Fremdherrschaft. Die wichtigsten Kräfte dieser auch national begründeten Bewegung in Preußen waren der auf Betreiben Napoleons berufene leitende Minister Heinrich Friedrich Karl Reichsfreiherr vom und zum Stein (→ »Biografien«) und dessen Nachfolger Karl August Fürst von Hardenberg (→ »Biografien«).

Schon die Nassauer Denkschrift (1807) von Stein stellte den ersten Schritt auf dem Weg zu einer konstitutionellen Monarchie dar. Ihr folgten bis 1814 Neuregelungen in fast allen politischen, wirtschaftlichen und gesellschaftlichen Bereichen des Landes.

Biografien

Friedrich Wilhelm III., König von Preußen (1770–1840)

Niederlage gegen Napoleon 1806; war zunächst Reformen gegenüber aufgeschlossen, entwickelte sich aber nach dem Wiener Kongress zu einem Vertreter der Restauration.

1797–1840	König von Preußen
1806	Niederlage gegen Napoleon in der Doppelschlacht von Jena und Auerstedt
1812/1813	antifranzösische Koalition (Preußen, Österreich, Russland); Verzicht auf Fortführung der Reformen von Stein und Hardenberg

Heinrich Friedrich Karl Reichsfreiherr vom und zum Stein (1757–1831)

Seine in der »Nassauer Denkschrift« von 1806 formulierten Reformideen konnte er als Minister nur teilweise realisieren; setzte sich für eine Neuordnung des preußischen Staatswesens ein, hob vor allem die ständischen Schranken auf.

1773–1840	Studium der Rechtswissenschaften
1804–1807	preußischer Finanz- und Wirtschaftsminister, Entlassung wegen Kritik am Kabinettssystem
1807	nach dem Tilsiter Frieden erneut Staatsminister (u. a. Aufhebung der bäuerlichen Erbuntertänigkeit, kommunale Selbstverwaltung)
24. November 1808	Entlassung auf eigenen Wunsch, anschließend Flucht und ab 1812 Berater des russischen Zaren

Karl August Freiherr Fürst von Hardenberg (1750–1822)

Setzte die von seinem Vorgänger vom und zum Stein begonnenen Reformen fort und war über ein Jahrzehnt der entscheidende Ideengeber der preußischen Politik; etablierte vor allem Rechtsgleichheit und Wirtschaftsfreiheit

1790	Minister des Markgrafen von Ansbach-Bayreuth
1791–1798	Minister für die Eingliederung von Ansbach-Bayreuth in Preußen
1804–1806	preußischer Außenminister (Entlassung auf Druck Napoleons)
1807	vorübergehende Wiedereinstellung
1810–1822	Staatskanzler (Finanzen, Inneres und Äußeres)
1814/1815	Vertreter Preußens auf dem Wiener Kongress (sicherte Stellung als Großmacht)

Das wichtigste Merkmal der Reformen in Preußen war das uneinige Auftreten der beiden führenden Köpfe Stein und Hardenberg: Sie waren von der Konzeption einer demokratischen Gesellschaft weit entfernt, setzten aber durch ihre Maßnahmen trotzdem entscheidende Meilensteine auf dem Weg in die bürgerliche Gesellschaft.

- Edikt zur Bauernbefreiung und Beseitigung ständischer Beschränkungen (betraf den erleichterten Besitz und freien Gebrauch des Grundeigentums sowie die persönlichen Verhältnisse der Landbewohner, 9. Oktober 1807)
- Städteordnung (19. Oktober 1808): Beschränkung der Selbstverwaltung auf die Besitzbürger; überarbeitet in der »Revidierten Städteordnung« von 1831
- Verwaltungsreformen (ab November 1808): Schaffung von Ressortministern in den fünf »klassischen« Ministerien (Departements) für Inneres, Finanzen, Krieg, Justiz und Äußeres; Trennung von Justiz und Verwaltung; Einteilung in zehn Provinzen, an deren Spitze ein »Oberpräsident« steht, mit Regierungsbezirken als Mittelbehörden und Kreisen als Unterbehörden
- Aufhebung der Zünfte (1810)
- Einführung einer begrenzten Gewerbefreiheit (Edikt über die Einführung einer allgemeinen Gewerbesteuer, 2. November 1810)
- Judenemanzipation (Edikt betreffend die bürgerlichen Verhältnisse der Juden in dem Preußischen Staate, 11. März 1812)
- Heeresreformen: Gerhard Johann David von Scharnhorst (1755–1813, preußischer General und ab 1808 Direktor des neu geschaffenen Allgemeinen Kriegsdepartements), August Graf Neidhardt von Gneisenau (1760–1831, preußischer Generalfeldmarschall) und Carl von Clausewitz (1780–1831) strebten die Modernisierung der Armee zu einem patriotischen Volksheer an.
- Reform des Bildungswesens: Wilhelm von Humboldt (1767–1835): Gründung der Berliner Universität 1810, Staatliche Gymnasialordnung 1812, Reform der Volksschule im Sinne des Schweizer Pädagogen Johann Heinrich Pestalozzi (1746–1827).

Neuordnung Europas nach 1815: der Wiener Kongress

Im Jahre 1810 war Napoleon auf dem Höhepunkt seiner Macht angelangt. Bis auf Russland, das allerdings die Kontinentalsperre gegen England anerkannte, und Teile des Osmanischen Reiches standen alle Staaten des Festlands unter dem Einfluss des französischen Kaisers.

Mittlerweile regte sich jedoch massiver Widerstand gegen die Fremdherrschaft, der von einem neuen Nationalbewusstsein begleitet wurde. Sowohl Preußen als auch Österreich bauten seit 1807 ein Volksheer auf, und Spanien (1808) sowie Tirol (1809/10) erhoben sich gegen die französische Besatzung.

Das Ende der Herrschaft Napoleons in Europa

Das Ende Napoleons leitete der im Juni 1812 begonnene Feldzug gegen den russischen Zaren ein, der mit einer totalen Niederlage der »Großen Armee« endete und deren kläglicher Rest auf dem Rückmarsch im Winter 1812/13 durch Hunger, Kälte und überfallartige russische Angriffe aufgerieben wurde. Daraufhin verbündeten sich noch 1813 Russland, Preußen, Schweden, England und Österreich gegen Frankreich. Dieser Koalition schlossen sich die meisten Rheinbundstaaten an. Nach den siegreichen Schlachten bei Leipzig und Arcis-sur-Aube zwangen die Verbündeten Napoleon zur Abdankung. Die so genannten Freiheitskriege gewannen in den folgenden Jahren den Charakter eines national motivierten Kampfes für die Selbstbestimmung aller Deutschen.

Nach der Verbannung von Kaiser Napoleon nach Elba stand man vor der Aufgabe, das Staatsgefüge Europas neu zu ordnen. Da Deutschland an der Schnittstelle der Mächte lag, wurde auch eine generelle Neuordnung der deutschen Staaten notwendig. Napoleon konnte zwar im Jahre 1815 für kurze Zeit den Bourbonen-König Ludwig XVIII. vom französischen Thron stürzen und die Macht in Frankreich an sich reißen, die »Herrschaft der 100 Tage« hatte jedoch keinen Bestand. Die Niederlage bei Waterloo im Juni 1815 beendete endgültig die

Napoleonische Epoche eines militärisch geeinten Europa.

Bereits nach der ersten Abdankung Napoleons im Oktober 1814 war ein Kongress aller europäischen Staaten nach Wien einberufen worden, um die Machtverhältnisse als Grundlage für einen dauerhaften Frieden zu ordnen. Durch die vorübergehende Rückkehr Napoleons 1815 an die Schaltstellen der Macht wurden die Beratungen in Wien lediglich unterbrochen.

Am Wiener Kongress nahmen Vertreter von rund 200 Staaten, Städten und Körperschaften teil. Preußen wurde von Staatskanzler Karl August Fürst von Hardenberg vertreten, England und das britische Empire von Außenminister Henry Lord Castlereagh (→ »Biografien«) und Frankreich von Charles Maurice de Talleyrand (→ »Biografien«).

Den größten Einfluss gewann jedoch der Österreicher Klemens Fürst von Metternich (→ »Biografien«). Er erreichte auf dem Wiener Kongress ein Gleichgewicht der Mächte, das auch als »Metternich'sches System« bezeichnet wird und das die Grundlage für eine lange Friedensperiode zwischen 1815 und 1866 bildete. Während der Verhandlungen wurde deutlich, dass der Dualismus zwischen dem multinationalen Österreich und dem überwiegend deutschen Königreich Preußen keineswegs zu den Akten gelegt war – im Gegenteil, er drückte der »deutschen Frage« bis 1871 seinen Stempel auf.

Metternichs neue Ordnung für Europa

Metternichs Vorstellungen wurden in erster Linie vom Prinzip der Ordnung geleitet. Die zweite Hälfte des 18. Jahrhunderts mit Revolutionen, Kriegen und den daraus resultierenden Folgen waren für ihn Zeichen von Unsicherheit und Unordnung. Deshalb bestand die Hauptaufgabe des Wiener Kongresses aus seiner Sicht darin, stabile und geordnete Verhältnisse in Europa herzustellen.

Außenpolitisch bedeutete dies die Wiedererrichtung des Mächtegleichgewichts aus der Zeit vor 1789 und die Verhinderung der Vorherrschaft eines einzelnen Herrschers als Ausgangspunkt europäischer Unordnung. Innenpolitisch hatten sich die Errungenschaften der Revolution – Gewaltenteilung, Volkssouveränität, bürgerliche Freiheit und Gleichheit – ebenfalls als die Ordnung zerstörend erwiesen, sodass Metternich die in Wien versammelten Staatsmänner dazu bewegen wollte, sich davon wieder zu distanzieren. Genauso gefährlich erschien ihm auch die nationale Idee; dies umso mehr als Österreich ein Vielvölkerstaat war. Der österreichische Kanzler plädierte stattdessen für eine traditionelle Ständegesellschaft und absolutistische Regierungsform.

Die Teilnehmerstaaten in Wien vereinbarten eine »Restauration« der europäischen Staaten nach dem Prinzip der »Legitimität«, das durch das Prinzip der »Solidarität« abgesichert werden sollte. Diese abstrakten Vorstellungen blieben dann über die Revolution von 1848/49 und den Krimkrieg (1853/54–1856) bis zu den nationalen Einigungskriegen in Deutschland und Italien lebendig.

Restauration

Darunter versteht man Wiederherstellung des europäischen Ordnungssystems, das vor der Französischen Revolution geherrscht hatte. Eine vollständige Erneuerung konnte Metternich jedoch nicht durchsetzen, da sich die meisten Staaten gegen den eingeschränkten politischen und wirtschaftlichen Handlungsspielraum des 18. Jahrhunderts wehrten. Vor allem die ehemaligen Rheinbundstaaten widersetzten sich einer möglichen Beschneidung ihrer gerade gewonnenen Souveränität. Metternich gelang es deshalb nur, das alte Gleichgewicht der europäischen Mächte zu restaurieren, wobei ihn der Engländer Castlereagh und auch der Franzose Talleyrand unterstützten, solange der Großmachtstatus der beiden Staaten gefestigt wurde.

Legitimität

Bis ins 18. Jahrhundert galt die absolutistische Regierungsgewalt als von Gott gegeben und damit auch von Gott gewollt (Gottesgnadentum des absoluten Herrschers). Die Französische Revolution definierte den Legitimitätsbegriff neu. Eine Regierung besaß nur dann Legitimität, wenn sie vom souveränen Volk gebilligt worden war. Der Wiener

Biografien

Klemens Wenzel Lothar Fürst von Metternich, österreichischer Staatsmann (1773–1859)

Als Gegner der Französischen Revolution wurde Metternich nach dem Sieg über Napoleon I. zum Hauptvertreter der Restauration; legte auf dem Wiener Kongress die Grundlagen für das Mächtegleichgewicht der europäischen Staaten

1801–1806	Gesandter in Dresden und 1803 in Berlin, 1806 Botschafter in Paris
1809–1821	Außenminister
1814/1815	Eröffnung und Leitung des Wiener Kongresses
1821–1848	Haus-, Hof- und Staatskanzler
1848	Märzrevolution; Sturz und Flucht nach London
1851	Rückkehr nach Wien

Henry Robert Stewart Viscount Castlereagh, englischer Außenminister (1769–1822)

Stärkte als führender Außenpolitiker die Allianz gegen Napoleon; auf dem Wiener Kongress plädierte er für ein Gleichgewicht der europäischen Mächte.

ab 1790	Mitglied des irischen Parlaments
1798	Niederschlagung des irischen Aufstandes
1805–1809	Kriegs- und Kolonialminister
1812–1822	Außenminister; 1815/1816 Vertreter Englands auf dem Wiener Kongress

Charles Maurice Duc de Talleyrand-Périgord, französischer Außenminister (1754–1838)

Gilt als einer der schillerndsten Politiker Frankreichs, diente den verschiedenen Regimen an der Wende vom 18. zum 19. Jahrhundert.

1789	als Bischof von Autun (seit 1788) Mitglied der Nationalversammlung
1792	Emigration über London nach Amerika; Flucht vor dem Terrorregime der Jakobiner
1797	Rückkehr und Außenminister unter dem Direktorium
1799–1807	nach Unterstützung Napoleons erneut Außenminister
1814/15	Unterzeichnung des Friedensvertrags mit den Alliierten; erneut bis September 1815 Außenminister unter Ludwig XVIII.; Vertreter Frankreichs auf dem Wiener Kongress
1830–1834	französischer Botschafter in London; unterstützte 1830 die Thronbesteigung des Bürgerkönigs Louis Philippe

Alexander I., Zar von Russland (1777–1825)

Nach dem Zerwürfnis mit Napoleon Verbündeter von Preußen und Österreich;
ließ sich 1814 als »Befreier Europas« feiern;
Mitinitiator der 1815 geschlossenen Heiligen Allianz

1801–1825	Zar von Russland
1801–1819	Bildungs- und Verwaltungsreformen
1805–1807	Gegner Napoleons
1807	Bündnis von Tilsit mit Napoleon
1809	Annexion Finnlands im Krieg gegen Schweden
1812/1813	antifranzösische Koalition (Russland, Preußen, Österreich)
26. September 1815	Heilige Allianz (Russland, Preußen. Österreich)
seit 1819	repressive Innenpolitik

Kaiser Franz II., ab 1804 Kaiser Franz I. von Österreich (1768–1835)

Letzter Kaiser des Heiligen Römischen Reiches Deutscher Nation;
machte 1810 Metternich zu seinem Außenminister und trat für einen restaurativen Kurs ein.

1792–1806	Kaiser des Heiligen Römischen Reiches Deutscher Nation
1792–1797	vier verlorene Kriege gegen Frankreich (territoriale Verluste)
1804–1835	Kaiser Franz I. von Österreich
1810	Verheiratung der Tochter Marie Louise mit Napoleon I.
1812/1813	antifranzösische Koalition (Österreich, Preußen, Russland)
1815	Wiederherstellung der alten Ordnung auf dem Wiener Kongress

Ludwig XVIII., König von Frankreich (1755–1824)

Bruder des hingerichteten König Ludwig XVI., nach Napoleons Absetzung 1814 König von Frankreich. Im Kern zwar vom Absolutismus überzeugt, erließ er teilliberale Verfassung

1807	Exil in Großbritannien
1814	König von Frankreich; Erlass der Charte constitutionnelle
1815	Rückkehr nach Paris nach der Schlacht von Waterloo
ab 1820	unter dem Einfluss seines Bruders, des späteren König Karl X., reaktionäre Politik

Kongress setzte jedoch die alte Definition des Legitimitätsbegriffs in Teilen wieder um. In einigen europäischen Staaten gelangten Regierungen und Monarchen erneut an die Macht, die schon im 18. Jahrhundert das Sagen gehabt hatten. Die Zahl der deutschen Staaten beschränkte sich aber auf die nachrevolutionäre Zeit: Der Kongress bestätigte für Deutschland von fast 300 ehemaligen Reichsständen nur noch knapp 40 überwiegend monarchisch regierte Staaten.

Solidarität

Gegen äußere und innere Bedrohungen versicherten sich die europäischen Mächte der Restauration ihrer gegenseitigen Unterstützung. Den staatsrechtlichen Ausdruck fand die Solidarität in der »Heiligen Allianz« vom September 1815. Wenige Monate nach der Unterzeichnung der Wiener Schlussakte verpflichteten sich der russische Zar Alexander I., König Friedrich Wilhelm III. von Preußen und Kaiser Franz I. von Österreich auf die Bewahrung ihrer Monarchien und auf eine gemeinsame Vorgehensweise gegen revolutionäre Strömungen in Europa. Der »Heiligen Allianz« traten bis 1820 alle in Europa regierenden Fürsten mit Ausnahme des englischen Königs und des Papstes bei. England schloss mit Russland, Preußen und Österreich die so genannte »Quadrupelallianz«, die alle vier Mächte zu einem gemeinsamen Einschreiten verpflichtete, sollte das Gleichgewicht Europas in Gefahr sein.

Territoriale Aufteilung Europas

Obwohl alle Beteiligten des Wiener Kongresses diesen Prinzipien grundsätzlich zustimmten, wollte keiner auf Gebietsgewinne oder Souveränitätszuwächse aus der Zeit Napoleons verzichten. Die Restauration nach dem Legitimitätsprinzip stieß deshalb auf dem Kongress dort an ihre Grenzen, wo die Flurbereinigung des französischen Herrschers die Staaten am Verhandlungstisch aufgewertet hatte. Zum Kernproblem entwickelte sich die polnisch-sächsische Frage. Sie drohte sogar den Kongress zu sprengen, als der preußische König seinen Vertreter anwies, die Vorstellungen des Zaren zu befürworten. Zar Alexander beanspruchte für seine Verdienste um die Befreiung Europas von der Herrschaft Napoleons das gesamte Territorium von Polen, bestehend aus dem Großherzogtum Warschau sowie den preußischen Gebieten aus den polnischen Teilungen. Metternich verwahrte sich gegen die Ansprüche des Zaren, da eine Westverschiebung des russischen Reiches für Österreich gefährlich werden konnte. Auch der englische und der französische Außenminister versuchten, jede weitere Machterweiterung einer der drei kontinentalen Mächte zu verhindern. Preußen beanspruchte seinerseits das Königreich Sachsen, das bis zum Schluss auf der Seite Napoleons gestanden hatte. Diesem Ansinnen traten die deutschen Mittelstaaten, später dann auch Österreich und England, entgegen, um den preußischen Einfluss in Deutschland nicht zu groß werden zu lassen. Die Wiener Schlussakte war schließlich ein Kompromiss. Sie stellte das »Mächtegleichgewicht« des 18. Jahrhunderts zwischen England, Frankreich, Österreich, Preußen und Russland wieder her.

Frankreich profitierte als das Ausgangsland der revolutionären Welle in Europa von den Prinzipien des neuen europäischen Gleichgewichts und der Legitimität. Das Land musste keine territorialen Verluste hinnehmen und König Ludwig XVIII. konnte somit Frankreichs Großmachtstatus wahren. Im Jahr 1818 wurde das Land sogar wieder in das so genannte Konzert der europäischen Großmächte aufgenommen (Pentarchie).

Russland sicherte sich nicht nur Finnland, das es im Frieden von Tilsit (1807) Schweden abgenommen hatte, sondern konnte auch den größten Teil des einstigen Königreiches Polen, das so genannte »Kongresspolen«, seinem Einflussbereich hinzufügen. Das neue eigenständige Königreich Polen wurde in Personalunion mit dem Zarenreich verbunden.

Der größte Gewinner jedoch war England, das alle seine Ansprüche realisieren und damit seinen Einfluss auf dem europäischen Festland gewaltig ausweiten konnte. Dem Herrscherhaus Oranien wurde das Königreich der Vereinigten Niederlande zugesprochen. Es umfasste die ehemaligen Generalstaaten, die österreichischen Niederlande sowie Luxemburg und bildete auf diese Weise eine Pufferzone zum Festland.

Außerdem gründete der Wiener Kongress das Königreich Hannover, das in Personalunion mit England verbunden wurde. Mit Helgoland befand sich damit die gesamte Nordseeküste in englischer Hand. Zusammen mit der Sicherung von Malta, Kapland und Ceylon gelang es London, seine Kolonial- und Seeherrschaft maßgeblich zu festigen und sogar auszubauen.

Preußen verbuchte zwar erhebliche territoriale Gewinne und wahrte damit seinen Großmachtstatus, konnte aber weiterreichende Forderungen nur teilweise durchsetzen. Vom angestrebten Gesamtkönigreich Sachsen erhielt Berlin nur zwei Fünftel im Norden. Das Königreich Sachsen bestand damit ganz im Sinne des Legitimitätsprinzips als souveräner Staat weiter. Vom Großherzogtum Warschau blieben für Berlin nur die Gebiete im Westen übrig, sodass zwischen Schlesien und Ostpreußen wenigstens eine breitere Landbrücke entstand. Größere Landgewinne verbuchte Preußen mit der Wiedergewinnung seiner einstigen Rheinprovinzen, da die europäischen Mächte das von Napoleon gegründete Königreich Westfalen beseitigten. Hinzu kam ein neuer Länderblock in Rheinland-Westfalen, das Berlin einen Stützpunkt im Nordwesten sicherte und zum Ausgangspunkt preußischer Expansion in Deutschland machte.

Bayern konnte seine hoch gesteckten Erwartungen ebenfalls nicht verwirklichen und musste sich stattdessen dem Diktat der Großmächte beugen. Die angestrebte Vorherrschaft in Süddeutschland

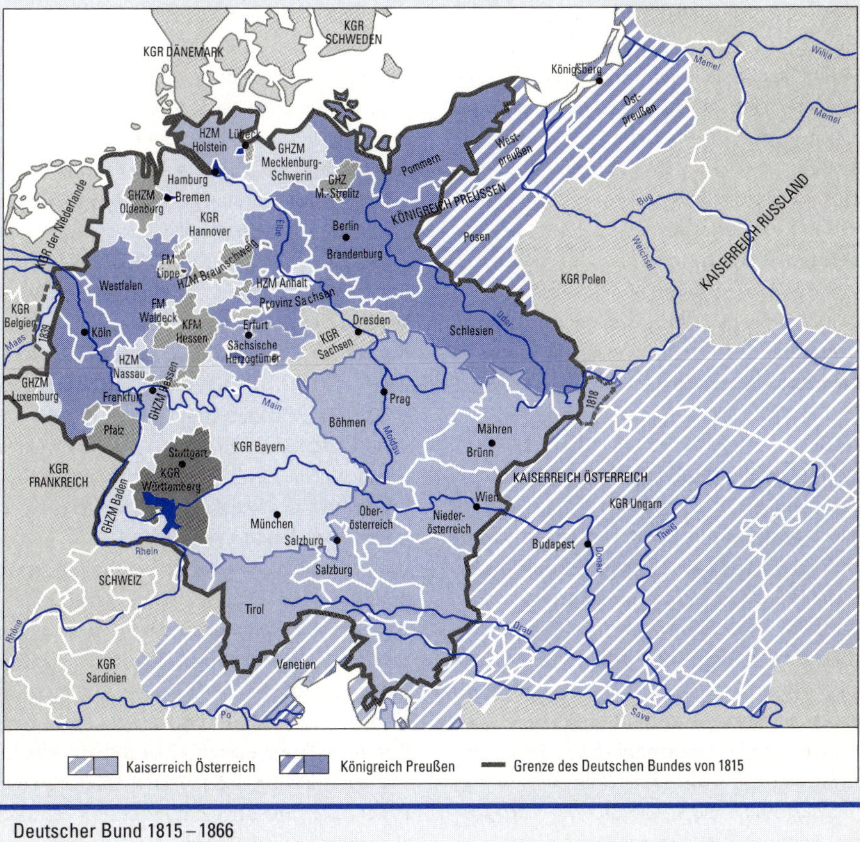

Deutscher Bund 1815–1866

war nicht realisierbar. König Maximilian I. erhielt im Tausch mit Österreich zwar das einstige Hochstift Würzburg mit Aschaffenburg sowie Teile der ehemaligen linksrheinischen Pfalz. Der süddeutsche Staat musste jedoch im Gegenzug erhebliche territoriale Verluste hinnehmen, von denen vor allem Österreich profitierte.

Österreich erhielt Tirol, Vorarlberg, das Innviertel und Salzburg und verzichtete gleichzeitig auf seine Besitzungen am Oberrhein und die österreichischen Niederlande (mit Holland zum Königreich der Niederlande vereinigt). Neben Galizien und Illyrien machte Kaiser Franz II. den eigentlichen Gewinn auf dem Gebiet des späteren Italien. Das neu geschaffene Königreich Lombardo-Venetien mit Mailand unterstand fortan den Habsburgern, die Herrschaft in den Herzogtümern Parma und Modena sowie dem Großherzogtum Toskana konnten sie sich ebenfalls sichern. Auf diese Weise rundete die Habsburger Monarchie ihr Staatsgebiet zu einer geschlossenen Ländermasse ab, deren Schwerpunkt allerdings mehr denn je außerhalb Deutschlands lag.

Die Errichtung des Deutschen Bundes

Nach der europäischen Flurbereinigung konnte die notwendige Neuordnung Deutschlands nur mit dem Einverständnis der selbstbewussten Mittel- und Kleinstaaten gelingen, da keiner von ihnen auf die Gebietserweiterungen und Souveränitätszuwächse verzichten wollte. Während Metternich und Hardenberg die Vormachtstellung ihrer Monarchen zu sichern gedachten, sahen die anderen europäischen Großmächte ihre Hauptaufgabe darin, allzu mächtige Gebilde im Herzen Europas zu verhindern. Deshalb ließ sich weder die uneingeschränkte Restauration des Alten Reiches, noch ein straff organisiertes Deutschland mit starker Zentralgewalt verwirklichen. Genauso wenig waren ein neues Kaiserreich oder gar ein nationaler Gesamtstaat durchsetzbar. So verfiel man auf den Gedanken eines lockeren Staatenbundes unter österreichischer Führung.

Die Wiener Bundesakte

Der Zusammenschluss von 35 souveränen Fürsten und vier freien Reichsstädten – alles ehemalige Mitgliedstaaten des Heiligen Römischen Reiches Deutscher Nation – zum »Deutschen Bund« war eine schwache Konstruktion ohne großen Handlungsspielraum. Die »Wiener Bundesakte« vom 8. Juni 1820 fixierte Form und Verfassung des Staatenbundes. Da man dem Deutschen Bund das Gebiet des Alten Reiches zugrunde legte, waren Preußen und Österreich nur mit ihren deutschen Landesteilen Teil des Bundes. Darüber hinaus besaßen der englische König (für Hannover), der König von Dänemark (für das Herzogtum Holstein) und der König der Vereinigten Niederlande (für das Großherzogtum Luxemburg) Sitz und Stimme im Bundestag.

Den Mitgliedstaaten war es untersagt, Bündnisse und Allianzen einzugehen, die sich gegen die Sicherheit des Bundes oder einzelner Mitglieder richteten. Ein vorzeitiger Waffenstillstand oder Friedensvertrag bei einem gemeinsam beschlossenen Krieg war ebenfalls verboten. In der Praxis funktionierte der Deutsche Bund jedoch nur so lange, bis der Dualismus zwischen Österreich und Preußen ab 1850 offen ausbrach.

Der Bund verfügte über kein eigenes Exekutivorgan. Alle wichtigen Entscheidungen fällte ein ständiger Gesandtenkongress, Bundesversammlung oder Bundestag genannt, in Frankfurt am Main. In dieser Nachfolgeinstitution des »Immerwährenden Reichstags« und Vorgänger des heutigen Bundestages führte Österreich den Vorsitz. Weisungsgebundene Vertreter der Regierungen und nicht etwa gewählte Abgeordnete entschieden grundsätzlich im Plenum.

Die 69 Stimmen verteilten sich so, dass die vier größten Staaten je vier, die kleineren und die Städte je eine Stimme führten. Allen wichtigen Entscheidungen – etwa über Krieg und Frieden – musste das Plenum mit einer Zweidrittelmehrheit zustimmen, eine Änderung der Bundesakte setzte Einstimmigkeit voraus. Trotzdem trat das Plenum, eine schwerfällige legislative Institution, nur selten zusammen, sodass ein engerer Rat die laufenden Geschäfte des Bundes führte.

Metternichs Kompromiss

Innenpolitisch wurde der Deutsche Bund zu einem Vollstreckungsorgan der restaurativ-konservativen Politik Metternichs, obwohl alle Mitgliedstaaten als Zugeständnis an den Fortschritt »landständische Verfassungen« in Aussicht stellten, ohne jedoch Zeitpunkt oder Form vorzugeben. Dass es sich hierbei nur um ein halbherziges Versprechen handelte, sollten leider die nächsten Jahre zeigen, denn nur die wenigsten Staaten setzten diesen Teil der Bundesakte auch in die Realität um. Metternich hatte sich in wesentlichen Punkten durchsetzen können. Seine Prinzipien der Restauration, Legitimität und Solidarität, die die gesamten Beratungen auf dem Wiener Kongress geprägt hatten, fanden sich auch in den Grundsätzen des Deutschen Bundes wieder.

Der Wiener Kompromiss enttäuschte die Patrioten wie die Liberalen. Und trotzdem gelang es dem Deutschen Bund bis 1866, die deutschen Staaten enger aneinander zu knüpfen, als es das Heilige Römische Reich Deutscher Nation jemals vermocht hätte.

Zusammenfassung: Von der Französischen Revolution bis zum Wiener Kongress

Die **Französische Revolution** brach zu einem Zeitpunkt aus, als sich die Spannungen zwischen den Repräsentanten der absolutistischen Monarchie und dem nach sozialer und politischer Emanzipation strebenden Bürgertum zu einer Staatskrise ausgewachsen hatten. Die geistigen Impulse für die angestrebten Veränderungen waren die Ideen der **Aufklärung** und die politischen Theorien des **Liberalismus**. Somit bildeten die Errungenschaften der Französischen Revolution die Grundlage für die Entwicklung der Strömungen von Liberalismus und **Nationalismus** im Deutschland des 19. Jahrhunderts. Dazu gehörten die folgenden Neuerungen:

- Errichtung einer parlamentarischen Volksvertretung als Gesetzgebungsorgan
- Abschaffung des Feudalismus
- Festlegung der Grundrechte
- Festlegung der Staatsordnung in einer Verfassung (Grundrechte des Einzelnen, Gewaltenteilung, Beschränkung der Rechte des Monarchen auf die Exekutive, Volkssouveränität)
- Trennung von Kirche und Staat
- Heeresreform
- Einführung nationaler Symbole

In Deutschland erreichten die revolutionären Ereignisse nicht annähernd die Schlagkraft wie in Frankreich, dennoch veränderten die Geschehnisse im Nachbarland das Heilige Römische Reich Deutscher Nation nachhaltig. Sie führten zu einer völligen Umgestaltung der territorialen und politischen Verhältnisse. Der Frieden von Lunéville 1801 und der Reichsdeputationshauptschluss von 1803 zogen eine **territoriale Flurbereinigung** nach sich, die die deutsche Landkarte grundlegend veränderte. Die Niederlegung der Kaiserkrone durch Kaiser Franz II. und der Austritt der **Rheinbundstaaten** aus dem Reichsverband markierten lediglich den Endpunkt einer längeren Entwicklung.

Die Zerstückelung des Reichsgebietes wurde durch **Säkularisation** und **Mediatisierung** weitgehend beseitigt, die Mittelstaaten gestärkt und zum **»Dritten Deutschland«** hochstilisiert. Die neu gewonnene, aber bis 1815 nur vordergründige Souveränität der Mitgliedstaaten bildete die Voraussetzung für die Umgestaltung zu modernen Staaten. Die Vorrechte des Adels wurden aufgehoben oder doch wenigstens eingeschränkt, die Bauernbefreiung wurde in Angriff genommen, die Judenemanzipation ins Auge gefasst, die Staatsbehörden wurden neu organisiert und die Verwaltung effektiver gestaltet. Hinzu kamen eine einheitliche Besteuerung aller Staatsbürger, Gewerbefreiheit und damit die Aufhebung der Zunftfesseln für das Handwerk, eine Reform der Heeresverfassungen und die Einführung der allgemeinen Wehrpflicht. Hauptträger der Reformen war ein neues, leistungsfähiges Beamtentum, das sich vor allem durch Wissen und Leistung qualifizierte. Diese Neuerungen in politischen und verwaltungstechnischen Bereichen bereiteten den **Übergang zum Verfassungsstaat** des 19. Jahrhunderts vor. Zahlreiche deutsche Staaten, vor allem Süd- und Südwestdeutschland, gaben sich Verfassungen, die eine konstitutionelle Monarchie begründeten.

Die **Koalitionskriege** seit 1799 führten zum Zusammenbruch Preußens und Österreichs, die beide zu von Napoleon abhängigen Mächten zweiten Ranges degradiert wurden. Napoleon veränderte die Territorial- und Herrschaftsstruktur Mitteleuropas fundamental. Das Heilige Römische Reich Deutscher Nation war vernichtet und Österreich aufgrund seiner Gebiets- und Machtverluste aus Deutschland hinausgedrängt. Preußen hatte schwere Gebietsverluste hinnehmen müssen und damit einen Großteil seines unter König Friedrich II. erkämpften Machtpotenzials eingebüßt. Das gesamte linksrheinische Deutschland, Holland und ein langer Küstenstreifen an der Nordsee wurden französische Hoheitsgebiete. Rechts des Rheins hatten die einstigen Kleinstaaten erheblich an Macht gewonnen. Das »Dritte Deutschland« wurde im **Rheinbund** zusammengefasst und als solches dem Protektorat Napoleons unterstellt. Kleinere Fürstentümer gab es nun nur noch nördlich des Mains. Die ständige territoriale Umgestaltung der europäischen Staatenwelt in napoleonischer Zeit verunsicherte die Bevölkerung und trug nicht gerade zur Stärkung des monarchischen Gedankens bei. Der Unmut gegen den französischen Alleinherrscher nahm hier seinen Anfang. Aber erst die Katastrophe Napoleons in Russland (1812) ließ, vor dem Hintergrund national-deutscher Agitation und wachsender wirtschaftlicher Schwierigkeiten infolge der **Kontinentalsperre** die schon länger latent vorhandene antifranzösische Stimmung in den Rheinbundstaaten offen zutage treten. Die Reformprogramme waren noch nicht abgeschlossen, als im Winter 1812/13 die **Befreiungskriege** gegen Napoleon ausbrachen, die von einer nationalen und liberalen Begeisterung getragen wurden. Die Friedensschlüsse 1814/15 reduzierten Frankreich zwar wieder auf die Grenzen von 1792, nahmen ihm aber nicht seinen Großmachtstatus.

Auf dem **Wiener Kongress** einigten sich die europäischen Mächte auf die vorrevolutionäre Balance. Die staatlichen Neugründungen Napoleons wurden beseitigt, das Alte Reich jedoch nicht wieder hergestellt. An seine Stelle trat der **Deutsche Bund** als Staatenbund. Preußen und Österreich einigten sich auf ein Gleichgewicht, zumal Österreich seinen territorialen Schwerpunkt in den Süden und Südosten Europas verlegte. Der Deutsche Bund befriedigte jedoch keine Gruppierung, weder die Konservativen noch die Liberalen. Die Prinzipien der **Restauration** und **Legitimität** forderten den Widerstand der nationalen und der liberalen Bewegung heraus. Im Kampf gegen diese Strömungen schlossen sich die alten, aber neu gefestigten Mächte zusammen.

Bayern: Umbau zum modernen Verwaltungs- und Flächenstaat

1799 beerbte Maximilian Joseph (1756–1825) den ohne legitimen Nachfolger verstorbenen Kurfürsten Karl Theodor von Pfalz-Bayern (1724–1799). Der aus der unbedeutenden Wittelsbacher Nebenlinie Pfalz-Zweibrücken-Birkenfeld stammende Regent übernahm als Kurfürst Max IV. Joseph (1799–1825, König Maximilian I. seit 1806; → »Biografien«) die Herrschaft in München. Als engsten Berater und leitenden Minister brachte er Maximilian von Montgelas (→ »Biografien«) mit in die Landeshauptstadt. Weder Max IV. Joseph noch Montgelas machten aus ihrer frankophilen Einstellung ein Geheimnis. Beide waren geprägt von der französischen Aufklärung, deren Grundsätze für die zukünftige Reformpolitik in Bayern maßgeblich wurde.

Ganz den Prinzipien des Staatsabsolutismus verpflichtet hielt der Jurist Montgelas bereits 1796 seine Vorstellungen von einem »modernen Staat« im so genannten ›Ansbacher Memoire‹ fest. Er begann mit seinem Reformprogramm in Bayern unmittelbar nach seiner Ankunft in München im Jahre 1799, bevor die Reformen im Zuge der Rheinbundpolitik von Napoleon angeordnet wurden. Im Zentrum stand der souveräne Staat, der auf alle Bereiche des öffentlichen und privaten Lebens Einfluss nehmen sollte. Innenpolitisch bedeutete dies die Einführung eines zentralistischen Verwaltungssystems, allerdings ohne direkte Beteiligung der Bürger.

Bayern unter napoleonischem Einfluss

Seit dem Westfälischen Frieden von 1648 hatten die Großmachtträume die wittelsbachischen Kurfürsten immer wieder an die Seite Frankreichs geführt. Zu Beginn des 19. Jahrhunderts waren sowohl die innen- als auch die außenpolitischen Reformen und Ziele nur in enger Anlehnung an den französischen Nachbarn zu realisieren.

Bereits in den ersten Koalitionskriegen besetzte das revolutionäre Frankreich die linksrheinische Pfalz. Nach der Niederlage Österreichs bei Hohenlinden (1800) wechselte Bayern die Fronten und schloss 1801 ein bayerisch-französisches Abkommen. Frankreich stellte darin einen Länderausgleich für den Verlust der linksrheinischen Pfalz in Aussicht.

Der 1803 unter tätiger Mithilfe Napoleons entstandene Reichsdeputationshauptschluss sanktionierte reichsrechtlich nicht nur die Beseitigung der geistlichen Fürstentümer, Hochstifte, Reichsabteien, sondern auch die Aufhebung der reichsunmittelbaren Klöster im rechtsrheinischen Bayern. Die bayerischen Bestechungsgelder hatten sich ausgezahlt, auch wenn der finanzielle Gewinn aus Klostersäkularisation und Mediatisierung weit geringer ausfiel als erhofft: Der bayerische Staat annektierte neben den Territorien der Hochstifte Freising und Passau, Bamberg und Würzburg auch Teile Eichstätts in Franken sowie Augsburg in Schwaben, dann 300 Klöster (darunter allein 70 von der Reichsverfassung geschützte Prälatenklöster in Ober- und Niederbayern) sowie 13 Reichsabteien und mediatisierte 15 Reichsstädte. Dies erbrachte einen Gewinn von 288 Quadratmeilen gegenüber 200 Quadratmeilen, die durch die Abtretung der linksrheinischen Pfalz an Frankreich verloren gegangen waren.

Montgelas betrieb die Anlehnung an Frankreich mit all der gebotenen Vorsicht. 1805 schloss Kurfürst Max IV. Joseph mit Kaiser Napoleon ein geheimes Schutz- und Trutzbündnis. Somit war Bayern im Dritten Koalitionskrieg auf der Seite des Siegers: Bayern tauschte in den Friedensschlüssen von Brünn und Preßburg (1805) Tirol, die Fürstbistümer Brixen und Trient, Ansbach sowie Gebiete in Vorderösterreich und Schwaben (Lindau, Augsburg) gegen Salzburg, Würzburg und Berg.

Österreich musste als Verlierer die Erhebung Bayerns und Württembergs zu Königreichen akzeptieren: Kurfürst Maximilian IV. Joseph wurde zu König Maximilian I. (Joseph) von Bayern. Dieser trat im Juli 1806 dem Rheinbund bei, wodurch seine außenpolitischen Möglichkeiten stark eingeschränkt wurden. Das formal souveräne bayerische Königtum besaß bis 1815 wie alle anderen napoleonischen Bündnisstaaten weniger Freiheiten und dafür mehr Pflichten als das einstige Kurfürstentum gegenüber dem Kaiser im 18. Jahrhundert.

Bayerischer Frontenwechsel

Trotz der anhaltenden militärischen Erfolge Napoleons und weiterer Gebietszuwächse nahm in Bayern die antifranzösische Stimmung zu. Spätestens seit der blutigen Niederschlagung des Tiroler Aufstandes um den Freiheitshelden Andreas Hofer 1809/10 begann sich auch die bayerische Regierung – unter maßgeblicher Führung des Kronprinzen Ludwig (→ »Biografien«) – von Napoleon zu distanzieren. Die Entfremdung zwischen den Bündnispartnern erreichte mit dem gescheiterten Russlandfeldzug des französischen Kaisers im Jahre 1812 seinen Höhepunkt: Bayern hatte zu der 130 000 Mann zählenden »Großen Armee« rund 36 000 Männer beisteuern müssen, das heißt das größte deutsche Kontingent überhaupt; 30 000 Bayern kehrten nicht zurück. Gerade noch rechtzeitig gelang König Maximilian und seinen Ministern der Bündniswechsel. Am 8. Oktober 1813, eine Woche vor der Völkerschlacht von Leipzig, schloss Bayern in Ried einen Bündnisvertrag mit Österreich, sagte sich vom Rheinbund los und stellte seine Armee unter österreichisches Oberkommando. Die Donaumonarchie garantierte dafür im Gegenzug die Souveränität des Königreichs Bayern sowie die Wahrung des aktuellen Besitzstandes.

Die Reformen in Bayern

Durch die Säkularisation und die Mediatisierung (1802/03), die Friedensschlüsse von Brünn und Preßburg (1805) und weitere Zuwächse bis 1816 (vor allem im Münchner Vertrag) hatte sich Bayern zu einem kompakten Flächenstaat, dem drittgrößten in Deutschland, entwickelt. Am Ende aller Gebietsverschiebungen im Jahre 1816 umfasste Bayern 75 000 Quadratkilometer (1803: 61 200 Quadratkilometer) mit 3,7 Mio. Einwohnern. Oberstes Ziel des Reformwerks von Montgelas musste es deshalb sein, die verschiedenen Traditionen, Rechte und Staatsgebilde innerhalb möglichst kurzer Zeit zu vereinheitlichen und regierbar zu machen.

Gebietsveränderungen in Bayern

In den Jahren 1802/03 wurde die Aufhebung aller nichtständischen (Bettel- und Frauenorden) und ständischen Klöster durchgeführt; erworben wurden dabei die Hochstifte und Fürstbistümer Würzburg, Bamberg, Augsburg, Freising, Teile Eichstätts und Passaus sowie 13 Reichsstifte in Franken und Schwaben. 1805 erwarb das bayerische Kurfürstentum weitere Gebiete der einstigen Hochstifte Eichstätt und Passau, die Markgrafschaft Burgau und die Reichsstädte Lindau und Augsburg sowie Tirol. Im Jahr 1806 konnten Ansbach und Nürnberg gewonnen werden, jedoch das Herzogtum Berg ging an Preußen verloren. Das junge Königreich erwarb schließlich im Jahr 1809 Gebiete des Deutschordens, 1810 folgten Salzburg, das Inn- und Hausruckviertel, Berchtesgaden, das Fürstentum Regensburg und Bayreuth; verlustig hingegen gingen die Fürstbistümer Brixen und Trient. Bis 1816 erwarb die bayerische Krone das Großherzogtum Würzburg sowie Aschaffenburg (beide 1814), die neu gebildete linksrheinische Pfalz (jedoch ohne Landverbindung zum Kerngebiet) und einige Ämter in Franken. Dagegen mussten Tirol, Salzburg und das Inn- und Hausruckviertel wieder hergegeben werden, ebenso Vorarlberg.

Die bayerischen Reformen

Im Zentrum der Umgestaltungen stand die Verwaltungsreform mit vollkommen neuen Strukturen sowie Rationalisierung, Zentralisierung und Bürokratisierung des gesamten Landes mit einem zeitgemäßen und leistungsfähigen Beamtentum (Staatsdienerpragmatik von 1805). Ein zunächst aus vier, seit 1808 aus fünf Fachministerien (Äußeres, Inneres, Justiz, Finanzen, Krieg) bestehendes Gesamtministerium ersetzte die bisherigen Zentralinstanzen. Die bisherigen Kollegialbehörden wurden durch das Direktorialprinzip abgelöst, das heißt, an der Spitze der Beamtenhierarchie stand jetzt ein Minister mit voller Entscheidungsgewalt. 1808 hob Montgelas die mittlere Verwaltungsebene auf und schuf nach französischem Vorbild 15, später reduziert auf neun (1810) bzw. acht (1817), Kreise/Departements.

Ebenso wie in Frankreich spielten bei der Einteilung historische Entwicklungen keine Rolle, sodass nur statistische und geografische Gesichtspunkte ausschlaggebend waren. Aus den Kreisen

Bayern: Vom Kurfürstentum zur konstitutionellen Monarchie

1799–1805	Maximilian IV. Joseph von Bayern
1799	Beginn der Reformen unter Minister Maximilian von Montgelas: Ministerialverfassung
1802	allgemeine Schulpflicht und Aufbau einer zentralistischen Schulverwaltung; Anfang der Bauernbefreiung
1803	Reichsdeputationshauptschluss: Säkularisation und Mediatisierung
1803	Religionsedikt: Gleichberechtigung der drei christlichen Konfessionen
1804	Aufhebung der Zünfte; allmähliche Einführung der Gewerbefreiheit
1805	Staatsdienerpragmatik
1. Januar 1806	Proklamation zum Königreich; Maximilian IV. wird König Maximilian I.
1806–1813	Mitglied des Rheinbundes
1807	Abschaffung der Steuerprivilegien
1808	Konstitution; Gerichtsverfassungsgesetz: Gerichtsbarkeit als unabhängige dritte Gewalt im Staat; Einführung der Adelsmatrikel; Aufhebung der Leibeigenschaft; Gemeindeedikt
1809	»Organische Edikte«
1813	Judenedikt; Strafrechtsreform
1815	Verpflichtung der Bundesakte zur Einführung einer landständischen Verfassung
1817	Konkordat mit dem Heiligen Stuhl; Schaffung des bayerischen Staatsrats; Rücktritt von Montgelas
26. Mai 1818	oktroyierte Verfassung; konstitutionelle Monarchie
1818	Gemeindeedikt
4. Februar 1819	Eröffnung der ersten Ständeversammlung Bayerns mit einer Thronrede von König Max I. Joseph
1819	Religions- und Protestantenedikt
1821	Tegernseer Erklärung
1825–1848	Ludwig I. König von Bayern

entwickelten sich später die Regierungsbezirke, wenn auch nicht vollkommen deckungsgleich. Während Montgelas auf der obersten und mittleren Ebene Justiz und Verwaltung trennte, unterblieb dies bis 1862 auf der Stufe der Landgerichte, den Vorgängern der Landkreise. Auf Gemeindeebene versuchte Montgelas mit dem Gemeindeedikt von 1808 weitgehend erfolglos ein einheitliches System von Kommunalverwaltungen zu schaffen.

Die Konstitution von 1808

Die Konstitution vom Mai 1808 fasste mit den so genannten organischen Edikten die bis dahin durchgeführten Reformen in Bayern seit 1799 zusammen und manifestierte die vollzogene Trennung zwischen Dynastie und Staat. Fortan verfügte nicht mehr der König, sondern der Staat über alle Hoheitsrechte, sodass man jetzt nicht mehr von einer Fürsten-, sondern vielmehr von einer Staatssouveränität oder einem Staatsabsolutismus sprechen muss. Das Fürstenhaus erhielt die alleinige Verfügungsgewalt über ein beachtliches Privateigentum (so genannte Zivilliste) und außerdem die erbliche Herrschergewalt.

Bei der Konstitution handelte es sich zwar um eine geschriebene Verfassung, die jedoch nie über den Status eines Provisoriums hinauskam. Die vorgesehene Volksvertretung, die »National-Repräsentation«, wurde nie realisiert. Obwohl sie das Volk hätte vertreten sollen, war sie noch in weiten Teilen dem alten Ständestaat verpflichtet, da für die Kammer ein dreigliedriges Wahlverfahren, ein sehr hoher Zensus und die maßgebliche Mitsprache des Königs bei der Auswahl der Mitglieder vorgesehen waren. Immerhin hätte diese Kammer, die mindestens einmal im Jahr einberufen werden musste, über die Verwendung der Staatsausgaben beratend eingreifen können.

Dagegen schuf die Konstitution ein einheitliches Staatsrecht, beseitigte die Ständeverfassungen, fixierte die bürgerlichen Grundrechte (Schutz des Eigentums, Meinungs- und Pressefreiheit, Freiheit der Religion), Gleichheit vor dem Gesetz, Steuergleichheit und -pflicht nach dem Vermögen und nicht mehr nach dem Stand, die allgemeine Wehrpflicht, die nominelle Abschaffung der Leibeigenschaft, eine neue Verwaltungsorganisation sowie Einrichtungen im Medizinalwesen, der Armen- und Krankenfürsorge, Landesbrandversicherung.

Das Religionsedikt vom 24. März 1809 garantierte für ganz Bayern die Parität von Katholiken, Lutheranern und Calvinisten (Reformierten) und sicherte allen eine staatskirchenrechtliche Stellung zu. Die privaten Glaubensgemeinschaften (z. B. »Israeliten«) mit staatlicher Genehmigung erhielten eingeschränkte Rechte und die nicht genehmigten Religionsgemeinschaften (Sekten) die Erlaubnis zur Hausandacht. Das Judenedikt von 1813 verlieh dieser Bevölkerungsgruppe in Bayern nur vordergründig Glaubensfreiheit, da es die Möglichkeit einschränkte, auch das Bürgerrecht zu erhalten.

Montgelas' Entlassung und die Folgen

Das von Montgelas geschaffene Verwaltungssystem wies zwar zahlreiche Schwächen auf, schuf aber innerhalb kürzester Zeit die Basis für einen modernen bayerischen Gesamtstaat. Der zu Beginn des 19. Jahrhunderts realisierte Staatsaufbau bestand im Wesentlichen bis 1918 und wirkt in Teilen seiner Verwaltungsstruktur bis heute nach.

Trotz seiner unbestrittenen Leistungen wurde Maximilian Graf von Montgelas seinen Ministerkollegen unbequem, zumal er sich weiterführenden Reformen mehr und mehr verschloss. Im Jahre 1817 entließ König Maximilian auf Betreiben seines Sohnes Ludwig seinen Minister und engsten Berater, der 21 Jahre lang die Geschicke des einflussreichsten deutschen Mittelstaates gelenkt hatte. Damit war schließlich der Weg frei geworden für eine neue Verfassung (1818) nach französischem Vorbild, Gemeindeedikt (1818) und Konkordat (1817 bzw. 1821).

Das Konkordat 1817

Das Konkordat regelte bis zum Ende der Monarchie 1918 die Beziehungen zwischen dem bayerischen Staat und der katholischen Kirche. Es schuf eine weitgehend mit den Staatsgrenzen identische bayerische Territorialkirche, teilte sie in zwei große Kirchenprovinzen (die Erzbistümer München-Freising und Bamberg) und Suffraganbistümer

Bayerische Biografien

Maximilian IV. Joseph, ab 1806 als Maximilian I. König von Bayern (1756–1825)

Maximilian vergrößerte das Territorium Bayerns aufgrund des Bündnisses mit Napoleon erheblich; 1818 Erlass einer konstitutionellen Verfassung

1776	Oberst des französischen Fremdenregiments Royal Alsace
1795	Erbanwärter auf das Kurfürstentum Bayern
1799–1805	als Maximilian IV. Joseph Kurfürst von Bayern
1805	Bündnis mit Napoleon I.
1806	Erhebung Bayerns zum Königreich und damit Maximilian I. von 1806 bis 1825 König von Bayern

Maximilian Joseph de Garnerin de la Thuille, Graf von Montgelas (1759–1838)

Seit 1796 der wichtigste Berater des späteren bayerischen Königs Maximilian I.; fädelte den Wechsel Bayerns von der Seite Napoleons zur gegnerischen Allianz ein und erreichte so, dass die hinzugewonnenen Gebiete bei Bayern verblieben.

ab 1777	kurbayerischer Hofrat
1799–1817	geheimer Staats- und Konferenzminister bzw. Außenminister
1806–1817	Innenminister
1803–1806/1809–1817	Finanzminister
1817	Entlassung, unter anderem auf Betreiben des Kronprinzen Ludwig
ab 1819	erblicher Reichsrat der bayerischen Krone

Ludwig I., König von Bayern (1786–1866)

Zunächst liberalen Ideen gegenüber aufgeschlossen, vertrat er ab 1830 eine zunehmend reaktionäre Politik.

1825–1848	König von Bayern
1828	Gründung des bayerisch-württembergischen Zollvereins (1834 Deutscher Zollverein)
1812/1813	antifranzösische Koalition (Preußen, Österreich, Russland); Verzicht auf Fortführung der Reformen
bis 1830	liberal orientierte Politik, nach der Februarrevolution in Frankreich Umschwenken auf eine strikt autoritäre, konservativ-monarchische Regierungsführung
1848	Rücktritt im Zuge der Märzereignisse zugunsten seines Sohnes Maximilian (König Maximilian II., 1848–1864)

ein. Die Einteilung ist heute noch gültig. Der Staat übernahm die Besoldung der Bischöfe sowie Domkapitel und restituierte einige der 1802/03 säkularisierten Klöster. Dafür durfte der bayerische König die Erzbischöfe, Bischöfe und einen Großteil des Klerus ernennen, die vom Papst nur noch bestätigt wurden.

Um die Parität von Katholiken und Protestanten zu unterstreichen, erließ der König am 26. Mai 1819 ein Religions- und Protestantenedikt, in dem er die Gleichstellung der drei christlichen Hauptkonfessionen (römisch-katholische, protestantische und orthodoxe) bestätigte. Allerdings standen Edikt und Konkordat im Widerspruch, sodass die Tegernseer Erklärung von 1821 den Eid der Geistlichen auf die Verfassung nur auf die bürgerlichen Verhältnisse beschränkte.

Die Verfassung von 1818

Schon während des Wiener Kongresses 1815 begannen in Bayern wieder Verfassungsberatungen, aber erst die Entlassung von Montgelas machte den Weg für die Verfassung frei. Grundlage für die Verfassung bildete Artikel XIII der »Deutschen Bundesakte«, die die deutschen Staaten dazu verpflichtete, den Untertanen eine Verfassung zu geben. Wie im Jahr 1808 standen hinter der Verfassung aber vor allem innenpolitische Absichten der bayerischen Regierung:

- Integration der Landesteile
- Sanierung der Staatsfinanzen
- Ausgeprägter Souveränitätswille gegenüber dem erneuerten Deutschen Bund
- Schwieriges Verhältnis zur katholischen Kirche, das durch das Konkordat von 1817 verschärft worden war

Die bayerische Verfassung vom 26. Mai 1818 orientierte sich in ihren Grundzügen an der französischen Charte Ludwigs XVIII. von 1814 und war eine oktroyierte, vom Monarchen verordnete, Verfassung, die erste eines größeren deutschen Staates. Ihr angefügt wurden außerdem das Konkordat mit dem Papst und der protestantische Kirchenvertrag. Die Verfassung hielt am monarchischen Prinzip fest. Bayern blieb eine konstitutionelle Monarchie, das heißt der König war alleiniger Träger der Staatsgewalt und nur bei der Ausübung durch die Bestimmungen der Verfassung und die Beschlüsse einer »Volksvertretung« eingeschränkt.

Völlig freie Hand hatte der Monarch weiterhin bei der Exekutive: Er allein konnte unabhängig von Mehrheiten in der neu geschaffenen »Ständeversammlung« Minister berufen. Gesetzesinitiativen und Verfassungsänderungen (Legislative) waren weiterhin von der Unterschrift des Königs abhängig, auch wenn beide Kammern zustimmen mussten. Die wichtigsten Rechte der Volksvertretung bestanden im Steuerbewilligungs- und Budgetrecht sowie in Gesetzesberatung (jedoch keine Gesetzesinitiative!), Petitions- und Beschwerderecht. Die Abgeordneten besaßen Immunität, sie erhielten Diäten und mussten einen Eid auf König und Verfassung leisten.

Die Erste Kammer, die so genannte Kammer der Reichsräte, setzte sich aus erblichen (die volljährigen Prinzen des königlichen Hauses, die Minister, die beiden Erzbischöfe von Bamberg und München/Freising und ein weiterer Bischof, die Führer der ehemals reichsständischen fürstlichen und gräflichen Familien, die Präsidenten des Generalkonsistoriums der evangelischen Kirche) und vom König erblich oder auf Lebenszeit ernannten Mitgliedern zusammen.

Während die Zusammensetzung der Kammer der Reichsräte bis zum Ende der Monarchie 1918 gleich blieb, veränderte sich die Zweite Kammer, die »Kammer der (gewählten) Abgeordneten«, zwischen 1848 und 1881 grundlegend. Sie wurde auf sechs Jahre nach Berufsständen gewählt, Bauern und Arbeiter waren nicht vertreten. Bis zur Revolution 1848 besaß sie einen stark ständischen Charakter. Die Delegierten setzten sich zu einem Achtel aus adligen Grundbesitzern mit Patrimonialgerichtsbarkeit, zu einem weiteren Achtel aus Geistlichen beider Konfessionen, zu einem Viertel aus den Gesandten der Städte und Märkte und zur Hälfte aus Mitgliedern der »übrigen Landeigentümer« ohne Grundgerichtsbarkeit zusammen. Dazu kam je ein Vertreter der drei Landesuniversitäten Landshut (später München), Erlangen und Würzburg. Gewählt wurde indirekt über Wahlmänner nach einem komplizierten Zensus (Grundbesitz,

Gewerbevermögen, Zugehörigkeit zu gewissen Korporationen).

Nur ein kleiner Teil der Bevölkerung war auch wirklich wahlberechtigt, da das Wahlrecht den Grundbesitzer stark begünstigte. Die Kammer der Abgeordneten besaß das Budgetrecht und hatte ein Mitwirkungs-, aber kein Initiativrecht bei der Gesetzgebung.

Während die Exekutive und auch weite Teile der Legislative in der Hand des Monarchen verblieben, gewährte die Verfassung der Judikative Unabhängigkeit. Die Richter waren ausschließlich dem Gesetz verpflichtet und konnten nur bei gesetzlichen Verstößen abgesetzt werden (→ unten).

Wesentliche Teile der Verfassung waren weitaus fortschrittlicher, als es den Nachbarn Österreich und Preußen lieb war: Die Präambel garantierte die bürgerlichen Grundrechte nach französischem Vorbild: Gleichheit vor dem Gesetz, Steuerpflicht für alle, Meinungs- und Gewissensfreiheit, nicht aber die Pressefreiheit. Außerdem wurden die bereits 1808 bewilligten Grundrechte bestätigt und durch das Recht auf Auswanderung und die Wiederherstellung der gemeindlichen Selbstverantwortung erweitert. Die Verfassung regelte grundsätzlich und verbindlich die Vorstellungen einer Gewaltenteilung im Staat und die strikte Organisation der staatlichen Gewalt.

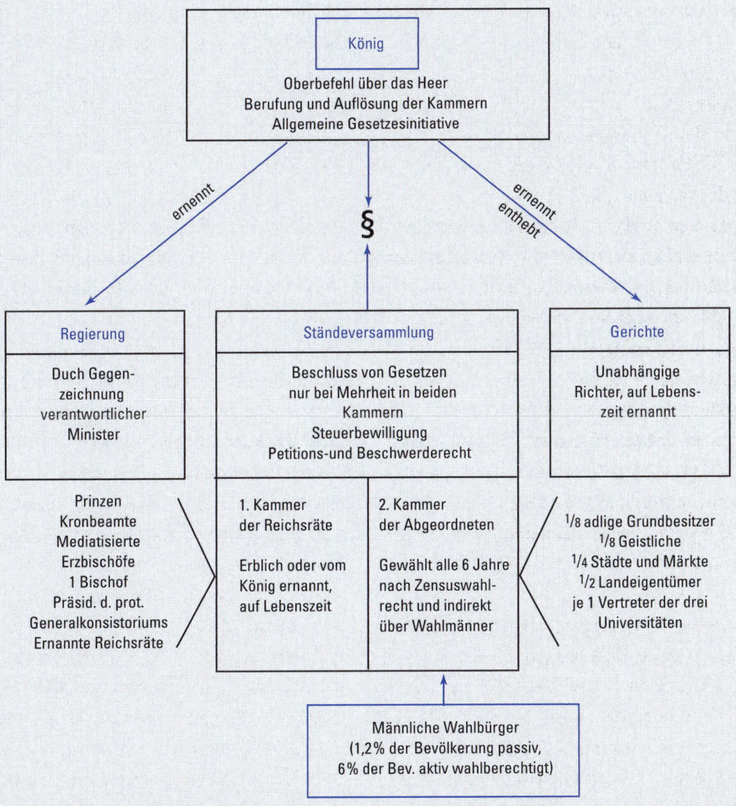

Die Bayerische Verfassung von 1818

Zusammenfassung: Die Reformen in Bayern

Unter der Leitung des »allmächtigen Ministers« Maximilian Graf von Montgelas wurde Bayern durch die so genannte **»Revolution von oben«** vollkommen umgestaltet. Geprägt von den Ideen des aufgeklärten Absolutismus, einem neuen Verständnis des Beamtentums und einer »politischen Bürgerlichkeit« schuf er aus dem traditionellen bayerischen Stände- und Privilegienstaat ein **modernes Territorium** nach französischem Vorbild.

Zumindest theoretisch galt die weitgehende Gleichheit der Rechte und Pflichten aller Staatsbürger vor dem Gesetz. Die **Steuerprivilegien** wurden daher beseitigt und ein einheitlicher Zoll- und Wirtschaftsraum geschaffen und auf das gesamte Staatsgebiet Bayern ausgedehnt. Das Postwesen sowie die Kommunalverwaltungen wurden verstaatlicht und die Verwaltung neu organisiert.

Es kam zu einer Einführung der **allgemeinen Wehrpflicht** nach französischem Vorbild; Toleranz und konfessionelle Parität wurden durchgesetzt. Die alten Landstände fielen den neuen Maßnahmen zum Opfer. Nahezu alle Klöster – auch im rechtsrheinischen Bayern – wurden im Zuge der **Säkularisation** aufgelöst.

Die **Reformen Montgelas'** wiesen aber auch Schwächen auf, da er nur ungenügend die historischen Voraussetzungen des Landes berücksichtigte. Seine teilweise überstürzten Reformen führten zu Widerständen in der Bevölkerung.

Erst der Sturz des Grafen Montgelas machte schließlich den Weg frei für eine Verfassung, der ersten in einem größeren deutschen Staat. **Kronprinz Ludwig**, der später als König Ludwig I. Bayern regierte, gehörte zu einem der wichtigsten Fürsprecher dieser Neuerungen.

Obwohl Montgelas ein erklärter Gegner der Verfassung war – weil er das Volk für die Mitbestimmung noch nicht reif genug hielt –, so ist sie doch die Krönung seines Reformwerks und **Staatsneubaus**. Die Verfassung sicherte auch in Zukunft die Mitsprache der politisch maßgeblichen Schichten. Der königliche Herrscher wurde zu einem Organ des Staates nach der Vorstellung eines Gesellschaftsvertrages. Die Verfassung vollzog den Schritt vom aufgeklärten Absolutismus zur **konstitutionellen Monarchie**.

Soziale und wirtschaftliche Entwicklung im 19. Jahrhundert

Die Geschichte des 19. Jahrhunderts ist nicht nur vom Konzert der europäischen Mächte, sondern auch von der wirtschaftlichen Entwicklung und damit den verschiedenen Phasen der Industrialisierung geprägt. Die wirtschaftlichen Veränderungen – beginnend in der ersten Hälfte des 19. Jahrhunderts – waren in einigen europäischen Ländern so beachtlich, dass man in Anlehnung an die Französische Revolution auch von einer »industriellen Revolution« spricht, die auch in politischer Hinsicht für Veränderungen verantwortlich war.

Die Industrialisierung

In Deutschland handelte es sich beim Umbau der bestehenden Agrargesellschaft in eine Industriegesellschaft um einen langwierigeren Prozess, sodass der Begriff der »industriellen Revolution« nicht wirklich zutrifft und auch eine eindeutige zeitliche Fixierung kaum möglich ist: So datieren die einen den »industriellen Take-off« etwa 1850, während ihn andere bereits um 1835 ansiedeln. Tatsächlich wurden erst nach der Jahrhundertmitte im größeren Stil Investitionen getätigt, das Wirtschaftswachstum erfasste jetzt die führenden Industriezweige nachhaltiger, der politische Rahmen ermöglichte industriellen Fortschritt, und ausreichende Eisenbahnverbindungen standen zur Verfügung.

Sehr eng mit dem technischen Fortschritt verbunden war die Entstehung einer »Industriegesellschaft«, die ihre ökonomische Basis im Wesentlichen durch industrielle Produktion erwirtschaftete. Naturwissenschaftlich-rationales Denken und Forschen verhalf den neuen Produktionstechniken und -methoden und nicht zuletzt auch modernen Maschinen zum Durchbruch, die nunmehr in Fabriken und nicht mehr nur in einfachen Handwerksbetrieben Anwendung fanden.

Parallel dazu veränderte sich das Verkehrswesen durch den Einsatz neuer Verkehrsmittel wie der Eisenbahn und dem Dampfschiff einerseits und dem Ausbau vorhandener Verkehrswege andererseits. Dies ermöglichte eine bis dahin kaum praktizierte Arbeitsteilung in der Produktionsphase und eine Umorientierung hin zur großräumigeren nationalen Volkswirtschaft. Je offenkundiger die Folgen der Industrialisierung waren, desto stärker traten soziale Probleme auf, die sich spätestens seit dem Weberaufstand in Schlesien 1844 in der so genannten »sozialen Frage« bündelten.

In Deutschland war die Zeit zwischen dem Ende des 18. Jahrhunderts und den 1830er-Jahren geprägt von Aufbruch und Umwälzungen, auf denen die eigentliche Industrialisierung in Deutschland in den folgenden Jahrzehnten beruhte. Die Ideen der Aufklärung hielten in volkswirtschaftlichen Bereichen Einzug, sodass Reformen, wenn auch nicht wirklich umgesetzt, so doch wenigstens eingeleitet wurden.

In der ersten Industrialisierungsphase von 1835 bis 1873 verdrängte die Industrie in Teilen das Handwerk. Während das Verlagswesen stagnierte, expandierten Manufaktur, Industrie und Bergbau durch die aufkommende Eisen- und Baumwollindustrie. Die Verlagsproduktion war bis 1900 aus fast allen industrialisierbaren Bereichen verdrängt. Mit der zunehmenden Bedeutung des zweiten Wirtschaftssektors (Industrie) auf das Volkseinkommen wandelte sich auch der erste Sektor: die Landwirtschaft. Eng damit verbunden waren die Verbesserung der Produktionsmethoden, Bauernbefreiung, Gewerbefreiheit, der Abbau von Binnenzöllen sowie der Ausbau der Verkehrswege und damit ein verbesserter Handel. Außerdem begann die einsetzende Bevölkerungsexplosion auf die wirtschaftliche Entwicklung Einfluss zu nehmen.

Bevölkerungsentwicklung

Grundlage für den Auf- und Ausbau einzelner Wirtschaftszweige war die Bevölkerungsexplosion, die ein erhöhtes Angebot an Arbeitskräften und eine steigende Nachfrage an Industrieprodukten mit sich brachte. Die Bevölkerung in Deutschland wuchs zwischen 1780 und 1875 von 21 auf 43 Mio.

Menschen mit einer zunehmenden Steigerung ab etwa 1850 (»Bevölkerungsexplosion«).

Unmittelbar vor dem Ersten Weltkrieg hatte sich die Bevölkerungszahl gegenüber 1800 verdreifacht. Die Geburtenrate stieg ab der Mitte des 19. Jahrhunderts für einige Jahrzehnte deutlich an, in den Jahren davor hatte vor allem der Rückgang der Sterblichkeitsrate zum Anstieg der Bevölkerung geführt. Gründe dafür waren die Verbesserung der landwirtschaftlichen Produktion, deren planmäßigere Verteilung durch den Ausbau der Verkehrswege und damit die allgemeine Versorgung.

Hunger, Krankheiten sowie Epidemien hatten nicht mehr die verheerenden Wirkungen wie in den Jahrhunderten zuvor. Auch herrschte nach den Befreiungskriegen eine lange Friedensperiode in Deutschland und Mitteleuropa. Hinzu kam die Erkenntnis, dass Krankheiten durch die Einhaltung von Hygienevorschriften genauso eingedämmt werden konnten wie durch Schutzmaßnahmen (Pockenimpfungen seit 1835 in Preußen). Der allgemeine Lebensstandard stieg allmählich. Dennoch musste die Landwirtschaft im ersten Drittel des 19. Jahrhunderts größere Krisen überwinden: Die Agrareinkommen waren zwar um 1800 gestiegen, während der Napoleonischen Kriege zwischen 1802 und 1815 durch Produktionsausfälle und Kontributionen aber wieder gefallen. Die Preise erholten sich erst ab 1827/1830.

Umstellung der agrarischen Produktionsweisen

Im 18. Jahrhundert war die Gesellschaftsordnung geprägt vom ständischen Feudalsystem mit Dreifelderwirtschaft sowie Grund- und Patrimonialherrschaft, das die Wirtschaftsentwicklung stark behinderte und zur Erstarrung der Gesellschaft geführt hatte. Geringe gesellschaftliche Mobilität und niedrige Produktivität waren die Folge.

Zwischen 1800 und 1878 nahm die landwirtschaftliche Nutzfläche kontinuierlich zu. Die Urbarmachung von Ödland, die gezielte Verwendung von Dünger und dadurch die Bestellung auch kargerer Böden sowie der Übergang von der Dreifelderwirtschaft zur »verbesserten Dreifelderwirtschaft« und schließlich zur »Fruchtwechselwirtschaft« brachten einen sprunghaften Anstieg der bebaubaren Flächen mit sich. Auf dem bisher brachliegenden Teil der Felder wurde nun Blattfrucht für die Stallfütterung angebaut.

Die Zunahme der landwirtschaftlich genutzten Fläche bewirkte gleichzeitig eine Steigerung des Produktionsvolumens, das durch eine qualitative Intensivierung des Anbaus und die Erhöhung des Viehbestandes weiter angehoben wurde. Neue Maschinen (Zugmaschinen, Mähbinder und Dreschmaschinen) ermöglichten eine weitere massive Ertragssteigerung. Die Entdeckung des mineralischen Düngers um die Mitte des 19. Jahrhunderts eröffnete der Landwirtschaft neue Dimensionen, obwohl sich die Erfindungen des Chemikers Justus von Liebig erst im 20. Jahrhundert durchsetzten. Schließlich wurde beim Anbau das bisherige Hauptnahrungsmittel Getreide von Kohl und Kartoffel verdrängt.

Bauernbefreiung

Der Umbruch in der Landwirtschaft steht ganz wesentlich in Verbindung mit der so genannten »Bauernbefreiung«. Die Reform wurde in Preußen von Heinrich Friedrich Karl Reichsfreiherr vom und zum Stein sowie Karl August Fürst von Hardenberg getragen, in Bayern von Maximilian Graf von Montgelas. Die Bauernbefreiung beinhaltet im Wesentlichen die Beseitigung der Abhängigkeiten, denen die bäuerliche Bevölkerung im fest gefügten Feudalsystem unterworfen war. In Deutschland vollzog sie sich grundsätzlich bis zur Revolution 1848 in fünf Schritten:

- Umwandlung der Frondienste und Naturalabgaben in Geldleistungen
- Beseitigung persönlicher Abhängigkeiten: Im Laufe des 18. Jahrhunderts setzte sich die Umwandlung der Frondienste und der Naturalabgaben in Geldleistungen an den Grundeigentümer durch. Gleichzeitig wuchs auch die Bereitschaft bei Bauern, als Tagelöhner bei Großbauern den Lebensunterhalt zu verdienen. In Preußen betraf die Beseitigung der Leibeigenschaft 1807/1810 nur noch ein Drittel der bäuerlichen Familien.

- Auflösung des Gemeinbesitzes: Die bestehenden gemeinsamen Berechtigungen aller Bauern eines Dorfes an Wald, Weide sowie Ödland wurden in Privatbesitz umgewandelt.
- Verleihung des Eigentums in Verbindung mit der Ablösung der Leistungen: Zur Freiheit der Person gehörte nach aufgeklärt liberalem Verständnis die Verfügung über ausreichend Privateigentum, um den eigenen Unterhalt zu sichern. Der freie Bauer sollte Grund und Boden als Eigentum erhalten. Dazu wurde entweder der gesamte Grund eines Hofes zwischen dem Grundherrn und dem erbberechtigten Bauern aufgeteilt oder letzterer löste die bisherigen Grund- und Gerichtsrechte ab. Die Ablösezahlungen waren allerdings erst in der zweiten Hälfte des 19. Jahrhunderts beendet.
- Aufhebung der Patrimonialgerichtsbarkeit und der grundherrschaftlichen Polizeigewalt: Die Aufhebung der grundherrschaftlichen Rechte setzte zu Beginn des 19. Jahrhunderts ein und fand mit der Revolution 1848 ihren Abschluss.

Binnen- und Auswanderung

Das Bevölkerungswachstum und die zunehmende Mechanisierung setzte im landwirtschaftlichen Sektor Arbeitskräfte frei, die in andere Wirtschaftsbereiche in den Städten abwanderten. Dort boten sich infolge der fortschreitenden Industrialisierung neue und vordergründig lukrativere Beschäftigungsmöglichkeiten. Die deutsche Binnenwanderung führte somit grundsätzlich vom Land in die Stadt (Landflucht) und von den landwirtschaftlichen in die gewerblich geprägten Landstriche wie z. B. in das Rhein- und Ruhrgebiet, nach Sachsen, Schlesien und in den Großraum Berlin.

In industriellen Ballungsräumen entstanden ganze Städtelandschaften. Während um 1800 noch 90 Prozent der Bevölkerung in Ansiedlungen mit weniger als 5000 Einwohnern lebten, hatte bereits 1871 jeder zweite Deutsche seinen Wohnsitz in Städten über 5000 Einwohnern. 1880 erreichte die Einwohnerzahl Berlins die Millionenmarke und zehn deutsche Städte die 100 000 Einwohner – zum Vergleich zählten um 1800 gerade einmal Berlin und Hamburg mehr als 100 000 Einwohner.

Im Vergleich zur Binnenwanderung betraf die Auswanderung nur einen geringeren Teil der Bevölkerung. Das Ziel waren freilich nicht mehr die dünn besiedelten Gebiete Osteuropas, sondern seit den 1830er-Jahren vielmehr die USA. Nach den revolutionären Auseinandersetzungen von 1830 traten neben wirtschaftliche nun vor allen Dingen politische Gründe.

Nach der Revolution von 1848 stiegen die Auswanderungszahlen noch einmal sprunghaft an. So verließ um 1820 von 1000 Deutschen nur einer seine Heimat, 1840 waren es beinahe drei, nach der 1848er-Revolution nahezu neun. Die Zahl ging dann aber wieder auf das Niveau von 1840 zurück. Mit dem attraktiven Lohnniveau in industriellen Betrieben wurden vor allem nach 1880 Auswanderungswillige absorbiert, die sich bisher nach Nordamerika gewandt hatten. Nach dem Ende der freien Landnahme 1893 in den USA löste dann die europäische Ost-West-Binnenwanderung die Auswanderung ab.

Einführung der Gewerbefreiheit

Um 1800 erreichte die Leistung der gewerblichen Produktion in Deutschland nur ein Drittel der französischen und ein gutes Viertel der englischen Fertigung. Während die beiden westeuropäischen Staaten ihre Produktionsmethoden modernisiert hatten, hielten das deutsche Handwerk und die wenigen Manufakturen an herkömmlichen Traditionen fest. Die überholten Herstellungsverfahren und der damit verbundene geringe Einsatz an modernen Maschinen behinderten die Konkurrenzfähigkeit der deutschen Fabrikate.

Besonders auffällig war dabei die Rückständigkeit in den Gewerbezweigen, die von der Industrialisierung am frühesten erfasst wurden: Eisengewinnung und -verarbeitung sowie der gesamte Textilbereich. Aus diesem Grund mussten Verhältnisse geschaffen werden, die den Einsatz neuer Technologien ermöglichten. Dazu zählten die Bauernbefreiung und die Schaffung eines gemeinsamen Wirtschaftsraumes durch Beseitigung von Zollschranken sowie Gewerbefreiheit.

Bei der Gewerbefreiheit wurde es jedermann möglich gemacht, zu jeder Zeit und an jedem Ort einen Gewerbebetrieb in jedem Umfang und mit jeder Produktionstechnik zu eröffnen und zu betreiben. Diese Neuerung hob damit ständische Schranken und Ortsbindungen sowie Ausbildungs- und staatliche Zunftbeschränkungen auf. Nur noch wenige Berufe und Berufsgruppen unterlagen gewissen Restriktionen: Ärzte, Apotheker, Bauunternehmer, Schiffer, Schlosser, Schausteller, Schank- und Gastwirte mussten entweder eine Ausbildung oder eine polizeiliche Zuverlässigkeitsbescheinigung vorlegen.

Preußen realisierte vor allen anderen deutschen Staaten mit dem so genannten »Oktoberedikt« von 1807 die Gewerbefreiheit. Für die Staaten des Norddeutschen Bundes besiegelte aber erst die amtliche Gewerbeordnung von 1869 die Gewerbefreiheit, die mit der Abschaffung der Zünfte und der Qualitätsgarantien sowie der Einführung des Konkurrenzprinzips verbunden war.

Den ersten preußischen Schritten folgten die anderen deutschen Staaten nur zögernd. Bayern lockerte zwar 1825 die Zunftbestimmungen, die volle Gewerbefreiheit gewährte der König jedoch erst 1866. Eine einheitliche Regelung verwirklichte die Reichsverfassung: Ab 1872 galt die norddeutsche Gewerbeordnung in allen Staaten des Deutschen Reiches.

Die wichtigste Bedeutung der Gewerbefreiheit bestand darin, dass sie dem Handwerk die Möglichkeit zur Umstrukturierung gab, sodass es auch zukünftig konkurrenzfähig blieb. Die Zahl der ländlichen Betriebe stieg an und die Produktionspalette erweiterte sich. Den Rationalisierungsmaßnahmen folgte allerdings die Verschlechterung der Arbeitsbedingungen.

Der Wandel in Landwirtschaft und Gewerbe war eine der Voraussetzungen für das Entstehen einer Industriegesellschaft. Die in der Agrar- und Gewerbewirtschaft nicht mehr benötigten Arbeitskräfte standen zukünftig der industriellen Produktion zur Verfügung. Parallel zu Gewerbe und Industrie veränderte sich auch der Dienstleistungsbereich, um einen verbesserten Güteraustausch zu gewährleisten. Voraussetzung dafür war die Beseitigung der unübersichtlich vielen Zollschranken und Zölle zwischen den deutschen Ländern.

Der Deutsche Zollverein

Die territoriale Zersplitterung hemmte bis ins 19. Jahrhundert hinein den ungehinderten Warenhandel in Deutschland. Selbst nach der Zwangszusammenlegung vieler Territorien unter Napoleon existierten noch immer 40 verschiedene politische Gebilde und damit natürlich auch Zollrechte. Die im Merkantilismus betriebene Schutzzollpolitik, die das heimische Gewerbe vor ausländischer Konkurrenz schützen sollte, blieb aktuell. Darüber hinaus bestand Deutschland aus drei wirtschaftlich unterschiedlich strukturierten Zonen: großagrarischer Grundbesitz im Osten und Norden, vom Rhein bis nach Sachsen und Schlesien eine gewerblich, bald auch frühindustriell geprägte Region und schließlich der agrarisch-kleingewerbliche Süden und Südwesten.

Aufhebung der Kontinentalsperre

Der Wiener Kongress konnte keine wirtschaftliche Einigung des Deutschen Bundes realisieren. Sie scheiterte in erster Linie an einem gemeinsamen Zollsystem: Preußen tendierte zum Freihandel, Österreich zum Schutzzoll. Hinzu kam eine Vielzahl unterschiedlicher Währungen, Maße und Gewichte. Selbst die steigende Konkurrenz aus dem Ausland nach der Aufhebung der Kontinentalsperre (1806 – 1813) führte zu keinen zwischenstaatlichen Aktivitäten.

Lediglich Bayern beseitigte 1807 die Binnenzölle, Preußen fasste seine geografisch getrennten Territorien handelspolitisch mit dem Zollgesetz vom Mai 1818 zu einem geschlossenen Zollgebiet mit Außenzöllen und einem einheitlichen Zolltarif zusammen. Für ein gemeinsames Zoll- und Handelsgebiet der deutschen Staaten war jedoch die Zeit noch nicht reif.

Entstehung des Zollvereins

Theoretiker und Vorreiter eines einheitlichen Wirtschaftsraums war der Staatswissenschaftler und Wirtschaftspolitiker Friedrich List, der die Beseitigung der Zollschranken im deutschen Binnenraum, die Erhebung von Zöllen gegenüber dem Ausland und den Ausbau eines Eisenbahnnetzes verlangte, mit seinen Forderungen aber scheiterte.

Erst im Januar 1828 einigten sich Bayern und Württemberg auf Handelserleichterungen. Wenige Wochen später gründeten Preußen und das Großherzogtum Hessen den preußisch-hessischen Zollverein. Im September 1828 schlossen sich Sachsen, die thüringischen Staaten, Nassau, Hannover, Braunschweig, Oldenburg, Kurhessen sowie die Städte Frankfurt am Main und Bremen zum Mitteldeutschen Handelsverein zusammen. Ein umfassender Handelsvertrag zwischen dem bayerisch-württembergischen und dem preußisch-hessischen Zollverein wurde dann 1830 unterzeichnet.

Am 1. Januar 1834 trat der Deutsche Zollverein in Kraft. Er verband bis 1842 neben den vier Königreichen Preußen, Bayern, Sachsen und Württemberg 28 der 39 Bundesstaaten einschließlich Luxemburg zu einem zusammenhängenden Wirtschaftsgebiet; lediglich Hannover und Oldenburg verbündeten sich mit Schaumburg-Lippe zu einem eigenständigen, ähnlich organisierten Steuerverein. Der Zollverein, der auf 130 bilateralen und multilateralen Verträgen basierte, baute gegenüber Drittländern ein gemeinsames Zollsystem auf. Der Zusammenschluss besaß, ähnlich dem Deutschen Bund, eine staatenbündische Organisation, dessen oberstes Organ ein Gesandtenkongress (»Generalzollkonferenzen«) war.

Preußens Dominanz im Zollverein

Österreich machte keine größeren Anstrengungen, dem national geprägten Deutschen Zollverein beizutreten. Spätere Versuche Wiens, den Anschluss zu erreichen, wusste Preußen zu verhindern. Der Zollverein bildete somit die Basis zum Ausbau der wirtschaftlichen Entwicklung der meisten Staaten im Deutschen Bund, vor allem an Rhein und Ruhr. Durch den Zusammenschluss kam es in den westlichen Industriegebieten zu einem wirtschaftlichen Aufschwung, sowohl der Import ausländischer Waren als auch der Export nahmen zu. Insgesamt stiegen die inländische Produktion und die Palette der angebotenen Güter.

Die geschilderte Entwicklung wäre wahrscheinlich auch ohne den Zollverein eingetreten. An die kleindeutsche Einigung dachte deshalb 1833/34 noch niemand. Genauso wenig musste der Zollverein zwangsläufig zur Reichsgründung von 1871 führen; er förderte lediglich die zunehmende Dominanz Preußens und damit die Schwächung Österreichs im Deutschen Bund. Die Gründung des Norddeutschen Bundes erforderte eine Reform des Zollvereins von Grund auf. Die Zollvereinsverträge vom Juli 1867 veränderten seinen Charakter vom Zoll-Staatenbund in einen Zoll-Bundesstaat. Die Einzelstaaten mussten hierbei grundlegende Rechte in Zoll- und Handelsfragen an die neuen Entscheidungsgremien, Zollbundesrat und Zollparlament, abtreten.

Die beiden Institutionen schufen bis 1870 wichtige Grundlagen für eine deutsche Wirtschaftseinheit, die mit der Reichsverfassung von 1871 ihre staatsrechtliche Form erhielt. Die Reichsgründung 1871 machte das Deutsche Reich zu einem Bundesstaat mit einheitlichem Zollgebiet. Luxemburg trat als Zollbundmitglied dem Bundesstaat nicht bei, und mit den Hansestädten Hamburg und Bremen blieben zwei Mitglieder des Bundesstaates bis 1888 außerhalb der Zollunion.

Verkehrswesen und Handel

Die bedeutendsten Bereiche des Dienstleistungssektors waren das Verkehrswesen, der Handel und das Geld- und Bankwesen. Mit Beginn der Industrialisierung fand eine rapide Aufwärtsentwicklung des Verkehrssektors durch einen verstärkten Güteraustausch statt. Das Haupttransportmittel wurde die Eisenbahn, im internationalen Handel aber auch die Schifffahrt. Im zweiten Drittel des 19. Jahrhunderts entwickelte sich der Außenhandel sprunghaft zum Welthandel weiter.

Die schlechten Verkehrsverhältnisse behinderten anfangs den überregionalen Warenaustausch. Der Verkehr lief zu Beginn des 19. Jahrhunderts über unbefestigte Landstraßen, der Chausseebau (befestigte und auf Fernverkehr ausgerichtetes Straßennetz) steckte noch in den Kinderschuhen. Personen nutzten in der Regel die Postkutsche, für den Gütertransport standen von Pferden gezogene Fuhrwerke bereit.

Der zögerliche Ausbau der inländischen Wasserwege sollte durch künstliche Wasserstraßen (Kanäle) verbessert werden. Der einsetzende Straßenbau senkte die Transportkosten durch erhöhte Transportkapazitäten und -geschwindigkeiten. Einen tatsächlichen Fortschritt brachte jedoch erst der Bau der Eisenbahn. Der erste Zug auf deutschem Boden fuhr 1835 auf der Strecke zwischen Nürnberg und Fürth.

Der rasche Ausbau des Bahnnetzes profitierte von dem gerade geschaffenen nationalen, einheitlichen Wirtschaftsraum. Die zunehmende Produktion industrieller Waren verlangte Verkehrsverbindungen, die nicht nur die Rohstoffe zu Fabriken bzw. die Endprodukte zum Verbraucher brachten, sondern auch die Koordination der beginnenden räumlichen Arbeitsteilung bewerkstelligten. Der Eisenbahnbau bildete die Voraussetzung dafür, dass die Zollvereinigung ihre volle Wirksamkeit entfalten konnte: Neben einem einheitlichen Verkehrsgebiet verbilligte sie ganz erheblich den Massengüterverkehr und die dafür benötigte Zeit.

Industrialisierung in Deutschland

Bauernbefreiung, Gewerbefreiheit, Zollverein und Ausbau des Verkehrsnetzes sowie technische Erfindungen und deren Einsatz bildeten die Basis für die industrielle Entwicklung eines Landes. Tempo und Intensität der Industrialisierung unterschieden sich sowohl in den deutschen Einzelstaaten als auch in den verschiedenen Industriezweigen. Die Regierungen übernahmen nur zögernd die technischen Neuerungen, einige private Unternehmer versuchten deshalb seit der Jahrhundertwende auf die neuen Anforderungen zu reagieren. Die politische Führung des Deutschen Bundes überließ dann auch den Aufbau von Fabriken reichen Unternehmern mit Initiative und Fachkenntnissen, die über die notwendigen Voraussetzungen verfügten: ausreichende und geeignete Arbeitskräfte, Kapital, Rohstoffe und deren billiger Bezug, Kenntnis der Produktionsmethoden, günstige Verkehrsbedingungen und Absatzmärkte. Die Bedeutung der »Fabrikanten« als den modernen Unternehmern lag vor allem darin, dass sie die neuartige technische Produktion beispielhaft umsetzten und damit zum Antrieb für Mechanisierung und Industrialisierung wurden.

Mechanisierung der Produktion

Seit Beginn der 1830er-Jahre beschleunigte sich die industrielle Entwicklung im Deutschen Bund: Die Zahl der Lohnarbeiter nahm zu, das Investitionskapital stieg an, die industrielle Produktionsquote übertraf erstmals die von Handwerk, Verlag und Manufaktur.

Von der Industrialisierung profitierten besonders der Bergbau, die Metallherstellung und -verarbeitung sowie das Textil- und Bekleidungsgewerbe. Die Garnherstellung wurde durch die Spinnmaschine und die Gewebeherstellung mittels mechanischer Webstühle mechanisiert. In Deutschland kam die Technisierung der Textilproduktion jedoch verhältnismäßig langsam in Gang: Der erste deutsche Webstuhl wurde erst im Jahr 1845 gebaut. In seiner Bedeutung ging der Textilbereich im Laufe des 19. Jahrhunderts gegenüber dem Maschinenbau zurück. »Motor« der Industrialisierung waren vielmehr Metallherstellung und -verarbeitung.

Der große Aufschwung

Die hohe Nachfrage des Maschinen- und Eisenbahnbaus brachte nach 1850 einen großen Aufschwung, der anfangs durch Importe aus England, zunehmend aber durch eine rasche Technisierung gedeckt wurde. Die Zahl der Maschinenfabriken wuchs seit Mitte des 19. Jahrhunderts stetig an. Einer Technisierung im Bergbau waren Grenzen gesetzt, dennoch hatte auch dieser Zweig Einfluss auf die Industrialisierung. Der Energie- und Erzbedarf der Wirtschaft stieg, der Bergbau selbst verursachte wiederum eine hohe Nachfrage nach Industrieleistungen und dem Ausbau der Transportsysteme.
Dampfmaschinen erleichterten die Produktion erheblich, Kohle wurde billiger und konkurrenzfähig gegenüber anderen Brennstoffen. Der Einsatz von Maschinen konnte nur bei der Braunkohle- und Eisenerzgewinnung im Tagebau forciert werden, sodass die Branche den wachsenden Bedarf nur durch Importe zu decken vermochte (→ Zeittafel »Europäische Erfindungen und Neuerungen«).

Europäische Erfindungen und Neuerungen

Textilbereich

1769	Spinnmaschine
1784	Dampfmaschine
1785	mechanischer Webstuhl (Edmund Cartwright)
1845	Nähmaschine (Elias Howe)

Metallgewerbe

1740	Erzeugung von Tiegelstahl (Benjamin Huntsmann)
1784	»Puddelverfahren« (Henry Cort); ab 1864 wesentlich verbessert
1855/56	»Bessemer-Birne« (Henry Bessemer): Umwandlung von Eisen in Stahl

Verkehrswesen

1807	Dampfschiff (Robert Fulton)
1814	Dampflokomotive (George Stephenson)
1816	Stapellauf des ersten deutschen Dampfschiffs in Bremen
1825	Eröffnung der ersten öffentlichen Eisenbahnstrecke in England zwischen Stockton und Darlington
1827	regelmäßige Dampfschifffahrtslinie auf dem Rhein
1835	Eröffnung der ersten deutschen Eisenbahnstrecke zwischen Nürnberg und Fürth

Der Ausbau der Industrie (1873–1914)

Unmittelbar nach der Reichsgründung wurden einige Gesetze, die bereits im Norddeutschen Bund Geltung besaßen, auf Reichsebene ausgeweitet:

- Übernahme der neuen Zollvereinsgesetze (1867)
- Maße und Gewichte auf der Basis des Dezimalsystems vereinheitlicht (1868)
- Zollgesetz (1869)
- Gewerbeordnung, Handelsgesetzbuch und Wechselordnung, Gesetz über Urheberrecht am geistigen Eigentum (beides 1870)

Hinzu kamen:

- Postgesetz (1871)
- Seemannsordnung (1872)
- Zolltarifgesetz, Markenschutz (beide 1874)
- Eisenbahn-Post-Gesetz und Patentgesetz (1876)

Gründerboom

Besonders die Vereinheitlichung im Geldwesen (Talergebiet im Norden und Guldengebiet im Süden und in Österreich) nach 1871 brachte einen enormen Fortschritt. Die Mark wurde neue, allgemein gültige Währungseinheit im Bund, zwei Jahre später folgten die Einführung des Goldstandards und die Beschränkung des Silbers auf Kleinmünzen. Bis 1876 war die Währungsumstellung zusammen mit der Gründung der Reichsbank (1875) abgeschlossen.

Die Leistungen der Post erweiterten Telegrafie und Telefon. In der Seeschifffahrt trat durch den wachsenden Transportbedarf und die Ausnutzung der durch die Industrialisierung gegebenen Möglichkeiten eine weitere Verbesserung ein.

Die Reichsgründung und die durch die militärischen Konflikte aufgestauten wirtschaftlichen Reserven mündeten in den ersten Jahren des Deutschen Reiches in einen Gründerboom. Begünstigt wurde der ökonomische Aufschwung von der allgemeinen wirtschaftlichen Liberalisierung der Warenströme in Europa. Insbesondere die liberalen Parteien im Reichstag, auf die sich Bismarck in den ersten Jahren stützte, befürworteten den Freihandel und bekämpften Zölle und Handelshemmnisse.

Gründerkrise

In der zweiten Hälfte des Jahres 1873 griff die »Gründerkrise« von Wien aus auf Deutschland über. Auf internationaler Ebene kam es zwischen Mai und Oktober 1873 zur Zahlungsunfähigkeit an verschiedenen Börsenplätzen (z. B. Budapest, Wien). Die Krise, von der Berlin besonders betroffen war, wurde oft auf die französischen Reparationsleistungen zurückgeführt, in Wirklichkeit hatte sie aber verschiedene Gründe. So hatte die Spekulation mit Wertpapieren immer weiter um sich gegriffen, die Zahl neu gegründeter Aktiengesellschaften war sprunghaft gestiegen, die internationale Ausdehnung der Produktionsmöglichkeiten reduzierte den Export der Überproduktion. Bei der »Gründerkrise« handelte es sich also um eine internationale Krise, die in Deutschland durch die französischen Transferleistungen lediglich verstärkt wurde.

Nach der Hochkonjunktur der »Gründerjahre« war jetzt besonders die Großindustrie betroffen. Einflussreiche Unternehmer, Konservative, Agrarlobby und Schwerindustrie bekämpften nun den Freihandel und propagierten eine protektionistische Wirtschaftspolitik mit Schutzzöllen (»Neomerkantilismus«). Da die liberalen Parteien an Bedeutung verloren und das Zentrum sowie die konservativen Kräfte Ende der 1870er-Jahre Mehrheitsbeschaffer für die Bismarck'sche Finanzpolitik wurden, kam es zur »konservativen Wende« von 1878/79.

Die 1873 abgeschafften Einfuhrzölle auf Roheisen und Eisenwaren wurden 1879 wieder eingeführt. Bereits zuvor waren die sinkenden Agrarpreise Grund genug gewesen, um die Zollfreiheit für landwirtschaftliche Produkte zu beseitigen. Monopole sowie Kartelle (Preisvereinbarungen, Festlegung des Produktionsvolumens, Absprachen über Absatzprobleme), Arbeitgeberverbände (als Gegenpol zu den Arbeitergewerkschaften) und Verbände (Interessenvertretung bei der Regierung) lösten das freie Spiel der Kräfte ab.

Der ökonomische Richtungswechsel beschränkte den internationalen Freihandel; das Deutsche Reich schirmte sich wirtschaftlich ab. Erst Mitte der 1890er-Jahre wurde der eingeschlagene Wirtschaftskurs im Zeichen des nationalen Anspruchs kolonialer Ziele neu überdacht.

Trotz der »Gründerkrise« hielt das langfristige Wachstum an und war in fast allen Branchen bemerkbar, es nahm im Vergleich sogar noch stärker zu. Getragen wurde die Industrialisierung weiterhin vom Metallgewerbe und von der Textilbranche. Nach einer kurzen Phase relativer Stagnation in den 1870er-Jahren erlebte der Export einen starken Aufschwung, die Außenhandelsstruktur wandelte sich grundlegend: Es mussten mehr Nahrungsmittel eingeführt werden, als im Gegenzug exportiert wurden, der Rohstoffexport sank.

Da Deutschland ein Industriestaat geworden war, stieg der Anteil der Halb- und Fertigwaren beim Export, während er beim Import sank. Die Bevölkerung löste sich zunehmend aus der Selbstversorgung und ernährte sich jetzt mithilfe des Handels. Verkehr, Handel, Geld- und Bankwesen waren nach der Reichsgründung vielfältigen Veränderungen unterworfen. Nach 1873 wurde das Staatsbahnsystem in Deutschland eingeführt.

Die Gesellschaft im wilhelminischen Deutschland

Von der 1895 einsetzenden und bis 1913 andauernden Hochkonjunktur profitierten nahezu alle Bevölkerungsschichten, wenn auch in unterschiedlichem Maße.

Die ungleiche Verteilung des Einkommenszuwachses und der schwache Anstieg der Reallöhne drängten immer mehr Frauen zur Erwerbstätigkeit, um den Lebensunterhalt der Familien durch zusätzliches Einkommen zu sichern. Die Lohnarbeiter blieben – wie früher die unfreien Bauern – politisch und rechtlich benachteiligt. Bis in die 1860er-Jahre hinein bestand ein Koalitions- und Streikverbot für Arbeiter, sodass sie ihre Forderungen nicht artikulieren konnten. Die Landtage waren ihnen aufgrund des stark eingeschränkten Wahlrechtes, das auf dem so genannten »Zensus« (Volkszählung, Schätzung) beruhte, ebenfalls verschlossen. In Preußen herrschte bis in das 20. Jahrhundert hinein das Dreiklassenwahlrecht, das Arbeiter von vornherein vom Wahlrecht ausschloss.

Die verbesserte medizinische Versorgung und hygienische Neuregelungen, der Anschluss an die Versorgung mit Wasser, Gas und Strom, der Ausbau der Kanalisation führten genauso wie die Verbesserung der Ernährungsgewohnheiten und die Auswirkungen des Arbeiterschutzes sowie der Sozialgesetzgebung zu einem Anstieg der durchschnittlichen Lebenserwartung von 37 Jahren (1871) auf 47 Jahre (1910). Die Bevölkerung des Deutschen Reiches wuchs von knapp 41 Mio. (1870) auf 67 Mio. (1913).

In den Großstädten vervierfachte sich die Bevölkerung zwischen 1871 und 1910 unter anderem durch den Zuzug aus den agrarischen Gebieten Ostdeutschlands, wo die Löhne seit der Agrarkrise der 1870er-Jahre mit denen in der Industrie nicht mehr Schritt halten konnten. Die Zuwanderung von Landarbeitern, Knechten und Mägden in die industriellen Zentren führte zu einer deutlichen Verschiebung des wirtschaftlichen und sozialen Einflusses von Ost nach West – vom adligen Grundbesitzer zum Unternehmer. In der Politik waren es jedoch weiterhin die »alten Eliten«, Großagrarier, Militär, Adel, die das Sagen hatten. Den Verlust von Arbeitskräften im Osten fing die Zuwanderung von Wanderarbeitern aus Polen auf. Deutschland war zwar kein Einwanderungsland, aber nach den USA das zweitgrößte »Arbeitseinfuhrland«.

Die »soziale Frage« und die Lage der Arbeiterschaft

Als »soziale Frage« bezeichnet man die wirtschaftlichen und sozialen Probleme des Übergangs von der Agrargesellschaft zur modernen Industriegesellschaft. Die Industrialisierung brachte nicht nur wirtschaftliche Veränderungen, sondern auch einen grundlegenden gesellschaftlichen Wandel. Industrialisierung und Landflucht lösten die Menschen aus ihrer gewohnten Umgebung und setzten sie im sozialen sowie wirtschaftlichen Bereich neuen, extremen Bedingungen aus. Dieser Prozess setzte in England bereits um 1750 ein, in Deutschland erst um 1850.

Industrieproletariat und Pauperismus

Durch die Nachfrage der Industrie nach vielen und billigen Arbeitskräften entstand eine breite Schicht gewerblicher Lohnarbeiter, die infolge des Bevölkerungswachstums und der Umwälzungen im landwirtschaftlichen Bereich in ausreichender Zahl zur Verfügung standen.

Die »Industriearbeiterschaft« bildete nie eine einheitliche Bevölkerungsschicht, vielmehr unterschied sie sich nach Lohneinkommen, sozialem Ansehen und Selbstverständnis. Das entscheidende Kriterium war die berufliche Qualifikation. Gemeinsam hatten diese Schichten nur das fehlende Eigentum an Produktionsmitteln, Grund und Boden, Kapital oder gewerblichen Betrieben, sodass sie ihren Lebensunterhalt mit Lohnarbeit verdienen mussten (→ Tabelle »Die verschiedenen Gruppen der Industriearbeiterschaft«).

Die Lohnarbeiter waren von Angebot und Nachfrage abhängig. Als die Zahl der Arbeitsuchenden in der Industrie das Angebot an freien Stellen übertraf – dies war in einigen Regionen bereits vor der Mitte des 19. Jahrhunderts der Fall – diktierten die Unternehmer die Arbeitsbedingungen: Lohndruck, lange Arbeitszeiten, Frauen- und Kinderarbeit sowie Wohnungselend waren die Folge. Es entstand eine gesellschaftliche Unterschicht, die an der Grenze des Existenzminimums lebte, das so genannte »Industrieproletariat«.

Die soziale Lage der Menschen wurde im ersten Drittel des 19. Jahrhunderts durch die Einkommenslage, die Arbeitsbedingungen und die Lebensbedingungen bestimmt. Nach 1827 verschärfte sich die Lage für die arbeitende Bevölkerung durch steigende Agrarpreise, Verstädterung und Wohnungsnot. Ab etwa 1850 entwickelte sich aus dem allgemeinen »Pauperismus« (Massenarmut) eine Armut der Industriegesellschaft: die so genannte »soziale Frage«.

Lohndruck

Bereits im ersten Drittel des 19. Jahrhunderts hatten nicht mehr alle Industriearbeiter ein gesichertes Auskommen. Mit der Verstädterung setzte der Verfall der Industriearbeiterlöhne ein, die oft unter das Existenzminimum sanken. Betroffen waren vor allem angelernte Arbeiter, die leicht ersetzbar waren. Verstärkt wurde diese Entwicklung bei schwacher Konjunktur, Missernten sowie persönlichen Schwierigkeiten (Krankheit, Kinder).

Lange Arbeitszeiten

Vor der Industrialisierung betrug die tägliche Arbeitszeit in der Regel im Jahresdurchschnitt zwölf Stunden. Dies änderte sich bald nach 1820. Die täglichen Arbeitsstunden wuchsen aufgrund mangelnder Schutzvorschriften auf 16 und mehr Stunden an, sodass eine 90-Stunden-Woche keine Seltenheit war. Nach der Jahrhundertmitte verbesserte sich diese Situation: Um 1870 war wieder der 12-Stunden-Tag die Regel.

Frauen- und Kinderarbeit

Frauen und Kinder fanden als billige Arbeitskräfte (im Vergleich zum Lohn der Männer) in der Textil-, Papier-, Nahrungs- und Genussmittelindustrie Verdienstmöglichkeiten. Auf diese Weise konnten die Fabrikanten die Löhne auf ein Minimum drücken. Nach der Jahrhundertmitte ging die Kinderarbeit mit der verbesserten Überwachung des staatlichen Kinderschutzes und neuer technischer Möglichkeiten zurück.

Wohnungselend

Während die Länder die betrieblichen Probleme der Lohnarbeiterschaft durch Vorschriften einzudämmen suchten, gelang dies bei der Wohnungssituation nicht. Bis zum Beginn des 20. Jahrhunderts

Gruppe	**Kriterien**	**Beispiele**
Spezialisten	◆ kleinste Gruppe ◆ höchstes Ansehen ◆ Spitzenlöhne ◆ für den Betrieb unentbehrlich, musste Entlassung nicht befürchten	◆ Musterzeichner in der Textilindustrie ◆ Mechaniker in Maschinenhäusern
Facharbeiter	◆ größere Gruppe, die in der Regel aus dem Handwerk kam ◆ gewisses Maß an Können ◆ ausreichendes Einkommen	◆ Tätigkeit im Maschinen- und Gerätebau
ungelernte Arbeiter	◆ größte und unterste Gruppe ◆ technisch anspruchslose Tätigkeit ◆ schlechte Bezahlung ◆ ohne Ansehen ◆ jederzeit ersetzbar	◆ Tätigkeit in Industrie und nichtgewerblichen Berufen ◆ schwere Arbeit in Berg-, Eisen- und Stahlwerken

Die verschiedenen Gruppen der Industriearbeiterschaft

waren nicht nur die Unterschichten vom Wohnungselend in den Großstädten betroffen, sondern auch Kleinbürger und niedrige Beamte. Das Vermieten entwickelte sich zu einem einträglichen Geschäft, in den Vorstadtvierteln entstanden Mietskasernen. Die Wohnviertel der Arbeiter waren grundsätzlich von denen der einkommensstärkeren Schichten getrennt.

Lösungsansätze für die »soziale Frage«

Die Behebung der Not sowie die Eingliederung der Arbeiterklasse in Staat und Gesellschaft und damit die Eindämmung sozialer Unruhen entwickelten sich im Laufe des 19. Jahrhunderts zu einer der Hauptaufgaben der verantwortlichen Kräfte von Politik und Gesellschaft.

Staatliche und soziale Hilfsmaßnahmen

Der Staat beschränkte sich – wenn auch schon relativ früh – auf gesetzliche Maßnahmen gegen Kinderarbeit. Preußen erließ 1839, Bayern 1840 und Österreich 1842 erste Kinder- und Jugendschutzgesetze. Kinder unter neun Jahren durften in Fabriken und Bergwerken nicht mehr regelmäßig beschäftigt werden, für ältere Kinder wurde die tägliche Arbeitszeit beschränkt. Außerdem verlangte der Gesetzgeber ein Mindestmaß an schulischer Ausbildung. Allerdings waren die Kontrollinstanzen bis um die Jahrhundertmitte derart mangelhaft, dass sich das Problem der Kinderarbeit verschärfte. Erst die wirksame Überwachung der Unternehmen brachte einen Fortschritt.

Frauen wurden dagegen lediglich vor Schwerstarbeit geschützt; die Arbeitszeitbeschränkungen und der Schutz der Wöchnerinnen entwickelten sich später. Seit 1855 richteten die Gemeinden Versicherungskassen ein. Diese wurden durch eigene Kassen der Arbeiterschaft und soziale Einrichtungen innerhalb von Betrieben ergänzt. Die Sorge der Fabrikanten war dabei nicht uneigennützig, versuchten sie doch auf diese Weise, ihre Belegschaft zu motivieren und an den Betrieb zu binden. Bereits 1876 waren mehr als ein Drittel der Arbeiter und fast alle Bergleute versichert, der Versicherungsschutz war allerdings alles andere als umfassend. Außerdem blieben die zu erwartenden Leistungen zu gering, um das Existenzminimum zu sichern.

Maßnahmen Bismarcks

Der Liberalismus verweigerte sich einer sozialen Gesetzgebung, sodass erst Reichskanzler Otto von Bismarck länderübergreifende gesetzgeberische Maßnahmen gegen die sozialen Mängel ergriff. Nach dem Kinderschutzgesetz von 1839 wurde der Staat in den 1880er-Jahren wieder aktiv (dazu auch im → Kapitel »Das Deutsche Reich unter Bismarck« die Sozialgesetzgebung Bismarcks). Dies geschah aber mehr aus der Notwendigkeit heraus, traditionelle Machtverteilungen zu wahren und die Sozialdemokratie zu bekämpfen, als aus sozialen Gründen. Der Reichskanzler verfolgte eine Doppelstrategie: Einerseits bekämpfte er die Sozialdemokratie mit gesetzlichen Mitteln und andererseits versuchte er mit einem umfangreichen Sozialgesetzgebungswerk die Arbeiterschaft enger an die Regierung zu binden.

Um 1890 setzte der von staatlicher Seite geförderte Ausbau des öffentlichen Nahverkehrs ein. Er erlaubte es den Arbeitern, preiswertere, besser ausgestattete und gesündere Wohnungen außerhalb der Stadt zu beziehen. Darüber hinaus begann der Bau von Sozialwohnungen.

Der sozialistische Lösungsansatz

Spätestens seit der Mitte des 19. Jahrhunderts waren sozialistische, kommunistische oder anarchistische Gesellschaftstheorien aus England (Owen) und Frankreich (Fourier) auch in Deutschland bekannt (»Frühsozialisten«). Der bekannteste deutsche Sozialist vor 1848 war der Schneidergeselle Wilhelm Waitling, der christlich beeinflusst einen handwerklich-ständischen Gleichheitskommunismus forderte.

Die Wirkung Waitlings ging jedoch schon vor der Revolution zurück und wurde von den Theorien von Karl Marx (→ »Biografien«) und Friedrich Engels (→ »Biografien«) abgelöst. Deren Gesellschafts-, Wirtschafts- und Staatstheorie gewann immer mehr Einfluss auf die Gesellenvereine. Im Revolutionsjahr fasste Marx seine Überlegungen im ›Kommunistischen Manifest‹ zusammen, sagte dem Demokratieprinzip und einer Zusammenarbeit mit bürgerlichen Richtungen den Kampf an und trat für eine Revolution der Arbeiterklasse ein.

Die aus der Arbeiterbewegung hervorgegangenen Sozialisten strebten die Verbesserung der Lage der Arbeiter an. Der Sozialismus sah den Ursprung der Missstände in den Klassenunterschieden und wandte sich dementsprechend gegen Individualismus, Kapitalismus und die »Klassengesellschaft« und verlangte stattdessen die Beseitigung des Privateigentums an den Produktionsmitteln.

Hinter dem Sozialismus stand keine einheitliche Theorie, vielmehr trat er in mehreren Strömungen auf. Da waren zum einen die Vertreter des wissenschaftlichen Sozialismus mit ihren Gründern Engels und Marx, die einen radikalen Übergang vom kapitalistischen zum sozialistischen System für notwendig erachteten, der nur durch eine Revolution zu bewerkstelligen war. Sozialreformerische Bemühungen verzögerten lediglich eine Revolution, sodass diese abgelehnt wurden.

Zum anderen wollten die »demokratischen Sozialisten« zwar das Zusammenleben von Staat und Mensch neu gestalten, doch nicht mit den Mitteln eines revolutionären Umsturzes. Vielmehr versuchte man, das System zu nutzen und die Arbeiter durch konkrete Hilfen zu Verbündeten zu machen. Zu ihren wichtigsten Forderungen zählten die Einführung des allgemeinen Wahlrechts, die Gleichberechtigung der Frau, eine aktive Sozial- und eine gerechtere Steuerpolitik und bessere Bildungsanstalten. Ein wichtiger Vertreter dieser Gruppierung war Ferdinand Lassalle (1825–1864), Mitbegründer der deutschen Sozialdemokratie und ab 1863 Präsident des Allgemeinen Deutschen Arbeitervereins.

Die sozialistischen Theorien von Marx und Engels hielten die revolutionären Modelle früherer Sozialisten für unrealistisch und entwickelten eine eigene Theorie – den »wissenschaftlichen Sozialismus«, auch als »Marxismus« bezeichnet. Sowohl die Wirtschaftslehre als auch die Lehre von der praktischen Politik haben ihre philosophischen Grundlagen im »dialektiktischen Materialismus« eines Georg Wilhelm Friedrich Hegel (1770–1831) und im »historischen Materialismus« seines Kollegen Ludwig Feuerbach (1804–1872). Als Marx und Engels 1848 das ›Kommunistische Manifest‹ vorlegten, glaubten sie fest an eine rasche Verwirklichung ihrer Theorien, die den Übergang vom Kapitalismus zum Kommunismus, einer radikalisierten Form des Sozialismus, bewerkstelligen sollten.

Christliche und kirchliche Lösungsansätze

Ab der Jahrhundertmitte versuchten auch die Kirchen, die sozialen Missstände zu mildern. Sie strebten ihre Korrektur an, nicht aber eine fundamentale Neugestaltung der Gesellschaft wie die Sozialisten. Führende Persönlichkeiten waren auf katholischer Seite der Mainzer Bischof Wilhelm Emmanuel Freiherr von Ketteler (1811–1877) und Adolf Kolping (1813–1865), auf evangelischer Seite Johannes Wichern (1808–1881) und Friedrich von Bodelschwingh (1831–1910). Ketteler äußerte sich immer wieder dezidiert zur »sozialen Frage«, organisierte das katholische Vereinswesen und förderte das Siedlungswerk. Er vertrat offensiv die Ansichten der katholischen Kirche und wirkte als Reichstagsabgeordneter der Zentrumspartei an der sozialpolitischen Gesetzgebung mit.

Daneben war der wohl wichtigste Vertreter der katholischen Sozialbewegung Adolf Kolping. 1845 rief er christliche Vereine für Gesellen und Arbeiter ins Leben. Sein 1849 unter dem Motto »Religion und Tugend, Arbeitsamkeit und Fleiß, Eintracht und Liebe, Frohsinn und Scherz« gegründetes Kolpingwerk besteht noch heute.

Zunächst hofften die Kirchen, die soziale Frage mithilfe des christlichen Liebesgebotes gegenüber dem Nächsten lösen zu können. Ab 1860 begann vor allem die katholische Kirche dennoch, konkrete Forderungen an den Staat zu stellen. Gleichzeitig nahm sie den Kampf gegen den Liberalismus und den atheistischen Marxismus auf.

Der Kulturkampf unter Otto von Bismarck (→ Kapitel »Das Deutsche Reich unter Bismarck«) förderte die Solidarität der Katholiken untereinander, die ihre politische Orientierung nach 1870 in der Zentrumspartei fanden. Prägend für den politischen Katholizismus war die im Jahre 1891 von Papst Leo XIII. verkündete Enzyklika ›Rerum novarum‹, die den offiziellen Standpunkt der katholi-

Die »Diktatur des Proletariats« nach Karl Marx

Mehrwerttheorie

In der kapitalistischen Wirtschaft wird menschliche Arbeitskraft als Ware betrachtet, deren Preis sich nach den Herstellungskosten richtet und somit dem Wert jener Dinge entspricht, die der Arbeiter unbedingt benötigt, um seine Arbeitskraft erhalten zu können (Existenzminimum). Der Wert der geleisteten Arbeit übersteigt den erhaltenen Lohn.

Akkumulationstheorie

Diesen Mehrwert behält der Unternehmer als Gewinn, vermehrt damit sein Kapital und investiert es für die Anschaffung von Maschinen, um die Produktion auszudehnen. Durch den akkumulierten Mehrwert werden die Kapitalisten reicher und reicher.

Konzentrationstheorie

Die Anhäufung des Kapitals konzentriert sich immer mehr auf wenige Großbetriebe – alle Produktionsmittel befinden sich am Ende in den Händen weniger.

Verelendungstheorie

Die Zunahme maschineller Produktionsweisen spart Arbeitskräfte, steigert damit die Arbeitslosigkeit und drückt die Löhne. Folge dieser Entwicklung ist die Massenverarmung.

Krisentheorie

Während die Produktion steigt, sinkt die Kaufkraft der Massen. Die allgemeine Überproduktion führt periodisch zu Krisen, die ein solches Ausmaß annehmen, dass die Möglichkeiten der kapitalistischen Produktionsweise erschöpft sind.

Zusammenbruchstheorie

Dies ist die Stunde der zum Klassenbewusstsein erwachten Proletarier: Sie können die Macht übernehmen und die »Expropriateure« – die »Enteigner« – enteignen. Die daraufhin ausgerufene revolutionäre »Diktatur des Proletariats« beseitigt alle bestehenden Klassenunterschiede. Ein aus allgemeinen und geheimen Wahlen hervorgegangenes Bündnis erhält die gesetzgebende und die ausführende Gewalt. Ist diese klassenlose Gesellschaft errichtet, wird der Staat überflüssig.
Neben den Bestrebungen zur wirtschaftlichen Umgestaltung des Staates sollte auch der ganze Mensch in seinem Denken und Handeln gemäß den Leitmotiven »Gleichheit, Freiheit, Solidarität« zum Nutzen der Gemeinschaft verändert werden.

Die Vorstellungen der marxistischen Gesellschaftsumwälzung wurden vom »internationalen Proletariat« in den europäischen Staaten verschieden aufgenommen. In Deutschland übernahmen mit Wilhelm Liebknecht (1826–1900) und August Bebel (1840–1913) zwei herausragende Arbeiterführer die Ideen des Marxismus und bestimmten den Kurs der sozialistischen Arbeiterbewegung (dazu im → Kapitel »Das Deutsche Reich unter Bismarck« den Abschnitt über die Parteien im deutschen Kaiserreich). Deshalb war der deutsche Sozialismus im letzten Drittel des 19. Jahrhunderts nicht unwesentlich vom Marxismus geprägt. Die Marx'schen Gedanken wurden jedoch durch die Geschichte widerlegt. Die Gesellschaft hat sich nicht weiter polarisiert, sondern ausdifferenziert, der »Mittelstand« blieb trotz aller Veränderungen erhalten.

schen Kirche zur Arbeiterfrage festlegte. Der Staat sollte seine Zuständigkeit für die Sicherung der Lebensgrundlagen und seine Solidaritätspflicht gegenüber den Schwächeren in der Gesellschaft wahrnehmen. Sein Eingreifen in den ansonsten tabuisierten Bereich der Familie akzeptierte man in Ausnahmefällen als zulässig und notwendig.

Damit wandte sich das Rundschreiben gegen den Liberalismus, der dem Staat jegliche Einmischung untersagt. ›Rerum novarum‹ war nicht nur die erste der so genannten Sozialenzykliken, die den Ausgangspunkt der (katholischen) christlichen Soziallehre bildete. Die Enzyklika sagte auch dem marxistischen Sozialismus den Kampf an, verwarf die Vergesellschaftung der Produktionsmittel und verurteilte den Klassenkampf.

Im Protestantismus ergriff Johannes Wichern gegen die Not des Proletariats die Initiative und gründete 1833 das »Rauhe Haus« in Hamburg für Obdachlose und verwaiste Kinder. 1845 folgte die »Innere Mission«, die sich sozial und seelsorgerisch um Obdachlose und kranke Arbeiter sorgte, sowie die männliche Diakonie. Nach anfänglichen Schwierigkeiten erlangten die Institutionen großes Ansehen im In- und Ausland, sodass ein dichtes Netz an ähnlichen Initiativen entstand. Das Werk Wicherns beruhte auf seiner Ansicht, dass die geistigen und geistlichen Kräfte dem Proletariat helfen könnten; der Gedanke, auf Staat und Gesetzgebung einzuwirken, lag ihm fern.

Friedrich von Bodelschwingh richtete in Bethel eine Anstalt für Behinderte (Bethel'sche Anstalten) ein. Als Begründer des evangelischen Sozialismus gelten Pfarrer Rudolf Todt (1838 – 1887) und der Berliner Hofprediger Adolf Stoecker (1835 – 1909). Sie sahen in der Sozialdemokratie weniger die Rettung für die Arbeiter als vielmehr eine Zusammenarbeit zwischen Staat und evangelischer Kirche. Stöcker, dessen Ansichten stark antisemitische Einschläge hatten, gründete 1878 die »Christlich Soziale Arbeiterpartei«. Die Partei entging dem Bismarck'schen Verbot nur deshalb, weil Stöcker als Hofprediger von Kaiser Wilhelm I. persönlich geschützt wurde.

Insgesamt blieb die Resonanz der kirchlichen Initiativen bei der Arbeiterschaft jedoch geringer als die sozialistisch motivierten Maßnahmen. Dies lag vor allem daran, dass die Anstrengungen zu spät kamen und dann nur zögernd in Angriff genommen wurden. Die Gedanken der Nächstenliebe und der gegenseitigen Verantwortung in der Gesellschaft waren kaum dazu geeignet, Abhilfe gegen die Verelendung des Proletariats zu schaffen. Die wenigen Einzelinitiativen konnten die soziale Frage nicht annähernd lösen.

Unternehmerische Lösungsansätze

Genauso wie die kirchlichen Lösungsansätze blieben auch die unternehmerischen Initiativen zur Verbesserung der schlechten Lebens- und Arbeitsbedingungen auf wenige private Hilfeleistungen beschränkt. Einige Großunternehmer wie Alfred Krupp (→ »Biografien«) in Essen, Friedrich Wilhelm Harkort (1793 – 1880) in Burg Wetter an der Ruhr und Friedrich von Siemens (1872 – 1941) in Berlin suchten dennoch Wege. Arbeiterwohnungen in Fabriknähe entstanden (z. B. Krupp-Siedlungen in Essen), die zum Selbstkostenpreis vermietet wurden. Betriebseigene Läden verkauften verbilligte Lebensmittel. Fabrikschulen für die Arbeiterkinder sowie Bildungsinstitutionen für die Arbeiter wurden eingerichtet. Viel früher als das staatliche Invaliden- und Altersversicherungsgesetz – meist schon in der ersten Hälfte des 19. Jahrhunderts – entstanden Hilfs-, Kranken- sowie Pensionskassen, die von Arbeitern und Fabrikherren zu gleichen Teilen finanziert wurden. In den 1890er-Jahren rief Ernst Abbe (1840 – 1905) in seiner Fabrik für Industrieglas in Jena die Carl-Zeiss-Stiftung ins Leben, die Grundlage für die Umsetzung seines sozialpolitischen Programms wurde.

Die Unternehmer reagierten auf den steigenden gesellschaftlichen Druck der Arbeiterschaft, der sich durch die sozialistischen Ideen ausbreitete. Im Mittelpunkt stand deshalb auch die Abwehr des sozialistischen Gedankengutes, der Gründung von Gewerkschaften und die Verhinderung von möglichen Streiks. Außerdem versuchte der Unternehmer, die Arbeiter an die eigene Fabrik zu binden. Seine Einstellung war vor allem patriarchalisch geprägt, er betrachtete sein Unternehmen als »große Familie«, über die der Vater herrscht.

Gewerkschaften

Kurz vor der Revolution von 1848/49 formierten sich zwei durchaus unterschiedliche Strömungen der organisierten Arbeiterbewegung: die kommunistische Richtung unter Führung von Marx und Engels sowie die Allgemeine Deutsche Arbeiterverbrüderung unter der Leitung von Stephan Born (1824–1898).

In ihrem Windschatten entstanden erste Gewerkschaften, die aber bereits 1854 wieder verboten wurden. Sie basierten auf dem Grundsatz gegenseitiger Hilfe für die arbeitende Klasse.

Nach der Aufhebung des Koalitionsverbotes Mitte der 1860er-Jahre entstanden die ersten wirksamen Interessenvertretungen der Arbeiter, allerdings nur in gebildeteren Arbeitergruppen (Buchdrucker, Zigarrenarbeiterverein). Ihre Mitglieder stammten demnach vornehmlich aus der Schicht der Facharbeiter und Handwerkergesellen.

Die Gewerkschaften, deren Entwicklung in der Zeit des Kaiserreiches eng mit der Sozialdemokratie verbunden war, formierten sich nach der Gründung der Sozialdemokratischen Partei neu und erzielten ab 1895 ungeheure Mitgliederzuwächse. Sie waren in zwei politische Richtungen gespalten: in die sozialistischen Gewerkschaften und die liberalen sowie christlichen Gewerkschaften.

Den weitaus bedeutenderen gesellschaftlichen Einfluss erzielten die sozialistischen Gewerkschaften mit ihrem Dachverband »Generalkommission der Freien Gewerkschaften Deutschlands«. Im Jahre 1875 schlossen sich die beiden größten sozialistischen Gewerkschaften, der »Allgemeine Deutsche Arbeiterverein« Lassalles und die »Internationale Gewerkschaftsgenossenschaft« Bebels und Liebknechts, zusammen.

Die liberalen Gewerkschaften spielten im Deutschen Reich nur eine untergeordnete Rolle. So auch die liberal orientierten Hirsch-Duncker'schen Gewerkvereine. Weltanschauliche Grundlage der 1869 von Hirsch und Duncker gegründeten Gewerkvereine war der sozialliberale Gedanke. Das Ziel der Gewerkvereine war eine Sozialreform durch Interessenausgleich und Kooperation zwischen Arbeitnehmern und Arbeitgebern.

Christliche Gewerkschaften existieren seit 1895. Ihre Wirksamkeit war durch den Streit über die konfessionelle Richtung zu jener Zeit jedoch stark eingeschränkt. Erst kurz vor dem Ersten Weltkrieg setzte sich die Überkonfessionalität durch.

Gründungen von Gewerkschaften und Arbeiterbewegungen im 19. Jahrhundert:

- Der Bund der Gerechten (1837)
- Katholischer Gesellenverein (1846)
- Kommunistenbund (1847)
- Allgemeine Deutsche Arbeiterverbrüderung (1848)
- Allgemeiner Deutscher Arbeiterverein, ADAV (1863)
- Internationale Deutsche Arbeiterassoziation in London (1864)
- Sozialdemokratische Arbeiterpartei (1869)
- Hirsch-Duncker'sche Gewerkvereine (1869)
- Sozialistische Arbeiterpartei Deutschlands, SAD (1875)
- Neugründung SAD als SPD (1891)
- Bildung verschiedener christlicher Gewerkschaften (ab 1895)

Zusammenfassung: Soziale und wirtschaftliche Entwicklung

Die Industrialisierung veränderte in ungeahntem Ausmaß die wirtschaftlichen und sozialen Verhältnisse in Europa. Die Wandlungen sind mit denen vorhergegangener Epochen nicht vergleichbar. Die treibenden Kräfte waren die Weiterentwicklung der Produktionsverhältnisse auf der Grundlage des **Liberalismus** (gesellschaftlicher Faktor) sowie die **Bevölkerungsexplosion** (natürlicher Faktor).

Die Industrialisierung fiel in Deutschland im Wesentlichen in die Zeit zwischen 1830 und 1870 und setzte im Vergleich zu England erst spät ein. Träger waren, anders als in England, nicht das Bürgertum, sondern **Adel** und **Staat**. Geprägt wurde sie vom Siegeszug der technischen Produktion, dem verstärkten Kapitaleinsatz, dem Auf- und Ausbau der Verkehrssysteme und dem Entstehen eines neuen Unternehmertyps sowie eines Industrieproletariats in den Städten.

Der **wirtschaftliche Aufstieg Preußens** verdrängte Österreich 1866 aus dem Deutschen Bund und bedingte dessen Auflösung. Trotzdem hatte der Zollverein von 1834 nicht zwangsläufig den Ausschluss Österreichs bedeutet, auch wenn die Zollvereinsverträge eine Klammer bildeten, die Nord und Süd miteinander verband.

Das Kaiserreich unter **Bismarck** war noch kein moderner ökonomischer Staat. Trotz fortschreitender Industrialisierung arbeitete fast die Hälfte aller Erwerbstätigen um 1873 im primären **landwirtschaftlichen Sektor**. Daher blieb der Einfluss der **Großagrarier** und der landwirtschaftlichen Lobby der Kleinbauern politisch von entscheidender Bedeutung. Erst Ende des 19. Jahrhunderts nahm ihr politisches Gewicht mit dem Höhepunkt der Industrialisierung sukzessive ab.

Den Prachtbauten erfolgreicher Unternehmer standen im wilhelminischen Deutschland die Mietskasernen gegenüber. Und während Staat und Gesellschaft von **Aristokratie** und **Großbürgertum** geprägt waren, formierte sich die **Arbeiterklasse** gegen soziale und politische Benachteiligung. Zwischen 1871 und 1914 versechsfachte sich die industrielle Produktion, die Ausfuhren vervierfachten sich. Doch trotz Industrialisierung und Urbanisierung blieb Deutschland eines der wichtigsten europäischen Agrarländer.

Von der Reichsgründung bis zum Ersten Weltkrieg wurden die wirtschaftlichen und sozialen Verhältnisse durch die Entwicklung zum Industriestaat getragen. Aus Industrialisierung, Urbanisierung und Proletarisierung entwickelte sich schließlich die **»soziale Frage«** als das Problem der zweiten Hälfte des 19. Jahrhunderts. Staat, Sozialisten, Gewerkschaften, Kirchen und Unternehmer legten unterschiedliche Modelle vor, die für sich genommen keine Lösung waren. Im Ganzen gesehen brachten die unterschiedlichen Aktivitäten und Gesetzgebungsmaßnahmen jedoch eine deutliche Besserung der katastrophalen Lebensverhältnisse des Proletariats. Mit dem von traditionellen Machtträgern getragenen **Obrigkeitsstaat** konnte sich die Arbeiterschaft jedoch bis ins 20. Jahrhundert nicht identifizieren.

Biografien

Karl Marx (1818–1883)

Begründer der materialistischen Geschichtsauffassung; Hauptwerk ›Das Kapital – Kritik der politischen Ökonomie‹

1836–1841	Studium der Philosophie, Doktor der Philosophie (1841)
1841/42	Redakteur der ›Rheinischen Zeitung‹
1843–1845	freiwilliges Exil im liberalen Frankreich, anschließend in Brüssel
1848	gemeinsam mit Engels Veröffentlichung des ›Kommunistischen Manifests‹
1849	Ausweisung aus Preußen
1864	Gründung der Sozialistischen Internationale
1876	Auflösung der Sozialistischen Internationale

Friedrich Engels (1818–1883)

Seine zahlreichen Schriften (›Dialektik der Natur‹, 1871; ›Der Ursprung der Familie, des Privateigentums und des Staates‹, 1884) trugen zur Ausbreitung des Marxismus bei.

1845	Veröffentlichung ›Die Lage der arbeitenden Klassen in England‹
1845/1846	gemeinsam mit Marx Veröffentlichung von ›Die deutsche Ideologie‹
1847	Beitritt zum »Bund der Gerechten«, daraufhin in »Bund der Kommunisten« umbenannt
1848	gemeinsam mit Marx Veröffentlichung des ›Kommunistischen Manifest‹
ab 1870	Sekretär im Generalrat der »Internationalen Arbeiterassoziation«

Alfred Krupp (1812–1887)

Dank nationaler und internationaler Rüstungsaufträge wurde er ab 1860 zum größten Waffenproduzenten der Welt (»Kanonenkönig«); setzte sich vehement für die soziale Absicherung seiner Angestellten ein

1826	Übernahme der Gussstahlfabrik von seinem Vater
1836	Einführung einer Betriebskrankenkasse
1852	Entwicklung des nahtlosen Eisenbahnreifens
1856	Einführung einer Kranken- und Sterbekasse
1862	Beginn der Massenherstellung von Stahl bei Krupp

Die deutsche Revolution

Februar 1848	›Kommunistisches Manifest‹; revolutionäre Unruhen in Baden, Hessen-Kassel, Hessen-Darmstadt, Württemberg und Bayern
12. bis 15. März 1848	1. Aufstand in Wien und Rücktritt Metternichs
18. bis 19. März 1848	Straßen- und Barrikadenkämpfe in Berlin
20. März 1848	Abdankung König Ludwigs I. von Bayern: Maximilian II. Nachfolger
März 1848	Heidelberger Versammlung
März/April 1848	Vorparlament in Frankfurt am Main
April 1848	1. republikanischer Aufstand in Baden (Friedrich Hecker, Struve, Georg Herwegh); 2. Aufstand folgt im September 1848
März 1848	Annexion von Schleswig und Holstein durch Dänemark
April bis August 1848	1. Deutsch-dänischer Krieg um Schleswig-Holstein
Mai 1848	2. Aufstand in Wien; ein 3. Aufstand folgt im Oktober 1848; Zusammentritt der Frankfurter Nationalversammlung als provisorische Regierung: Heinrich von Gagern wird Präsident.
Juni 1848	Erzherzog Johann von Österreich wird Reichsverweser; Beginn der Gegenrevolution in Österreich
Juli 1848	Auflösung des Bundestages in Frankfurt am Main
26. August 1848	preußisch-dänischer Waffenstillstand von Malmö
Oktober 1848	Oktoberrevolution in Österreich
November 1848	Felix zu Schwarzenberg Ministerpräsident von Österreich
Dezember 1848	Abdankung Kaiser Ferdinands I. von Österreich: Kaiser Franz Joseph I. (1848–1918) als Nachfolger
Dezember 1848	Auflösung der preußischen Nationalversammlung und Erlass einer »oktroyierten« Verfassung; Verabschiedung der Grundrechte
März 1849	»oktroyierte« Verfassung in Österreich, 1851 wieder abgeschafft
28. März 1849	Verabschiedung der Reichsverfassung mit dem Ziel eines kleindeutschen Kaiserreiches
April 1849	Ablehnung der Kaiserkrone durch König Friedrich Wilhelm IV.
April/Mai 1849	Aufstände zur Durchsetzung der Reichsverfassung
26. Mai 1849	Dreikönigsbündnis: Preußen, Hannover, Sachsen
Juni 1849	Rumpfparlament in Stuttgart und dessen gewaltsame Auflösung
10. Dezember 1849	Abdankung des Reichsverwesers Erzherzog Johann von Österreich

Von der Revolution zur Reichsgründung

Im Gefolge der Französischen Revolution und verstärkt durch die wirtschaftliche Entwicklung in der ersten Hälfte des 19. Jahrhunderts entstanden soziale und politische Spannungen. Fast überall in Europa kam es dadurch zu Unruhen und Aufständen, aus denen die Konservativen gestärkt hervorgingen. Zunehmende nationale Tendenzen gipfelten in Deutschland in der Schaffung des Deutschen Reiches.

Die deutsche Revolution 1848/49

Seit den 1840er-Jahren konnten die Regierenden die Forderungen der deutschen Liberalen nicht mehr überhören. Spätestens seit 1847 griff eine allgemeine Unruhe um sich. Der Schweizer Sonderbundkrieg war erster Ausdruck dieser Stimmung. Im Februar 1848 griffen die revolutionären Ereignisse, anders als 1830, von Frankreich aus mit aller Heftigkeit auch auf den Deutschen Bund über. Sie erfassten noch im März dieses Jahres den südwestdeutschen Raum, breiteten sich rasch in den deutschen Staaten aus und brachten einen überraschend schnellen Sieg der liberalen Kräfte. Da die Forderungen der Revolutionäre in den meisten Fällen noch im März zu einem wenngleich nur vorübergehenden Erfolg führten, bezeichnet man sie auch als »Märzrevolution« oder »Märzereignisse«.

Die Phasen der Revolution von 1848

Die deutsche Revolution lässt sich in die vier folgenden großen Abschnitte gliedern.

Der größte Teil Deutschlands wurde von den revolutionären Ereignissen überlaufen und die Handlungsfreiheit des Adels erst einmal gelähmt. Wichtige demokratische Rechte konnten durchgesetzt werden: Presse-, Vereins- und Versammlungsfreiheit, Wahlrecht, Volksbewaffnung. Der Weg für weitere Umwälzungen wie die vollständige Vernichtung des Absolutismus schien frei zu sein. Doch in dieser ersten Phase verbündete sich die Bourgeoisie mit dem Feudaladel und wehrte sich gegen die revolutionären Kräfte, sodass sich die Revolution nach dem März 1848 rückläufig entwickelte.

Die zweite Phase kennzeichnete die Ausgewogenheit von Revolution und Reaktion. Die Versuche der fortschrittlichen Kräfte die Revolution voranzutreiben, scheiterten aber am Widerstand der Bourgeoisie. Dennoch entwickelte sich zunächst ein reges politisches Leben auf breiter Basis. Es entstanden demokratische Vereine.

Die Pariser »Junischlacht« wurde zum Wendepunkt der Revolution. Jetzt holte die Reaktion gestärkt zum Gegenschlag aus. Weitere Aufstände wurden gewaltsam niedergeschlagen, wie etwa in Paris der Septemberaufstand und im Oktober Unruhen in Wien.

In Preußen setzte Friedrich Wilhelm IV. am 2. November ein offen reaktionäres Ministerium ein und verhängte am 12. November über Berlin den Belagerungszustand. Die Auflösung des Parlamentes und die gleichzeitig oktroyierte Verfassung markierten den Sieg der reaktionären Kräfte in Preußen. Mit der Wiederherstellung der alten Machtverhältnisse in Wien und Berlin endete diese Etappe der Revolution.

Angesichts dieser Verhältnisse wäre die Fortsetzung der Revolution nur noch mit der Hilfe einer Auseinandersetzung zwischen revolutionärem Volk und Konterrevolution möglich gewesen. Höhepunkt der letzten Phase war der Kampf um die Anerkennung der von der Frankfurter Nationalversammlung am 28. März 1849 angenommenen, aber von den Regierungen der großen deutschen Staaten abgelehnten Reichsverfassung.

Die Maiaufstände und der badisch-pfälzische Feldzug wurden mithilfe preußischer Truppen niedergeschlagen und am 18. Juni die Überreste der nach Stuttgart verlegten Nationalversammlung gesprengt. Der Fall der Festung Rastatt am 23. Juli 1849 bedeutete schließlich das Ende der Kämpfe um eine umfassende Reichsverfassung und damit auch der Revolution.

Verlauf der Revolution im Deutschen Bund

Die deutsche Revolution steht in engem Zusammenhang mit den gesamteuropäischen Umwälzungen um 1850, von denen nur Russland und England verschont blieben. Die Zentren der Revolution von 1848 lagen in Paris, Berlin, Prag, Budapest und Mailand.

Während das liberale deutsche Bürgertum für die nationale Einheit und freiheitliche Verfassungen kämpfte, hieß das revolutionäre Ziel bei den österreichischen Nachbarn Böhmen, Ungarn und Italien in erster Linie nationale Unabhängigkeit von der Habsburger Monarchie oder doch wenigstens die Anerkennung als gleichberechtigte Nation im habsburgischen Vielvölkerstaat.

Die Märzforderungen

Die revolutionären Ereignisse liefen in den meisten deutschen Staaten sehr ähnlich ab. Vertreter aller Bevölkerungsschichten formulierten in Protestkundgebungen die so genannten »Märzforderungen«, in deren Mittelpunkt Pressefreiheit, Vereinigungsfreiheit, Volksbewaffnung, die Konstituierung unabhängiger Schwurgerichte, konstitutionelle Verfassungen, Ministerverantwortlichkeit und ein gesamtdeutsches Parlament standen. Dabei kam es immer wieder auch zu bewaffneten Auseinandersetzungen, die sich gegen Polizeiwachen, Gefängnisse und andere Staatseinrichtungen, in den Augen der revoltierenden Bevölkerung Symbole der Unterdrückung, richteten. Um größere Unruhen zu vermeiden, leisteten die Fürsten anfangs kaum Widerstand, sondern zogen es vor, mit der Berufung liberaler »Märzministerien« den revolutionären Ereignissen ihre Schärfe zu nehmen. Sie versprachen darüber hinaus eine schnelle Umsetzung der geforderten Reformen und konnten auf diese Weise Dynastie und Thron retten.

Liberale und soziale Revolution

Die Revolutionäre artikulierten neben den liberalen Forderungen erstmals auch sozial motivierte Ansprüche. In den Staaten, in denen die Bauernbefreiung noch nicht in Angriff genommen worden war, rottete sich die Landbevölkerung zusammen, plünderte, brandschatzte und raubte, um ihrer Forderung nach Aufhebung der alten Feudalordnung Nachdruck zu verleihen. In den Städten gingen die verarmten Schichten aus dem Arbeitermilieu auf die Straße. Sie verlangten bessere Lebens- und Arbeitsbedingungen, soziale Absicherung und bisweilen auch politische Gleichberechtigung. Die sozialen Aufstände begleiteten zwar die gesamte Revolutionszeit, kamen jedoch über kurzfristige Strohfeuer nicht hinaus.

Revolution in Österreich und Preußen

In Österreich und Preußen, beides Staaten ohne Verfassung, entwickelte die Revolution von Anfang an eine schärfere Eigendynamik.

Die Revolution im Vielvölkerstaat richtete sich vor allem gegen Metternich, der anstelle des kranken Kaisers Ferdinand I. regierte. Die Opposition gegen ihn und seine Politik nahm im März 1848 bürgerkriegsähnliche Ausmaße an. Die Staatskonferenz votierte für die Entlassung Metternichs, der die Aufstände mit Gewalt niederschlagen wollte. Aber weder dies noch seine erzwungene Abdankung (am 13. März 1848) noch seine Flucht nach England konnten die aufgebrachten Massen wieder beruhigen. Im Mai musste der Kaiser nachgeben und einem verfassungsgebenden Reichstag zustimmen, der im Juli 1848 allgemein und gleich gewählt wurde. Damit schien die liberale Bewegung in Österreich am Ziel ihrer Wünsche.

Die national begründeten Erhebungen der einzelnen Landesteile Österreichs (Ungarn, Slawen in den tschechischen Territorien, Polen) drohten jedoch, den Vielvölkerstaat zu sprengen. Während der Aufstand in Ungarn mit russischer Hilfe niedergeschlagen werden konnte, standen die italienischen Gebiete schon Anfang 1848 in Flammen: Venedig erklärte sich zur selbstständigen Republik, Albert von Sardinien setzte sich an die Spitze der italienischen Nationalbewegung.

Während die österreichischen Märzereignisse im Wesentlichen innenpolitische Bedeutung hatten, beinhalteten die Aufstände in Berlin eine gesamtdeutsche Komponente, die die Gründung eines deutschen Gesamtstaates zum Ziel hatte. Der Verfassungsstreit von 1847 ging fast nahtlos in die ersten revolutionären Aufstände über.

König Friedrich Wilhelm IV. (→ »Biografien«) sagte daraufhin im März 1848 Reformen und die Ernennung eines liberalen Ministeriums zu. Am 18. März 1848 führte ein Missverständnis während einer Großversammlung vor dem Berliner Schloss jedoch zu blutigen Straßenkämpfen. Am Ende musste der preußische König nachgeben, die Truppen ohne Bedingungen abziehen und sich der öffentlichen Demütigung durch die Aufständischen beugen: Er ehrte barhäuptig die revolutionären Märzgefallenen. Als Friedrich Wilhelm IV. auch unter dem Eindruck der Wiener Vorfälle eine Konstitution zusagte und eine Lösung für die nationale Frage in Aussicht stellte, wirkte seine erzwungene Kapitulation eher peinlich. Trotzdem schien auch in Berlin der Sieg der Revolution gesichert.

Das »Frankfurter Vorparlament«

Am 5. März des Jahres 1848 trafen sich in Heidelberg 51 führende Vertreter der Liberalen. Das Übergewicht in der Versammlung hielten Männer aus Baden, Hessen und Frankfurt; aus Preußen waren ausschließlich »Rheinpreußen« erschienen. Die Vertreter aus dem Südwesten Deutschlands übernahmen schnell die Führung. Ein Siebenerausschuss sollte die Planungen für ein deutsches Vorparlament vorbereiten.

Am 31. März 1848 folgten 574 Parlamentarier der Einladung der »Heidelberger Versammlung« zum so genannten Frankfurter Vorparlament. Die süddeutschen Vertreter waren eindeutig in der Überzahl: Ein Viertel der Männer stammte aus Preußen, davon zwei Drittel aus den Rheinprovinzen, lediglich zwei kamen aus Österreich. Unter dem Vorsitz des hessischen Abgeordneten Heinrich von Gagern (→ »Biografien«) verwarf man die Idee eines revolutionären Gesamtstaates und konzentrierte sich stattdessen auf die Vorbereitungen für die Wahl einer verfassunggebenden Nationalversammlung. Das Frankfurter Vorparlament war weder durch die Fürsten noch durch das Volk legitimiert, beanspruchte jedoch allumfassende und gesamtdeutsche Autorität. Es setzte einen »Fünfzigerausschuss« ein, der als Vorläufer der Nationalversammlung bis zum 3. April 1848 tagte und die Richtlinien für die am 18. Mai 1848 durchgeführte Wahl zur Nationalversammlung festlegte. Dennoch galt hier das allgemeine und gleiche Wahlrecht, allerdings auf die »selbstständigen Staatsangehörigen« (unbescholtene volljährige Männer) beschränkt.

Die meisten Bundesstaaten entschieden sich für das indirekte Wahlrecht mit Wahlmännern. In den Wahlmännergremien gewannen neben Stand und Ansehen zunehmend auch Bildung, Erfahrung, Menschenkenntnis und Überzeugungskraft an Bedeutung. Aus diesem Grund konnten sich vor allem Adlige, Geistliche, höhere Beamte, Akademiker, Unternehmer und in selteneren Fällen auch Kandidaten des bürgerlichen Mittelstandes durchsetzen.

Die Frankfurter Nationalversammlung

Die Wahlen zur Nationalversammlung erbrachten eine liberale Mehrheit bei einer Wahlbeteiligung in den einzelnen Ländern zwischen 40 und 75 Prozent der Wahlberechtigten. Für den Deutschen Bund mussten 605 Abgeordnete gewählt werden, hinzu kamen 32 für Ost- und Westpreußen sowie zwölf für Posen. Obwohl in einigen österreichischen Gebieten kein Urnengang stattfand, belief sich die Zahl der zu wählenden Abgeordneten auf 830 Personen, von denen jedoch nie mehr als 500 gleichzeitig in der Paulskirche anwesend waren. 350 von ihnen waren am 18. Mai 1848 endlich in Frankfurt eingetroffen, sodass in der Paulskirche die erste Versammlung stattfinden konnte. Preußen und Österreich konnten ihren Machtanspruch mit jeweils einem Drittel der Mandate entscheidend festigen. Bis zur Lösung der Verfassungsfragen wählte die Nationalversammlung eine »provisorische Zentralgewalt« mit dem Titel eines »Reichsverwesers« in Person des Erzherzogs Johann von Österreich. Mit seinem Amtsantritt übergab der Bundestag des Deutschen Bundes alle Rechte an die neue Zentralgewalt und erklärte seine Tätigkeit für beendet.

Eine Repräsentation des Volkes verkörperte die Nationalversammlung nur in Ansätzen. Die Parlamentarier stammten überwiegend aus dem Besitz- und Bildungsbürgertum, sodass oft abschätzig von einem »Honoratiorenparlament« gesprochen wurde. Fast alle konnten ein Universitätsstudium vorweisen, rund 550 Parlamentarier waren akademisch gebildet. Die Wirtschaft repräsentierten jedoch nur rund 100 Abgeordnete. Der Adel stellte ein Zehntel der Mandate, vier Zunftmeister vertraten das Handwerk und ein einziger Bauer seinen Berufsstand; Lohnarbeiter sucht man allerdings vergebens. Den Vorsitz führte erneut Heinrich von Gagern, der in seiner Person den Typ des auf Ausgleich bedachten gemäßigten Liberalen in sich verkörperte. Das Klischee von einem allein debattierenden und tatenlosen »Professorenparlament« trifft trotzdem nicht zu. Die Lösung der anstehenden Probleme war in der vorgegebenen kurzen Zeitspanne nicht möglich – ein erster Grund für das Scheitern der Revolution.

Die Nationalversammlung in der Frankfurter Paulskirche war von Anfang an von nationalen Konflikten überschattet – ein weiterer Grund für das Scheitern der Revolution von 1848. Im Osten musste die Frage des nationalen Fortbestands Polens geklärt werden, im Norden führte Preußen seit April 1848 mit Billigung der Nationalversammlung um Schleswig-Holstein Krieg gegen Dänemark. Obwohl die Abgeordneten die Schleswig-Holstein-Frage zur »deutschen Angelegenheit« erklärten, schloss am Ende nur der preußische König mit dem dänischen Monarchen den Waffenstillstand von Malmö im August 1848 und düpierte damit zum ersten Mal die Nationalversammlung.

Fraktionen in der Nationalversammlung

Die Abgeordneten der Paulskirche mussten neben einer neuen Verfassung auch die Grundlinien des zu gründenden deutschen Nationalstaates erarbeiten. Obwohl sie sich jeweils als Einzelpersönlichkeiten verstanden, bildeten sie bald Gruppierungen und Interessengemeinschaften. Die Anhänger mit gleichen politischen Ansichten versammelten sich außerparlamentarisch und länderübergreifend in so genannten Clubs oder Fraktionen. Die Beratungen fanden immer in den gleichen Frankfurter Gasthäusern statt, sodass die Fraktionen nach ihren Tagungsorten benannt sind. Diese auf Dauer angelegten politischen Gruppen gelten als Vorläufer der politischen Parteien.

Zunächst kristallisierten sich vier Hauptströmungen heraus:

- Konservative Rechte im »Steinernen Haus«, später im »Café Milani«: Forderung nach einem stark föderalistisch orientierten Gesamtstaat als Staatenbund und einer schwachen monarchischen Zentralgewalt
- Rechtes Zentrum und konservative Konstitutionelle im »Casino« bzw. »Landsberg«: Forderung einer konstitutionellen Erbmonarchie, nach nationaler Einheit in einem Bundesstaat sowie nach möglichst großer Selbstständigkeit der Einzelstaaten
- Linkes Zentrum und liberale Konstitutionelle im »Württemberger Hof«, »Westendhalle« bzw. »Augsburger Hof«: Forderung nach dem Grundsatz der Volkssouveränität, nach einer Republik und keine Vereinbarung zwischen Nationalversammlung und Monarchie
- Linke im »Deutschen Hof«, »Donnersberg« bzw. »Nürnberger Hof«: Forderung nach einem umfassenden Spektrum, von einer parlamentarisch kontrollierten Monarchie bis zur Republik, sowie nach der Volkssouveränität und keine Vereinbarung zwischen Nationalversammlung und Monarchie

Verfassungsprobleme

Die Frankfurter Nationalversammlung stand nach den Septemberunruhen aufgrund der endlos erscheinenden Beratungen ohne konkrete Ergebnisse unter wachsender Kritik. Gleichzeitig stockten Handel und Gewerbe, sodass vor allem in den Städten die Verarmung der Bevölkerung massiv voranschritt. Im Dezember 1848 verabschiedeten die Abgeordneten einen 50 Artikel umfassenden Katalog von Grundrechten, der die Basis der anstehenden Verfassungsdiskussionen bildete. Die Beratungen litten von Anfang an unter den verschiedenartigen Vorstellungen der unterschiedlichen politischen Gruppierungen.

Monarchie oder Republik

Die Entscheidung für die Regierungsform – Monarchie oder Republik – entschieden die Abgeordneten schnell zugunsten eines Erbkaisertums. Die Auseinandersetzungen entzündeten sich an drei grundlegenden Fragen:

- **Konstitutionelle Frage:** betrifft die Machtverteilung zwischen Staatsoberhaupt und Volk
- **Bundesstaatliche Frage:** betrifft das zukünftige Verhältnis zwischen der Zentralgewalt und den einzelnen Bundesstaaten
- **Nationale Frage:** die Entscheidung für eine kleindeutsche oder großdeutsche Lösung der »deutschen Frage« als Kern der Verfassungsdebatte; Ziel: Vorherrschaft Preußens und Österreichs im zukünftigen Deutschland

Während bei der konstitutionellen Frage die extremen Republikaner alle Macht dem Volk in einem gesamtdeutschen Parlament übertragen wollten, forderten die Konservativen eine monarchische Zentralgewalt. Dazwischen lagen zahlreiche Abstufungen, die über die Fraktionen hinweg heftig diskutiert wurden.

Das bundesstaatliche Problem spaltete die Abgeordneten in »Unitarier« und »Föderalisten«. Erstere verlangten eine starke Zentralgewalt mit möglichst wenig Kompetenzen der Einzelstaaten. Die Föderalisten befürworteten dagegen einen bundesstaatlichen Charakter in Form eines großdeutschen Bundes.

Die nationale Frage entschied sich zwischen den Verfechtern einer kleindeutschen Lösung (liberale Mitte und gemäßigte Linke) und den Vertretern der so genannten »großdeutschen Fraktion« (Liberale und Konservative). Die Kleindeutschen forderten den Ausschluss Österreichs als Vielvölkerstaat aus einem zukünftigen Bundesstaat unter preußischer Führung. Die Großdeutschen plädierten dagegen für einen föderalistischen Staatenbund unter österreichischer Oberhoheit mit einem habsburgischen Kaiser oder alternativ mit einem Wahlkaisertum.

Der großdeutschen Lösung stimmten vor allem die süddeutschen Staaten zu, sodass es zunächst so aussah, als ob sich die Mehrheit der Abgeordneten auf einen großdeutsch-föderalistischen Staatsaufbau mit Wahlkaisertum einigen würde. Im Oktober 1848 plädierte sie dann für die Einbeziehung der deutsch-österreichischen Gebiete, die ehemals zum Deutschen Bund gehört hatten, in den neuen Staatenbund, während die nicht-deutschen Territorien ausgeschlossen werden sollten. Dies hätte eine Teilung der Habsburger Monarchie bedeutet, sodass die Wiener Regierung diesem Vorhaben niemals zugestimmt hätte. Im Dezember 1849 brachte deshalb Heinrich von Gagern den Kompromissvorschlag (den so genannten »Simon-Gagern-Pakt«) ein, einen »engeren und weiteren Bund« unter preußischer Führung zu schaffen. Diesem Projekt standen die süddeutschen Staaten von Beginn an äußerst skeptisch gegenüber. Trotzdem machte sich der außenpolitische Berater des preußischen Königs, Freiherr Joseph Maria von Radowitz (1797–1853), die Idee einer »preußischen Union« zu Eigen. Die verschleierte kleindeutsche Lösung scheiterte jedoch. Am Ende provozierte der österreichische Ministerpräsident Fürst Felix zu Schwarzenberg (→ »Biografien«) eine Entscheidung zugunsten der kleindeutschen Lösung. Da er Bayern und Württemberg auf seiner Seite glaubte, forderte er im März 1849 ultimativ die Aufnahme des gesamten österreichischen Staates. Er gedachte dabei allen Ernstes, auf diese Weise das großösterreichische Projekt eines »Siebzigmillionenreiches« wieder beleben zu können. Einige großdeutsche Republikaner ließen sich daraufhin mithilfe eines Kompromisses von den kleindeutschen Liberalen ködern: Im Gegenzug erhielten die Republikaner das Zugeständnis eines allgemeinen Wahlrechts (anstelle des Zensuswahlrechts) und nur ein suspensives Vetorecht (anstelle des absoluten) für den Kaiser bei der Gesetzgebung. Bei der Schlussabstimmung am 27. März 1849 verständigte sich eine knappe Mehrheit der Abgeordneten auf die Erblichkeit der Kaiserwürde und wählte einen Tag später den preußischen König zum »Kaiser der Deutschen«. Zugleich wurde die neue Verfassung des »Deutschen Reiches« beschlossen.

Viele Forderungen der Revolution schienen sich zu diesem Zeitpunkt erfüllt zu haben, allen voran der bürgerliche deutsche Nationalstaat, dem nun nur noch die Einzelstaaten zustimmen mussten. Die kleindeutsche Lösung der »deutschen Frage« hatte sich gleichwohl bereits überholt. Das endgültige Scheitern bedeutete die Ablehnung der von der Nationalversammlung angetragenen Kaiserkrone durch den preußischen König Friedrich Wilhelm IV. im April 1849. Er wollte keine Krone aus der Hand revolutionärer Kräfte annehmen. Nach diesem Debakel versuchte Berlin den Plan einer »preußischen Union« nochmals zu beleben und schloss deshalb im Mai 1849 das »Dreikönigsbündnis« mit Hannover und Sachsen. Weitere 25 Unionsstaaten traten der Allianz bei, Hannover und Sachsen zogen sich aber schon im Oktober 1849 wieder zurück.

Die Verfassung von 1849

Die Beratungen über eine Verfassung für das noch zu schaffende Deutsche Reich waren aufgrund der Septemberunruhen erst im Oktober 1848 aufgenommen worden und sie dauerten noch bis zum März 1849 an.

Im Kern bestand der ausgehandelte Verfassungskompromiss auf der Verbindung zwischen preußischem Erbkaisertum mit starker Einheitsgewalt und demokratischem Wahlrecht. Im Großen und Ganzen entsprach die Verfassung den Vorstellungen der bürgerlichen Liberalen nach einer konstitutionellen Monarchie. Die Patrioten wurden mit der kleindeutschen Lösung zufrieden gestellt. Die Föderalisten mussten dagegen eine starke und einflussreiche Reichsgewalt mit einem Kaiser an der Spitze akzeptieren.

Der (klein-)deutsche Staat erhielt laut Verfassung die Bezeichnung »Deutsches Reich« und umfasste neben allen Gebieten des einstigen Deutschen Bundes auch die preußischen Ostgebiete ohne die nicht-deutschen Teile Österreichs. Er bildete ein einheitliches Zoll- und Handelsgebiet mit einer gemeinschaftlichen Zollgrenze nach außen. Die Ausgaben sicherten Zolleinnahmen und Steuern.

Das Deutsche Reich stellte als Institution die Zentralgewalt dar und vertrat alle Mitgliedsländer völkerrechtlich im Ausland, besaß das alleinige Recht zu Vertragsabschlüssen mit nicht-deutschen Regierungen sowie die Entscheidung über Krieg und Frieden. Ferner fielen den Reichsgremien das Gesetzgebungsrecht, die Organisation des Militärwesens und die Oberaufsicht in Zollfragen und binnenwirtschaftlicher Gesetzgebung zu.

An der Spitze stand der preußische König mit dem erblichen Kaisertitel »Kaiser der Deutschen«. Der Kaiser übte seine Macht, die ihm vom Volk übertragen worden war, durch verantwortliche und von ihm ernannte Minister aus. Alle Entscheidungen des Kaisers bedurften der ministeriellen Gegenzeichnung, wofür die Regierung die volle Verantwortung übernahm (Ministerverantwortlichkeit). Der Kaiser war für die gesamte Exekutive des Reiches zuständig. Außerdem stand ihm das Recht zu, den Reichstag einzuberufen, zu schließen, aber auch vorzeitig aufzulösen (mit Neuwahlen binnen drei Monaten).

Auf die Legislative hatte der Kaiser über die Gesetzesinitiative und das suspensive Veto großen Einfluss, auch wenn diese formal dem Reichstag zustand. Dieser setzte sich aus zwei »Häusern« – »Staatenhaus« und »Volkshaus« – zusammen. Im Staatenhaus saßen die Vertreter der deutschen Staaten, die je zur Hälfte von den Regierungen und den Volksvertretungen ernannt wurden.

Für das Volkshaus mussten die Abgeordneten in den Einzelstaaten in allgemeinen, gleichen, geheimen und direkten Wahlen ein Mandat erringen. Somit deckte der Reichstag zukünftig auch das föderative Element der Verfassung ab. Die Rechte des Reichstages beschränkten sich auf die allgemeine Reichsgesetzgebung und den Beschluss des Reichshaushaltes.

Reichsgerichtsbarkeit

Die Rechtsprechung übte ein Reichsgericht aus, dessen Richter nur dem Gesetz verpflichtet waren. Seine Kompetenz endete jedoch bei Reichsangelegenheiten, die übrige Rechtsprechung verblieb in den Händen der Einzelstaaten.

Eine zentrale Rolle nahmen die so genannten Grundrechte ein, die von allen deutschen Einzelstaaten in ihre Verfassungen aufgenommen werden mussten. Damit erfüllten sich alle Forderungen des Vormärz nach Gleichheit und Freiheit aller Bürger und der Unverletzlichkeit der Person. Die Gewerbefreiheit konnte dagegen nicht durchgesetzt werden. An die Unverletzlichkeit des Eigentums knüpfte sich die Ablösung der Grundlasten und leitete damit die Bauernbefreiung ein.

Überblick: Die Verfassung 1849

Reich

- Dominante Zentralgewalt mit Wahrung der Einzelstaatlichkeit: souveräne Landesfürsten
- Reichsgebiet: bisheriger Deutscher Bund einschließlich der preußischen Ostgebiete, aber ohne die nicht-deutschen Länder Österreichs (Galizien, Ungarn, Kroatien, Lombardo-Venetien)
- Einheitlicher Wirtschaftsraum im Rahmen des Zollvereins, also unter Ausschluss des gesamten Habsburgerreiches
- Einnahmen durch Reichssteuern und Zölle

Reichsoberhaupt

- »Kaiser der Deutschen« durch Erbkaisertum (nur der erste Kaiser wurde von der Nationalversammlung gewählt)
- Völkerrechtliche Vertretung des Deutschen Reiches und der einzelnen deutschen Staaten
- Außen- und Militärpolitik mit militärischem Oberbefehl und der Entscheidung über Krieg und Frieden
- Suspensives (aufschiebendes) Vetorecht
- Alle Exekutivrechte (in Gemeinschaft mit dem Reichskanzler)
- Gesetzgebung für Zölle, Binnenwirtschaft, Post- und Münzwesen
- Recht, den Reichstag aufzulösen und einzuberufen
- Kontrolle nur über die »Ministerverantwortlichkeit«

Reichstag

- Zwei Kammern/Häuser: Staatenhaus (192 ernannte Vertreter aus 39 Staaten) und Volkshaus (gewählte Abgeordnete der Einzelstaaten)
- Budgetrecht für Reichshaushalt
- Gesetzesinitiative bei Stimmenmehrheit in beiden Häusern
- Kontrolle der Minister

Reichsgericht

- Unabsetzbare, unabhängige Richter, aber Ernennung durch den Kaiser
- Selbstständige Gerichte
- Beschränkung auf Fragen der Reichsverfassung sowie Hoch- und Landesverrat

Grundrechte

- Über den Verfassungen der Einzelstaaten stehend, wesentlichen liberalen Forderungen entsprechend
- Abschaffung von Standesunterschieden und Adelsprivilegien
- Gleichheit vor dem Gesetz: gleicher Zugang zu öffentlichen Ämtern, allgemeine und gleiche Wehrpflicht
- Freiheitsrechte: Glaubens- und Gewissensfreiheit, Meinungsfreiheit, Pressefreiheit, Demonstrationsfreiheit, Auswanderungsfreiheit
- Deutsches Reichsbürgerrecht für jeden Deutschen
- Grundsätzliche Abschaffung der Todesstrafe
- Unverletzlichkeit der Person und des Eigentums

29 von den 39 deutschen Staaten bestätigten die Reichsverfassung, die wichtigsten deutschen Staaten aber fehlten: Preußen, Österreich, Bayern, Hannover und Sachsen verweigerten ihre Zustimmung. Schwarzenberg zog sogar die österreichischen Abgeordneten aus der Paulskirche zurück. Da weitere Regierungen diesem Beispiel folgten, blieb nur noch ein Rumpfparlament zurück, das jetzt von der demokratischen Linken dominiert wurde.

Scheitern der deutschen Revolution

Die revolutionäre Bewegung unterlag nach anfänglichen Erfolgen den militärisch-bürokratischen Staatsapparaten in Berlin und Wien. Drei entscheidende Gründe führten letztendlich zum Scheitern der Revolution:

- Stärke der gegenrevolutionären Mächte
- Spaltung der revolutionären Kräfte
- Zeitfaktor, der sich aus der Bearbeitung der komplexen Aufgaben (nationale, bundesstaatliche, konzeptionelle Fragen) ergab; die Fülle der Probleme ließ sich unter Zeitdruck nicht lösen.

Die Problematik, die sich hinter diesen Gründen des Scheiterns versteckt, kann durch folgende Ursachen belegt werden:

- Unerwartet starke und erfolgreiche Reaktion der alten Mächte
- Wiederaufbrechen des deutschen Dualismus
- Realpolitik der Liberalen
- Hinwendung des Bürgertums zur Wirtschaft
- Verstärkte Auswanderung

Das Ende der Frankfurter Regierung

Die Parlamentarier der Paulskirche hatten große Schwierigkeiten, sich auf eine Verfassung für das zukünftige Deutschland zu einigen; eine Mehrheit für die im März verabschiedete Ordnung war nur schwer zu erreichen. Schnell wurde aber auch deutlich, dass die Monarchen der Einzelstaaten keinesfalls gewillt waren, Rechte an die Nationalversammlung und die provisorische Regierung in Frankfurt abzutreten. Sie kehrten zu ihrer alten Politik zurück, ohne das Frankfurter Gremium bei ihren Entscheidungen zu berücksichtigen.

Als König Friedrich Wilhelm IV. im April 1849 die von der Nationalversammlung angebotene Krone des »Kaisers der Deutschen« entrüstet ablehnte, war das Ende des Gremiums absehbar. Die Vertreter des national-konservativen sowie des gemäßigten liberalen Spektrums resignierten und traten auf die Seite der reaktionären Mächte. Die linksdemokratischen Abgeordneten hielten an ihrer ursprünglichen Idee einer Volksvertretung fest und zogen mit einem Rumpfparlament nach Stuttgart. Die von ihnen unterstützten Aufstände in Baden, in der bayerischen Rheinpfalz und in Sachsen wurden mit der Unterstützung preußischer Truppen niedergeschlagen: Der Versuch, Deutschland in eine parlamentarische Monarchie umzugestalten, war endgültig gescheitert.

Österreichischer Neoabsolutismus

In Österreich hatte Kaiser Ferdinand I. im November 1848 Fürst Felix zu Schwarzenberg zum neuen Ministerpräsidenten ernannt. Schwarzenberg blieb auch unter Ferdinands Nachfolger Franz Joseph, der nach dem Rücktritt seines Onkels im Dezember 1848 österreichischer Kaiser wurde, im Amt. Die Regierungsjahre Franz Josephs, mit dem Begriff »Neoabsolutismus« belegt, kennzeichnen eine zentralistisch-straffe Verwaltung, eine bevorzugte Förderung des Deutschen im gesamten Habsburgerreich und liberale Wirtschaftsreformen, um das Bürgertum an die Staatsführung zu binden. Der neue Monarch und sein reaktionär eingestellter Ministerpräsident erließen zwar noch im März 1849 eine oktroyierte Verfassung. Diese trat aber nie in Kraft und wurde zwei Jahre später offiziell wieder aufgehoben. Nach der Niederschlagung tschechischer und ungarischer Aufständischer hatte die Bewegung der Reaktion in Wien gesiegt.

Konservatives Preußen

In Preußen hatte sich im Zuge der revolutionären Ereignisse eine »verfassunggebende Nationalversammlung« gegründet. Als aber in Österreich die Revolution besiegt worden war, entließ auch Friedrich Wilhelm IV. sein liberales Ministerium, löste die Nationalversammlung auf und verordnete im Dezember 1848 eine oktroyierte Verfassung. Diese blieb allerdings, anders als in der Habsburgermonarchie, bis 1918 in Kraft. Kennzeichen war die Zentralisierung der Exekutive in der Hand des Königs, auch wenn ein Parlament mit zwei Kammern bestand. In der Ersten Kammer saßen ausgewählte Honoratioren, während die Zusammensetzung der Zweiten Kammer aus einer Wahl mit »Dreiklassenwahlrecht« hervorging.

Folgen des Scheiterns

Das Scheitern der Revolution festigte die Macht der deutschen Fürsten. Es folgte ein Jahrzehnt der Reaktion, obwohl es nicht einmal im Interesse der größeren Staaten lag, den Deutschen Bund in seiner vorrevolutionären Struktur und Verfassung zu erneuern. Schon im Mai 1849 propagierte deshalb Freiherr von Radowitz das Projekt einer »preußischen Union«, die jedoch keine Chance auf Verwirklichung hatte. Im Jahre 1850 wurde stattdessen der Deutsche Bund reaktiviert, der bereits ein Jahr später die in der Revolution erkämpften Grundrechte wieder aufhob.

Die Herrscher der Mehrheit der deutschen Staaten nahmen außerdem die so genannten Märzzugeständnisse zurück. Die konservativen Ministerien lösten die liberalen ab und der Adel kehrte in die höchsten Staats- und Verwaltungsebenen zurück. Liberale und demokratische Organisationen wurden in der Folge verboten und verfolgt, sodass die Linke entscheidend geschwächt wurde. Der Substanzverlust aufseiten des Bürgertums ist ebenfalls nicht zu unterschätzen. So entwickelte sich in Deutschland das eigenartige System, in dem sich das Bürgertum in erster Linie um wirtschaftlichen Aufstieg kümmerte und die politischen Entscheidungen den Fürsten und den von ihnen abhängigen Regierungen überließ.

Dennoch erreichte die Revolution auch zukunftsweisende politische Leistungen und Erfolge. Die Auflösung der frühkonstitutionellen Systeme war bereits ein erster Schritt auf dem Weg zu einer parlamentarisch-demokratischen Nationalstaatsbildung. Zu diesen Errungenschaften zählen die Anfänge der Bauernbefreiung, der Gewerbefreiheit und in einigen Fällen auch die Verfassungen. Die Wiederherstellung der alten absolutistisch-ständischen Gesellschaftsordnung war nach 1848/49 nicht mehr denkbar.

Von der Revolution zum Ausbruch des Deutsch-Deutschen Krieges

Nach dem Scheitern der deutschen Revolution 1848/49 gestaltete sich die preußische Politik rückwärts gewandt. Innenpolitisch dominierte die Reaktion und in der Außenpolitik gab es mehr Verwirrung und Unsicherheit denn ein schlüssiges Konzept. Die 1850er-Jahre werden wie das Jahrzehnt nach der französischen Februarrevolution von 1830 als Jahre der »Reaktion« bezeichnet. In den meisten deutschen Staaten konnten die regierenden Fürsten nach dem Scheitern der Revolution ihre alte Machtposition wiederherstellen und neu festigen.

Diese neue konservative Politik war auch im benachbarten Frankreich zu beobachten. Seit dem Dezember 1851 regierte dort Louis Napoleon Bonaparte, ein Neffe Kaiser Napoleons I., zunächst als gewählter Präsident der Republik, ehe er 1852 die Nationalversammlung auflöste und sich nach einer Volksabstimmung als Kaiser Napoleon III. (→ »Biografien«) krönen ließ. Obwohl Napoleon III. als der Repräsentant des einheitlichen »Volkswillens« (*volonté générale*) galt, lag doch die gesamte Staatsmacht in der Hand des Kaisers.

Preußisch-österreichischer Dualismus im Deutschen Bund

Der Führungsanspruch der beiden einzigen Großmächte im Deutschen Bund – Preußen und Österreich – schwelte nach der weitgehend gescheiterten Revolution weiter. Der Dualismus ging auf die zweite Hälfte des 18. Jahrhunderts zurück. Nach dem Wiener Kongress war er angesichts der gemeinsamen Bedrohung durch liberale und nationale Ideen in den Hintergrund getreten. Als aber die Nationalversammlung in Frankfurt 1849 eine kleindeutsche Lösung und damit die Führungsrolle Preußens favorisiert hatte, war die Gegnerschaft zwischen Wien und Berlin wieder offen ausgebrochen.

Preußen sah sich immer mehr als einzige Großmacht in Deutschland. Im Mai 1849 legte Freiherr von Radowitz mit dem preußischen Unionsprojekt ein Konzept vor, das bei einer Reform des Bundes den Führungsanspruch Berlins beanspruchte. Erwartungsgemäß wurde das Papier von Österreich abgelehnt. Trotzdem entstand für einige Monate eine »preußische Union« mit eigener Verfassung. Damit gab es in Deutschland zwei Bundesregierungen – die eine unter preußischer, die andere unter österreichischer Führung.

Als sich aber 1850 die süddeutschen Staaten und der russische Zar Nikolaus I. in der deutschen Frage auf die Seite Wiens stellten, verzichtete Preußen auf seine Unionspläne und kehrte in den Bundestag unter österreichischem Vorsitz zurück. In der Punktation von Olmütz einigten sich die beiden Mächte im November 1850 auf die Restitution des Bundestages in Frankfurt am Main sowie auf eine Reform des Bundes.

Alle deutschen Staaten waren damit einverstanden, den Bund in Umfang und Form aus der Zeit vor 1848 wiederherzustellen. Preußen hatte auf seine noch immer kleindeutsch motivierten Pläne verzichten müssen, da es beiden Regierungen die beste Gewähr gegen das Wiederaufleben der Revolution erschien.

Die beiden Großmächte konnten sich also zu keiner Bundesreform durchringen und gaben sich erst einmal mit einem Aufschub zufrieden. Auf den Dresdner Konferenzen in der ersten Hälfte des Jahres 1851 scheiterte Österreich abermals mit der Forderung seines Beitritts mit dem gesamten Territorium. Nicht einmal den Anschluss an den Deutschen Zollverein konnte der österreichische Ministerpräsident durchsetzen.

Die europäischen Ereignisse 1850–1866

Die einzige außenpolitische Verpflichtung des Deutschen Bundes bestand darin, die Mitgliedstaaten gegen Angriffe von fremden Mächten zu schützen. Die erste dahin gehende Bewährungsprobe musste im Krimkrieg (1853/54–56) bestanden werden.

Der Krimkrieg (1853/54–56)

Diese Auseinandersetzung untergrub die nach 1849 wiederhergestellte zentraleuropäische Verfassung von 1814/15 mit ihren Bündniskoalitionen. Der Waffengang ging aus einer orientalischen Krise hervor und hatte erhebliche Folgen für die europäische Bündnispolitik. Zar Nikolaus I. wollte den Zerfall des Osmanischen Reiches dazu nutzen, seinen eigenen Machtbereich zu vergrößern. Dies rief England und Frankreich auf den Plan. London benötigte das Osmanische Reich zur Sicherung seines Seewegs nach Indien, Paris stand den Expansionsplänen des russischen Zaren grundsätzlich skeptisch gegenüber.

In Deutschland verschärfte der Krimkrieg die Spannungen zwischen Preußen und Österreich einerseits sowie zwischen den Mittelstaaten und den beiden Großmächten andererseits. Die preußische Regierung verfolgte eine bisweilen undurchsichtig erscheinende Neutralitätspolitik.

Nach dem Abschluss einer Defensivallianz mit Wien geriet Preußen völlig in die Isolation, da Kaiser Franz Joseph ein Bündnis mit Russlands Kriegsgegnern Frankreich und England eingegangen war. Preußens Politik wirkte konzeptionslos zwischen den Ost- und Westmächten in Europa. Berlin neutralisierte sich zeitweise selbst.

Die deutschen Mittelstaaten versuchten vergeblich neutral zu bleiben, mussten im Dezember 1854 aber auf die preußische Linie einschwenken. Die anfängliche Neutralität der deutschen Staaten verhinderte dennoch die Ausweitung des Krimkrieges zu einem gesamteuropäischen Krieg. Im September 1855 war der Konflikt mit dem Fall der Schwarzmeerfestung Sewastopol zugunsten Englands und Frankreichs entschieden.

Die Pariser Friedenskonferenz vom 25. Februar bis 17. April 1856 besiegelte den endgültigen Zerfall der bisherigen europäischen Ordnung. Im Frieden zu Paris musste Österreich auf Gebiete in Oberitalien verzichten und setzte Frankreich in eine politisch-ideelle Führungsposition, auch wenn der französische Kongressplan bei den anderen europäischen Mächten auf wenig Resonanz stieß. Der russische Zar hatte das Donaumündungsgebiet abzutreten, das Schwarze Meer wurde für neutral erklärt und die Türkei als Staat erhalten. Der große Verlierer dieser Konferenz war Österreich, zumal England die französische Politik unterstützte, die auf eine Verständigung mit dem Königreich Sardinien-Piemont hinarbeitete.

Die italienische Einigung 1859/60

Um die Mitte des 19. Jahrhunderts herrschten größtenteils landesfremde Dynastien in den italienischen Partikularstaaten. Sieben souveräne Territorien sowie die Lombardei und Venetien waren Teil der Donaumonarchie. In Mittel- und Süditalien dominierten der Kirchenstaat und das Königreich Sizilien. Das Königreich Sardinien-Piemont setzte sich derweil unter Ministerpräsident Camillo Graf Benso di Cavour (1810–1861) an die Spitze der liberalen Bewegung, deren Ziel die nationale Einigung der italienischen Staatenwelt war. Um nun Österreich aus Südeuropa zu vertreiben, holte sich Cavour politische und militärische Unterstützung beim französischen Kaiser Napoleon III. Beide trafen im Dezember 1858 in Plombière eine geheime Vereinbarung. Österreich fühlte sich durch die Machenschaften zwischen Sardinien-Piemont und Frankreich provoziert.

Die kriegerische Auseinandersetzung begann Mitte April 1859 und endete nach den Schlachten von Magenta und Solferino im Juli mit dem Waffenstillstand von Villafranca. Österreich verlor die Lombardei an Frankreich. Im Frieden von Zürich am 10. November gab Napoleon den Staat in die Obhut des Königreichs Piemont-Sardinien. Dies war die Initialzündung auf dem Weg zur Bildung eines italienischen Nationalstaates unter dem Savoyer Viktor Emanuel II. Im Jahre 1861 wurde nach inneren Kämpfen schließlich das Königreich Italien ausgerufen. Lediglich Venetien blieb weiterhin ein Teil Österreichs, der Vatikanstaat wurde auf Rom beschränkt.

Auf die deutschen Patrioten hatte die italienische Einigung großen Einfluss. Denn Italien war es gelungen, eine ebenfalls zersplitterte Staatenwelt in einem Nationalstaat zu einigen. An der Spitze der Bewegung stand mit dem Königreich Piemont-Sardinien und dem Haus Savoyen eine bereits gefestigte Macht – in Deutschland boten sich dafür vergleichsweise nur Preußen und das Königshaus Hohenzollern an.

Der Krieg in Italien führte zu einem tiefen Zerwürfnis zwischen Wien und Berlin. Preußen gelang es, ohne direkte militärische Beteiligung sowohl aus dem Krimkrieg als auch aus dem Krieg in Italien gestärkt hervorzugehen und damit seine Vormachtstellung im Deutschen Bund maßgeblich zu festigen. Anfang 1863 konnte man sogar den russischen Zaren auf die deutsche Seite ziehen.

Als sich Polen gegen die russische Herrschaft erhob, ergriff Berlin demonstrativ für den Zaren Partei und schloss mit ihm die Alvensleben'sche Konvention. Damit war von Anfang an die Möglichkeit eines französisch-russischen Bündnisses unterbunden. Diese erste große außenpolitische Glanzleistung des preußischen Ministerpräsidenten Otto von Bismarck-Schönhausen sollte noch große Bedeutung erhalten: Denn Russland blieb sowohl im deutsch-deutschen Krieg 1866 als auch im deutsch-französischen Waffengang 1870/71 neutral und unterstützte dadurch den Weg Preußens zur einzigen deutschen Großmacht.

Der Deutsche Bund nach 1850

Es zeigte sich, dass der Gestaltungsspielraum im Deutschen Bund für zwei Großmächte, die sich zudem noch sehr unterschiedlich entwickelten, zu klein war. Dazwischen stand das so genannte Dritte Deutschland mit Bayern, Württemberg und Sachsen. König Maximilian II. von Bayern (→ »Biografien«) favorisierte die »Trias-Politik« als Antwort auf den Dualismus der beiden Großmächte. Maximilian sah sein Land als dritte Führungsmacht in Deutschland, unter dessen Leitung sich die Mittelstaaten zu einer eigenen Kraft sammeln und gemeinsam ein Gegengewicht gegen Wien und Berlin bilden sollten.

Nur ein föderativer Zusammenschluss gewährleistete aus seiner Sicht die Unabhängigkeit und Souveränität der einzelnen Staaten. Das »Dritte Deutschland« orientierte sich stärker nach Österreich. Von diesem Weg, an dem Württemberg und Bayern am längsten festhielten, gingen die deutschen Mittelstaaten erst ab, als die militärische Niederlage von 1866 eine Alternative zu Preußen ausschloss. Dabei erforderten die wirtschaftlichen Interessen und die Attraktivität der wirtschaftlichen Verbindungen zu preußischen bzw. norddeutschen sowie französischen Märkten spätestens seit 1862 eine engere Anlehnung an Berlin.

Verfassungskonflikt in Preußen

In Preußen hatte Wilhelm (→ »Biografien«) im Herbst 1858 für seinen Bruder Friedrich Wilhelm IV. die Regentschaft übernommen. Die durch ihn eingeleitete »neue Ära« (Lockerung der Pressegesetze und freie Meinungsäußerung) führte jedoch nicht zu einer erhofften allmählichen Liberalisierung in Politik und Gesellschaft, sondern beschwor vielmehr einen Konflikt über Heer und Verfassung herauf, der im September 1862 seinen Höhepunkt erreichte. Dabei befürworteten sowohl der König als auch das liberal dominierte Parlament eine Heeresreform, um Preußens Gewicht im Deutschen Bund zu stärken. Nach den Vorstellungen Wilhelms und seines Militärkabinetts beinhaltete diese Reform die folgenden Punkte:

- Erhöhung der Militärausgaben
- Verstärkung der Heeres
- Erhöhung der Dienstzeit auf drei Jahre
- Schwächung der »Landwehr« (bestehend aus Reservisten) zugunsten der »Linie«

Das Abgeordnetenhaus musste den notwendigen Finanzmitteln zustimmen, versuchte aber im Gegenzug eine Überarbeitung der Vorlage durchzusetzen. Die liberale Mehrheit forderte die Verkürzung der Wehrzeit von drei auf zwei Jahre, den Verzicht auf die qualitative und quantitative Reduzierung der Landwehr und schließlich die Stärkung des eigenen parlamentarischen Budgetrechtes. König Wilhelm empfand dies als Zumutung und gab nicht nach, sodass das Abgeordnetenhaus seine Zustimmung zur Erhöhung des Wehretats verweigerte. Die Regierung war nun nicht bereit, unter Missachtung des parlamentarischen Budgetrechtes die Heeresreform durchzuführen. Daraufhin entschloss sich Wilhelm I. zur Abdankung, der Kronprinz lehnte jedoch die Nachfolge ab. In dieser Zwangslage ernannte Wilhelm auf Anraten seines Kriegsministers Albrecht von Roon (1803–1879) den preußischen Gesandten in Paris, Otto von Bismarck (→ »Biografien«), zum neuen Ministerpräsidenten. Dieser sollte den Konflikt beilegen.

Bismarcks Rolle im Verfassungskonflikt

Mit der Ernennung von Otto von Bismarck-Schönhausen (→ »Biografien«) zum Vorsitzenden des Staatsministeriums (interimsweise am 23. September 1862) und Anfang Oktober auch zum Außenminister sowie Ministerpräsidenten erhoffte sich König Wilhelm also weniger eine expansive Außen- und Deutschlandpolitik als vielmehr die Beseitigung der innenpolitischen Spannungen. Bismarck vertrat die Meinung, dass Politik sich einzig und allein nach den Interessen des Staates zu richten habe. So trat der Ministerpräsident, der seit 1851 als Vertreter Preußens im Deutschen Bundestag an den Machtspielen zwischen Wien und Berlin beteiligt war, entschieden für die volle Gleichberechtigung Preußens mit der Donaumonarchie ein. Der betont konservative Politiker repräsentierte Grundpositionen, die die Stellung von König und Adel in Preußen und in Deutschland festigen und zudem stärken sollten.

Bismarck trat am 30. September 1862 mit der berühmten »Blut-und-Eisen-Rede« sein Amt an und legte sofort klar, wie er fortan innenpolitische Konflikte zu lösen gedachte, notfalls auch ohne Zustimmung der Volksvertretung. Er fand aus seiner Sicht eine Lücke in der Verfassung (»Lückentheorie«), die es ermöglichte, Steuern ohne Budgetgesetz zu erheben und das Abgeordnetenhaus aufzulösen. So weitete sich seine erste Amtshandlung, die Auflösung des Abgeordnetenhauses am 13. Oktober 1862 und die Verkündung des »budgetlosen Regiments«, dem ursprünglichen Heereskonflikt, zu einem handfesten Verfassungskonflikt aus. Die Fortschrittspartei rief daraufhin zur Steuerverweigerung auf, was die preußische Regierung mit Pressezensur beantwortete.

Im Januar 1863 setzte Bismarck die Heeresreform durch, indem er den Haushalt nicht beschließen ließ. Eine folgenreiche Auseinandersetzung mit den Liberalen hatte er dadurch verhindert, dass er ihnen in wirtschaftlichen Bereichen entgegenkam: Preußen schwenkte durch den preußisch-französischen Handelsvertrag auf den lange geforderten Freihandel ein. Bismarck hatte wohl auch im Auge, Österreich über die wirtschaftlichen Zwänge aus Deutschland zu drängen.

So wurde die Auseinandersetzung zwischen Ministerpräsident und Abgeordnetenhaus erst durch die »Indemnitätsvorlage« nach der Gründung des

Norddeutschen Bundes beigelegt. Der Reichstag des Bundes billigte im Nachhinein den preußischen Staatshaushalt. Als die innenpolitischen Schwierigkeiten beseitigt waren, widmete sich Bismarck ganz der Beendigung des Dualismus im Deutschen Bund.

Frankfurter Fürstentag 1863

Berlin und Wien setzten ihren Kampf um die Hegemonie im Deutschen Bund fort. Die deutschen Klein- und Mittelstaaten betrachteten die eigenmächtigen Amtshandlungen Bismarcks in Preußen mit Misstrauen.

Der preußische Ministerpräsident versuchte von seinen innenpolitischen Schwierigkeiten abzulenken und provozierte mehrfach die Donaumonarchie. Im Januar 1863 forderte er die österreichische Regierung auf, ihre gegen Preußen gerichtete Politik aufzugeben und sich stattdessen mehr ihren Interessen im östlichen Europa zu widmen. Kaiser Franz Joseph beantwortete den diplomatischen Vorstoß Preußens mit der Einladung zu einem Fürstentag nach Frankfurt. Dort sollte ein österreichischer Bundesreformplan beschlossen werden, in dessen Mittelpunkt die Umwandlung des Deutschen Bundes von einem Staatenbund in einen Bundesstaat stand. Die Wiener Vorschläge zur Reform des Bundes sahen Folgendes vor:

- Fünfköpfiges Direktorium mit dem Vorsitz Österreichs
- Errichtung eines Bundesrates als periodisch tagende Fürstenversammlung mit dem Vorsitz Österreichs (neben dem Bundestag)
- Delegiertenversammlung der Landtage, die alle drei Jahre zusammentreten sollte
- Streichung der Einstimmigkeit bei wichtigen Beschlüssen
- Errichtung eines obersten Bundesgerichtes

Bismarck überredete König Wilhelm I., an der Versammlung nicht teilzunehmen. Stattdessen lud er zum gleichen Termin demonstrativ alle leitenden Minister der Zollvereinsstaaten zu einer Konferenz nach Berlin. Im Gegenzug setzte man diesen Vorschlägen andere Reformpläne entgegen: die volle Gleichberechtigung Preußens im Deutschen Bund, das Vetorecht der Großmächte im Falle einer Kriegserklärung des Bundes sowie eine Nationalvertretung, die aus allgemeinen und direkten Wahlen hervorgehen sollte.

Der Frankfurter Fürstentag, an dem trotz des Fernbleibens Preußens fast alle gekrönten Häupter des Bundes teilnahmen, beeindruckte zwar die deutsche Öffentlichkeit, die Ergebnisse hinsichtlich einer Reform des Deutschen Bundes waren aber kaum der Rede wert. Die deutschen Monarchen stimmten den Reformplänen Österreichs nur unter dem Vorbehalt zu, dass sich auch der preußische König anschloss. Von Anfang an war jedoch klar, dass Wilhelm I. alle Beschlüsse des Fürstentages genauso ablehnen würde wie Österreich angesichts seines Vielvölkerstaates die Berliner Anregungen für ein nationales Parlament. Die Reforminitiativen verliefen im Sande; der Deutsche Bund blieb weiterhin ein träger Koloss, der sich zu keinen grundlegenden Reformen durchringen konnte.

Deutsch-Dänischer Krieg 1864/65

Die beiden Elbherzogtümer Holstein und Schleswig waren seit dem 15. Jahrhundert mit dem Königreich Dänemark in Personalunion verbunden. Nach der Revolution von 1848/49 unterstützte Preußen die Loslösung der überwiegend deutschsprachigen Länder von der dänischen Krone, musste aber seine Bemühungen im Frieden von Malmö aufgrund der Intervention Englands und Russlands wieder aufgeben.

Im Jahre 1852 stellte eine internationale Regelung die alte Personalunion zwischen Dänemark und Schleswig-Holstein sowie die Unteilbarkeit und Selbstständigkeit der beiden Herzogtümer, von denen nur Holstein Teil des Deutschen Bundes war, wieder her.

1863 bezeichnete der neue dänische König unter Missachtung dieser Regelung Schleswig als Teil seines Reiches. Dies führte in Deutschland zu einem national motivierten Protest, der die Spannungen zwischen Wien und Berlin in den Hintergrund treten ließ, den aber Bismarck für sich auszunutzen wusste. Während die Mittelstaaten die Volksbewegung unterstützten und den »nationalen Krieg« forderten, reagierte Bismarck gelassen, stellte sich auf die Grundlage des Völkerrechtes und verlangte nur die Einhaltung des 1852 geschlossenen Vertrages. Russland, England und Österreich schlossen sich dieser Haltung an, um keinen europäischen Krieg heraufzubeschwören. Dänemark lehnte jedoch die Forderung Preußens und Österreichs ab, die Einverleibung Schleswigs rückgängig zu machen.

Dies sahen die europäischen Staaten als Unrecht an und weigerten sich, gegen die Bundesexekution zu protestieren. Nach einem kurzen Feldzug musste Dänemark im Friedensvertrag von Wien beide Elbherzogtümer abtreten, die einstweilen von beiden Siegerstaaten gemeinsam verwaltet wurden (»Kondominium«).

Die Schleswig-Holstein-Frage schwächte nur anfänglich die Position Bismarcks und Preußens im Deutschen Bund. Als sich aber Kaiser Franz Joseph nach dem Frankfurter Fürstentag ohne Absprache mit dem Bundestag auf eine gemeinsame Außenpolitik mit Berlin verständigte, begannen selbst die großdeutsch orientierten Mittelstaaten, der Donaumonarchie gegenüber misstrauisch zu werden. Die Teilung der Beute aus dem Deutsch-Dänischen Krieg heizte den Dualismus zwischen Österreich und Preußen an und entlud sich im deutschen »Bruderkrieg« von 1866.

Zusammenfassung: Die deutsche Revolution und ihre Folgen

Der politisch interessierte Teil der Bevölkerung, zu dem vor allem das **Bürgertum** zählte, war mit dem Deutschen Bund unzufrieden. Im Spiel der internationalen Mächte war der lockere Staatenbund zu schwach und innenpolitisch verhinderte er mehr Mitsprache bei politischen Entscheidungen. Die Revolution von 1848/49 sollte schließlich eine grundlegende Erneuerung bringen.

Die **verfassunggebende Nationalversammlung** in Frankfurt am Main entschied sich für eine kleindeutsche Lösung unter der Führung Preußens. Dessen König sollte an der Spitze eines deutschen Gesamtstaates unter Ausschluss Österreichs stehen. Diese **»kleindeutsche Lösung«** scheiterte jedoch, als König Friedrich Wilhelm IV. die ihm angetragene Kaiserkrone ablehnte. Der Deutsche Bund wurde ohne die notwendigen Reformen reaktiviert und die Macht der deutschen Fürsten gefestigt. Es folgte daraufhin ein Jahrzehnt der politischen Reaktion in allen deutschen Staaten, Verfassungen wurden revidiert oder ganz aufgehoben.

Geprägt wurden diese Jahre weiterhin vom **Dualismus** der beiden Mächte im Bund, **Preußen und Österreich**. Die Rivalitäten wurden im Deutschen Bundestag ausgefochten, ohne dass sich die Fürsten auf dringend notwendige Reformen einigen konnten. Während aber die Habsburgermonarchie Einfluss einbüßte, gewann Preußen auch aufgrund seiner wirtschaftlichen Überlegenheit an Macht. Sowohl der Krimkrieg als auch die Waffengänge in Italien führten zu einem tiefen **Zerwürfnis zwischen Wien und Berlin**. Preußen gelang es zwar nicht, seine Vormachtstellung im Deutschen Bund zu erweitern, jedoch sie zu festigen. Mit der Ernennung Bismarcks zum neuen Ministerpräsidenten verschärfte sich der schwelende Konflikt, zumal dieser versuchte, mit außenpolitischen Erfolgen von seinen innenpolitischen Schwierigkeiten abzulenken.

Vom Deutschen Bund zur Gründung des Deutschen Reiches

Bismarcks Ziel war erst einmal die Hegemonie Preußens in Norddeutschland. Um dies zu erreichen, musste er Schleswig und Holstein als Satellitenstaat installieren. Stattdessen wollte Kaiser Franz Joseph die beiden Elbherzogtümer als souveränes Mitglied unter dem Herzog von Augustenburg in den Deutschen Bund aufnehmen.

Die Gasteiner Konvention 1865 konnte den drohenden Krieg zwischen den beiden Mächten noch einmal vermeiden: Preußen erhielt das Herzogtum Lauenburg sowie die Verwaltung über Schleswig und Österreich die über Holstein. Außerdem verpflichteten sich die beiden Vertragspartner zu einem gemeinschaftlichen Vorgehen bei Entscheidungen, die beide Herzogtümer betrafen.

Deutsch-Deutscher Krieg 1866

Nach dieser Verständigung widmete sich Bismarck nun mit vollem Einsatz der Beseitigung des preußisch-österreichischen Dualismus im Deutschen Bund. Im ersten Halbjahr 1866 wurden erneut mehrere Reformprogramme zur Neuordnung des Bundes vorgelegt, die aber alle scheiterten. Eine kriegerische Auseinandersetzung wollte Bismarck zu diesem Zeitpunkt aufgrund der englischen und der französischen Interventionsgefahr jedoch nicht riskieren. So beschränkten sich die weiteren Aktionen in Wien und Berlin auf das diplomatische Parkett.

Als der preußische König den Vorschlag der österreichischen Regierung ablehnte, Holstein gegen Schlesien einzutauschen, war ein Krieg kaum mehr zu verhindern. Bismarck verabredete am 8. April 1866 mit Italien ein Bündnis, das dem jungen südeuropäischen Nationalstaat Gebietsgewinne auf Kosten der Donaumonarchie in Aussicht stellte. Gleichzeitig versuchte er, Österreich mit einem erneuten Vorstoß für ein national motiviertes deutsches Parlament im Bund zu isolieren. Währenddessen verhandelte Kaiser Napoleon III. sowohl mit Berlin als auch mit Wien. Am Ende blieb er neutral, ließ sich aber als Kompensation Gebietsabtretungen in Aussicht stellen.

Kriegsverlauf

Die Auseinandersetzung zwischen Preußen und Österreich um die Herzogtümer Schleswig und Holstein eskalierte Anfang Juni 1866: Österreich brachte die Schleswig-Holstein-Frage vor den Bundestag, Preußen sah darin einen Bruch der Vereinbarungen und marschierte in Holstein ein. Daraufhin schlossen sich die meisten Mittelstaaten, unter ihnen Bayern, Württemberg, Hannover und Sachsen, aus Bündnispflicht und Rechtsgefühl dem Deutschen Bund und damit Österreich an. Bismarck erklärte daraufhin den Deutschen Bund für nicht mehr existent und ließ Hannover sowie Sachsen besetzen. Bismarcks Diplomatie gelang es wieder einmal, das Eingreifen der europäischen Mächte zu verhindern. Frankreich und Russland verhielten sich neutral, Italien stand zumindest zeitweise auf der Seite Preußens.

Der Krieg dauerte nur wenige Wochen, die Bundestruppen waren schon Ende Juni geschlagen. Am 3. Juli 1866 brachte die strategisch überlegene preußische Armee in der Schlacht bei Königgrätz der Donaumonarchie eine vernichtende Niederlage und ein über Jahrzehnte hinweg lebendiges Trauma bei. Die militärische Stärke Preußens wurde damit quasi über Nacht zu einem gewichtigen Faktor in der europäischen Politik.

Friedensverhandlungen

Drei Wochen nach der klaren Niederlage Österreichs und seiner Bundesgenossen schlossen die Kriegsparteien den preußisch-österreichischen Präliminarfrieden von Nikolsburg (26. Juli 1866). Ihm folgte der Prager Frieden vom 23. August. Bismarck konnte gegen seinen König eine schonende Behandlung Österreichs durchsetzen. Außer Venetien musste Kaiser Franz Joseph keine territorialen Verluste hinnehmen. Dafür stimmte er der Auflösung des Deutschen Bundes und der Gründung eines Bundes nördlich des Mains sowie zudem der preußischen Annexion Hannovers, Kurhessens, des Großherzogtums Nassau, Schleswig-Holsteins und der Freien Stadt Frankfurt zu. Erstmalig war damit zwischen Maas und Memel ein geschlossenes preußisches Staatsgebiet entstanden.

Vom Deutschen Bund zum Deutschen Reich

September 1850	Wiedereröffnung des Deutschen Bundestages in Frankfurt am Main
November 1850	Punktation von Olmütz
Januar bis Mai 1851	Dresdner Konferenzen
1852–1873	Napoleon III. (1808–1873) Kaiser der Franzosen
10. Dezember 1858	Vereinbarung von Plombière (Sardinien-Piemont und Frankreich)
1858–1861	Regentschaft Wilhelms I. von Preußen
1859	Krieg Piemont-Sardiniens und Frankreichs gegen Österreich
1861	nationale Einigung Italiens unter König Viktor Emanuel II.
1861–1888	Wilhelm I. König von Preußen
1862–1890	Otto von Bismarck-Schönhausen, preußischer Ministerpräsident, ab 1867 Kanzler des Norddeutschen Bundes, ab 1871 Reichskanzler
1862–1866/67	Verfassungskonflikt in Preußen
1863	Alvensleben'sche Konvention zwischen Preußen und Russland
1863	Frankfurter Fürstentag
1864	Deutsch-Dänischer Krieg
Oktober 1864	Frieden von Wien
August 1865	Gasteiner Konvention zwischen Österreich und Preußen
1866	Indemnitätsvorlage Bismarcks
Juni/Juli 1866	Deutsch-Deutscher Krieg
August 1866	Frieden von Prag: Auflösung des Deutschen Bundes
1867	Gründung des Norddeutschen Bundes
13. Juli 1870	Emser Depesche
Juli 1870 bis Februar 1871	Deutsch-Französischer Krieg
1. Januar 1871	Gründung des Deutschen Reiches
18. Januar 1871	Kaiserproklamation Wilhelms I. in Versailles
16. April 1871	Verfassung des Deutschen Reiches
10. Mai 1871	Frieden von Frankfurt am Main

Die meisten deutschen Mittelstaaten unterschrieben noch vor Ende des Krieges einen Waffenstillstand mit Preußen. Bismarck verschonte auch die süddeutschen Staaten sowie Sachsen, um Frankreich nicht zu provozieren.

Bei den Friedensverhandlungen bestand Bismarck trotzdem darauf, mit den Delegierten der Mittelstaaten getrennt zu verhandeln, und verhinderte dadurch einen Südbund unter bayerischer Führung. Der preußische Ministerpräsident erntete abermals den Erfolg seiner diplomatischen Leistungen:

Zusammen mit den Friedensverträgen schloss er mit Württemberg (13. August 1866), Baden (17. August), Bayern (22. August) und schließlich auch mit Hessen-Darmstadt geheime Schutz- und Trutzbündnisse.

Die Verträge verpflichteten die Partner zu einer wechselseitigen Beistandspflicht und übertrugen im Kriegsfall den Oberbefehl auf den preußischen König. Sie standen mit den Bestimmungen des Prager Friedens und der darin garantierten internationalen unabhängigen Existenz der deutschen Südstaaten im Widerspruch, sodass sie bis März 1867 geheim gehalten wurden. Die Schutz- und Trutzbündnisse sollten dann beim Ausbruch des Deutsch-Französischen Krieges 1870 eine entscheidende Rolle einnehmen.

Folgen des Deutsch-Deutschen Kriegs

Preußen hatte den seit 1848/49 gesteuerten Kollisionskurs der beiden Hegemonialmächte im Deutschen Bund 1866 für sich entschieden. Der Sieg Preußens im deutschen »Bruderkrieg« bedeutete die Auflösung des Deutschen Bundes und damit eine Zäsur in der Entwicklung des 19. Jahrhunderts, die sich freilich seit Jahren abgezeichnet hatte. Die wichtigste Folge des Waffenganges war das Ausscheiden Österreichs aus Deutschland und damit die Neugestaltung der mitteleuropäischen Verhältnisse sowie die in den Friedensverträgen garantierte Unabhängigkeit der süddeutschen Mittelstaaten Bayern, Württemberg und Baden, im weiteren Sinne auch Sachsens und des Großherzogtums Hessen-Darmstadt. Frankreich, das einen starken deutschen Nationalstaat nicht hinnehmen wollte, hatte die Selbstständigkeit der Territorien südlich des Mains gefordert.

Für die Donaumonarchie ergab sich 1866 als notwendige Konsequenz eine außenpolitische Wende und Interessenverschiebung nach Osten und Südosten Europas, die sich im so genannten österreichisch-ungarischen Ausgleich im Dezember 1867 manifestierte: Franz Joseph und Elisabeth, das österreichische Kaiserpaar, wurden zum ungarischen König bzw. zur Königin gekrönt.

Der Norddeutsche Bund 1866–1870

Bismarcks Neuordnung Deutschlands beschränkte sich also zwangsläufig erst einmal auf den Zusammenschluss der deutschen Staaten nördlich der Mainlinie einschließlich Sachsens und der nördlich des Mains gelegenen Teile Hessen-Darmstadts zum Norddeutschen Bund. Er sah darin kein Provisorium oder gar eine Übergangsinstitution auf dem Weg zur nationalen Einigung. Bis Ende Oktober 1866 traten 23 deutsche Territorien mehr oder minder freiwillig dem Norddeutschen Bund bei, dem Preußen als einzige Hegemonialmacht vorstand. Das Bundesgebiet umfasste nunmehr rund 415 000 km^2 mit etwa 30 Mio. Einwohnern.

Am 1. Juli 1867 trat die norddeutsche Verfassung in Kraft, die auf wirtschaftspolitischer Ebene ein einheitliches Zoll- und Handelsgebiet schuf und nur anfangs die Territorien südlich des Mains, aber auch Lübeck, Hamburg und Bremen sowie einige kleinere Exklaven ausschloss. Damit handelte es sich beim Norddeutschen Bund nicht nur um einen politisch motivierten Zusammenschluss, sondern zudem um eine Zollunion.

An der Spitze des Norddeutschen Bundes stand der König von Preußen als erblicher Bundespräsident. Ihm beigeordnet war als eigentliches Regierungsorgan der Bundesrat, der aus Vertretern der einzelnen Bundesstaaten bestand. Bismarck übernahm als Kanzler des Norddeutschen Bundes den Vorsitz im Bundesrat. Preußen verfügte zwar über 17 der 43 Stimmen, hatte damit aber keine Zweidrittelmehrheit. In der Praxis zeigte sich trotzdem, dass Entscheidungen ohne die Zustimmung des größten Mitgliedslandes nicht gefällt werden konnten. Der Reichstag, der allgemein, gleich, direkt und geheim gewählt wurde, war an der Gesetzgebung und der Budgetbewilligung, nicht aber bei außen- und militärpolitischen Fragen beteiligt. Dennoch versöhnte diese Institution die Liberalen mit der Politik Bismarcks, da bei der Wahl vom Dreiklassenwahlrecht des preußischen Landtages abgerückt wurde.

Zur Verfassungskonstruktion des Norddeutschen Bundes zählten auch die geheimen Schutz- und Trutzbündnisse, die Bismarck im August 1866 mit den süddeutschen Staaten geschlossen hatte. Die Verträge gliederten die süddeutschen Länder zumindest teilweise in den preußischen Machtbereich ein und übersprangen in militärischer Hinsicht die Mainlinie. Diese Entwicklung fand auf wirtschaftlicher Ebene ihre Fortsetzung. Die Neugestaltung des Zollvereins vereinigte Nord und Süd im Zollbundesrat und im Zollparlament und untergrub erneut die Napoleon gegebene Zusage, den preußischen Einfluss nicht über die Maingrenze auszudehnen.

Kaiser Napoleon hatte inzwischen viel an Macht und Ansehen in Frankreich selbst verloren. Er musste immer mehr Zugeständnisse an die Opposition machen. Wenigstens bei der Neugestaltung Deutschlands wollte Napoleon nicht nachgeben und einen Nationalstaat unter preußischer Führung verhindern. Dies umso mehr, als sich Bismarck nach 1866 den französischen Forderungen verweigert hatte, einer territorialen Erweiterung an der Ostgrenze als Gegenleistung für seine Neutralität im Deutsch-Deutschen Krieg zuzustimmen.

Deutsch-Französischer Krieg 1870/71

In Europa herrschte mehrere Jahre lang eine Zeit politischer Krisen, die immer wieder an den Rand einer kriegerischen Auseinandersetzung führten. Als die Defensivbündnisse Preußens mit den süddeutschen Staaten publik wurden, schürte dies vor allem in Frankreich den Unmut. Russland und England wahrten den 1866 vereinbarten Status quo in Mitteleuropa. Russland interessierte sich nur am Rande für die Unstimmigkeiten der westeuropäischen Mächte. Lediglich die politischen und zollpolitischen Schritte Preußens bezüglich einer Ausdehnung über den Main beobachtete man in Petersburg kritisch. England wollte einen europäischen Krieg aus Rücksicht auf Belgien nicht riskieren. In Österreich konzentrierte man sich nach der Niederlage von Königgrätz und dem Ausgleich mit Ungarn auf die Verbesserung der Beziehungen zum Orient sowie auf innere Reformen.

Die »Emser Depesche«

Das Verhältnis zwischen Preußen und Frankreich verschlechterte sich ab 1866 kontinuierlich. Grund dafür war unter anderem die so genannte Luxemburgkrise. Napoleon hatte den Kauf Luxemburgs von den Niederlanden nicht erreicht und stattdessen die Neutralität des Landes und dessen weitere Zugehörigkeit zum deutschen Zollverein akzeptieren müssen. Der französische Kaiser benötigte jedoch aufgrund der innenpolitischen Spannungen mehr denn je einen außenpolitischen Erfolg. 1869 scheiterte eine österreichisch-französische Allianz, in deren Folge Wien Anfang 1870 sogar diplomatische Beziehungen zu Berlin aufnahm. Vor diesem Hintergrund unterstützte Bismarck und mit ihm König Wilhelm I. ab Mai 1870 die spanische Thronkandidatur des Erbprinzen Leopold von Hohenzollern-Sigmaringen (1835 – 1905), einer katholischen Seitenlinie des preußischen Königshauses. Die Öffentlichkeit in Frankreich sah darin die Gefahr einer territorialen Umklammerung durch das immer mächtiger werdende Preußen und drohte nun offen mit Krieg.

Die Position Napoleons III. hatte sich gerade wieder gefestigt, sodass er sich stark genug fühlte, Preußen die Stirn zu bieten. König Wilhelm veranlasste daraufhin Leopold, im Interesse des Friedens seine Kandidatur zurückzuziehen. Dieser Schritt genügte Napoleon aber nicht mehr. Er ließ dem in Bad Ems zur Kur weilenden preußischen König über seinen Berliner Botschafter mitteilen, Frankreich fordere für alle Zukunft den Verzicht der Hohenzollern auf den spanischen Thron. König Wilhelm wies diese »Zumutung« höflich, aber bestimmt zurück. Er berichtete telegrafisch seinem Ministerpräsidenten Bismarck in der so genannten »Emser Depesche« über die Aufdringlichkeit des französischen Botschafters und seine Weigerung, diesen nochmals zu empfangen. Bismarck gelang es nun, mithilfe einer stark gekürzten und damit zugespitzten öffentlichen Fassung der »Emser Depesche«, die ursprünglich preußisch-dynastische Frage zu einer Angelegenheit von nationaler Bedeutung hochzuspielen.

Kriegsverlauf

Am 19. Juli 1870 brach Preußen den diplomatischen Verkehr mit Frankreich ab, am gleichen Tag erfolgte die französische Kriegserklärung. Zweifellos stellte jetzt die gedemütigte Ehre Frankreichs einen vorrangigeren Kriegsgrund dar als die spanische Thronkandidatur des Erbprinzen Leopold. Österreich hatte sich bereits im Vorfeld der Auseinandersetzung für neutral erklärt. Auch die anderen europäischen Mächte hatten kein Verständnis für die Haltung Napoleons – Russland revanchierte sich gleichzeitig mit seiner »gut bewaffneten« Neutralität für die Schützenhilfe beim polnischen Aufstand 1863: Frankreich war isoliert.

Für Preußen hing der erfolgreiche Ausgang des Krieges von der Anerkennung des so genannten *casus foederis*, der Aktivierung der Schutz- und Trutzbündnisse von 1866, durch die süddeutschen Staaten ab. Während sich Baden ohne Zögern Preußen anschloss, akzeptierten Bayern, Württemberg und Hessen-Darmstadt ihre Bündnispflicht erst nach einigem Zögern.

Die überlegenere Planung und die schnellere Organisation der Truppentransporte ermöglichten es den deutschen Verbänden, von Beginn an die Initiative zu ergreifen. Schnelle, psychologisch bedeutende Teilsiege beendeten den Mythos von der unüberwindlichen französischen Armee und steigerten die Begeisterung der deutschen Bevölkerung für den Krieg.

Der Sieg bei Sedan Anfang September 1870 und die Gefangennahme Kaiser Napoleons entschieden über das Schicksal des französischen Kaiserreichs und läuteten die zweite Phase des Kriegs ein: Nun war das republikanische Frankreich der Gegner Deutschlands. Die neue Regierung in Paris bekundete umgehend ihre Bereitschaft zu einem schnellen Frieden. Die Forderungen Bismarcks – Gründung eines deutschen Nationalstaates und Abtretung von Elsass-Lothringen – verlängerten den Waffengang. Die folgenden Monate kennzeichneten schwere Verluste auf beiden Seiten.

Der Vertrag von Frankfurt

Nach der Gründung des Zweiten Deutschen Kaiserreiches im Januar 1871 hatte Bismarck eines seiner wichtigsten Ziele, den Anschluss Süddeutschlands an den Norddeutschen Bund, bereits vor Ende des Krieges erreicht. Nach der erfolgreichen Blockade von Paris schlossen Frankreich und das Deutsche Reich zunächst einen Waffenstillstand und im Februar 1871 einen Friedenspräliminarvertrag, dem der endgültige Friedensvertrag im Mai folgte. Im Vertrag von Frankfurt am Main verpflichtete sich Frankreich zur Zahlung von fünf Mrd. Goldfranc Kriegsentschädigung – einer astronomisch hohen Summe – und zur Abtretung von Elsass-Lothringen. Bismarck interessierte es dabei nicht, dass sich der überwiegende Teil der dortigen Bevölkerung als Teil Frankreichs verstand. Für ihn waren weniger die lothringischen Erz- und Kohlegruben entscheidend gewesen, sondern vielmehr strategische Entscheidungen. Elsass-Lothringen sollte bei einem erneuten Krieg einen Puffer für Süddeutschland gegen Westen bilden. Der preußische Ministerpräsident unterschlug die öffentlich verbreitete Ansicht, dass Frankreich zukünftig die Rückgewinnung Elsass-Lothringens als eines der wichtigsten Ziele seiner Politik sehen würde.

Gründung des Zweiten Deutschen Kaiserreiches

Die Entwicklung der Wochen nach Sedan war zwar vorgezeichnet, musste aber nicht zwangsläufig mit der deutschen Einigung enden. Nach der militärischen Niederlage Frankreichs stand allerdings einem deutschen Nationalstaat außenpolitisch nichts mehr im Wege. Die Regierungen in Stuttgart und München lehnten dennoch trotz der nationalen Euphorie einen vorbehaltlosen Beitritt zum Norddeutschen Bund ab. Schon seit September 1870 drohte Bismarck deshalb den süddeutschen Ländern – allen voran dem Königreich Bayern – offen mit Isolation, deutete zugleich aber auch die Bereitschaft zu Verhandlungen an.

Die Versailler Verträge

Auf den Münchner Konferenzen im September 1870, an denen neben Bayern und Preußen auch Württemberg teilnahm, wurde die Grundlage für die späteren Verhandlungen in Versailles und damit für die Verträge gelegt, die Ende November 1870 den Eintritt der süddeutschen Staaten in den Norddeutschen Bund besiegelten.

Die süddeutschen Staaten vermochten es nicht, eine gemeinsame Front gegen Bismarck und seine Ministerkollegen aufzubauen. Am 15. November traten Baden und Hessen-Darmstadt dem Norddeutschen Bund bei. Angesichts der Aussichtslosigkeit ihrer Situation unterschrieben die bayerischen Unterhändler am 23. November 1870 die »Versailler Verträge«, zwei Tage später folgten auch die Württemberger. Die süddeutschen Staaten waren freilich nicht ohne Zugeständnisse in den Norddeutschen Bund eingetreten und hatten damit die Gründung des Deutschen Reiches zum 1. Januar 1871 erst ermöglicht.

Bismarck billigte ihnen so genannte Reservatrechte zu, die in die Verfassung des Deutschen Reiches übernommen wurden. Der bayerische König Ludwig II. (→ »Biografien«) erhielt außerdem eine jährliche Zuwendung aus dem 1869 von Preußen annektierten Vermögen des Königs von Hannover, dem Welfenfonds. Am 3. Dezember 1870

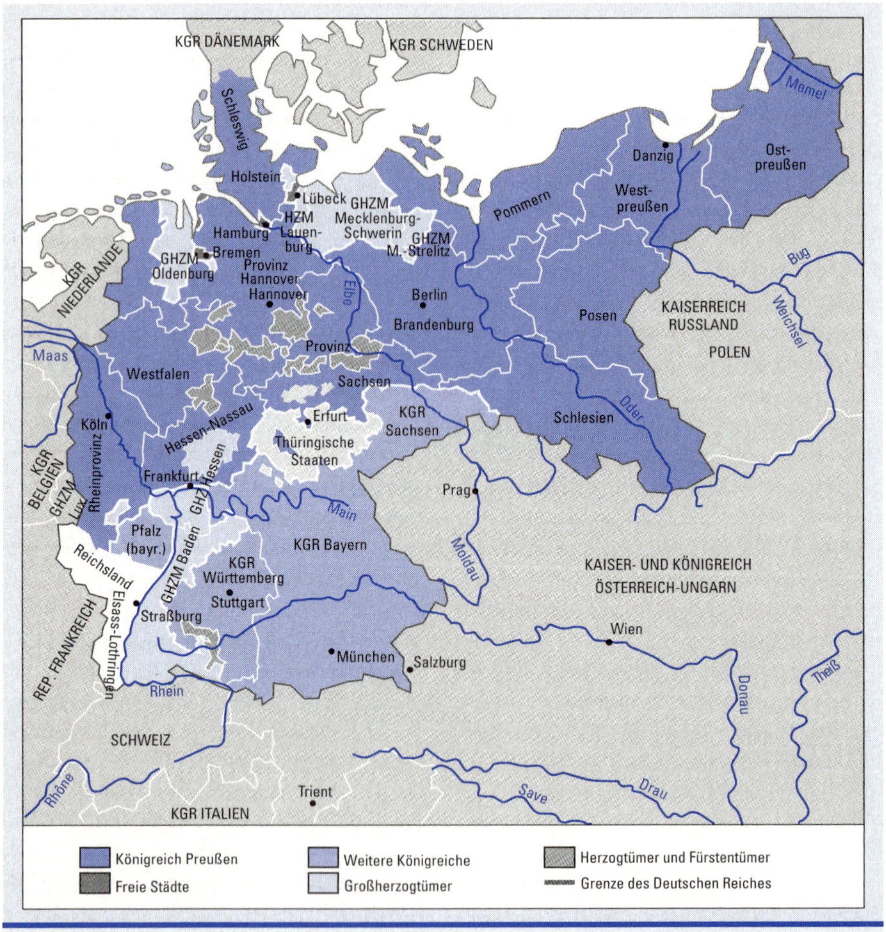

Deutsches Reich 1871–1918

überreichte schließlich Prinz Luitpold von Bayern (1821–1912), später Prinzregent (1886–1912), dem preußischen Ministerpräsidenten den »Kaiserbrief« des bayerischen Monarchen. Darin bat er den König von Preußen, den deutschen Kaisertitel anzunehmen.

Die Kaiserproklamation des preußischen Königs Wilhelm I. zum Deutschen Kaiser fand am 18. Januar 1871 im Spiegelsaal des Versailler Schlosses statt. Die Kulisse bildeten Fürsten, Offiziere und hohe Staatsbeamte. Die wenigen Vertreter gewählter Parlamente traten kaum in Erscheinung. Der Anspruch der alten Eliten auf die Führungsrolle im neuen Deutschen Reich wurde damit offen zum Ausdruck gebracht. Die Wahl des Ortes war ein Affront für Frankreich. Von hier aus nahm das später immer wieder als »deutsch-französische Erbfeindschaft« bezeichnete Verhältnis zwischen den beiden Staaten seinen Ausgang.

Für die süddeutschen Staaten bedeuteten die Versailler Verträge eine Verfassungsänderung, die erst der Ratifikation durch die zuständigen Länderparlamente bedurfte. Bis Ende 1870 unterzeichneten die zuständigen Gremien fast aller deutschen Territorien den Eintritt in den Norddeutschen Bund. Nur der Bayerische Landtag stimmte erst am 21. Januar 1871 mit zwei Stimmen mehr als notwendig der Annahme der Verträge zu. Dadurch entstand gewissermaßen ein »Interregnum«: Ab dem 1. Januar galt die neue Verfassung, obwohl weder das Reich noch der Kaisertitel von allen Mitgliedstaaten legalisiert waren (→ Karte »Deutsches Reich 1871–1914«).

Folgen der Reichsgründung

Für die große Mehrheit der Deutschen, die nach dem Sieg von Sedan einer nationalen Euphorie erlegen waren, bedeutete die Reichsgründung den Höhepunkt der deutschen Geschichte. Die lautstarke Begeisterung übertönte die wenigen kritischen Stimmen.

Die deutsche Reichsgründung als solche fand bei den anderen europäischen Staaten zunächst keinerlei größere Beachtung. Frankreich und Italien hatten mit internen eigenen Problemen zu kämpfen. Lediglich England war der Reichsgründung gegenüber eher skeptisch eingestellt, da die dortige Regierung das neue Machtpotenzial in Europa fürchtete.

Tatsächlich wurde der neue deutsche Nationalstaat zum Machtfaktor in Mitteleuropa, der das europäische Gleichgewicht des Wiener Kongresses durcheinander brachte. Während Österreich und Frankreich nach den Niederlagen von 1866 bzw. 1871 einschneidende Wandlungsprozesse durchliefen, ehe sie ihre einstige Stellung im Mächtespiel erneut einnehmen konnten, verbreitete sich im Deutschen Reich schnell die Überzeugung, zu den »ersten Nationen« zu zählen.

Die Überlegenheit an Landmasse, Bevölkerungszahl, industriell-wirtschaftlicher Entwicklung und militärischer Schlagkraft sprachen für das Deutsche Reich. Diese verhältnismäßig günstige Lage änderte sich jedoch bald nach 1871. Der rasante Wirtschaftsaufschwung stieß in der »Gründerkrise« ab 1873 an seine Grenzen. Kulturkampf und Sozialistengesetze zeigten bald nach Abklingen der nationalen Euphorie, dass die Integration der Bevölkerung in den neuen Staat nur unvollständig gelungen war. Im Inneren kämpfte Deutschland mit einem Dauerkonflikt, während man nach außen als Großmacht auftrat. Diese Selbstdarstellung machte die europäischen Nachbarn misstrauisch, die das Deutsche Reich zwar als mitteleuropäisches Machtzentrum akzeptierten, aber gleichzeitig argwöhnisch darauf achteten, dass das Reich ein Stabilisierungsfaktor im europäischen Mächtegleichgewicht blieb, auf keinen Fall jedoch zur Hegemonie aufstieg.

Die Verfassung des Deutschen Reiches vom 16. April 1871

Die Verfassung des Deutschen Reiches stimmte im Wesentlichen mit der des Norddeutschen Bundes von 1867 überein, wurde aber den seit Versailles veränderten Verhältnissen angepasst. Die Gründung des Deutschen Reiches war de facto durch den Eintritt der süddeutschen Staaten in den Norddeutschen Bund Realität geworden; alle Mitglieder waren nun Glieder eines gemeinsamen Bundesstaates. In der Verfassung wurde kein Grundrechtekatalog fixiert. Die Reichsfarben wurden auf Schwarz-Weiß-Rot festgelegt.

Der preußische König, der ab Januar 1871 den Titel Deutscher Kaiser trug, erhielt den Oberbefehl über die Streitkräfte, die nicht auf die Verfassung vereidigt waren. Er hatte außerdem das Präsidium des Reiches inne. Der Kaiser berief Bundesrat und Reichstag ein, ernannte den Reichskanzler als Leiter der Reichsregierung und schloss die Verträge mit dem Ausland.

Reichskanzler

Die weitgehend unabhängige Stellung Bismarcks als Regierungschef gegenüber dem Parlament blieb unangetastet und besaß als einziges Verfassungsorgan legislative, exekutive und judikative Befugnisse. Als Reichskanzler (bis 1871 Bundeskanzler des Norddeutschen Bundes) war er zugleich preußischer Ministerpräsident und trug als Vorsitzender des Bundesrates die Regierungsverantwortung. Alle kaiserlichen Anordnungen mit Ausnahme militärischer Befehle mussten vom Reichskanzler gegengezeichnet werden. Theoretisch war Bismarck zwar als Minister sowohl dem Bundesrat als auch dem Kaiser verantwortlich, agierte aber in der Praxis von allen Reichsgremien und dem Kaiser weitgehend unabhängig.

Das Reich hatte genauso wie der Norddeutsche Bund als oberstes Regierungsorgan keinen Ministerpräsidenten, sondern einen Bundesrat, der vom Reichskanzler aufgelöst werden konnte. Das Gremium bestand aus 58 ernannten Delegierten der 25 Regierungen (22 Fürsten und drei Hansestädte), um die föderative Komponente des Reiches zu sichern. Zusammen verfügten die süddeutschen Staaten Bayern (6 Stimmen), Württemberg (4), Hessen-Darmstadt (3) und Baden (3) über eine Sperrminorität bei Verfassungsänderungen, konnten sich allerdings gegen die 17 stimmführenden Vertreter Preußens in wichtigen Fragen nicht durchsetzen. Alle beschlossenen Reichsgesetze bedurften der Gegenzeichnung durch den Bundesrat, ebenso Kriegserklärungen und Friedensschlüsse sowie die Auflösung des Reichstages.

Reichstag

Der Reichstag war ein Einkammerparlament, das die Klammer der Einheit gegenüber dem Partikularismus der Einzelstaaten bilden sollte und aus allgemeinen, gleichen, unmittelbaren und geheimen Wahlen hervorgegangen war. Die Abgeordneten, die keine Diäten erhielten, hatten Gesetzgebungs- und Budgetrecht, besaßen jedoch kein Mitspracherecht bei der Ernennung oder Entlassung des Reichskanzlers.

Die erste Reichstagswahl fand am 31. März 1871 statt. Wahlberechtigt waren alle männlichen Staatsbürger mit einem Mindestalter von 25 Jahren. In 397 Wahlkreisen wurde nach dem Mehrheitswahlrecht je 100 000 Einwohner ein Abgeordneter gewählt. Da man die Wahlkreise bis zum Ersten Weltkrieg nicht der Bevölkerungsentwicklung anpasste, entwickelte sich die ursprüngliche Wahlkreiseinteilung immer ungerechter.

Bundesmitglieder im Deutschen Reich

Alle Bundesmitglieder besaßen im Deutschen Reich bestimmte Hoheitsrechte (originäre Rechte) in kulturellen Angelegenheiten (Schule und Universitäten), innerer Verwaltung, innerer Sicherheit und Justiz. Darüber hinaus erhielten die Regierungen der süddeutschen Staaten in den Versailler Verträgen besondere Hoheitsrechte, so genannte Reservatrechte, die in der Verfassung vom April 1871 rechtsverbindlich fixiert wurden.

Allerdings waren diese für die praktische Politik weitgehend bedeutungslos. Bayern und mit Einschränkungen auch Württemberg und Baden wurden im Heimat-, Verehelichungs- und Niederlassungswesen innerhalb der eigenen Grenzen, im Eisenbahnwesen, abgesehen von den Belangen der nationalen Verteidigung, im Post- und Telegrafenwesen, im Immobilienwesen, in der Besteuerung von Branntwein und Bier sowie im Militärwesen von der Reichsgesetzgebung und der Reichsaufsicht befreit. Der bayerische König behielt außerdem den Oberbefehl über seine Armee in Friedenszeiten, nur im Krieg unterstanden die Truppen dem preußischen Oberbefehl.

Das Königreich Bayern verfügte außerdem über besondere Mitgliedschaftsrechte, so genannte Sonderrechte, die jedoch wenig Bedeutung hatten. Bayern erhielt den stellvertretenden Vorsitz im Bundesrat, einen ständigen Sitz im Bundesratsausschuss für das Landheer und den ständigen Vorsitz im Bundesratsausschuss für auswärtige Angelegenheiten. Die zunächst geheim gehaltene Konzession an Bayern, die der Münchner Regierung beim Abschluss von Friedensverträgen die Teilnahme an den Verhandlungen erlaubte, wurde nur ein einziges Mal in Brest-Litowsk 1918 eingelöst.

Reichszentrale und Reichsrecht

Die auswärtigen Angelegenheiten fielen seit 1871 überwiegend in die Kompetenz der Reichszentrale, obwohl alle deutschen Staaten das aktive und passive Gesandtschaftsrecht ausübten. Während die Länderkonsulate im Ausland nach und nach aufgelöst wurden, überlebte das innerdeutsche Konsulatswesen in einer »Nischenexistenz«.

Gemäß der Reichsverfassung brach Reichsrecht Landesrecht, sodass eine Rechtsangleichung sukzessiv in allen Mitgliedsländern erfolgte. Darunter fiel auch die 1868 im Norddeutschen Bund durchgeführte Vereinheitlichung der Maße und Gewichte und nach 1871 außerdem die Einführung einer gemeinsamen Währung bis 1876 – der Mark. Aber trotz der zahlreichen Rechtsangleichungen verblieben den Einzelstaaten auch nach der Reichsgründung noch grundlegende wirtschaftspolitische Zuständigkeiten.

Zollverein

Auf wirtschaftlichem Gebiet stellte das Deutsche Reich ein einheitliches Zollgebiet mit einer Zollaußengrenze dar, innerhalb dessen grundsätzlich freier Warenverkehr herrschte. Es deckte sich nicht völlig mit dem neuen Reichsgebiet, da neben einigen kleineren Exklaven die Hansestädte Bremen und Hamburg nicht aufgenommen wurden. Die beiden Städte traten erst 1888 dem Zollverband bei. Dagegen gehörte das seit 1867 politisch selbstständige und neutrale Großherzogtum Luxemburg bis 1919 zum deutschen Zollgebiet. Der Zollverein – basierend auf dem Zollvereinsvertrag vom 8. Juli 1867 – erlosch mit der neuen Verfassung, seine Funktionen gingen jedoch auf das Reich über: Der Reichstag übernahm die Kompetenzen des Zollparlamentes und der Bundesrat die des Zollbundesrates. Auch der freihändlerische Zolltarif wurde ohne Veränderungen vom Zollverein auf das Reich übertragen.

Reichskasse

Die Stellung der Länder bezüglich des Finanzwesens kennzeichnete der Gegensatz zwischen geringen Kompetenzen bei der Aufgabenzuständigkeit und weitreichenden Befugnissen bei den Einnahmen. Das Reich besaß keine eigene Finanzverwaltung, da die Einzelstaaten weiterhin für die Erhebung der Abgaben zuständig waren. Die Verfassung wies der Reichskasse nur geringe direkte Steuereinnahmequellen und Zölle zu, vielmehr verblieben die direkten Steuern auch nach dem Jahr 1871 grundsätzlich in den Ländern. Die Bedürfnisse der Zentrale in Berlin wurden über so genannte Matrikularbeiträge der Bundesmitglieder gemäß ihrer Bevölkerungszahl gedeckt, die jährlich überprüft wurden. Die Zahlungsmoral der Matrikularbeiträge war nicht besonders groß. Trotzdem scheiterten alle Finanzreformen.

Zusammenfassung: Vom Deutschen Bund zur Gründung des Deutschen Reiches

Nach der vernichtenden Niederlage Österreichs 1866 sicherte sich Preußen im **Prager Frieden** die Verfügungsgewalt über Norddeutschland. Mit der Annexion Hannovers, Kurhessens, des Großherzogtums Nassau, Schleswig-Holsteins und der Freien Stadt Frankfurt mauserte sich Preußen zu einer Macht von bedrohlicher Stärke. Um das Gleichgewicht in Europa zu halten, beschränkte Bismarck seine Aktivitäten in der Öffentlichkeit auf die Gebiete nördlich der Mainlinie. Unter der Hand band er allerdings die süddeutschen Staaten in militärischer (Schutz- und Trutzbündnisse 1866) und wirtschaftlicher (Umgestaltung des Zollvereins in einen Zollbundesstaat 1867) Hinsicht an den Norden.

Am Ende nutzte der preußische Ministerpräsident geschickt die **Luxemburg-Krise** sowie die Thronkandidatur des Erbprinzen Leopold von Hohenzollern-Sigmaringen aus, Frankreich in die Schranken zu weisen. Die Schwäche des Nachbarstaates bildete somit den Ausgangspunkt für die deutsche Einigung. Als Frankreich Preußen den Krieg erklärte, stand Napoleon III. ohne europäische Bündnispartner da. Bismarcks geschickte Diplomatie der vergangenen Jahre zahlte sich nun aus. Nach den Siegen auf dem Schlachtfeld nahm es der Ministerpräsident billigend in Kauf, dass er sich mit der **Aneignung Elsass-Lothringens** den andauernden Hass des Nachbarlandes zuzog.

Der **Sieg gegen Frankreich** löste eine Welle nationaler Begeisterung in der deutschen Bevölkerung aus. Diese wusste Bismarck für sich auszunutzen und ergriff die einzigartige Möglichkeit, die deutschen Staaten unter der Führung des preußischen Königs zu vereinen. Die Verfassungselemente waren weit weniger föderalistisch angelegt, als es die bundesstaatliche Theorie suggerierte. Der preußische König als deutscher Kaiser bestimmte fast völlig selbstständig über Außenpolitik, Militärwesen und die Regierungsverantwortlichen in Berlin. Das monarchische Element hatte in der Verfassung des Deutschen Reiches ein klares Übergewicht. Deutschlands Schicksal hing also davon ab, ob der Kaiser umsichtig die Grundlinien der Politik bestimmte oder diese einem fähigen Kanzler übertrug. Bis zur **Entlassung Bismarcks** 1890 ging diese Rechnung durch geschickte Diplomatie auf. Das demokratische Prinzip, das die Liberalen forderten, war ausschließlich im schwachen Reichstag vertreten. Die politischen Spitzenpositionen wurden nicht mit führenden Persönlichkeiten der Parteien, sondern der Staatsverwaltung besetzt. In politischer Hinsicht änderte sich also an der Führungsrolle des Adels nach 1871 nur wenig.

Der unerwartet schnelle **Aufstieg Preußens** zur europäischen Großmacht weckte in England die Befürchtung, der neue Nationalstaat könnte die Hegemonie auf dem Kontinent an sich reißen. Dies führte in der Folgezeit zu einem Konfrontationskurs mit der französischen Führung.

Biografien

Friedrich Wilhelm IV., König von Preußen (1795–1861)

Von der Romantik geprägt (»Romantiker auf dem Thron«), war er von der Vorstellung eines Gottesgnadentums und Ständestaats beeinflusst;
scheiterte mit seiner Idee einer Union deutscher Fürsten

1840–1861	König von Preußen
ab 1840	Beendet Demagogenverfolgung und Konflikt mit der katholischen Kirche; Aufhebung der Zensur (exkl. Pressezensur)
1847	Verfassungsstreit; Berufung des Vereinigten Landtags
1848	Märzrevolution
6. Dezember 1848	Verabschiedung einer teilweise liberalen Verfassung
1849	Ablehnung der von der Frankfurter Nationalversammlung angetragenen Kaiserkrone
1849/1850	Scheitern einer Union deutscher Fürsten unter preußischer Führung
1858	nach schwerer Erkrankung Übernahme der Regierung durch seinen Bruder Wilhelm I.

Heinrich von Gagern, Staatsmann (1799–1880)

Der liberale Politiker war Mitbegründer der Allgemeinen Deutschen Burschenschaft und hatte großen Anteil an der Einberufung der Frankfurter Nationalversammlung.

1820–1833	im Dienst des Großherzogs von Hessen-Darmstadt
1848	Mitglied des Vorparlaments in Frankfurt am Main
1848/1849	Präsident der Frankfurter Nationalversammlung; Mitwirkung an der Ausarbeitung einer »kleindeutschen« Verfassung für den Deutschen Bund
ab 1862	Verfechter einer »großdeutschen« Politik und damit dezidierter Gegner Otto von Bismarcks

Felix Fürst zu Schwarzenberg, österreichischer Ministerpräsident (1800–1852)

Zur Wiedererlangung der 1848 erschütterten Einheit Österreichs ließ er 1848/49 den Aufstand in Wien und Ungarn niederschlagen und setzte sich für die Einsetzung Kaiser Franz Josephs I. ein.

1824–1828	Diplomat
1848–1852	österreichischer Ministerpräsident
1851	Aufhebung der Verfassung von 1849; Behaupten der Machtstellung Österreichs in Europa, erreichte aber nicht die Aufnahme des österreichischen Gesamtstaats in den Deutschen Bund und den Deutschen Zollverein

Franz Joseph I., Kaiser von Österreich (1830–1916)

Seine Ernennung als Nachfolger seines Onkels Ferdinand I. sollte die Monarchie stützen; sicherte seine kaiserliche Autorität durch eine starke Zentralgewalt, verlor jedoch den Kampf um die Vorherrschaft im Deutschen Bund gegen Preußen

1848–1916	Nach Abdankung seines epileptischen Onkels Ferdinand I. (1793–1875, Kaiser von 1835–1848) Kaiser von Österreich
1849	oktroyierte Verfassung, 1851 wieder aufgehoben
1854	Vermählung mit Elisabeth von Bayern
1860	Oktoberdiplom (föderalistische Verfassung für Österreich-Ungarn)
1861	Februarpatent (zentralistische Verf., ersetzte das Oktoberdiplom)
1866	Niederlage im Deutsch-deutschen Krieg
1867	österreichisch-ungarischer Ausgleich
1867–1912	König von Ungarn: kaiserlich-königliche Doppelmonarchie (bis 1918)
1873	Dreikaiserabkommen mit dem Deutschen Reich und Russland
1879	Zweibund (Österreich, Deutsches Reich)
1882	Dreibund (Österreich, Deutsches Reich, Italien)
1889	Tod des Sohnes Rudolph; Erzherzog Franz Ferdinand als Thronfolger
1907	Einführung des allgemeinen und freien Wahlrechts
1914	Attentat auf Erzherzog Franz Ferdinand; Ausbruch des Ersten Weltkriegs

Napoleon III., Kaiser der Franzosen (1808–1873)

Fühlte sich der Wiederherstellung des napoleonischen Kaisertums verpflichtet; führte als Kaiser schließlich ein autoritäres Regime mit demokratischen Strukturen. Durch die Beteiligung am Krimkrieg auf Seiten Englands (1853–1856) sicherte er seine Macht auch außenpolitisch.

1836	Putschversuch in Strasbourg
1840	Putschversuch in Boulogne, Verurteilung zu lebenslanger Haft
1846	Flucht nach London
1848	Gewinn der Präsidentschaftswahl in Frankreich mit 74 Prozent der Stimmen
1852	Volksabstimmung: erblicher Kaiser der Franzosen
1870/71	Preußische Gefangenschaft, erzwungener Rücktritt und Exil in Chislehurst bei London

Wilhelm I., König von Preußen und Deutscher Kaiser (1797–1888)

Als Prinz von Preußen an der Niederschlagung der revolutionären Aufstände 1848/1849 beteiligt, bekam er den Beinamen »Kartätschenprinz«; später eher liberalen Ideen zugeneigt, überließ er die Regierungsgeschäfte seinem Kanzler Bismarck.

1814/15	Teilnahme an den Befreiungskriegen gegen Napoleon
1849	Beteiligung an der Niederschlagung der Revolution
1849–54	General-Gouverneur im Rheinland und Westfalen
1858–1861	Regentschaft für seinen erkrankten Bruder: »neue Ära«
1861–1888	König von Preußen
1862	Heeres- und Verfassungskonflikt
1864	deutsch-dänischer Krieg
1866	deutsch-deutscher Krieg
1870/71	Deutsch-Französischer Krieg
18. Januar 1871	Proklamation zum Deutschen Kaiser nach Zustimmung der Bundesfürsten
1871–1888	Deutscher Kaiser, Förderung der Integration der Einzelstaaten

Fürst Otto von Bismarck-Schönhausen, preußischer Ministerpräsident und Reichskanzler des Deutschen Reiches (1815–1898)

Der »Eiserne Kanzler« erwies sich sowohl innen- als auch außenpolitisch als kluger Taktierer und vermochte die Interessen der Monarchie gegen das Parlament durchzusetzen. Er forcierte, unter preußischer Vorherrschaft und der Zurückdrängung Österreichs, die Einigung des Deutschen Reiches und stützte sich außenpolitisch auf defensive Bündnisse.

1815	in Schönhausen (nordwestlich von Berlin) geboren
1832 - 1835	Studium der Rechtswissenschaften
1839 - 1847	Verwaltung der Familiengüter in Pommern
1847	konservatives Mitglied des vereinten preußischen Landtags
1848	Mitbegründer der extrem konservativen »Kreuzzeitungspartei«
1851 - 1862	preußischer Gesandter (bis 1859 im Deutschen Bundestag in Frankfurt/Main, bis 1862 in Petersburg, 1862 in Paris)
1860	Ernennung zum preußischen Außenminister und Ministerpräsidenten
1867 - 1870	Bundeskanzler des Norddeutschen Bundes
1871 - 1890	Reichskanzler des Deutschen Reiches
1871 - 1887	Kulturkampf (Konflikt mit der Kirche um staatliche Einflussnahme auf das kirchliche Leben); Höhepunkt: Maigesetze 1873
1873	Dreikaiserabkommen (mit Österreich-Ungarn und Russland)
1878	Berliner Kongress (Vermittlung zwischen Russland, Österreich-Ungarn und England zur Beilegung der Orientkrise)
1879	Zweibund (mit Österreich-Ungarn)
1882	Dreibund (mit Österreich-Ungarn und Italien)
1883 - 1889	Sozialgesetzgebung (Kranken-, Unfall- und Altersversicherung)
1887	Geheimer Rückversicherungsvertrag mit Zusatzprotokoll zwischen Russland und dem Deutschen Reich
20. März 1890	Entlassung durch König Wilhelm I. und Ernennung zum Herzog von Lauenburg

Das Deutsche Reich

Die Phase des Deutschen Reiches ist bei genauer Betrachtung nur eine kurze Periode der deutschen Geschichte und umfasst nicht einmal 50 Jahre. Von 1871 an stieg das Deutsche Reich zu den führenden Nationen Europas auf, war aber im Kampf um weltweiten Einfluss und als Kolonialmacht den anderen Nationen unterlegen. Die Bestrebungen Kaiser Wilhelms II. führten schließlich in den Ersten Weltkrieg, der gleichzeitig das Ende des Deutschen Kaiserreiches bedeutete.

Das Deutsche Reich unter Bismarck

1871–1887	Kulturkampf (Katholische Kirche – Staat)
1871	Kanzelparagraph
1872	Schulaufsichtsgesetz; Jesuitengesetz
1873	Maigesetze (staatliche Aufsicht über die Priesterausbildung); Sperrgesetz
1873–1878	Dreikaiserabkommen: Russland, Österreich-Ungarn, Deutsches Reich
1874/75	Zivilehe; Brotkorbgesetz; Klostergesetz
1877	Budapester Konvention
1877	Balkankrieg zwischen Russland und dem Osmanischen Reich
März 1878	Frieden von San Stefano
Mai 1878	Attentate auf Kaiser Wilhelm I.
Oktober 1878	Sozialistengesetz
1878	Berliner Kongress (Beilegung der Orientkrise)
1879	Zweibund: Deutsches Reich und Österreich-Ungarn
1881–1887	Dreikaiservertrag: Russland, Österreich-Ungarn, Deutsches Reich
1882	Dreibund: Deutsches Reich, Österreich-Ungarn und Italien
1882	Besetzung Ägyptens durch England
1883/84	Krankenversicherungsgesetz, Unfallversicherungsgesetz
1884/85	Erwerb erster Kolonien
1885	Kongokonferenz läutet den »Wettlauf um Afrika« ein
1887	Mittelmeer-Entente: England, Italien, Österreich-Ungarn, Spanien
1887	Rückversicherungsvertrag: Deutsches Reich und Russland
März bis Juni 1888	Friedrich III. Kaiser der Deutschen
1888–1918	Wilhelm II. Kaiser der Deutschen
1889	Alters- und Invaliditätsversicherungsgesetz
20. März 1890	Entlassung Bismarcks

Die Ära Bismarck

Bis zum Ende des Deutschen Reiches im Jahre 1918 bestimmten drei Kaiser die deutschen Geschicke. Otto von Bismarck führte für alle drei die Amtsgeschäfte als Reichskanzler, bis er 1890 vom jungen Wilhelm II. wegen zu großer Differenzen entlassen wurde.

Kulturkampf, Sozialistengesetze und Sozialgesetzgebung

Die Hauptthemen der Bismarck'schen Innenpolitik lagen ohne Zweifel in der Auseinandersetzung zwischen Staat und Kirche und dem Versuch, die immer stärker werdende Sozialdemokratie in die Schranken zu weisen. Doch immer wieder musste der Reichskanzler eingestehen, dass seine Politik gescheitert war.

Parteien im Deutschen Reich

Innenpolitisch sah sich der »Eiserne Kanzler« einer Parteienlandschaft gegenüber, die sich seit der Frankfurter Nationalversammlung von 1848 stetig weiterentwickelt hatte (→ Tabelle »Überblick über die Parteien im Deutschen Reich 1848–1918«). Zunächst gelang es Bismarck die Parteien gegeneinander auszuspielen, doch mit fortschreitender Amtszeit versagten ihm sogar die konservativen Parteien die Gefolgschaft.

Die Freikonservative Partei

Die Freikonservative Partei ging 1867 aus einer Abspaltung von Altkonservativen im Preußischen Abgeordnetenhaus hervor. Nach der Reichsgründung von 1871 nannte sich die Partei Deutsche Reichspartei und gewann unter Bismarck ansehnlichen Einfluss auf die Regierungsarbeit. Die Freikonservativen vertraten eine offensive Militär- und Kolonialpolitik und hatten enge Bindungen zum Alldeutschen Verband und zum Bund der Landwirte (BdL). Sie bildeten das Sammelbecken für evangelische Geistliche, Offiziere, Beamte, grundbesitzenden Adel und reiche Bauern Preußens. Die Partei, die bis nach der Jahrhundertwende eine rein preußisch-protestantisch orientierte Honoratiorenpartei blieb, verschloss sich innenpolitischen Reformen. Während des revolutionären Umbruchs 1918 löste sich die Partei auf. Die meisten Freikonservativen traten der neu gegründeten Deutschnationalen Volkspartei (DNVP) bei.

Die Deutsch-Konservative Partei

1876 gründete sich aus unterschiedlichen konservativen Gruppierungen die Deutsch-Konservative Partei. Vorläufer waren der 1861 ins Leben gerufene Preußische Volksverein sowie die 1867 gegründete Konservative Partei. Sie bekannte sich zur Monarchie, zu den wirtschaftlichen und politischen Interessen der alten, vor allem preußischen Eliten und bekämpfte jede Art sozialdemokratischer Politik.

Im Kulturkampf stellte sich die Partei gegen die Regierung Bismarck, da sie für mehr Einfluss der Religion auf Staat und Gesellschaft eintrat. Ihren geografischen Schwerpunkt hatten die Deutschkonservativen in den preußischen Ostprovinzen sowie in Sachsen und Mecklenburg. Sie wies dadurch partikularistische Tendenzen auf.

Gemeinsam mit den Freikonservativen, dem Zentrum und Teilen der Nationalliberalen Partei stimmten die Deutschkonservativen Ende der 1870er-Jahre im Reichstag für die von Agrariern und Schwerindustriellen geforderten Schutzzölle.

Nach der Entlassung Bismarcks bekämpften sie folgerichtig die wirtschaftsliberale Politik des Reichskanzlers Leo von Caprivi (→ »Biografien«). Die agrarprotektionistische Politik unter Kanzler Fürst Bernhard von Bülow (→ »Biografien«) sorgte zwar nach 1900 für eine Annäherung der Deutschkonservativen an die Regierung, die liberalen Reformen in der Innen-, Wirtschafts- und Finanzpolitik lehnten sie jedoch strikt ab.

Seit Anfang der 1890er-Jahre zeigte sich offen der antisemitische Geist der Partei. In ihrem neuen Parteiprogramm (1892), »Tivoli-Programm« wehrte man sich gegen die Sozialdemokratie und besonders gegen den *zersetzenden jüdischen Einfluss* in der deutschen Gesellschaft. Aus diesem Grunde hatten sich die Mitglieder der Christlich Sozialen Arbeiterpartei des Hofpredigers Adolf Stöcker zwischen 1881 und 1896 der Deutsch-Konservativen Partei angeschlossen.

Unmittelbar nach der Abschaffung der Monarchie löste sich die Deutsch-Konservative Partei konsequenterweise auf. Ein Großteil ihrer Mitglieder wechselte in die neu gegründete Deutschnationale Volkspartei (DNVP).

Die Deutsche Fortschrittspartei

Auf dem Höhepunkt des preußischen Heeres- und Verfassungskonfliktes gründeten 1861 Linksliberale in Berlin die oppositionelle Fortschrittspartei. Mit den Wahlsiegen in den Anfangsjahren war sie die stärkste Partei in Preußen und damit ein bedeutender Faktor in der Innenpolitik. In ihr sammelte sich vor allem das Besitz- und Bildungsbürgertum. Die Mitglieder forderten die Reform des Wahlrechts und lehnten staatliche Eingriffe in die Wirtschaft ab.

Offenkundig hatte nur der Druck der Konfliktzeit die heterogene Partei bis 1867 zusammengehalten. Der linke Flügel der Liberalen verharrte weiter in Opposition zur Politik des Reichskanzlers Bismarck, während sich die Abgeordneten, die für eine Verständigung mit Bismarck eintraten, in der Nationalliberalen Partei zusammenfanden. Die Nationalliberale Partei erzielte in den kommenden Jahren große Wahlerfolge und gilt als die eigentliche Partei der Reichseinigung.

1884 vereinigte sich die Deutsche Fortschrittspartei mit der von den Nationalliberalen abgefallenen Liberalen zur Deutschen Freisinnigen Partei. Diese wiederum teilte sich 1893 in die Freisinnige Vereinigung und die Freisinnige Volkspartei. 1910 schlossen sich dann die beiden freisinnigen Parteien mit der demokratisch ausgerichteten Deutschen Volkspartei zur Fortschrittlichen Volkspartei zusammen. Diese ging nach dem Ersten Weltkrieg in der neu gegründeten Deutschen Demokratischen Partei (DDP) auf.

Die Nationalliberale Partei

Die Nationalliberale Partei spaltete sich 1866 von der Deutschen Fortschrittspartei ab. Sie vertrat hauptsächlich die Interessen des national eingestellten protestantischen Besitz- und Bildungsbürgertums, aber auch die von Bankiers und Industriellen. Die Nationalliberalen unterstützten die Errichtung eines Deutschen Kaiserreiches unter preußischer Führung und setzten sich für einen Verfassungsstaat genauso ein wie für den Ausbau parlamentarischer Rechte.

Wirtschaftspolitisch begrüßten die Nationalliberalen die Umwandlung Deutschlands in einen leistungsfähigen und liberal geführten Industriestaat. Zwischen 1871 und 1880 waren die Nationalliberalen, die weitgehend die Politik Bismarcks unterstützten, die stärkste Fraktion im Reichstag. Die innerparteilichen Gegensätze traten mit dem Übergang zur Schutzzollpolitik offen zutage: Die Anhänger des Schutzzolls verließen 1879 die Fraktion, ein Jahr später folgten weitere 28 führende Nationalliberale, da sie die enge Anlehnung ihrer Parteiführung an die für rückschrittlich gehaltene Politik Bismarcks nicht mehr mittragen wollten. Sie vereinigten sich mit dem linken Flügel der Fortschrittspartei zur Deutschen Freisinnigen Partei.

Unter Kaiser Wilhelm II. gewannen die Nationalliberalen wieder an Einfluss. Als Partei der Großindustrie und der Großbanken trug sie die imperialistisch-agressive Militär-, Flotten- und Kolonialpolitik mit und pflegte damit enge Beziehungen zum Alldeutschen Verband und dem Deutschen Flottenverein. Innenpolitisch öffnete man sich dagegen seit der Jahrhundertwende langsam den links von den Nationalliberalen stehenden Parteien. Dadurch wandelte sich die Organisation zu einer modernen Partei mit einem dichten Vereinsnetz.

In der Novemberrevolution 1918 zerfiel die Nationalliberale Partei: Ihr rechter Flügel schloss sich der Deutschnationalen Volkspartei (DNVP) an, ihr linker Flügel der Deutschen Demokratischen Partei (DDP). Die an Gustav Stresemann (1878–1929) orientierte Mehrheit gründete mit ihm die Deutsche Volkspartei (DVP).

Die Fortschrittliche Volkspartei

Zur Fortschrittlichen Volkspartei schlossen sich 1910 die linksliberalen und bürgerlich-demokratischen Kräfte der Freisinnigen Volkspartei, der Freisinnigen Vereinigung und der Deutschen Volkspartei zusammen. Die wirtschaftsliberale Partei trat für die Parlamentarisierung des Reiches sowie die Trennung von Staat und Kirche ein und stand damit im Gegensatz zum Zentrum. Die Fortschrittliche Volkspartei suchte stattdessen die parlamentarische Zusammenarbeit mit der SPD und der Nationalliberalen Partei. In der Novemberrevolution 1918 löste sich die Partei auf und gründete mit dem linken Flügel der Nationalliberalen Partei die Deutsche Demokratische Partei (DDP).

Die Sozialdemokratische Partei Deutschlands

Das Scheitern der Revolution bedeutete den vorläufigen Niedergang der gerade erblühten organisierten Arbeiterbewegung. Im Jahre 1863 rief Ferdinand Lassalle (→ »Biografien«) den Allgemeinen Deutschen Arbeiterverein (ADAV) ins Leben, aus dem 1869 in Eisenach die Sozialdemokratische Arbeiterpartei (SAD) hervorging. Gründungsväter waren Wilhelm Liebknecht (→ »Biografien«) und August Bebel (→ »Biografien«). 1875 erfolgte in Gotha der Zusammenschluss von ADAV und SAD zur Sozialdemokratischen Arbeiterpartei Deutschlands (SAD).

Programmatisch stand die Partei in grundsätzlicher Opposition zum politischen System des Deutschen Kaiserreiches. Das als Kompromiss ausgehandelte Gothaer Programm forderte zwar die Beseitigung aller sozialen und politischen Ungleichheiten, nicht aber den vollständigen Umsturz der Gesellschaft, wie ihn Karl Marx und Friedrich Engels propagierten (»soziale Frage«). Mit der Vereinigung der marxistischen und Lassalle'schen Richtung der Sozialdemokratie kam langsam der Erfolg. Die Sozialdemokratische Arbeiterpartei Deutschlands entwickelte sich zu einer Massenpartei mit fester Mitgliedschaft und straffer Organisation. Sie kämpfte vor allem für die Rechte der Arbeiter und akzeptierte auch Streiks als geeignetes Mittel für die Durchsetzung ihrer Forderungen.

Die Sozialdemokratie war seit 1876 im Reichstag vertreten. Daran änderten auch die 1878 erlassenen Sozialistengesetze nichts. Im Gegenteil, als das Sozialistengesetz 1890 nicht verlängert wurde, erreichte die als Sozialdemokratische Partei Deutschlands (SPD) wiedergegründete SAP bei den Wahlen den höchsten Stimmenanteil.

Im Umfeld der Partei gründeten sich von Anfang an zahlreiche Kultur- und Freizeitorganisationen, wie Kindergärten, Sport- und Gesangvereine, Spar- und Bauvereine. Sie verstärkten die Bindung der Mitglieder an die Sozialdemokratie. Auf dem Erfurter Parteitag 1891 gab sich die SPD ein neues Programm. Das Erfurter Programm, das überwiegend von marxistischen Vorstellungen getragen war, forderte unverzügliche und tief greifende Reformen in Wirtschaft, Politik und Gesellschaft. Das Grundsatzprogramm wurde für viele sozialdemokratische Parteien in Europa richtungsweisend.

Führende Sozialdemokraten wie August Bebel, Karl Kautsky und Rosa Luxemburg wandten sich gegen den neuen »revisionistischen« Kurs der Partei. Unbeschadet des innerparteilichen Streites um die richtige Theorie stellte die SPD als Partei protestantischer und konfessionsloser Industriearbeiter, aber auch des Mittelstandes, 1912 erstmals die stärkste Reichstagsfraktion. Nach Beginn des Ersten Weltkrieges stimmte die SPD im Reichstag unter dem Eindruck der nationalen Hochstimmung geschlossen für die Kriegskredite zur Landesverteidigung und verpflichtete sich darüber hinaus, für die Dauer des Krieges auf jegliche Art von Agitation gegen die Reichsregierung zu verzichten (»Burgfrieden«). Die schon vor 1914 feststellbaren innerparteilichen Gegensätze ließen sich jedoch nicht mehr leugnen. Im April 1917 spaltete sich die SPD in die zahlenmäßig geringere und radikalere Unabhängige Sozialdemokratische Partei (USPD) und die Mehrheitssozialdemokratische Partei (MSPD).

Die Deutsche Zentrumspartei/Zentrum

Im Winter 1870/71 schlossen sich sowohl im Preußischen Abgeordnetenhaus als auch später im Reichstag Parlamentarier zu einer katholischen Fraktion zusammen, deren Ursprung in der Nationalversammlung der Paulskirche lag. Sie nannte sich in Anlehnung an ihre Sitzplätze zwischen den konservativen Rechten und den liberalen Linken das »Zentrum«. Die Partei kämpfte für die Selbstständigkeit der katholischen Kirche im protestantisch dominierten Deutschen Reich. Durch kirchliche Organisationen, die 1894 gegründeten christlichen Gewerkschaften und zahlreiche Publikationsorgane war das Zentrum in allen sozialen Schichten verankert. Keine andere Partei hatte deshalb so konstante Wahlergebnisse wie das Zentrum.

Der unmittelbar nach der Reichsgründung einsetzende Konflikt zwischen Staat und katholischer Kirche – der → Kulturkampf – trug entscheidend zur Festigung des Zentrums bei. Bedeutendster Widersacher Bismarcks war der Parteiführer Ludwig Windthorst (→ »Biografien«).

Nach dem Ende des Kulturkampfes übernahm die Partei mit einer »mittleren politischen Linie« parlamentarische Mitverantwortung im Deutschen Reich. Unter Kaiser Wilhelm II. unterstützte das Zentrum dessen Innen-, Außen-, Kolonial- und Flottenpolitik. Erst 1906 begehrte die Partei aus christlichen Beweggründen auf, lehnte zusammen mit der SPD einen Nachtragsetat zur Finanzierung einer deutschen »Schutztruppe« in Afrika ab und ging in die Opposition. Vor dem Ersten Weltkrieg gewann der süddeutsch-demokratische Flügel um Matthias Erzberger (→ »Biografien«) an Einfluss. Von November 1917 bis September 1918 stellte das Zentrum mit Georg Graf von Hertling erstmals einen Reichskanzler. Während des Krieges unterstützte die Partei zunächst die deutsche Kriegführung und trat für expansive Kriegsziele ein, wich aber, je länger der Waffengang dauerte, von dieser Politik ab. Nach Kriegsende diffamierte die nationalistische Rechte die Friedensresolution des Zentrums von 1917 als Teil der später als »Dolchstoßlegende« bezeichneten Agitation gegen die Weimarer Republik.

Sozialistische Parteien

- 1863 Allgemeiner Deutscher Arbeiterverein
- 1869 Sozialdemokratische Arbeiterpartei Deutschlands (SAD)
- 1875 Sozialistische Arbeiterpartei Deutschlands (SAP)
- 1890 Sozialdemokratische Partei Deutschlands
- 1916/1917 Unabhängige Sozialdemokratische Partei Deutschlands (USPD)
- 1918/1919 Kommunistische Partei Deutschlands (KPD)

Bürgerliche Parteien

Christliche Parteien

- 1848 Kath. Fraktionen
- 1870 Zentrumspartei
- nach 1918 Bayerische Volkspartei

Liberale Parteien

- 1848 Liberale und demokratische Fraktionen
- 1861 Deutsche Fortschrittspartei
- 1867 Nationalliberale Partei
- 1880 Deutsche Freisinnige Partei
- 1910 Fortschrittliche Volkspartei
- ab 1918 Deutsche Demokratische Partei (DDP)
- Deutsche Volkspartei (DVP)
- 1930 Deutsche Staatspartei

Konservative Parteien

- 1848 Konservative Fraktionen
- ab 1860 Freikonservative Partei (später Deutsch-Konservative Partei)
- ab 1918 Deutschnationale Volkspartei (DNVP)

Überblick über die Parteien im Deutschen Reich 1848–1918

Der Kulturkampf

Mit der Säkularisation in den Jahren 1802 und 1803 war die katholische Kirche als Machtfaktor in Deutschland vorübergehend ausgeschieden. Aber bereits die Restauration christlicher Wert- und Herrschaftsvorstellungen nach dem Wiener Kongress begründeten eine neue gesellschaftliche Anerkennung der Kirche als moralische Instanz im Deutschen Bund. Der »Kölner Kirchenstreit« der 1840er-Jahre avancierte zum Modell für Auseinandersetzungen zwischen katholischen und evangelischen Ländern einerseits sowie katholischer Kirche und Staat andererseits. Der zunehmend erwachende Nationalstaatsgedanke widersprach grundlegend den Vorstellungen der universal angelegten katholischen Kirche.

›Syllabus errorum‹

Im Zuge der nationalen Einigungsbewegungen in Italien und im Deutschen Reich formierte die katholische Kirche deshalb ihren Widerstand. Papst Pius IX. (1846–1878) versuchte seit den 1860er-Jahren verstärkt, seinen Einfluss auf Politik und Gesellschaft zu vergrößern.

Im Jahr 1864 beschwor Papst Pius IX. mit dem der Enzyklika ›Quanta cura‹ beigegebenen ›Syllabus errorum‹ (Sammlung von der Kirche verurteilter, religiöser, philosophischer und politischer Lehren) den offenen Konflikt herauf. Kurz darauf sorgte allein die Ankündigung eines allgemeinen Konzils, bei dem die lehramtliche Unfehlbarkeit des Papstes dogmatisiert werden sollte, für Aufregung in Deutschland. Das erste Vatikanische Konzil fand vom 8. Dezember 1869 bis 1. September 1870 statt, in dessen Verlauf sich die Mehrheit der Teilnehmer auf eine gemeinsame Erklärung zur Unfehlbarkeit und zum Universalepiskopat des Papstes einigte und damit dessen absolutistische Stellung innerhalb der katholischen Kirche anerkannte.

Die innerkirchliche Opposition unter Leitung des Münchner Theologen Ignatz Döllinger blieb in Deutschland jedoch eine Minderheit. Der Protest von Königswinter und die Nürnberger Erklärung führten am Ende zur Abspaltung und zur Gründung der Altkatholischen Kirche.

Politischer Katholizismus

Vor diesem Hintergrund formierte sich im Dezember 1870 der »politische Katholizismus« unter Führung des einstigen Hannoveranischen Ministers Ludwig Windthorst (1812–1891) in einer Partei, dem »Zentrum«. Das politische Programm richtete sich gegen die gerade vollendete kleindeutsche Reichsgründung und trat darüber hinaus für die Selbstständigkeit der Kirche gegenüber dem Staat und einen föderativen Reichsaufbau ein. Die Mitglieder arbeiteten eng mit den nicht-deutschen Volksgruppen der Elsässer, Polen, Dänen und Welfen (Hannoveraner) zusammen und unterstützten die Absichten, päpstliche Beschlüsse in der deutschen Politik stärker zu berücksichtigen. Deshalb bürgerte sich für Anhänger des Zentrums die Bezeichnung »Ultramontane« (lateinisch: *ultra montes* – jenseits der Berge) ein.

Bismarck begann direkt nach der Reichsgründung das Zentrum zu bekämpfen. Er sah in dieser Partei eine den Staat gefährdende Opposition, der es galt, den politischen Einfluss zu entziehen. Außerdem beabsichtigte der Kanzler dadurch auch, die Kirche aus Politik und Gesellschaft zu verdrängen. Um seine Ziele zu erreichen, scheute sich Bismarck nicht, im Kampf gegen das Zentrum ein Bündnis mit den Liberalen einzugehen. Für diese waren die katholischen Vorstellungen ein Hemmschuh für den Fortschritt, der nur mit einer strikten Trennung von Staat und Kirche zu erreichen war. Die Liberalen forderten allerdings für ihre Hilfe Gegenleistungen hin zu einer Parlamentarisierung der Reichspolitik. Unterstützt wurden Bismarck und seine liberalen Partner vom protestantischen Bildungs- und Besitzbürgertum, das ebenfalls den katholischen Einfluss auf staatliche Maßnahmen einschränken wollte.

Maigesetze 1873

Der so genannte »Kulturkampf« (von dem liberalen Reichstagsabgeordneten Rudolf Virchow so benannt) entzündete sich schließlich an der Frage, wer – Kirche oder Staat – die kulturellen Grundlagen der Gesellschaft bestimmen sollte. Da die kirchlichen Angelegenheiten den Ländern vorbehalten waren, beschränkte sich die Auseinandersetzung zunächst auf Preußen, den unmittelbaren Machtbereich Bismarcks, beeinflusste aber, je länger die Streitigkeiten dauerten, die Stimmung im gesamten Reich. Der Kulturkampf nahm dennoch in keinem anderen deutschen Territorium die Schärfe an wie in Preußen. In Bayern flammten beispielsweise nur die alten Auseinandersetzungen um das Konkordat und das Religionsedikt aus der Zeit Montgelas' wieder auf.

Im Jahre 1871 wurde die katholische Abteilung des preußischen Kultusministeriums aufgelöst. Der auch von Bayern geforderte »Kanzelparagraph« verbot den Geistlichen, in ihren Predigten auf *Angelegenheiten des Staates in einer, den öffentlichen Frieden gefährdenden Weise* einzugehen. Ein Jahr später wurde der Kirche die Aufsicht über die Schulen entzogen. Auf Veranlassung Bismarcks wurden die Jesuiten als Vorreiter des Ultramontanismus im gesamten Deutschen Reich verboten. Ein preußisches Gesetz löste wenig später alle Orden und Kongregationen mit Ausnahme der im Krankendienst Tätigen auf. Ab 1873 dehnte die Regierung die staatliche Aufsicht weiter aus und griff mit der Forderung nach einem »staatlichen Kulturexamen« fundamental in die Ausbildung der Geistlichen (Maigesetz) ein.

Papst Pius IX. forderte jetzt seine Bischöfe zum Widerstand gegen die Gesetze auf, die sich daraufhin ihrerseits offen gegen die staatlichen Zwangsmaßnahmen wehrten und die Gläubigen zur öffentlichen Missachtung sämtlicher Verordnungen aufriefen. Die Berliner Regierung verhängte daraufhin harte Strafen und nötigte dadurch alle katholischen Bischöfe in Preußen bis 1876 zu Flucht und Exil, sofern sie sich nicht der Gefahr einer Verhaftung aussetzen wollten.

Bismarcks Versöhnungskurs

Trotz aller staatlichen Anstrengungen verfehlte Bismarck sein Ziel, den politischen Arm der katholischen Kirche zu unterwerfen. Als das Zentrum in den Reichstagswahlen 1874 die Zahl ihrer Abgeordneten von 63 (1871) auf 91 steigern konnte, verschärfte der Reichskanzler und preußische Ministerpräsident nochmals seine Gangart: Preußen stellte die Zahlungen an die Kirche ein, die sich aus der Säkularisation ergeben hatten (Priestergehälter, Kirchenunterhalt), löste alle Ordensniederlassungen auf und unterstellte das Schulwesen vollständig dem Staat. Die kirchliche Eheschließung verlor die rechtliche Bedeutung und wurde von der staatlichen »Zivilehe« ersetzt.

1878 musste Bismarck, der im Kampf gegen die katholische Kirche nur von den Liberalen unterstützt worden war, einen versöhnlicheren Kurs einschlagen. Er beendete 1878/79 seine Zusammenarbeit mit den Nationalliberalen unter anderem aufgrund zoll- und finanzpolitischer Differenzen und wandte sich den Konservativen zu. Für die neue Politik benötigte er das Zentrum als Mehrheitsbeschaffer.

Noch im gleichen Jahr söhnte sich der Reichskanzler mit dem neuen Papst Leo XIII. aus, der für eine Verständigung zwischen Staat und Kirche eintrat. Im Laufe der folgenden Jahre wurden zwar fast alle Verordnungen des Kulturkampfes außer Kraft gesetzt, die grundlegenden Gesetze – Kanzelparagraph, Zivilehe, Jesuitengesetz und staatliche Schulaufsicht – blieben jedoch noch immer gültig. Das Zentrum setzte mit der Beendigung des Kulturkampfes seinen Aufstieg als politische Partei fort und war von 1881 bis 1912 die stärkste Fraktion im Reichstag. Gleichzeitig blieben aber die Katholiken die dritte Gesellschaftsgruppe, der neben den nationalen Minderheiten und der Arbeiterschaft eine Identifikation mit dem Deutschen Reich nicht möglich war.

Sozialistengesetze 1878 (–1890)

Nach dem Misserfolg im Kulturkampf versuchte Bismarck, die Arbeiterbewegung als Reichsfeind zu stigmatisieren. Für zwei Attentate auf Kaiser Wilhelm binnen kurzer Zeit im Jahre 1878 machte er die Sozialdemokratie und deren Anhänger verantwortlich, obwohl sie mit den Anschlägen nicht in Verbindung gebracht werden konnten. In konservativen Kreisen wurde die Sozialdemokratie jedoch schon vorher als Bedrohung für die staatliche Ordnung gesehen. Ihre Forderungen – Verstaatlichung der Produktionsmittel, gerechte Entlohnung der geleisteten Arbeit, Beseitigung der sozialen und politischen Ungleichheiten, Plebiszite und Arbeitszeitverkürzungen – waren auch dem Reichskanzler ein Dorn im Auge. Bismarck betrachtete die Sozialisten als Sprengmittel gegen die junge deutsche Einheit und als eine Bedrohung für die monarchische Ordnung.

Durchsetzung der Gesetze

Nach der Gründerkrise hatten sich die sozialen Gegensätze im Deutschen Reich durch Industrialisierung und wirtschaftliche Depression verschärft. Bismarck konnte und wollte die Lösung der so genannten Arbeiterfrage nicht der Sozialdemokratischen Arbeiterpartei überlassen. Er fürchtete eine Beeinträchtigung der »alten Eliten«, auf denen das Reich und seine Politik basierten. Er entwickelte stattdessen eine Doppelstrategie: Während er der Arbeiterklasse mit Gesetzen und Verwaltungsvorschriften entgegen kam, bekämpfte der Kanzler die SAP/SPD.

Einem dafür notwendigen Ausnahmegesetz stimmte die Mehrheit des Reichstages nicht zu, sodass Bismarck den Reichstag kurzerhand auflöste. Die Neuwahlen brachten den Konservativen auf Kosten der Liberalen einen bedeutenden Stimmenzuwachs. Das neue Mehrheitsverhältnis ermöglichte es dem Reichskanzler, im Oktober 1878 gegen die Stimmen von Zentrum und Fortschrittspartei das so genannte »Sozialistengesetz« (Gesetz gegen die gemeingefährlichen Bestrebungen der Sozialdemokratie) durchzusetzen.

Bis 1890 wurde das Sozialistengesetz mehrfach verlängert. Die damit verbundenen Verbote und Zwangsmaßnahmen schränkten die Bewegungsfreiheit der Arbeiterschaft und ihrer politischen Organisation stark ein. Alle sozialdemokratischen Zusammenschlüsse, darunter sogar Sport-, Gesang- und Geselligkeitsvereine, die sozialistischen und internationalen Gewerkschaften sowie der Allgemeine Deutsche Arbeiterverein, wurden genauso verboten wie Versammlungen und die Herstellung bzw. Verbreitung parteinaher Zeitungen sowie Zeitschriften.

Darüber hinaus ließ Bismarck zahlreiche Sozialdemokraten verhaften oder ausweisen. Nur die Reichstagsfraktion blieb verschont, da sie Immunität beanspruchen konnte. Sie setzte sich gegen das Ausnahmegesetz kaum zur Wehr und beschränkte sich auf eine von Wilhelm Liebknecht im Reichstag verlesene Erklärung, in der er sich gegen die Vorwürfe verwahrte, an den Attentaten auf den Kaiser beteiligt gewesen zu sein.

Wiedererstarken der Sozialdemokraten

Die Sozialdemokratie arbeitete trotz Strafandrohung im Untergrund weiter und hielt so die Bewegung mit Erfolg aufrecht. Die massive Beeinträchtigung lähmte zwar die Sozialdemokratie, konnte sie aber nicht besiegen, auch wenn die Brandmarkung als Reichsfeind und das Verbot der sozialdemokratischen Presse ihre Wirkung zunächst nicht verfehlten. Die Stimmenzahl sank bei den Reichstagswahlen 1881 deutlich. 1890 hatte sich die SPD jedoch wieder erholt und wurde 1912 sogar stärkste Fraktion.

Weitaus negativer als die vorübergehenden Beschränkungen gegen die Sozialdemokratie wirkte sich der Kampf des Reichskanzlers auf das innenpolitische Klima im Deutschen Reich aus. Die Gegensätze zwischen der Arbeiterschaft, vor allem beim anwachsenden Industrieproletariat, und dem Staat verschärften sich. Eine parlamentarische Lösung des Konfliktes war nicht mehr möglich und beeinflusste maßgeblich das Schicksal der Weimarer Republik.

Die Sozialgesetzgebung Bismarcks

Die Industrialisierung führte zu einer Bevölkerungsexplosion, in deren Folge sich das Deutsche Reich einer zunehmenden Verstädterung ausgesetzt sah. Fehlende soziale Absicherung und Arbeitszeiten von nicht selten 60 Stunden wöchentlich verursachten ein unberechenbares soziales Sprengstoffpotenzial. Konstruktive staatliche Maßnahmen sollten helfen, die Verhältnisse der Arbeiterschaft zu verbessern.

Die Planungen dazu begannen zeitgleich mit dem Erlass des Sozialistengesetzes. Forciert wurden sie, als Bismarck erkennen musste, dass seine Unterdrückungstaktik gegen die Sozialdemokratie nicht die erhoffte Wirkung zeigte. Der Reichskanzler verfolgte daher eine Doppelstrategie: Er bekämpfte einerseits mit gesetzlichen Mitteln die Sozialdemokratie sowie die ihr nahe stehenden Verbände und versuchte andererseits mit einem umfangreichen Sozialgesetzgebungswerk die Arbeiterschaft enger an die Regierung zu binden. Der Reichstag stimmte in den folgenden Jahren grundlegenden sozialpolitischen Maßnahmen gegen die Stimmen der Sozialdemokraten zu.

Krankenversicherungsgesetz (1883)

Das Krankenversicherungsgesetz verlangte die »zwangsweise« Versicherung aller Arbeiter unter einer bestimmten Einkommensgrenze. Damit existierte fortan neben Kranken-, Innungs- und Knappschaftskassen eine Krankenversicherung. Diese wurde reichsweit von genossenschaftlich organisierten Ortskrankenkassen betreut. Die Versicherten erhielten ab dem dritten Krankheitstag in den ersten 13 (später 26) Wochen Krankengeld als Verdienstausfall. Ferner finanzierten sie die ärztliche Versorgung und notwendige Medikamente. Die Versicherten hatten zwei Drittel der Kosten selbst aufzubringen, das letzte Drittel übernahm der Arbeitgeber.

Unfallversicherung (1884)

Bei der Unfallversicherung finanzierten Arbeitnehmer-Berufsgenossenschaften eine Beihilfe bei Unfällen am Arbeitsplatz. Die dafür erforderlichen finanziellen Mittel wurden allein von den Arbeitgebern aufgebracht. Sie trat nach dem Ablauf der Krankenversicherung in Kraft, also nach Ablauf der 13. Woche der Arbeitsunfähigkeit. Die Versicherung übernahm sämtliche Arzt- und Heilmittelkosten bei Betriebsunfällen und garantierte dem betroffenen Arbeiter eine Rente, die zwei Drittel seines letzten Lohnes betrug. Bei Tod erhielten die Hinterbliebenen eine Rente in Höhe von 60 Prozent des letzten Monatslohnes.

Invaliditäts- und Altersversicherung (1889)

Die Invaliditäts- und Altersversicherung garantierte jedem Arbeiter, der weniger als 2000 Mark verdient hatte, nach dem 70. Lebensjahr eine Altersrente, die sich aus der Versicherungsdauer und dem bisherigen Einkommen errechnete und außerdem eine Invaliditätsrente bei früher eintretender Arbeitsunfähigkeit. Allerdings bezog sich die Rente nicht auf die Versorgung von Witwen. Die Versicherung wurde zu gleichen Teilen vom Arbeitgeber und -nehmer getragen und darüber hinaus mit staatlichen Mitteln gefördert. Das Gesetz passierte den Reichstag gegen die Stimmen der Freisinnigen, der Sozialdemokraten und der Mehrheit des Zentrums.

Wirkung der Sozialgesetzgebung

Die Sozialgesetze berücksichtigten nicht alle Arbeiter und deren Familien. Oft boten sie den Betroffenen kaum mehr als das Existenzminimum. Außerdem griff der Staat bei brennenden Problemen wie Kinderarbeit, Mindestlöhnen oder Verkürzung der Arbeitszeit nicht ein. Schließlich wollte sich Bismarck die Unterstützung der Großindustrie weiterhin sichern. Der Unternehmer blieb innerhalb seiner Fabrik trotz der sich langsam wieder formierenden Gewerkschaften weitgehend autonom und bestimmte Arbeitsbedingungen, Arbeitszeit sowie Arbeitslohn.

So stellte die Sozialgesetzgebung Bismarcks nicht viel mehr als eine vorübergehende Erholung innenpolitischer Spannungen dar und beruhigte zweifelsohne die sozialen Brennpunkte im Deutschen Reich. Das eigentliche Ziel der Gesetze aber, nämlich der Sozialdemokratie den Boden zu entziehen, blieb deshalb erfolglos. Die Partei, die die Interessen der Arbeiter vertreten wollte, spielte somit in den 1880er-Jahren keine Rolle bei der »Arbeiterpolitik«.

Bismarcks Sozialversicherungen brachten den Arbeitnehmern erstmals so was wie soziale Sicherheit, da sie bei Krankheit und im Alter finanzielle Leistungen erwarten durften. Die sozialrechtlichen Errungenschaften Bismarcks sind unbestritten, obwohl er fast ausschließlich darauf abzielte, die Arbeiterschaft zu beruhigen und mit dem Staat zu versöhnen. Die deutsche Sozialgesetzgebung war im internationalen Vergleich lange Zeit konkurrenzlos. Mit späteren Erweiterungen und einer Zusammenfassung der drei Gesetze in der Reichsversicherungsordnung (RVO) von 1911 bilden Bismarcks Sozialgesetze bis heute die Grundlage des modernen Sozialstaats.

Biografien

August Bebel, Politiker und Publizist (1849–1913)

Marxistisch geprägter Führer der deutschen Sozialdemokratie, machte die SPD zu einer Volkspartei; bekämpfte den preußischen Militarismus

1861	Mitglied des Gewerblichen Bildungsvereins
1866	Gründung der Sächsischen Volkspartei gemeinsam mit Wilhelm Liebknecht; 1867 Abgeordneter im Norddeutschen Reichstag
1867	Vorsitzender des Verbandes der deutschen Arbeitervereine
1869	Gründung der Sozialdemokratischen Arbeiterpartei (SDAP) gemeinsam mit Liebknecht
1871 - 1913	Mitglied des Deutschen Reichstages (ausgenommen 1872–73)
1872	Verurteilung zu zwei Jahren Festungshaft
1875	Gothaer Parteitag: Zusammenschluss der SDAP und des Allgemeinen Deutschen Arbeitervereins von Ferdinand Lassalle zur Sozialistischen Arbeiterpartei (SAP)
1891	Beteiligung am Erfurter Programm der seit 1890 Sozialdemokratischen Partei Deutschlands (SPD)
1892	Parteivorsitz der SPD

Wilhelm Liebknecht, Politiker, Publizist (1826–1900)

Als Redakteur und Herausgeber verschiedener sozialdemokratischer Parteiorgane beeinflusste der überzeugte Marxist Programmatik und geistige Ausrichtung der SPD

1842 - 1847	Studium der Philologie, Philosophie und Theologie
1848/1849	Teilnahme an Februarrevolution in Paris; Beteiligung an der deutschen Revolution, Flucht in die Schweiz
1866 - 1867	gemeinsam mit Bebel Gründung der Sächsischen Volkspartei
1869	Gründung der Sozialdemokratischen Arbeiterpartei (SDAP) gemeinsam mit Bebel
seit 1874	mit kurzen Unterbrechungen Mitglied des Deutschen Reichstages
1891	Chefredakteur des SPD-Blattes ›Vorwärts‹

Ferdinand Lassalle, Politiker, Publizist (1825–1864)

Mitbegründer der deutschen Sozialdemokratie, wandte sich aber entschieden gegen revolutionäre Tendenzen

1842–1846	Studium der Geschichte und Philosphie
1848	Teilnahme an der deutschen Revolution
1861	Veröffentlichung seines politischen Hauptwerks ›Das System der erworbenen Rechte‹
1863	Gründung des Allgemeinen Deutschen Arbeitervereins (ADAV); Lassalle wird dessen erster Präsident
1864	Tod nach Duell

Ludwig Windthorst, Politiker, Rechtsanwalt (1812–1891)

Bismarcks wichtigster politischen Gegenspieler, wandte sich vehement gegen dessen Kulturkampf (Auseinandersetzung zwischen dem Staat und der katholischen Kirche).
Sein Gespräch mit Bismarck im März 1890 trug maßgeblich zum Sturz des Reichskanzlers bei.

1851–1853	Justizminister des Königreiches Hannover (erneut 1862–1865)
1867	Mitglied des preußischen Abgeordnetenhauses und im Reichstag des Norddeutschen Bundes
seit 1871	Abgeordneter der Zentrumspartei im Deutschen Reichstag und Gegenspieler Bismarcks

Bündnissysteme – Bismarcks Außenpolitik

Das Deutsche Reich war als neues Machtzentrum in Mitteleuropa sowohl Österreich-Ungarn als auch Frankreich nach Bevölkerungszahl, Wirtschaftskraft und militärischer Stärke überlegen. England, und damit das Britische Empire, blieb dennoch dank seiner als unbesiegbar geltenden Flotte die führende Weltmacht zur See, Russland weiterhin die vorherrschende Landmacht.

Grundzüge der Außenpolitik Bismarcks

Bismarck strebte während seiner Amtszeit als Reichskanzler immer wieder ein Bündnissystem an, in dem alle Beteiligten auf Deutschland angewiesen waren und das gleichzeitig keine Allianzen gegen das Deutsche Reich zuließ. Die deutsche Außenpolitik kennzeichnete deshalb folgende Grundzüge:

- Erhalt der deutschen Grenzen von 1871
- Erhalt des staatlichen Charakters des neuen Deutschen Reiches
- Herstellung der monarchischen Solidarität zwischen Russland, Österreich-Ungarn und Deutschland, um einen Mehrfrontenkrieg auszuschließen
- Verzicht auf weltpolitische Expansion und damit auf den Erwerb von Kolonien

Bismarcks Ziele ließen sich ohne Veränderung des europäischen Mächtesystems erreichen, wogegen sich verständlicherweise alle anderen Mächte zur Wehr gesetzt hätten.

Die Kunst des Bismarck'schen Bündnissystems bestand darin, die grundsätzlichen politischen Gegensätze zwischen Russland und Großbritannien in Asien sowie zwischen Russland und Österreich-Ungarn auf dem Balkan zu berücksichtigen. Diese Taktik führte zwangsläufig zu einer Isolation Frankreichs, das nach der erzwungenen Abtretung Elsass-Lothringens 1871 zu einem unversöhnlichen Gegner Deutschlands geworden war. Die Annexion begründete in den folgenden Jahrzehnten eine tief gehende Feindschaft der beiden europäischen Nachbarn.

Die Revision des Frankfurter Friedensvertrages wurde zum vorrangigen Ziel französischer Außenpolitik. Bismarck suchte deshalb seine Verbündeten im östlichen Europa. Eine feste monarchische Solidarität zwischen Russland und Österreich-Ungarn sollte die Gegensätze der beiden Kaisermächte auf dem Balkan beilegen. Deshalb leitete Bismarck bereits während des Deutsch-Französischen Krieges 1870/71 eine Annäherung an Russland und Österreich ein.

Außenpolitik bis zum Berliner Kongress

Die Beziehungen zwischen Deutschland, Österreich-Ungarn und Russland standen im Mittelpunkt der Vertragspolitik Bismarcks. Otto von Bismarck versuchte daher von Anfang an, Russland den Weg zu einem Bündnis mit Frankreich zu verbauen und legte großen Wert auf eine Politik des freundschaftlichen Einvernehmens mit dem Zarenreich. Gleichzeitig strebte er die Aussöhnung mit Österreich-Ungarn an, um Paris einen möglichen Bundesgenossen zu entziehen.

Das Dreikaiserabkommen 1873

Um diese Konstellation realisieren zu können, mussten die Interessengegensätze zwischen Russland und Österreich-Ungarn auf dem Balkan überbrückt werden. Deswegen trafen sich im September 1872 der russische Zar Alexander II., Kaiser Franz Joseph von Österreich und der deutsche Kaiser Wilhelm I. erstmals zu einem unverbindlichen Meinungsaustausch. Bereits im darauf folgenden Jahr vereinbarten sie das für Bismarck so wichtige Dreikaiserabkommen.

Die Monarchen verpflichteten sich in dieser Übereinkunft von 1873 auf eine Verständigung bei Interessenkonflikten oder Gefährdungen des europäischen Friedens und auf gegenseitige Militärhilfe. Außerdem legten sich die drei konservativen Monarchien auf einen gemeinsamen Widerstand gegen sozialistische und republikanische Strömungen fest.

Das Dreikaiserabkommen, über dessen Wert man im Nachhinein streiten kann, passte in die kurzfristig angelegte Außenpolitik Bismarcks, denn zunächst war die Gefahr eines Bündnisses zwischen Frankreich und Österreich bzw. Russland gebannt. Bis zum russisch-türkischen Krieg 1877 kehrte aufgrund der Vereinbarung weitgehende Ruhe in Europa ein. Sie wurde nur durch die »Krieg in Sicht«-Krise – benannt nach einem deutschen Presseartikel – kurzzeitig gestört.

Als Frankreich im Jahr 1875 seine Truppenstärke vergrößern wollte, reagierte Bismarck mit einem Verbot von Pferdeverkäufen ins Ausland, einer Maßnahme, die gewöhnlich einer Mobilmachung vorausging. Obwohl weder Deutschland noch Frankreich an einen Krieg dachten, intervenierten sowohl England als auch Russland. Bismarck erklärte daraufhin beiden Mächten wiederholt, dass er an einer Machterweiterung des Deutschen Reiches nicht interessiert war. Diese Krise machte deutlich, dass weder England noch Russland eine Verschiebung des europäischen Gleichgewichts dulden und im Kriegsfall auf die Seite Frankreichs treten würden.

Orientkrise

Schon im Jahre 1875 zeichnete sich das Ende des Osmanischen Reiches ab, sodass die so genannte orientalische Frage in ein neues, problematisches Stadium trat. Den Auftakt der inneren Zersetzungsprozesse bildeten seit Juli 1875 Unruhen der slawischen Bevölkerung in der osmanischen Provinz Herzegowina sowie in Bosnien.

Im Mai des Jahres 1876 folgten Aufstände gegen die türkische Regierung in Bulgarien, die allerdings schnell niedergeschlagen werden konnten. Die Lage verschärfte sich, als Serbien und Montenegro zugunsten der Aufständischen intervenierten und im Juli 1876 dem Osmanischen Reich den Krieg erklärten.

Die kriegerische Auseinandersetzung auf dem Balkan gefährdete massiv die Bismarck'sche Bündnispolitik. Das Deutsche Reich verfolgte auf dem Balkan keine eigenen Interessen, sodass sich Bismarck neutral verhielt. Die Spannungen im Südosten Europas verschärften sich. Der habsburgische Vielvölkerstaat konnte kein Interesse am Entstehen selbstständiger, national motivierter Balkanstaaten haben und machte sich deshalb für den Fortbestand des Osmanischen Reiches stark. Das zaristische Ziel manifestierte sich dagegen in einem slawischen Staatenbund unter der Führung des russischen Herrschers (»Panslawismus«), der die Zerschlagung des geschwächten Osmanischen Reiches voraussetzte. Außerdem strebte der Zar die Herrschaft über den Bosporus und die Dardanellen an, um einen direkten Zugang zum Mittelmeer zu bekommen. Dies brachte Zar Alexander jedoch zwangsläufig mit der englischen See- und insbesondere der Mittelmeerpolitik in Konflikt, da die Kontrolle der Ägäis zugleich Schutz für den so wichtigen Suez-Kanal der Engländer bedeutete. Russland ließ sich in der Budapester Konvention vom Januar 1877 die Neutralität Österreich-Ungarns bei einem möglichen Krieg gegen die Türkei zusichern. Als Gegenleistung sollte Wien Bosnien und die Herzegowina erhalten.

Im Vertrauen auf die Unterstützung Englands weigerte sich das Osmanische Reich, auf Waffenstillstandsangebote und Reformvorschläge einzugehen, sodass die russische Regierung im April 1877 an der Seite Serbiens in den Krieg eintrat. Der Krieg endete mit einem Sieg Russlands. Im März 1878 mussten die Osmanen die harten Bedingungen des Friedens von San Stefano akzeptieren. Montenegro, Serbien und Rumänien erhielten die volle Unabhängigkeit und Gebietsabrundungen. Außerdem entstand ein von der Donau bis zum Ägäischen Meer reichender, vordergründig unabhängiger, bulgarischer Staat, der allerdings vom Zaren kontrolliert wurde. Russland selbst sicherte sich Teile Rumäniens und größere Gebietszuwächse in Asien.

London und Wien waren jedoch nicht gewillt, die offensichtliche russische Hegemonie auf dem Balkan zu akzeptieren. Noch ehe russische Truppen Istanbul besetzen konnten, lief die englische Flotte ins Marmarameer ein. Jetzt konnte der Frieden in Europa nur noch mit der Hilfe einer internationalen Konferenz gerettet werden.

Der Berliner Kongress

Der Berliner Kongress, der vom 13. Juni bis 13. Juli 1878 unter Vorsitz des deutschen Reichskanzlers stattfand, stellte zugleich den Höhepunkt der internationalen Stellung Deutschlands in den 1870er-

Jahren dar. Die Ministerpräsidenten oder Außenminister Russlands, Englands, Österreich-Ungarns, Frankreichs, Italiens, des Osmanischen und Deutschen Reiches hatten sich in Berlin versammelt. Die Vertreter der Balkanstaaten, deren nationale Anliegen den eigentlichen Anlass für den Kongress darstellten, waren allerdings keine vollberechtigten Kongressmitglieder.

Am Ende musste Russland auf die Errichtung eines großbulgarischen Reiches verzichten. Bulgarien wurde entgegen den Bestimmungen von San Stefano auf das Gebiet zwischen Donau und Balkangebirge einschließlich Sofia verkleinert und als ein dem Sultan tributpflichtiges Fürstentum konstituiert. Serbien, Montenegro und Rumänien blieben unabhängig. Russland bekam lediglich Bessarabien, England die Insel Zypern, Österreich das Besetzungs- und Verwaltungsrecht über Bosnien und die Herzegowina. In der Meerengenfrage wurde entsprechend den Konventionen von 1841 und 1871 entschieden und sowohl der Bosporus als auch die Dardanellen für eine Zone erklärt, in die keine Kriegsschiffe einlaufen durften. Russland hatte folglich seine Ziele weit verfehlt, auch wenn es am meisten von dem Kongress profitieren konnte. Schließlich war ein Krieg mit Österreich und England verhindert worden. Zar Alexander II., ein Onkel Kaiser Wilhelms, sah jedoch im Ergebnis des Berliner Zusammentreffens eine Niederlage und machte dafür den als Vermittler aufgetretenen deutschen Reichskanzler verantwortlich. Dies führte am Ende zum Scheitern des Dreikaiserabkommens von 1873, das 1878 nicht mehr verlängert wurde. Bismarck musste eine andere Bündniskoalition finden. Mehr noch als die Verstimmungen auf diplomatischem Gebiet hatten allerdings die deutschen Schutzzollgesetze die deutsch-russischen Beziehungen vergiftet.

Vom Zweibund zum Rückversicherungsvertrag

Bismarck begann noch 1879 mit dem Aufbau eines neuen umfassenden Bündnissystems, dessen Realisierung sich über mehrere Etappen bis zur Mitte der 1880er-Jahre erstreckte. Als ersten Schritt schloss er noch im Oktober 1879 einen Zweibund mit Österreich-Ungarn. Dabei handelte es sich um ein gegen Russland gerichtetes Defensivbündnis. Beide Partner verpflichteten sich für die nächsten fünf Jahre bei einem unverschuldeten Angriff zu militärischem Beistand. 1882 setzte Bismarck durch den Beitritt des Königreiches Italien die Erweiterung des Zweibundes zum Dreibund durch und baute dadurch die Isolierung Frankreichs aus. Die Dreibundpartner vereinbarten, keine gegeneinander gerichteten Bündnisse sowie die Absprache bei international motivierten politischen und wirtschaftlichen Fragen. Der Zwei- bzw. Dreibund bildete bis zum Ersten Weltkrieg die Grundlage der deutschen Außenpolitik in Mitteleuropa.

Dreikaiservertrag 1881

Die Entfremdung zwischen dem russischen und deutschen Reich lag weder im Interesse des Zaren noch des Kaisers. Das Gegenüber eines deutsch-österreichischen und eines französisch-russischen Blocks in Europa konnte nicht Ziel einer auf Sicherheit bedachten Politik sein. Deshalb versuchte Bismarck, mit der Neuauflage des Dreikaiserbundes einen Ausgleich der österreichisch-russischen Beziehungen zu erreichen. Nach dem Abklingen der Orientkrise vereinbarten die Monarchen im Juni 1881 einen neuen Dreikaiservertrag. Der auf drei Jahre angelegte Vertrag verpflichtete Deutschland, Österreich-Ungarn und Russland zu wohlwollender Neutralität, wenn einer der Vertragspartner in einen Krieg mit einer vierten Großmacht verwickelt wäre. Im Gegensatz zum Dreikaiserabkommen von 1873 handelte es sich jetzt um einen dreiseitigen Neutralitätsvertrag. Bismarck hoffte so auf eine Beruhigung der Situation auf dem Balkan.

Die Konstellation von 1881 hielt allerdings nur wenige Jahre. Als sich Bulgarien von seiner Schutzmacht Russland löste, brachen die österreichisch-russischen Gegensätze auf dem Balkan erneut auf. Dem Zarenreich drohte ein folgenschwerer Machtverlust zu Gunsten der österreichischen Doppelmonarchie. Angesichts dieser Situation auf dem Balkan wurde der Dreikaiservertrag 1878 nicht mehr verlängert. Gleichzeitig erwachte sowohl in Russland als auch in Frankreich eine massiv antideutsche Agitation, die die Gefahr eines französisch-russischen Bündnisses gegen das Deutsche Reich befürchten ließ.

Der weitere Ausbau des europäischen Vertragssystems

Im Winter 1886/87 verhandelte Bismarck mit den wichtigsten Regierungen Europas. Er arbeitete an der Erneuerung der alten und der Bildung neuer Koalitionen, um Russland an Deutschland zu binden und Frankreich damit weiterhin zu isolieren. Er verstand es meisterhaft, die Widersprüche zwischen den einzelnen europäischen Mächten für seine Politik zu nutzen. Der Reichskanzler erreichte im Februar 1887 zunächst die Verlängerung des Dreibundes mit Österreich-Ungarn und Italien. Zwei geheime Zusatzprotokolle zwischen Wien und Rom manifestierten das gemeinsame Eintreten für den Status quo auf dem Balkan und die deutsche Unterstützung bei einem italienisch-französischen Krieg im nordafrikanischen Raum.

Gleichzeitig konnte Bismarck die so genannte Mittelmeer-Entente zwischen England und Italien vermitteln. In einer gemeinsamen Note versicherten beide Kabinette, sich gegen Angriffe Dritter im Mittelmeer zu unterstützen und das Gleichgewicht im Mittelmeer zu erhalten. Noch im März 1887 schloss sich Wien dieser Vereinbarung an. Die englische Regierung unterstützte außerdem das bestehende Mächteverhältnis im Orient, um so eine russische Ausdehnung auf die Meerengen zu verhindern. Kurz darauf trat auch Spanien der Mittelmeer-Entente bei. Das Abkommen sicherte die bestehenden Verhältnisse im Mittelmeer sowie im Schwarzen Meer und garantierte den Beistand der Türkei gegen russische Annexionsgelüste.

Rückversicherungsvertrag mit Russland

Das vielschichtige europäische Bündnissystem des deutschen Reichskanzlers sollte auch die Ostgrenzen des Deutschen Reiches schützen. Als der Dreikaiservertrag an den Spannungen zwischen Russland und Österreich-Ungarn scheiterte, war Bismarck zwar zu Konzessionen auf dem Balkan bereit, wollte den Verbündeten Österreich-Ungarn aber nicht offen der Expansionspolitik des russischen Zaren preisgeben.

Trotzdem unterlief Bismarck noch 1887 die Mittelmeer-Entente und schloss mit Russland einen Rückversicherungsvertrag, der beide Seiten bei einer Vertragsdauer von drei Jahren zur Neutralität im Kriegsfall verpflichtete. Weitere geheime Vertragsteile – wie die Nichteinmischung Deutschlands bei einem russischen Zugriff auf die Meerengen – standen zwar nicht offen im Widerspruch zu der Zweibundverpflichtung gegenüber Wien, aber in einem gewissen Spannungsverhältnis: Von der wohlwollenden Neutralität im Kriegsfall waren ein deutscher Angriffskrieg gegen Frankreich und ein russischer gegen Österreich-Ungarn jedoch ausgeschlossen.

Die deutsche Außenpolitik, die einzig Bismarcks Handschrift trug, war also nicht frei von Widersprüchen. Der Reichskanzler erreichte zwar noch eine Annäherung Englands über die Mittelmeer-Entente an den Dreibund und damit an das Deutsche Reich, ein Bündnis mit Großbritannien scheiterte aber ein Jahr vor seiner Entlassung 1890.

Otto von Bismarck hatte ein hoch kompliziertes Bündnissystem aufgebaut, das alle europäischen Großmächte mit Ausnahme des französischen Nachbarn berücksichtigte. Der Rückversicherungsvertrag mit Russland war das letzte Abkommen, das auf die Initiative Bismarcks zurückging. Es wurde nach seiner Entlassung von dem neuen Reichskanzler Leo von Caprivi nicht mehr verlängert. Deutschland nahm Kurs auf eine imperiale Weltpolitik, die schließlich zum Ersten Weltkrieg führte.

Zusammenfassung: Die Ära Bismarck

Innenpolitik

Die Innenpolitik Bismarcks scheint – anders die Außenpolitik – **ohne** schlüssiges **Konzept** gewesen zu sein. Anfangs suchte er im Reichstag die Unterstützung der liberalen Parteien. Die Ideen des **Freihandels** sowie die politischen Maßnahmen im Rahmen des **Kulturkampfes** gegen die katholische Kirche und damit gegen die Zentrumspartei, fanden deren Zustimmung.

Der **Gründerkrach** (»Große Depression«) von 1873 beendete jedoch seinen liberalen Kurs und damit die bis dahin Erfolg versprechende Zusammenarbeit. Bismarck wechselte ins konservative Lager und schlug einen gegen Liberalismus und Parlamentarismus gerichteten innenpolitischen Kurs ein.

Nach dem Fiasko im Kulturkampf eröffnete der Reichskanzler 1878 mit dem **Sozialistengesetz** die Auseinandersetzung mit einer weiteren gesellschaftlichen Gruppe, den Sozialdemokraten. Sie wurde erst mit der **Einführung der Schutzzölle** 1879 beigelegt, als Bismarck neue Mehrheiten suchen musste.
Zu Beginn der 1880er-Jahre versuchte er nicht nur die Partei der Arbeiter zu bekämpfen, sondern durch eine für damalige Verhältnisse vorbildliche **Sozialpolitik** die unteren Gesellschaftsschichten für den Staat und seine Politik zu gewinnen. Trotzdem konnte er den **Aufstieg der SPD** nicht stoppen. Ende des 19. Jahrhunderts waren die Sozialdemokraten zu einer mächtigen und einflussreichen parlamentarischen Kraft herangewachsen, die dem obrigkeitsstaatlichen System der Kaiserzeit dauerhaft feindselig gegenüberstand.

Bündnispolitik

Nach 1871 erklärte Bismarck das Deutsche Reich für »saturiert« und akzeptierte damit das **europäische Mächtegleichgewicht**.

Sein Ziel, Frankreich zu isolieren, erreichte Bismarck mit dem **Dreikaiserabkommen** 1873. Die Übereinkunft geriet aber wenige Jahre später durch die **Orientkrise** ins Wanken. Auf dem Berliner Kongress von 1878 gelang es Bismarck zwar, den europäischen Frieden zu retten, er musste dafür aber die anhaltende Verstimmung des russischen Zaren in Kauf nehmen.

Die Situation in Europa führte 1881 zur Wiederannäherung zwischen Russland und dem Deutschen Reich, die zusammen mit der Donaumonarchie den **Dreikaiservertrag** schlossen. Als dieser nicht mehr verlängert wurde, schloss Bismarck 1887 den **Rückversicherungsvertrag mit Russland.**

Die europäische Ordnung zerbrach erst mit der Entlassung Bismarcks 1890.

Das Deutsche Reich bis zum Ersten Weltkrieg – Innenpolitik

1888	Dreikaiserjahr; Verlängerung der Reichstagsperioden auf 5 Jahre; Annahme der Alters- und Invalidenversicherung im Reichstag
1890	Entlassung Bismarcks
1890	Sozialistengesetz aufgehoben
1890–1894	Reichskanzler Leo von Caprivi
1890/91	Arbeiterschutzgesetze
1891	Erfurter Programm der SPD
1891	Gründung des Alldeutschen Verbandes
1893	Wirtschaftskrise mit Massenentlassungen
1894–1900	Reichskanzler Chlodwig Fürst zu Hohenlohe-Schillingsfürst
1894	Verschärfung des Strafrechts für politische Delikte (»Umsturzvorlage«) im Reichstag gescheitert
1898/1900	Flottengesetze
1900	Gründung des Gesamtverbandes der christlichen Gewerkschaften
1900–1909	Reichskanzler Bernhard von Bülow
1900	Bürgerliches Gesetzbuch tritt in Kraft
1906	Auflösung des Reichstages und Neuwahlen
1906	Einreichen des Gesetzentwurfs zur Einbeziehung einer breiteren Wählerbasis in das preußische Dreiklassenwahlrecht
1907	Eulenburg-Affäre (Eine Artikelserie Maximilian Hardens diskreditiert das persönliche Umfeld des Kaisers – vor allem seinen Berater Philipp Fürst zu Eulenburg – als moralisch verwerflich.)
1909	Gesetzentwurf zur Einbeziehung einer breiteren Wählerbasis in das preußische Dreiklassenwahlrecht scheitert
1910	Streik von Werftarbeitern in Hamburg und Bremen
1909–1917	Reichskanzler Theobald von Bethmann Hollweg
1911	Verabschiedung der liberalen Verfassung für Elsass-Lothringen, mehr Autonomie für das Reichsland
1912	Reichstagswahlen: SPD wird stärkste Fraktion
1913	Zabern-Affäre
1914	SPD stimmt trotz Vorbehalten für Kriegskredit

Das Deutsche Reich unter Kaiser Wilhelm II.

Im Jahr 1888 starb Kaiser Wilhelm I. Sein Sohn Friedrich III., der als Hoffnungsträger des liberalen und reformorientierten Bürgertums die Nachfolge antrat, starb nach nur 99 Tagen Regierungszeit. Im »Dreikaiserjahr« bestieg dessen Sohn als Kaiser Wilhelm II. den deutschen Thron. Mit dessen Regierungsantritt begann innen- und außenpolitisch ein »neuer Kurs«, der durch die Entlassung Bismarcks 1890 seinen personellen Ausdruck fand.

Innenpolitische Entwicklungen

Der Nachfolger des »Eisernen Kanzlers« wurde Leo von Caprivi. Des Kaisers »persönliches Regiment« musste zwar vom jeweiligen Reichskanzler verantwortet werden, war aber von den sprunghaften und einsam gefällten Entscheidungen Wilhelms bestimmt.

Rückkehr zur repressiven Politik

Innenpolitisch standen die Maßnahmen des neuen Kaisers im Gegensatz zur Politik Bismarcks. Er strebte eine Aussöhnung mit der Arbeiterschaft und anderen gesellschaftlichen Gruppen an, die sich bis dahin in schroffem Gegensatz zur Regierung befunden hatten. Wilhelm II. versuchte verstärkt, dem durch die Industrialisierung bedingten gesellschaftlichen Wandel gerecht zu werden.

Die von Bismarck begonnene Sozialgesetzgebung wurde weitergeführt (→ Kapitel »Die Ära Bismarck«), doch das von ihm initiierte Sozialistengesetz noch im Jahr seiner Amtsenthebung 1890 aufgehoben. Die Sozialgesetze verboten Sonntagsarbeit für Kinder und Fabrikarbeit für Kinder unter 13 Jahren und begrenzten die Arbeitszeit für Frauen auf elf Stunden sowie für Jugendliche unter 16 Jahren auf zehn Stunden täglich. Gewerbegerichte waren fortan für betriebliche Streitigkeiten zuständig.

Die Aussöhnung der Arbeiterschaft mit der konservativen Regierung und damit eine Entfremdung von der Sozialdemokratie gelang jedoch auch nach der Entlassung Bismarcks nicht. Ganz im Gegenteil, aus den Reichstagswahlen 1890 ging die SPD als stärkste Partei hervor. Der Kaiser verlor deshalb schon bald das Interesse an einem ausgedehnten Sozialprogramm und kehrte zu einer konservativ-repressiven Politik zurück.

Der zunehmende Antisemitismus in Deutschland manifestierte sich nach 1871 in der Gründung von antijüdisch eingestellten Parteien, die die Auseinandersetzungen auf die politische Ebene trugen. Die formale Emanzipation des jüdischen Bevölkerungsteils (1,25 Prozent der Gesamtbevölkerung) schloss die Reichsverfassung von 1871 zwar formal ab, aber seit der Wirtschaftskrise der 1870er-Jahre wurden die Juden für den Börsenkrach von 1873 verantwortlich gemacht. Getragen wurde der Antisemitismus im Wesentlichen von Handwerkern, Kleinhändlern, Bauern sowie von Angehörigen der Führungs- und Bildungsschicht.

Einen Höhepunkt erreichten die antisemitischen Parteien 1893, als sie bei den Reichstagswahlen mit 2,9 Prozent der Stimmen 16 Mandate errangen. Danach verloren die antisemitischen Parteien zwar an Einfluss, aber immer mehr Verbände und Vereine bekannten sich eindeutig und nachdrücklich zum Antisemitismus. Traditionell antisemitisch eingestellt war auch das im Kaiserreich angesehene Offizierskorps.

Das Deutsche Reich ohne den »Eisernen Kanzler«

Die Nachfolger Bismarcks im Amt des Reichskanzlers – Leo von Caprivi (1890–1894), Chlodwig Fürst zu Hohenlohe-Schillingsfürst (1894–1900) und Bernhard von Bülow (1900–1909) – standen in ihren Amtsperioden im Schatten des autokratisch regierenden Monarchen.

Caprivi betrieb unter Mithilfe der Sozialdemokraten eine Handelspolitik, die der deutschen Industrie durch die Lockerung der Schutzzölle die Auslandsmärkte öffnete und damit die Voraussetzung für einen allgemeinen wirtschaftlichen Aufschwung schuf. Die Handelsverträge, die Caprivi abschloss, gewährleisteten damit weniger die Senkung des Brotpreises und der Lebenshaltungskosten für Arbeiterfamilien, als vielmehr neue Exportmöglichkeiten für die deutsche Industrie. Dies rief den Protest der Großgrundbesitzer hervor.

Caprivis Nachfolger, Chlodwig Fürst zu Hohenlohe-Schillingsfürst, strebte eine Politik der Sammlung aller bürgerlichen Kräfte gegen die Sozialdemokratie an. 1894 legte er dem Reichstag eine Novelle zur Verschärfung des Strafrechts für politische Delikte vor. Die »Umsturzvorlage« scheiterte. Aber erst als der Reichstag der »Zuchthausvorlage« 1899 seine Zustimmung verweigerte, endete die repressive Politik gegen die Sozialdemokratie im Kaiserreich. Die ins Stocken geratene Sozialgesetzgebung wurde mit neuem Elan vorangetrieben, allerdings ohne die Interessen der Agrarier zu vernachlässigen.

Politische Affären

Neuen innenpolitischen Zündstoff lieferte die Ablehnung eines Nachtragshaushaltes durch den Reichstag im September 1906, der aus Sicht der Regierung Deutschland als Kolonialmacht gefährdete – die koloniale Politik hatte damit einmal mehr direkte Auswirkung auf die Innenpolitik. Reichskanzler Bernhard von Bülow löste deshalb das Gremium auf und setzte mit der Parole »Gegen Zentrum und Sozialdemokratie« Neuwahlen an. Das Zentrum erreichte leichte Gewinne, die Sozialdemokratie erlitt aufgrund der ungerechten Wahlkreiseinteilung schwere Verluste.

Die Daily-Telegraph-Affäre

Die innenpolitischen Spannungen lösten zwei weitere Skandale aus: die »Eulenburg-Affäre« (1907) und die »Daily-Telegraph-Affäre« (1908). 1907 geriet das persönliche Umfeld des Kaisers ins Gerede, als eine Artikelserie die Berater des Kaisers als moralisch verwerflich verleumdete: Wilhelm II. umgab sich mit einem Klüngel, in dem es angeblich zu homosexuellen Ausschweifungen gekommen sein soll. Im Mittelpunkt der Angelegenheit stand der ehemalige Botschafter in Wien, Philipp Fürst zu Eulenburg-Hertefeld. Der verantwortliche Publizist Harden wurde zwar wegen übler Nachrede zu einer Geldstrafe verurteilt, erschütterte aber trotzdem das Ansehen des Monarchen und seiner Regierung. Weitaus schwerwiegender waren jedoch die negativen Auswirkungen der »Daily-Telegraph-Affäre« (deutsche Konfrontation mit Großbritannien). Reichskanzler von Bülow überlebte zwar alle Misslichkeiten, scheiterte am Ende aber an der Umsetzung einer reichsweiten Finanzreform und in Preußen an der Neuordnung des preußischen Dreiklassenwahlrechtes – und dies, obwohl er ab 1906 über eine konservativ-liberale Mehrheit im Reichstag (»Bülow-Block«) verfügte.

Nach einigen vergeblichen Versuchen startete Reichskanzler Theobald von Bethmann Hollweg (1909–1917; → »Biografien«) 1910 einen erneuten Anlauf, das preußische Wahlrecht zu reformieren, konnte sich aber auch nicht durchsetzen. Ein Jahr später realisierte er zwar eine liberale Verfassung für Elsass-Lothringen, durch die das Reichsland mehr Autonomie erhielt, eine Reform im Deutschen Reich blieb jedoch auf der Strecke. Die Parlamentarisierung des politischen Systems im Deutschen Reich blieb bis zum Ausbruch des Ersten Weltkrieges in Ansätzen stecken.

Die Zabern-Affäre

Die Beteiligung an der »Zabern-Affäre« brachte den Kanzler zwar zum Wanken, aber er stürzte nicht. Der Vorfall hatte jedoch negative Auswirkungen auf das internationale Ansehen des deutschen Kaiserreiches. Im Reichsland Elsass-Lothringen hatte 1913 ein Kommandeur seine Kompetenzen überschritten, war aber von einem Kriegsgericht freigesprochen worden. Dadurch erlitten alle Bemühungen um ein besseres Verhältnis zu Elsass-Lothringen einen herben Rückschlag.

Erstmals machte der Reichstag, in dem seit 1912 die SPD die stärkste Fraktion stellte, von seinem Interpellationsrecht Gebrauch und sprach der Regierung seine Missbilligung aus. Der Kanzler konnte bei der Daily-Telegraph-Affäre noch auf die Unterstützung des Kaisers vertrauen, obwohl sie sich auch innenpolitisch zu einer Verfassungskrise ausweitete. Sie wurde jedoch ebenso wenig zu einer umfassenden Verfassungsreform genutzt wie die Zabern-Affäre, die die Abhängigkeit der Regierung vom Militär offenbarte.

Außenpolitische Entwicklungen zur Jahrhundertwende

Mit der Gründung des Deutschen Reiches büßte Frankreich seine Hegemonialstellung in Europa ein, und England fürchtete um das europäische Gleichgewicht. Beide gedachten ihre Defizite durch koloniale Erwerbungen auszugleichen.

Imperialistische Politik wurde verstanden als Sicherung von Rohstoff- und Absatzmärkten. Es war ein einseitiges Geschäft der Ausbeutung durch die industrialisierten Großmächte, zumal die Kolonien als Rohstofflieferanten und Absatzländer umso wichtiger wurden als die Staaten Kontinentaleuropas dem Freihandel den Rücken kehrten und zum Schutzzoll übergingen. Dabei waren die Kolonien für die meisten imperialen Mächte defizitäre Prestigeobjekte.

Die Welt im Zeitalter des Imperialismus (1872–1913)

Das Zeitalter des Imperialismus umfasst in etwa den Zeitraum zwischen 1880 und dem Beginn des Ersten Weltkriegs 1914. Seinen Ursprung hatte der Imperialismus um die Mitte der 1870er-Jahre in Großbritannien und erfasste in den folgenden Jahrzehnten wie in einem Rausch die Großmächte der Welt.

Der Wettlauf um die kolonialen Erwerbungen begann mit dem Protektorat Frankreichs über Tunesien (1881) und der zeitgleichen englischen Militäraktion in Ägypten.

Neben den traditionellen Kolonialmächten Großbritannien, Frankreich und Russland beteiligten sich mehr und mehr auch die aufstrebenden Mächte USA, Belgien, Italien und Japan sowie das Deutsche Reich als »verspätete Nation« am Wettlauf um die Aufteilung der Welt.

Europäische Expansionspolitik

Kurz vor dem Ersten Weltkrieg war die Aufteilung der Welt unter den europäischen Mächten weitgehend abgeschlossen, nur einige der unterentwickelten Länder entgingen der Fremdherrschaft. Das nationale Prestigedenken führte zweifellos zu einem übersteigerten Nationalismus in allen europäischen Staaten. Die Idee des Imperialismus lebte von einem missionarischen Sendungsbewusstsein und Überlegenheitsgefühl der weißen Rasse und ihrer Zivilisation. Der Sozialdarwinismus bot eine willkommene Rechtfertigung für jede Art von Eroberungsaktivitäten.

Großbritannien

Die britische Expansionspolitik setzte in größerem Stil bereits um die Mitte des 19. Jahrhunderts ein und nahm dann unter Premierminister Benjamin Disraeli (1868/74–1880) systematische Formen an. Die machtpolitische Grundlage des Empires war seine als unbesiegbar geltende Flotte.

Die englische Kolonialpolitik verfolgte in den Ländern mit überwiegend schwarzer Bevölkerung die Erfüllung ihrer wirtschaftlichen Interessen, daneben aber auch die allmähliche Selbstständigkeit der abhängigen Staaten. Den mit Weißen besiedelten Kolonien gewährte London bald innere Selbstverwaltung und schließlich volle Staatshoheit und Souveränität. Den Briten ging es beim Aufbau eines Kolonialreiches an der afrikanischen Ost- und Südküste sowie im Innern Ostafrika anfangs um die Sicherung des Seeweges nach Indien, der bedeutendsten Kronkolonie. Außerdem setzte sich England in Ägypten fest (Eröffnung des Suez-Kanals 1869), das Ausgang eines geschlossenen englischen Kolonialgebietes zwischen dem Kap der Guten Hoffnung und Kairo werden sollte (»Kap-Kairo-Plan«). Das Vorhaben wurde fast vollständig realisiert, nur das deutsche Ostafrika verhinderte den endgültigen Zusammenschluss.

Zu schweren Kämpfen kam es um die reichen Gold- und Diamantenfunde in Südafrika (Burenkriege). England gewann außerdem Einfluss in Südarabien, Südmesopotamien und in den Erdölgebieten von Kuwait, Abdan und Mossul. Um 1880 befanden sich allerdings die wichtigeren britischen Kolonien außer in Indien mit dessen Nebenländern in Kanada, Australien und Neuseeland.

Aussichtsreich entwickelte sich auch der Handel mit China. Dafür sicherte sich London frühzeitig Singapur und Hongkong als Handelsstützpunkte und dadurch einen zeitlichen Vorsprung gegenüber seinen Konkurrenten.

Das Deutsche Reich bis zum Ersten Weltkrieg – Außenpolitik

1878	große Orientkrise; Berliner Kongress
1879	deutsch-österreichischer Zweibund
1890	Helgoland-Sansibar-Vertrag: Großbritannien und Deutsches Reich
1892	Militärkonvention: Frankreich und Russland
1893	Aufstand der Witboois in Deutsch-Südwestafrika
1896	»Krüger-Depesche« Kaiser Wilhelms II.
1898	Gründung des Deutschen Flottenvereins; Beginn der »Flottenpolitik«
1899	Intervention in Übersee: Entsendung von Kriegsschiffen der deutschen Marine nach Venezuela zum Schutz der deutschen Kaufleute
1899 – 1902	Burenkrieg
1900	Boxeraufstand in China; »Hunnenrede« Kaiser Wilhelms II.
Mai bis Juli 1900	1. Haager Friedenskonferenz
Dezember 1902	Befehl zum Beschuss der Stadt Puerto Cabello in Venezuela durch die deutsche Marine
1904	»Entente cordiale«: Großbritannien und Frankreich
1904/05	Russisch-Japanischer Krieg
1904 – 1907	Herero-Aufstand in Deutsch-Südwestafrika
1905	1. Marokkokrise nach dem Besuch Kaiser Wilhelms in Tanger
1905/1906	Maji-Maji-Aufstände in Deutsch-Ostafrika
Juni bis Oktober 1907	2. Haager Friedenskonferenz
1907	britisch-russischer Interessenausgleich: »Triple-Entente«
1908	österreichische Annexion von Bosnien und Herzegowina; »Daily-Telegraph-Affäre«
1911	2. Marokkokrise: »Panthersprung« nach Agadir
1912/13	Balkankriege
28. Juni 1914	Attentat von Sarajewo: Ermordung des österreichischen Thronfolgers Franz Ferdinand
1./3. August 1914	deutsche Kriegserklärung an Russland und Frankreich

Frankreich

Frankreichs imperiale Politik konzentrierte sich auf Schwarzafrika und Indochina, eingeleitet in den 1880er-Jahren des 19. Jahrhunderts. Das Fundament bildete der vorhandene französische Kolonialbesitz in Afrika mit Algerien, Senegal und Gabun. Bei der Aufteilung des Kontinentes geriet Paris wiederholt mit London in Konflikt. Die Auseinandersetzungen beendete erst 1904 die Gründung der »Entente cordiale«.

Stattdessen verschärften sich die Differenzen mit dem deutschen Kaiserreich (Marokkokrisen 1905 und 1911). 1910 besaß Frankreich zwar ein zusammenhängendes Gebiet in West- und Zentralafrika, die angestrebte Herrschaft über den gesamten Norden Afrikas war allerdings nur zum Teil realisiert worden. Weitere französische Besitzungen lagen in Indochina, Madagaskar und auf einigen Südseeinseln. Indochina diente als Stützpunkt für die Durchsetzung französischer Ansprüche in China.

Ziele der französischen Kolonialpolitik waren die Befriedigung wirtschaftlicher Interessen und die allmähliche Assimilation der Eingeborenen mit Übernahme der französischen Sprache, Gesellschafts- und Lebensstruktur. Die Kolonien sollten auf diese Weise ein Teil Frankreichs werden.

Russland

Russlands imperialistisches Streben konzentrierte sich auf den europäischen und asiatischen Kontinent. In Ostasien erstrebte der Zar einen eisfreien Zugang zu den Weltmeeren. 1861 war das Teilziel mit dem ersten eisfreien Hafen im ehemals chinesischen Amurgebiet in Wladiwostok erfüllt.

Um der japanischen Umklammerung zu entgehen, versuchte der Zar Einfluss auf Nordchina zu gewinnen. Große Rüstungsanstrengungen und auch der Bau der Transsibirischen Eisenbahn (in den Jahren 1891 – 1904) begleiteten die imperialistischen Wünsche Russlands.

Im Vorderen Orient war das Ziel die Herrschaft über die Dardanellen und damit über den Bosporus als Pforte vom Schwarzen zum Mittelmeer.

Lange war der Zar aufgrund seiner Eroberungspolitik nicht in Konflikt mit anderen Mächten geraten. Die angestrebte Beherrschung Persiens (heute Iran) und damit der Zugang zum Indischen Ozean brachte Russland in Gegensatz zu England, Japan, Österreich-Ungarn und auch Deutschland. England animierte Japan zum Krieg gegen Russland, das 1904/05 eine vernichtende Niederlage hinnehmen musste. Der Zar lenkte ein und schloss 1907 einen britisch-russischen Freundschaftsvertrag, der Russland stärker an das Bündnis zwischen London und Paris heranführte und eine Annäherung an den Westen bedeutete.

Das Zarenreich zog sich aus Nordchina sowie dem Süden Persiens und damit aus dem Indischen Ozean zurück. Dafür erhielt der russische Zar freie Hand auf dem Balkan, was er in den folgenden Jahren auch nutzen sollte.

Vereinigte Staaten von Amerika

Noch später als das Deutsche Reich beteiligten sich auch die USA am Kampf um einen Teil des »Kolonialkuchens« in Afrika, im Pazifik sowie in Mittel- und Südamerika. Bereits in der ersten Hälfte des 19. Jahrhunderts hatte der Amerikanische Kolonisationsverein in Afrika das heutige Liberia erworben. Im Juli des Jahres 1847 wurde das Land unabhängige Republik.

1867 verkaufte Russland Alaska, die Aleuten und einige andere Inseln in der Beringstraße an die USA. Dreißig Jahre später wurde Hawaii annektiert. Aber erst der Sieg im spanisch-amerikanischen Krieg 1898 wandelte die Kontinentalmacht USA in eine imperiale Großmacht mit verstreutem Inselbesitz in der Karibik und im Pazifik (Kuba, Puerto Rico, Philippinen, Guam).

Unter dem republikanischen Präsidenten Theodore Roosevelt (1858 – 1919) stieg das Land zur zweitstärksten Seemacht der Welt auf. Der Bau des Panamakanals (1914 eröffnet) ermöglichte die Kontrolle über den Kolonialbesitz im Atlantik und im Pazifik. Die Schwerpunkte lagen fortan in Mittelamerika und dem Fernen Osten. In Mittelamerika war die Einflussnahme auch auf finanziellem Weg (»Dollardiplomatie«) erfolgreich. Im Fernen Osten (»Politik der Offenen Tür« in China) führten die amerikanischen Ansprüche dagegen zum Interessenkonflikt mit Japan.

Japan

Japan hatte sich seit der zweiten Hälfte des 19. Jahrhunderts aufgrund seiner Expansionspolitik zur Großmacht in Asien entwickelt, mit großem Einfluss auf China. In zwei erfolgreichen Kriegen gegen China (1894/95) und Russland (1904/05) eroberte Japan die Insel Formosa, Korea und die Mandschurei.

Deutsche Außenpolitik unter Kaiser Wilhelm II.

Bismarcks Entlassung entsprang zwar in erster Linie den innenpolitischen Gegensätzen zu Kaiser Wilhelm. Der scheidende Reichskanzler begründete hingegen seinen Rückzug aus der Politik mit Differenzen in Fragen der Außenpolitik. Seine von Sicherheitsüberlegungen bestimmte Europapolitik wich allmählich einer riskanteren, machtpolitischeren und expansiveren Führung. Die unerfahrenen, aber forschen Berater des Kaisers besaßen nicht annähernd den sicherheitspolitischen Weitblick des alten Diplomaten Bismarck – der neuen Politik fehlte es vollständig an einer außenpolitischen Grundkonzeption.

Die machtpolitischen Ambitionen des Kaisers mussten den europäischen Nachbarn immer bedrohlicher erscheinen. So wirkte sich der »neue Kurs« Wilhelms nicht nur innenpolitisch aus. Er strebte vielmehr nach der Herauslösung des Deutschen Reiches aus vertraglich festgelegten Verbindlichkeiten. Der als Befreiung empfundene Schritt sollte die Möglichkeit für eine eigenständige Großmachtpolitik im größeren Stil eröffnen.

Eines der ersten und wichtigsten Ziele sah Kaiser Wilhelm in der Vermehrung deutscher Interessen in der Türkei. Der Kaiser verstrickte sich durch seine Aktivitäten in die hochbrisante Balkanfrage. Jetzt war es nicht mehr möglich, sich aus den Rivalitäten zwischen Österreich-Ungarn, Russland und England sowie den slawischen Nationalbewegungen herauszuhalten. Mit dem Bau einer Eisenbahnlinie (1886–1896) bis nach Kleinasien (»Bagdadbahn«) sicherte er der deutschen Schwerindustrie Großaufträge und der Regierung eine neue wichtige wirtschaftliche Einflusszone. Mitte der 1890er-Jahre stellte sich Wilhelm auf die Seite des Osmanischen Reiches und zog sich dadurch den Unmut Englands zu. Trotzdem überwogen offensichtlich die wirtschaftlichen Interessen der westeuropäischen Großmächte.

Noch kurz vor dem Ersten Weltkrieg grenzten Frankreich, England und das Deutsche Reich ihre Interessen in der Türkei durch einen Vertrag ab. Deutschland erhielt für den Ausbau seiner wirtschaftlichen Einflusssphäre, gemäß dem Verlauf der Bagdadbahn, das mittlere und südliche Kleinasien. Den Weiterbau der nach Süden verlaufenden Eisenbahn übernahm dagegen England.

Das deutsche Engagement in der Türkei und im Bereich der Meerengen verschärfte vor 1890 die ohnehin schon abgekühlten Beziehungen zu Russland. Der Rückversicherungsvertrag von 1887 zwischen dem Deutschen Kaiser und dem russischen Zaren sollte ein russisch-französisches Bündnis und damit die Umklammerung Deutschlands verhindern oder wenigstens erschweren.

Obwohl der Zar 1890 bereit war, das auslaufende Abkommen zu verlängern, und sogar Zugeständnisse bezüglich der Meerengenpolitik machte, lehnte Wilhelm II. dies schroff ab. Stattdessen baute er auf eine Politik der Stärke und auf eine Festigung der noch guten Beziehungen zu Großbritannien.

England war in Afrika mit Frankreich in Konflikt geraten. Der deutsch-englische Vertrag vom Juli 1890, der die Insel Helgoland im Tausch gegen Sansibar und weiteren ostafrikanischen Gebieten dem Deutschen Reich zuschlug, war ein erstes Ergebnis der Annäherung zwischen Berlin und London. Das Abkommen veranlasste allerdings Russland, sich enger an Frankreich anzulehnen, zumal der Zar und die englische Regierung Interessenkonflikte im Vorderen Orient und in Ostasien hatten. Das Defensivbündnis zwischen Russland und dem französischen Kaiser von 1894 beendete die seit mehr als zwei Jahrzehnten bestehende Isolation Frankreichs im europäischen Mächtesystem. Bismarcks ausgeklügeltes Bündnissystem, das genau diese Konstellation – Deutschland als Spielball zwischen den beiden verbündeten Großmächten

Frankreich und Russland und damit die Gefahr eines Zweifrontenkrieges – verhindern wollte, war gescheitert. Zur gleichen Zeit gingen Großbritannien und Frankreich aufeinander zu. 1893 war eine Auseinandersetzung zwischen den beiden um Siam genauso ausgeblieben wie ein Krieg infolge der Landung eines russischen Geschwaders in Toulon.

Bei dieser ungünstigen Ausgangslage ging das Deutsche Reich zu einer »Weltpolitik« über, die freilich fast alle Großmächte betrieben. Es ging weniger um den Erwerb neuer Kolonien als vielmehr um die Einflussvermehrung in Ländern, die Potenzial für die Zukunft aufzeigten.

Anfänge deutscher Kolonialpolitik

Zu den außenpolitischen Zielen Kaiser Wilhelms II. gehörte der Erwerb weiterer Kolonien, ein Ansinnen, dem Bismarck nur zurückhaltend zugestimmt hatte. Dennoch erwarb das Deutsche Reich unter seiner Kanzlerschaft die meisten Kolonien, eine imperialistische Kolonialpolitik forcierte Wilhelm aber erst nach dem Zwangsrücktritt Bismarcks.

In der Zeit der seit 1883 herrschenden kolonialpolitischen Spannungen zwischen Großbritannien, Frankreich und Russland hatte Bismarck auf eine aktive Kolonialpolitik gesetzt. Innerhalb von zwei Jahren – zwischen 1884 und 1886 – stellte das

Kolonie (heutiger Name)	von ... bis	Fläche (km^2)	Bevölkerung	davon Deutsche	Deutsche Kolonialgesellschaften	Einnahmen aus Kolonie (Mio. Mark)	Ausgaben für Kolonie (Mio. Mark)
Deutsch-Südwestafrika (Namibia)	1884–1918/19	835 100	86 000	12135	keine	24,18	34,81
Kamerun	1884–1918/19	495 000	2,54 Mio.	1359	3 (1913)	10,33	10,95
Togo	1884–1918/19	87 200	1,003 Mio.	316	2 (1913)	3,51	3,31
Deutsch-Ostafrika (Tansania, Burundi, Ruanda)	1885–1918/19	995 000	7,511 Mio.	3579	7 (1913)	15,58	18,97
Neuguinea (nördlicher Teil Papua-Neuguineas)	1884–1918/19	240 000	601 000	665	1 (1913)	0,87	1,48
Marshall-Inseln	1884/85–1918/19	400					
Kiautschou (Teil Chinas)	1897/98–1918/19	515	k. A.		-	7,75	15,83
Karolinen, Palau und Marianen (Mikronesien)	1899–1918/19	2 376	k. A.		-	0,51*	0,70
Samoa-Inseln (Westsamoa)	1899–1918/19	2 570	38 000	294	2 (1913)	1,18	1

*inkl. Marshall-Inseln

Vergleich der Einnahmen (blau) und Ausgaben (weiß)

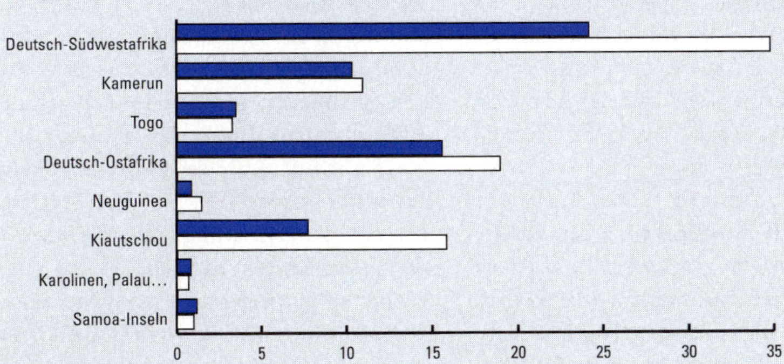

Kolonien des Deutschen Reiches (Zahlen für das Jahr 1912/1913)

Deutsche Reich Gebiete in Südwestafrika, Togo (1884), Kamerun (1884), Ostafrika und im Pazifik unter seinen Schutz. Staatliche Interventionen blieben jedoch die Ausnahme, da sich vor allem Privatleute engagieren sollten.

Adolph Lüderitz, ein Bremer Kaufmann, erwarb 1884 ein Küstengebiet um die Bucht Angra Pequea. Das Land wurde zum Ausgangspunkt für das spätere Deutsch-Südwestafrika. In ähnlicher Weise kaufte Carl Peters mit dubiosen Geschäftspraktiken von heimischen Häuptlingen Anfang 1885 ein riesiges Territorium in Südostafrika – später Deutsch-Ostafrika. Anschließend erbat Peters vom Reichskanzler staatlichen Schutz für seine Ländereien. Bismarck lehnte zunächst ab, sodass der Kaufmann drohte, das Land an Belgien zu verkaufen. Da Bismarck eine Erweiterung der belgischen Gebiete in Zentralafrika (Belgisch-Kongo) fürchtete, lenkte er ein. So manövrierte sich Deutschland in eine außenpolitisch heikle Lage.

England fühlte sich durch das neue deutsche Schutzgebiet bedroht. Dies betraf den Seeweg nach Indien, der an der ostafrikanischen Küste vorbeiführte, und auch den Landweg von Ägypten nach Südafrika. Die vorige Phase deutscher Kolonialpolitik, die mit der Übernahme von Nord-Neuguinea (Kaiser-Wilhelm-Land) und der davor gelegenen Inselgruppe (Bismarck-Archipel) im Mai 1885 als abgeschlossen galt, hatte noch keine direkten negativen Folgen auf die außenpolitische Lage des Deutschen Reiches gehabt.

Kolonialpolitik unter Kaiser Wilhelm II.

Nach der Entlassung des »Eisernen Kanzlers« rückte allerdings die imperialistische Kolonialpolitik immer mehr ins Blickfeld der deutschen Außenpolitik.

»Verspätete Kolonialmacht«

Als verspätet auftretende Kolonialmacht forderte der Kaiser neben den imperialistischen Nationen England, Frankreich, Russland und den USA seinen Teil am »Platz an der Sonne«. Er ließ 1891 alle Kolonien dem Auswärtigen Amt in Berlin unterstellen, ihr Besitz diente jetzt der deutschen »Weltgeltung«.

Ökonomische Aspekte waren für die Kolonialpolitik von weit geringerer Bedeutung als die politischen Ziele. Die deutschen Kolonien – als Siedlungsgebiet vollkommen unbedeutend – blieben im eigentlichen Sinne des Wortes »Kronkolonien«. So wanderten zwischen 1887 und 1906 eine Mio. Deutsche in die Vereinigten Staaten aus, in den deutschen Kolonien hingegen ließen sich bis zum Ersten Weltkrieg nur 23 000 Auswanderer nieder.

Unterstützt wurde der Monarch bei seinen expansiven politischen Vorstellungen von Kolonialgesellschaften – Verbände und Organisationen privater Investoren –, die eine wirtschaftliche Förderung und Erschließung der vorhandenen Kolonialgebiete und den Erwerb weiterer Kolonien forderten. Zu den wichtigsten Kolonialgesellschaften, die vor Ort manchmal auch humanitäre Aufgaben erfüllten, zählten der 1882 gegründete Deutsche Kolonialverein, die Deutsche Kolonialgesellschaft (1887), der Alldeutsche Verband (1894), der Deutschnationale Kolonialverein (1904) sowie, mit Einschränkungen, auch der 1898 installierte Flottenverein.

Diese Verbände betrachteten die Erweiterung des deutschen Herrschaftsbereiches durch den Erwerb von Kolonien als Voraussetzung für eine gemeinsame Weltmachtpolitik des Kaiserreiches. Die expansive Kolonialpolitik brachte das Deutsche Reich bald in scharfe Konkurrenz zu den anderen europäischen Großmächten Frankreich, Großbritannien und Russland.

Der Alldeutsche Verband

Die Alldeutschen verbanden die Forderung nach einer Stärkung des deutschen Nationalbewusstseins mit völkischen und imperialistischen Zielsetzungen. Ihren Ausgang hatte die politische Bewegung im Protest gegen den Helgoland-Sansibar-Vertrag.

Die Alldeutschen vertraten vor allem den Adel sowie das gehobene Besitz- und Bildungsbürgertum, die für eine Ausweitung deutschen Einflusses plädierten. Neben einer imperialistischen Kolonialpolitik und Flottenaufrüstung propagierten sie einen aggressiven Nationalismus und die Förderung des Deutschtums im Ausland. Im Juli 1894 gingen die Alldeutschen im überparteilichen Alldeutschen Verband auf.

Der Alldeutsche Verband arbeitete mit nationalistisch-antiliberaler Propaganda und errang dadurch bis zum Ende des Ersten Weltkrieges eine erhebliche meinungsbildende Wirkung. Nach 1918 agitierten die Mitglieder gegen die Weimarer Republik. Gegen Ende der 1920er-Jahre verlor der Verband allerdings zunehmend an Einfluss. Den wirkungs- und bedeutungslos gewordenen Verband der Alldeutschen löste die nationalsozialistische Regierung im Frühjahr 1939 auf.

Der Herero-Aufstand

1904 erhob sich in Deutsch-Südwestafrika gegen die Herrschaft der weißen Kolonisten der Stamm der Herero, dem sich die Hottentotten anschlossen. Der Kampf zwischen Aufständischen und einer deutschen »Schutztruppe« zog sich bis Ende 1907 hin. Von ursprünglich 80 000 Herero überlebten nur 12 000, von den 20 000 aufständischen Hottentotten kam die Hälfte ums Leben. Als im Reichstag für die Fortsetzung des Kampfes zusätzliche Finanzmittel gefordert wurden, stimmte neben dem Zentrum auch die SPD gegen den Nachtragsetat. Der Reichskanzler löste daraufhin den Reichstag auf – die imperialistische Außenpolitik hatte damit einmal mehr direkte Auswirkungen auf die innenpolitischen Verhältnisse im Deutschen Reich.

Deutsche Flottenpolitik

Je länger das Rennen um die Aufteilung der Welt dauerte, desto mehr reifte in Deutschland die Überzeugung, dem Kaiserreich durch Erfolge in kolonialpolitischen Auseinandersetzungen »Weltgeltung« zu verschaffen. Kaiser Wilhelm II. und seine Berater betrachteten die Kolonien als militärische Stützpunkte, deren Verteidigung nur mit einer massiven Aufrüstung der deutschen Flotte gewährleistet war.

So provozierte die Flottenpolitik des Reiches im April 1904 den Abschluss der »Entente cordiale« zwischen Großbritannien und Frankreich, die zweite Marokkokrise 1911 brachte Europa durch die »Kanonenboot-Politik« Wilhelms gar an den Rand eines Krieges. Bismarcks Europapolitik hatte das Deutsche Reich als Kontinentalmacht verstanden und den Rüstungsschwerpunkt auf das Landheer gelegt. Als Welt- und Kolonialmacht benötigte der neue Kaiser, der sein Reich als ebenbürtige Seemacht zu England ausbauen wollte, eine starke Flotte.

Großadmiral Alfred von Tirpitz (1849–1930) entwickelte eine militärische Konzeption zum Aufbau einer schlagkräftigen deutschen Flotte. Der 1897 zum Staatssekretär im Reichsmarineamt berufene von Tirpitz trug mit seinen Plänen zur Verschlechterung der deutsch-britischen Beziehungen bei. Begleitet von einer dezidiert antibritischen Propaganda des Deutschen Flottenvereins, des Alldeutschen Verbandes und auch des Reichsmarineamtes sowie der Unterstützung des Kaisers setzte er sich den Ausbau einer deutschen »Risikoflotte« zum Ziel: England würde trotz der weiterhin bestehenden Überlegenheit einen Waffengang vermeiden, da Deutschland der Seemacht im Kriegsfall hohe Verluste beibringen konnte. Mit diesem Mittel, davon war Tirpitz überzeugt, konnte man England nötigen, dem Dreibund (Deutsches Reich, Österreich-Ungarn und Italien) beizutreten.

London trat dem Dreibund nicht bei, sondern betrachtete die deutsche Rüstungspolitik zunehmend als Provokation und Angriff auf die britische Vorherrschaft zur See. Langfristig strebte der Großadmiral allerdings mithilfe einer größeren Flotte vor allem zusätzlichen Spielraum in der Kolonial- und Handelspolitik für das Deutsche Reich an. Tirpitz versuchte außerdem, mit seinem nationalen Flottenprogramm die Interessen von politischer Führung und Schwerindustrie im Deutschen Reich zu vereinigen und auf diese Weise die gesellschaftliche Stellung der Eliten zu festigen.

Die kaiserliche Überschätzung der deutschen Rolle im Spiel der Mächte fand innenpolitisch im Reichstag eine Mehrheit aus Kaiser und den staatstragenden Kräften, der Großindustrie sowie den Befürwortern einer expansiven Kolonialpolitik. Die notwendigen Flottengesetze wurden genauso verabschiedet wie die erheblichen Etatmittel zu ihrer Umsetzung genehmigt.

Unter der Führung der Sozialdemokratie entstand aber auch eine nicht zu unterschätzende Opposition. Spätestens das zweite Flottengesetz von 1900 machte deutlich, dass Tirpitz in England den Hauptgegner des Deutschen Reiches sah. London verfolgte den so genannten »Two-Power-Standard«: Die englische Flotte musste immer so stark sein wie die beiden nächst größeren Flotten zusammen. Tirpitz widersetzte sich diesem alten Grundsatz englischer Politik und strebte eine deutsche Flottenstärke an, die dem Niveau von zwei Dritteln der britischen entsprochen hätte.

Zunächst wirkte sich das deutsche Flottenprogramm nur bedingt negativ auf die Beziehungen zu London aus. Als Großbritannien in Südafrika einen Krieg gegen die Buren führte, bot man Kaiser Wilhelm sogar Gespräche an. Eine Abstimmung der Flottenstärken scheiterte jedoch an der Überheblichkeit Deutschlands.

England gelang es auch nicht, die Frage der Rüstungsbegrenzung 1907 auf die Tagesordnung der Zweiten Haager Friedenskonferenz zu setzen. Wilhelm II. und seine Berater hielten unversöhnlich am Flottenausbau fest.

Der kostspielige Rüstungswettlauf setzte sich fort. Ein letzter Verständigungsversuch Großbritanniens scheiterte 1912 endgültig: London hatte seinen Kriegsminister Richard Burdon Viscount Haldane of Cloan (1856–1928) nach Berlin geschickt, um eine Verständigung in der Flottenfrage zu erreichen: Er wurde abgewiesen.

Deutsche Konfrontation mit Großbritannien

Dem Konfrontationskurs des Deutschen Reiches gegen die britische Flottenpolitik stand Wilhelms naiver Versuch einer Bündnispolitik gegenüber, die eine Isolierung Deutschlands in Europa verhindern sollte. Doch durch die deutsche Einmischung in die Londoner Südafrika-Politik beraubte er sich dieser Perspektive, denn nach britischem Verständnis zählte die Burenrepublik Transvaal zum Empire; Konflikte waren deshalb vorprogrammiert.

Die »Krüger-Depesche«

Um die Jahreswende 1895/96 schlug sich der deutsche Kaiser auf die Seite der Buren und stellte sich damit gegen Großbritannien. Mit der »Krüger-Depesche« vom 3. Januar 1896 gratulierte Kaiser Wilhelm dem Präsidenten der jungen Burenrepublik, Paulus Krüger, zur erfolgreichen Abwehr englischer Angriffe. Das undiplomatisch provokante Auftreten des Kaisers beruhte auf einer Fehleinschätzung der europäischen Verhältnisse. Wilhelm glaubte irrtümlicherweise, dass London ein Bündnis mit Deutschland suchen müsste, da das Inselreich wegen der kolonialpolitischen Differenzen in Gegenposition zu Russland und Frankreich geraten war. Doch die britische Regierung verweigerte stattdessen die Verlängerung der Mittelmeer-Entente, was sich negativ auf den Dreibund auswirkte. Als eine britische und eine französische Sudan-Expedition

Exkurs: Burenkriege 1899–1902

Nach der Besetzung des Kaps der Guten Hoffnung durch Großbritannien (1814) und der britischen Expansion in Südafrika gab es wiederholt Spannungen zwischen der holländisch-stämmigen Bevölkerung, den Buren, und den britischen Siedlern. Im 19. Jahrhundert entstanden die Burenrepubliken Natal (1840), Transvaal (1848) und Oranje-Freistaat (1854). Als in den 1880er-Jahren reiche Goldvorkommen entdeckt wurden, spitzten sich die Konflikte zu. 1899 forderte der Präsident von Transvaal, Paulus Krüger, ultimativ den Abzug der gesamten britischen Truppen und drohte offen mit Krieg. Im Oktober 1899 erklärten die Buren Großbritannien den Krieg.

Dieser schien 1901 beendet, aber der britische Erfolg erwies sich als kurzlebig. Der gut vorbereitete Guerillakrieg endete ein Jahr später mit dem Frieden von Vereeniging. Der Friedensvertrag gewährte Transvaal und dem Oranje-Freistaat als britische Kolonien Selbstverwaltung und ließ Afrikaans als Amtssprache zu. Der Vertrag von Vereeniging befriedete und vereinigte Südafrika zwar politisch, die Spannungen zwischen Buren und Briten wurden jedoch nicht beseitigt.

1898 bei Faschoda aufeinander stießen, gab Paris angesichts eines Krieges sogar nach. In den nächsten Jahren kam es zu einer Annäherung zwischen England und Frankreich.

Die »Daily-Telegraph-Affäre«

Kaiser Wilhelms undiplomatische und aggressive Kolonial- sowie Weltpolitik, mit der er das Deutsche Reich als gleichberechtigtes Mitglied in die Reihe der großen Kolonialmächte einzureihen versuchte, musste Großbritannien auf Dauer provozieren. Ende Oktober 1908 veröffentlichte das Londoner Massenblatt ›The Daily Telegraph‹ ein Gespräch mit dem deutschen Kaiser, das sowohl außen- als auch innenpolitisch eine Krise auslöste. Wilhelms Äußerungen über das deutsch-englische Verhältnis sowie seine einseitige Meinungsäußerungen zum Burenkrieg fügten der deutschen Politik schweren Schaden zu. Die unüberlegten Aussagen waren ein Affront gegen alle Staaten der Triple-Entente, sodass sogar die Konservativen den Kaiser zu größerer Zurückhaltung aufforderten: In Großbritannien wurde das Interview als anmaßend und in Frankreich und Russland als diplomatische Taktlosigkeit empfunden.

Wilhelm II. hatte sein andauerndes Bemühen um ein gutes deutsch-britisches Verhältnis betont und den englischen Argwohn gegenüber dem Reich moniert. Die Daily-Telegraph-Affäre erinnerte an die unbesonnene »Hunnenrede« des Kaisers, die er 1900 vor dem deutschen Expeditionskorps zur Niederschlagung des Boxeraufstandes in China gehalten und die deutschen Truppen zu radikalen Vergeltungsmaßnahmen aufgefordert hatte. Der Widerstand im Nordosten Chinas gegen ausländische Einrichtungen war nach der Ermordung des deutschen Gesandten Klemens Freiherr von Ketteler eskaliert. Die offizielle Kriegserklärung Chinas gegen die Westmächte führte zu einem bewaffneten Eingreifen Großbritanniens, Frankreichs, Russlands, Italiens, Österreich-Ungarns, der USA und des Deutschen Reiches. Der Boxeraufstand endete wenige Tage später mit der Besetzung Chinas durch ein gemeinsames Expeditionskorps. Ein internationales Friedensprotokoll vom September 1901 zwang China unter anderem zu hohen Reparationszahlungen. Nach der Veröffentlichung der Hunnenrede reichte Reichskanzler von Bülow als Verantwortlicher für den Eklat seinen Rücktritt ein, den der Kaiser jedoch ablehnte. Gleichzeitig schlug Wilhelm II. das britische Angebot eines begrenzten Abkommens aus. Er begründete diese Entscheidung mit der Befürchtung, London könnte das Deutsche Reich nur als Puffer gegen Russland missbrauchen.

Die Marokkokrisen

Die Politik diplomatischer Ungeschicklichkeiten und theatralischer Drohgebärden fand in den folgenden Jahren nahtlos ihre Fortsetzung. Die bündnispolitische Ablehnung Berlins und die anhaltenden Drohgebärden gegen die britische Herrschaft auf den Weltmeeren, bedingt durch die forcierte Flottenpolitik, trieben England in die Arme Frankreichs. Die grundsätzlichen Interessenkonflikte beider Staaten in Nordafrika traten in den Hintergrund: In der »Entente cordiale« legten England und Frankreich 1904 ihre Differenzen in der Kolonialpolitik bei, um sich gemeinsam der deutschen Bedrohung auf dem Kontinent zu stellen.

Die Entente grenzte die englischen und französischen Einflusssphären in Ägypten und Marokko ab: Großbritannien erhielt Ägypten, Frankreich Marokko. Eine geheime Abmachung genehmigte beiden Mächten freie Hand bei der politischen Umgestaltung der Länder. Die Franzosen breiteten sich daraufhin in Marokko aus (»friedliche Durchdringung«). Deutschland konnte in Nordafrika nur noch als Störenfried einer festgelegten Kolonialordnung auftreten, sodass man sich in Berlin im Frühjahr 1905 zu einer Geste des Protestes entschloss (1. Marokkokrise 1905).

Im März traf Wilhelm II. in Tanger ein und forderte ein freies und souveränes Marokko. Die Ablösung des betont antideutsch eingestellten französischen Außenministers konnte die Krise nicht beilegen. Als die Algeciras-Konferenz über Marokko im Januar 1906 eröffnet wurde, zeigte sich mit erschreckender Klarheit die Isolation Deutschlands, die mittlerweile beängstigende Formen angenommen hatte. In Frankreich herrschte eine dezidiert antideutsche Stimmung, Russland orientierte sich an England, das sich vorbehaltlos hinter Frankreich gestellt hatte, Italien war praktisch vom Dreibund abgefallen und als Partner wertlos. Auf der Algeciras-Konferenz wurde die Unabhängigkeit des Sultans von Marokko anerkannt, wenn auch die polizeiliche Überwachung der marokkanischen Häfen an Frankreich und Spanien fiel. Die zweite Marokkokrise begann 1911. Paris besetzte die marokkanischen Städte Rabat und Fes. Das Deutsche Reich erklärte sich bereit, Marokko Frankreich zu überlassen, verlangte aber als Ausgleich das französische Kongogebiet. Nach langwierigen Verhandlungen schlossen Berlin und Paris im November 1911 ein Abkommen (»Deutsch-französisches Abkommen über Marokko« und »Deutsch-französisches Abkommen über Äquatorial-Afrika«). Das Deutsche Reich verzichtete auf jede Einmischung in Marokko und erhielt im Gegenzug einen Teil des französischen Kongo.

Die »Triple-Entente«

Zwischen den beiden Marokkokrisen, im August 1907, war die Entente cordiale durch den russisch-britischen Interessenausgleich zur Triple-Entente (Frankreich, England, Russland) erweitert worden. In Deutschland fühlte man sich »eingekreist« und sah den Hauptschuldigen dafür in Großbritannien. Wilhelm hatte das Bismarck'sche Netz aus Verträgen und damit die Zugehörigkeit zum europäischen Bündnis zerstört. Obendrein lehnte er noch 1912 den letzten englischen Versuch zu einer gütlichen Einigung in der Flottenfrage ab. Stattdessen wurde das Deutsche Reich auf seine Führungsrolle im Dreibund mit Österreich-Ungarn und Italien reduziert. Frankreich war nicht weiter diplomatisch isoliert, sondern Teil der Verteidigungsabkommen zwischen England und Russland. Deutschland und die Mittelmeermächte standen den Entente-Staaten gegenüber, deren Bündnisse sich in den nächsten Jahren weiter festigten.

Der Weg in den Ersten Weltkrieg

In der Zwischenzeit explodierte das Pulverfass auf dem Balkan: Bulgarien, Serbien, Griechenland, Montenegro zettelten im Oktober 1912 einen Krieg gegen die Türkei an, um das Land vom Balkan zu verdrängen und ihre eigenen Territorien zu erweitern (1. Balkankrieg 1912–1913).

Eine Friedenskonferenz in London zum Jahreswechsel 1912/13 endete ohne Ergebnis, da die Großmächte keinen Kompromiss zwischen ihren unterschiedlichen Interessen in der Region finden konnten. Im Mai 1913 beendete der Vertrag von London den ersten Balkankrieg: Das Osmanische Reich verlor Kreta sowie mit wenigen Ausnahmen seine gesamten europäischen Besitzungen und musste die Abtretung Mazedoniens anerkennen.

Bulgarien einerseits sowie Serbien und Griechenland andererseits gerieten in Streit um die Aufteilung des eroberten Mazedonien. Mit Angriffen der bulgarischen Armee auf zwei serbische Städte begann nahezu ohne Unterbrechung zu dem eben erst beendeten Waffengang der zweite Balkankrieg. Am 1. Juli erklärten Serbien und Griechenland dem ehemaligen Verbündeten Bulgarien den Krieg, in den das Osmanische Reich und Rumänien auf der Seite Serbiens eingriffen. Im Juli 1913 trat auch Rumänien gegen Bulgarien in den Krieg ein. Im Vertrag von Bukarest im August dieses Jahres verlor Bulgarien alle jene Territorien an Serbien und Griechenland, die es im ersten Balkankrieg erobert hatte. Serbien gelang damit ein gewaltiger Gebietszuwachs zu Lasten des Osmanischen Reiches sowie Bulgariens, der das Mächteverhältnis auf dem Balkan vollständig verschob.

Im Oktober 1913 griff Österreich-Ungarn auf dem Balkan ein und forderte Serbien ultimativ auf, das besetzte Gebiet in Nordalbanien zu verlassen. Die Regierung in Belgrad kam zu diesem Zeitpunkt der Forderung auf Druck des Bündnispartners Russland noch nach. Das Deutsche Reich tat es seinem Bündnispartner gleich und mischte sich ebenfalls in die Verhältnisse auf dem Balkan ein. Eine deutsche Militärmission unterstützte das Osmanische Reich bei der Reorganisation seiner Armee. Durch dieses Engagement am Bosporus verschärften sich die Spannungen zu den Entente-Staaten. Die beiden Balkankriege von 1912 und 1913 machten deutlich, dass sich die slawischen Nationalitätenkämpfe für die europäische Staatengemeinschaft zu einer permanenten Bedrohung auswuchsen. Beide Balkankriege endeten ohne befriedigende Lösung für die deutschen und österreichisch-ungarischen Interessen. Aus beiden Waffengängen waren die verbündeten Staaten auf dem Balkan, Bulgarien und die Türkei, als Verlierer vom Platz gegangen.

Ende Juni 1914 eskalierte die Situation. Nach der Ermordung des habsburgischen Thronfolgers Franz Ferdinand durch serbische Nationalisten in Sarajewo sicherte Wilhelm II. seinem einzigen Verbündeten uneingeschränkte Bündnistreue für den Fall eines Krieges zu. Wien seinerseits sah sich durch die öffentliche Meinung darin bestätigt, das Attentat zur Niederwerfung Serbiens zu nutzen. Im Vertrauen auf die Bündnistreue Deutschlands stellte die Habsburger Monarchie Serbien ein 48-stündiges Ultimatum, das überraschenderweise nahezu vollständig akzeptiert wurde. Trotzdem erklärte Österreich-Ungarn Serbien am 28. Juli 1914 den Krieg. Russland begann als Schutzmacht Serbiens mit der Mobilmachung. Dies betrachtete wiederum Kaiser Wilhelm II. als Bedrohung und stellte nun ebenfalls ein Ultimatum. Der Mechanismus gegenseitiger Mobilmachung war damit in Gang gesetzt – der auf dem Balkan ausgebrochene Konflikt weitete sich innerhalb kürzester Zeit zu einem europäischen und später weltumspannenden Krieg aus.

Zusammenfassung: Wilhelminische Ära

Die Zusammenarbeit zwischen Kaiser Wilhelm II. und Reichskanzler Otto von Bismarck war aufgrund unterschiedlicher politischer Vorstellungen zum Scheitern verurteilt. Der Konflikt führte im März 1890 zu Bismarcks Entlassung. Der »neue Kurs« war geprägt von spontanen und übereilten Entschlüssen des Kaisers. Die innenpolitische Problematik der Zeit – die wachsende Verarmung der Bevölkerung durch die Industrialisierung – wollte er nicht wahrhaben. Die sozialen Reformen der **Wilhelminischen Ära** blieben in den Anfängen stecken.

Mehrere **Affären** überschatteten seine Regierungszeit: Mit undiplomatischen Äußerungen verprellte Wilhelm II. die europäischen Nachbarn, besonders Großbritannien, das dennoch bis kurz vor Ausbruch des Krieges eine Annäherung an Deutschland suchte. Außerdem erhielt das Deutsche Reich unter Kaiser Wilhelm II. den Ruf, eine Hochburg des Militarismus zu sein. Der Flottenauf- und -ausbau verschlechterte die Beziehungen zu den bisherigen Verbündeten Russland und England.

Durch Wilhelm II. beteiligte sich Deutschland als »verspätete Nation« am Wettlauf um die Aufteilung der Welt. Die tatsächliche Bedeutung der **kolonialen Erwerbungen** stand in keinem Verhältnis zum Verständnis einer »Weltmacht«. Die imperialistischen Agitationsverbände, Alldeutscher Verband und der Flottenvereine, nährten einen übersteigerten Nationalismus und trugen zur fortschreitenden Isolierung des Reiches bei.

Mit seiner unkalkulierbaren »Weltpolitik« manövrierte sich das Kaiserreich selbst in eine **europäische Außenseiterrolle**. Das Schüren nationaler Gefühle und die provokative Aufrüstung zerstörten das komplizierte Bündnis- und Gleichgewichtssystem Bismarcks. Nur auf das enge Bündnis mit Österreich-Ungarn war vor dem Ersten Weltkrieg noch Verlass, alle anderen wichtigen europäischen Mächte hatten sich in der »Triple-Entente« zusammengefunden.

Biografien

Wilhelm II., Deutscher Kaiser und König von Preußen (1859–1941)

Unbedachte öffentliche Äußerungen führten zu diplomatischen Verwicklungen; seine Vorliebe für Waffenglanz wurde im Ausland als kriegerische Absicht missverstanden; als konstitutioneller Monarch überließ er wichtige Entscheidungen der Regierung und im Ersten Weltkrieg der Obersten Heeresleitung.

1888–1918	Deutscher Kaiser und König von Preußen
1890	erzwungener Rücktritt des Reichskanzlers Bismarck; von nun »persönliches Regiment«
1896	Krüger-Depesche
1900	Hunnen-Rede
1908	Daily-Telegraph-Affäre
1913	Zabern-Affäre
November 1918	Abdankung; Exil in den Niederlanden

Georg Leo Graf von Caprivi, Reichskanzler und preußischer Ministerpräsident (1831–1899)

Als Bismarcks Nachfolger distanzierte sich von dessen Politik: Aufgabe des Bündnissystems (Nichterneuerung des Rückversicherungsvertrags mit Russland) und Aufhebung des Sozialistengesetzes; forcierte durch Handelsgesetze den Umbau Deutschlands vom Agrar- zum Industriestaat.

1883–1888	Chef der Admiralität
1890–1892	preußischer Außenminister
1890–1894	Reichskanzler und preußischer Ministerpräsident
1894	Entlassung

Chlodwig Fürst zu Hohenlohe-Schillingsfürst, Reichskanzler und preußischer Ministerpräsident (1819 – 1901)

Plädierte als bayerischer Ministerpräsident für die Reichseinigung und den Beitritt Bayerns zum Deutschen Reich; als Reichskanzler versuchte er, dem Machtanspruch Wilhelms II. entgegenzutreten, konnte sich jedoch nicht durchsetzen

1848/49	erbliches Mitglied des Reichsrates in Bayern
1866 – 1870	bayerischer Ministerpräsident und Außenminister
1867	Vizepräsident des Zollparlamentes
1871 – 1881	Reichstagsmitglied für die Freikonservative Partei
1880	Staatssekretär im Auswärtigen Amt
1885	Statthalter in Elsass-Lothringen
1894 – 1900	Reichskanzler und preußischer Ministerpräsident

Bernhard Fürst von Bülow, Reichskanzler und preußischer Ministerpräsident (1849 – 1929)

Er unterstützte als Reichskanzler die gegen England gerichtete Flottenpolitik von Admiral Tirpitz und das imperialistische Weltmachtstreben seines Kaisers; innenpolitisch scheiterte er an der fehlenden Unterstützung des Parlaments für die von ihm initiierte Reichsfinanzreform.

1874 – 1888	Diplomat in Rom, St. Petersburg, Wien, Athen, Paris
1893	Botschafter in Rom
1897 – 1900	Staatssekretär im Auswärtigen Amt
1900 – 1909	Reichskanzler und preußischer Ministerpräsident
1914/15	Sonderbotschafter in Rom

Theobald von Bethmann Hollweg, Reichskanzler und preußischer Ministerpräsident

Versuchte trotz aller Differenzen über eine Annäherung an England den Ersten Weltkrieg zu verhindern; seine Bemühungen um demokratische Strukturen mit Hilfe einer Reform des preußischen Dreiklassenwahlrechts scheiterten.

1890	Reichstagsabgeordneter der Reichspartei
1896 – 1899	Oberpräsidialrat in Potsdam
1899	Oberpräsident der preußischen Provinz Brandenburg
1905 – 1907	preußischer Innenminister
1907 – 1909	Staatssekretär des Reichsamts des Innern
1909 – 1917	Reichskanzler, preußischer Ministerpräsident und Außenminister

Der Erste Weltkrieg

Mit dem Attentat von Sarajewo vom 28. Juni 1914 begann der Erste Weltkrieg. Bis zum Waffenstillstand von Compiègne am 11. November 1918 mussten insgesamt fast 10 Mio. Menschen ihr Leben lassen, über 20 Mio. wurden verwundet. Die Ursachen dieses ersten modernen Krieges lagen in den Interessengegensätzen der europäischen Großmächte, vor allem dem zwischen Deutschland und Frankreich und dem zwischen Österreich und Russland auf dem Balkan.

Kriegsbegeisterung und Ernüchterung

Die Schüsse von Sarajewo auf den österreichischen Thronfolger Franz Ferdinand hatten zunächst diplomatische und dann militärische Aktivitäten ausgelöst, aus denen schließlich der Krieg entstand. Der Automatismus der Mobilmachung in den europäischen Ländern hatte den Spielraum, den Konflikt mit politischen Mitteln beizulegen, stark beschnitten: Die Kriegserklärung der Doppelmonarchie Österreich-Ungarn an Serbien und die darauf folgende Mobilmachung Russlands, der serbischen Schutzmacht, veranlasste den deutschen Kaiser nun seinerseits den Russen zu drohen. Und durch das europäische Bündnissystem waren nun auch England und Frankreich dazu gezwungen, die Mobilmachung anzuordnen. Der Mechanismus der gegenseitigen Kriegserklärungen war damit in Gang gesetzt, und dieser Krieg, ausgelöst auf dem Unruheherd Balkan, entwickelte sich dadurch zu einem Weltkrieg.

Der Beginn des Krieges wurde aber in ganz Europa mit großer Begeisterung aufgenommen (»August-Erlebnis«). Die deutschen Parteien schlossen einen »Burgfrieden«, und auch die SPD stimmte daher 1914 den Kriegskrediten zu. Diese Einheit zerbrach jedoch bereits zwei Jahre später an der unterschiedlichen Einstellung zum Kriegsgeschehen und zu den heftig umstrittenen Kriegszielen des Deutschen Reiches.

Da die deutsche militärische Führung zum Schlieffen-Plan keine Alternative entwickelt hatte, nahm sie neben dem Zweifrontenkrieg durch die Neutralitätsverletzung Belgiens auch die Kriegserklärung Englands in Kauf. Aber der deutsche Vormarsch im Westen kam schon im Herbst 1914 in der Schlacht an der Marne zum Stehen. Die Grabenkämpfe des Stellungskrieges arteten zu Material- und Abnutzungsschlachten aus, die Anzahl der Opfer nahm bisher ungeahnte Ausmaße an. Obwohl das Reich im Osten aus der Defensive heraus die Schlachten von Tannenberg und an den Masurischen Seen siegreich beenden konnte, erstarrte auch dort die Front zum Stellungskrieg.

Mit dem Kriegseintritt der USA und dem politisch-militärischen Zusammenbruch Russlands wurde das Jahr 1917 zur Krise und zum Wendepunkt des Krieges. Das Friedensdiktat von Brest-Litowsk, dem sich die in der Oktoberrevolution siegreichen Bolschewiken beugen mussten, brachte nicht die notwendige Entlastung für die Westfront. 1918 sah die Oberste deutsche Heeresleitung die Aussichtslosigkeit der militärischen Lage ein und forderte die sofortige Aufnahme von Waffenstillstandsverhandlungen, die – nach den so genannten »Oktober-Reformen« – von den Parteien geführt werden sollten.

Die deutschen Kriegsziele

Auf dem Höhepunkt der Marneschlacht im Jahr 1914 legte der deutsche Reichskanzler Theobald von Bethmann Hollweg (1909 – 1917) mit dem »September-Programm« einen Katalog von Kriegszielvorstellungen der Reichsregierung vor. Die aufgelisteten Forderungen gingen so weit, dass ihre Verwirklichung die Errichtung einer deutschen Hegemonie in Europa bedeutet hätte. Forderungen im kolonialen Bereich blieben offen, den Osten betreffend blieben sie diffus. Die russischen Grenzen sollten weiter nach Osten verschoben und die russische Herrschaft über nichtrussische Völker gebrochen werden.

Konkret wurden Ziele demgegenüber im Westen genannt. Um vor allem Frankreich entscheidend zu schwächen, sollte es Belfort, die westlichen Vogesen und die Küste von Dünkirchen bis Boulogne abtreten. Die französischen Festungen sollten geschleift werden. Unbedingt annektiert werden sollte das Erzbecken von Briey und Longwy. Ferner sollte Frankreich eine hohe – eine die Rüstung hemmende – Kriegsentschädigung auferlegt und gezwungen werden, einen Handelsvertrag abzuschließen, der es in wirtschaftliche Abhängigkeit von Deutschland bringen sollte.

Belgien betreffend sah das Programm dessen Reduzierung zu einem Vasallenstaat und die Gewinnung militärisch wichtiger Punkte wie vor allem Lüttich vor. Luxemburg sollte ins Reich eingegliedert, Holland in ein »enges Verhältnis« gebracht werden. Neben der Reichsregierung formulierten auch gesellschaftliche Gruppen und Institutionen eigene Kriegszielvorstellungen: unter anderem 1914 der Kriegszielkatalog des Alldeutschen Verbandes, 1915 die Denkschrift der Wirtschaftsverbände und 1917 das Kreuznacher Kriegszielprogramm der Obersten Heeresleitung. Die darin genannten Zielsetzungen klangen immer fantastischer, je unwahrscheinlicher ihre Realisierung wurde. Von größerer Bedeutung war das 1915 von Friedrich Naumann in seinem Buch ›Mitteleuropa‹ entwickelte politische Ordnungsmodell, das vorsah, den mitteleuropäischen Raum als eine politisch-wirtschaftliche Einheit unter deutscher Führung zu organisieren.

Wie sehr hegemoniales Großmachtstreben den außenpolitischen Spielraum einschränkte, zeigte die Proklamierung des selbstständigen Königreiches Polen durch Deutschland und Österreich am 5. November 1916. Ein angestrebter Sonderfrieden mit Russland war durch diese Aktion zu diesem Zeitpunkt unmöglich geworden. Während die Mittelmächte eine hegemoniale Stellung auf dem europäischen Festland unter Errichtung eines Schutzgürtels von abhängigen Satellitenstaaten anstrebten, forderten die Alliierten die Zertrümmerung des Deutschen Reiches, die weitgehende Aufsplitterung Österreich-Ungarns und die Aufteilung des Osmanischen Reiches.

Der militärische Verlauf

Basierend auf dem Schlieffen-Plan sahen die strategischen Planungen für die deutsche Kriegführung eine schnelle militärische Entscheidung an der Westfront durch einen massierten Angriff und die Umfassung des französischen Heeres vor.

Die Schlacht an der Marne

Obwohl die Mittelmächte ihren Gegnern hinsichtlich des Wirtschaftspotenzials, der Bevölkerungszahl und – trotz der vergleichsweise überdimensionierten Rüstung des Deutschen Reiches – an militärischer Stärke weit unterlegen waren, war man vor allem auf deutscher Seite optimistisch, dem drohenden Zweifrontenkrieg begegnen zu können. Der deutsche Kriegsplan sah vor, Frankreich binnen etwa sechs Wochen entscheidend zu schlagen, bevor Russland in den Krieg eingreifen konnte.

Der deutsche Aufmarschplan im Westen verlangte eine Umfassungsoffensive der deutschen Armeen, mit dem Schwerpunkt auf dem rechten Flügel, durch Belgien und Luxemburg hindurch nach Nordfrankreich. Dieser nur leicht modifizierte Schlieffen-Plan (→ Exkurs) nahm die Verletzung der belgischen und luxemburgischen Neutralität in Kauf.

Die deutschen Armeen erzielten im Westen schnelle Angriffserfolge. Am 2. August wurde Luxemburg besetzt und anschließend Belgien durchstoßen. Die französischen Armeen und das englische Expeditionskorps mussten zurückweichen. Anfang September stand der rechte Angriffsflügel mit der Front nach Süden in der Höhe von Paris, wobei die Kräfte für eine Umfassung der Stadt nicht ausgereicht hatten. Nun bildete die Front einen riesigen Bogen, von der Festung Verdun bis nach Paris.

Der französische Befehlshaber Joseph Joffre befahl den Gegenangriff auf der gesamten Frontlinie. In dieser Schlacht an der Marne (5. bis 12. September 1914) zeigten sich erste Schwächen der deutschen Offensive, zudem mangelte es an den nötigen Reserven. Der deutsche Generalstabschef Helmuth von Moltke beurteilte die Lage seiner Truppen überaus skeptisch und gab den beiden

Armeen, die den äußersten rechten Flügel bildeten, den Befehl zum Rückzug. Damit war der deutsche Operationsplan gescheitert. An der Stelle Moltkes übernahm nun der preußische Kriegsminister Erich von Falkenhayn am 14. September 1914 den militärischen Oberbefehl.

Zwar gelang es ihm die nachdrängenden französischen Truppen aufzuhalten, aber nun bildete sich eine Front bis an die Kanalküste. Aus dem Bewegungskrieg wurde ein Stellungskrieg von den Alpen bis zur Nordsee. Verzweifelt versuchten die deutschen Truppen immer wieder, die noch nicht ausgebaute Frontlinie zu durchstoßen. Dabei wurden junge Kriegsfreiwillige in verantwortungsloser Weise verheizt. Am 10. November 1914 wurden über 2000 dieser nur unzureichend ausgebildeten Soldaten bei dem Versuch getötet, nahe der Ortschaft Langemarck eine Hügelkette zu erobern. Von der Kriegspropaganda wurde deren sinnloser Opfertod als »Mythos von Langemarck« glorifiziert.

Kriegsbeginn im Osten

Der deutsche Plan, die Truppen an der Ostfront bis zur Verstärkung aus dem Westen defensiv operieren zu lassen, wurde durch die überraschend schnelle Mobilmachung der russischen Armeen durchkreuzt. Erst Hindenburg und Ludendorff gelang es, die russische Offensive zu stoppen.

Im Osten standen die Österreicher vor einem Zweifrontenproblem gegenüber Serbien und Russland. Die österreichisch-ungarische Offensive gegen Serbien war sehr schnell vollständig zusammengebrochen. In Galizien mussten die österreichisch-ungarischen Truppen nach anfänglichen Erfolgen Ostgalizien, Lemberg und die Bukowina aufgeben, wobei sie über 300 000 Mann verloren, erst auf den Höhen der Karpaten konnte der Rückzug gestoppt werden.

Gegen Ostpreußen ließ der russische Oberbefehlshaber Großfürst Nikolaj Nikolajewitsch, ein Onkel des Zaren, zwei Armeen vorstoßen, die den größten Teil der Provinz besetzen konnten. Als der Befehlshaber der verteidigenden 8. deutschen Armee einen Rückzug hinter die Weichsel befehlen wollte, wurde er abgesetzt und durch den bereits pensionierten General Paul von Hindenburg als Oberbefehlshaber sowie General Erich Ludendorff als Stabschef ersetzt.

In der vom 26. bis 30. August 1914 andauernden Schlacht bei Tannenberg gelang es den beiden eine

Exkurs: Der Schlieffen-Plan

Alfred Graf von Schlieffen verfasste als Chef des Generalstabs der Armee (1891–1905) eine Denkschrift, die sich mit der Thematik eines Zweifrontenkrieges gegen Russland und Frankreich beschäftigte: Während der für die russische Mobilmachung erforderlichen Zeit sollten zunächst Frankreich niedergeworfen und anschließend die Truppen von der Westfront an die Ostfront verlegt werden, bevor die russischen Armeen mobilisiert waren.

Der Schlieffen-Plan wurde noch vor 1914 zu einem unumstößlichen Dogma. Helmuth Graf von Moltke überarbeitete den Plan und modifizierte ihn: Zwei Stoßkeile sollten Frankreich von Süden und Norden her umfassen. Westlich von Paris sollte sich die Umklammerung schließen und den Gegner zur Kapitulation zwingen.

Als Voraussetzung für die Durchführung nahm man die Verletzung der belgischen und niederländischen Neutralität in Kauf. Großbritannien als Schutzmacht Belgiens sah sich daher gezwungen, auf den deutschen Einmarsch mit einer Kriegserklärung zu reagieren.

Die Umsetzung des deutschen Plans scheiterte jedoch auch militärisch: Moltke brach die Schlacht an der Marne im September 1914 vermutlich aufgrund einer Fehleinschätzung frühzeitig ab. Zudem waren russische Truppen schon im August in Ostpreußen eingedrungen und hatten die deutsche Armee in der Schlacht bei Gumbinnen besiegt.

Das Jahr 1914

28. Juli	Kriegserklärung Österreich-Ungarns an Serbien und Montenegro
30. Juli	allgemeine Mobilmachung in Russland
31. Juli	Verhängung des »Zustandes drohender Kriegsgefahr« in Deutschland
1. August	Kriegserklärung Deutschlands an Russland
2. August	Einmarsch in Luxemburg
3. August	Kriegserklärung Deutschlands an Frankreich
4. August	Ansprache Wilhelms II. an das deutsche Volk; Deutschlands Einmarsch in Belgien; England erklärt Deutschland den Krieg
5. August	Kaiser Wilhelm II. ordnet Erneuerung des »Eisernen Kreuzes« an
9. August	französische Offensive im Oberelsass
22. August	Ernennung Paul von Hindenburgs zum Oberbefehlshaber der 8. deutschen Armee
26. bis 30. August	Schlacht bei Tannenberg
28. August	Seegefecht nordwestlich von Helgoland
August	Verlust von Deutsch-Südwestafrika, Togo und Kamerun
September	Dankeserlass Kaiser Wilhelms II. an die 8. Armee nach der Schlacht bei Tannenberg
5. bis 12. September	Schlacht an der Marne (Frankreich)
7. bis 13. September	Schlacht bei den Masurischen Seen (Ostpreußen)
14. September	Moltke als Generalstabschef abgelöst
Oktober	Verlust der pazifischen Kolonien
20. Oktober bis 11. November	1. Schlacht in Flandern
7. November	Kapitulation der kolonialen Schutztruppen in China
10. November	Schlacht bei Langemarck, in deren Verlauf die OHL unzulänglich ausgebildete freiwillige Jugendliche einsetzt
12. November	Kriegserklärung der Türkei an die Entente
Mitte November	Ende des Bewegungskriegs und Übergang zum Stellungskrieg

russische Armee zu vernichten. Vom 8. bis zum 10. September 1914 erfolgte der Angriff auf die verbliebenen russischen Truppen, die in der Schlacht an den Masurischen Seen, die sich noch bis zum 13. September hinziehen sollte, eine schwere Niederlage erlitten. Im Zusammenwirken mit österreichisch-ungarischen Truppen gelang es Hindenburg eine russische Offensive gegen Oberschlesien und Posen zum Erliegen zu bringen und sogar selbst in Nordpolen weiter vorwärts zu marschieren. Im Dezember jedoch erstarrten auch im Osten die Fronten im gefürchteten Stellungskrieg. Den Befreiern Ostpreußens brachte die deutsche Öffentlichkeit große Sympathien entgegen, der Hindenburg-Mythos war geboren. Am Ende des ersten Kriegsjahres war die militärische Lage der Mittelmächte, auf deren Seite im Oktober 1914 die Türkei in den Krieg eingetreten war, keineswegs die erhoffte. Obwohl sich Belgien und Nordfrankreich in deutscher Hand befanden, war die schnelle Entscheidung im Westen ausgeblieben, der Partner Österreich-Ungarn schwer angeschlagen.

An Weihnachten 1914 kam es in einzelnen Abschnitten an der Westfront zu einer einmaligen Verbrüderung, tagelang schwiegen die Waffen. An einem 50 km langen Frontstreifen bei Ypern trafen sich die Gegner im Niemandsland, tauschten Geschenke aus und spielten sogar Fußball.

Der Krieg in den Kolonien

Das Deutsche Reich hatte infolge der englischen Seeherrschaft nicht die Möglichkeit, seine kolonialen Gebiete (Kiautschou in Nordchina, mehrere Südseeinseln im pazifischen Raum, Togo, Kamerun, Deutsch-Südwestafrika und Deutsch-Ostafrika) zu verteidigen. Bereits im August 1914 hatte sich Japan der Entente angeschlossen, um die deutschen Schutzgebiete in China und im Pazifik zu be-

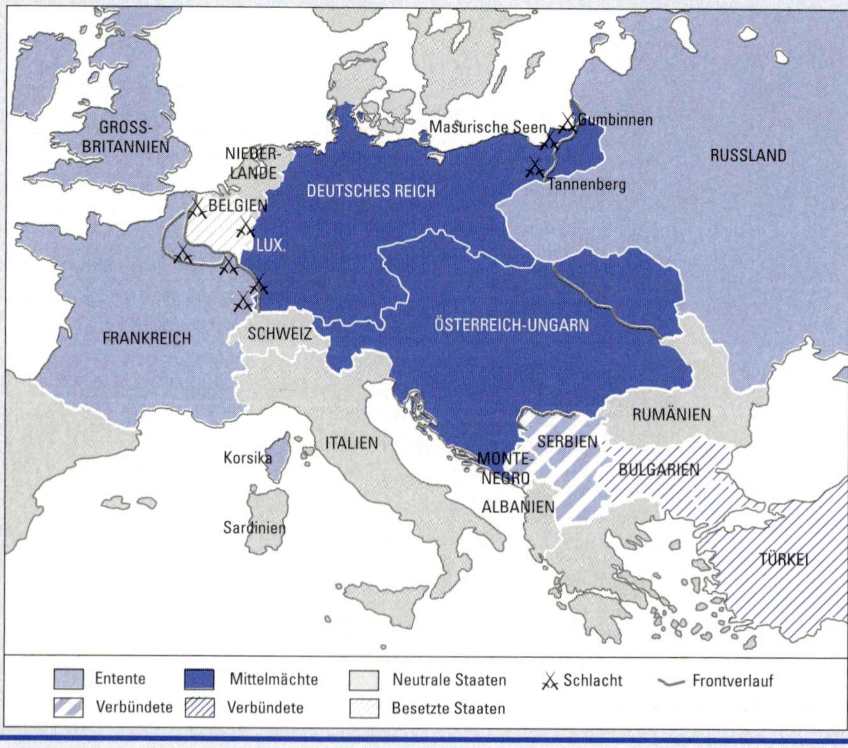

Militärische Situation 1914

kommen. Am 7. November kapitulierten die deutschen Schutztruppen in China, im Oktober waren die pazifischen Inseln verloren gegangen. Deutsch-Südwestafrika, Kamerun und Togo mussten gleich zu Kriegsbeginn aufgegeben werden, lediglich in Deutsch-Ostafrika, der größten und bevölkerungsreichsten Kolonie, konnte die Schutztruppe allen feindlichen Angriffen oder Einkreisungsversuchen standhalten. Erst nach der Unterzeichnung des Waffenstillstandes in Europa ergab sich der deutsche Kommandeur Paul von Lettow-Vorbeck.

Die Kriegsjahre 1915 und 1916

Das Kriegsjahr 1915 begann mit der Winterschlacht in der Champagne (16. Februar bis 20. März), die jedoch keine große Veränderung der Westfront bewirkte. In der zweiten Schlacht bei Ypern (22. April bis 25. Mai) setzte die deutsche Armee zum ersten Mal Giftgas in Form von flüssigem Chlor ein. Diesem Verstoß gegen die Haager Landkriegsordnung folgte ein grausamer Gaskrieg durch alle kriegführenden Nationen.

Das Jahr 1915

4. bis 24. Februar	Winterschlacht in Masuren
Februar bis März	Winterschlacht in der Champagne
22. April bis 25. Mai	Schlacht bei Ypern
25. bis 29. April	britische und französische Truppen landen auf der Halbinsel Gallipoli (Türkei)
1. bis 3. Mai	Schlacht bei Gorlice-Tarnow
3. Mai	Italien kündigt den Dreierbund
7. Mai	Versenkung des britischen Dampfers Lusitania durch deutsches U-Boot
9. Mai bis 23. Juli	Frühjahrsschlacht im Artois
23. Mai	Italien erklärt Österreich-Ungarn den Krieg
Juni	Winston Churchill, Oberbefehlshaber der britischen Flotte, wird seines Postens enthoben
29. Juni	Beginn der 1. Isonzoschlacht
17. August	Kriegserklärung Italiens an die Türkei
6. September	deutsch-bulgarisches Bündnis
22. September bis 11. November	Herbstschlacht im Artois
7. Oktober	Beginn der Offensive gegen Serbien
9. Oktober	Kapitulation Belgrads
Mitte Dezember 1915 bis Mitte Januar 1916	»Neujahrsschlacht« an der Ostfront gegen Russland

Nachdem die Türkei die Dardanellendurchfahrt gesperrt hatte, konnte Russland weder über das Schwarze Meer noch über die von der deutschen Flotte blockierte Ostsee Nachschub von seinen westlichen Verbündeten beziehen. Ein Versuch der Entente, die Meerengen durch einen Angriff bei Gallipoli (heute Gelibolu) unter Kontrolle zu bringen und Konstantinopel (heute Istanbul) zu erobern, scheiterte im April 1915 am erbitterten Widerstand der osmanischen Armee und durch das Versagen der britischen Führung. Im Juni wurde der britische Erste Lordadmiral Winston Churchill, der sich als Oberbefehlshaber der britischen Flotte für diese Landeoperation ausgesprochen hatte, seines Postens enthoben.

Russland war das schwache Glied der Entente-Mächte, das Hindenburg und Ludendorff in Einklang mit dem österreichischen Oberbefehlshaber zu durchtrennen hofften. Mehrere deutsche Offensiven brachten die gesamte russische Front in Bewegung, im Sommer 1915 wurden Litauen, Kurland und Polen zurückgewonnen, doch nach der »Neujahrsschlacht« (Mitte Dezember 1915 bis Mitte Januar 1916) zog sich die wieder erstarrte Frontlinie von der unteren Düna bis zur Bukowina.

Italiens Kriegseintritt 1915

Am 23. Mai 1915 erklärte Italien Österreich-Ungarn den Krieg, da es in der Donaumonarchie den Hauptgegner seiner Expansionsbestrebungen im östlichen Mittelmeerraum sah. Bereits am 26. April 1915 hatte sich die italienische Regierung durch einen geheimen Bündnisvertrag verpflichtet, spätestens nach vier Wochen die militärischen Operationen zu eröffnen. Dafür wurden Italien weitgehende territoriale Zusagen gemacht: Tirol bis zum Brenner, Triest und Istrien sowie Teile der dalmatinischen und albanischen Küste.

In der russisch-italienischen Militärkonvention vom selben Tag hieß es, dass sich beide Mächte auf die Niederwerfung Österreich-Ungarns konzentrieren werden. Knapp drei Wochen vor der Kriegserklärung an die Donaumonarchie kündigte Italien den Dreibundvertrag. Die Kriegserklärung an Deutschland erfolgte erst rund anderthalb Jahre später im August 1916.

Deutschland hatte alle verfügbaren diplomatischen Mittel eingesetzt, um die italienische Gefahr abzuwenden. Um die Neutralität Italiens durch die Preisgabe des Trentino sicherzustellen, war man sogar bereit, den Österreichern territoriale Zugeständnisse auf Kosten Preußens zu machen (Kohlenrevier von Sosnovice, Grenzgebiete Schlesiens). Aber als sich der österreichische Ministerrat zu einer Entscheidung durchgerungen hatte, war es bereits zu spät. Italien, das sich von dem Prinzip des *sacro egoismo* hatte leiten lassen, war von der Entente ein höherer Preis geboten worden.

Mit dem Kriegseintritt Italiens begann der erste große Feldzug im Hochgebirge. Die italienisch-österreichische Front hatte eine Länge von etwa 600 Kilometer, der hochalpine Teil betrug allein 450 Kilometer, sodass sich das Grenzgebiet am Isonzo zum Hauptkampffeld an der südlichen Front entwickelte. Insgesamt kam es dort zwischen Juni 1915 und Oktober 1917 zu zwölf Schlachten. Die ersten Offensiven versuchten den Fluss zu überschreiten und auf Triest vorzustoßen, konnten aber trotz hoher Verluste auf beiden Seiten keinen nennenswerten Erfolg erzielen. Erst in der 6. Isonzoschlacht im August 1916 gelang den Italienern die Einnahme von Görz (heute Gorizia), nachdem die Mittelmächte Truppenkontingente an die Ostfront hatten verlegen müssen.

Der Kriegseintritt Bulgariens

Bulgarien hoffte auf der Seite der Mittelmächte seine territorialen Ansprüche, das im zweiten Balkankrieg 1913 an Griechenland und Serbien verlorene Mazedonien, durchsetzen zu können. Weiterhin wurden den Bulgaren auf Kosten Serbiens die Morawa-Grenze und auf Kosten Rumäniens Teile der Dobrudscha versprochen.

Am 7. Oktober 1915 eröffneten deutsche, österreichische und bulgarische Truppen eine Offensive gegen Serbien, am 9. Oktober musste Belgrad kapitulieren. Die dadurch hergestellte Landverbindung zur Türkei, dem Verbündeten am Mittelmeer, wurde allerdings von der neu aufgestellten Orient-Armee der Entente bedroht, die unter Verletzung der griechischen Neutralität am 5. Oktober begonnen hatte, Truppen in Saloniki zu landen, um die Reste des serbischen Heeres aufzufangen. Anfang 1916 bildete sich jedoch auch auf dem Balkan eine Frontlinie, die sich von der Adria bis zur Ägäis zog. Bulgarien konnte hier zahlreiche Truppen der Entente binden.

Verdun und die Schlacht an der Somme

1916 eskalierte der Krieg im Westen in bisher unbekanntem Ausmaß. Der deutsche Angriff auf Verdun und die Entlastungsoffensive der Entente an der Somme erforderten einen furchtbaren Blutzoll.

1916 suchte der deutsche Oberbefehlshaber Erich von Falkenhayn die Entscheidung in Frankreich. Das Ziel der Offensive hieß Verdun. Durch unablässige Angriffe auf Frankreichs stärkste und durch zahlreiche Außenforts gesicherte Festung sollten »Frankreichs Kräfte verbluten«. Ende Februar begann der deutsche Großangriff auf den Festungsgürtel. Trotz starker Artillerieunterstützung musste um jeden Fußbreit Boden gekämpft werden. Als am 25. Februar das Fort Douaumont, das mehrfach den Besitzer wechselte, in deutsche Hand fiel, betraute die französische Regierung Henri Philippe Pétain mit der Verteidigung von Verdun.

Verstärkt durch herangeführte Einheiten setzten die Franzosen den deutschen Offensiven eine erbitterte Verteidigung entgegen, die zu enormen Verlusten auf beiden Seiten führte. Insgesamt standen sich 1,5 Mio. Soldaten gegenüber, die Toten auf beiden Seiten beliefen sich auf über 700 000 Mann. Der Kampf um Verdun musste abgebrochen werden, als im Juli 1916 die Schlacht an der Somme begann. In dieser über fünf Monate andauernden Schlacht gelang den Franzosen und Engländern, die erstmals Panzer einsetzten, lediglich ein Geländegewinn von 40 Kilometern Breite und 12 Kilometern Tiefe. Diese Offensive hatte sich in eine Abnutzungsschlacht bisher ungekannten Ausmaßes verwandelt. Den deutschen 500 000 Gefallenen standen 700 000 auf gegnerischer Seite gegenüber.

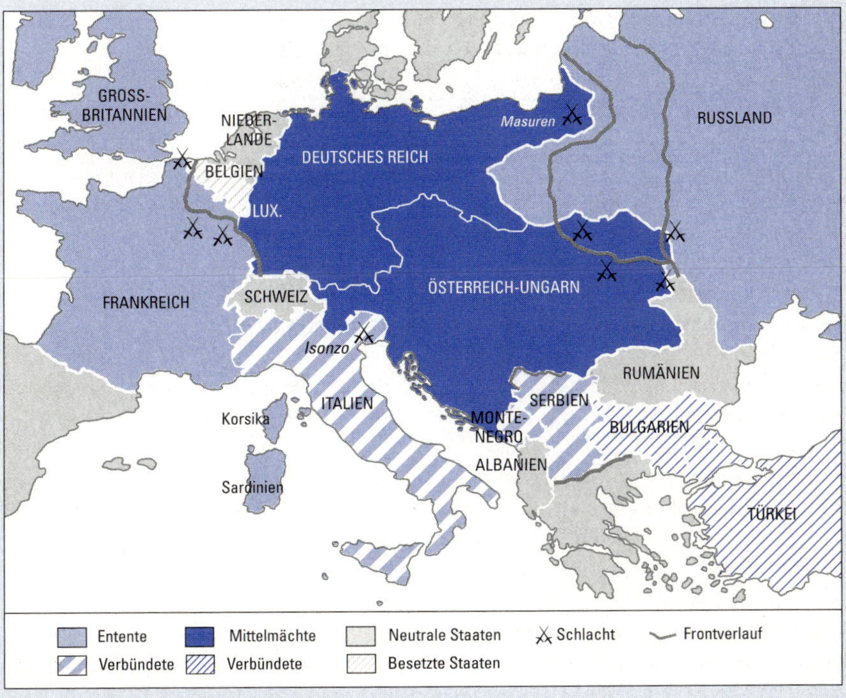

Militärische Situation 1915

Die Brussilow-Offensive

Anfang Juni 1916 führte Russland unter General Brussilow zur Entlastung der Alliierten bei Verdun und an der Somme den ersten von insgesamt drei Großangriffen gegen die Ostfront. Es gelang den Russen die österreichisch-ungarischen Truppen auf bis zu 120 Kilometer zurückzudrängen. Die Donaumonarchie verlor 614000 Mann und erlitt damit ihre bisher schwerste Niederlage.

Zwar gelang es deutschen Truppen gerade noch, die russische Offensive zum Stehen zu bringen, doch durch die russischen Erfolge trat am 27. August 1916 Rumänien aufseiten der Entente in den Krieg ein. Während der Brussilow-Offensive wurde Falkenhayn, dessen Einschätzung sich im Westen wie im Osten als falsch erwiesen hatte, seines Postens als Chef des Generalstabes enthoben. Als Nachfolger wurde Paul von Hindenburg ernannt, Erich Ludendorff wurde erster Generalquartiermeister, beide zusammen bildeten die 3. OHL.

U-Boot-Krieg 1916

England hatte bei Kriegsbeginn die von seiner Flotte kontrollierte Nordsee zum Kriegsgebiet erklärt und eine Seeblockade gegen die Mittelmächte errichtet, die dem Angriff der deutschen Flotte entzogen war. Die deutsche Seekriegsleitung versuchte daher mit der neuen Waffe der U-Boote einen Handelskrieg zu führen, der jedoch Völkerrechtskonflikte heraufbeschwor.

Das Jahr 1916

9. Januar	britische Truppen räumen Gallipoli
21. Februar bis 12. Juli	Schlacht um Verdun
31. Mai bis 1. Juni	Seeschlacht am Skagerrak
Juni bis September	russische Sommeroffensive (so genannte Brussilow-Offensive)
24. Juni – 26. November	Schlacht an der Somme
14. bis 16. August	6. Isonzoschlacht
27. August	Rumänien tritt aufseiten der Entente in den Krieg ein
28. August	Italien erklärt Deutschland den Krieg
29. August	Falkenhayn als Generalstabschef abgelöst
31. August	Beginn des Hindenburg-Programms (Arbeitspflicht)
26. September	Beginn des deutsch-österreichischen Feldzuges gegen Rumänien
11. November	Beginn der Offensive der Mittelmächte gegen Rumänien
3. Dezember	Joffre als Oberbefehlshaber der französischen Armee abgesetzt
5. Dezember	Hilfsdienstgesetz
12. Dezember	Friedensangebot der Mittelmächte
30. Dezember	Alliierte lehnen Friedensangebot ab
Winter 1916/1917	Hungersnot in Deutschland (Kohlrübenwinter)

In den ersten Monaten des Krieges stellten die gewaltigen Feldschlachten die Kampfhandlungen zur See völlig in den Schatten. Die deutsche Flotte hatte ihren Zweck, England zur Neutralität zu zwingen, verfehlt. Doch nicht nur politisch, auch militärisch war der Kriegsflottenbau eine Fehleinschätzung gewesen. England erklärte die von seiner Flotte kontrollierte Nordsee zum Kriegsgebiet und errichtete eine auf der Linie von den Shetland-Inseln nach Norwegen verlaufende Seeblockade, die die Mittelmächte vom Zugang zu den Weltmärkten abschnitt.

Die meisten der neutralen Staaten wurden gezwungen, die englische Kontrolle über den Seehandel zu akzeptieren. Diese Maßnahmen verstießen zwar gegen das Völkerrecht, doch konnte sich England durch zahlreiche Vereinbarungen mit den neutralen Staaten einem offenen Protest weitgehend entziehen. Die Seeblockade führte im Deutschen Reich zu einem bedrohlichen Rohstoffmangel und zu einer Lebensmittelknappheit.

Die deutsche Einschätzung einer Nahblockade, die von der eigenen Flotte durchbrochen werden konnte, hatte sich als falsch erwiesen. Der deutschen Hochseeflotte verblieb lediglich die defensive Aufgabe, der englischen Flotte die Einfahrt in die Ostsee und damit eine Unterstützung Russlands zu versperren.

Die im Sommer 1914 auf den Weltmeeren operierenden deutschen Kreuzer (Emden, Geschwader Graf Spee) wurden sehr schnell Opfer der überlegenen englischen Seemacht. Lediglich dem deutschen Mittelmeergeschwader gelang die Flucht in türkische Gewässer.

Das einzig größere Zusammentreffen der deutschen und der englischen Hochseeflotte fand am 31. Mai 1916 in den Gewässern zwischen Südnorwegen und Dänemark statt (Skagerrak-Schlacht). Obwohl die englischen Tonnageverluste fast doppelt so hoch wie die deutschen waren, führte die Schlacht zu keiner Entscheidung.

In dieser Situation verfügte die deutsche Marine allenfalls über die U-Boot-Waffe, um der englischen Blockade entgegenzuwirken. Man besaß in ihnen ein probates Mittel, um die feindliche Handelsschifffahrt zu bekämpfen. Die Eigenart dieser neuen Waffe erlaubte es jedoch nicht, Seekrieg nach den Grundsätzen der Londoner Seerechtserklärung von 1909 zu führen. Nach den Grundsätzen des Völkerrechts war die Versenkung von neutralen Schiffen nicht nur illegal, sondern bereits die Praxis, Schiffe nach erfolgter Verwarnung und Durchsuchung auf hoher See zu vernichten.

In den neutralen Ländern setzte sich zunehmend die Auffassung durch, dass der Einsatz der U-Boot-Waffe gegen die feindliche wie gegen die neutrale Handelsschifffahrt als gravierende Verletzung des Völkerrechts zu betrachten sei. Die deutsche U-Boot-Kriegführung befand sich daher ständig in der Zwickmühle zwischen der politisch notwendigen Rücksichtnahme auf die neutralen Staaten und dem Wunsch der Militärs, die U-Boot-Waffe uneingeschränkt einzusetzen.

Als Antwort auf die englische Erklärung der Nordsee zum Kriegsgebiet hatte die Marineleitung im Februar 1915 befohlen, Schiffe der Feindstaaten ohne Vorwarnung zu torpedieren. Dieser uneingeschränkte U-Boot-Krieg rief scharfen Protest der neutralen Staaten, insbesondere den der USA, hervor. Am 7. Mai 1915 versenkte U20 den englischen Passagierdampfer Lusitania, der unter anderem auch Munition geladen hatte. Unter den 1198 Opfern befanden sich auch 139 US-Staatsbürger. Aufgrund der massiven Proteste der USA gegen diese Art der Kriegführung schränkte die Seekriegsleitung den U-Boot-Krieg ein.

Friedensbemühungen 1916

Gegen Ende des Kriegsjahres 1916 glaubte das Deutsche Reich gemeinsam mit seinen Verbündeten aus einer Position der Stärke heraus seinen Gegnern vorschlagen zu können, Verhandlungen über die Beendigung des Krieges einzuleiten. Die Alliierten waren jedoch nicht bereit, über einen Kompromissfrieden zu reden, da sie zu diesem Zeitpunkt entschlossen waren, die Entscheidung auf dem Schlachtfeld zu suchen.

Vor diesem Hintergrund war dann auch dem amerikanischen Vermittlungsangebot vom 18. Dezember 1916 jeglicher Erfolg versagt. Die Zielsetzung des amerikanischen Präsidenten Wilson, zwischen den europäischen Mächten einen Frieden ohne Sieger und Besiegte zu vermitteln, scheiterte nicht nur an der Kluft zwischen den Kriegszielen beider Mächtegruppen, sondern auch an der unheilvollen Einflussnahme der Militärs auf politische Entscheidungen.

Gerade als Verhandlungen über den amerikanischen Friedensschritt im Gange waren, fiel am 9. Januar 1917 in Deutschland die Entscheidung für die Wiederaufnahme des uneingeschränkten U-Boot-Krieges infolge der Behauptung des Chefs des Admiralstabs, England werde dadurch innerhalb weniger Monate besiegt sein.

Das »Epochenjahr« 1917

Im Jahr 1917 waren beide Seiten entschlossen, die letzten Kräfte zu mobilisieren, um eine Entscheidung zu erzwingen. In Deutschland hatte der Kriegswinter 1916/17 (»Kohlrübenwinter«) die vor allem in den Städten hungernde Bevölkerung zermürbt. Neben den Auswirkungen der englischen Seeblockade hatte eine schlecht ausgefallene Kartoffelernte zur rationierten Ausgabe von Kohlrüben gezwungen. Insgesamt starben in den Kriegsjahren 1914 bis 1918 über 750 000 Menschen an den Folgen der mangelhaften Ernährung.

Der Kriegseintritt der Vereinigten Staaten

In dieser Situation entschloss sich die Reichsregierung den Forderungen der Seekriegsleitung und der 3. OHL nachzugeben und dem uneingeschränkten U-Boot-Krieg zuzustimmen, um Großbritannien derart zu schwächen, dass es zu Friedensverhandlungen gezwungen sein werde.

In den als »Sperrgebiet« bezeichneten Gewässern um Großbritannien, Frankreich, im Atlantik und im Mittelmeer sollten die deutschen U-Boote jetzt alle Schiffe – auch neutrale – ohne Vorwar-

Militärische Situation 1916

nung versenken. Außerhalb dieser Zonen war der Handelskrieg wie bisher nach dem Vorgehen der Prisenordnung zu führen.

Als am 31. Januar 1917 der amerikanischen Regierung der bevorstehende Beginn des uneingeschränkten U-Boot-Krieges angekündigt und gleichzeitig die deutschen Vorstellungen über einen zukünftigen Frieden mitgeteilt wurden, antworteten die USA mit dem Abbruch der diplomatischen Beziehungen. Anfang April erklärte der Kongress, entsprechend der Forderung Woodrow Wilsons, dass sich Amerika aufgrund des U-Boot-Krieges als im Kriegszustand mit Deutschland betrachtete. Am 6. April folgte die förmliche Kriegserklärung, im Dezember 1917 traten die USA schließlich auch gegen Österreich-Ungarn in den Krieg ein, aller-

Das Jahr 1917

1. Februar	Beginn des deutschen uneingeschränkten U-Boot-Krieges
12. März	Beginn der russischen Februarrevolution
14. März	Beginn des deutschen Rückzuges in die Siegfriedstellung
15. März	Abdankung des Zaren Nikolaus II. von Russland
2. April	englische Frühjahrsoffensive bei Arras
6. April	Kriegserklärung der USA an Deutschland Französische Offensive an der Aisne und in der Champagne (»Doppelschlacht«)
16. April	Massenstreiks in Deutschland
15. Mai	Feldmarschall Nivelle von Pétain als Oberbefehlshaber der französischen Armee abgelöst
20. Mai	Meutereien in der französischen Armee
27. Mai	englischer Großangriff in Flandern
26. Juni	erste amerikanische Truppen in Frankreich
13. Juli	Kriegseintritt Griechenlands aufseiten der Entente
14. Juli	Entlassung Bethmann Hollwegs als Reichskanzler
31. Juli	3. Schlacht in Flandern
24. bis 27. Oktober	12. Isonzoschlacht
6./7. November	Oktoberrevolution der Bolschewiken in Russland
20. November	Beginn der Tankschlacht bei Cambrai
15. Dezember	Waffenstillstand an der Ostfront
22. Dezember	Beginn der deutsch-österreichisch-russischen Friedensverhandlungen in Brest-Litowsk

dings ohne sich mit den Kriegszielen der Entente zu identifizieren.

Durch die Beteiligung der USA gewann der Krieg eine welthistorische Dimension. Von nun an ging es nicht mehr um den Triumph europäischer Mächte über andere, nicht mehr um die Rivalitäten verschiedener Imperialismen, sondern um die Entscheidung über die zukünftige Gestaltung Europas.

Bis zum Dezember 1917 brachte der uneingeschränkte U-Boot-Krieg zwar der alliierten und neutralen Schifffahrt 8 916 500 BRT an Verlusten ein, aber die Friedensbereitschaft Großbritanniens wurde nicht erreicht, stattdessen der Kriegseintritt der USA, deren Seestreitkräfte sich sehr schnell der Jagd auf die deutschen U-Boote anschlossen. In diesem Jahr kamen 76 Boote nicht von ihrer Feindfahrt zurück.

Auch die Alliierten waren sich auf ihren Gipfeltreffen darüber einig, 1917 die kriegsentscheidenden Offensiven durchführen zu können. Obwohl alle Anzeichen auf eine bevorstehende Revolution in Russland hindeuteten, waren Großbritannien und Frankreich bemüht, ihren Partner an sich zu binden. Im Februar schlossen die französische und die russische Regierung einen Geheimvertrag, der die Ansprüche Russlands auf Konstantinopel sowie Frankreichs auf Elsass-Lothringen und das linke Rheinufer anerkannte.

Alliierte Frühjahrsoffensiven 1917

Der französisch-britische Offensivplan sah vor, den gesamten Frontbogen durch Vorstöße in nördlicher Richtung einzudrücken und das deutsche Stellungssystem durch intensiven Artilleriebeschuss und folgendem Sturmangriff zu durchbrechen und die deutschen Truppen bis hinter die Maas und über den Rhein zurückzudrängen.

Am 4. Februar befahl Hindenburg, der durch die mangelhafte Geheimhaltung auf französischer Seite von den Planungen erfahren hatte, den Rückzug auf eine bereits 1916 ausgebaute Verteidigungslinie, die »Siegfriedstellung« – von den Alliierten »Hindenburglinie« genannt.

Bei diesem »Unternehmen Alberich« zerstörten die sich zurückziehenden deutschen Truppen gezielt die Infrastruktur des aufgegebenen Gebiets. Die Verkürzung der Front setzte auf deutscher Seite 13 Divisionen und eine große Zahl von Artilleriegeschützen frei. An der »Siegfriedstellung« scheiterten ein Durchbruchsversuch der Engländer in der Schlacht bei Arras (2. April bis 20. Mai), ebenso wie die Durchbruchsversuche der Franzosen in der Doppelschlacht an der Aisne und in der Champagne (6. April bis 27. Mai).

Nach den enttäuschenden Frühjahrsoffensiven wollten die Engländer mit einer groß angelegten Materialschlacht im Raum Ypern (Flandernschlacht) die deutsche Front durchbrechen und bis zur belgischen Küste vordringen, um die deutschen U-Boot-Stützpunkte Ostende und Zeebrugge auszuschalten.

Obwohl die Engländer während den fünf Monate dauernden zahlreichen Offensiven über 50 Mio. Artilleriegranaten auf die deutschen Stellungen abschossen, erreichten sie an einem 22 Kilometer breiten Frontabschnitt lediglich einen Geländegewinn von acht Kilometer. Die britischen Verluste betrugen dabei 332 000 Mann und die deutschen 217 000. Die letzte größere Angriffsoperation des Kriegsjahres 1917 im Westen war im November die Offensive bei Cambrai, bei der die Engländer dann massiert gepanzerte Kampffahrzeuge (*tanks*) einsetzten.

Die russische Oktoberrevolution

Die militärische Lage im Osten war für die Mittelmächte zu Beginn des Jahres 1917 äußerst angespannt, denn deren Truppen stand eine Übermacht von russischen und rumänischen Divisionen gegenüber. Die Moral der russischen Soldaten hatte jedoch einen Tiefpunkt erreicht; allein 1916 waren eineinhalb Millionen desertiert.

Das Ende des Zarenreichs

Die Verelendung im Zarenreich hatte nahezu alle Schichten erreicht, die Versorgungslage war katastrophal. Anfang März (nach russischem Kalender Februar) gab der Zusammenbruch der Brotversorgung Petersburgs den Anlass zu einer Aufstandsbewegung, die schnell einen politisch revolutionären Charakter annahm und auf die meisten größeren Städte des Landes übergriff. Nach dem historischen Vorbild des Petersburger Sowjets im Jahre 1905 bildete sich in Petersburg erneut ein Arbeiter- und Soldatenrat, aus dem die sich in ihm organisierenden sozialistischen Gruppen mit den liberalen Parteien der Duma um die Lenkung der Massen hin zu den jeweiligen politischen Zielen – sozialistische Republik oder bürgerlich parlamentarischer Staat – kämpften.

Das Bündnis dieser Kräfte führte zum Sturz des Zarentums. In der Nacht vom 15. zum 16. März unterzeichnete Nikolaus II. seine Abdankung, Russland wurde Republik. Die Provisorische Regierung wollte durch innere Reformen aus dem Land eine Demokratie nach westlichem Vorbild machen, aber gleichzeitig auf Seiten der Verbündeten den Krieg gegen die Mittelmächte weiterführen.

Allerdings verhinderte der Dualismus zwischen der neuen Regierung und dem Petersburger Sowjet, der einen baldigen Frieden forderte, jegliche Stabilisierung der Staatsautorität. Der Sozialist Alexander Kerenski, zuerst Justiz-, dann Kriegsminister und zuletzt Ministerpräsident der Provisorischen Regierung, leitete eine russische Offensive in Galizien ein (dritte Brussilow-Offensive), die zur militärischen Katastrophe führte und den Mittelmächten Mitte Juli 1917 die Möglichkeit zu einem Gegenstoß eröffnete. Die russische Front wurde auf 200 Kilometern Länge schwer erschüttert, die russischen Verbände mussten sich über 100 Kilometer zurückziehen.

Bis zum August des Jahres 1917 konnten die Mittelmächte fast ganz Ostgalizien und die Bukowina zurückerobern. Zwar gelang es nicht die erhoffte kriegsentscheidende Schlacht herbeizuführen, doch zeigten sich deutlich die Auflösungserscheinungen der russischen Armee. Mit der misslungenen Offensive hatten Kerenski und die Provisorische Regierung ihren Einfluss auf die Ar-

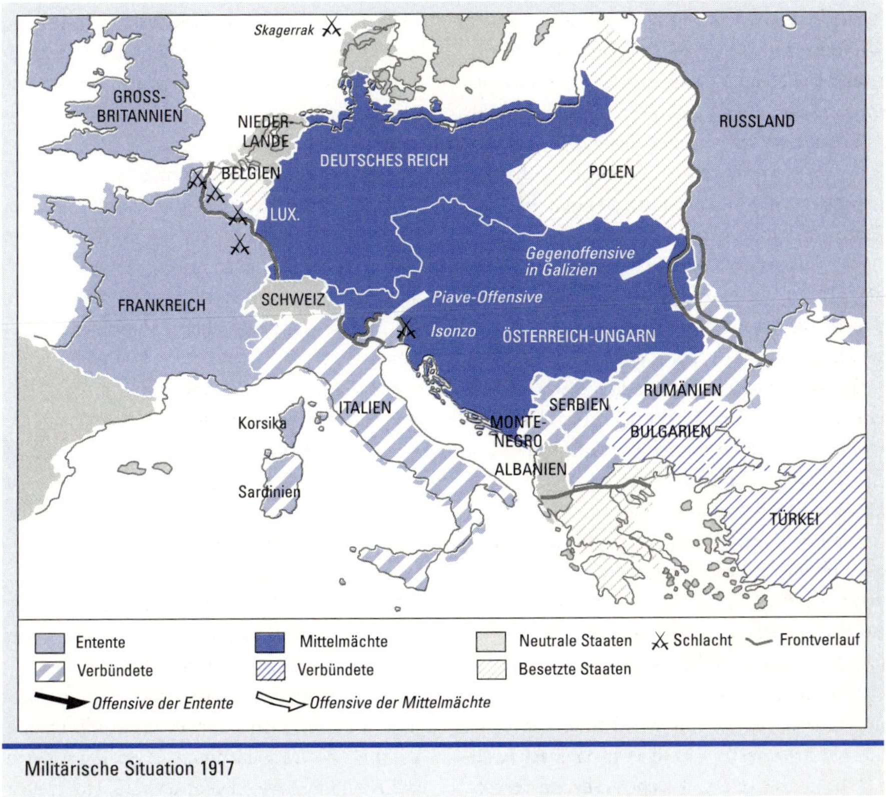

Militärische Situation 1917

mee weitgehend verloren und die Soldaten wandten sich nun den Bolschewiken zu.

Die bolschewistische Revolution

Wladimir Iljitsch Uljanow, genannt Lenin, der seit drei Jahren im Schweizer Exil lebende Führer der Bolschewiken, des radikalen Flügels der Sozialisten, sah die Voraussetzung für die Beendigung des Krieges in der Weiterführung der Revolution, im Sturz der Provisorischen Regierung und in der Machtergreifung durch die Sowjets. Dies wollte sich die deutsche Oberste Heeresleitung – freilich ohne volle Kenntnis der Konsequenzen – zunutze machen und gab den im Exil lebenden Revolutionären, mit Lenin an der Spitze, die Möglichkeit in einem plombierten Eisenbahnwaggon über Deutschland und Schweden nach Russland zu kommen. Im April 1917 erreichte Lenin Petersburg, wo er in der Prawda seine berühmten Aprilthesen ›Über die Aufgaben des Proletariats in der gegenwärtigen Revolution‹ veröffentlichte und *Frieden um jeden Preis!*, *Alle Macht den Sowjets* und *Alles Land den Bauern!* forderte.

Die Haltung der Provisorischen Regierung, den Krieg weiterzuführen, und ihr Versäumnis, durch Landreformen die soziale Lage der russischen Bauern zu verbessern, trieben den Bolschewiken neue Anhänger zu. Als es im Juli des Jahres 1917 nach der misslungenen russischen Offensive erneut zu Massendemonstrationen in Petersburg kam, ging die Provisorische Regierung mit Gewalt gegen die Bolschewiken vor; Lenin musste in Finnland untertauchen.

Die Regierung hatte sich zwar in den Juli-Unruhen behaupten können, doch ein Putsch-Versuch des neuen Oberbefehlshabers des Heeres, General Kornilow, im September schwächte das Vertrauen in die politische Führung erneut, während die Bolschewiken als erbitterte Widersacher der Gegenrevolution die Mehrheit in den Sowjets von Petersburg, Moskau und anderen wichtigen Industriestädten erlangen konnten.

Leo Trotzki wurde Anfang Oktober Vorsitzender des Petersburger Sowjets und übernahm in Lenins Abwesenheit die Rolle des Organisators. Da am 7. November der »Zweite Allrussische Sowjetkongress« zusammentreten sollte und vorauszusehen war, dass darin die Menschewiken und die Sozialrevolutionäre über die Mehrheit verfügen würden, drängte Lenin darauf, bereits vorher den Sturz der Provisorischen Regierung zu versuchen. Als Werkzeug diente hierfür das aus dem Petersburger Sowjet hervorgegangene »Militärische Revolutionskomitee«, das über die dortige Garnison die Befehlsgewalt übernahm und am 7. November – dem 25. Oktober nach dem russischen Kalender – sämtliche strategisch wichtigen Punkte der Hauptstadt besetzen und das Winterpalais, den Tagungssitz der Provisorischen Regierung, umstellen ließ. Kerenskis Versuch, den bolschewistischen Putsch durch den Einsatz von Truppen zu vereiteln, scheiterte. Er selbst konnte jedoch fliehen.

Nach der Erstürmung des Winterpalais in Petersburg war der Weg für Lenin frei, der einen Tag später auf dem »Zweiten Allrussischen Sowjetkongress«, in dem die Bolschewiken nach dem Auszug ihrer Gegner die Mehrheit innehatten, den kriegführenden Völkern einen *sofortigen Frieden ohne Annexionen und Kontributionen* und die entschädigungslose Übereignung des Landes an die Bauern versprach.

Das letzte Kriegsjahr

Im Frühjahr 1918 wollte die Oberste Heeresleitung die Entscheidung des Krieges im Westen herbeiführen, bevor die Masse der amerikanischen Truppen eingreifen konnte. Dazu sollte am Anfang des Jahres ein vorteilhafter Friede mit Russland geschlossen werden.

Der Friede von Brest-Litowsk

Am 22. Dezember 1917 begannen in Brest-Litowsk die Friedensverhandlungen zwischen dem revolutionären Russland und den Mittelmächten. Für diese hätte die Chance bestanden, durch den Abschluss eines maßvollen Friedens den deutschen Friedenswillen unter Beweis zu stellen und sich so eine günstige Ausgangsposition für einen Kompromissfrieden im Westen zu verschaffen.

Die Oberste Heeresleitung hingegen sah mit dem Waffenstillstand im Osten die Chance, den Krieg im Westen noch zu gewinnen. Die deutsche Delegation forderte daher die Annexion und Kontrolle großer Teile der besetzten Gebiete, darunter vor allem Polen, das Baltikum und Kurland, um zum einen die Kontrolle über die osteuropäischen Agrargebiete zu behalten, zum anderen die Bolschewisierung dieser Gebiete zu verhindern.

Der russische Verhandlungsführer Leo Trotzki unterbrach die Gespräche, da er auf Unruhen im Deutschen Reich und Österreich-Ungarn hoffte. Erst nach der Wiederaufnahme militärischer Operationen durch die Mittelmächte konnte sich Lenin

Das Jahr 1918

8. Januar	Friedensinitiative des amerikanischen Präsidenten Wilson (14-Punkte-Programm)
24. Januar	Deutschland und Österreich-Ungarn lehnen Wilsons »14-Punkte-Programm« ab
10. Februar	Leo Trotzki bricht Verhandlungen in Brest-Litowsk ab
3. März	Abschluss des Friedens von Brest-Litowsk
21. März bis 6. April	deutsche Frühjahrsoffensive »Michael«
26. März	Marschall Foch Oberbefehlshaber der alliierten Truppen an der Westfront
9. bis 29. April	deutsche Flandern-Offensive
27. Mai bis 3. Juni	deutsche Offensive bei Soissons und Reims
18. Juli	Beginn der letzten großen alliierten Offensive an der Westfront
8. bis 11. August	Schlacht bei Amiens
12. September	amerikanische Offensive im St. Mihiel-Bogen
Ende September	Großoffensive der Franzosen, Engländer und Amerikaner
3. Oktober	Max von Baden wird letzter kaiserlicher Reichskanzler; Waffenstillstandsersuchen der deutschen Regierung
20. Oktober	Deutschland stellt den U-Boot Krieg ein
28. Oktober	Meuterei der deutschen Hochseeflotte; Beginn der Revolution in Deutschland
3. bis 4. November	Matrosenaufstand in Kiel
9. November	Abdankung von Kaiser Wilhelm II.
10. November	Flucht Wilhelms II. nach Holland
11. November	Waffenstillstand von Compiègne
ab 12. November	Rückmarsch der deutschen Truppen nach Deutschland; Übergabe der letzten Kolonie: Deutsch-Ostafrika

mit seiner Auffassung durchsetzen, dass man unter allen Umständen einen noch so demütigenden Frieden abschließen müsse, um im Innern das Sowjetsystem zu etablieren und der zaristischen Gegenrevolution zu begegnen.

So musste Russland im Frieden von Brest-Litowsk am 3. März 1918 die Unabhängigkeit von Finnland, Estland, Livland, Kurland, Litauen, Polen, der Ukraine, Georgien und Armeniens anerkennen und verlor dadurch insgesamt ein Territorium von 1,42 Mio. km^2 mit über 60 Mio. Menschen und außerdem rund 75 Prozent sowohl der Stahl- und Eisenindustrie als auch der Kohlebergwerke. Durch diesen Diktatfrieden wurde Russland auch von der Ostsee und dem Schwarzen Meer abgeschnitten.

Der Leiter der deutschen Delegation, der Diplomat Richard von Kühlmann, hatte sich in den öffentlichen Sitzungen mit der von Leo Trotzki vorgetragenen Revolutionspropaganda (»Friede ohne Annexion«) auseinander zu setzen, wodurch die Bolschewiki die Völker gegen den Krieg und für die Weltrevolution einnehmen wollten. Da Hindenburg und Ludendorff nicht bereit waren, die eroberten Gebiete im Osten aufzugeben und auf einem möglichst engen Anschluss an das Kaiserreich beharrten, verhinderte der Vertrag von Brest-Litowsk genau das, wozu er unbedingt nötig gewesen wäre: die militärische Ruhe im Osten.

Um in den selbstständig gewordenen Ländern ein Übergreifen der bolschewistischen Revolution zu verhindern, musste die Oberste Heeresleitung vor allem in Finnland, im Baltikum und in der Ukraine Truppen einsetzen. Die erhoffte Verstärkung der Westfront konnte daher trotz des Friedensvertrages mit Russland nicht erfolgen und führte als ein entscheidender Faktor mit zum Scheitern der Offensiven im Frühjahr.

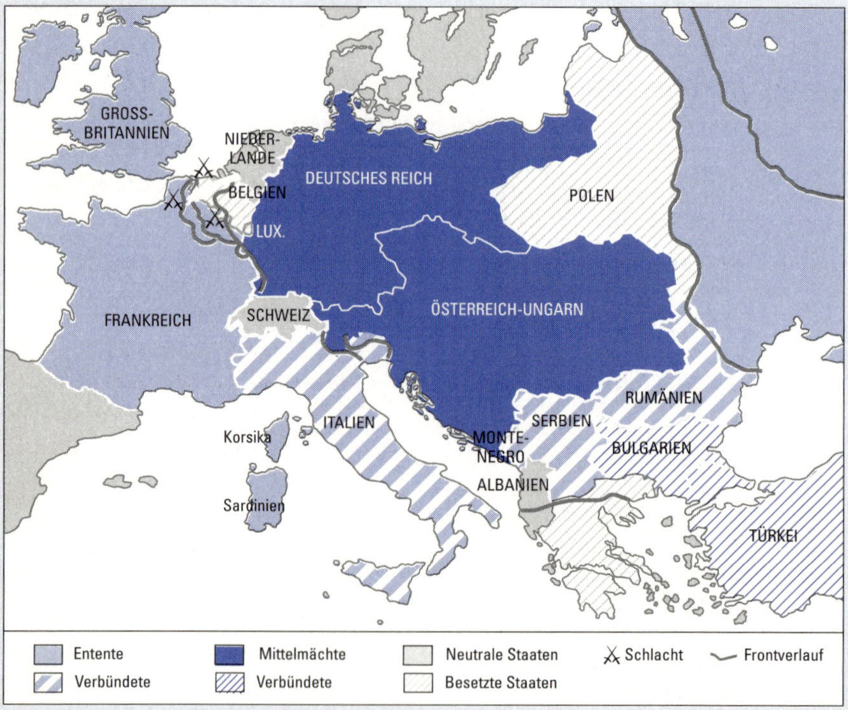

Die militärische Lage 1918

Großoffensiven im Westen

Die Pläne der deutschen Obersten Heeresleitung sahen vor, bis zum Frühjahr 1918 alle Kräfte zu mobilisieren, um an der Westfront den kriegsentscheidenden Durchbruch zu erreichen und im nachfolgenden Bewegungskrieg die englisch-französische Front aufzurollen. Man musste die Entente-Truppen bereits geschlagen haben, bevor die Hauptmacht der frischen amerikanischen Armee eingetroffen war.

Am 21. März 1918 begann mit massiver Artillerie- und Fliegerunterstützung die deutsche Großoffensive zwischen Arras und St. Quentin an der Nahtstelle der Entente-Heere. Ziel war die Isolierung der englischen Truppen und deren Zurückdrängung bis an den Kanal. Trotz beachtlicher Anfangserfolge ging die Stoßkraft der deutschen Angriffsarmeen schnell verloren, sodass sie die Schließung der gegnerischen Front nicht verhindern konnten.

Auf deutscher Seite fehlten nicht nur frische Reservetruppen, sondern es zeigte sich auch, dass in den Jahren des Stellungskrieges die geforderte Motorisierung nicht vorangetrieben worden war. Auch eine schlagkräftige Panzerwaffe war nicht entwickelt worden.

Die beiden folgenden Offensiven südlich von Ypern in Flandern (9. bis 29. April) und zwischen Soissons und Reims (27. Mai bis 3. Juni) vermochten trotz großer Geländegewinne und einzelner Erfolge die Lage nicht grundlegend zu ändern. Die alliierte Gegenoffensive vom 18. Juli konnte infolge des Eintreffens der Amerikaner mit deutlichem Übergewicht an Truppen und Material geführt werden, und es gelang, die deutschen Einheiten von der Marne zurückzudrängen.

Die deutsche Kapitulation

Die Schlacht von Amiens, bei der die englisch-französischen Angreifer 450 Tanks (Panzerfahrzeuge) einsetzten und mit starker Luftunterstützung angriffen, wurde mit den Worten Ludendorffs zum *schwarzen Tag* des deutschen Heeres. Es gelang den

14-Punkte-Programm

von US-Präsident Woodrow Wilson vom 8. Januar 1918

1. Abschaffung der Geheimdiplomatie
2. Freiheit der Meere in Frieden und Krieg
3. Aufhebung aller Handelsschranken in der Welt
4. Internationale Abrüstung und Rüstungsbeschränkung
5. Neuordnung der Kolonien nach den Interessen der Kolonialvölker
6. Räumung aller besetzten Gebiete Russlands durch die Mittelmächte
7. Räumung und Wiederherstellung Belgiens
8. Neuziehung der französischen Grenze zum Vorteil Frankreichs, deutsche Wiedergutmachung von Kriegsschäden in Frankreich, auch die des Krieges von 1870/71
9. Bereinigung der italienischen Grenzen entsprechend klar erkennbaren Nationalitätsgrenzen
10. Autonomie für alle Völker des Habsburger Reiches
11. Neuziehung der Grenzen auf dem Balkan entsprechend Geschichte und Nationalität, Zugang Serbiens zum Meer
12. Autonome Entwicklung der Völker des Osmanischen Reiches und Öffnung der Dardanellen
13. Errichtung eines polnischen Staates mit Zugang zum Meer
14. Aufbau eines Völkerbundes als internationale Schiedsstelle

Angreifern eine klaffende Lücke in die deutsche Front zu schlagen, die nicht mehr geschlossen werden konnte. Zum ersten Mal wurde deutlich, dass der Widerstandswille bei vielen Truppenteilen gebrochen war.

Die deutsche Front kam erst gegen Mitte September auf der Höhe der »Siegfriedlinie« wieder zum Stehen. Erich Ludendorff zog jedoch aus der Erkenntnis, dass der Krieg nach dem 8. August nicht mehr zu gewinnen war, weder militärische noch politische Konsequenzen. Auf militärischer Seite weigerte er sich, unhaltbare Frontbögen preiszugeben, politisch bekämpfte er die Bemühungen, einen Verständigungsfrieden zu erreichen. Erst als die Fronten der Verbündeten zusammenbrachen, rang sich Ludendorff zum Eingeständnis der Niederlage durch.

Am 29. September 1918 verlangte Ludendorff von den Politikern den sofortigen Abschluss eines Waffenstillstandes. Das deutsche Waffenstillstandsangebot an den amerikanischen Präsidenten berief sich auf dessen im Januar verkündeten »Vierzehn Punkte«. Das am 11. November 1918 unterzeichnete Waffenstillstandsabkommen von Compiègne entsprach einer bedingungslosen Kapitulation Deutschlands.

Dass die OHL ein sofortiges Friedensangebot für unumgänglich hielt, überraschte die deutschen Politiker wie auch die Bevölkerung. Das durch umfangreiche optimistische Propaganda gestützte Luftschloss der Siegesgewissheit brach plötzlich zusammen. Man wollte sich jedoch mit einem Waffenstillstandsangebot nicht unmittelbar an Frankreich oder England richten, von denen kein Entgegenkommen zu erwarten war, sondern an den amerikanischen Präsidenten Wilson, der sich auch nach dem Kriegseintritt seines Landes bemüht hatte, eine Grundlage für Friedensverhandlungen zu schaffen und daher am 8. Januar 1918 dem amerikanischen Kongress ein Friedensprogramm vorgelegt hatte, das 14 Punkte beinhaltete (→ Überblick »14-Punkte-Progamm«).

Das deutsche Waffenstillstandsgesuch vom 3. Oktober 1918 wurde von Wilson zögerlich behandelt, da sich die Lage an der Front zugunsten der Alliierten entwickelte. In seiner Antwortnote vom 23. Oktober lehnte er einen Verständigungsfrieden *mit den militärischen Beherrschern und monarchischen Autokraten Deutschlands* ab und forderte die Einstellung des U-Boot-Krieges und die Räumung der besetzten Gebiete. Als Ludendorff dieser, einer Kapitulation gleichkommenden Forderung mit einer Wiederaufnahme der Kampfhandlungen begegnen wollte, wurde er am 26. Oktober durch General Groener ersetzt.

Die deutsche Waffenstillstandsdelegation wurde mit dem Zentrumspolitiker Matthias Erzberger von einem Nichtmilitär geleitet, was eine folgenschwere Verschleierung der tatsächlichen Verantwortung mit sich brachte. Die alliierte Waffenstillstandskommission war nicht bereit zu verhandeln, sondern legte den Deutschen ausschließlich Bedingungen vor.

Diese sahen vor, dass die besetzten Gebiete im Westen und das gesamte linke Rheinufer – einschließlich Elsass-Lothringens – geräumt werden mussten; und rechts des Rheins wurde eine 35 Kilometer breite entmilitarisierte Zone geschaffen. Der Friedenvertrag von Brest-Litowsk wurde im Zuge dieser Forderungen annulliert. Alle U-Boote und große Mengen an Waffen, Munition, Fahrzeugen und Lokomotiven waren abzuliefern. Die alliierten Kriegsgefangenen sollten im Gegensatz zu den deutschen freigelassen werden. Die Blockade sollte vorerst weiter bestehen bleiben.

Auf Rückfrage erklärte Reichspräsident Paul von Hindenburg, die Delegation solle versuchen Erleichterungen auszuhandeln. Falls dies misslingen sollte, bleibe nichts anderes übrig, als zu unterzeichnen. Am 11. November 1918 wurde der Waffenstillstand in einem Eisenbahnwaggon im Wald von Compiègne unterzeichnet.

Deutschland während des Krieges

Im August des Jahres 1914 erfasste eine nationalistische Kriegsbegeisterung die europäischen Massen. Dieses »Augusterlebnis« ließ zunächst einmal alle verstummen, die sich gegen den Krieg gewandt hatten. Auch die Sozialisten stellten sich in nahezu allen kriegführenden Ländern loyal hinter die eigene Regierung, obwohl sie bis zuletzt ihren Friedenswillen lautstark geäußert hatten. Ähnlich verhielten sich, mit Ausnahme Russlands, die Gewerkschaften.

Allerdings war der »Geist von 1914« zumindest in Deutschland weitgehend auf »bürgerlich-akademische Großstädter« beschränkt, die Arbeiter und die Bewohner von ländlichen Gebieten reagierten mit einem breiten Spektrum von Stimmungen.

In der Reichstagsitzung vom 4. August 1914, als über die Bewilligung der Kriegskredite abgestimmt wurde, appellierte der Kaiser an die Einigkeit des Volkes: *Ich kenne keine Parteien mehr, ich kenne nur noch Deutsche.*

Als auch die – oft als »vaterlandslose Gesellen« bezeichneten – Sozialdemokraten einstimmig für die Kreditbewilligung stimmten, war die Idee des Burgfriedens geboren. Allerdings hatten 14 SPD-Abgeordnete in der Fraktionssitzung gegen die Kredite gestimmt, sich aber dann der Fraktionsdisziplin gebeugt. In Frankreich wurde die Idee der Einigung aller Parteien und sozialen Schichten als *union sacrée* proklamiert.

Militarismus im Deutschen Reich

Eine einheitliche politische Führung war durch das völlige Versagen Kaiser Wilhelms II. nahezu unmöglich, zudem problematisch durch den in der Verfassung des Kaiserreichs angelegten Pluralismus der Machtverteilung. Vermochte zunächst die Regierung der militärischen Führung nur mit Mühe ihre politischen Konzeptionen aufzuzwingen, brachte die Ernennung Hindenburgs und Ludendorffs zur 3. Obersten Heeresleitung den endgültigen Triumph der militärischen Instanzen über die politischen. Der Wirtschaft gegenüber bestanden zu Beginn des Krieges seitens der Reichsleitung nur unzulängliche Mittel, um die Umstellung auf Bedürfnisse des Krieges herbeizuführen.

»Legale Militärdiktatur«

Da es im Kaiserreich keine hinreichenden gesetzlichen Grundlagen für die umfassende organisatorische Durchführung eines Kriegszustandes gab, musste in der Anfangsphase viel improvisiert werden. Sehr schnell zeigte sich allerdings, wie tief greifend die politischen Rahmenbedingungen für die deutsche Innenpolitik sich geändert hatten.

Die Abdankung der politischen Parteien erfolgte zugunsten der Exekutive, insbesondere aber der Militärs. Das Belagerungsgesetz übertrug den Militärbefehlshabern nun die Aufgabe der Aufrechterhaltung der inneren Sicherheit und Ordnung im Lande wie die Zuständigkeit für die Überwachung der Zensur.

Schon zwischen Erich von Falkenhayn und Reichskanzler Theobald von Bethmann Hollweg war es wiederholt zu Konflikten gekommen, doch die Ernennung von Hindenburg und Ludendorff zu den neuen Herren der OHL am 28. August 1916 bedeutete die Einführung einer »legalen Militärdiktatur«. Von diesem Zeitpunkt an war Hindenburg bis Kriegsende der eigentliche »Kriegskaiser« und Ludendorff sein »designierter Regierungschef« und beide regierten in zunehmenden Maße direkt in die innere wie die äußere Politik hinein.

Wilhelm II. musste sich bei wichtigen Entscheidungen den Militärs fügen und so z. B. 1917 Reichskanzler Bethmann Hollweg entlassen. Meist konnte sich die 3. OHL der Zustimmung im Reichstag durch Konservative, Nationalliberale und – zunächst auch – Zentrum sicher sein. Lediglich Sozialdemokraten und Linksliberale stellten sich ihr mit ihren Forderungen nach einem schnellen Verständigungsfrieden ohne Annexionen und einer Verfassungsreform entgegen.

Wirtschaftliche Probleme

Das deutsche Kaiserreich war wirtschaftlich auf keinen längeren Krieg vorbereitet, und so sollten nach dem Vorbild des letzten Krieges die Kosten vom Gegner nach dem Sieg eingetrieben werden. Bis 1916 wurde deshalb auf Steuererhöhungen verzichtet und zur Deckung der Ausgaben Kriegsanleihen ausgegeben.

Der Wirtschaft gegenüber besaß die Reichsregierung nur unzulängliche Mittel, z. B. in Form des Belagerungszustands, um die Umstellung auf Bedürfnisse des Krieges herbeizuführen und mit der unvorhergesehenen Dauer des Krieges konsequent zu verschärfen. Um wirtschaftlichen Handlungsfreiraum zu erhalten, wurden unmittelbar nach

Kriegsbeginn mit einem Notgesetz die sozialpolitischen Schutzgesetze außer Kraft gesetzt und die Begrenzung von Überstunden und Nachtarbeit aufgehoben. Trotzdem kam es schon im Herbst 1914 zu ersten Engpässen bei kriegsnotwendigem Material.

Die von den Soldaten verlassenen Arbeitsplätze konnten durch Frauen und Jugendliche nur zum Teil besetzt werden, sodass zahlreiche bereits im Feld stehende Facharbeiter als »unabkömmlich« vom Kriegsdienst freigestellt werden mussten.

Von den völlig unzureichenden Planungen für eine funktionsfähige Kriegswirtschaft war vor allem die Rohstoffbeschaffung betroffen. Im Laufe des Krieges ging man dazu über, Industrien und Rohstoffquellen der besetzten Gebiete in die Kriegswirtschaft einzubeziehen und diese deutschen Firmen anzuvertrauen, was zu einer Verflechtung ausländischer und deutscher Betriebe führte und das wirtschaftliche Interesse an weit gesteckten Kriegszielen beeinflusste.

Mangelnde Nahrungsmittelversorgung

Zum zentralen Problem im Land entwickelte sich die Nahrungsmittelversorgung. Die fehlenden Arbeitskräfte in der Landwirtschaft und die für den Kriegseinsatz beschlagnahmten Pferde bedingten einen Rückgang der Ernteerträge, sodass auch die systematische Rationierung von Lebensmitteln den Bedarf der Bevölkerung an Grundnahrungsmitteln nicht decken konnte. Wegen der ungenügenden Versorgung mit Lebensmitteln kam es in den Industriestädten bereits 1915 zu ersten Protesten, 1916 zu Hungerkrawallen und Plünderungen von Lebensmittelgeschäften, 1917 brach im »Kohlrübenwinter« die Lebensmittelversorgung vollständig zusammen.

Unter dem Eindruck des englischen und französischen Materialaufwandes in der Somme-Schlacht entwarf die OHL das Gesetz über den Vaterländischen Hilfsdienst, durch das alle materiellen und menschlichen Kräfte ausschließlich auf den Kriegseinsatz konzentriert werden sollten. Gemäß dem so genannten »Hindenburg-Programm« waren alle Männer im Alter von 17 bis 60 Jahren, die nicht zum Wehrdienst eingezogen waren, arbeitspflichtig, und Frauen wurden verstärkt in der Rüstungsindustrie eingesetzt. Das Bild des modernen totalen Krieges zeichnete sich ab.

Die Spaltung der deutschen Arbeiterbewegung

Als die Euphorie der ersten Kriegstage verflogen war und die Annexionsforderungen immer lauter durch das Land hallten, wurden innerhalb der SPD Zweifel laut, ob dieser Krieg wirklich Verteidigungscharakter habe.

Als erster Reichstagsabgeordneter stimmte Karl Liebknecht am 2. Dezember 1914 gegen eine erneute Kreditvorlage und damit gegen den Zustimmungskurs seiner Partei. Im März und August 1915 blieben die SPD-Abgeordneten den Kreditabstimmungen fern, die Zahl der Kriegsgegner wuchs. Am 21. Dezember 1916 stimmten 20 Abgeordnete gegen die Bewilligung weiterer Kriegskredite, 18 Abgeordnete dieser gemäßigten Linken wurden 1916 aus der SPD-Fraktion ausgeschlossen und gruppierten sich als »Sozialdemokratische Arbeitsgemeinschaft«.

Die radikale Linke unter Karl Liebknecht und Rosa Luxemburg bildete ab dem 1. Januar 1916 die »Gruppe Internationale«, die sich bald nach dem thrakischen Anführer des Sklavenaufstandes gegen Rom (73 v. Chr.) den Namen »Spartakusbund« gab, und 1917 gründeten diejenigen, die wegen ihrer Opposition zur Burgfriedenspolitik aus der SPD-Fraktion ausgeschlossen worden waren, unter der Führung von Hugo Haase die Unabhängige Sozialdemokratische Partei Deutschlands (USPD). Freilich wurden auch sie von den Spartakisten als opportunistisch kritisiert.

Durch diese Entwicklung wurde die SPD – zur Abgrenzung zur USPD nun auch Mehrheitssozialdemokratie (MSPD) genannt – zu neuerlichem Drängen auf innere Reformen veranlasst, um ihren Einfluss auf ihre Anhänger nicht zu verlieren. Durch die fast gleichzeitige Ausrufung der »deutschen Republik« durch Scheidemann (MSPD) und der »freien sozialistischen Republik« durch Liebknecht (Spartakus) am 9. November 1918 sollte die Spaltung der deutschen Arbeiterbewegung noch einmal überdeutlich werden.

Friedenresolution vom 19. Juli 1918

Aufgrund der 1917 zunehmend feststellbaren Verschlechterung der Versorgungslage und der Wiederaufnahme des uneingeschränkten U-Boot-Krieges, der zum Kriegseintritt der USA geführt hatte, war in Deutschland der Burgfrieden zerbrochen.

Die USPD forderte die sofortige Beendigung des Krieges und verweigerte die Zustimmung zu neuen Kriegskrediten. Im Reichstag wurde Ende März auf Antrag der SPD-Fraktion ein Parlamentsausschuss für Verfassungsreform gebildet, der die Abschaffung des preußischen Dreiklassenwahlrechts und die Parlamentarisierung des Reiches befürwortete, ohne dass es zu einer Verwirklichung der Vorstellungen kam. Die neue parlamentarische Mehrheit aus SPD, Fortschrittspartei und Zentrum griff auf Initiative von Matthias Erzberger (Zentrum) die Friedensfrage neu auf und gründete den »Interfraktionellen Ausschuss«, der eine Friedensresolution des Reichstags vorbereitete. Mit der Friedensresolution vom 19. Juli 1918, die von einem Frieden der Verständigung und Versöhnung ausging, schaltete sich das Parlament in die Diskussion um eine Beendigung des Krieges ein.

Als Reichskanzler Bethmann Hollweg beim Kaiser die Erlaubnis erwirkte, der Resolution zustimmen zu dürfen, setzten Hindenburg und Ludendorff seine Entlassung durch. Der neue Reichskanzler Georg Michaelis verweigerte die Umsetzung der Friedensresolution und verhielt sich auch gegenüber einer Friedensinitiative von Papst Benedikt XV. zögerlich.

Gegner der Friedensresolution der Reichstagsmehrheit gründeten im September 1917 unter Führung des Großadmirals Alfred von Tirpitz und des Ostpreußen Wolfgang Kapp die Deutsche Vaterlandspartei (DVP), die als nationale Sammlungsbewegung einen »Siegfrieden« mit weit greifenden Annexionen propagierte und innenpolitische Reformen strikt ablehnte.

Die »oktroyierte Demokratie«

Auf die Kehrtwendung der OHL, die damit versuchte sich aus der Verantwortung zu stehlen, indem sie eine Parlamentarisierung des Reiches auf dem Wege einer »Revolution von oben« forderte, waren die im Reichstag vertretenen Parteien nicht vorbereitet, sodass sie keinen Parlamentarier zum Reichskanzler vorschlagen konnten.

Am 3. Oktober ernannte Wilhelm II. den badischen Thronfolger Prinz Max von Baden, einen Anhänger der Friedensresolution, zum neuen Reichskanzler. In dessen »Kabinett der neuen Männer«, der ersten demokratisch legitimierten Reichsregierung in Deutschland, waren Abgeordnete aus den Parteien der Mehrheitskoalition vertreten.

Am 28. Oktober (Oktober-Verfassung) beschloss das Parlament eine Verfassungsänderung, wonach die Bindung des Reichskanzlers an das Vertrauen des Reichstags festgelegt wurde. Die kaiserliche Kommandogewalt wurde eingeschränkt, Kriegserklärungen und Friedensschlüssen mussten von nun an Reichstag und Bundesrat zustimmen. Obwohl diese »oktroyierte Demokratie« hauptsächlich als Mittel zum Zweck, nämlich zur Herbeiführung des Waffenstillstandes diente, war sie dennoch ein wichtiger Schritt auf dem Weg zur parlamentarischen Demokratie.

Allerdings nahm die Bevölkerung kaum noch Notiz von ihr, durch die Novemberrevolution blieben ihre direkten Auswirkungen gering. Besonders in der SPD blieben die Meinungen über eine Übernahme der politischen Verantwortung geteilt. Während sich Scheidemann dagegen aussprach, befürwortete Friedrich Ebert eine Regierungsbeteiligung der Partei, nicht zuletzt um damit auch die Monarchie zu retten.

Biografien

Paul von Beneckendorff und von Hindenburg, General (1847–1934)

General und Oberbefehlshaber im Ersten Weltkrieg, trotz seiner monarchistischen und damit antidemokratischen Überzeugung zum Reichspräsidenten der Weimarer Republik gewählt; berief 1933 Hitler zum Reichskanzler und ebnete den Weg für dessen Terrorregime

1870 - 1911	Militärlaufbahn, zuletzt im Rang eines Generals
1916	3. Oberste Heeresleitung nach Moltke und Falkenhayn
1925	Wahl zum Reichspräsidenten als Kandidat der Rechten
1930	Berufung Brünings zum Reichskanzler (Präsidialregime)
1932	Wiederwahl als Reichspräsident Entlassung Brünings und Einsetzung zunächst Papens, schließlich Schleichers
1933	Berufung Hitlers als Reichskanzler

Erich Ludendorff, Militär (1865–1937)

Bestimmte neben Hindenburg strategisch wie politisch die Kriegspolitik des Deutschen Reiches; plädierte für eine unbedingte Expansionspolitik.

September 1914	Berufung Ludendorffs zum Chef des Generalstabs der 8. Armee
29. August 1916	Ludendorff Erster Generalquartiermeister der OHL
November 1918	Flucht nach Schweden (Autobiografie: ›Meine Kriegserinnerungen‹)
1920 - 1924	politisches Zusammengehen mit Adolf Hitler
1923	Beteiligung am Hitlerputsch
1924 - 1928	Abgeordneter der Nationalsozialistischen Freiheitspartei

Alfred von Tirpitz, Großadmiral (1849–1930)

Betrieb den Ausbau der Marine und gilt als Schöpfer der kaiserlichen Flotte; im Ersten Weltkrieg Verfechter des uneingeschränkten U-Boot-Kriegs.

1865-1916	militärische Laufbahn in der Marine bis zum Großadmiral (1911)
1900	Erhebung in den Adelsstand
15. März 1916	Rücktritt als Staatssekretär im Reichsmarineamt
1924-1928	Mitglied des Reichstages für die DNVP (gegründet 1917)

Die Weimarer Republik

In den ersten Monaten nach Beendigung des Ersten Weltkriegs und Ausrufung der Republik erschütterte eine Revolution das Deutsche Reich. Nach Beilegung der heftigsten Unruhen trat am 11. August 1919 die Weimarer Verfassung in Kraft. Sie verankerte die erste parlamentarische Demokratie im Deutschen Reich. Träger der politischen Macht waren nun die Parteien. Doch die weit verbreitete Geringschätzung des Parlamentarismus ließ die Weimarer Republik als »Demokratie ohne Demokraten« erscheinen.

Die Jahre nach dem Ersten Weltkrieg 1918 – 1920

3. Oktober 1918	Max von Baden zum Reichskanzler ernannt
28. Oktober 1918	Oktober-Verfassung (Reichskanzler an Reichstag gebunden)
7. November 1918	Ausrufung der Bayerischen Republik durch Kurt Eisner
9. November 1918	Reichskanzler Max von Baden verkündet die Abdankung Kaiser Wilhelms II. (geht ins Exil in die Niederlande) und übergibt Amt an Friedrich Ebert
10. November 1918	Ebert-Groener-Pakt (Regierung – OHL)
15. November 1918	Stinnes-Legien-Pakt (Unternehmer – Gewerkschaften)
14. Dezember 1918	Beginn der Bildung von Freikorps
16. bis 21. Dez. 1918	1. Allgemeiner Reichskongress der Arbeiter- und Soldatenräte
1. Januar 1919	Gründung der Kommunistischen Partei Deutschlands (KPD)
15. Januar 1919	Ermordung von Rosa Luxemburg und Karl Liebknecht
19. Januar 1919	Wahlen zur ersten deutschen Nationalversammlung
11. Februar 1919	Wahl Friedrich Eberts zum Reichspräsidenten
21. Februar 1919	Ermordung Kurt Eisners
Mai 1919	Zerschlagung der Räterepublik in Bayern
28. Juni 1919	Unterzeichnung des Friedensvertrages von Versailles
11. August 1919	In-Kraft-Treten der Weimarer Verfassung
10. Januar 1920	In-Kraft-Treten des Versailler Vertrages
13. bis 17. März 1920	Kapp-Lüttwitz-Putsch in Berlin

Die Anfänge der Republik

Mit dem Ende des Krieges wurde die Sozialdemokratie die führende politische Kraft. Ihre Aufgabe war schwierig, denn grundlegende sozioökonomische Reformen waren durchzuführen. Um eine bolschewistische Rätediktatur zu verhindern, verbündete sich die SPD verhängnisvollerweise jedoch mit der vorrevolutionären konservativen Machtelite. Und mitten im revolutionären Chaos dieser Zeit fanden die Wahlen zur Nationalversammlung statt. Die von dieser Versammlung im August 1919 erlassene Verfassung legte das Fundament für die Weimarer Republik.

Deutsche Revolution

Den »Mehrheitsparteien« blieb nach der Oktoberreform nur wenig Zeit, die gewaltigen Probleme zu lösen, denn einerseits wurde von »unten« die Abdankung des deutschen Kaisers gefordert, andererseits demonstrierten Kaiser und Militär eindeutig, dass sie nicht gewillt waren, die neue Ordnung zu respektieren.

In einer ersten Phase der Revolution gelang es den Befürwortern des Parlamentarismus zusammen mit den Arbeiter- und Soldatenräten die Herrschaft in Deutschland auszuüben.

Vom Matrosenaufstand zur revolutionären Bewegung

Als in den Verhandlungen mit dem amerikanischen Präsidenten Wilson immer deutlicher wurde, dass der Kaiser ein Haupthindernis für den Frieden darstellte, erhob auch die Presse die Abdankung Wilhelms II. zu ihrer Forderung. Am 29. Oktober 1918 begab sich der Kaiser, ohne Rücksprache mit dem Reichskanzler, zu der er nach der Oktoberverfassung verpflichtet gewesen wäre, ins Hauptquartier der OHL nach Spa (Belgien), was *einer Wiederherstellung des erschütterten Bündnisses zwischen Krone und Militärgewalt und der Rückkehr zur Tradition des reaktionären Staatsstreichs gleichkam.* Ohne die Reichsregierung zu informieren, bereitete seit dem 22. Oktober 1918 die Seekriegsleitung unter Admiral Reinhard Scheer einen Angriff auf die englische Flotte vor, um in einem Gefecht »ehrenvoll« unterzugehen. Diese militärisch sinnlose Todesfahrt hintertrieb die Friedensbemühungen der Reichsregierung.

Als die Mannschaften der Hochseeflotte erkannten, dass die Admiralität bereit war, sie aus reinen Prestigegründen zu opfern, verhinderten sie in einer gemeinsamen Aktion am 29./30. Oktober durch Sabotage das Auslaufen der Flotte. Zwar gelang es der Seekriegsleitung, etwa 1000 der Meuterer festzunehmen und in die Marinegefängnisse in Kiel und Wilhelmshaven bringen zu lassen, doch bereits am 1. November forderten Matrosen und Heizer die Freilassung der inhaftierten Kameraden.

In den nächsten Tagen eskalierte die Gewalt, am 3. November schoss eine Patrouille auf die Demonstranten. Einen Tag später bildeten die Mannschaften Soldatenräte, denen sich relativ schnell Arbeiterräte anschlossen. Den sich bewaffnenden Aufständischen gelang es bis zum Abend, die Herrschaft in Kiel zu übernehmen. Nicht nur Werft- und Industriearbeiter, sondern auch die eilig zur Niederschlagung der Revolte herangeführten Heereseinheiten solidarisierten sich mit den Kameraden der Marine. In den nächsten Tagen *revolutionierte die Kaserne die Fabrik in den norddeutschen Hafenstädten.*

Gleichzeitig weitete sich die ursprüngliche Militärrevolte zu einer revolutionären Bewegung aus, die sich ab dem 7. November über ganz Deutschland ausbreitete und in nahezu allen wichtigen Städten die Macht übernahm.

Die Revolution in Bayern

Am 7. November fand in München eine von beiden sozialdemokratischen Gruppierungen veranstaltete Friedenskundgebung statt. Während MSPD-Führer Erhard Auer und seine Anhänger ihre Demonstration beendeten, mobilisierten USPD-Führer Kurt Eisner (→ »Biografien«) und seine Gefolgsleute Soldaten, um die Wittelsbacher Monarchie zu stürzen.

Es konstituierte sich daran anschließend ein Arbeiter-, Soldaten- und Bauernrat als Revolutionsparlament, das Eisner als provisorischen Ministerpräsidenten bestätigte. Dieser proklamierte den »Freistaat Bayern« und erklärte den bayerischen König für abgesetzt. Ludwig III. ging ins Exil, ohne formell abzudanken. Bald darauf verschwand die Monarchie in allen deutschen Staaten.

Obwohl in Bayern die USPD die Republik ohne Beteiligung der Mehrheitssozialdemokraten ausgerufen hatte, bemühten sich diese um eine Annäherung, um die Revolution nicht außer Kontrolle geraten zu lassen. Eisner trat an die Spitze einer aus Mitgliedern der USPD und MSPD bestehenden Revolutionsregierung.

Die Abdankung des Kaisers

Mit der Abdankung des deutschen Kaisers, Wilhelm II., brach der monarchische Obrigkeitsstaat zusammen, die Regierungsgewalt ging in einer quasilegalen Überleitung im Reich an die Sozialdemokratie über, die die Radikalisierung der Revolution zu verhindern suchte.

Nachdem zunächst von den Reichstagsparteien nur die USPD die Abschaffung der Monarchie gefordert hatte, setzte sich vor allem nach den Forderungen Woodrow Wilsons allgemein die Überzeugung durch, dass erst nach der Abdankung von Kaiser und Kronprinz erträgliche Friedensbedingungen zu erwarten seien.

Schließlich versuchten auch die Reichsregierung und vor allem der Reichskanzler, Prinz Max von Baden (→ »Biografien«), die eigentlich die Krone retten wollten, Kaiser Wilhelm II. zu seinem Rücktritt zu überreden.

Die doppelte Ausrufung der Republik

Als am 9. November 1918 in Berlin die Revolution außer Kontrolle zu geraten schien, ergriff Prinz Max von Baden die Initiative und erklärte eigenmächtig die vollständige Thronentsagung der Hohenzollern. Kurz darauf erschien eine Gruppe von Spitzenpolitikern der MSPD, die inzwischen aus der Regierung ausgeschieden war, um vom Reichskanzler die Übergabe der Regierungsgewalt zu fordern. Prinz Max trug sein Amt dem Vorsitzenden der Mehrheitssozialdemokraten, Friedrich Ebert, an, der sich zur Übernahme der Regierung bereit erklärte. Diese Art der Übertragung war weder verfassungs- noch staatsrechtlich vorgesehen, dennoch wurde sie als quasilegale Überleitung der Regierungsgewalt im Reich angesehen.

Obwohl sich Ebert in verschiedenen Aufrufen an die Berliner Öffentlichkeit wandte, in denen er unter anderem versprach, eine »Volksregierung« zu bilden, Frieden zu schließen und die Freiheit zu sichern, verlangten die Massen auf den Straßen trotzdem eine Entscheidung in der Frage nach »Monarchie oder Republik«.

Der spätere Ministerpräsident Philipp Scheidemann (MSPD) ließ sich dazu hinreißen, vom Balkon des Reichstagsgebäudes die Republik auszurufen: *Das deutsche Volk hat auf der ganzen Linie gesiegt. Das alte Morsche ist zusammengebrochen, der Militarismus ist erledigt! Die Hohenzollern haben abgedankt! Es lebe die Deutsche Republik!*

Der in streng legalistischem Denken verhaftete Ebert machte Scheidemann deswegen heftige Vorwürfe, da seiner Ansicht nach nur eine verfassunggebende Nationalversammlung über die Staatsform bestimmen konnte. Allerdings hatte Scheidemann nur einem revolutionären Umsturz zuvorkommen wollen, da zwei Stunden später Karl Liebknecht die *freie sozialistische Republik Deutschland* ausrief, die *Herrschaft des Kapitalismus* für gebrochen erklärte und seine Anhänger zur *Vollendung der Weltrevolution* aufforderte.

Am Abend des 9. November 1918 folgte Kaiser Wilhelm II. schließlich dem Rat Paul von Hindenburgs und ging in die Niederlande ins Exil.

Der Rat der Volksbeauftragten

Friedrich Ebert bemühte sich von Anfang an, die USPD in die Regierungsverantwortung mit einzubeziehen. Erst nach erheblichen Zugeständnissen war diese schließlich bereit in ein paritätisch besetztes Kabinett, den »Rat der Volksbeauftragten«

einzutreten, das aus drei SPD- und drei USPD-Mitgliedern bestand.

Diese neue Reichsregierung sah sich zur Lösung der dringenden Aufgaben und zur Abwehr von Angriffen aus dem radikalen revolutionären Lager dazu gezwungen, mit dem alten konservativen Militärapparat und der kaiserlichen Verwaltung zusammenzuarbeiten.

Die USPD initiierte allerdings am 10. November 1918 eine Versammlung von 3000 Delegierten der Berliner Arbeiter- und Soldatenräte, die zwar den »Rat der Volksbeauftragten« bestätigte und damit der Machtübertragung von »oben« eine Legitimation von »unten« folgen ließ, jedoch gleichzeitig einen »Vollzugsrat« bildete, der die Volksbeauftragten kontrollieren sollte.

Die dringendsten Aufgaben der neuen Regierung, Erfüllung der Waffenstillstandsbedingungen, Rückführung und Demobilisierung des Heeres und die Verbesserung der Versorgung mit Grundnahrungsmitteln, waren ohne Zusammenarbeit mit der alten Verwaltung und damit den alten Machteliten nicht denkbar.

Ebert-Groener-Pakt

Ebenfalls am 10. November vereinbarten Friedrich Ebert und der Nachfolger Ludendorffs, Wilhelm Groener (→ »Biografien«), eine enge Zusammenarbeit (so genannter Ebert-Groener-Pakt). Während die Sozialdemokratie, die ja über keinerlei bewaffnete Macht verfügte und so auf das Offizierkorps angewiesen war, versprach, mäßigend auf die Soldatenräte einzuwirken, unterstellte sich die OHL der Regierung, um ihrer Auflösung zu entgehen, und erklärte sich zur Unterstützung bereit. Paul von Hindenburg blieb an der Spitze der OHL, um die geordnete Rückführung der Fronttruppen in die Heimat zu organisieren. Durch diesen Pakt behielten Generalität und Offizierkorps ihre Stellung, obwohl keine Institution vom Ende und vor allem von der Art und Weise des Zusammenbruchs des Kaiserreichs stärker im eigenen Selbstverständnis getroffen worden war als das Militär.

Die Zusammenarbeit des Militärs mit der Regierung trug mit dazu bei, dass die Armee die Revolution fast ohne Veränderung überstand. *Das Abkommen war der Anfang der Liquidierung der Revolution, noch bevor diese richtig begonnen hatte.*

Die Freikorps

Die Regierung hingegen verfügte mit diesem Abkommen über einen Machtfaktor, der es in der Folgezeit, vor allem in der Phase der Radikalisierung der Revolution, erlaubte ihren Anspruch auf politische Führung durchzusetzen. Allerdings führte die Zusammenarbeit der MSPD mit der alten Machtelite einerseits dazu, dass ein Teil ihrer Anhängerschaft sich von der Partei verraten fühlte und sich der USPD oder den Kommunisten annäherte, andererseits wurde versäumt, ein eigenes republikanisches Heer aufzubauen.

Die Regierung sah sich daher gezwungen, nach der Demobilisierung der Frontverbände auf so genannte Freikorps, streng disziplinierte Freiwilligenverbände mit hoher Kampfkraft, zurückzugreifen, die aufgrund ihrer antirevolutionären und antidemokratischen Ansichten nicht für die Demokratie oder die Republik kämpften, sondern lediglich ihrem Anführer folgten.

Stinnes-Legien-Pakt

Beinahe ebenso schnell wie der Schulterschuss der politischen Führung mit der OHL erfolgte, wurden richtungweisende wirtschaftspolitische Weichenstellungen vorgenommen. Am 15. November 1918 schlossen die Unternehmerverbände durch ihren Vorsitzenden Hugo Stinnes und die Gewerkschaften durch Carl Legien (Stinnes-Legien-Pakt; → »Biografien«) ein Abkommen, in dem die Unternehmer – aufgeschreckt durch die Sozialisierungsforderungen der Revolutionäre – den Arbeitnehmervertretern weitgehende Zugeständnisse machten und auf diese Weise alte gewerkschaftliche Forderungen verwirklicht werden konnten.

Vereinbart wurden die Anerkennung der Gewerkschaften als »berufene Vertretung der Arbeiterschaft« und das Prinzip der kollektiven Tarifverträge, der Acht-Stunden-Tag bei vollem Lohnausgleich, die Wiedereinstellung der demobilisierten Soldaten, Arbeiterausschüsse und paritätische Schlichtungsausschüsse in Betrieben mit mehr als 50 Beschäftigten.

Als organisatorischer Rahmen wurde ein paritätisch besetzter Zentralausschuss (Zentralarbeitsgemeinschaft/ZAG) gegründet, der für die Unternehmerverbände jedoch von Anfang an weniger eine Allianz als ein Zweckbündnis darstellte und nach Auseinandersetzungen um die Höhe der Arbeitszeit bereits 1924 auseinander brach.

Zwar wurden durch das Abkommen die Gewerkschaften erstmals von den Unternehmern als gleichberechtigte Vertragspartner anerkannt, doch die Strategie der Unternehmer – *Sozialpolitik gegen Verzicht auf Sozialisierung* – bedeutete auch eine Garantieerklärung für das Privateigentum an Produktionsmitteln. Der von der politischen Linken geforderten Vergesellschaftung der Produktionsmittel nach sowjetischem Vorbild wurde damit eine deutliche Absage erteilt, da die Gewerkschafter die Arbeiterräte in den Unternehmen als Konkurrenz ansahen.

Radikalisierung der Revolution

Während der Rat der Volksbeauftragten zur Lösung der anstehenden Probleme, aber auch zur eigenen Machterhaltung die Zusammenarbeit mit den alten Eliten, vor allem dem Militär, forcierte, erhoben in den ersten Tagen der Revolution die Arbeiter- und Soldatenräte immer deutlicher den Anspruch, zu Vollzugsorganen des Volkswillens geworden zu sein, die gegenüber der Regierung Kontrollfunktionen beanspruchten, was beispielsweise bei dem am 10. November 1918 gebildeten Vollzugsrat deutlich wurde.

Der Allgemeine Reichskongress der Arbeiter- und Soldatenräte

Trotz ihrer gegenüber den Parteien eigenständigen Organisationsform standen die Räte in enger Beziehung zur SPD und zur USPD. Die Arbeiterräte wurden zumeist in Vollversammlungen gewählt, zu denen die einzelnen Betriebe Delegierte entsandten. Mit lokal gebildeten Soldatenräten schlossen sie sich in der Regel zu gemeinsamen Arbeiter- und Soldatenräten zusammen. Die proletarische Diktatur war trotz der lautstarken Forderungen der radikalen Linken wohl zu keinem Zeitpunkt eine mögliche Alternative zur parlamentarischen Demokratie, da die Arbeiter- und Soldatenräte in der Mehrheit mit der Regierung grundsätzlich übereinstimmten und von ihr demokratische Strukturreformen erwarteten.

Vom 16. bis zum 21. Dezember 1918 tagte in Berlin der Erste Allgemeine Reichskongress der Arbeiter- und Soldatenräte, der zwischen den von den Mehrheitssozialisten und den Soldatenräten unterstützten Wahlen zur Nationalversammlung und der parlamentarischen Demokratie und der von den Spartakisten, der USPD und den Arbeiterräten favorisierten Räterepublik zu entscheiden hatte. In Anbetracht der Mehrheitsverhältnisse auf dem Kongress – von den rund 500 Delegierten aller deutschen Arbeiter- und Soldatenräte waren etwa zwei Drittel MSPD-orientiert, ungefähr 100 rechneten sich der USPD zu – war es nicht verwunderlich, dass in der Frage der zukünftigen Nationalversammlung die Entscheidung mit überwältigender Mehrheit zugunsten eben dieser Nationalversammlung fiel. Als Wahltermin wurde dann der 19. Januar 1919 festgelegt.

Die Schwäche der radikalen Linken zeigte sich daran, dass Rosa Luxemburg und Karl Liebknecht keine Mandate erhalten hatten.

Abgelehnt wurde der Antrag der Linken, am *Rätesystem als Grundlage einer sozialistischen Republik* festzuhalten und den Räten die *höchste gesetzgebende und Vollzugsgewalt* zuzugestehen.

Für die Übergangszeit beauftragte der Kongress einen »Zentralrat« mit der Wahrnehmung seiner Aufgaben bzw. Interessen, der vor allem auf die *parlamentarische Überwachung* des *Rats der Volksbeauftragten abzielte* und damit den »Berliner Vollzugsrat« ablöste.

Boykottiert wurde der Zentralrat allerdings von der USPD, weil ihrer Forderung nach einer legislativen Funktion des Gremiums nicht entsprochen worden war. Das Ende der Zusammenarbeit zwischen den beiden sozialdemokratischen Parteien kündigte sich ganz klar und deutlich an. Die Forderungen des Rätekongresses nach Demokratisierung des Heeres wurden vom Rat der Volksbeauftragten hintertrieben.

Bruch zwischen MSPD und USPD

Nach dem Reichskongress der Arbeiter- und Soldatenräte verschärften sich die Auseinandersetzungen zwischen MSPD und USPD, da die MSPD darauf beharrte, alle grundlegenden Entscheidungen der Nationalversammlung zu überlassen, während der bisherige Partner eine Demokratisierung von Verwaltung und Heer unter Ablösung der alten Beamtenschaft und des alten Offizierkorps durch die Räte forderte.

An Weihnachten 1918 nahm die Revolution eine blutige Wendung, als der Rat der Volksbeauftragten der »Volksmarinedivision«, einer nach dem 9. November 1918 aus etwa 1000 Kieler Matrosen zum Schutz des Berliner Regierungsviertels aufgestellten Einheit, den Abzug aus Berlin und die Reduzierung ihrer Truppenstärke befahl. Als zudem Soldforderungen verweigert wurden, belagerten die Matrosen die Reichskanzlei. Ebert erbat Truppen von der OHL, die sich jedoch als wenig bürgerkriegstauglich erwiesen. Den Volksbeauftragten blieb aufgrund der militärischen Situation keine andere Möglichkeit, als den Forderungen der Volksmarinedivision, die während der Kämpfe von einer erheblichen Anzahl bewaffneter Berliner Arbeiter unterstützt worden war, nachzukommen. Aus Protest gegen den Einsatz von Truppen gegen die Aufständischen beendete die USPD ihre Zusammenarbeit mit der MSPD und schied am 29. Dezember aus der Regierung aus.

Eskalation der Gewalt

Als Konsequenz aus der Niederlage der Fronttruppen ließ der in den Rat der Volksbeauftragten eingetretene Gustav Noske (→ »Biografien«) überall Freikorps anwerben, die sich für den Einsatz im Innern eigneten. Die Spannungen zwischen den verschiedenen Flügeln der USPD entluden sich

Merkmal	Parlamentarische Demokratie	Rätemodell
Wählerschaft und Willensbildung	Gesellschaftsmitglieder in der Rolle des einzelnen »Staatsbürgers«; individuelle Meinungsbildung durch Parteien unterstützt; Wahl der »freien« Repräsentanten	Basiseinheiten (z. B. Arbeiter eines Betriebes) in allen gesellschaftlichen Bereichen; permanente öffentliche Diskussion; dabei einheitliche Willensbildung des Kollektivs
Repräsentation	Abgeordnete auf mehreren Ebenen von Parteien nominiert, unter Einfluss von (organisierten) Interessen; von Wahlberechtigten für bestimmte Perioden gewählt	Räte als System von Delegationskörperschaften (»Pyramide«), gewählt von den jeweils nachgeordneten Ebenen; keine Parteien, keine Verbände; alle öffentlichen Ämter durch Wahl besetzt
Mandat	freies Mandat (nur dem Gewissen unterworfen, mit taktischen Einengungen (Fraktions- und Parteidisziplin)	imperatives Mandat, jeder kann jederzeit abberufen werden; Beschlüsse der entsendenden Einheiten sind zu vertreten; Ämterrotation
Gewaltenteilung	zentrales Prinzip, insbesondere Regierung/Opposition (mit Minderheitenschutz); unabhängige Gerichte	unnötig (nach Aufhebung der Klassenherrschaft); Räte übernehmen exekutive, legislative und judikative Funktionen gleichzeitig
Menschenbild	Mensch mit begrenzten Fähigkeiten und Möglichkeiten; jeder kann nicht alles machen; persönliches Machtstreben begrenzen; geringes Maß an sozialer Gleichartigkeit, Vielfalt der Interessen und Ideen	»neuer Mensch« mit umfassenden analytischen, theoretischen und praktischen Fähigkeiten; kann verschiedenste Funktionen wahrnehmen; kein persönliches Machtstreben: hohes Maß an sozialer Gleichartigkeit

Vergleich von Grundprinzipien der parlamentarischen Demokratie mit dem Rätemodell
(Quelle: Böhret, Carl u. a., ›Innenpolitik und politische Theorie‹, Opladen 1987)

am 1. Januar 1919, als aus der »Reichskonferenz des Spartakusbundes« die Kommunistische Partei Deutschlands (KPD) hervorging.

Während Rosa Luxemburg und Karl Liebknecht (→ »Biografien«), die Führer des Spartakusbundes, auf eine Beteiligung an den Wahlen zur Nationalversammlung drängten, wollte die Mehrheit der KPD-Mitglieder den Kampf für die Diktatur des Proletariats mit Massenstreiks und bewaffneten Aufständen führen.

Als am 4. Januar der Berliner Polizeipräsident (USPD) entlassen wurde, da er während der Weihnachtskämpfe die aufständischen Matrosen unterstützt hatte, entwickelten sich die massenhaften Protestdemonstrationen zu einem regelrechten Aufstand. In einer Fehleinschätzung der Lage ließen sich die Führer der radikalen Linken zu dem Beschluss hinreißen, den Sturz der Regierung Ebert zu fordern.

Am 6. Januar erklärte ein Revolutionsausschuss unter dem USPD-Politiker Georg Ledebour und Karl Liebknecht den Rat der Volksbeauftragten für abgesetzt und verkündete die Übernahme der Regierungsgeschäfte. Nachdem Verhandlungen mit den Aufständischen gescheitert waren, übernahm Gustav Noske mit den Worten *Einer muss der Bluthund werden!* die militärische Niederwerfung des Aufstandes. Er stellte Freiwilligenverbände zusammen, die bis zum 13. Januar unter Inkaufnahme von zahlreichen Opfern Sicherheit und Ordnung wiederherstellten.

Aus den Reihen der Freikorps – der Garde-Kavallerie-Schützen-Division – stammten auch jene Offiziere, die am 15. Januar Rosa Luxemburg und Karl Liebknecht in ihre Gewalt brachten und brutal ermordeten.

Zwischen Februar und Mai kam es zu einer Reihe lokaler Aufstände der radikalen Linken, in deren Verlauf auch kurzlebige Räterepubliken unter anderem in Bremen, Braunschweig und Mannheim ausgerufen wurden, und zu Generalstreiks im Ruhrgebiet und im mitteldeutschen Bergbaugebiet um Halle an der Saale.

Anfang März 1919 weiteten Anhänger der KPD in Berlin einen ursprünglich von allen Linksparteien organisierten Generalstreik zu einem bewaffneten Aufstand aus, was zur Verhängung des Ausnahmezustandes führte, weil als Ziele der Sturz der Reichsregierung, die Anerkennung der Arbeiter- und Soldatenräte und die Errichtung einer Räterepublik nach sowjetrussischem Vorbild gefordert wurden. Reichswehrminister Gustav Noske ließ unverzüglich das Standrecht verkünden, das die Freikorps durch wahllose Erschießungen missbrauchten; über 1000 Menschen verloren während des Aufstands ihr Leben.

Das Ende der Bayerischen Räterepublik

Die Landtagswahl in Bayern hatte Anfang Januar 1919 der USPD eine vernichtende Niederlage gebracht. Am 21. Februar wurde Kurt Eisner auf dem Weg zur Eröffnungssitzung des neuen Landtages, wo er als Ministerpräsident zurücktreten wollte, von dem nationalistischen Fanatiker Graf von Arco-Valley ermordet.

Darauf folgten mehrere Attentate im Bayerischen Landtag, bei denen der Führer der MSPD, Erhard Auer, schwer verletzt wurde. Aus einer Versammlung der Münchner Räte ging ein Zentralrat der Bayerischen Republik hervor, der die »zweite Revolution« proklamierte.

Als sich MSPD und USPD nach zähen Verhandlungen auf die Bildung einer neuen Koalitionsregierung unter dem Ministerpräsidenten Johannes Hoffmann (MSPD) verständigten, riefen in der Nacht vom 6. auf den 7. April 1919 linke Revolutionäre, unter anderem Erich Mühsam und Gustav Landauer, eine Bayerische Räterepublik aus, an der sich jedoch die Kommunisten nicht beteiligten.

Zum Schutz der Räterepublik wurde eine »Rote Armee« nach sowjetrussischem Vorbild aufgestellt. Die Regierung Hoffmann verlegte ihren Regierungssitz nach Bamberg, und nach deren vergeblichem Versuch, das Räteregime zu stürzen, setzte sich die KPD an die Spitze der Räterepublik.

Noske ließ nun starke Freikorpsverbände nach München schicken, die eine groß angelegte »Reichsexekution« durchführten, in deren Verlauf mehr als 600 Menschen starben. Mit der militärischen Liquidierung der Münchner Räterepublik endete am 3. Mai 1919 zugleich die Revolution von 1918/19. Die letzten Räte lösten sich gegen Anfang des Jahres 1920 auf.

Die Weimarer Verfassung

Am 19. Januar 1919 wurde die verfassunggebende Nationalversammlung gewählt. In ihr bestand zwischen Sozialisten, Liberalen und Konservativen in etwa das gleiche Kräfteverhältnis wie bei der letzten Reichstagswahl von 1912.

Die erste Nationalversammlung

Für die zu wählende Nationalversammlung waren nach der Senkung des Wahlalters von 25 auf 20 Jahre und der Einführung des Frauenwahlrechts 36,7 Mio. Bürger wahlberechtigt. Die Wahlbeteiligung betrug 83 Prozent und lag damit etwas niedriger als 1912.

Nach dem Wahlergebnis kam den drei größten Parteien MSPD, Deutsche Demokratische Partei (DDP) und Zentrum das entscheidende Wort zu. Diese so genannte »Weimarer Koalition« verfügte nach dem schwachen Abschneiden der USPD, die nur 7,6 Prozent der Stimmen erhielt, der Rechtsliberalen – Deutsche Volkspartei (DVP) mit 4,4 Prozent – und der politischen Rechten – Deutschnationale Volkspartei (DNVP) mit 10,3 Prozent – über annähernd vier Fünftel der Abgeordneten. Die KPD war nicht zu den Wahlen angetreten.

Die Zusammensetzung der Nationalversammlung entsprach mit einigen Verschiebungen im Wesentlichen der Konstellation, die im letzten Reichstag des kaiserlichen Deutschlands bestanden hatte: Die Sozialdemokratie war gespalten, das Zentrum, die Partei des politischen Katholizismus, deckte eine Bandbreite vom Linksliberalismus bis hin zum Nationalkonservativismus ab. Die liberalen Parteien schafften keine Einigung, die Linksliberalen sammelten sich in der DDP, während die DVP die Tradition der Nationalliberalen fortsetzte.

Unter dem Namen DNVP schlossen sich die zersplitterten Parteien des rechten Lagers zusammen. Politiker der Freikonservativen Partei, der Deutschkonservativen Partei, der Deutschen Vaterlandspartei, des Alldeutschen Verbands, der christlich sozialen sowie der deutschvölkischen Partei gründeten im November 1918 eine neue Rechtspartei. Die Deutschnationalen empfanden sich als die eigentlichen Verlierer der Revolution und bekämpften das parlamentarisch-demokratische System der Weimarer Republik von Anfang an und forderten die Wiederherstellung der Monarchie.

Die neue Verfassung

Nachdem der Zentralrat seine Gewalt auf die Nationalversammlung übertragen hatte, trat diese am 6. Februar 1919 nicht im Reichstag in Berlin, sondern im Weimarer Nationaltheater zusammen, um den Unruhen der Hauptstadt auszuweichen. Andererseits wollte man auch *das republikanische Deutschland symbolisch mit den humanistischen, aufklärerischen und klassischen Traditionen der Deutschen Kultur (Sturm)* verbinden. Zu den Hauptaufgaben der Nationalversammlung gehörte die Schaffung einer vorläufigen Zentralgewalt. Am 11. Februar wählten die Abgeordneten Friedrich Ebert zum ersten Reichspräsidenten, der seinen Parteifreund Philipp Scheidemann mit der Regierungsbildung betraute. Am 13. Februar löste die erste, vom ganzen deutschen Volk legitimierte, parlamentarisch-demokratische Regierung aus Ministern der MSPD, DDP und dem Zentrum (»Weimarer Koalition«) den Rat der Volksbeauftragten ab und leitete bis zum In-Kraft-Treten der endgültigen Reichsverfassung die Regierungsgeschäfte.

Hugo Preuß und die Verfassung

Bereits am 15. November 1918 war der Berliner Staatsrechtler Hugo Preuß (→ »Biografien«) zum Staatssekretär des Innern ernannt und ihm vom Rat der Volksbeauftragten der Auftrag erteilt worden, eine neue Verfassung vorzubereiten. Preuß, ein liberaler Kritiker des alten Obrigkeitsstaats sprach sich für eine Beteiligung des Bürgertums am neuen »Volksstaat« und sofortige Wahlen für eine Nationalversammlung aus, um nicht aus einem »verkehrten Obrigkeitsstaat« eine sozialistische Diktatur entstehen zu lassen.

Dass die sozialdemokratischen Volksbeauftragten einen Liberalen auswählten, signalisierte ihre Bereitschaft mit den bürgerlich-liberalen Kräften zusammenarbeiten zu wollen. Preuß' Absicht, mit einer Gebietsreform aus einer Anzahl etwa gleich großer Länder einen einheitlichen, zentralen Staat zu schaffen, kam mit den Eigeninteressen der Länder in Konflikt und konnte daher nicht verwirklicht werden. Die im Juli 1919 von der Nationalversammlung verabschiedete Weimarer Verfassung war dann letzten Endes ein Kompromiss zwischen den Vorstellungen der Parteien der »Weimarer Koalition«, sichtbar z. B. bei den Nationalsymbolen: Schwarz-Rot-Gold, die Farben der bürgerlich-demokratischen Nationalbewegung wurden die Reichsfarben der Republik, in der Handelsflagge dominierten die schwarz-weiß-roten Farben des Kaiserreichs.

Mit 262 zu 75 Stimmen wurde die neue Reichsverfassung am Ende verabschiedet, doch waren zahlreiche Abgeordnete der Koalitionsparteien – allein 43 Abgeordnete der MSPD – aus Protest gegen den »Kompromisscharakter« der Abstimmung ferngeblieben.

Grundzüge der Verfassung

Die Weimarer Verfassung war die erste parlamentarisch-demokratische Verfassung in Deutschland und beruhte auf dem Grundsatz der Volkssouveränität. Weitere Verfassungsprinzipien waren die Gewaltenteilung und die Grundrechte, darunter erstmals auch die staatsbürgerliche und familienrechtliche Gleichstellung der Frau. Allerdings waren die Grundrechte kein unmittelbares, die drei Gewalten bindendes Recht, wie im Grundgesetz der Bundesrepublik von 1949.

Das Volk regierte durch den in allgemeiner, gleicher, geheimer und unmittelbarer Wahl zustande gekommenen Reichstag, der für vier Jahre gewählt wurde und dem das Gesetzgebungsrecht zustand. Er konnte zwischenzeitlich nur vom Reichspräsidenten aufgelöst werden. Das reine Verhältniswahlrecht förderte die Zersplitterung der Parteien.

Ein Volksbegehren von zehn Prozent der Wahlberechtigten konnte den Reichstag dazu zwingen, einen ihm zugeleiteten Gesetzentwurf unverändert zu beschließen oder aber einem Volksentscheid zu überlassen. Dieses zusätzliche Gegengewicht zum Reichstag stellte allerdings die Kompetenz des Parlaments in Frage.

Die Reichsregierung war von dem Vertrauen der Mehrheit der Abgeordneten abhängig. Der Reichskanzler bestimmte die Richtlinien der Politik und trug gegenüber dem Reichstag die Verantwortung für die Bereiche der Außen-, Verteidigungs- und Finanzpolitik.

Besondere Rechte wurden von der Verfassung dem Amt des Reichspräsidenten zugewiesen, das als Gegengewicht zum Parlament geschaffen wurde. Der Reichspräsident war dabei vom Vertrauen des Reichstags unabhängig, er wurde jeweils auf sieben Jahre unmittelbar vom Volk gewählt und ernannte Reichskanzler und Reichsminister und konnte sie auch entlassen. Seine außerordentlichen Vollmachten haben dem Staatsoberhaupt die Züge eines »Ersatzkaisers« gegeben. Der Reichspräsident vertrat das Reich völkerrechtlich und hatte den Oberbefehl über die Streitkräfte. Nach Artikel 48 traf er allein Maßnahmen gegen ein Land, das die Verfassung oder Reichsgesetze verletzte (»Reichsexekution«), vor allem aber konnte er bei erheblicher »Störung oder Gefährdung der öffentlichen Sicherheit und Ordnung« eine vorübergehend vom Parlament und von den Grundrechten losgelöste Alleinregierung führen. Ohne die Mitwirkung des Reichstages konnte er in diesem Fall Gesetze mithilfe von Notverordnungen beschließen. Dass die sehr weit reichenden Befugnisse des Artikels 48 in der Hand eines Reichspräsidenten, der kein Anhänger der Republik war, zu folgenschweren Entwicklungen führen konnten, wurde von den Verfassungsvätern nicht vorhergesehen.

Die zahlreichen Konstruktionsfehler der Weimarer Verfassung bedingten allerdings nicht zwangsläufig ihr Scheitern. Die Republik scheiterte, weil sich zu wenige an den Kompromiss von Weimar gebunden fühlten.

Das Grundgesetz von 1949 wurde vielfach als »Gegenverfassung« zu Weimar bezeichnet, was darauf abzielt, dass der Parlamentarische Rat bemüht war, aus den strukturellen Schwächen der Weimarer Verfassung zu lernen und diese zu vermeiden: bei der ausdrücklich festgestellten Vorstaatlichkeit der Grundrechte und der Unabänderlichkeit der freiheitlich-demokratischen Grundordnung, bei der Verankerung der »abwehrbereiten Demokratie« und der Errichtung des Bundesverfassungsgerichts, vor allem aber bei der Beschneidung der Kompetenzen des Staatsoberhauptes.

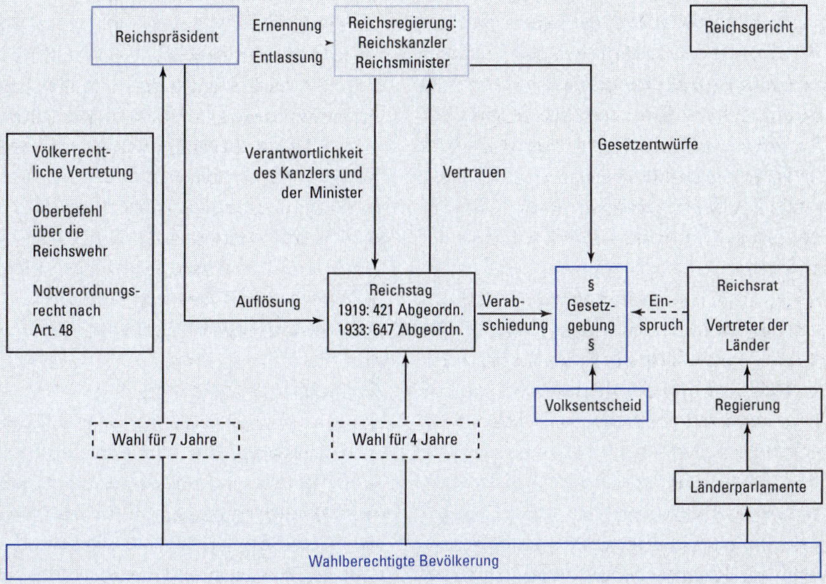

Auszüge aus der Weimarer Reichsverfassung vom 11. August 1919

Präambel: Das deutsche Volk, einig in seinen Stämmen und von dem Willen beseelt, sein Reich in Freiheit und Gerechtigkeit zu erneuern und zu festigen, dem inneren und dem äußeren Frieden zu dienen und den gesellschaftlichen Fortschritt zu fördern, hat sich diese Verfassung gegeben.

Artikel 1
(1) Das Deutsche Reich ist eine Republik. (2) Die Staatsgewalt geht vom Volke aus.

Artikel 4
(1) Die allgemein anerkannten Regeln des Völkerrechts gelten als bindende Bestandteile des deutschen Reichsrechts.

Artikel 22
(1) Die Abgeordneten werden in allgemeiner, gleicher, unmittelbarer und geheimer Wahl von den über zwanzig Jahre alten Männern und Frauen nach den Grundsätzen der Verhältniswahl gewählt. Der Wahltag muss ein Sonntag oder öffentlicher Ruhetag sein.

Artikel 23
(1) Der Reichstag wird auf vier Jahre gewählt. Spätestens am sechzigsten Tage nach ihrem Ablauf muss die Neuwahl stattfinden. (2) Der Reichstag tritt zum ersten Male spätestens am dreißigsten Tage nach der Wahl zusammen.

Artikel 25
(1) Der Reichspräsident kann den Reichstag auflösen, jedoch nur einmal aus dem gleichen Anlass.

Artikel 41
(1) Der Reichspräsident wird vom ganzen deutschen Volke gewählt. (2) Wählbar ist jeder Deutsche, der das fünfunddreißigste Lebensjahr vollendet hat.

Artikel 42
(1) Der Reichspräsident leistet bei der Übernahme seines Amtes vor dem Reichstag folgenden Eid: (2) Ich schwöre, dass ich meine Kraft dem Wohle des deutschen Volkes widmen, seinen Nutzen mehren, Schaden von ihm wenden, die Verfassung und die Gesetze des Reiches wahren, meine Pflichten gewissenhaft erfüllen und Gerechtigkeit gegen jedermann üben werde. (3) Die Beifügung einer religiösen Beteuerung ist zulässig.

Artikel 43
(1) Das Amt des Reichspräsidenten dauert sieben Jahre. Wiederwahl ist zulässig.

Die Weimarer Verfassung und ihre Institutionen

Der Versailler Vertrag

In ihren Anfangsjahren stand die Weimarer Republik einer Reihe von Belastungen und Bedrohungen gegenüber. Ausgangspunkt aller Probleme war letztlich der Versailler Vertrag vom 7. Mai 1919. Noch vor der Verabschiedung der Verfassung hatte sich die Nationalversammlung mit dem Friedensvertrag zu befassen. Im Vertrag von Versailles diktierten die Siegermächte Gebietsabtretungen und die weitgehende Entwaffnung des Deutschen Reiches. Wiedergutmachungsforderungen werden mit der Alleinschuld Deutschlands am Krieg begründet. Die Einheit des Landes wird nicht angetastet, allerdings den Deutsch-Österreichern ein Anschluss an das Reich untersagt und somit den Verlierern das Selbstbestimmungsrecht vorenthalten.

Der von den Siegermächten diktierte Friedensvertrag von Versailles belastete die junge Republik schwer. Die nationalistische Rechte verbreitete nun die Dolchstoßlegende und bezichtigte die Parteien der »Weimarer Koalition« des Verrats an dem »im Felde unbesiegten« Heer.

Die Friedenskonferenz

Auf der seit Januar 1919 in Paris tagenden Friedenskonferenz berieten die Repräsentanten der alliierten Siegermächte über die Friedensverträge. 32 Nationen nahmen an der Konferenz teil, die Mittelmächte waren nicht zugelassen. Die wichtigsten Entscheidungen traf der »Rat der Vier«, in dem die Regierungschefs von Großbritannien, David Lloyd George (1863 - 1945), Frankreich, Georges Clemenceau (1841 - 1929), und Italien, Vittorio Orlando (1860 - 1952), sowie der amerikanische Präsident Wilson (1856 - 1924) vertreten waren. Neben der Frage der Behandlung der Hauptkriegsgegner - dem Deutschen Reich und Österreich-Ungarn - stand die komplette Neuordnung Mittel- und Osteuropas im Zentrum der Debatten.

Die Pariser Vorortverträge

Die Diskrepanz zwischen den primär finanziellen Interessen Großbritanniens, der auf dem Selbstbestimmungsrecht der Völker basierenden Konzeption Wilsons und dem übersteigerten Sicherheitsbedürfnis Frankreichs erschwerte die Verhandlungen. Die französische Führung zielte auf die Zerschlagung Deutschlands ab, denn nur wenn es aufhörte Großmacht zu sein, sah sie das Sicherheitsbedürfnis des eigenen Landes befriedigt. Das Ergebnis der Pariser Friedenskonferenz war ein vielschichtiges »Vertragsgebäude« und bestand aus den so genannten Vorortverträgen von:

- Versailles (28. Juni 1919 mit Deutschland)
- St. Germain (10. September 1919 mit Österreich)
- Neuilly (27. November 1919 mit Bulgarien)
- Trianon (4. Juni 1920 mit Ungarn)
- Sèvres (10. August 1920 mit der Türkei)

Scheidemanns Rücktritt

Als am 7. Mai 1919 der ausgehandelte Vertrag der deutschen Delegation übergeben wurde, schien sich Frankreich durchgesetzt zu haben, denn die Bestimmungen beendeten Deutschlands Rolle als europäische Großmacht sowohl in politisch-militärischer als auch in wirtschaftlicher Hinsicht.

In der Ablehnung der vorgesehenen Gebietsverluste, Souveränitätsbeschränkungen, Reparationen und vor allem der Zuweisung der Alleinschuld am Krieg waren sich die deutsche Bevölkerung und ihre Vertreter einig. Ministerpräsident Philipp Scheidemann (MSPD) lehnte es in der Nationalversammlung ab, den Vertrag zu unterschreiben: *Welche Hand müsste nicht verdorren, die sich und uns in diese Fesseln legt?* Die deutsche Regierung hatte lediglich die Möglichkeit, in Form von diplomatischen Noten zu den vorläufigen Friedensbedingungen Stellung zu nehmen. Ein Einfluss oder Appell von deutscher Seite war vergeblich. Am 16. Juni schließlich wurde der endgültige Vertragstext, der sich nur in unwesentlichen Nuancen vom ersten Entwurf unterschied, an die deutsche Verhandlungsdelegation übergeben. Am 20. Juni 1919 trat aus disem Grund das Kabinett Scheidemann zurück, neuer Reichskanzler wurde Gustav Bauer (Mitglied der MSPD; → »Biografien«).

Annahme des Friedensvertrages

Erschwert wurde die momentane Situation durch die Selbstversenkung der in Scapa Flow unter englischer Bewachung internierten deutschen Hoch-

Exkurs: Dolchstoßlegende

Nach dem Ersten Weltkrieg kursierte eine Darstellung der Ursachen für die deutsche Niederlage, nach der ein Teil der Heimatbevölkerung dem im Felde unbesiegten Frontheer in den Rücken gefallen sei. Da durch die Kriegspropaganda ein deutscher Sieg nie infrage gestellt worden war, traf das Waffenstillstandsersuchen Ludendorffs von Anfang Oktober 1918 die breite Masse völlig unvorbereitet. Allerdings begrüßte selbst Friedrich Ebert Frontsoldaten mit den Worten »kein Feind hat euch überwunden«. Dass die 3. OHL die Verantwortung für die militärische Niederlage bewusst auf die politische Führung abzuwälzen suchte, belegten Hindenburgs Aussagen vor einem Untersuchungsausschuss der Nationalversammlung, wo er von einer heimlichen und planmäßigen »Zersetzung von Flotte und Heer« sprach und behauptete, die deutsche Armee sei »von hinten erdolcht worden«.

Die Rechtsparteien, insbesondere die NSDAP, verwendeten die Dolchstoßlegende in ihrem Kampf gegen die Weimarer Republik. 1945 bestanden deshalb die Alliierten bei der Kapitulation auf der Unterschrift der deutschen militärischen Befehlshaber.

seeflotte nach einem Entschluss ihres Befehlshabers. Auch die Verbrennung der im Krieg 1870/71 erbeuteten Fahnen französischer Truppenteile durch Offiziere des Heeres in Berlin verringerte die Chancen des neuen Regierungschefs auf weitere Verhandlungen.

Da es keine verantwortbare Alternative gab – eine Anfrage Friedrich Eberts bei der Obersten Heeresleitung bezüglich einer Wiederaufnahme des Kampfes war negativ beantwortet worden –, beschloss die Nationalversammlung, jedoch gegen die Stimmen der DVP und DNVP, die meisten der DDP und einige des Zentrums, die Annahme des Friedensvertrages. Zur Unterzeichnung mussten sich die deutschen Vertreter – darunter auch Außenminister Müller – im Spiegelsaal des Schlosses von Versailles einfinden. Der Vertrag von Versailles trat schließlich am 10. Januar 1920 in Kraft.

Gebietsabtretungen und Souveränitätsbeschränkungen

Trotz des starken Engagements des amerikanischen Präsidenten Woodrow Wilson bei den Friedensverhandlungen ratifizierten die USA den Vertrag nicht, da sich in Amerika inzwischen eine isolationistische Haltung durchgesetzt hatte. Auch dem Völkerbund, dessen Satzung Teil des Vertrages war, traten sie nicht bei. Zu den Friedensbestimmungen gehörten Gebietsabtretungen, Souveränitätsbeschränkungen, Reparationen und vor allem die Zuweisung der Kriegsschuld.

Gebietsabtretungen

Die Gebietsabtretungen entsprangen machtpolitischem Denken, wobei die USA und England französische Wünsche noch hatten abschwächen können. Neben dem Abtreten aller Kolonien wurden folgende, die deutsche Bevölkerung betreffende territoriale Regelungen bzw. Gebietsabtretungen festgelegt:

- Elsass-Lothringen fiel ohne Abstimmung an Frankreich.
- Das Saargebiet wurde auf 15 Jahre unter Völkerbundkontrolle gestellt, während die Kohlengruben der Saar für 15 Jahre Frankreich zur wirtschaftlichen Nutzung überlassen werden mussten.
- Das linksrheinische Gebiet blieb nebst den Brückenköpfen von alliierten Truppen besetzt, wobei die Räumung schrittweise nach 5, 10 bzw. 15 Jahren erfolgen sollte.
- Rechts des Rheins war eine 50 km breite entmilitarisierte Zone vorgesehen.
- Luxemburg schied aus dem deutschen Zollverband aus.
- Der neutrale Status Luxemburgs wurde ebenso wie der Belgiens aufgehoben.

Exkurs: Oberschlesien

Gemäß den Bestimmungen des Versailler Vertrages (Artikel 88) fand am 20. März 1921 in Oberschlesien eine Volksabstimmung über die Zugehörigkeit des Landes zum Deutschen Reich oder zu Polen statt. 59,6 % der Einwohner entschieden sich für einen Verbleib beim Deutschen Reich, 40,4 % votierten für einen Anschluss an Polen. Um den Anschluss an Polen gewaltsam durchzusetzen, begannen Anfang Mai polnische Freischärler einen Aufstand, wobei sie von französischen Besatzungstruppen Unterstützung erhielten. Da Großbritannien die Bildung deutscher Kampfverbände duldete, wurden aufgelöste Freikorps reaktiviert, die am 23. Mai 1921 nach blutigen Kämpfen mit der Erstürmung des Annabergs die stärkste polnische Befestigung einnahmen. Nachdem alliierte Truppen einen Waffenstillstand erzwungen hatten, wurde die Oberschlesienfrage durch einen Entschluss des Völkerbundrats vom 20. Oktober 1921 geregelt. Oberschlesien sollte so geteilt werden, dass das Deutsche Reich und Polen je einen Anteil an dem Gebiet erhielten, der dem Abstimmungsergebnis prozentual entsprach. Während der zwar flächenmäßig größere, jedoch rein agrarisch strukturierte Teil bei Deutschland verblieb, fiel das ostoberschlesische Industrierevier mit fast 90 % der Kohlevorkommen an Polen.

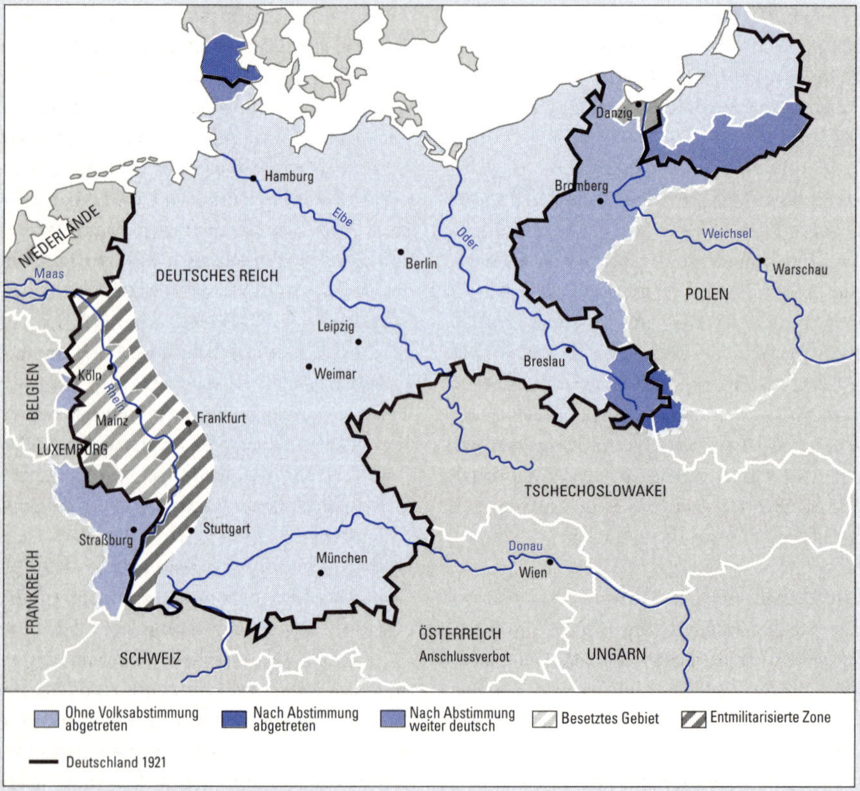

Der Vertrag von Versailles 1919

- Eupen-Malmedy fiel nach einer umstrittenen Abstimmung an Belgien.
- Nordschleswig fiel, ebenfalls nach einer Abstimmung, an Dänemark.
- Ostpreußen nördlich der Memel fiel an die Entente-Mächte, bis Januar 1923 stand das Gebiet unter französischer Besatzung, dann wurde es Litauen einverleibt.
- Der größte Teil des westpreußischen Territoriums, die Provinz Posen sowie Teile Pommerns und der so genannte »Polnische Korridor« gingen an Polen.
- Danzig wurde mit der Weichselmündung »Freie Stadt« unter der Kontrolle des Völkerbundes mit Sonderrechten für die polnische Minderheit.
- Oberschlesien und das südliche Ostpreußen wurden als »Abstimmungsgebiete« ausgewiesen, hier sollte die Bevölkerung durch Volksabstimmungen für oder gegen einen Verbleib beim Deutschen Reich entscheiden.
- Entsprechend den Abstimmungsergebnissen fiel das südöstliche Oberschlesien an Polen.
- An die Tschechoslowakei kam ohne Abstimmung das Hultschiner Ländchen.

Insgesamt verlor Deutschland – hauptsächlich an seinen West- und Ostgrenzen – 13 Prozent seines Territoriums und 10 Prozent seiner Bevölkerung, allerdings auch 50 Prozent der Eisenerzversorgung und 25 Prozent der Steinkohleförderung.

Der Großteil der abgetretenen Gebiete fiel 123 Jahre nach der Teilung an den wieder gegründeten Staat Polen, der von den Alliierten, neben den anderen neu entstandenen Staaten, als Barriere gegen den russischen Bolschewismus gedacht war und gleichzeitig Deutschland in Schach zu halten hatte. (→ Karte »Der Vertrag von Versailles 1919«).

Souveränitätsbeschränkungen

Diese Beschränkungen betrafen folgende Bereiche:

- Verbot der Vereinigung mit Deutsch-Österreich
- Eingeschränkte Lufthoheit
- Internationalisierung der Flüsse Rhein, Donau, Elbe und Memel
- Verbot der allgemeinen Wehrpflicht und die Beschränkung des Heeres auf 100 000 Mann und der Marine auf 15 000 Mann
- Verbot aller schweren Waffen (Kanonen, Panzer, Kampfflugzeuge, U-Boote, Großkampfschiffe)
- Kontrolle durch eine alliierte Kommission

Reparationszahlungen

Gegen Deutschlands Rolle als Wirtschaftsmacht zielten die Bestimmungen, die es zwangen, alle Handelsschiffe über 1600 Tonnen abzuliefern, und die Beschlagnahme aller deutschen Auslandsvermögen und umfangreiche Sachlieferungen forderten. Von besonderer Tragweite waren die finanziellen Wiedergutmachungen, die von den Alliierten als langfristig angelegte Reparationsleistung gesehen wurden. Die genaue Höhe der Reparationen wurde zunächst nicht festgesetzt.

Erst am 29. Januar 1921 entschieden die Alliierten über Umfang, Dauer und Zahlungsweise der deutschen Reparationen. 226 Mrd. Goldmark – eine inflationssichere Rechnungseinheit – musste die Weimarer Republik, verteilt auf 42 Jahre, aufbringen. Auf der Londoner Reparationskonferenz im März 1921 wurde die deutsche Zurückweisung dieser Summe mit der alliierten Drohung beantwortet, Duisburg/Ruhrort und Düsseldorf zu besetzen, um die in diesem Gebiet vorgenommenen Zollerhebungen zugunsten der Reparationskommission zu verwenden, was einige Tage später auch tatsächlich wahr gemacht wurde. Am 5. Mai 1921 verlangten die Alliierten die Annahme ihrer Forderungen, die sie inzwischen allerdings auf 132 Mrd. Goldmark verringert hatten. Da für den Fall einer deutschen Weigerung die Besetzung des Ruhrgebietes angekündigt wurde (Londoner Ultimatum), sah sich der Reichstag gezwungen, sich dem Druck der Siegermächte zu beugen.

Für die alliierte Reparationspolitik verantwortlich war Raymond Poincaré, zunächst Ministerpräsident, dann Außenminister Frankreichs, der einerseits die Zahlungen zur Überwindung der eigenen Wirtschaftskrise einzusetzen gedachte, andererseits aber die Reparationsansprüche als Instrument für eine territoriale Revision des Versailler Vertrages benutzen wollte: Nichterfüllung sollte mit Besetzungen der begehrten deutschen Industriegebiete beantwortet werden.

Die Kriegsschuldfrage

Um den Gebiets- und Reparationsforderungen eine moralische Rechtfertigung zu geben, wies der Artikel 231 des Versailler Vertrages die alleinige Kriegsschuld dem Deutschen Reich zu: *Die alliierten und assoziierten Regierungen erklären und Deutschland erkennt an, dass Deutschland und seine Verbündeten als Urheber für alle Verluste und Schäden verantwortlich sind, die die alliierten und assoziierten Regierungen und ihre Staatsangehörigen infolge des Krieges, der ihnen durch den Angriff Deutschlands und seiner Verbündeten aufgezwungen wurde, erlitten haben.*

In Deutschland stieß die Kriegsschuldthese auf vehemente Ablehnung und bis in die 1960er-Jahre ging zumindest die deutsche Geschichtswissenschaft davon aus, dass die Politik des Reiches während der Julikrise 1914 im Gegensatz zu der der anderen Großmächte defensiven Charakter gehabt habe und Deutschland allenfalls zu einem Präventivkrieg gezwungen worden sei.

1951 stützte ein deutsch-französisches Historikertreffen Lloyd Georges Behauptung, alle Mächte seien 1914 gewissermaßen unbeabsichtigt in einen Krieg »hineingeschlittert«, und kam zu der Ansicht, die Quellenlage erlaube es nicht, *im Jahre 1914 irgendeiner Regierung oder einem Volk den bewussten Willen zu einem europäischen Kriege zuzuschreiben.*

1961 stellte der deutsche Historiker Fritz Fischer die These auf, der Erste Weltkrieg sei die zwangsläufige Folge der nach Weltgeltung drängenden deutschen Politik nach 1871 (*Griff nach der Weltmacht*). Er dementierte die Behauptung von der nur relativen Schuld Deutschlands entschieden und begründete seine Ansicht damit, dass die verantwortliche Machtelite seit 1871 die Weltmachtrolle des Deutschen Reiches konfliktbereit ausbaute und den Zusammenstoß mit anderen Mächten provozierte. In der Folgezeit wurde Fischers These dahin gehend relativiert, dass Deutschland eine Politik des »kalkulierten Risikos« betrieben habe, der Krieg also nicht unausweichlich gewesen sei.

1999 nahm der englische Historiker Niall Ferguson (›The Pity of War/Der falsche Krieg‹) eine Neubewertung des Ersten Weltkrieges vor. Nach seiner Ansicht habe das Deutsche Reich im Juli 1914 aus einer Position der Schwäche und nicht der Stärke heraus agiert. Es sei Großbritannien gewesen und nicht das Deutsche Reich, welches den Kontinentalkrieg in einen Weltkrieg verwandelt habe. Die englische Außenpolitik sei darauf ausgerichtet gewesen, in einem europäischen Krieg in jedem Falle auf die Seite Frankreichs zu treten.

Biografien

Kurt Eisner, bayerischer Ministerpräsident (1867–1919)

War in der Novemberrevolution 1918 entscheidend am Sturz der bayerischen Monarchie beteiligt; seine Ermordung im Februar 1919 gab den Anlass für die Ausrufung der Münchner Räterepublik.

1897	neun Monate Haft wegen Majestätsbeleidigung
1898	Eintritt in die Sozialdemokratische Partei Deutschlands (SPD)
1898 - 1905	Mitarbeit beim sozialdemokratischen Parteiorgan Vorwärts
1910 - 1916	Herausgeber des Wochenblattes ›Arbeiter-Feuilleton‹
ab 1917	Vorsitzender der Unabhängigen Sozialdemokratischen Partei Deutschlands (USPD) in Bayern
1918	neun Monate Haft wegen des Munitionsarbeiterstreiks in München
7. November 1918	Proklamation des »Freistaates Bayern«
8. November 1918	Bildung eines provisorischen Nationalrates in Bayern; Eisner wird Ministerpräsident und Außenminister
Januar 1919	Rücktritt
21. Februar 1919	Ermordung

Matthias Erzberger, Politiker, Staatsrechtler (1875–1921)

Der entschiedene Gegner der deutschen Kolonialpolitik und im Ersten Weltkrieg der deutschen Kriegspolitik setzte sich als Mitinitiator der Juliresolution des Reichstags für einen Verständigungsfrieden und nach Kriegsende für die Annahme des Versailler Vertrags ein. Als Reichsfinanzminister war er für eine umfassende Finanzreform des deutschen Staates verantwortlich (Erzbergersche Finanzreform).

ab 1899	Mitbegründer der christlichen Gewerkschaft in Mainz
1903–1918	Reichtstagsabgeordneter der Zentrums
1917	Juliresolution (Friedensresolution des Reichstags)
1918	Staatssekretär in der Nachkriegsregierung unter Prinz Max von Baden
1919–1920	Reichsminister ohne Geschäftsbereich; Finanzminister und Vizekanzler

Wilhelm Groener, Erster Generalquartiermeister (1867–1939)

Verhinderte nach dem Ende der Monarchie einen revolutionären Umsturz in Deutschland durch den Pakt mit Ebert; gegen Ende der Weimarer Republik versuchte er vergeblich, gegen die politische Radikalisierung vorzugehen.

1890–1915	Karriere beim Militär; Ernennung zum Generalmajor
Mai 1916	Chef des Kriegsamtes (zusammen mit Erich Ludendorff arbeitete er die Vorlage für das Hilfsdienstgesetz aus)
August 1917	Versetzung in die Ukraine als Generalstabschef
Oktober 1918	Nachfolger Ludendorffs als Erster Generalquartiermeister; leitete den Rückmarsch und die Demobilisierung des deutschen Heeres
10. November 1918	Ebert-Groener-Pakt
30. September 1919	Abschied aus der Armee
ab 1928	Reichswehrminister
ab 1931	zusätzlich Innenminister
April 1932	Verbot von SA und Schutzstaffel (SS)
Mai 1932	Rückzug aus der Politik

Hugo Stinnes, Industrieller (1870–1924)

Im Pakt mit den Gewerkschaften 1918 (Stinnes-Legien-Pakt) ließ er sich zur Beruhigung der protestierenden Arbeiterschaft zu weitreichenden Zugeständnissen in der Frage der sozialen Absicherung bewegen; setzte sich als Reichstagsmitglied für die Interessen der Montanindustrie ein.

1892	Gründung der Firma Hugo Stinnes GmbH
1898	Gründung der Rheinisch-Westfälischen Elektrizitätswerk AG (RWE) und der AG Mülheimer Bergwerksverein mit Thyssen
1901	Gründung der Deutsch-Luxemburgischen Bergwerks- und Hütten AG (Deutsch-Luxemburg)
1902	Erwerb der Aktienmehrheit der RWE durch Stinnes und Thyssen
1910	Erwerb der Dortmunder Union AG durch die Deutsch-Luxemburg – größtes Montanunternehmen Deutschlands
1914–1918	Kriegslieferant
15. November 1918	Stinnes-Legien-Abkommen
Juli 1920	Gründung des Montankonzerns Rhein-Elbe-Union GmbH
1920–1924	Mitglied des Reichstags für die Deutsche Volkspartei

Carl Legien, Politiker und Gewerkschaftsführer (1861–1920)

Herausragende Persönlichkeit der Gewerkschaften im Deutschen Reich und in der frühen Weimarer Republik; hatte mit der Ausrufung des Generalstreiks im März 1920 maßgeblichen Anteil am Scheitern des Kapp-Putsches.

1885	Beitritt zur Sozialistischen Arbeiterpartei in Frankfurt am Main
1887	Mitbegründer der Vereinigung der Drechsler Deutschlands (Vorsitzender bis 1891)
1892	Halberstädter Kongress: Zusammenschluss der freien Gewerkschaften zu einer gesamtnationalen Gewerkschaftsbewegung
1893–1898/1903–1918	Reichstagsabgeordneter
1913	Bildung des Internationationalen Gewerkschaftsbunds; erster Präsident: Legien
15. November 1918	Stinnes-Legien-Abkommen
1919	Gründung des Allgemeinen Deutschen Gewerkschaftsbunds (ADGB) in Nürnberg; Vorsitzender: Legien
30. Juni bis 26. Dezember 1920	stellvertretender Vorsitzender des vorläufigen Reichswirtschaftsrates

Karl Liebknecht (1871–1919)

Im Ersten Weltkrieg Kriegsgegner, der immer wieder zu Protestaktionen aufrief und dafür wegen Hochverrats verurteilt wurde; 1918 an der Gründung der Kommunistischen Partei Deutschlands beteiligt; zusammen mit Rosa Luxemburg verhaftet und ermordet.

1890–1893	Studium der Rechtswissenschaften
August 1900	Eintritt in die SPD
1901–1913	Berliner Stadtverordneter
1908	Mitglied des preußischen Abgeordnetenhauses
1912–1917	Mitglied des Reichstages
2. Dez. 1914	Ablehnung (als einziger Abgeordneter) weiterer Kriegskredite
1916	Ausschluss aus der SPD-Fraktion; wegen einer Antikriegskundgebung Verurteilung zu vier Jahren Zuchthaus (Amnestie 1918)
9.11.1918	Ausrufung der freien sozialistischen Republik
Oktober 1918	gemeinsam mit Rosa Luxemburg an der Spitze des Spartakusbundes
Januar 1919	Ermordung

Rosa Luxemburg (1871–1919)

Die zunächst in der Sozialdemokratie beheimatete, immer stärker aber von sozialistisch-revolutionären Ideen überzeugte Pazifistin war 1919 Mitgründerin der KPD; führendes Mitglied des Spartakusbundes

1890/91	Studium in Zürich
1893	Mitgründerin der verbotenen Sozialdemokratischen Arbeiterpartei des Königreichs Polen und Litauen
1898	Eintritt in die SPD
1904/1906	Haftstrafen u. a. wegen Majestätsbeleidgung
1906	Lehre an der Parteischule der SPD in Berlin
Juli 1916	Hoch- und Landesverratsverfahren in Düsseldorf; zwei Jahre Haft
Januar 1919	Teilnahme am Spartakusaufstand; Ermordung

Gustav Noske, erster Reichswehrminister (1868–1946)

Nach dem Ersten Weltkrieg unterdrückte er diverse Umsturzversuche, u. a. den Matrosenaufstand in Kiel und den Spartakusaufstand; legte die Grundlagen für den Neuaufbau eines Heeres nach den Vorgaben des Versailler Vertrags.

1884	Beitritt zur Sozialdemokratischen Partei Deutschlands (SPD) und der Gewerkschaft
1906–1918	Mitglied des Reichstages für die SPD
1914	Herausgabe des Buches ›Kolonialpolitik und Sozialdemokratie‹
November 1918	Gouverneur von Kiel zur Beilegung des Matrosenaufstands
28. Dezember 1918	Mitglied des »Rats der Volksbeauftragten«
1919	blutige Niederschlagung des linksgerichteten Spartakusaufstands
Februar 1919	Reichswehrminister und Beginn des Aufbaus der neuen Reichswehr unter den Bedingungen des Versailler Vertrages
22. März 1920	Rücktritt Noskes als Reichswehrminister nach dem Kapp-Putsch
1920–1933	Oberpräsident der Provinz Hannover (1. Oktober 1933 entlassen)
1944/45	Verhaftung im Zusammenhang mit dem Attentat vom 20. Juli 1944 auf Adolf Hitler; Inhaftierung im KZ Fürstenberg

Hugo Preuß, Staatsrechtler und Innenminister (1860–1925)

In seinen Schriften zu Staatsrecht und Gesellschaftsform setzt er sich für einen liberaldemokratischen Staatsaufbau ein; erarbeitete den ersten Entwurf der Weimarer Verfassung.

ab 1889	Privatdozent für Staatsrecht an der Berliner Universität
1906	Professor an der Handelshochschule Berlin; Herausgabe des ersten Bandes von »Die Entwicklung des deutschen Städtewesens«
1910–1918	ehrenamtlicher Stadtrat in Charlottenburg
15. November 1918	Berufung zum Staatssekretär des Innern; Auftrag zur Ausarbeitung eines Verfassungsentwurfes
1918/19	Gründungsmitglied der Deutschen Demokratischen Partei (DDP)
Februar 1919	Reichsinnenminister der ersten Regierung der Weimarer Republik
Juni 1919	Reichskommissar für Verfassungsfragen
11. August 1919	In-Kraft-Treten der Weimarer Verfassung
1919–1925	Abgeordneter des Preußischen Landtags

Gustav Stresemann, Reichskanzler und Außenminister (1878–1929)

Der wichtigste Außenpolitiker der Weimarer Republik betrieb eine Verständigungspolitik mit den Siegermächten und suchte insbesondere die Annäherung und Aussöhnung mit Frankreich; dabei verfolgte er stets das Ziel einer Revision des Versailler Vertrags.

1897–1900	Studium der Nationalökonomie
1903–1918	Mitglied der Nationalliberalen Partei
1907–1912	Mitglied des Reichstags als jüngster Abgeordneter
1914–1918	erneut Abgeordneter im Reichstag
1917	Stresemann wird Parteivorsitzender der Nationalliberalen Partei
22. November 1918	Mitbegründer der rechtsliberalen Deutschen Volkspartei (DVP)
1919/20	Mitglied der verfassunggebenden Nationalversammlung
1920–1929	Mitglied des Reichstags
13. August bis 2. November 1923	Stresemann Reichskanzler
1923–1929	Stresemann Außenminister
1926	Friedensnobelpreis für Gustav Stresemann und Aristide Briand
3. Oktober 1929	Tod Gustav Stresemanns nach langer Krankheit in Berlin

Außenpolitik der Weimarer Republik 1919 – 1932

28. Juni 1919	Unterzeichnung des Friedensvertrages von Versailles
10. Januar 1920	In-Kraft-Treten des Versailler Vertrages
5. Mai 1921	Londoner Ultimatum (Reparationen)
Mai 1921	Deutsch-russischer Handelsvertrag
April/Mai 1922	Weltwirtschaftskonferenz in Genua
16. April 1922	Vertrag von Rapallo
24. Juni 1922	Ermordung von Außenminister Walther Rathenau
11. Januar 1923	Ruhrbesetzung durch Frankreich und Belgien
November 1923 bis Oktober 1929	Gustav Stresemann Außenminister
August 1924	Dawes-Plan, Ende der Ruhrbesetzung
5. bis 16. Oktober 1925	Verträge von Locarno
27. Januar 1926	Deutsch-polnischer Vertrag zur Regelung der Grenzverhältnisse
24. April 1926	Berliner Vertrag (Deutsch-russischer Vertrag)
8. September 1926	Aufnahme Deutschlands in den Völkerbund
27. August 1928	Briand-Kellogg-Pakt
Juni 1929	Young-Plan
20. Juni 1931	Hoover-Moratorium
9. Juli 1932	Abkommen von Lausanne
11. Dezember 1932	Fünfmächteerklärung

Die Außenpolitik der Weimarer Republik

Mit dem Versailler Vertrag wurde die Absicht der Alliierten deutlich, Deutschlands Rolle als Großmacht zu beenden. In der Weimarer Republik bestand zwar Einigkeit darüber, dass das Ziel der deutschen Außenpolitik eine Revision des Versailler Vertrages sein müsse, aber über das Wie bestand keinerlei parteipolitischer Konsens.

Der Versailler Vertrag und das Reparationsproblem markierten den Rahmen, in dem sich die Außenpolitik der Weimarer Republik bewegte. Mit einer »Erfüllungspolitik« gegenüber den alliierten Forderungen versuchten die Reichsregierungen eine Revision zu erreichen. Der am 16. April 1922 mit der Sowjetunion abgeschlossene Vertrag von Rapallo war die erste Eigeninitiative der neuen deutschen Außenpolitik.

Der Vertrag vereinbarte neben der Wiederaufnahme diplomatischer Beziehungen der beiden Staaten den gegenseitigen Verzicht auf Kriegsentschädigungen und sollte die wirtschaftliche und militärische Zusammenarbeit intensivieren. Mit dem Vertrag von Rapallo durchbrachen Deutschland und die junge Sowjetunion ihre außenpolitische Isolierung und verzichteten wechselseitig auf finanzielle Forderungen.

Nach der Ruhrbesetzung leitete der ehemalige Reichskanzler Gustav Stresemann, der in den Jahren 1923 bis 1929 die deutsche Außenpolitik entscheidend prägte, eine Neuorientierung der deutschen Westpolitik ein. Die Verträge von Locarno, in denen Deutschland den Status quo im Westen anerkannte, ermöglichten einen Neuanfang in der Reparationspolitik. 1924 mit dem Dawes-Plan und 1929 mit dem Young-Plan wurden günstigere Regelungen geschaffen.

Der Vertrag von Rapallo

In Anbetracht der Polenpolitik der westlichen Alliierten blieb für das Deutsche Reich allein die ebenfalls außenpolitisch isolierte Sowjetunion der potenzielle Partner einer gegen Polen gerichteten Revisionspolitik. Schon 1920 kam es zu ersten Kontakten zwischen Reichswehr und Roter Armee, im Mai 1921 wurde ein deutsch-russischer Handelsvertrag geschlossen.

Vom 10. April bis zum 19. Mai 1922 fand in Genua eine Weltwirtschaftskonferenz unter Beteiligung Deutschlands und der Sowjetunion statt, während unter anderem die USA fernblieben. Ziel der Konferenz waren mögliche Maßnahmen zur Lösung der zwischenstaatlichen Schuldverpflichtungen und für den wirtschaftlichen Wiederaufbau Ost- und Mitteleuropas.

Während die Konferenz ergebnislos endete, schlossen die deutsche und russische Delegation überraschend im heutigen Santa Margherita bei Rapallo einen Sondervertrag (Vertrag von Rapallo) über die Wiederaufnahme diplomatischer Beziehungen, den gegenseitigen Verzicht auf Reparationen, den deutschen Verzicht auf Entschädigungen für sozialisiertes Eigentum während der Revolution in Russland und die Errichtung von Handelsbeziehungen nach dem Grundsatz der »Meistbegünstigung«, das heißt, dem Partner werden alle Handelsvorteile zugestanden, die auch anderen Staaten gewährt werden.

Zuallererst war durch diesen Vertrag Artikel 116 des Versailler Vertrages entschärft, in dem die Alliierten einen Vorbehalt zugunsten russischer Reparationsforderungen aufgenommen hatten. In Deutschland begrüßten die Reichswehr (Ausbau der militärischen Zusammenarbeit) und die gesamte deutsche Wirtschaft (u. a. Rohstoffe für die Schwerindustrie) den Vertrag, mit dem Deutschland außenpolitischen Spielraum gewann.

Vor allem aus der geheim gehaltenen militärischen Zusammenarbeit konnten beide Staaten ihren Nutzen ziehen, denn deutsche Experten halfen der Sowjetunion beim Aufbau ihrer Rüstungsindustrie und bei der Entwicklung moderner schwerer Waffen (Artillerie, Flugzeuge, Panzer), an denen sich dann auch Reichswehrangehörige auf russischem Boden ausbilden konnten, da Deutschland aufgrund des Versailler Vertrages sie weder besitzen noch herstellen durfte. Der Vertrag von Rapallo war trotzdem keine deutsch-sowjetische Verschwörung gegen den Westen, sondern eher eine Aufforderung, in ihrer Deutschlandpolitik Alternativen zu entwickeln.

Alliierte Deutschlandpolitik

Frankreichs Ministerpräsident Raymond Poincaré, dessen primäres Ziel es war, den Versailler Vertrag zugunsten seines Landes zu revidieren und die deutsche Westgrenze nach Osten zu verschieben, war nach dem Vertrag von Rapallo und der vermeintlichen deutsch-sowjetischen Verschwörung gegen die Westmächte entschlossener denn je, eine dauerhafte Schwächung des Nachbarn Deutschland herbeizuführen.

Der Versailler Vertrag hatte die Höhe der Reparationen nicht festgesetzt, sondern diese Aufgabe einer Kommission übertragen, die im Januar 1921 auf der Pariser Konferenz eine Summe von 269 Milliarden Goldmark bestimmte. Die von der Reparationskommission im April in London vorgenommene Reduktion auf 132 Milliarden Goldmark, zahlbar in 37 Jahresraten, war verbunden mit dem vom britischen Premierminister überreichten Londoner Ultimatum, das bei Nichtannahme des Zahlungsplans die sofortige Besetzung des Ruhrgebiets androhte. Da es zur Annahme des Ultimatums keine Alternative gab, gingen die deutschen Regierungen zu einer »Erfüllungspolitik« über, die die Unmöglichkeit der alliierten Forderungen aufzeigen sollte.

Die französische Ruhrbesetzung

Im August 1922 mussten die Alliierten wegen akuter wirtschaftlicher und finanzieller Probleme der Weimarer Republik vorläufig auf Geldleistungen verzichten und verlangten zum Ausgleich dafür aber eine Erhöhung der Güterlieferungen (Holz und Kohle). Gleichzeitig formulierte Frankreich seine Politik der »produktiven Pfänder«, wonach die Alliierten die deutschen Industrieanlagen im Ruhrgebiet kontrollieren sollten, um die vollständige und pünktliche Ablieferung der Reparationen zu erzwingen.

Als die alliierte Reparationskommission Ende Dezember 1922 einen geringfügigen Lieferrückstand deutscher Reparationen an Frankreich feststellte, wurde dies gegen die Stimme Englands als ein Verstoß gegen den Versailler Vertrag bezeichnet und war für Poincaré die Gelegenheit, Truppen ins Ruhrgebiet einmarschieren zu lassen. Am 11. Januar 1923 besetzten französische und belgische Truppen das Zentrum der deutschen Schwerindustrie und verhängten den Ausnahmezustand. Die Soldaten sollten die Arbeit der gleichzeitig entsandten Kontrollkommission, die die Reparationsleistungen zu überwachen hatte, absichern.

Der Ruhrkampf

In Deutschland erhob sich ein Sturm der Entrüstung, die Reichsregierung stellte die Reparationsleistungen an Frankreich und Belgien unverzüglich ein, berief ihre Botschafter in Paris und Brüssel ab und forderte die Bevölkerung des besetzten Gebietes zum passiven Widerstand auf. Den Behörden wurde untersagt, Anordnungen der Besatzungstruppen auszuführen, und die Arbeiter der besetzten Gruben und Industriebetriebe stellten daraufhin die Arbeit ein.

Die streikende Bevölkerung musste jedoch mit Geldzahlungen und Sachleistungen in Milliardenhöhe unterstützt werden. Ohne jegliche Zustimmung der Regierung bildete sich aus Kreisen ehemaliger Freikorpsleute und anderer völkischer Gruppen ein aktiver Widerstand, der sich in Sabotagemaßnahmen äußerte. In Einzelfällen wurden auch französische und belgische Soldaten ermordet. Ein Märtyrer des Ruhrkampfs wurde Albert Leo Schlageter, ein ehemaliger Freikorpsoffizier und Mitglied der NSDAP, der nach zahlreichen erfolgreichen Sabotageakten gefangen genommen und von einem französischen Militärgericht zum Tode verurteilt wurde.

Die Besatzungstruppen unterstützten dagegen die separatistischen Bewegungen im preußischen Rheinland, in der bayerischen Pfalz und in Rheinhessen, die diese Gebiete in selbstständige, eng mit

Frankreich und Belgien zusammenarbeitende Territorien umwandeln wollten. Separatisten proklamierten am 21. Oktober 1923 in Aachen eine Rheinische Republik. In Koblenz, Bonn, Wiesbaden und Mainz kam es in den folgenden Tagen zu ähnlich gearteten Vorgängen. Am 24. Oktober schließlich ließ der französische Oberkommandierende erklären, dass von jetzt ab die Pfalz als autonomer Staat zu betrachten sei.

Die separatistischen Bewegungen scheiterten einerseits am mangelnden Rückhalt in der Bevölkerung, zum anderen an der eigenen wirtschaftlichen Schwäche, die eine Neuregelung der Reparationen erforderlich machte. In diesem Zusammenhang lehnten Großbritannien und die USA eine Loslösung des Ruhrgebietes von Deutschland ab, sodass die französische Regierung den Separatisten die Unterstützung entzog.

Obwohl sich die Ruhrbesetzung für Frankreich als ein enormer wirtschaftlicher Fehlschlag entpuppte und in den USA und Großbritannien die Art und Weise des Vorgehens kritisiert wurde, brach Poincaré das Unternehmen nicht ab. Die deutsche Politik des passiven Widerstands erwies sich aber auf Dauer als undurchführbar, denn die Belastung für die Reichsfinanzen wurde zu groß. Auch der entgegen den Anweisungen der Reichsregierung ausgeübte aktive Widerstand schwächte die moralische Position Deutschlands vor der Weltöffentlichkeit. Angesichts der massiven Wirtschafts- und Ernährungsprobleme sowie der Hyperinflation musste die Reichsregierung unter dem neuen Reichskanzler Gustav Stresemann (→ »Biografien«) den passiven Widerstand im September 1923 aufgeben.

Stresemann, der schon im November als Reichskanzler an der Vertrauensfrage scheiterte, blieb jedoch als Außenminister von November 1923 bis zu seinem Tode am 3. Oktober 1929 in allen folgenden Kabinetten die überragende Persönlichkeit, sodass diese Zeitspanne auch als »Ära Stresemann« bezeichnet wurde. Gustav Stresemann gelang es, Deutschland wieder in das internationale Staatensystem zu integrieren. Für die von ihm angestrebte Revision des Versailler Vertrages und die Wiedergewinnung deutscher Großmachtstellung entwickelte der außenpolitische Stratege ein Konzept der Verständigungspolitik mit den Alliierten. Die Normalisierung der Beziehungen zu Frankreich war die Basis seiner Politik der konsequenten Aussöhnung, weil er glaubte, dass nur auf diesem Wege Deutschland als gleichberechtigter Partner in den Kreis der europäischen Mächte einzubringen wäre. Dazu musste in erster Linie dem französischen Sicherheitsbedürfnis Rechnung getragen werden.

Der Dawes-Plan

In England und vor allem in den USA hatte sich inzwischen die Meinung durchgesetzt, nur eine gesunde deutsche Wirtschaft könne Reparationen zahlen. Mit dem Ende des Ruhrkampfes und der Währungsreform vom November 1923 waren die deutschen Voraussetzungen geschaffen, eine Neuregelung der Reparationen anzugehen.

Im Oktober 1923 erklärte sich die alliierte Reparationskommission einverstanden, die deutsche Leistungsfähigkeit von Sachverständigenkommissionen untersuchen zu lassen. Eine Kommission, die von dem amerikanischen Bankier Charles G. Dawes geleitet wurde, erarbeitete schließlich ein Gutachten, auf dessen Grundlage dann der so genannte Dawes-Plan entwickelt und im August 1924 unterzeichnet wurde.

Nach Vorgabe des Dawes-Plans sollten sich die Reparationszahlungen ausschließlich an der realen wirtschaftlichen Leistungsfähigkeit Deutschlands orientieren. Politisch motivierte Sanktionen wie beispielsweise die Ruhrgebietsbesetzung wurden abgelehnt. Die Organisation der Reparationszahlungen wurde dem US-Amerikaner Parker Gilbert übertragen. Als Quellen für Reparationszahlungen wurden Mittel aus dem deutschen Reichshaushalt, einige direkt abzuführende Steuern und Zölle sowie Zinsen und Tilgung für Schuldverschreibungen zugunsten der Gläubiger in einer Gesamthöhe von 16 Mrd. Goldmark bestimmt.

Die jährliche Belastung des Deutschen Reiches sollte dabei zunächst eine Mrd. Reichsmark betragen und nach fünf Jahren auf zweieinhalb Mrd. Reichsmark anwachsen. Als Starthilfe wurde ein US-Kredit über 800 Mio. Reichsmark gewährt, sodass von der ersten Jahressumme nur 200 Mio.

Reichsmark aus eigenen Mitteln aufgebracht werden mussten.

Zugleich war dies der Start für – vor allem amerikanische – Investitionen in die deutsche Wirtschaft. Bis 1929 flossen rund 21 Mrd. Reichsmark an ausländischen Krediten nach Deutschland, das damit zum wichtigsten Partner der Vereinigten Staaten in Europa wurde. Damit waren die materiellen Voraussetzungen für die goldenen Zwanzigerjahre in Deutschland und in Europa insgesamt geschaffen, die die Notjahre der Kriegsfolgen, der Inflation und der wirtschaftlichen Stagnation abzulösen schienen.

Obwohl der Dawes-Plan wegen der deutschen Souveränitätsbeschränkungen – vor allem Kontrolle der Finanzen – sowohl von der rechten Opposition (DNVP, NSDAP) als auch den Kommunisten heftig kritisiert wurde, stimmte im August 1924 im Reichstag auch die Hälfte der Abgeordneten der DNVP für die Annahme des Finanzplans. Ausschlaggebend für das Abstimmungsverhalten waren neben den ökonomischen Erwägungen das im Rahmen des Dawes-Plans von Frankreich zugesagte Ende der Ruhrbesetzung. Tatsächlich wurde das Ruhrgebiet – einschließlich Duisburg und Düsseldorf – bis Ende August 1924 von den französischen und belgischen Truppen geräumt.

Die Ära Stresemann

Stresemanns Neuorientierung der deutschen Westpolitik, die auf dem Wege des Kompromisses und vor allem über eine Aussöhnung mit Frankreich Deutschland die internationale Gleichberechtigung zurückbringen sollte, fand im Oktober des Jahres 1925 ihren Höhepunkt in den in Locarno geschlossenen Verträgen, in denen das Deutsche Reich den durch Versailles geschaffenen Status quo im Westen anerkannte.

Überwindung der Isolation

Deutsche Vorschläge, eine Garantie der deutsch-französischen Grenze vertraglich zu fassen, bestanden bereits seit 1922. Stresemann wiederholte diese zu Beginn des Jahres 1925 an die Adressen der französischen und britischen Regierung. Die deutsche Initiative wollte einerseits den bereits erreichten Zustand wirtschaftlicher Entspannung weiterhin ausbauen, andererseits aber dem drohenden Stillstand der Revisionspolitik entgegenwirken und die Isolierung Deutschlands gegenüber den Alliierten endgültig durchbrechen.

Die Verträge von Locarno

Vom 5. bis 16. Oktober 1925 tagten im schweizerischen Kurort Locarno die Regierungschefs und Außenminister der Weimarer Republik, Großbritanniens, Frankreichs, Belgiens, Italiens, Polens und der Tschechoslowakei, um über europäische Sicherheitsfragen zu diskutieren. Am Ende der Konferenz wurden Verträge abgeschlossen, die ein europäisches Sicherheits- und Friedenssystem begründen sollten:

- Deutschland, Frankreich und Belgien verzichteten auf eine gewaltsame Veränderung ihrer Grenzen. Damit verzichtete Deutschland zwar auf Elsass-Lothringen, erhielt aber die Zusicherung des Rheinlandes zum Reich.
- Großbritannien und Italien traten als Garantiemächte diesem Sicherheitspakt bei.
- In Schiedsabkommen mit Frankreich, Belgien, Polen sowie der Tschechoslowakei sicherte Deutschland für den Konfliktfall schiedsgerichtliche Verfahren zu.
- Deutschland verpflichtete sich außerdem ausdrücklich, die Grenzen mit Polen und der Tschechoslowakei nicht gewaltsam zu ändern. (Allerdings vermied Stresemann ein »Ostlocarno«, die Anerkennung der Grenzen zu den beiden Ländern. Deshalb blieb die Möglichkeit einer friedlichen Revision der Ostgrenzen bestehen.)
- Weiterhin sagte Deutschland auch seinen Beitritt zum Völkerbund zu.

Mit den Locarno-Verträgen durchbrach die Weimarer Republik endgültig ihre außenpolitische Isolierung. Entscheidende Voraussetzung für den in Locarno unterzeichneten Verzicht auf eine gewaltsame Änderung der deutschen Westgrenze war die vertrauensvolle Zusammenarbeit zwischen Stresemann und dem französischen Außenminister Aristide Briand, der auf eine Politik des Ausgleichs mit

Deutschland hinarbeitete. Beide erhielten für ihre Arbeit 1926 den Friedensnobelpreis.

Sichtbare Ergebnisse Locarnos waren zum einen der Abzug der britischen Besatzungstruppen aus der Kölner Zone bis Ende Januar 1926, zum anderen die Aufnahme Deutschlands in den Völkerbund. Dennoch verweigerten aber in Deutschland die Linke ebenso wie die Rechte ihre Zustimmung zu den Verträgen, die DNVP verließ wegen der von ihr kritisierten »Erfüllungspolitik« von Locarno die Regierung.

Auch in Frankreich, wo die Verträge in erster Linie als definitive Zustimmung Deutschlands zum Versailler Vertrag verstanden wurden, führte das Abkommen *nicht zur Überwindung des Gegensatzes zwischen national fixiertem Sicherheitsdenken und einer Strategie, die auf kooperative Verflechtung der Großmächte zielte.*

Der Berliner Vertrag

Als Ergänzung bzw. Gegengewicht zum Locarno-Pakt schloss Deutschland mit der Sowjetunion im April 1926 den Berliner Vertrag.

Auszüge aus einem Brief Gustav Stresemanns an Kronprinz Wilhelm vom 7. September 1925

[...] *Die deutsche Außenpolitik hat nach meiner Auffassung für die nächste absehbare Zeit drei große Aufgaben: Einmal die Lösung der Reparationsfrage in einem für Deutschland erträglichen Sinne und die Sicherung des Friedens, die die Voraussetzung für eine Wiedererstarkung Deutschlands ist.*

Zweitens rechne ich dazu den Schutz der Auslandsdeutschen, jener 10–12 Millionen Stammesgenossen, die jetzt unter fremdem Joch in fremden Ländern leben.

Die dritte große Aufgabe ist die Korrektur der Ostgrenzen: die Wiedergewinnung von Danzig, vom polnischen Korridor und eine Korrektur der Grenze in Oberschlesien.

Im Hintergrunde steht der Anschluss von Deutsch-Österreich, obwohl ich mir sehr klar darüber bin, daß dieser Anschluß nicht nur Vorteile für Deutschland bringt, sondern das Problem des Deutschen Reichs sehr kompliziert (Verstärkung des katholischen Einflusses, Bayern plus Österreich gegen Preußen, Vorherrschen der klerikalen und sozialistischen Parteien in Deutsch-Österreich).

Wollen wir diese Ziele erreichen, so müssen wir uns aber auch auf diese Aufgaben konzentrieren. Daher der Sicherheitspakt, der uns einmal den Frieden garantieren und England sowie, wenn Mussolini mitmacht, Italien als Garanten der deutschen Westgrenze festlegen soll. Der Sicherheitspakt birgt andererseits in sich den Verzicht auf eine kriegerische Auseinandersetzung mit Frankreich wegen der Rückgewinnung Elsaß-Lothringens, ein deutscher Verzicht, der aber insoweit nur theoretischen Charakter hat, als keine Möglichkeit eines Krieges gegen Frankreich besteht. [...]

Die Frage des Optierens zwischen Osten und Westen erfolgt durch unseren Eintritt in den Völkerbund nicht. Optieren kann man ja übrigens nur, wenn man eine militärische Macht hinter sich hat. Das fehlt uns leider. Wir können weder zum Kontinentaldegen für England werden, wie einige glauben, noch können wir uns auf ein deutsch-russisches Bündnis einlassen. Ich warne vor einer Utopie, mit dem Bolschewismus zu kokettieren. Wenn die Russen in Berlin sind, weht zunächst die rote Fahne vom Schloß [...].

[...] *Das Wichtigste ist* [...] *das Freiwerden deutschen Landes von fremder Besatzung.* [...]

(Quelle: http://www.bpb.de)

Gustav Stresemann betrachtete die Sowjetunion parallel zu den Verhandlungen mit den westeuropäischen Mächten *als eine Art aktiver Reserve*, was in seiner Aussage gegenüber dem sowjetischen Außenminister deutlich wurde, Deutschland werde keinesfalls den Status quo in Ostmitteleuropa – also die polnisch-deutsche Grenze – anerkennen. Auch wollte er signalisieren, dass die Verträge von Locarno und die von ihm angestrebte Westorientierung keine negativen Auswirkungen auf die Beziehungen beider Länder haben würden.

Der Berliner Vertrag, der in der Stagnationsphase der Verhandlungen zur Aufnahme Deutschlands in den Völkerbund am 24. April 1926 in Berlin abgeschlossen wurde, war ein Neutralitätsvertrag, in dem das Deutsche Reich seine Neutralität für den Fall eines Kriegs zwischen der Sowjetunion und einer dritten Macht zusicherte. Das bedeutete in erster Linie, dass Deutschland im Falle eines russisch-polnischen Krieges einen Durchmarsch französischer Truppen zur Unterstützung Polens nicht zulassen würde. Der auf fünf Jahre angelegte Berliner Vertrag beinhaltete daneben handelspolitische Vereinbarungen und zudem eine Intensivierung der Zusammenarbeit zwischen der republikanischen Reichswehr und der kommunistischen Roten Armee.

Deutsche Aussöhnungspolitik

Der Völkerbund

Schon in seinen »14 Punkten« hatte der amerikanische Präsident Wilson den Gedanken einer Friedensorganisation aufgegriffen, der dann auf der Pariser Friedenskonferenz in die Realität umgesetzt wurde. In Versailles waren zunächst 32 Siegermächte sowie 13 neutrale Staaten dem Völkerbund beigetreten. Die USA selbst traten der Organisation nicht bei.

Der Text der Völkerbundsatzung war Bestandteil des Versailler Vertrages. Das oberstes Organ des Völkerbundes waren die Bundesversammlung und der Völkerbundsrat, die beide wie auch das Generalsekretariat ihren Sitz in Genf hatten. Die Bundesversammlung, in der jedes Mitglied eine Stimme besaß, tagte einmal jährlich, dem Völkerbundsrat gehörten als ständige Mitglieder zunächst lediglich Großbritannien, Frankreich, Italien und das Kaiserreich Japan an.

Die deutsche Politik hoffte als Mitglied des Völkerbundes eine Revision des Versailler Vertrages im Hinblick auf deutsche Minderheiten im Ausland und die Rüstungsfrage wirkungsvoller erreichen zu können. Die in den Locarno-Verträgen vereinbarte Aufnahme Deutschlands erfolgte erst im September 1926, nicht wie ursprünglich geplant im März. Die zeitliche Verzögerung ergab sich durch Deutschlands Forderung nach einem ständigen Sitz im Völkerbundsrat, um in aller Form seinen wiedererlangten Großmachtstatus zum Ausdruck bringen zu können.

Da nach französischer Auffassung Polen unter allen Umständen ständiges Ratsmitglied werden sollte, musste die Sitzung im März 1927 verschoben werden. Dieses Problem wurde letzen Endes auf ganz einfache Art und Weise gelöst, indem Deutschland einen ständigen Sitz im Rat erhielt und die Zahl der nichtständigen Ratssitze von sechs auf neun erhöht wurde.

Der Briand-Kellogg-Pakt

Eine weitere Station auf dem Weg der Versöhnung bildete im August 1928 der Briand-Kellogg-Pakt, durch den Deutschland und 14 weitere Staaten die Ächtung des Krieges als ein Instrument der Politik beschlossen.

Durch den Völkerbund wurde das bisher bestehende Recht jedes souveränen Staates, nach eigenem Ermessen Krieg führen zu dürfen, lediglich eingeschränkt, ein aus nationalen Interessen geführter Angriffskrieg galt auch weiterhin als nicht völkerrechtswidrig.

Erst mit dem vom französischen Außenminister Aristide Briand und seinem amerikanischen Amtskollegen Frank Billings Kellogg ausgearbeiteten Abkommen zur Ächtung des Krieges als Mittel der Politik sollte jeder Krieg moralisch unmöglich gemacht werden. An die Stelle der militärischen Lösung eines Streitfalles sollte die friedliche Lösung jeden Problems vor ein Schiedsgericht treten. Von nun an sollte der im nationalen Interesse geführte Angriffskrieg als völkerrechtswidrig gelten. An den im Vorfeld geführten Verhandlungen hatte sich die Reichsregierung maßgeblich beteiligt. Ihre im Gegenzug gehegten Erwartungen, bei der Völkerbundskommission die deutsche Gleichberechtigung in der Rüstungsfrage zu erreichen, erfüllte sich jedoch nicht.

Am 27. August 1928 wurde der Briand-Kellogg-Pakt von 15 Nationen in Paris unterzeichnet, in den Folgejahren traten weitere bei.

Der Young-Plan

Mit dem Young-Plan wurden 1929 wesentlich günstigere Regelungen für die deutschen Zahlungsverpflichtungen geschaffen, da sich herausgestellt hatte, dass die im Dawes-Plan festgelegten jährlichen Zahlungen von der deutschen Wirtschaft nicht aufgebracht werden konnten.

Bereits in ihren Gesprächen in Thoiry im September 1926 hatten Briand und Stresemann eine schnelle Lösung des Reparationsproblems ins Auge gefasst: Sie dachten an eine vollständige Räumung des Rheinlandes gegen eine vorzeitige Ablösung der Reparationen, das heißt gegen Abtretung der hinterlegten Dawes-Schuldverschreibungen im Umfang von 16 Mrd. Mark an Frankreich. Diese Vereinbarung war aber weder in Frankreich gegen den Widerstand Poincarés noch international durchsetzbar, denn insbesondere Großbritannien beargwöhnte ein mögliches deutsch-französisches Sonderverhältnis.

Als sich Ende des Jahres 1928 abzeichnete, dass die Umstellung der jährlichen Reparationszahlungen auf die »Normalrate« von 2,5 Mrd. Reichsmark die deutsche Zahlungsfähigkeit überforderte, drängte die Reichsregierung auf eine endgültige Regelung der Reparationsfrage zu erträglichen Bedingungen. Im Juni des darauf folgenden Jahres legte daher ein Sachverständigenausschuss unter Leitung des amerikanischen Wirtschaftsexperten Owen D. Young einen Plan vor, der folgende grundsätzlichen Regelungen vorsah:

- Festlegung der Reparationssumme auf insgesamt 112 Mrd. Reichsmark mit einer Laufzeit bis 1988
- Festlegung der durchschnittlichen Jahresrate auf 2 Mrd. Reichsmark
- Aufhebung der ausländischen Kontrolle der Reichsbahn und Reichsbank und damit die Aufhebung der Einschränkung der deutschen Souveränität
- Räumung des gesamten Rheinlandes bis 1930 (nicht wie bis dato 1935) bei Annahme des Young-Plans

Rechte Parteien, konservative Verbände und Interessengruppen lehnten den Young-Plan aber entschieden ab und initiierten einen Volksentscheid, bei dem sich jedoch nur 13,8 Prozent der Wahlberechtigten dagegen aussprachen. Nach der Annahme des Plans konnte mit der vollständigen Räumung des Rheinlandes erneut ein Stück Souveränität zurückgewonnen werden.

Das Ende einer Ära

Als Gustav Stresemann am 3. Oktober 1929 im Alter von nur 51 Jahren starb, hatte er beträchtliche Erfolge erzielt. Besonders hervorzuheben ist sein Bemühen um eine Außenpolitik, die auf »Verständigung mit den anderen Nationen« gerichtet war, obwohl er noch ein Vertreter nationalstaatlichen Souveränitätsdenkens war und somit eigentlich nicht als früher Befürworter eines modernen Europagedankens gesehen werden kann.

Sein außenpolitisches Konzept konnte sich in Deutschland nicht durchsetzen. Das liberale Modell der Friedenssicherung sollte erst nach dem Zweiten Weltkrieg dauerhaft zur Anwendung kommen, als die Bundesrepublik Deutschland – unter zunächst erzwungener, aber dann auch freiwillig intendierter – Hintanstellung traditioneller Souveränitätsrechte schließlich den Weg zur Westintegration beschritt.

Vor seinem Tod beklagte sich Stresemann darüber, dass ihm seine französischen Partner nicht früher und eindrucksvollere Zugeständnisse gemacht hatten, die er den Deutschen als beachtliche außenpolitische Erfolge hätte präsentieren können. Dies hätte ihm ermöglicht, dem zunehmenden Erfolg der Rechten wirksam entgegenzutreten.

Die neue Außenpolitik

Wie alle anderen Bereiche der Politik stand auch die Außenpolitik in den letzten Jahren der Weimarer Republik ganz im Zeichen der Wirtschaftskrise. Die Sicherung der Kreditwürdigkeit gegenüber den ausländischen Gläubigern war in dieser Situation das vorrangige außenpolitische Ziel der Reichsregierung. Voraussetzung dafür war eine Politik der strikten und loyalen Erfüllung der eingegangenen Vertragsverpflichtungen.

Angeführt von der extremen nationalsozialistischen Anti-Versailles-Agitation erfuhr die revisionistische Stimmung gegen die noch verbliebenen Reste des Versailler Vertrages eine deutliche Radikalisierung, und neben der Reparationsfrage richtete sich die Agitation vor allem gegen die Deutschland auferlegten Rüstungsbeschränkungen.

Außenpolitik unter Heinrich Brüning

Sehr schnell ließ sich nach dem Tode Stresemanns ein Stil- und Methodenwechsel in der deutschen Außenpolitik feststellen. Reichskanzler Heinrich Brüning, der mit Beginn seines zweiten Präsidialkabinetts im Oktober 1931 auch das Amt des Außenministers übernahm, beabsichtigte mithilfe eines aggressiven außenpolitischen Stils, endgültig die »Fesseln von Versailles« zu sprengen. Zwangsläufig musste dies zu Konfrontationen mit den Alliierten führen.

Als die Regierung Brüning mit der österreichischen Regierung eine aus der wirtschaftlichen Notlage heraus motivierte Zollunion vereinbarte, tauchte plötzlich die alte Mitteleuropaidee wieder auf. Der Protest Frankreichs gegen diesen zunächst nur auf die wirtschaftlichen Fragen beschränkten Plan setzte der Sache ein Ende. Im Oktober 1931 annullierte der internationale Haager Gerichtshof die deutsch-österreichische Zollunion. Sie wurde als Schritt zum Anschluss Österreichs an das Deutsche Reich und als Bruch des Versailler Vertrages bewertet.

Zunächst stand allerdings unter allen außenpolitischen Fragen, die im Zeichen der seit Anfang 1930 zunehmend verschärften Wirtschaftskrise standen, das Reparationsproblem an erster Stelle.

Der Young-Plan hatte die Reparationen endgültig geregelt. Jedoch bestand die Gefahr, dass beim Eintritt einer finanziellen Notlage Deutschlands der gesamte Plan erneut zur Debatte stand. Brüning hatte sich in seiner Regierungserklärung zur *loyalen Durchführung der internationalen Vereinbarungen* bekannt und versuchte diese Zusage auch unter den Bedingungen der Weltwirtschaftskrise einzuhalten.

Als er die Unerfüllbarkeit des Young-Plans in der gegebenen Situation erkannt hatte, hielt er das Reparationsproblem offen, das heißt, er bereitete im Inneren Mittel und Wege einer Revision vor, vermied aber nach außen hin jegliche Diskussion. So bekam Brünings Deflationspolitik eine wichtige Funktion für seine revisionistischen Ziele in der Reparationsfrage, denn erst wenn Deutschland seine Unfähigkeit nachgewiesen hatte, die verlangten Zahlungen zu leisten, konnte die Möglichkeit bestehen, eine Revision zu erreichen.

Kurz nachdem Brüning die Grenze dessen, *was wir unserem Volk an Entbehrungen aufzuerlegen vermögen,* als erreicht bezeichnet hatte, schlug am 20. Juni 1931 der amerikanische Präsident Herbert Hoover ein allgemeines internationales Schuldenfeierjahr vor, das dann auch gegen französischen Widerstand von allen Beteiligten angenommen wurde (Hoover-Moratorium).

Doch Reichskanzler Brüning wollte mehr als ein bloßes Moratorium. Sein Ziel war es, die Reparationszahlungen nicht mehr aufzunehmen. Zwei Fremdgutachten stützten die Argumentation Deutschlands, dessen Zahlungsunfähigkeit damit gewissermaßen international festgestellt worden war. Für 1932 wurde eine Reparationskonferenz in Lausanne vereinbart.

Auch in der Frage der Rüstungsbeschränkungen erzielte Brüning einen Fortschritt. Zwar stießen auf der im Februar 1932 beginnenden Genfer Abrüstungskonferenz die deutsche Auffassung »Sicherheit durch Abrüstung« und die französische »erst Sicherheit, dann Abrüstung« aufeinander, doch England und die USA erkannten die deutschen Forderungen als berechtigt an.

Zwar erzielte die Konferenz kein materielles Ergebnis, doch Brüning hatte den deutschen Wunsch auf Gleichberechtigung geltend machen können. Als er im Mai 1932 als Reichskanzler gestürzt wurde, waren seine außenpolitischen Erfolge bezüglich Rüstungsgleichheit und Reparationen allenfalls Teilerfolge.

Die Fünfmächteerklärung

Der Erfolg, der mit der Streichung der Reparationen verbunden war, wurde schon Brünings Nachfolger, Reichskanzler Franz von Papen, angerechnet. Im Mittelpunkt seiner Außenpolitik – wie auch der seines Nachfolgers Kurt von Schleicher – stand nun die Aufhebung der deutschen Rüstungsbeschränkungen.

Auf der am 16. Juni 1932 beginnenden Lausanner Abrüstungskonferenz ergriff Reichskanzler von Papen sofort die Initiative und erklärte, seine Regierung werde die *letzte bürgerliche Regierung Deutschlands* sein, mit der sich die Reparationsfrage noch auf diplomatischem Wege lösen lasse. Obwohl Großbritannien, die USA und auch Frankreich Bereitschaft signalisierten, die Reparationen neu zu regeln, kam letzten Endes nur eine Abschlagszahlung zur Ablösung aller Reparationsforderungen infrage.

Die Konferenz führte schließlich zur Aufhebung des Young-Plans, und Reichskanzler von Papen verpflichtete sich am 9. Juli 1932 im Abkommen von Lausanne lediglich zu einer Abschlusszahlung von drei Mrd. Reichsmark, die tatsächlich nie geleistet wurde.

Reichskanzler Kurt von Schleicher hatte bereits als Reichswehrminister im Kabinett seines Vorgängers Einfluss auf den Gang der Genfer Abrüstungskonferenz genommen. Im Juli und im September hatte die Reichsregierung ihren Rückzug von der Konferenz angekündigt, falls ihren Gleichberechtigungsforderungen nicht entsprochen werde. Auch dadurch kam es am 11. Dezember 1932 zu einer Fünfmächteerklärung, in der *Deutschland und den anderen durch die Verträge abgerüsteten Staaten grundsätzlich die militärische Gleichberechtigung, in einem System, das allen Nationen Sicherheit bietet*, zugestanden wurde.

Damit waren – ausgenommen die Demilitarisierung des Rheinlandes – alle Rüstungsbeschränkungen des Versailler Vertrages aufgehoben. Auf einer für den Februar 1933 vorgesehenen Abrüstungskonferenz sollten dann die Bedingungen überprüft werden, unter denen das zugestandene Prinzip der Gleichberechtigung verwirklicht werden konnte. Dass es noch Regierungen der Weimarer Republik gelungen war, den Versailler Vertrag sichtbar zu revidieren, konnte an deren Schicksal nichts mehr ändern. Der außenpolitische Erfolg kam leider zu spät, um eine innenpolitische Wendung in Gang zu bringen – und möglicherweise die Wahl Hitlers zu verhindern.

Innenpolitische Ereignisse der Weimarer Republik 1920 – 1933

13. März 1920	Kapp-Lüttwitz-Putsch in Berlin
24. Juni 1922	Mord an Außenminister Walther Rathenau
Oktober 1923	Separatistenbewegung im Rheinland
8./9. November 1923	Hitler-Putsch in München
15. November 1923	Währungsreform
26. Februar 1924	Hochverratsprozess gegen Hitler, Ludendorff und Röhm
30. August 1924	Ablösung der Rentenmark durch die Reichsmark
20. Dezember 1924	Hitlers vorzeitige Haftentlassung
28. Februar 1925	Wahl Paul von Hindenburgs zum Reichspräsidenten
1. Oktober 1927	Einführung der Arbeitslosenversicherung
1927	Magdeburger Parteitag der SPD
August 1928	Affäre um den »Panzerkreuzer A«
25. Oktober 1929	»Schwarzer Freitag«
27. März 1930	Rücktritt von Reichskanzler Müller (SPD)
29. März 1930	Ernennung Heinrich Brünings zum Reichskanzler
14. September 1930	NSDAP verfünffacht bei der Reichstagswahl ihren Stimmenanteil
Oktober 1931	»Harzburger Front«
Dezember 1931	»Eiserne Front«
10. April 1932	Paul von Hindenburg zum Reichspräsidententen wiedergewählt
Juni – November 1932	Kabinett Franz von Papen (Zentrum)
4. Juni 1932	Auflösung des Reichstages
12. Juni 1932	Aufhebung des Verbots der nationalsozialistischen Wehrverbände Schutzstaffel (SS) und Sturmabteilung (SA)
17. Juli 1932	»Altonaer Blutsonntag«
20. Juli 1932	»Preußenschlag«; Einleitung der Gleichschaltung Preußens
31. Juli 1932	Reichstagswahl: NSDAP mit 37,4 Prozent stärkste Partei
Dezember 1932 bis Januar 1933	Kabinett Kurt von Schleicher (parteilos)
ab 30. Januar 1933	Kabinett Adolf Hitler (NSDAP)
ab 24. März 1933	Hitler Reichskanzler mit diktatorischen Vollmachten

Schwierige Jahre der Weimarer Republik

Weimarer Verfassung und Versailler Vertrag steckten neben dem außenpolitischen auch den innenpolitischen Rahmen ab, innerhalb dessen die junge Republik immense Probleme zu lösen hatte. Aus der Agitation gegen den Vertrag von Versailles, gegen »Erfüllungspolitiker« und »Novemberverbrecher« zog die politische Rechte ihre Kraft. In den ersten Jahren drohte das Gefüge des jungen Staates durch deren Putschversuche, aber auch durch Aufstände der linken Gegner der Demokratie auseinander zu brechen.

Kapp-Lüttwitz-Putsch

Im März des Jahres 1920 kam es in Berlin zum Kapp-Lüttwitz-Putsch, der den parlamentarisch-demokratischen Staat beseitigen und die monarchische Ordnung wiederherstellen sollte. Da die Reichswehr sich weigerte, den Aufstand niederzuwerfen, mussten Reichsregierung und Reichstag aus der Hauptstadt fliehen. Der von SPD und Gewerkschaften ausgerufene Generalstreik setzte dem Putsch nach wenigen Tagen ein Ende.

Reichswehr schieße nicht auf Reichswehr

Einer der Auslöser der Putschvorbereitungen waren die Abrüstungsbestimmungen des Versailler Vertrages, die bis zum 21. März 1920 die Reduzierung von Heer und Marine verfügten. Vor allem die der Weimarer Republik skeptisch bis ablehnend gegenüberstehenden Freikorps fühlten sich von der Regierung verraten, denn in ihrem Auftrag hatten sie im Baltikum gegen die Rote Armee, an der deutschen Ostgrenze gegen polnische Freiwilligenverbände gekämpft und sich 1919 in der Heimat an der Niederschlagung der Frühjahrsunruhen beteiligt.

Einer Anweisung der Interalliierten Militärkontrollkommission folgend, wollte Reichswehrminister Gustav Noske im März 1919 als einen der ersten Verbände die 6000 Mann starke »Marinebrigade Ehrhardt« auflösen. Diese widersetzte sich und wurde dabei durch General von Lüttwitz, den Oberbefehlshaber der Truppen in Berlin, unterstützt, der neben der Beibehaltung der Freikorps auch seine eigene Ernennung zum Oberbefehlshaber der Reichswehr und Neuwahlen forderte. Als Noske den General beurlaubte, war der Putsch bereits beschlossen und die Marinebrigade war auf dem Marsch nach Berlin. Die von Noske zusammengerufene Reichswehrführung lehnte fast einstimmig den Einsatz der Truppe ab. Der Chef des Truppenamtes der Reichswehr, General Hans von Seeckt (1866 – 1936), erklärte unmissverständlich, *Reichswehr schieße nicht auf Reichswehr*. In dieser Situation blieb der Regierung nur die Flucht nach Dresden, später nach Stuttgart.

Die Brigade Ehrhardt besetzte unter dem Befehl von Walther von Lüttwitz kampflos das Berliner Regierungsviertel, und der ostpreußische Generallandschaftsdirektor Wolfgang Kapp, der Kopf der Putschisten, rief sich selbst zum Reichskanzler aus und ernannte von Lüttwitz zum Oberbefehlshaber der Reichswehr. Der Putsch scheiterte nach einigen Tagen am 17. März sowohl am verfassungstreuen Verhalten und passiven Widerstand der Beamten wie am Generalstreik der Gewerkschaften. Engagement und sichtbar gewordene politische Stärke der Gewerkschaften mussten die Regierungen des Reiches und Preußens mit der Verabschiedung von Ministern – darunter Noske – honorieren, die zum rechten Flügel der Sozialdemokratie gerechnet wurden. Noskes Nachfolger Otto Geßler (DDP) ernannte ausgerechnet General von Seeckt zum Chef der Heeresleitung, unter dessen Amtsführung sich die Reichswehr in den folgenden Jahren zu einer Art Staat im Staate entwickelte.

Die strafrechtliche Verfolgung der Putschisten und ihrer Helfer verlief weitgehend im Sande. Trotz hochtrabender Ankündigungen der Regierung, *die Hochverräter der strengsten Bestrafung zuzuführen*, wurden am Ende lediglich die »Urheber« und »Führer« zur Rechenschaft gezogen.

Die beteiligten Reichswehroffiziere unterstanden sowieso der Militärgerichtsbarkeit und konnten auf die milde Bestrafung durch ihre Standesgenossen hoffen. Die Verfahren gegen die Übrigen wurden häufig eingestellt, während gegen die Mitglieder der »Roten Ruhrarmee« mit voller Schärfe des Gesetzes vorgegangen wurde. Diese unterschiedliche Auslegung der Gesetze war symptomatisch für die Justiz der Weimarer Republik. *Die vom Kaiserreich übernommene Richterschaft neigte dazu, ihre Unabhängigkeit für politisch motivierte Urteile zu missbrauchen* (Sturm). Vor Gericht kamen bei denselben Delikten rechte Straftäter im Durchschnitt mit viel geringeren Strafen davon als linke Straftäter.

Die Folgen des Putsches

Der Kapp-Lüttwitz-Putsch offenbarte das angespannte Verhältnis zwischen Republik und Reichswehr. Diese stand den Feinden der Republik von rechts weiterhin neutral gegenüber und verweigerte jede Identifikation mit dem demokratischen Staat. Nach der Devise *Reichswehr schieße nicht auf Reichswehr* ging sie auch später nie offen gegen die Republik vor, aber keine Regierung konnte sich in dieser Frage sicher sein, auf welcher Seite die Armee im Zweifelsfall stehen würde. Das meist adlige Offizierkorps stammte aus konservativ-monarchistischen Kreisen und lebte in der Tradition des kaiserlichen Heeres.

Für die mangelnde Integration der Reichswehr in das republikanische Staatswesen mögen verschiedene Faktoren verantwortlich gewesen sein. Mit ausschlaggebend dafür war auf jeden Fall die Politik General Hans von Seeckts, der die Armee zu einem Staat im Staate machte, indem er die Tagespolitik aus den Kasernen verbannte. Damit wurden jegliche Versuche der Regierung und der Parteien verhindert, die Reichswehr zu demokratisieren und zu einer echten »republikanischen Armee« zu machen. Der Kapp-Lüttwitz-Putsch war für große Teile der Arbeiterschaft eine Herausforderung, auf die diese durch Organisierung von Selbstschutztruppen reagierte.

Im Ruhrgebiet, in Sachsen und Thüringen übernahmen spontan gebildete – von USPD und KPD dominierte – »Vollzugsräte« die politische Macht, die bewaffnete Arbeiterwehren organisierten, denen es in bürgerkriegsähnlichen Kämpfen gelang, die einmarschierenden Freikorps zum Rückzug zu zwingen.

Die im Ruhrgebiet gebildete, über 50 000 Mann starke »Rote Ruhrarmee« brachte bis Ende März 1920 das gesamte Ruhrgebiet unter ihre Kontrolle, wobei sie durch den Streik von 300 000 Bergarbeitern maßgeblich unterstützt wurde. Damit war der linke Widerstand gegen den rechten Putsch zu einem Aufleben der Revolution und zu einem Kampf für die Wiederbelebung des sozialistischen Rätesystems geworden.

Nachdem die Reichsregierung vergeblich versucht hatte, durch die Zusage von Reformen die Selbstauflösung der »Roten Ruhrarmee« zu erreichen, setzte sie die Reichswehr zur Niederschlagung des Aufstandes ein, die diesen Einsatz gegen links mehr als bereitwillig durchführte und dabei in Brutalität und Grausamkeiten die Aufständischen bei weitem übertraf.

Innenpolitische Radikalisierung

Bei den Wahlen zum ersten Reichstag der Republik erlitten die Parteien der »Weimarer Koalition« eine eindeutige Niederlage, und es zeigte sich eine deutliche Radikalisierung bei der Rechten wie der Linken. Die Einbußen der Regierungsparteien erklärten sich aus der anhaltenden Polarisierung, die sich entweder in Enttäuschung über die gestoppte Revolution oder in Empörung über den Versailler Vertrag bzw. die »Erfüllungspolitik« äußerte. Aus diesem Grund erzielten USPD, DVP und DNVP erhebliche Gewinne. Die von der »Weimarer Koalition« verlorene Mehrheit konnte sie bis zum Untergang der Weimarer Republik nicht mehr zurückgewinnen.

Nun begannen Jahre politischer Instabilität mit rasch einander abwechselnden Minderheitskabinetten. Für volle acht Jahre verlor die SPD die Aussicht auf die Führung, für den längsten Teil dieses Zeitraums auch auf die Beteiligung an der Reichspolitik. Die Vereinigung mit dem Teil der USPD, der sich nicht der KPD angeschlossen hatte, ließ ab 1922 die innerparteilichen Flügelkämpfe und Vorbehalte gegen Koalitionen mit bürgerlichen Parteien wieder neu aufleben.

Konträre Entwicklungen

In Preußen hatte die Weimarer Koalition ihre Mehrheit behalten können und versuchte in den Folgejahren eine Stabilisierung der Verhältnisse durch die Demokratisierung des öffentlichen Dienstes zu erreichen. Republikanern galt das größte Land als »Bollwerk der Demokratie«, für das rechte Lager war es eine »rote Festung«.

Die gegenläufige Entwicklung verlief in Bayern, wo die MSPD bereits während des Kapp-Lüttwitz-Putsches in die Opposition gedrängt wurde und sich rechtskonservative Regierungen etablierten. Bayern galt entweder als »Hort der Reaktion« oder als »Ordnungszelle«, wo republikfeindliche Organisationen frei agieren konnten.

Die KPD hatte durch die USPD-Spaltung 1920 eine breite Basis erhalten und war damit zu einer revolutionären Massenpartei mit deutlichem Schwerpunkt im mitteldeutschen Industriegebiet geworden, wo sie sich Ende März 1921 zu einer letzten Endes erfolglosen bewaffneten Aktion entschloss. Einen erneuten revolutionären Versuch startete die KPD mit Unterstützung aus Moskau 1923 im Zusammenhang mit dem Ruhrkampf.

Von Sachsen und Thüringen sollte der »deutsche Oktober« die Initialzündung für die Weltrevolution bringen. Die dortigen, zum linken Flügel der SPD zählenden Sozialdemokraten koalierten mit den Kommunisten, weil sie zum einen die Spaltung der Arbeiterparteien überwinden wollten, zum anderen in den »Proletarischen Hundertschaften« – 50 000 bis 60 000 Bewaffnete – eine Chance sahen, den aus Bayern erwarteten Marsch der Rechten auf Berlin zu stoppen. Ende Oktober, Anfang November 1920 ordnete der Reichspräsident die Reichsexekution gegen Sachsen bzw. Thüringen an. Die Reichswehr besetzte die beiden Länder, die »Proletarischen Hundertschaften« wurden aufgelöst und die kommunistischen Regierungsmitglieder traten zurück oder wurden entlassen.

Politische Morde der Rechten

Für die extreme Rechte wurden die »alliierten Erfüllungsgehilfen« zu Symbolen der verhassten Demokratie und zu Todeskandidaten. Ihr auch durch die Medien ständig geschürter Hass auf die Republik entlud sich in terroristischen Aktionen gegen Andersdenkende.

Die Freikorps lebten auch nach ihrer offiziellen Auflösung unter verschiedenen Tarnbezeichnungen weiter, häufig als »schwarze Reichswehr« bezeichnet. Die meist gefürchtete Geheimorganisation wurde die »Organisation Consul« (O. C.), die aus der »Brigade Ehrhardt« entstanden war. Aus diesem Umfeld entstammten diejenigen, die durch Attentate und Fememorde das politische Klima der Republik vergifteten und dabei von nationalen Kreisen gedeckt und unterstützt wurden.

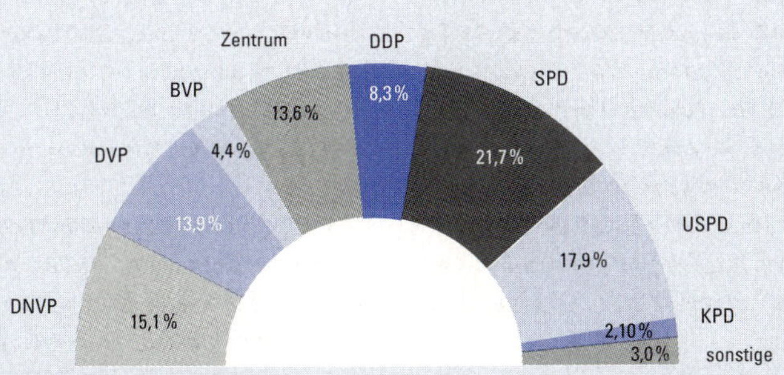

Die innenpolitische Radikalisierung fand ihren Niederschlag in der Reichstagswahl vom 6. Juni 1920

Bereits 1919 waren die KPD-Führer Rosa Luxemburg und Karl Liebknecht bzw. der bayerische USPD-Ministerpräsident Kurt Eisner ermordet worden. Im August 1921 wurde der Unterzeichner des Waffenstillstandes und frühere Reichsfinanzminister, der Zentrumspolitiker Mathias Erzberger getötet. Im Juni 1922 entging der erste Ministerpräsident der Republik, Philipp Scheidemann, nur knapp einem Attentat. Am 24. Juni 1922 wurde Außenminister Walther Rathenau in Berlin erschossen, ein Mord zu dem Teile der nationalistischen Presse mehr oder weniger unverblümt aufgerufen hatten.

Als Reaktion auf die Mordanschläge erließ die Reichsregierung zwei Verordnungen zum Schutz der Republik. Im Juli wurden sie durch das Gesetz zum Schutz der Republik abgelöst, das zwar auch eine Handhabe zum Verbot extremistischer Organisationen bot, von der Justiz aber vor allem gegen die republikfeindliche Linke eingesetzt wurde.

Der Hitler-Putsch

Bayern, die Hochburg der Gegenrevolution, wurde im Herbst 1923 zum Schauplatz rechtsextremer Aktivitäten, die mit dem Hitler-Putsch am 8. und 9. November 1923 in München einen Höhepunkt erreichten. Adolf Hitler, der zu diesem Zeitpunkt im übrigen Reich nahezu unbekannt war, nahm in Bayern mittlerweile eine Schlüsselstellung zwischen Landesregierung, Reichswehr und nationalen Wehrverbänden in der gemeinsamen Abwehrhaltung gegenüber der Reichsregierung in Berlin ein. Schon seit längerer Zeit bestanden Spannungen zwischen dem Reich und Bayern, das aus Abneigung gegen das »rote« Berlin zur Hochburg der Gegenrevolution und zur »Ordnungszelle des Reiches« geworden war, in der sich nationale Verbände ungehindert entfalten konnten.

Kurzporträt: Adolf Hitler

Die Jahre in Braunau und Wien

Aus einer der zahlreichen völkischen Splittergruppen hatte sich die Nationalsozialistische deutsche Arbeiterpartei (NSDAP) entwickelt. Ihr Führer war der aus Österreich stammende Adolf Hitler.

Adolf Hitler wurde am 20. April 1889 als Sohn des Zollbeamten Alois Hitler (bis 1877 Schicklgruber) und seiner Frau Clara in Braunau am Inn (Oberösterreich) geboren. Er besuchte die Realschule in Linz, die er 1905 ohne Abschluss verließ. Da er zunächst nicht zu einer Erwerbsarbeit gezwungen war, widmete sich Hitler ganz der Lektüre völkischer Schriften. Besonders stark beeinflusste ihn zu jener Zeit der Pangermanismus Georg von Schönerers.

Nach dem Tod der Mutter übersiedelte er 1907 nach Wien, wo er sich zweimal vergeblich an der Kunstakademie bewarb. Nachdem er eine Zeit lang von seinem Erbteil leben konnte, musste er sich fortan ohne einen festen Wohnsitz und schließlich im Obdachlosenasyl mit verschiedenen Gelegenheitsarbeiten durchschlagen.

Übersiedlung nach München

Die Erlebnisse in der Hauptstadt des Vielvölkerstaates und die Lektüre antisemitischer Zeitungen und Bücher bestimmten Hitlers Weltanschauung und prägten seinen rassistisch begründeten Judenhass und seine radikale Feindschaft gegen Marxismus und Liberalismus. Nicht zuletzt um sich dem Wehrdienst in der österreichisch-ungarischen Armee zu entziehen, übersiedelte Hitler 1913 schließlich nach München.

Am 16. August trat er als Kriegsfreiwilliger in das Bayerische Reserve-Infanterie-Regiment Nr. 16 ein und diente an der Westfront als Meldegänger. Er wurde mit dem Eisernen Kreuz erster und zweiter Klasse ausgezeichnet. Im Oktober 1916 wurde er verwundet und kehrte 1917 zu seiner Einheit zurück. Im Oktober 1918 erlitt er bei einem Gasangriff eine schwere Vergiftung, die zu zeitweiser Erblindung führte. Dieses prägende und für Hitlers weitere Entwicklung zentrale Erlebnis lässt in ihm den Entschluss reifen, *Politiker zu werden.*

Ende November 1918 erlebte er das Kriegsende in einem Lazarett und kehrte dann zum Infanterieregiment 2 nach München zurück und war für die Reichswehr als »Verbindungsmann« und »Aufklärungsredner« tätig. Im Juni 1919 wurde Hitler von seiner Einheit zur Teilnahme an einem Rednerkurs für ausgewählte »Propagandaleute« an der Universität München vorgeschlagen und zeichnete sich dabei als talentierter Redner aus.

Entstehung der NSDAP

Am 12. September 1919 besuchte Hitler eine Versammlung der Deutschen Arbeiterpartei (DAP) und trat ihr wenige Tage später bei. Bereits am 16. Oktober hielt er seine erste politische Rede vor Mitgliedern der DAP. Im Februar 1920 arbeitete er am Programm der in Nationalsozialistische Deutsche Arbeiterpartei (NSDAP) umbenannten Partei mit. Am 31. März wurde Hitler aus der Reichswehr entlassen und widmete sich fortan der Parteiarbeit. Am 29. Juli 1921, als Agitator unterdessen unentbehrlich und bekannt geworden, gelang es ihm auf einer außerordentlichen Mitgliederversammlung der NSDAP, die Führung der Partei mit diktatorischen Vollmachten zu übernehmen. Die NSDAP bezeichnete sich selbst als eine »Bewegung« und grenzte sich gegen die anderen Parteien der Weimarer Republik ab.

Der Putsch von München

Nach der Weigerung Bayerns, das »Gesetz zum Schutz der Republik« als bindend anzuerkennen, verschärfte sich der Konflikt mit dem Reich. Als Protest gegen die Aufgabe des Ruhrkampfes verkündete die bayerische Staatsregierung den Ausnahmezustand und ernannte den Regierungspräsidenten von Oberbayern und früheren Ministerpräsidenten Gustav Ritter von Kahr, der sich auf die Wehrverbände und die übrigen konservativen Kräfte stützen konnte, zum »besonderen Generalstaatskommissar« und übertrug ihm die Exekutivgewalt.

Gustav Ritter von Kahr bildete zusammen mit General Otto von Lossow, dem Bayerischen Wehrkreiskommandeur, der sich und die Bayerische Reichswehrdivision von der bayerischen Regierung hatte in Pflicht nehmen lassen, und Oberst Hans von Seißer, dem Chef der Bayerischen Landespolizei, eine Art Triumvirat. Diese drei Politiker ließen unter anderem das Republikschutzgesetz in Bayern außer Kraft setzen, verboten oppositionelle Organisationen und Zeitungen und ließen aus Osteuropa eingewanderte Juden ohne Rechtsgrundlage ausweisen. Kahr, Seißer und Lossow planten nach dem Vorbild der italienischen Faschisten einen »Marsch auf Berlin«. Als Lossow vom Reichswehrminister seines Postens enthoben wurde, ernannte ihn Kahr zum Bayerischen Landeskommandanten und unterstellte ihm die Truppen in Bayern *bis zur Wiederherstellung des Einvernehmens zwischen Bayern und Reich.* Die daraufhin angeordnete Reichsexekution gegen das Land Bayern wusste General von Seeckt zu hintertreiben. Er weigerte sich – wie schon beim Kapp-Lüttwitz-Putsch – die Reichswehr gegen diese Bedrohung einzusetzen.

Als Hitler erkannte, dass er und seine Anhänger vom »Marsch nach Berlin« von Kahr und seiner Gruppe ausgeschlossen werden sollten, versuchte er am Abend des 8. November 1923 das Signal zum Kampf gegen die *jüdisch-marxistische Brut* in Berlin zu geben. Er rief die »Nationale Revolution« aus und erklärte die bayerische sowie die Reichsregierung für abgesetzt. Hitler und Ludendorff versuchten die Kahr-Gruppe im Bürgerbräukeller auf eine gemeinsame Aktion einzuschwören und zu überreden, in eine Regierung Hitler einzutreten. Das Triumvirat ging zum Schein auf den Putsch ein, traf allerdings anschließend Maßnahmen zur Unterdrückung des Aufstandes, sodass Hitlers improvisierter und dilettantisch durchgeführter Putschversuch isoliert blieb. Ein am Morgen des 9. November von Hitler und Ludendorff angeführter Marsch mit mehreren Tausend Teilnehmern endete im Feuer der Polizei an der Feldherrnhalle. Drei Polizisten und 14 Demonstranten kamen ums Leben.

Beim Hitler-Putsch war deutlich geworden, dass der bürgerlich-konservative Nationalismus und der revolutionäre Nationalismus verschiedene politische Ziele verfolgten. Die NSDAP wurde nach dem missglückten Putschversuch reichsweit verboten. Im Hochverratsprozess gegen Hitler im Februar 1924 erhielt dieser mit fünf Jahren Festungshaft ein vergleichsweise mildes Urteil. Bereits am 20. Dezember 1924 wurde er vorzeitig aus der Festung Landsberg am Lech entlassen, wo der erste Band von ›Mein Kampf‹ entstanden war.

Inflation

Die Entwertung der deutschen Währung hatte bereits im Ersten Weltkrieg ihren Anfang genommen. Nach Kriegsende setzte sie sich – verstärkt durch die hohen Kriegsfolgelasten sowie Demontagen und Reparationsverpflichtungen – fort. Als die Inflation im November 1923 ihren Höhepunkt erreichte, wurden die Ersparnisse eines großen Teils der Bevölkerung vernichtet. Der Vertrauensverlust in die Weimarer Republik war immens.

Hyperinflation

Um die staatlichen Goldvorräte zu erhalten, wurde die bisherige Goldwährung im August 1914 faktisch aufgehoben. Zur Banknotendeckung wurden jetzt unter anderem Schuldverschreibungen des Reichs zugelassen. Damit hatte die Reichsregierung den Weg zur Staatsfinanzierung durch einen vermehrten Geldscheindruck beschritten. Die umlaufende Geldmenge verfünffachte sich von Kriegsbeginn bis 1918. Da das Warenangebot allenfalls stagnierte, kam es zu immer stärkeren Preissteigerungen. Der Außenwert der Mark verringerte sich, am Devisenmarkt stieg der Dollarkurs unaufhaltsam.

Kriegsfinanzierung

Eine Hauptursache der Inflation lag in der Art der Kriegsfinanzierung, denn die stetig ansteigenden Kriegskosten, die sich schließlich auf 164 Mrd. Mark beliefen, wurden kaum durch Steuererhöhungen und Kriegsabgaben, sondern vor allem durch Anleihen, Schatzwechsel, Schatzanweisungen und ähnliche Schuldverschreibungen aufgebracht. Die unausweichliche Folge dieser fehlgeleiteten Form der Kriegsfinanzierung war eine immense Staatsverschuldung.

Zunächst waren Gold- und Silbermünzen noch in Umlauf geblieben, doch schon 1916 wurden die Silbermünzen aus dem Verkehr gezogen, um zur Erzeugung kriegswichtiger Rohstoffe eingeschmolzen oder zur Bezahlung von Importen genutzt zu werden. Ähnlich verhielt es sich später mit den Goldmünzen, die von der Bevölkerung im Rahmen der Sammelaktion »Gold gab ich für Eisen« an den Staat abgegeben wurden. Zum Ausgleich wurde Papiernotgeld ausgegeben. Die durch Kriegsfinanzierung über die Notenpresse eingetretene erhebliche Zunahme des Geldumlaufs hatte, da infolge von Rationierungen im Rahmen der Kriegswirtschaft kein entsprechendes Warenangebot mehr gegenüberstand, keine schwerwiegenden Auswirkungen gezeigt. Mit der Aufhebung der Zwangsbewirtschaftung machten sich die inflationären Tendenzen dann jedoch bemerkbar.

Friedensfinanzierung

Doch nicht allein der Krieg, sondern auch seine Folgen – Umstellung von Kriegs- auf Friedensproduktion, Wiedereingliederung der Soldaten, Unterstützung der Arbeitslosen, Kriegsgeschädigten, Flüchtlinge und Verwundeten, Ausfälle durch Demontagen etc. – und die Reparationsleistungen verursachten dem Reich immense Kosten. Die regulären Einnahmen konnten den Finanzbedarf des Staates nicht decken, sodass zur Bewältigung laufender Ausgaben immer neue Kredite aufgenommen werden mussten. Der Kurs der deutschen Währung rutschte immer weiter ab, und die einzelnen Regierungen ließen die Notenpressen immer mehr Geld drucken. Der Ruhrkampf und seine Folgen – Produktionsausfälle, Unterstützung der Ausgesperrten und Ausgewiesenen – steigerten die

Januar 1913	1,0
Januar 1920	15,4
Juli 1920	9,4
Januar 1921	15,4
Juli 1921	18,3
Januar 1922	45,7
Juli 1922	117
Januar 1923	4279
Juli 1923	84 150
August 1923	1 110 100
September 1923	23 540 000
Oktober 1923	6 014 300 000
15. November 1923	1 000 000 000 000

Geldentwertung der Mark gemessen am Dollarkurs

Geldentwertungsraten immens, die bereits galoppierende Inflation wurde zur Hyperinflation.

In der Endphase kamen die Papiermühlen und Druckpressen mit der Herstellung von Geldscheinen nicht mehr nach. Großbetriebe und Gemeinden gaben ein eigenes »Notgeld« aus. Schließlich verlor das Geld seine Funktion, man ging zum Tauschhandel über.

Allgemein hatten im Verlauf der Inflation die Eigentümer von Sachwerten ihre Position halten, Schuldner sie sogar erheblich verbessern können. Größter Inflationsgewinner war – neben einigen Großindustriellen – der Staat, der seine Inlandsschulden auf diese Weise völlig abbauen konnte. 1923 waren die Kriegskosten von 154 Mrd. Mark nur noch 15,4 Pfennig wert. Verlierer der Inflation waren in erster Linie alle Eigentümer von Sparguthaben und die Besitzer von Rentenpapieren und Versicherungspolicen. Die Hyperinflation von 1923 hatte weitreichende soziale und politische Konsequenzen. Inflation ist seit dieser Zeit zu einem besonderen Reizwort und Trauma der deutschen politischen Kultur geworden, dessen Auswirkungen sich bis auf den heutigen Tag verfolgen lassen (→ Tabelle »Geldentwertung«).

Die Inflation hatte bestehende soziale Diskrepanzen noch verstärkt, Inflationsgewinnen der Sachmittelbesitzer und der Industrie stand zwar nicht die gesamte »Vernichtung des Mittelstandes«, sondern nur die »Proletarisierung« erheblicher Teile gegenüber, was aber die fragile demokratische Basis der Republik weiter schwächte. Viele Verlierer der Inflation verweigerten in Zukunft der Republik ihre Zustimmung und wurden anfällig für die Propaganda rechter Gruppierungen, vor allem der NSDAP.

Die Währungsreform

Die seit November 1922 amtierende Reichsregierung unter dem parteilosen Reichskanzler Wilhelm Cuno musste erkennen, dass der Ruhrkampf in den wirtschaftlichen Ruin führte und trat im August 1923 zurück. Der neue Reichskanzler Gustav Stresemann verkündete am 26. September das Ende des passiven Widerstandes und leitete im November eine Währungsreform ein, die die Talfahrt der deutschen Währung beendete, ohne ausländische Kapitalhilfe in Anspruch zu nehmen. Aufgrund eines Ermächtigungsgesetzes wurde durch Regierungsverordnung eine Rentenbank errichtet, die ab 15. November 1923 die »Rentenmark« herausgab, gleichzeitig wurden der Notenumlauf begrenzt und die Ausgabenbefugnisse der Regierung stark eingeschränkt.

Da das Reich nicht genügend Goldvorräte besaß, wurde zur Deckung der Übergangswährung der industrielle und landwirtschaftliche Grundbesitz herangezogen. Die neue Währung wurde rasch akzeptiert, man sprach vom »Wunder der Rentenmark«. Am 30. August 1924 erfolgte dann ihre Ablösung durch die durch Gold gedeckte, im internationalen Zahlungsverkehr vollkommen konvertierbare »Reichsmark«.

Phase einer vermeintlichen Stabilisierung

1924 mehrten sich die Anzeichen für eine Stabilisierung der Weimarer Republik. Tatsächlich waren die Jahre vom Ende der Inflation bis zum Beginn der Depression 1928 die »Goldenen Zwanzigerjahre« der Weimarer Republik. Es sind Jahre einer vermeintlich dauerhaften wirtschaftlichen Stabilität, einer zunehmenden politischen Normalisierung und einer neuen kulturell-künstlerischen Produktivität. Allenfalls die Wahl Hindenburgs zum Reichspräsidenten konnte als ein Signal in die falsche Richtung gedeutet werden.

Wirtschaftlicher Aufschwung – ein Trugbild

Die Stabilisierung der Währung, die finanzielle Regelung der Reparationsfrage und ausländische Kredite durch die Verabschiedung des Dawes-Plans ermöglichten eine Phase des wirtschaftlichen Aufschwungs, der mit der Einführung modernster Technologien verbunden war. Elektrifizierung und die industrielle Massenproduktion schritten in großem Maße voran. Mit der Zunahme der Motorisierung und des Straßentransports in den 1920er-Jahren gewann die Kraftfahrzeugindustrie erheblich an Bedeutung.

Neben weiteren neuen Industriezweigen, wie der Flugzeugbau-, Buntmetall- und Kunstseideherstellung konnten auch die Altindustrien ihre Produktion enorm steigern. Die technischen Großprojekte, wie die Entwicklung des Luftschiffs Zeppelin, der Bau des Verkehrflugzeugs Dornier DO-X oder die Konstruktion des Ozeanriesen Bremen demonstrierten die Leistungsfähigkeit der deutschen Industrie auch nach außen hin.

Doch waren die Jahre von 1924 bis 1929 bestenfalls Jahre der relativen Sicherheit und des Scheins der Normalität, denn es gab eine ganze Reihe bedenklicher Entwicklungen:

- Rationalisierungskrisen und in der Folge Arbeitslosigkeit
- Verbesserung der Situation der Lohnabhängigen, jedoch geringer als in den anderen westlichen Industrienationen
- Einführung der Arbeitslosenversicherung: Verheerende Auswirkungen durch die Abhängigkeit von öffentlichem Haushalt und Zahl der Arbeitslosen
- Streben nach Marktbeherrschung und Wettbewerbsbeseitigung
- Unrentables Arbeiten der Landwirtschaft: Agrarkrise (1925)
- Auslandsverschuldung und ihre nachhaltigen negativen Folgen
- Schlechte Absicherung der expansiven Kreditpolitik
- Hohe Verschuldung der Kommunen

Da es sich bei den Industrieinvestitionen oft um wettbewerbsorientierte Rationalisierungen in den Wachstumsindustrien handelte, kam es schnell zu Rationalisierungskrisen, die eine erhebliche Zunahme der Arbeitslosigkeit mit sich brachten. Überhaupt war die Arbeitslosigkeit ein wichtiges Merkmal dieser Zeit und sank zwischen 1924 und 1929 nie unter drei Prozent.

Dagegen verbesserte sich die Situation der Lohnabhängigen. Zwischen 1924 und 1929 stiegen die Löhne sehr stark an, was zweifellos zur Sicherung des sozialen Friedens beitrug. Allerdings war die Lohnzuwachsrate erheblich geringer als in den USA, Großbritannien und Frankreich.

Als Erfolg für die Lohnabhängigen muss auch die Einführung der Arbeitslosenversicherung 1927 gewertet werden, die wohl die wichtigste sozialpolitische Neuerung der Weimarer Republik war.

Vor dem Krieg waren arbeitslos gewordene Arbeitnehmer auf ihre Ersparnisse oder als Gewerkschaftsmitglieder auf gewerkschaftliche Arbeitslosenunterstützung angewiesen. Nach dem Krieg wurde die Erwerbslosenfürsorge eingerichtet, die unter zwei Voraussetzungen gewährt wurde.

Neben der Bedürftigkeit musste die Erwerbslosigkeit in einem Zusammenhang mit dem Krieg stehen. Diese Fürsorge belastete die Staatskasse in hohem Maße und trug wesentlich zur Inflation bei. 1923 wurde die Finanzierung auf Beiträge der Arbeitgeber und -nehmer umgestellt, wobei die Erwerbslosenfürsorge weiterhin erst nach einer Bedürftigkeitsprüfung gewährt wurde.

Die am 1. Oktober 1927 geschaffene Arbeitslosenversicherung beruhte auf Beiträgen, die je zur Hälfte von den Arbeitnehmern und den Arbeitgebern gezahlt wurden und drei Prozent des Grundlohnes betrugen. Anspruchsberechtigt waren nun Arbeitslose, die vorher einer versicherungspflichtigen Tätigkeit nachgegangen waren. Allerdings verband nach Einführung der Arbeitslosenversicherung eine fatale Abhängigkeit den öffentlichen Haushalt und die Zahl der Arbeitslosen, was sich bei einem rapiden Anstieg der Arbeitslosigkeit verheerend auswirken musste.

Zunehmendes Streben nach Marktbeherrschung und Wettbewerbsbeseitigung führten zu einer verstärkten Kartellbildung und Unternehmenskonzentration. Mit der Fusion der Firmen BASF, Bayer, Hoechst und AGFA zur IG-Farbenindustrie entstand 1925 der weltgrößte Chemie- und umsatzstärkste deutsche Konzern. Die Folge der Wirtschaftskonzentration waren Monopolpreise für Rohstoffe und Halbfabrikate, die der verarbeitenden Industrie stark zu schaffen machten.

Die Landwirtschaft arbeitete vielfach auch weiterhin unrentabel und war nach der inflationsbedingten Entschuldung bald wieder verschuldet. Die Landwirtschaft war regional konzentriert, vor allem in den ostelbischen Gebieten. 1925 setzte eine

Agrarkrise ein, die seit 1927 massive Ausmaße annahm und zur politischen Radikalisierung der Landbevölkerung führte.

Da ein erheblicher Teil des Wirtschaftsaufschwungs mit Auslandskrediten finanziert worden war, entwickelte sich die Auslandsverschuldung zu einer potenziellen Gefahr, denn ein Abzug der Auslandskredite musste nachhaltige Folgen zeigen. Die expansive Kreditpolitik der Großbanken und ihre Spekulationen mit Wertpapieren waren nicht ausreichend durch Eigenkapital und liquide Mittel abgesichert. Von 1926 bis 1929 stiegen die jährlichen Ausgaben der öffentlichen Hand deutlich an. Besonders die Kommunen nahmen eine hohe Verschuldung in Kauf, um Infrastrukturverbesserungen zu erreichen.

Zusammenfassend kann man sagen, dass die wirtschaftlichen und sozialstrukturellen Veränderungen Problempotenziale schufen, die die Politik nicht beseitigen konnte oder wollte.

Kulturelle Blüte

So mit Problemen beladen und trist die politische Wirklichkeit der Weimarer Republik auch war, so glanzvoll war doch ihre Kultur, die in den 1920er-Jahren einen rasanten Aufschwung erlebte. Unter dem Begriff »Kultur von Weimar« werden die künstlerischen Leistungen der 1920er-Jahre zusammengefasst.

In Literatur und Theater, in der Malerei wie auch in der Baukunst dominierten zunächst noch der Expressionismus und ihm verwandte Stilrichtungen. Seit etwa 1923 traten dann neue Kunstformen hinzu, für die bald der Begriff »Neue Sachlichkeit« geprägt wurde. Die »Kultur von Weimar« verteilte sich zwar auf einige Städte, doch sie war großstädtisch und ihr eigentliches Zentrum war Berlin.

Mitte der 1920er-Jahre entwickelte sich das Medium Film erstmals zum großen Konkurrenten des Theaters. Gegen Ende des Jahrzehnts gingen in Deutschland täglich etwa zwei Mio. Menschen in über 5000 Kinos. Die Universum-Film-AG (Ufa) in Potsdam-Babelsberg entwickelte sich nach Hollywood zum zweitgrößten Filmimperium der Welt, wo internationale Klassiker wie der 1926 uraufgeführte Stummfilm ›Metropolis‹ produziert wurden. 1930 gelang Marlene Dietrich mit dem ersten großen deutschen Tonfilm ›Der blaue Engel‹ der Durchbruch zum Weltstar.

Der Rundfunk spielte eine wichtige Rolle bei der Verbreitung der Kultur. 1924 gab es erst 10 000 Rundfunkteilnehmer, 1932 waren es bereits über vier Millionen.

Die »Neue Sachlichkeit« war ab der Mitte der 1920er-Jahre eine besonders typische Kunstrichtung, die das damalige Lebensgefühl der Menschen, ihr Streben nach Bewältigung des Alltags, einzufangen suchte. Die »Neue Sachlichkeit« löste das Pathos der frühen Jahre ab. Maler wie Max Beckmann, Otto Dix oder Christian Schad skizzierten ein scharfes Bild der Wirklichkeit. In der Architektur und im Design trat eine kühle Nüchternheit in den Vordergrund. Zum Symbol der ästhetischen Moderne wurde das von Walter Gropius in Weimar gegründete Bauhaus mit seinem betont nüchternen Programm.

Trugbild politische Stabilität

Zwischen 1924 und 1929 kam es zu keinerlei innenpolitischen Krisen oder Umsturzversuchen mehr. Die Linke war nach dem fehlgeschlagenen »deutschen Oktober« mit Parteiarbeit beschäftigt, die Rechte war nach dem gescheiterten »Marsch auf Berlin« handlungsunfähig.

Weimarer Notverordnungsrecht

Da die Republik in ruhigeres Fahrwasser kam, konnte sie auf den Einsatz zweier bedenklicher Verfassungsinstrumente verzichten. Bisher war siebenmal ein Ermächtigungsgesetz nötig gewesen und bis 1924 hatte der Reichspräsident in 136 Fällen den Artikel 48 zur Anwendung bringen müssen. Das Notverordnungsrecht bedeutete für die politische Realität Folgendes:

- Ergreifen von Maßnahmen zur Abwendung von Gefahr für den Staat oder seine Ordnung (Art. 48, Abs. 2)
- Erlass von Gesetzen als »Notverordnungen« bei Funktionsunfähigkeit des Reichstages
- Unverzügliche Unterrichtung des Reichstages
- Außerkraftsetzung der Maßnahmen auf Verlangen des Reichstages (Art. 48, Abs. 3)

Der Artikel 48 der Weimarer Verfassung ermöglichte es dem Reichspräsidenten ab dem Jahr 1930 die Bildung von Präsidialkabinetten vorzunehmen. Verknüpft mit den Artikeln 25 (Recht der Auflösung des Reichstages) und 53 (Recht der Ernennung und Entlassung des Reichskanzlers) – beide als Eingriffsmöglichkeiten gedacht, wenn durch Mehrheitsverhältnisse oder schwere politische Zerwürfnisse eine ordentliche Regierungsarbeit unmöglich war – gewährte Artikel 48 dem Reichspräsidenten nahezu uneingeschränkte diktatorische Vollmachten.

Der Einsatz dieser Notstandsverordnungen hing jedoch von der Persönlichkeit und dem Demokratieverständnis des jeweiligen Präsidenten ab. In der politischen Praxis sah es folgendermaßen aus:

- 1919 – 1923: 6 Ermächtigungsgesetze, Hunderte von Ermächtigungs- und Notverordnungen, eine Notverordnung aufgehoben
- 1925 – 1929: keine Notverordnungen
- 1930: 5 Notverordnungen
- 1931: 44 Notverordnungen, 19 reguläre Gesetze
- 1932: 59 Notverordnungen, 5 reguläre Gesetze

Die Reichstagswahlen von 1924

Bei den Reichstagswahlen von 1924 ließen sich die Wähler noch nicht von den Stabilisierungstendenzen, sondern von den Erfahrungen des Krisenjahres 1923 leiten. Die bürgerlichen Parteien mussten zum Teil schwere Verluste hinnehmen. Die Sozialdemokraten wurden zwar wieder stärkste Fraktion, blieben aber in der Opposition.

Da die bisherige Regierung aus DDP, DVP und Zentrum nur noch über 30 Prozent der Mandate verfügte, war sie gezwungen, eine Minderheitsregierung zu bilden, die sehr bald mit ihrer Politik der Steuererhöhungen scheiterte, sodass bereits im Dezember 1924 Neuwahlen stattfanden. Deren Ergebnis stand aber bereits im Zeichen der allgemeinen Stabilisierung. Die bürgerlichen Parteien und die SPD konnten Stimmen gewinnen, aber auch die DNVP. Insgesamt war aber der Beginn einer politischen Normalisierung zu konstatieren.

Indessen taten sich die politischen Parteien auch nach 1923 weiterhin schwer mit der parlamentarisch-demokratischen Regierungsweise, das heißt mit der Bildung stabiler Koalitionsregierungen, der Bereitschaft zum politischen Kompromiss und dem Mut zu notwendigen politischen Entscheidungen. So war z. B. die SPD trotz ihres hohen Wahlsieges nicht bereit, den Reichskanzler zu stellen und DDP und DNVP waren nicht miteinander koalitionsfähig. Daher hatten die zahlreichen Reichsregierungen zwischen 1924 und 1928 keine oder nur eine unsicher Mehrheit.

Die Reichspräsidentenwahl 1925

Nach dem Tode des Reichspräsidenten Ebert am 28. Februar 1925 gelangte mit Paul von Hindenburg ein überzeugter Monarchist an die Spitze des Staates. Hindenburg war von den Rechtsparteien für den zweiten Wahlgang im April 1925 aufgestellt worden und siegte mit 14,6 Mio. Stimmen gegen den Kandidaten der »Weimarer Koalition«, den Zentrumspolitiker Wilhelm Marx, der 13,7 Mio. Stimmen erhielt. Trotz seines Bekenntnisses zur Monarchie leistete er den Eid auf die Weimarer Verfassung und wurde ein von den demokratischen Parteien weitgehend anerkannter Präsident, da er diesen Eid auch einhielt. Andererseits geriet er aber zunehmend unter den informellen Einfluss rechtskonservativer Kreise. Hindenburgs Wahl wird sowohl als *die schwerstwiegende und folgenreichste Niederlage des neuen Staatswesens* bezeichnet, als auch ein stabilisierendes Element genannt, ohne das die Republik schon früher zugrunde gegangen wäre.

Die Zerstörung der Demokratie – Endphase der Weimarer Republik

Nach dem Ende der großen Koalition unter dem SPD-Reichskanzler Hermann Müller im März 1930 kam es zu keinem erneuten Versuch einer parlamentarischen Regierungsbildung. In den folgenden Jahren wurden Lösungen zur Überwindung der wirtschaftlichen Krise und der daraus resultierenden politischen Entscheidungen bevorzugt außerhalb der parlamentarisch-demokratischen Ordnung gesucht. Von großer Bedeutung war dabei die Machtposition des Reichspräsidenten.

Der Anfang vom Ende?

Reichspräsident Hindenburg und seine Berater entschieden sich nach dem Ende der SPD-geführten Regierungskoalition unter Reichskanzler Hermann Müller Ende März 1930 für ein Präsidialkabinett unter dem Zentrumspolitiker Heinrich Brüning, das mit den Instrumenten des Notverordnungsrechts nach Artikel 48 und der Reichstagsauflösung auch ohne parlamentarische Mehrheit regierte.

An die Stelle parlamentarischer Mehrheitsentscheidungen trat die Staatswillensbildung durch eine verselbstständigte Exekutive. Den von Hindenburg ausgewählten Reichskanzlern gelang es nicht, mittels einer konstruktiven Politik die Massenbewegung der Nationalsozialisten zu stoppen.

Die Reichstagswahl im September 1930 führte zum ersten großen Wahlerfolg der NSDAP. Im Oktober 1931 schlossen sich NSDAP, DNVP und der »Stahlhelm« in der »Harzburger Front« zum Kampf gegen die Reichsregierung und die Republik zusammen. Seit die NSDAP in der Reichstagswahl vom Juli 1932 die stärkste Fraktion im Reichstag stellte, forderte Hitler kompromisslos die ganze politische Macht.

Wahlsieg der SPD

1928 schien sich die Republik stabilisiert zu haben, was vordergründig auch das Ergebnis der Reichstagswahl vom Mai 1928 unterstrich. Erstmals seit 1920 wurde danach die Regierung wieder von einem Sozialdemokraten als Reichskanzler geführt, der einer großen Koalition vorstand.

Der SPD brachten die vorgezogenen Reichstagswahlen vom 20. Mai 1928 Stimmengewinne von 3,7 Prozent, während die Regierungsbeteiligung der DNVP erhebliche Stimmenverluste nach sich zog (von 19,5 auf 14,3 Prozent).

Zwar war erfreulich, dass die Nationalsozialisten, deren Parteiapparat von Hitler seit 1925 wieder aufgebaut, erweitert und ausgedehnt worden war, Einbußen erlitten. Stimmenverluste mussten jedoch auch die bürgerlichen Parteien – DDP, DVP, Bayerische Volkspartei, Zentrum – hinnehmen. Die Wahl hatte also nicht die Parteien der Mitte gestärkt, sondern allenfalls Splittergruppierungen mit partikularen Interessenschwerpunkten. Sie bewies nicht die wachsende Stabilität der parlamentarischen Demokratie, sondern vielmehr ihre fortdauernde Labilität.

Das Kabinett der Persönlichkeiten

Da weder eine »Weimarer« noch eine »Mitte-Rechts-Koalition« genügend Stabilität besessen hätte, kam nur eine große Koalition infrage, deren Führung von der SPD als stärkster Partei beansprucht wurde, wofür nach deren Magdeburger Parteitag von 1927 auch die innerparteilichen Voraussetzungen gegeben waren. Die Regierungsbildung dauerte letzten Endes bis zum April 1929, da sowohl Reichspräsident von Hindenburg darauf Einfluss nahm – unter anderem setzte er General Wilhelm Groener als parteilosen Reichswehrminister durch –, als auch die kleinen Parteien durch Taktieren aufzeigten, wie gering die Bereitschaft zu einer Zusammenarbeit mit der SPD war.

Zunächst kam es daher nur zu einem »Kabinett der Persönlichkeiten«, das sich erst am 13. April 1929 zu einer ordnungsgemäßen Koalitionsregierung wandelte. Die SPD stellte neben dem Reichskanzler (Hermann Müller) auch den Innen-, Finanz- und Arbeitsminister. Während in dieser Regierung weitgehend Konsens über die Außenpolitik bestand, waren a priori innenpolitische Meinungsverschiedenheiten vorhanden, die – obwohl Müller der am längsten amtierende Kanzler der Weimarer Republik wurde – die gesamte Regierungszeit zu einer Abfolge von Krisen werden ließen.

Der zehnte Jahrestag der Weimarer Verfassung am 11. August 1929, der vor allem vom sozialdemokratischen Innenminister Carl Severing propagiert wurde, konnte nicht über die instabile Lage der Reichsregierung, vor allem nicht über die Krise innerhalb der SPD hinwegtäuschen.

Panzerkreuzer A

Als im Streit um die Sanierung der Staatsfinanzen und die Finanzierung der Arbeitslosenversicherung kein Kompromiss gefunden werden konnte, trat die letzte aus demokratischen Wahlen hervorgegangene und auf das Vertrauen des Parlaments gestützte Regierung am 27. März 1930 zurück.

Bereits im August 1928 hatte die Affäre um den Panzerkreuzer A begonnen, die sich von einer Kabinettskrise hin zu einer Krise des parlamentarischen Systems entwickelte, in der vor allem das Bild der SPD in der Öffentlichkeit Schaden nahm.

Die sozialdemokratischen Regierungsmitglieder hatten sich um den Bestand der Koalition willen gezwungen gesehen, dem Bau des ersten von vier Panzerschiffen zuzustimmen, die von den bürgerlichen Parteien gewünscht wurden. Dieser Schiffstyp umging aufgrund seiner Bauweise das Verbot von Großkampfschiffen des Versailler Vertrags. Die SPD hatte sich in ihrem Wahlkampf zur Reichstagswahl gegen das Flottenbauprogramm ausgesprochen, sodass die SPD-Fraktion den eigenen Regierungsmitgliedern nicht folgte.

Bei der Abstimmung im Reichstag im November 1929 zwang die Fraktionsdisziplin die SPD-Abgeordneten zur Ablehnung der eigenen Vorlage, die jedoch mit den Stimmen der DNVP angenommen wurde. Man sprach von einem schwarzen Tag für die parlamentarische Demokratie.

Der »Schwarze Freitag«

Die katastrophalen Auswirkungen der Weltwirtschaftskrise – Firmenzusammenbrüche, Bankenschließungen und Massenarbeitslosigkeit – führten zur Verelendung breiter Bevölkerungskreise. Die Erholung der deutschen Wirtschaft nach der Hyperinflation im Jahre 1923 war vor allem durch den Zufluss günstiger Auslandsdarlehen und der Aus- und Herabsetzung der deutschen Reparationszahlungen ermöglicht worden. In den USA hatte eine Phase der Hochkonjunktur – ermöglicht durch die Rolle als Finanzier des Wiederaufbaus in Europa und durch die konkurrenzlose Vorrangstellung am Weltmarkt – Spekulationen bis dahin unbekannten Ausmaßes ausgelöst. Das Platzen dieser Spekulationsblase am Freitag, dem 25. Oktober 1929 (»Schwarzer Freitag«), ließ die New Yorker Effektenbörse zusammenbrechen, alle Wertpapierkurse erlitten innerhalb kürzester Zeit die größten Verluste, einige sogar bis zu 90 Prozent ihres Vortageswertes. Dieser Börsencrash an der Wallstreet führte sofort zu einem Abzug kurzfristiger amerikanischer Kredite aus Europa und insbesondere aus Deutschland.

In den Industrieländern sanken in der Folge Produktion und Beschäftigung, Löhne und Preise. Die Konkurse häuften sich, Arbeitslosenzahl und Kurzarbeit stiegen sprunghaft an. Nach den USA wurde Deutschland von der Krise am stärksten getroffen, die Zahl der Arbeitslosen erhöhte sich, von September 1929 bis September 1931 von 1,6 Mio. auf 4,3 Mio., Anfang 1933 wurden 6 Mio. überschritten. Die Industrieproduktion sank von 1929 bis 1932 um 40 Prozent und fiel damit auf den Stand von 1904.

Das Ende der großen Koalition

Die Parteien der großen Koalition waren nicht in der Lage, eine gemeinsame Finanz- und Sozialpolitik zu entwickeln. Vor allem die SPD und der den Arbeitgebern nahe Flügel der DVP standen sich auf unvereinbaren Positionen gegenüber. Bei Einführung der Arbeitslosenversicherung 1927 hatte niemand an Massenarbeitslosigkeit und Dauererwerbslosigkeit gedacht, sodass 1929 die Frage um die Sanierung der Arbeitslosenversicherung zum

Dauerthema der deutschen Politik wurde. Die Gewerkschaften verlangten die Aufrechterhaltung der Versicherungsleistungen, wofür sie eine Erhöhung der Beiträge vorschlugen, während die Arbeitgeberseite diesen Weg ebenso ablehnte wie eine sich steigernde Inanspruchnahme öffentlicher Mittel. Die Arbeitgeber favorisierten dagegen eine Senkung der Leistungen.

Zunächst hatte Außenminister Stresemann – kurz vor seinem Tod – einen vorläufigen Haushaltskompromiss durchsetzen können, da man während der Verhandlungen zum Young-Plan keine Regierungskrise in Kauf nehmen wollte. Als sich Anfang 1930 die Lage zuspitzte, die Reichskasse konnte kaum noch die fälligen Gehälter bezahlen, kam es zum Rücktritt des SPD-Finanzministers.

Als der Reichspräsident erkennen ließ, dass er nicht bereit wäre, dem Reichskanzler das Instrument des Artikels 48 der Verfassung zur Verfügung zu stellen, um die notwendigen finanz- und sozialpolitischen Sanierungsmaßnahmen auch ohne Zustimmung des Parlaments durchzuführen, schien der Spielraum des Kabinetts um Hermann Müller ausgeschöpft.

In dieser Situation schlug der Fraktionsvorsitzende der Zentrumsfraktion, Heinrich Brüning, einen Kompromiss vor, der eine Entscheidung zwischen Beitragserhöhung oder Leistungskürzung zwar nur hinausgeschoben, aber einen Weg aus der Sackgasse bedeutet hätte. Während sich die Mehrheit der sozialdemokratischen Kabinettsmitglieder für diesen Vorschlag aussprach, machte sich die Fraktion den Standpunkt der Gewerkschaften zu Eigen, die in einer möglichen Senkung der Leistungen der Arbeitslosenversicherung eine Gefährdung der sozialen Sicherung der Arbeiter überhaupt sahen, und weigerte sich ihrem Kanzler in der Frage des Brüning-Kompromisses zu folgen, was diesen am 27. März 1930 zum Rücktritt zwang.

Die sozialdemokratische Reichstagsfraktion entschied sich mit ihrer Ablehnung des Kompromissvorschlags nicht nur gegen eine Regierungsbeteiligung, sondern öffnete auch die Tür für die hereindrängenden antiparlamentarischen Kräfte. Die mangelnde Bereitschaft der koalitionsfähigen Parteien aufeinander zuzugehen zerstörte das System des parlamentarischen Parteienstaates.

Die Gegner der Weimarer Republik formierten sich vor dem Hintergrund der sich im Zusammenhang mit der Weltwirtschaftskrise ausbreitenden Katastrophenstimmung und agitierten gegen die demokratischen Institutionen.

Obwohl die von Außenminister Stresemann getragene Revisionspolitik durchaus erfolgreich war, bekämpften die seit Oktober 1928 von Alfred Hugenberg geführte DNVP mit dem Stahlhelm – dem paramilitärisch organisierten Bund der Frontsoldaten – und NSDAP die Neuregelung der Reparationen durch den Young-Plan. Alfred Hugenberg – 1891 ein Mitgründer des späteren Alldeutschen Verbandes – nutzte sein Medien-Imperium – seit

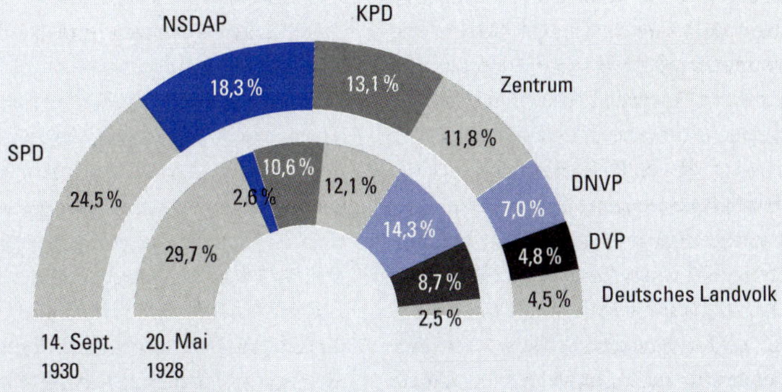

Reichstagswahlen von 1928 und 1930

1927 auch Generaldirektor des größten deutschen Filmkonzerns Ufa –, um über den Hebel der Außenpolitik das »Weimarer System« anzugreifen. In einem Propagandafeldzug ohnegleichen hetzten Hugenbergs auflagenstarke Zeitungen gegen die Republik, (*In Front mit der deutschen Jugend. Der Tributplan muss fallen*), und der Medienzar finanzierte ein Volksbegehren gegen die Unterzeichnung des Young-Plans.

Angesichts der langen Laufzeit des Plans wurde der Öffentlichkeit eine Demütigung Deutschlands suggeriert: *Bis in die dritte Generation müßt ihr fronen!* Im anschließenden Volksentscheid gegen den Young-Plan wurde die auf Landesverrat stehende Zuchthausstrafe für jeden Unterzeichner derartiger Verträge gefordert. Auffällig auch für den politischen Gegner war, dass sich die antiparlamentarische Rechte mit dem Artikel 73 eines basisdemokratischen Elements der Verfassung bediente.

Zwar stimmten im Dezember 1929 nur knapp 14 Prozent der Wahlberechtigten dem »Gesetz gegen die Versklavung des deutschen Volkes« (Freiheitsgesetz) zu, aber die Nationalsozialisten waren die Nutznießer dieser Kampagne, denn durch ihre Teilnahme am Volksbegehren hatte sich die NSDAP reichsweit Publizität verschaffen können, was sich dann bei der Septemberwahl 1930 zeigte. Denn die NSDAP steigerte ihr Ergebnis um fast 15 Prozent gegenüber der letzten Reichstagswahl und zog mit 107 Abgeordneten als zweitstärkste Fraktion in den Reichstag ein (→ Abbildung »Reichstagswahlen von 1928 und 1930«).

Die NSDAP hatte vor allem Stimmen aus dem »alten Mittelstand« – selbstständige Handwerker, mittelständische Unternehmer, freie Berufe und Bauern – und dem »neuen Mittelstand« – Beamte und Angestellte – erhalten, außerdem hatte sie von der gestiegenen Wahlbeteiligung profitiert. Die Gründe für den Wahlerfolg der Nationalsozialisten lagen einerseits in ihrer Unverbrauchtheit, andererseits in ihrem geschickten Taktieren zwischen begrenztem Antikapitalismus (»Mittelstandssozialismus«) und radikalem Antimarxismus. In ihrer Propaganda gingen sie zielgerichteter als andere auf die tatsächlichen oder vermeintlichen Ursachen der wirtschaftlichen Probleme ein und boten den Mittelschichten ein verständliches und akzeptables Programm. Als Schuldige an der wirtschaftlichen Krisensituation nannten die NS-Agitatoren ein »internationales Finanzjudentum«, wodurch der ursprünglich klassenkämpferische Antikapitalismus der NS-Weltanschauung rassenideologisch modifiziert wurde.

Von der Wirtschaftskrise profitierte auch die KPD, die zum Auffangbecken enttäuschter ehemaliger SPD-Wähler wurde. Sie proklamierte einen verschärften Klassenkampf und erklärte die SPD zum Hauptfeind, indem sie zur Stütze des Kapitalismus und zum Wegbereiter des Faschismus erklärt wurde. Dieser Vorwurf des »Sozialfaschismus«, der keinen Unterschied zwischen NS-Bewegung und Sozialdemokratie machte, verhinderte eine Zusammenarbeit, eine »Einheitsfront«, gegen die Gefahr von rechts.

Das Kabinett Brüning

Mit der Ernennung des Zentrumspolitikers Heinrich Brüning zum Reichskanzler begann die Ära der so genannten Präsidialkabinette, in der das Parlament zugunsten der Exekutive immer weiter zurückgedrängt wurde und an Macht verlor. Die Kanzlerschaft Brünings wurde als erste Stufe der Auflösung der Weimarer Republik bezeichnet. Er setzte mit Notverordnungen sein wirtschaftliches Sparprogramm gegen den Mehrheitswillen des Parlaments durch und höhlte so das parlamentarische System weiter aus.

Nach dem Zerfall der großen Koalition unter Kanzler Müller war es zu keinem Versuch gekommen, auf parlamentarischen Wege eine Mehrheitsregierung zu bilden. Hindenburg und die über seine engsten Berater auf ihn Einfluss nehmenden alten Eliten hatten seit einiger Zeit mit einer vom Parlament unabhängigen Regierung ohne sozialdemokratische Beteiligung geliebäugelt.

Bereits am 29. März des Jahres 1930 ernannte der Reichspräsident Heinrich Brüning (→ »Biografien«) zum deutschen Reichskanzler, dessen Tätigkeit von Anfang an weitaus stärker unter Prämissen präsidialer Entscheidungen stand als die irgendeines Reichskanzlers vor ihm. Neben der Sanierung des Haushalts sollte die neue Regierung nach dem Willen Hindenburgs umfassende finanzielle Hilfen für den ostdeutschen Großgrundbesitz bereitstellen.

Zwar konnte das Parlament wegen des Widerspruchsrechts des Reichstages und der Möglichkeit, das Kabinett durch ein Misstrauensvotum zu stürzen, allein mit dem Artikel 48 nicht ausgeschaltet werden – auch ein Präsidialkabinett war daher auf die Tolerierung durch eine Mehrheit im Reichstag angewiesen –, aber der Reichspräsident konnte das Recht auf Parlamentsauflösung unterstützend einsetzen. Allerdings konnten auch nicht permanent Neuwahlen ausgeschrieben werden. Brüning suchte eine parlamentarische Mehrheit rechts von der Sozialdemokratie, stieß hier allerdings auf den Widerstand von Alfred Hugenbergs DNVP, der eine Fundamentalopposition gegenüber der Republik betrieb und eine außerparlamentarische Zusammenarbeit der radikalen Rechten befürwortete.

Die »Harzburger Front«

So initiierte Alfred Hugenberg (→ »Biografien«) im Oktober 1931 in Bad Harzburg eine Großveranstaltung der rechten Gruppierungen, um deren Geschlossenheit und Stärke im Kampf gegen die Republik zu demonstrieren. Neben DNVP, NSDAP, dem Stahlhelm, dem Alldeutschen Verband und dem landwirtschaftlichen Reichslandbund waren auch Einzelpersonen wie der Sohn des Kaisers und SA-Obergruppenführer Prinz August Wilhelm von Preußen, der ehemalige Reichsbankpräsident Hjalmar Schacht und General a. D. Hans von Seeckt beteiligt.

Obwohl Aufmärsche der paramilitärischen Verbände und martialische Reden nach außen Einigkeit demonstrieren sollten, machte Hitlers Verhalten seinen Führungsanspruch allzu deutlich.

Als Gegenmaßnahme zur Harzburger Front gründeten schließlich republiktreue Parteien und Organisationen wie die Sozialdemokratische Partei Deutschlands (SPD), der Allgemeine Deutsche Gewerkschaftsbund (ADGB) sowie das Reichsbanner Schwarz-Rot-Gold und andere im Dezember 1931 die Eiserne Front.

Brünings Deflationspolitik

Bereits im Juli 1930 scheiterte der Reichskanzler mit seinem deflationistischen Sanierungsprogramm im Reichstag, da die Mehrheit der DNVP-Abgeordneten ihre Zustimmung verweigerte. Als das Kabinett Brüning das Programm mithilfe des Notverordnungsartikels 48 in Kraft setzte, machte das Parlament auf Antrag der SPD von seinem verfassungsmäßigen Recht Gebrauch und hob die Notverordnung wieder auf. Hindenburg löste daraufhin den Reichstag auf und setzte die Notverordnung in einer verschärften Fassung wieder in Kraft.

Die Septemberwahl enttäuschte die Hoffnung mithilfe einer regierungstreuen Mehrheit den Kurs des Präsidialkabinetts zu stützen. Die SPD sah die große Gefahr im Erstarken der NSDAP und entschloss sich, Brüning – wenn auch widerwillig – als das kleinere Übel zu tolerieren, um Neuwahlen und damit weitere Stimmengewinne für die extreme Rechte zu verhindern. Zwar stand hinter diesen Überlegungen die Verantwortung für die parlamentarische Republik, die die SPD als einzige Partei noch verteidigen wollte, doch mit dieser Stillhaltepolitik verlor das Parlament weiterhin an Ansehen, da es nicht nur faktisch seine Kontrollfunktion aufgab, sondern auch als Zentrum der Gesetzgebung zunehmend funktionslos wurde.

Die Deflationspolitik des Reichskanzlers zielte auf die endgültige Beseitigung der Reparationslasten. Die Folgen der Wirtschaftskrise und der Massenarbeitslosigkeit wurden bewusst in Kauf genommen.

Die Wahlerfolge von KPD und NSDAP bei der Septemberwahl hatten schwerwiegende wirtschaftliche Folgen gezeigt. Ausländische Kapitalanleger zogen Gelder aus Deutschland ab, wodurch die Wirtschaftskrise weiter verschärft wurde. Die Politik der Regierung Brüning war nicht auf eine schnelle Überwindung der Krise ausgerichtet, die gewählte Deflationspolitik sollte nicht nur die Staatsfinanzen sanieren, sondern vor allem dem Ausland die Zahlungsunfähigkeit Deutschlands aufzeigen. Brüning nahm also die fortschreitende Verarmung in Kauf, um die Last der Reparationen endgültig zu beseitigen.

Auf der einen Seite wurden die direkten und vor allem die indirekten Steuern erhöht, auf der anderen Seite die staatlichen Sozialausgaben abgebaut und die Löhne und Gehälter im öffentlichen Dienst zum Teil drastisch gekürzt.

Diese rigorose Sparpolitik sicherte zwar die Geldwertstabilität, was nach dem Trauma der Inflation den Wünschen der Bevölkerung durchaus entgegenkam, doch die Kürzung der Staatsausgaben und die Absenkung der privaten Einkommen bedingten eine Nachfragesenkung, durch die die Wirtschaft noch mehr geschwächt wurde. Die Zahl der Arbeitslosen wuchs – vor allem der Anteil der langfristig Arbeitslosen –, und im Februar 1932 war etwa jeder dritte Deutsche von Arbeitslosigkeit in seiner Familie unmittelbar betroffen. Allerdings wurden die Belastungen ungleich verteilt, denn die Landwirtschaft in den ostelbischen Gebieten wurde auch weiterhin – auf Wunsch Hindenburgs – durch Zollschutz, Subventionsmaßnahmen, Zins- und Steuervergünstigungen geschützt.

1931 führte der Zerfall des internationalen Währungssystems zum Zusammenbruch der zweitgrößten deutschen Bank, der Darmstädter- und Nationalbank (Danat-Bank). Infolge des darauf folgenden Ansturms der Sparer auf die deutschen Banken und Sparkassen mussten diese für zwei Tage geschlossen werden, um ihr Geld zu retten. Die Bankenkrise verschärfte die wirtschaftliche Rezession.

Die Reichspräsidentenwahl 1932

Im Frühjahr 1932 lief die Amtszeit des Reichspräsidenten ab. Brüning versuchte zunächst durch ein verfassungsänderndes Gesetz mithilfe einer Zweidrittelmehrheit im Reichstag eine Verlängerung von Hindenburgs Amtszeit zu erreichen, was an der ablehnenden Haltung der Rechtsparteien scheiterte. Vor allem die NSDAP war sich bewusst, dass eine Volkswahl des Reichspräsidenten gute Chancen bot, sich durch propagandistische Auftritte zu profilieren.

Gegen Paul von Hindenburg traten zwei Kandidaten aus dem rechten Lager an, Adolf Hitler – der erst seit Februar 1932 die deutsche Staatsbürgerschaft besaß – und der zweite Bundesvorsitzende des Stahlhelms, Theodor Duesterberg, sowie aus dem linken Lager der Vorsitzende der Kommunistischen Partei, Ernst Thälmann.

Bezeichnend für die Schwäche der Parteien der Weimarer Koalition war es, dass sie es nicht einmal wagten einen Kandidaten aus ihren Reihen zu präsentieren. Unterstützt von den republikanisch-demokratischen Parteien verfehlte Hindenburg beim ersten Wahlgang am 13. März 1932 mit 49,6 Prozent aller Stimmen nur knapp die erforderliche Mehrheit, Hitler erreichte 30,1 Prozent, Thälmann 13,2 Prozent und Duesterberg 6,8 Prozent, der daraufhin aufgab und Hindenburg unterstützte. Im zweiten Wahlgang am 10. April wurde der amtierende Reichspräsident mit 53 Prozent der abgegebenen Stimmen wieder gewählt. Hitler konnte sein Ergebnis auf knapp 37 Prozent der Stimmen steigern und somit aufzeigen, dass das nationalsozialistische Wählerpotenzial erneut angewachsen war. Der Kommunist Ernst Thälmann hatte hingegen nur noch 10,2 Prozent der Stimmen erhalten.

Brünings Sturz

Hindenburg war trotz seiner Wiederwahl enttäuscht darüber, dass er als Gegner der Rechten erschien und von Sozialdemokraten und Zentrum gestützt wurde. Obwohl Brüning sich im Wahlkampf vehement für Hindenburg eingesetzt hatte, war er ihm und vor allem den hinter ihm stehenden deutschnationalen Kreisen suspekt geblieben, da er bewusst einen eigenen politischen Kurs steuerte, der noch dazu von den verachteten und verhassten Sozialdemokraten toleriert wurde.

Als drei Tage nach der Wiederwahl Hindenburgs am 13. April 1932 Brüning sowie Innen- und Reichswehrminister Groener eine Initiative einzelner Länder aufgriffen und beim Reichspräsidenten ein Verbot von Schutzstaffel (SS) und Sturmabteilung (SA) erwirkten, zeigte man sich in der Umgebung Hindenburgs irritiert, da man auch gern ein Verbot des republiktreuen »Reichsbanners« gesehen hätte. Dieses »Versäumnis« wurde Groener zum Verhängnis, dem nun vorgeworfen wurde, er habe die Überparteilichkeit der Reichswehr verletzt, und der daher unter dem Druck der Reichswehrführung und des Reichspräsidenten als Reichswehrminister zurücktreten musste.

Den Anlass für Brünings Entlassung bot die so genannte »Osthilfeverordnung«. Brüning wollte die nicht mehr sanierungsfähigen ostelbischen Güter vom Staat aufkaufen oder ersteigern lassen, um sie in bäuerliche Siedlungsstellen für Arbeitslose aufzuteilen. Der »ostelbischen« Kamarilla fiel es leicht, den Gutsbesitzer Hindenburg gegen diesen »Agrarbolschewismus« aufzubringen, und dieser erzwang am 30. Mai 1932 den Rücktritt des Kanzlers, indem er ankündigte, dem Kabinett die Gegenzeichnung von Notverordnungen von nun an zu verweigern.

Brüning konnte den Erfolg seiner Deflationspolitik nicht mehr im Amt erleben. Wenige Wochen nach seiner Demission wurde das Reparationsproblem in Lausanne in seinem Sinne gelöst. Allerdings hatte die Unterordnung der Wirtschafts- und Sozialpolitik unter die außenpolitische Zielsetzung eine Verschärfung der Wirtschaftskrise mit all ihren Folgen für die Bevölkerung, eine bis dahin nicht gekannte politische Radikalisierung und den rasanten Aufstieg der NSDAP mit sich gebracht. Brünings Entlassung hatte ganz deutlich den Charakter einer Präsidialregierung aufgedeckt. Das Wohl und Wehe einer solchen Regierungsweise war abhängig von der Person des Reichspräsidenten und von seinem Umgang mit der Macht. Brüning wurde vom Reichspräsidenten zum Rücktritt gezwungen, da er trotz aller Abhängigkeiten einen eigenen politischen Kurs steuerte.

Kabinett der nationalen Konzentration

Nachdem der Sturz Brünings in der Führung der Reichswehr und in der Umgebung Hindenburgs systematisch vorbereitet worden war, sollte jetzt eine Zusammenfassung aller rechtsgerichteten politischen Kräfte unter Einbindung der NSDAP erfolgen. Die Nationalsozialisten sollten allerdings nicht an die Macht gelangen, sondern die Rolle der SPD unter der Regierung Brüning übernehmen und das neue Präsidialkabinett im Reichstag tolerieren. Der parteilose Chef der Wehrmachtsabteilung im Reichswehrministerium, General Kurt von Schleicher, schlug den Zentrumspolitiker Franz von Papen (→ »Biografien«) vor, der von Hindenburg am 1. Juni 1932 zum Reichskanzler ernannt wurde. Papens »Kabinett der nationalen Konzentration« – bestehend aus konservativen, vor allem adligen Beamten ohne politisches Mandat – wurde im Reichstag nur von DVP und DNVP unterstützt.

Papen, bisher ein Vertreter des rechten monarchistischen Flügels des Zentrums, trat am 3. Juni aus seiner Partei aus, um so einem Ausschluss wegen seiner Illoyalität gegenüber Brüning zuvorzukommen. Papens »Kabinett der Barone« repräsentierte überwiegend die Interessen der Reichswehr und der ostelbischen Gutsbesitzer; Arbeitnehmerschaft und Mittelstand fühlten sich durch diese Regierung nicht vertreten.

Das Stillhalten der NSDAP konnte sich Papen nur durch die Zusicherung von Neuwahlen (→ Abbildung »Reichstagswahlen von 1928 und 1930«) und die Aufhebung des SA-Verbots erkaufen. Bereits am 4. Juni löste Hindenburg auf Antrag Papens den Reichstag auf und schrieb Neuwahlen für den 31. Juli aus; und am 16. Juni wurde das SA-Verbot aufgehoben, was im laufenden Wahlkampf der NSDAP die Einschüchterung der politischen Gegner erheblich erleichterte.

Dieser Wahlkampf war der blutigste in der deutschen Geschichte. In den Städten kam es zu Zusammenstößen zwischen Kommunisten und Nationalsozialisten. Bei Krawallen, Saalschlachten und Schießereien gab es über 300 Tote. Einen ersten Höhepunkt der bürgerkriegsähnlichen Kämpfe bildete der »Altonaer Blutsonntag« am 17. Juli, an dem allein 18 Menschen starben.

Idee eines »neuen Staates«

Die politischen Ziele der Regierung von Papen blieben zunächst äußerst vage. Neben der Absage an Parlamentarismus und Sozialstaat wurde dann die Idee eines »neuen Staates« entwickelt.

Indem Papen seine Regierungserklärung nach Auflösung des Reichstags über den Rundfunk verbreiten ließ, machte er seine Geringschätzung gegenüber dem Parlament deutlich. Er machte den

Sozialstaat für die sozioökonomische Krise in Deutschland verantwortlich und erteilte den dirigistischen Elementen seiner Vorgängerregierung eine klare Absage. Kennzeichen der Wirtschafts- und Sozialpolitik unter Franz von Papen war eine eindeutige Orientierung an den Interessen der Privatwirtschaft, die Kürzungen von Sozialleistungen wurden fortgesetzt.

In Papens Umgebung kursierte die Idee eines »neuen Staates«, die weit über Brünings Vorstellung einer autoritären Ausgestaltung der Weimarer Verfassung hinausging und auf eine völlige Abkehr von der Weimarer Demokratie hinauslief. Die Republik sollte durch einen autoritären Ständestaat abgelöst werden, in dem das demokratische Gleichheitsideal durch eine ständisch gegliederte organische Ordnung ersetzt werden würde. Dazu sollten die Ämter des Reichskanzlers und des preußischen Ministerpräsidenten vereinigt, der Reichstag so weit als möglich entmachtet und ein dem Parlament übergeordnetes, aristokratisch und berufsständisch zusammengesetztes »Oberhaus« geschaffen werden. Als eine wichtige Voraussetzung für die Verwirklichung dieses Plans wurde die Zerschlagung der verbliebenen republikanischen Machtpositionen gesehen, das letzte »Bollwerk der Republik«, die preußische Landesregierung.

Der »Preußenschlag«

Durch eine staatsstreichartige »Reichsexekution« setzte die Regierung von Papen die von dem Sozialdemokraten Otto Braun geführte preußische Regierung am 20. Juli 1932 ab. Mit dem »Preußenschlag« wurde die SPD als ernsthafter politischer Faktor der Weimarer Innenpolitik ausgeschaltet.

In Preußen hatte seit 1920 mit kurzer Unterbrechung eine Regierung der Weimarer Koalition – zeitweise auch unter Beteiligung der DVP – bestanden. Bei der Landtagswahl am 24. April 1932 hatte allerdings die SPD ihre Mehrheit verloren. Das Wahlergebnis war von einer deutlichen Abkehr der Wähler von der Republik gekennzeichnet, die bisherigen Regierungsparteien erhielten 163 Sitze, die KPD 57 Sitze, die Rechtsparteien 205 Sitze, davon die NSDAP allein 162.

Da man aber die Wahl eines nationalsozialistischen Ministerpräsidenten verhindern wollte, war kurz vor den Wahlen die Geschäftsordnung im Landtag dahin gehend geändert worden, dass der Ministerpräsident hinfort nur noch mit absoluter, nicht mehr wie bisher mit relativer Mehrheit gewählt werden sollte. Da eine ausreichende Mehrheit nicht zustande kam, blieb die bisherige Regierung unter dem SPD-Ministerpräsidenten Otto Braun weiterhin geschäftsführend im Amt. Als Alternativen waren lediglich Mehrheitsregierungen unter Einschluss des Zentrums und der NSDAP – die an der Weigerung des Zentrums, einen nationalsozialistischen Ministerpräsidenten zu wählen, scheiterten – und die Einsetzung eines Reichskommissars denkbar.

Die preußische Landesregierung tat alles, um der Reichsregierung keinen Anlass zu bieten, eine Aktion gegen Preußen durchzuführen, auch wenn damit die Bekämpfung des Nationalsozialismus zurückgefahren werden musste, doch die Geschehnisse des »Altonaer Blutsonntags« lieferten von Papen den Vorwand, den Schlag gegen das größte Land der Weimarer Republik zu veranlassen. Unter dem Vorwand, die preußische Regierung habe die KPD nicht entschieden genug bekämpft, erließ Hindenburg am 20. Juli 1932 zwei Notverordnungen, die zum einen die Reichsregierung ermächtigte, *zur Wiederherstellung der öffentlichen Sicherheit und Ordnung im Gebiet des Landes Preußen* die Landesregierung durch »Reichskommissare« abzulösen, zum anderen den Ausnahmezustand über Brandenburg und Berlin verhängte. Franz von Papen übernahm als Reichskommissar die Regierungsgeschäfte in Preußen.

Diese staatsstreichartige Reichsexekution in Preußen, mit der die SPD ihre letzte intakte Machtposition und vor allem auch die Verfügungsgewalt über die preußische Polizei verlor, stieß auf keinen nennenswerten Widerstand der linken Parteien. Allerdings wäre der kurzzeitig in Erwägung gezogene Generalstreik angesichts von sechs Mio. Arbeitslosen und einer in mehrere Lager gespaltenen Arbeiterschaft ohne große Wirkung geblieben. Trotzdem isolierte sich die SPD in dieser entscheidenden Situation als politische Kraft selbst und schied als ernsthafter politischer Faktor der Weimarer Innenpolitik aus. Der von der preußischen Regierung angerufene Staatsgerichtshof räumte zwar ein, dass deren Absetzung unrechtmäßig gewesen sei und ihr deshalb das Recht zugestanden werde, ihr Land gegenüber dem Reich zu vertreten, doch die Rechtmäßigkeit des Zugriffs der Reichsregierung auf Preußen wurde grundsätzlich nicht verneint. So wurden die von Reichspräsident und Reichsregierung geschaffenen machtpolitischen Tatsachen nicht infrage gestellt.

Das Ende der Regierung von Papen

Die Reichstagswahl vom 31. Juli 1932 zeichnete sich durch die bisher höchste Wahlbeteiligung der Weimarer Republik aus. Die NSDAP gewann 37,4 Prozent der Stimmen, wurde die mit Abstand stärkste Partei und stellte mit Hermann Göring den Reichstagspräsidenten. Zentrum und BVP konnten noch einige Mandate hinzugewinnen, die anderen Mittelparteien wurden fast vollständig aufgerieben, auch die DNVP erlitt leichte Verluste. Die SPD musste erneute Verluste hinnehmen, während die KPD sich wieder verbessern konnte. Die unklaren Mehrheitsverhältnisse ergaben für den Reichskanzler keine Möglichkeit, im Parlament Unterstützung für seinen politischen Kurs zu finden. Die einzig überhaupt denkbare Mehrheitsbildung hätte sowohl die NSDAP als auch das Zentrum umfassen müssen, rechts vom Zentrum reichte es nicht zu einer Mehrheit.

Hitler war nun nicht mehr bereit, das Kabinett von Papen zu tolerieren. Der Versuch, ihn in das Präsidialkabinett einzubinden, ihn zu »zähmen«, misslang. Er schlug eine Regierungsbeteiligung aus und forderte das Amt des Reichskanzlers, was Hindenburg am 13. August ablehnte. Daraufhin gingen die Nationalsozialisten zu einer fundamentalen Oppositionspolitik über, was zu Überlegungen zwischen Reichspräsident und Regierung führte, den Staatsnotstand auszurufen, den Reichstag aufzulösen, aber ohne ihn innerhalb der vorgeschriebenen 60-Tage-Frist neu wählen zu lassen, und eine Verfassungsreform durchzusetzen. Bevor es zur Realisierung dieses Gedankenspiels kommen konnte, wurde am 12. September im Reichstag ein von den Kommunisten eingebrachter Misstrauensantrag mit 512 gegen 42 Stimmen der DVP und DNVP angenommen. Gleichzeitig wurde der Reichstag durch eine Präsidialverordnung aufgelöst und Neuwahlen für den 6. November anberaumt.

Die Novemberwahl brachte für die NSDAP erstmals seit 1928 Verluste. Der Rückgang um 4,3 Prozentpunkte wurde im nationalsozialistischen Lager mit der kurzzeitigen Annäherung an die Reichsregierung begründet. Der Fortbestand einer national-konservativen Präsidialregierung schien sich negativ auf die NSDAP auszuwirken, was auch die Kommunalwahlen in Thüringen im Dezember bestätigten, wo sie im Verhältnis zu den beiden Reichstagswahlen erhebliche Stimmenverluste hinnehmen musste. Auch hatten sich offensichtlich

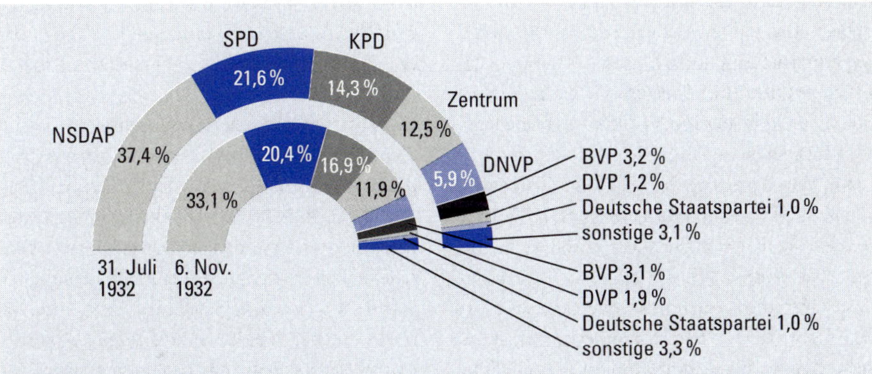

Reichstagswahlen von 1932

konservative Wähler unter dem Eindruck von NS-Terror von der Partei abgewandt.

Hitler war auch im November 1932 nicht bereit, als Mitglied einer parlamentarisch gestützten Koalitionsregierung an die Macht zu kommen, was die Pläne des Zentrums durchkreuzte, zusammen mit BVP, DNVP und NSDAP eine Mehrheitsregierung zu bilden. Die politisch aussichtslose Lage für die Regierung um Franz von Papen führte erneut zu Überlegungen, eine Präsidialdiktatur zu errichten. Parteien und Gewerkschaften sollten verboten und gestützt auf die Reichswehr die Verfassung umgebaut werden. Da dieses Konzept auf der Einsatzbereitschaft der Reichswehr fußte, General Kurt von Schleicher jedoch einen Erfolg des 100 000-Mann-Heeres in einem möglichen Bürgerkrieg gegen Nationalsozialisten und Kommunisten bezweifelte, musste Papen am 17. November 1932 zum Bedauern Hindenburgs zurücktreten.

Franz von Papen hatte sich erstaunlicherweise ohne jegliche Massenbasis an der Macht halten können, die von ihm beabsichtigte Umgestaltung der Verfassung konnte jedoch nicht gelingen, da der starke Mann der Reichswehr, Kurt von Schleicher, ein anderes Konzept verfolgte und Hindenburg nicht bereit war, einen Bürgerkrieg in Kauf zu nehmen.

Das Kabinett von Schleicher

Nachdem erneut Bemühungen um eine Einbeziehung der NSDAP in ein Präsidialkabinett an den maßlosen Forderungen Hitlers gescheitert waren – Hindenburg und seine Berater wollten ihn noch von der Kanzlerschaft fern halten –, betraute der Reichspräsident am 2. Dezember 1932 den bisherigen Reichswehrminister Kurt von Schleicher mit der Kanzlerschaft.

Der Berufsoffizier Schleicher galt als Intrigant und als Taktierer ohne tief greifende Prinzipien, verfügte jedoch über eine Vielzahl von Kontakten und Beziehungen zu fast allen einflussreichen Gruppen. Eine führende Rolle erlangte er seit dem Frühjahr 1932, als er die Regie für die Einsetzung des Kabinetts Papen übernahm und dessen befristete Tolerierung mit der Führung der Nationalsozialisten aushandelte. Als Reichswehrminister vertrat er das Konzept einer »Zähmung« der nationalsozialistischen Bewegung.

Schleicher reduzierte sein Regierungsprogramm auf einen zentralen Punkt: »Arbeit schaffen«. Im Gegensatz zu Papen war Schleicher weniger am Unternehmerinteresse orientiert. Er suchte die Unterstützung der Gewerkschaften und vertrat eine vom Staat dirigierte Arbeitsbeschaffung, wofür ein von Schleicher berufener »Reichskommissar für Arbeitsbeschaffung« die Zuständigkeit übernahm. Nachdem die Wirtschafts- und Sozialpolitik der Präsidialkabinette die Wähler in die Lager der Kommunisten und Nationalsozialisten getrieben hatte, versuchte Schleicher eine solide Basis in der Bevölkerung zu gewinnen. Sein *Ziel war ein zugleich populäres und autoritäres Militärregime, ausgerichtet auf die Wiedergewinnung einer starken Weltgeltung*. Grundlage dafür sollte eine Verständigung zwischen Reichswehr, Gewerkschaften und NSDAP bilden.

Bereits vor seiner Kanzlerschaft hatte Schleicher Sondierungsgespräche mit den Arbeitnehmerflügeln aller Parteien geführt, um für eine parlamentarische Mehrheit in Form einer »Querfront« zu sorgen. Im Falle der NSDAP hieß dies eine Zusammenarbeit mit dem sozialistisch gesonnenen »linken« Flügel der Partei um den Reichsorganisationsleiter Gregor Strasser, der unter Umständen dazu bereit war, als Vizekanzler in die Regierung Schleicher einzutreten. Strassers Taktieren stieß auf den energischen Widerstand Hitlers, für den nach wie vor nur die eigene Kanzlerschaft infrage kam. Strasser trat daraufhin am 8./9. Dezember von allen Ämtern zurück.

Nachdem die SPD, die Schleicher von Anfang an kritisch gegenübergestanden hatte, den Allgemeinen Deutschen Gewerkschaftsbund von einer Zusammenarbeit mit der Regierung abbrachte, war die Idee der »Querfront« nicht mehr zu verwirklichen. Da er durch seine gewerkschafts- bzw. arbeitnehmerfreundliche Politik bei Industriellen und Großagrariern in Ungnade gefallen war, die ihn in Verdacht hatten, ein »Sozialist in Generalsuniform« zu sein, verblieb ihm als Rückhalt letztlich nur noch ein Teil des Offizierkorps. In dieser Situation sah er als Lösung nur den Weg, den er seinem Vorgänger Franz von Papen verbaut hatte, einen »Staatsstreich«. Papen führte zu dieser Zeit mit dem Einverständnis Hindenburgs und ohne Wissen des Reichskanzlers mit Hitler und der Führung der DNVP Gespräche über ein neues Kabinett.

Zwar hatte der Reichspräsident noch immer Vorbehalte gegen den »böhmischen Gefreiten« als Reichskanzler, doch die ihn umgebende Kamarilla konnte schließlich eine Meinungsänderung erreichen. Demzufolge war Hindenburg für Schleichers »Staatsnotplan« nicht zu gewinnen, und der Kanzler musste am 28. Januar 1933 zurücktreten. Am 30. Januar vereidigte der Reichspräsident sein viertes Präsidialkabinett unter dem Reichskanzler Adolf Hitler.

Das Scheitern der Weimarer Republik

Der Untergang der Weimarer Republik kann nicht allein durch ungünstige äußere Umstände wie den Versailler Vertrag und die Weltwirtschaftskrise, sondern auch durch antidemokratische Einstellungen und vorsätzliches Handeln politischer Akteure und einflussreicher Kräfte in Staat und Gesellschaft erklärt werden.

Die Weimarer Republik entstand nicht frei und unbelastet, sondern musste an ihrem Anfang die Folgen des verlorenen Krieges bewältigen. Die Hypothek des Versailler Vertrages im Zusammenhang mit der Dolchstoßlegende und die »unvollendete« oder »stecken gebliebene« Revolution von 1918, wodurch autoritäre Traditionen des Kaiserreiches in die Republik transportiert wurden, boten kaum die günstigsten Startvoraussetzungen.

Das Scheitern der Weimarer Republik kann nicht monokausal begründet werden. In der Geschichtswissenschaft wird ein ganzes Bündel von Ursachen zur Erklärung herangezogen:

Die Strukturschwäche der Reichsverfassung gab dem Präsidenten eine nahezu diktatorische Machtfülle, zumal beim Fehlen klarer parlamentarischer Mehrheiten. Die durch Inflation und die Weltwirtschaftskrise gekennzeichnete wirtschaftliche und soziale Entwicklung bedingte die Veränderungen im sozialen Gefüge: etwa Umschichtungen im »Mittelstand« mit Konsequenzen für politische Orientierung und Wahlverhalten.

Die Bevölkerungsmehrheit war auf Dauer nicht bereit, das System der Weimarer Republik zu akzeptieren. Parteien und Verbände zeigten sich den Anforderungen des Parlamentarismus nicht gewachsen. Latente und manifeste antirepublikanische Tendenzen in Bürokratie, Justiz und Reichswehr ließen den Staat als »Republik ohne Republikaner« erscheinen. Aktuelle ökonomische Krisen verstärkten die destabilisierenden Momente. Ein extremer Nationalismus und eine Hoffnung auf den »starken Mann« bereiteten den Boden für ein charismatisches Führertum.

In ihrer Endphase hatte die Republik den Rückhalt im Bürgertum verloren, allein konnte die Sozialdemokratie die Demokratie nicht retten. Die Präsidialkabinette konnten zwar die verfassungsmäßige Ordnung zerstören, aber keinen stabilen Zustand herstellen. Der Nationalsozialismus profitierte vom fundamentalen Autoritätsverlust der alten Eliten und entfaltete die Dynamik einer modernen totalitären Integrationspartei.

Biografien

Alfred Hugenberg, Medienzar und Politiker (1865–1951)

Als entschiedener Gegner der Weimarer Republik nutzte er sein Medienimperium zur Propaganda gegen die Demokratie.

1891	Gründung des Allgemeinen Deutschen Verbands (ab 1894: Alldeutscher Verband)
1909–1918	Vorsitzender im Direktorium der Friedrich Krupp AG in Essen
1916–1920	Ankauf des Scherl-Verlages und der Telegraphen-Union
1918	Beitritt zur Deutschnationalen Volkspartei (DNVP)
1920–1945	Mitglied des Reichstages auch nach Auflösung der DNVP
1927	Kauf der Universum-Film-AG (Ufa)
1928	Parteivorsitzender der DNVP
30. Januar 1933	Minister für Wirtschaft, Landwirtschaft und Ernährung im Kabinett Hitler
Juni 1933	Rücktritt von allen Minister- und Parteiämtern, Auflösung der DNVP
1933–1944	Zwangsverkauf seines Pressekonzerns (1933–1935) und Verstaatlichung der Ufa (1937) sowie des Scherl-Verlages (1944)
1946–1951	britische Internierung

Heinrich Brüning, Reichskanzler und Außenminister (1885–1970)

Außenpolitisch trug er zur Milderung der Reparationslast bei, innenpolitisch scheiterte er mit der Lösung der Staats- und Wirtschaftskrise

1904–1913	Studium der Geschichte
1920–1930	Geschäftsführer des Christlichen Deutschen Gewerkschaftsbundes
1924–1933	Reichstagsabgeordneter für die Zentrumspartei
19. März 1930	Reichskanzler
7. Oktober 1931	Rücktritt des ersten Kabinetts Brüning
9. Oktober 1931	Außenminister und Reichskanzler in einer Person
30. Mai 1932	Rücktritt Brünings
1934	Flucht in die Niederlande; Übersiedlung in die USA
1937–1951	Professor für Verwaltungswissenschaften in Harvard

Der Nationalsozialismus

Der Nationalsozialismus war keine in sich geschlossene Ideologie wie der Kommunismus, in dem Hitler neben den Juden den größten Feind des »arischen« deutschen Volkes sah. Merkmale »seiner Ideologie« waren Sozialdarwinismus – Überlegenheit der deutschen Herrenrasse –, Antisemitismus und das Lebensraum-Konzept für den Osten.

Unter dem Banner des Hakenkreuzes scharte die NSDAP im Januar 1933 die Massen *deklassierter und orientierungsloser Kleinbürger* (Diemer) der Weimarer Republik um sich. Dies mündete 1939 in den von Hitler einkalkulierten »Zweiten Weltkrieg«.

Nationalsozialismus – Faschismus – Totalitarismus

Während der »faschistischen Epoche« nach dem Ersten Weltkrieg entstanden in vielen europäischen Staaten faschistische Bewegungen. Allerdings vermochten nur zwei dieser Bewegungen, der Faschismus unter Benito Mussolini in Italien und der Nationalsozialismus unter Adolf Hitler in Deutschland, einen Staat nach ihrem Willen zu formen.

Entwicklung des Faschismus in Europa

In der revolutionären Krise nach dem Ersten Weltkrieg entwickelte sich in vielen Staaten Europas der Faschismus als reaktionäre Gegenbewegung zum Bolschewismus (»Antibolschewismus«) nach sowjetischem Vorbild. Obwohl der Faschismus niemals eine konsistente Ideologie ausgebildet hat, lassen sich noch weitere Merkmale feststellen:

- Militanter Antiliberalismus und Antiparlamentarismus
- Extremer Nationalismus
- Ausgeprägter Militarismus
- Autoritätsideologie
- Unterordnung des Individuums
- Führerprinzip und Führerkult
- Gefolgschaftsprinzip
- Elite-Ideologie
- Konformismus
- Ausbildung paramilitärischer Verbände
- Terror gegen anders Denkende

Als Träger und Sympathisanten des Faschismus kamen in der Regel vor allem zwei Gruppen infrage, zum einen Kriegsteilnehmer, denen die Rückkehr ins Zivilleben infolge unterschiedlichster Gründe nicht gelungen war, zum anderen Kleinbürger, deren existenzielle Krise vermeintlich oder tatsächlich durch den Krieg hervorgerufen war. Weiteren Zulauf erhielten die faschistischen Bewegungen aus antikommunistischen Kreisen, da sie als die einzige Alternative gegen die »rote Gefahr« gesehen wurden.

Voraussetzungen für den Erfolg der europäischen Faschismusbewegungen bis hin zur Regierungsbeteiligung waren eine permanente Destabilisierung des bürgerlich-liberalen Parteiensystems – oft verstärkt durch das Aufkommen eines Linksextremismus – und »Belastungen der nationalen Identität« entweder durch die Niederlage im Ersten Weltkrieg oder durch enttäuschte Hoffnungen bei der Friedensregelung.

Herrschten hingegen stabile Mehrheitsverhältnisse vor und sperrten sich die traditionellen Eliten gegen eine Zusammenarbeit mit den faschistischen Bewegungen, blieben diese meist randständige Gruppierungen.

Selbst in jenen Ländern, in denen der Faschismus mit deutscher Unterstützung während des Zweiten Weltkrieges zur Herrschaft gelangte, konnte er auch nur mit deutscher Unterstützung die Herrschaft behaupten. Der Zusammenbruch des NS-Staates in Deutschland bedeutete auch das Ende des Faschismus in Europa.

In Deutschland und Italien trafen hingegen die genannten Voraussetzungen zu. Eine weitere Gemeinsamkeit war die »verspätete« Nationalstaatsgründung, die manche bizarre Übersteigerung des Nationalismus hervorrief.

Der Partito Nazionale Fascista

In Italien gründete der ehemalige Sozialist Benito Mussolini im März 1919 die *fasci di combattimento* (Kampfbünde) aus entlassenen Soldaten; diese übernahmen die Vorbildfunktion für andere europäische Bewegungen.

Im November 1921 erfolgte die Umwandlung in eine Partei (Partito Nazionale Fascista). Die Faschisten fungierten in Teilen Italiens als Ordnungsmacht im Sinne alter Eliten, indem sie brutal gegen die Sozialisten vorgingen. Von Mai 1921 an gehörten die Faschisten dem Parlament an, das sie als Propagandabasis nutzten. Im Oktober 1922 beauftragte der italienische König Viktor Emanuel III. Mussolini mit der Regierungsbildung, nachdem die Faschisten einen von den Führungsschichten tolerierten Staatsstreich, den »Marsch auf Rom« – Vorbild für Hitlers Putschversuch in München –

unternommen hatten. Getreu der Parole *credere, obbedire, combattere* (glauben, gehorchen, kämpfen) proklamierte Mussolini den *stato totalitario*, der jedoch niemals die Stellung erreichen konnte wie in Deutschland, da in Italien die »Gleichschaltung« von Krone, Militär und Kirche nicht gelang. Der ursprünglich antiklerikale Mussolini erkannte 1929 in den Lateranverträgen die römisch-katholische Kirche als einzige Staatsreligion an.

Faschismus und Nationalsozialismus

Trotz aller Gemeinsamkeiten zwischen italienischem Faschismus und dem Nationalsozialismus gab es signifikante Unterschiede. Aufstieg, Programmatik und soziale Zusammensetzung der NSDAP wiesen große Ähnlichkeiten mit Mussolinis Bewegung auf. Am Anfang stand die Zusammenarbeit mit den traditionellen Eliten, ohne deren Hilfe eine Machtübernahme schwerlich gelungen wäre. War diese erfolgt, verschwanden Verfassung und Rechtsstaat, und das »Führerprinzip« wurde zum allgemeinen Ordnungsprinzip.

Jedoch rechtfertigen es einige Phänomene, dem Nationalsozialismus eine Sonderstellung zu attestieren. Während Mussolinis Herrschaftspraxis noch auf die Umwandlung des Staates zielte, beabsichtigte Hitler von Anfang an die Begründung eines Reiches auf rassischer Grundlage, für das der Staat lediglich Mittel zum Zweck darstellte. In Italien existierte eine faschistische Gewerkschaftsbewegung, die von der Partei nicht vereinnahmt werden konnte. Zwar existierte ein Gegenstück zur SA, aber kein Gegenstück zur SS. Zusammenfassend ist zu beobachten, dass die »Zähmung« der italienischen Bewegung durch die traditionellen Eliten erheblich erfolgreicher verlief als in Deutschland.

Der Hauptunterschied lag in dem sozialdarwinistisch motivierten, auf planmäßige physische Vernichtung abzielende Rassismus und Antisemitismus des NS-Regimes.

Totalitarismus

Demokratie und Totalitarismus sind antagonistische politische Phänomene des 20. Jahrhunderts.

Jede totalitäre Ideologie enthält eine geschlossene Konzeption für die ideale Gesellschaft und erhebt Anspruch auf absolute Gültigkeit. Zur Umsetzung dieser Ideologie kommt es zum Einsatz aller Machtmittel von totalitärer Bewegung und totalitärem Staat. Die angekündigte Umgestaltung von Staat und Gesellschaft geschieht durch einen revolutionären Prozess. Die Ideologie steht gegen die

Land	Name der Partei
Belgien	Front Populaire de Rex (Rexisten)
Frankreich	Parti Populaire Français (PPF)
Großbritannien	British Union of Fascists (BUF)
Italien	Partito Nazionale Fascista (PNF)
Jugoslawien/Kroatien	UstaXa Hrvatska Revolucionarna Organizacija (Ustascha)
Niederlande	Nationaal-Socialistische Bewegung (NSB)
Norwegen	Nasjonal Samling (NS)
Österreich	NSDAP, Heimwehren
Rumänien	Garda de Fier (Eiserne Garde)
Schweiz	Nationale Front
Spanien	Falange Española de las Juntas de Ofensiva Nacional-Sindicalista (Falange)
Tschechoslowakei	Hlinková Garda (Hlinka-Garde)
Ungarn	Nemzeti Akarat Partja (Pfeilkreuzler)

Große faschistische Bewegungen in Europa 1919 – 1945
(Quelle: Fischer Lexikon Geschichte, Frankfurt 2003, Seite 212)

Freiheit des Einzelnen zum Wohl des gesamten Staates. Der Staat selbst ist nichtdemokratisch und die Gesellschaft verhält sich antipluralistisch. Einer anderen Definition nach enthalten totalitäre Systeme folgende Wesenszüge:

- Einparteiensystem
- Umfassende Ideologie
- Terroristische Geheimpolizei
- Propaganda- und Waffenmonopol
- Planwirtschaft

Der Totalitarismusbegriff erfuhr bereits in den 1930er-Jahren bei dem Versuch eines Vergleichs von Faschismus und Nationalsozialismus mit dem Stalinismus eine Abnutzung, was sich aus der politischen Dimension der dahinter stehenden Intention erklärt. Von Anfang an vertrat die politische Linke den Ansatz, bei Faschismus und Nationalsozialismus handle es sich um typische Phänomene der bürgerlichen Gesellschaft, während die Gegenposition vor allem die nationalsozialistische Bewegung mehr in die Nähe des Kommunismus stalinistischer Prägung stellte.

Für die Richtigkeit des ersten Ansatzes wurde die antimarxistische, antibolschewistische Haltung der faschistischen Bewegungen und deren Kampf gegen die Arbeiterparteien genannt. Die Vertreter der Gegenposition führten an, dass die Nationalsozialisten eine Aufhebung der Klassenschranken zumindest postulierten und sich selbst als »Sozialisten« bezeichneten. Auch dem Selbstverständnis nach waren Mussolinis und Hitlers Herrschaft totalitär, doch die volle Durchdringung von Staatsapparat und Militär war im Grunde nur in der kommunistischen Sowjetunion gelungen.

Totalitarismus bezeichnet eine politische Herrschaft, die die uneingeschränkte Verfügung über die Beherrschten und ihre völlige Unterwerfung unter ein politisches Ziel verlangt. Totalitäre Herrschaft, erzwungene Gleichschaltung und unerbittliche Härte werden oft mit existenzbedrohenden Gefahren begründet, wie sie zunächst vom **Faschismus** und vom **Nationalsozialismus**, nicht zuletzt auch im **Sowjetkommunismus** Stalins von den Herrschenden behauptet wurden.
Insofern stellt der Totalitarismus das krasse Gegenteil des modernen freiheitlichen Verfassungsstaates und des Prinzips einer offenen, pluralen Gesellschaft dar.

Lexika auf bpb.de/Bundeszentrale für politische Bildung

Die Ideologie des Nationalsozialismus

Die nationalsozialistischen Mixtur aus Vorstellungen und Meinungen bediente sich aus dem »Ideenschutt« des 19. Jahrhunderts. Alle Komponenten, der aus dem Antijudaismus entstandene Antisemitismus, der Rassismus als Lehre von der Überlegenheit der eigenen Rasse gegenüber »minderwertigen« Rassen, die damit verbundene Notwendigkeit eines Kampfes um »Lebensraum« für das germanische Volk vor allem im Osten Europas, ein extremer Nationalismus und der Militarismus waren bereits vor dem Entstehen der NSDAP anzutreffen.

Die nationalsozialistische Ideologie war keineswegs ein in sich geschlossenes System der Welt- und Politikerklärung, auch wenn Hitler deren Gültigkeit betonte und seine Weltanschauung zur Staatsdoktrin erhob.

Gegen die Vorstellung, der Nationalsozialismus ähnele dem italienischen Faschismus, dem es auch primär auf die Macht und deren Behauptung und eben nicht auf die Ideologie angekommen sei, spricht die Tatsache, dass die »völkische Weltanschauung« die Politik des »Dritten Reiches« maßgeblich beeinflusste und auch durch dessen Ende nicht ausgerottet werden konnte.

Der europäische Antijudaismus

Der uralte Antijudaismus mit seinen christlich-religiös motivierten Stereotypen, der in seinen Wurzeln auf die Judenfeindschaft des Hochmittelalters zurückging und zu Beginn des 19. Jahrhunderts durch die Emanzipation der Juden in vielen europäischen Staaten neu belebt wurde, erhielt durch die pseudowissenschaftlichen Schriften von Gobineau und Chamberlain eine biologisch-rassistische Grundlage.

Der Franzose Joseph Arthur Graf von Gobineau (1816–1882) hatte 1855 in seinem Buch ›Versuch über die Ungleichheit der menschlichen Rassen‹ die Menschheitsgeschichte nach rassischen Gesichtspunkten gedeutet. Er war überzeugt von der Überlegenheit der »weißen Rasse« vor allen »anderen Rassen«. Als »Gegentypen« zu dem kreativen Element des »Ariers« stufte er Neger und Semiten ein. Nur die »Reinheit der Rasse« konnte im Kampf der Rassen die Niederlage der »höheren« gegen die »niederen« verhindern.

Der Engländer Houston Stewart Chamberlain (1855–1921) deutete in seinem 1899 erschienenen Buch ›Die Grundlagen des 19. Jahrhunderts‹ die europäische Geschichte als Kampf der Rassen. »Rassenmischung« sei die Ursache für den Verfall vieler Kulturen gewesen, und Aufgabe der Arier sei es, ihre Rasse vor der Vermischung mit »minderwertigem Blut« zu schützen.

Eine wichtige Rolle bei der Verbreitung dieses Gedankengutes spielte der antisemitische Wagner-Kreis in Bayreuth. Im deutschen Kaiserreich konzentrierten sich die extrem antisemitischen Strömungen im Alldeutschen Verband und in der Christlich-Sozialen Arbeiterpartei des preußischen Hofpredigers Adolf Stoecker (1835–1909).

In Wien fand Hitler den Antisemitismus in der Gesellschaft des Habsburger Reiches vor. Dort las er sich seine »Weltanschauung« aus Groschenheften zusammen. Zwei österreichische Politiker erwarben sich Hitlers Bewunderung. Georg Ritter von Schönerer (1842–1912), der Begründer der Alldeutschen Bewegung, und der Wiener Bürgermeister Karl Lueger (1844–1910), dessen Umgang mit politischen Gegnern Hitler imponierte.

1919 kam Hitler mit den ›Protokollen der Weisen von Zion‹ in Kontakt, die zu dieser Zeit in Münchner Antisemiten-Kreisen diskutiert wurden. Die Protokolle waren eine antisemitische Fälschung des russischen Geheimdienstes, mit der eine »jüdische Weltverschwörung« bewiesen werden sollte. Im Rückgriff auf ältere Verschwörungsvorwürfe wurden von der zaristischen Geheimpolizei die Protokolle als Beweis für die Fiktion dargeboten, dass die Juden auf einer geheimen Konferenz die Erlangung der Weltherrschaft, insbesondere mittels der Wirtschaft, der Finanz- und Medienwelt, geplant hätten.

Nationalsozialistischer Antisemitismus

Der an die Lehren Darwins (1809–1882) anknüpfende Sozialdarwinismus übertrug dessen Lehren von der natürlichen Auslese im Kampf ums Dasein auf die menschliche Gesellschaft. In seinem Buch ›Von der Entstehung der Arten durch natürliche Auslese im Kampf ums Dasein‹ hatte sich Charles Darwin 1859 bewusst auf die Tier- und Pflanzenwelt beschränkt. Der Sozialdarwinismus wendete die Entwicklungstheorie der natürlichen Auslese auf die menschliche Gesellschaft an. Darwins These von der Durchsetzung der jeweils am besten angepassten Art erfuhr eine Umdeutung zum Überleben des Stärksten in der Gesellschaft bzw. der am höchsten entwickelten Nation oder Rasse gegenüber weniger entwickelten.

Die biologisch begründete Rassenlehre verband sich nun mit antisemitischen Vorurteilen, sodass die »Degeneration der Rassen« mit der »Zersetzungstätigkeit der Juden« erklärt werden konnte. Zahlreiche Publikationen machten diese Gedankenkonstruktionen unter dem Bürgertum ebenso gesellschaftsfähig wie die Aufnahme antisemitischer Forderungen in Programmen von Parteien und Verbänden den Antisemitismus allmählich politik- und – nach dem Ersten Weltkrieg – sogar hoffähig machten. Xenophobie und Antisemitismus gingen zusammen in den Nationalismus ein, der sich dann zu einem radikalen Imperialismus wandelte.

Das »Lebensraum-Konzept«

Außer seinem Judenhass bestimmte keine andere Vorstellung Hitlers Denken und Handeln so stark wie die vom Fehlen eines ausreichenden Lebensraums. Mit dem so genannten »Lebensraum-Konzept« wurde der imperialistische Expansionsdrang der Nationalsozialisten nach Osten begründet. Das Konzept war ursprünglich vom Alldeutschen Verband entwickelt worden. Hitler nahm das Konzept auf und wandte sich in seinem Buch ›Mein Kampf‹ gegen einfachen Revisionismus. Deutschland sei ein *Volk ohne Raum* und müsse im immer währenden Kampf der Völker durch biologische Expansion Lebensraum im Osten Europas gewinnen, um für den Geburtenüberschuss Siedlungsgebiete zu erschließen. Das »Lebensraum-Konzept« basiert auf der rassistisch-sozialdarwinistischen Annahme eines deutschen Herrenvolkes und der Minderwertigkeit der slawischen Völker.

Hitler und der Kommunismus

Im Kommunismus sah Hitler die gefährlichste Angriffswaffe des Judentums im Kampf um die Weltherrschaft. Die antibolschewistische Haltung – bei Hitler wie eine Phobie verwurzelt – begründete sich nicht nur rassentheoretisch, sondern beinhaltete auch antirussische, antislawische und antikommunistische Ressentiments.

Überhaupt waren die Juden für Hitler die Urheber und Träger aller bedrohlichen politischen Prinzipien. Neben dem Marxismus und Kommunismus waren dies auch Internationalismus, Pazifismus und Demokratie.

Mythos »Drittes Reich«

Selbst der Mythos vom »Dritten Reich« war keine eigenständige Erfindung des Nationalsozialismus, auch hier griff man auf ältere Vorbilder zurück. Hitler übernahm den Titel vom 1923 erschienenen Buch ›Das dritte Reich‹ von Arthur Moeller van den Bruck (1876–1925), der die Schaffung eines neuen Staates forderte, der an die Traditionen sowohl des Heiligen Römischen Reiches Deutscher Nation wie des Bismarck-Reiches anknüpfen sollte.

Hitler radikalisierte aber die Formel vom Dritten Reich zu einem universalen Geschichtsziel, wobei er sich von Ideen des ehemaligen Mönchs Lanz von Liebenfels inspirieren ließ, die er in den ›Ostara-Heften‹ in Wien kennen gelernt hatte.

Ursprünglich stammte der Begriff »Drittes Reich« aus dem Endzeitdenken Joachim von Fiores (1130–1202) und anderer mittelalterlicher Theologen. Danach sollte das »Dritte« oder »Reich des Heiligen Geistes« auf das »Reich des Vaters« und »des Sohnes« folgen.

»Machtergreifung« und Gleichschaltung

Der 30. Januar 1933 war zum einen der Abschluss einer Reihe von Versuchen, die Krise der Weimarer Republik auf autoritärem Wege zu überwinden, zum anderen der Ausgangspunkt einer Entwicklung, die in kurzer Zeit das parlamentarisch-demokratische System radikal beseitigte. In den folgenden Monaten wurde die nationalsozialistische Diktatur errichtet und die Alleinherrschaft Hitlers in Staat und Partei durchgesetzt.

Übernahme der Macht

Das von der nationalsozialistischen Propaganda geprägte Bild von der eigenen »Machtergreifung« am 30. Januar 1933 entsprach nicht der Wirklichkeit. Keineswegs hatte die NSDAP sich die Macht erobert, sondern Hitler wurde vom Reichspräsidenten zum Reichskanzler ernannt und mit der Bildung einer Regierung beauftragt, die sich »Kabinett der nationalen Konzentration« nannte. Ihr gehörten neben Hitler nur zwei Nationalsozialisten an, Wilhelm Frick (→ »Biografien«) als Innenminister und Hermann Göring als Minister ohne Geschäftsbereich. Diese Drei wurden »eingerahmt« von acht deutschnational-konservativen Ministern, darunter der frühere Reichskanzler Franz von Papen als Vizekanzler und Reichskommissar für Preußen, Alfred Hugenberg als Wirtschafts- und Ernährungsminister sowie der Stahlhelm-Führer Franz Seldte (1882–1947) als Arbeitsminister. Der allgemeine Tenor in den rechts-konservativen Kreisen lautete, Hitler werde leicht zu zügeln sein: *Wir drängen ihn in die Ecke, bis er quietscht.* Sehr schnell gelang es Hitler, sich die Neutralität der Reichswehr zu sichern, indem er am 3. Februar 1933 der Armeeführung seine »2-Säulen-Theorie« entwickelte, wonach diese die einzige »Waffenträgerin« der Nation sein sollte.

Um sich den Beschränkungen einer Koalition zu entledigen, setzte Hitler bei Reichspräsident Hindenburg Neuwahlen durch, die dieser für den 5. März 1933 bestimmte. Mittels einer Propagandaschlacht sollte der Einfluss der Bündnispartner, die im Gegensatz zur NSDAP keine Massenbasis besaßen, zurückgedrängt und durch Terror die politischen Gegner – vor allem KPD und SPD – ausgeschaltet werden. Die Wahlkampfstrategie sah daher die Darstellung der NSDAP als traditions- und verantwortungsbewusste Partei vor, die sich zu »christlichen Werten« bekannte, während gleichzeitig die NS-Organe unter Einsatz der staatlichen Machtmittel unter der Parole »Kampf dem Marxismus« Sozialdemokraten und Kommunisten verfolgten. Als – noch notwendige – Legitimation hierfür diente die Notverordnung des Reichspräsidenten »Zum Schutze des deutschen Volkes« vom 4. Februar 1933, wodurch – in auslegbarer Formulierung – Presse-, Versammlungs- und Koalitionsfreiheit erheblich eingeschränkt wurden. Mithilfe der weiteren Notverordnung »Zur Herstellung geordneter Regierungsverhältnisse in Preußen« konnten der noch immer amtierenden Regierung Braun (SPD), die sich gegen die von Franz von Papen eingesetzte Kommissariatsregierung hatte behaupten können, alle Befugnisse entzogen werden. Der preußische Innenminister Göring säuberte nun die Verwaltung von Angehörigen der bürgerlichen Parteien und der SPD. Am 17. Februar verordnete er der preußischen Polizei in einem Schießerlass den rücksichtslosen Gebrauch der Schusswaffe gegen alle politischen Gegner. Am 22. Februar verstärkte er die regulären Polizeieinheiten durch Hilfspolizeiverbände aus 50 000 Angehörigen der Sturmabteilung (SA), der Schutzstaffel (SS) sowie des Stahlhelms zur Abwehr *zunehmender Ausschreitungen von linksradikaler, insbesondere kommunistischer Seite.*

Die Reichstagsbrandverordnung

In der Nacht vom 27. auf den 28. Februar brannte in Berlin das Reichstagsgebäude. Als Brandstifter wurde der holländische Anarchist Marinus van der Lubbe im Reichstag festgenommen und im Dezember 1933 zum Tode verurteilt. Die angebliche Täterschaft von vier kommunistischen Mitangeklagten ließ sich nicht beweisen, allgemein wird

»Machtergreifung« und Gleichschaltung

30. Januar 1933	»Machtergreifung«
27. Februar 1933	Brand des Reichstags in Berlin
28. Februar 1933	Reichstagsbrandverordnung
März 1933	Gründung der Leibstandarte-SS Adolf Hitler
13. März 1933	Joseph Goebbels wird Leiter des neu errichteten Reichsministeriums für Volksaufklärung und Propaganda
23. März 1933	Ermächtigungsgesetz
31. März 1933	Vorläufiges Gesetz zur Gleichschaltung der Länder mit dem Reich
7. April 1933	Zweites Gesetz zur Gleichschaltung der Länder mit dem Reich
Anfang Mai	Ausschaltung der KPD und der Gewerkschaften
10. Mai 1933	Bücherverbrennungen
22. Juni 1933	Verbot der SPD
Ende Juni 1933	Selbstauflösung der Deutschen Staatspartei, von DNVP und DVP
Anfang Juli 1933	Selbstauflösung der BVP und des Zentrums
14. Juli 1933	Gesetz gegen die Neubildung von Parteien
September 1933	Errichtung der Reichskulturkammer
30. Januar 1934	Gesetz über den Neuaufbau des Reiches
April 1934	Heinrich Himmler Chef der geheimen Staatspolizei (Gestapo); 1936 Reichsführer SS
Mai 1934	Errichtung des Reichserziehungsministeriums
30. Juni/1. Juli 1934	»Röhm-Putsch«; Ermordung Ernst Röhms, Stabschef der SA
2. August 1934	Tod des Reichspräsidenten Paul von Hindenburg
Dezember 1936	Reichsgesetz Hitlerjugend zur Staatsjugend erklärt
Januar bis März 1938	Blomberg-Fritsch-Affäre
1938	Gleichschaltung der Wehrmacht

heute weitgehend von der Alleintäterschaft van der Lubbes ausgegangen.

Obwohl die führenden Nationalsozialisten offensichtlich vom Reichstagsbrand überrascht waren, bezeichneten sie ihn sogleich als *bolschewistischen Terrorakt* und benutzten ihn zur Herrschaftsstabilisierung. Am 28. Februar erließ Hindenburg die Verordnung »Zum Schutz von Volk und Staat« (»Reichstagsbrandverordnung«), die die politischen Grundrechte der Weimarer Verfassung (Freiheit der Person, die Meinungs-, Presse-, Vereins- und Versammlungsfreiheit, das Post-, Brief-, Telegrafen- und Fernsprechgeheimnis sowie die Unverletzlichkeit von Eigentum und Wohnung) bis auf weiteres außer Kraft setzte und einen permanenten Ausnahmezustand errichtete, durch den die Maßnahmen der Nationalsozialisten zur Ausschaltung politischer Gegner gleichsam legalisiert wurden. Diese wurden jetzt ohne Anklage und Beweise in gerichtlich nicht kontrollierbare Schutzhaft genommen und in so genannten »wilden« Konzentrationslagern interniert.

Mit dieser Verordnung wurde die *scheinlegale Grundlage der nationalsozialistischen Diktatur gelegt, die durch den permanenten Ausnahmezustand gekennzeichnet war* (Thamer), sie wurde auch als »Verfassungsurkunde« des Dritten Reiches bezeichnet. In den folgenden Tagen verschärfte sich der Wahlkampf der NSDAP, vor allem kommunistische Funktionäre und Reichstagsabgeordnete wurden verhaftet, die kommunistische Presse verboten.

Das Ermächtigungsgesetz

Bei der Reichstagswahl am 5. März 1933 (→ Abbildung »Reichstagwahl 1933«), an der zum letzten Mal konkurrierende Parteien teilnahmen, erhielt die NSDAP trotz massiver Behinderung der politischen Gegner zu ihrer Enttäuschung nur 43,9 Prozent der Stimmen, sodass sie auf die Hilfe der DNVP angewiesen war, die 8 Prozent der Stimmen erreichte. Um die »nationalsozialistische Revolution« voranzubringen, wurden die Aktionen der Straße *mit einer administrativen Gleichschaltung und formellen Legalisierung von oben* (Thamer) verbunden. Um wie bisher den Schein der Legalität zu wahren, aber dennoch von allen Bindungen an die Verfassung befreit zu sein, wollte Hitler ein Gesetz, das die »Ermächtigung« geben sollte, Gesetze ohne das Parlament zu erlassen. Um die Selbstentmachtung des Reichstages durch die notwendige Zweidrittelmehrheit zu gewährleisten, mussten auch die bürgerlichen Parteien zustimmen. Um deren Zustimmung zu gewinnen, wurde die »Potsdamer Rührkomödie«, der »Tag von Potsdam« inszeniert.

An 21. März 1933 erwies Hitler im Frack anlässlich der feierlichen Eröffnung des neuen Reichstages in der Potsdamer Garnisonskirche dem Reichspräsidenten in der Uniform des kaiserlichen Generalfeldmarschalls seine Reverenz. Mit diesem von Hitler und dem neuen Propagandaminister Joseph Goebbels inszenierten Schauspiel sollte die Einheit zwischen dem alten Preußen und dem neuen revolutionären Deutschland dem konservativen und bürgerlichen Lager vor Augen geführt werden. Das »Dritte Reich« präsentierte sich als legitimer Erbe des 1918 untergegangenen »Zweiten Reiches«. Zwei Tage nach dem »Tag von Potsdam«, am 23. März 1933, versuchte Hitler vom Reichstag mit dem Gesetz zur Behebung der Not von Volk und Reich die Ermächtigung zu erlangen, ohne Zustimmung von Reichstag und -rat sowie ohne Gegenzeichnung des Reichspräsidenten Gesetze zu erlassen. Nach einer taktisch bedingten Zusicherung einer restriktiven und kontrollierten Anwendung des Gesetzes – Sicherung der Existenz der obersten Verfassungsorgane, Länder, Rechte der Kirchen, Wiedergewährung der Grundrechte, Einsetzung eines Reichstagsausschusses für die Kontrolle der zu erlassenden Gesetze – wurde das Ermächtigungsgesetz mit 444 Stimmen der NSDAP, DNVP, Zentrum, BVP und Deutscher Staatspartei in namentlicher Abstimmung angenommen.

Da die 81 Mandate der KPD auf Basis der Reichstagsbrandverordnung annulliert worden waren, verweigerten allein die 94 anwesenden Abgeordneten der SPD ihre Zustimmung, was ihr Parteivorsitzender Otto Wels in einer mutigen Rede vor den Augen von SA-Männern erläuterte. Das zunächst auf vier Jahre verabschiedete Ermächtigungsgesetz wurde mehrmals verlängert und blieb bis zum Ende des »Dritten Reiches« in Kraft.

Die Gleichschaltung

Primäres Ziel der NSDAP war es, diejenigen Organisationen auszuschalten, die sich ihrem Totalitätsanspruch zu widersetzen drohten. Die pluralistische Vielfalt der Weimarer Republik sollte durch Anpassung aller staatlichen und gesellschaftlichen Institutionen an die politisch-ideologischen Ziele der NSDAP ersetzt werden (»Gleichschaltung«).

Ausschaltung der Länderregierungen

Ein Ziel Hitlers war es, die föderative Struktur der Weimarer Republik zu zerschlagen und durch einen zentralen Staatsapparat zu ersetzen. Durch den »zweiten Staatsstreich« in Preußen infolge der Notverordnung »Zur Herstellung geordneter Regierungsverhältnisse in Preußen« hatte Göring dort mit der Gleichschaltung begonnen.

Die Gleichschaltung der Länder und Hansestädte, in denen die NSDAP noch nicht an der Regierung war, verlief durch organisierte Aktionen der SA, flankiert durch administrative Maßnahmen der Reichsregierung. Die von den eigenen Parteigenossen hervorgerufenen Unruhen nahm die Reichsregierung zum Anlass, die Landesregierungen abzusetzen und durch Reichskommissare zu ersetzen. Als erstes der außerpreußischen Länder war am 5. März 1933 Hamburg vom Gleichschaltungsprozess betroffen, es folgten Lübeck, Bremen und Hessen, Württemberg, Baden, Sachsen und Schaumburg-Lippe.

In Bayern weigerte sich Ministerpräsident Held Franz Ritter von Epp als Reichskommissar zu akzeptieren und versuchte die bayerische Reichswehr gegen die SA einzusetzen, wogegen sich die Reichswehrführung sperrte. Als Held erfolglos versuchte, beim Reichspräsidenten Unterstützung zu finden, trat er zurück. Im Zusammenhang mit der nationalsozialistischen Machtübernahme in Bayern wurde Heinrich Himmler (→ »Biografien«) Chef der bayerischen Polizei.

Legislativer Abschluss der Maßnahmen, mit denen das Ende des Föderalismus beschlossen wurde, war am 31. März 1933 das »Vorläufige Gesetz zur Gleichschaltung der Länder mit dem Reich«, durch das die Landesregierungen Gesetze ohne Beschluss der Länderparlamente erlassen konnten, die gleichzeitig nach dem Reichstagswahlergebnis zusammengesetzt wurden, wobei die Zahl der Mandate verringert und die Sitze der KPD gestrichen wurden. Zudem waren die Landesverwaltungen neu zu organisieren, das heißt, politisch zu säubern.

Durch das »Zweite Gesetz zur Gleichschaltung der Länder mit dem Reich« vom 7. April 1933 wurden in den Ländern Hitler persönlich unterstellte Reichsstatthalter eingesetzt, die *für die Beobachtung der vom Reichskanzler aufgestellten Richtlinien der Politik zu sorgen* hatten und das Recht erhielten, die Länderregierungen zu ernennen und abzusetzen.

Das Gesetz über den Neuaufbau des Reiches vom 30. Januar 1934 hob dann die Länderparla-

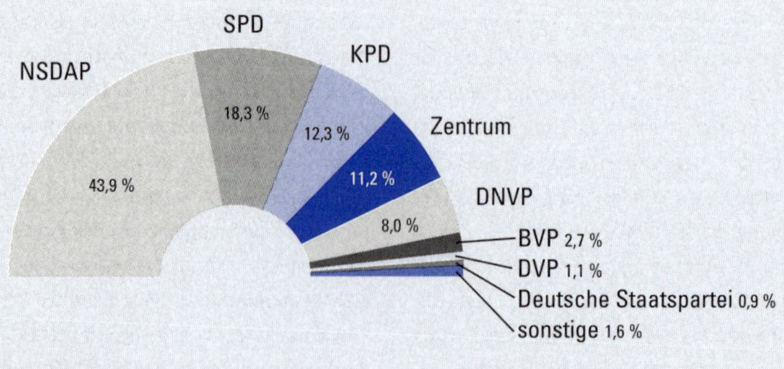

Reichstagswahl 1933

mente auf, die Hoheitsrechte der Länder fielen an das Reich und die Landesregierungen wurden der Reichsregierung unterstellt.

Ausschaltung der Parteien

Mit der Annahme des Ermächtigungsgesetzes am 23. März 1933 und der Entmachtung des Parlaments hatten die Parteien ihre Funktion als politische Entscheidungsträger verloren.

Mit dem Verbot der KPD durch die Reichstagsbrandverordnung und der SPD am 22. Juni 1933 sowie der Selbstauflösung der bürgerlichen Parteien im Juni/Juli 1933, die mit dem Gesetz gegen die Neubildung von Parteien vom 14. Juli beendet war, hatte die NSDAP ihre Alleinherrschaft durchgesetzt. Dass die Auflösung und Gleichschaltung der Parteien sich so schnell vollzog, erklärt sich mit aus der Zielsetzung der Nationalsozialisten, das verhasste Mehrparteiensystem mit allen Mitteln schnell zu beseitigen und den Einparteienstaat durchzusetzen.

Die KPD

Die NSDAP hatte ihre erbitterten Gegner immer in den beiden Arbeiterparteien gesehen, sodass in der Zeit nach dem 30. Januar 1933 die ersten Terroraktionen vor allem Angehörigen der KPD und der SPD galten. Görings Schießerlass in Preußen und die Reichstagsbrandverordnung gaben Gewaltmaßnahmen und Verhaftungsaktionen den Schein von Legalität. Nun konnten kommunistische Funktionäre zur »Umerziehung« in die neu errichteten Konzentrationslager eingeliefert werden, wo sie der Willkür der Wachmannschaften ausgeliefert waren. Daneben erzeugten Zeitungsverbote, Besetzung von Parteihäusern und permanente Repressalien eine Atmosphäre der Angst bei Mitgliedern aller Parteien, was aus Sorge um die eigene Existenz zu zahlreichen Austritten und auch dem Rückzug aus der Politik führte.

Trotz aller Maßnahmen gegen sie erreichte die KPD bei den Wahlen am 5. März 1933 noch 81 Mandate, deren Träger jedoch waren entweder geflohen oder verhaftet. Kurz darauf wurden die kommunistische Parteizentrale geschlossen und die Partei verboten.

Die SPD

Der Ausschaltung der KPD und der Zerschlagung der Gewerkschaften Anfang Mai folgte am 22. Juni 1933 das Verbot der SPD. Nach der Besetzung der Gewerkschaftshäuser am 2. Mai 1933 hatte sich die Spitze des Vorstands der – inzwischen infolge unterschiedlicher Konzeptionen über legale Weiterarbeit, offenen Widerstand oder Exil in verschiedene Lager zerfallenen – Partei nach Prag begeben und sich dort als Vorstand der Exil-SPD unter dem Namen »Sopade« konstituiert. Nachdem von Prag aus zum Sturz von Hitler und zum illegalen Widerstand aufgerufen wurde, erklärten die Nationalsozialisten die SPD zur *volks- und staatsfeindlichen Organisation*, obwohl die Berliner SPD-Funktionäre sich von diesem Beschluss distanziert hatten.

Selbstauflösung der bürgerlichen Parteien

Mit dem Verbot der größten Oppositionspartei war auch das Ende der bürgerlichen Parteien gekommen. Die bereits in der Endphase der Weimarer Republik bedeutungslos gewordene Deutsche Staatspartei (früher DDP) und die DVP kamen einem zu erwartenden Verbot zuvor und lösten sich Ende Juni 1933 selbst auf.

Der politische Katholizismus hatte nach dem Verlust der parlamentarischen Schlüsselposition und nach der Zustimmung zum Ermächtigungsgesetz versucht, seine Existenzberechtigung nachzuweisen. Repressalien und Drohungen gegen Zentrum und BVP ließen die Parteiführungen schließlich resignieren. Nachdem erkennbar war, dass dem Vatikan an der Existenz von katholischen Parteien nicht mehr gelegen war (Reichskonkordat) kam es Anfang Juli zur Selbstauflösung.

Nach der Wahl vom 5. März hatte die DNVP ihre Rolle als »Steigbügelhalter« für die Nationalsozialisten ausgespielt. Hitler gab die bisherige Rücksichtnahme auf und arbeitete auf die Ausschaltung des nun überflüssigen Bündnispartners hin. Der Untergang der DNVP, die sich seit Mai »Deutschnationale Front« nannte, vollzog sich nach demselben Mechanismus von Einschüchterung und Pression wie bei den anderen Parteien. Zuletzt ging man gegen Alfred Hugenberg vor, dessen Befähigung als Reichsminister angezweifelt wurde. Als die erwartete Rückendeckung des Reichspräsidenten ausblieb, trat er am 27. Juni zurück, einen Tag später löste sich die Partei selbst auf.

Nach einem halben Jahr waren alle konkurrierenden Parteien verschwunden und der nationalsozialistische Einparteienstaat errichtet. Mit dem Gesetz gegen die Neubildung von Parteien vom 14. Juli 1933 wurde die NSDAP zur einzigen politischen Partei in Deutschland erklärt.

Der »Röhm-Putsch«

Auf dem Weg zum totalitären Staat musste Hitler noch zwei Probleme aus dem Weg räumen. Zum einen waren die Spannungen zwischen NSDAP und SA zu bereinigen, zum anderen war die Rolle des Machtfaktors Wehrmacht endgültig zu bestimmen.

Da an eine Gleichschaltung der Reichswehr in der Anfangszeit der nationalsozialistischen Herrschaft nicht zu denken war, war es für Hitler ein Erfolg gewesen, diesen Machtfaktor durch die Aussicht auf Wiedereinführung der allgemeinen Wehrpflicht und auf Wiederaufrüstung zu neutralisieren. Zwar war daher das Verhältnis der Reichswehr zum NS-Regime von Wohlwollen bestimmt, was aber nichts an deren Unabhängigkeitswillen und ihrer Nähe zum Reichspräsidenten änderte.

Hingegen war das Verhältnis zwischen NSDAP und SA sowie zwischen SA und Reichswehr von tief greifenden Gegensätzen geprägt. Die Sturmabteilung hatte mit ihren Schlägertrupps während der »Kampfzeit der Bewegung« die politischen Gegner eingeschüchtert und die Herrschaft über die Straße errungen, nach dem 30. Januar 1933 hatte sie als Hilfspolizei und als Wachpersonal der Konzentrationslager erheblichen Anteil an der Gleichschaltung großer Bereiche des öffentlichen Lebens, doch immer deutlicher versuchte Hitler den mitunter unkontrollierten Aktionen der SA Einhalt zu gebieten.

Die SA selbst betrachtete sich als den wahren Träger der »nationalen Revolution« und drängte auf eine Fortsetzung der innenpolitischen Umgestaltung. Hitlers Duzfreund, der Stabschef der SA, Ernst Röhm (→ »Biografien«), sprach von der Notwendigkeit einer »zweiten Revolution« mit einer radikalen sozialen Umgestaltung, die – wenn nötig – auch gegen Adolf Hitler, auf die Entmachtung des Bürgertums abzielte.

Es wurde immer offensichtlicher, dass die SA über die erreichten Zustände und auch über den Kompromiss mit der Reichswehr, der ihr eine Art Milizfunktion unter der Aufsicht des Reichswehrministeriums zugestand, hinausdrängte und die Schaffung eines Milizheeres verlangte, dessen Kern die SA bilden sollte.

Da Röhms Vorstellungen auf die Schwächung seiner eigenen Position hinausliefen, er aber auch das Bürgertum vor allem für seine außenpolitischen Pläne benötigte, entschied Hitler im Frühjahr 1934 sich seines Widersachers zu entledigen, nicht zuletzt auch deshalb, um dem Versuch einer monarchischen Restauration mithilfe der Reichswehr den Wind aus den Segeln zu nehmen.

Hitler wurde in seinem Entschluss von Göring, Goebbbels (→ »Biografien«) und Himmler unterstützt, die sich des Rivalen zu entledigen suchten, und als er überzeugt war, dass die Reichswehr eine Gewaltaktion gegen die Sturmabteilungen dulden werde, wurden unter dem Vorwand, Röhm plane mit der SA einen Putsch (»Röhm-Putsch«), vom 30. Juni 1934 an die SA-Führung, aber auch Regimegegner von der SS ermordet, darunter die Generale Kurt von Schleicher und Ferdinand von Bredow sowie die Hitler-Kritiker Gregor Strasser und Gustav Ritter von Kahr.

Der von den Nationalsozialisten als »Röhm-Putsch« verschleierten Mordaktion wurde am 3. Juli 1933 durch ein Gesetz der Schein der Legalität gegeben: *Die zur Niederschlagung hoch- und landesverräterischer Angriffe am 30. Juni, 1. und 2. Juli vollzogenen Maßnahmen sind als Staatsnotwehr rechtens.* Zwar hatte die SA ihren politischen Einfluss verloren und die Reichswehr war »einzige Waffenträgerin der Nation« geworden, doch die Armee hatte sich in die Aktionen des 30. Juni verstricken lassen und die Ermordung zweier ihrer Generäle hingenommen.

Vereidigung der Wehrmacht auf Hitler

Als Reichspräsident Hindenburg am 2. August 1934 starb, ging das Reichspräsidentenamt auf Hitler über, wie die Reichsregierung unverzüglich durch ein Gesetz über das Staatsoberhaupt des Deutschen Reiches entschied. Das Amt des Reichspräsidenten sollte aufgelöst und mit dem des Reichskanzlers zu dem eines »Führers und Reichskanzlers« vereinigt werden.

Überraschend verkündete Reichswehrminister Blomberg, er beabsichtige die nun Wehrmacht genannte Reichswehr auf die Person Hitlers zu vereidigen. Unmittelbar nach dem Tod Hindenburgs mussten alle Angehörigen der Streitkräfte die neue Eidesformel sprechen: *Ich schwöre bei Gott diesen heiligen Eid, dass ich dem Führer des Deutschen Reiches und Volkes, Adolf Hitler, dem Oberbefehlshaber der Wehrmacht unbedingten Gehorsam leisten und als tapferer Soldat bereit sein will, jederzeit für diesen Eid mein Leben einzusetzen.*

Die Führung der Wehrmacht konnte oder wollte sich nicht vorstellen, dass diese Verpflichtung zu »unbedingtem Gehorsam« die Soldaten einmal in große Gewissenskonflikte bringen sollte. Mit ihrem Eid hatte sich die Wehrmacht an Hitler gebunden und zu seinem Gehilfen degradiert.

Die endgültige Gleichschaltung der Wehrmacht erfolgte dann im Jahr 1938, als der ansonsten Hitler treu ergebene und dessen Eroberungsabsichten stützende Blomberg zusammen mit Werner Freiherr von Fritsch, dem Oberbefehlshaber des Heeres, auf die Risiken eines baldigen Kriegsausbruchs hinwies und daraufhin beide durch eine schmutzige Intrige entmachtet wurden (→ Zeittafel »Blomberg-Fritsch-Affäre 1938«). An die Stelle des Reichskriegsministeriums trat das nun neu gebildete Oberkommando der Wehrmacht (OKW), und Adolf Hitler übernahm jetzt selbst die Befehlsgewalt.

Die Schutzstaffel (SS)

Mit der Ausschaltung der SA im Sommer 1934 begann der Aufstieg der SS als Eliteformation der NSDAP und Heinrich Himmlers zu einem der mächtigsten Männer in der Führungsspitze des »Dritten Reiches«.

Die Schutzstaffel (SS) war 1925 zum persönlichen Schutz Hitlers gegründet worden und unterstand der SA. 1929 wurde Heinrich Himmler zum Reichsführer SS ernannt und versuchte sie von der SA abzugrenzen, indem er sie als nationalsozialistische Elite herausstellte, die sich durch besondere Bindung an Hitler auszeichnete: *SS-Mann, Deine Ehre heißt Treue.*

Himmler baute die SS zu einer ordensähnlichen Organisation aus, deren Zugehörigkeit auf Rasse

Blomberg-Fritsch-Affäre 1938

Januar	Werner von Blomberg heiratet die ehemalige Prostituierte Erna Gruhn und missachtet die von ihm selbst verschärften Heiratsvorschriften für Wehrmachtsangehörige. Er muss seinen Rücktritt einreichen. In einer von Hermann Göring und Reinhard Heydrich eingefädelten Intrige wird der Hitler-Kritiker Werner Freiherr von Fritsch der Homosexualität beschuldigt und vom Dienst suspendiert.
Februar	Werner von Blomberg tritt von seinen Ämtern zurück und wird gemeinsam mit Werner Freiherr von Fritsch aus der Wehrmacht entlassen. Das neue Oberkommando der Wehrmacht (OKW) übernimmt Wilhelm Keitel.
März	Vor einem Militärgericht wird Fritsch freigesprochen. Sein Amtsnachfolger als Oberbefehlshaber des Heeres, Walther von Brauchitsch, verschafft ihm das Kommando über ein Artillerieregiment.

und Weltanschauung beruhte: *Die SS war sowohl die reinste Verkörperung der nationalsozialistischen Konzeption einer Weltanschauungsorganisation als auch das vollkommenste Instrument der Führergewalt.*

Mit dem Aufbau eines Sicherheitsdienstes (SD) unter Reinhard Heydrich betrieb Heinrich Himmler die Errichtung einer »Parteipolizei«, im März 1933 wurde die Leibstandarte-SS Adolf Hitler gebildet, bald darauf die Politischen Bereitschaften, die im Herbst 1934 zur SS-Verfügungstruppe umgebildet wurden, dem Kern der späteren Waffen-SS. Nach dem Röhm-Putsch erhielten die SS-Wachmannschaften der Konzentrationslager, die SS-Totenkopfverbände, die Alleinzuständigkeit für alle Lager.

Heinrich Himmler, der nach dem 30. Januar 1933 kommissarischer Polizeipräsident in München und danach Kommandeur der Politischen Polizei in Bayern geworden war, erlangte zunächst die Kontrolle über die Polizeigewalt aller nichtpreußischen Länder und trat im April des Jahres 1934 auch an die Spitze der preußischen Geheimen Staatspolizei, der Gestapo, womit er zum Herrn über die gesamte politische Polizei des Deutschen Reiches geworden war.

Ihre Beteiligung an den Mordaktionen im Zusammenhang mit dem Röhm-Putsch zahlte sich für die SS aus. Hitler löste sie von der SA und erhob sie zu einer eigenständigen Organisation im Rahmen der NSDAP. Der Ausbau des totalitären Systems vollzog sich durch die Verschmelzung von SS und Polizei, womit einerseits die Zentralisierung der Polizei abgeschlossen wurde, andererseits die Verfügungsgewalt der SS über die Polizei endgültig festgeschrieben wurde.

Himmler erhielt im Juni 1936 die Ernennung zum Reichsführer SS und Chef der deutschen Polizei im Reichsministerium des Innern, womit er einerseits als Staatssekretär dem Innenminister unterstand und andererseits als Reichsführer SS unmittelbar Hitler.

1939 ließ Himmler das Reichssicherheitshauptamt (RSHA) einrichten, eine organisatorische Zusammenfassung von Gestapo, Kriminalpolizei und Sicherheitsdienst, wodurch sein »Ämterimperium« noch effizienter werden konnte, man sprach von einem »SS-Staat«.

Im Oktober 1939 wurde Himmler Reichskommissar für die Festigung des deutschen Volkstums und verantwortlich für die Umsiedlungs- und Verfolgungspolitik gemäß der NS-Rassenideologie in den besetzten Gebieten. Durch die von ihm gesteuerten Einsatzgruppen wurde er der Organisator der Massenmorde und damit der Initiator der zur »Endlösung der Judenfrage« eingeleiteten Vernichtungsaktionen.

Im August 1943 wurde Himmler Reichsinnenminister, nach dem gescheiterten Attentat vom 20. Juli 1944 Befehlshaber des Ersatzheeres. Am Ende wegen seiner Kontaktaufnahme zu den Westmächten von Hitler aus allen Ämtern und der Partei ausgestoßen, beging er nach seiner Gefangennahme Selbstmord.

Vereinheitlichung des Staates

Nach der Gleichschaltung von Verbänden – vor allem Gewerkschaften und Wirtschaftsverbänden – war das NS-Regime bemüht, nicht nur das politische Denken und Handeln der Massen zu steuern, sondern alle Bereiche des menschlichen Bewusstseins mit der herrschenden Ideologie zu durchdringen.

Gliederungen und »angeschlossene Verbände«

Die NSDAP hatte in ihrem Bestreben, alle Bereiche der Gesellschaft zu durchdringen, eine Vielzahl von Organisationen und Vereinen entwickelt, die als »Gliederungen« und als »angeschlossene Verbände« bezeichnet wurden.

Ohne eigene Rechtspersönlichkeit und vereinsrechtlich Teile der Partei zählten folgende Bünde zu den »Gliederungen«:

- SA (Sturmabteilungen)
- SS (Schutzstaffeln)
- NSKK (NS-Kraftfahr-Korps)
- HJ (Hitler-Jugend)
- NSDDB (NS-Deutscher Dozentenbund)
- NSDStB (NS-Deutscher Studentenbund)
- NS-Frauenschaft

Zu den »angeschlossenen Verbänden« zählten folgende Vereinigungen:

- NS-Deutscher Ärztebund
- NS-Lehrerbund
- NS-Rechtswahrerbund
- Volkswohlfahrt
- NS-Kriegsopferversorgung
- Reichsbund der Deutschen Beamten
- NS-Bund Deutscher Technik

Alle diese nationalsozialistischen Organisationen erhoben für ihr jeweiliges Tätigkeitsfeld monopolistische Ansprüche. Sie waren nach dem Führerprinzip organisiert, und zu ihren wichtigsten Aufgaben gehörte die weltanschaulich-politische Schulung.

Reichsministerium für Volksaufklärung und Propaganda

Mit der Errichtung eines Reichsministeriums für Volksaufklärung und Propaganda (RMVP) wurde am 13. März 1933 Joseph Goebbels beauftragt. Goebbels, neben Göring der wichtigste Gefolgsmann Hitlers, kam 1924 zur NSDAP, wo er zunächst dem sozialistisch orientierten Flügel angehörte. Nachdem er sich Adolf Hitler zugewandt hatte, ernannte ihn dieser 1926 zum Gauleiter von Berlin-Brandenburg, wo er sich durch seine demagogischen Fähigkeiten und seine rednerische Begabung profilierte, z. B. durch die Stilisierung des getöteten SA-Führers Horst Wessel zum *Märtyrer für das Dritte Reich.*

Hitler machte Goebbels zum Reichspropagandaleiter der NSDAP mit der Hauptaufgabe der propagandistischen Vorbereitung der Reichstagswahlen 1930 und 1932. Als Reichsminister für Volksaufklärung und Propaganda errichtete Goebbels nach der »Machtergreifung« die nahezu uneingeschränkte Kontrolle über sämtliche Bereiche des kulturellen Lebens und der Medien. Er konzentrierte sich auf den Film und den Rundfunk als Instrumente der Massenbeeinflussung. Sehr schnell wurde die serienmäßige Produktion eines »Volksempfängers« aufgenommen, um den propagierten Gemeinschaftsempfang weiter voranzutreiben.

Kunst und Kultur

Bereits vor ihrer Machtübernahme hatten sich die Nationalsozialisten eindeutig zu Kunst und Kultur geäußert. 1930 schrieb Alfred Rosenberg in seinem Buch ›Der Mythus des 20. Jahrhunderts‹: *Kunst ist immer die Schöpfung eines bestimmten Blutes, und das formgebundene Wesen einer Kunst wird nur von Geschöpfen des gleichen Blutes verstanden.* Als Führer des 1929 gegründeten Kampfbundes für deutsche Kultur lehnte er sowohl die abstrakte Moderne als auch amerikanische Kultureinflüsse (»Niggerjazz«) ab.

Im September 1933 wurde eine Reichskulturkammer geschaffen, um die Phase spontaner Aktionen gegen politisch unliebsame Kultureinrichtungen zu beenden, aber auch um Joseph Goebbels' Wunsch nachzukommen, auf kulturellem Gebiet eine Monopolstellung insbesondere gegen seinen Rivalen, den Partei-Ideologen Rosenberg und seinen Kampfbund für deutsche Kultur zu begründen.

Die Reichskulturkammer bestand aus einer Reichsschrifttumskammer, einer Reichspressekammer, einer Reichsrundfunkkammer, einer Reichstheaterkammer, einer Reichsfilmkammer, einer Reichsmusikkammer und einer Reichskammer der bildenden Künste.

Aufgabe der Kammer war eine einheitliche Kulturförderung. Sie konnte entscheiden, wer seinen Beruf weiter ausüben durfte. Nur wer arischer Abstammung und nicht durch »kulturbolschewistische« Arbeiten stigmatisiert war, durfte seinen Beruf weiter ausüben. Ideologisch bedeutete die Errichtung der Reichskulturkammer die Hinwendung zum völkisch-einheitlichen Kulturleben unter staatlicher Lenkung.

Jegliches künstlerische Arbeiten hatte im Dienste von Staat, Volk und Rasse zu stehen. Einigkeit in der Kunstpolitik des NS-Staates herrschte in der Forderung nach radikaler »Arisierung« des deutschen Kulturschaffens, der konsequenten Diffamierung alles Jüdischen als »rassisch entartet« und einer Verdammung der modernen Kunst.

1937 zeigte in München die Ausstellung ›Entartete Kunst‹ Gemälde, Plastiken und grafische Arbeiten der Moderne, die aus deutschen Museen entwendet worden waren. Als »entartet« wurden die Werke jüdischer Künstler, jüdischer und pazifistischer Thematik, sozialistischer und marxistischer Tendenzen, »unschöne Gestalten« und abstrakte Kunst bezeichnet. Die gezeigten Arbeiten wurden entweder im Ausland verkauft oder 1939 in Berlin verbrannt. Gleichzeitig hatte in München die ›Große Deutsche Kunstausstellung‹ stattgefunden, die das nationalsozialistische Kunstverständnis dem Volk vermitteln sollte, unter anderem wurde der blauäugige, blonde nordische Held zum rassischen Schönheitsideal erhoben.

Erziehung

Das besondere Interesse des NS-Regimes galt der Erziehung der Jugend im »nationalsozialistischen Geist«. Eine Jugend, die Hitler zufolge *flink wie die Windhunde, zäh wie Leder und hart wie Kruppstahl* werden sollte, durfte man nach NS-Verständnis nicht den herkömmlichen Bildungsinstitutionen überlassen. Bereits 1926 kam es daher zur Gründung der Hitler-Jugend (HJ), die – zunächst der SA unterstellt – schnell den Durchbruch zur selbstständigen NS-Organisation schaffte.

Nachdem im Jahre 1931 der Führer des NS-Studentenbundes Baldur von Schirach (1907–1974) als Reichsjugendführer die Leitung von Studentenbund, Schülerbund und Hitler-Jugend übernommen hatte, kam es zu einer Ausdifferenzierung. Es entstanden Gliederungen für unterschiedliche Altersstufen: das Deutsche Jungvolk (DJ) in der HJ für die 10- bis 14-Jährigen und die eigentliche HJ für die 14- bis 18-Jährigen. Die kleineren Einheiten (Züge oder Jungzüge) waren konsequent nach Jahrgängen gestaffelt. Die beiden Geschlechter waren strikt getrennt: DJ und HJ für Jungen, Jungmädel und Bund Deutscher Mädel (BDM) in der HJ für Mädchen.

Hatte die HJ zu Beginn des Jahres 1933 knapp 110 000 Mitglieder, waren es im Sommer bereits über 3,5 Mio. und Ende 1938 etwa 8,7 Mio. Fahrten, Zeltlager, Geländespiele vermochten zunächst viele Jugendliche zu begeistern, zumal die Ideale der Jugendbewegung der Weimarer Republik größtenteils weiter zu gelten schienen. Wenig aussagekräftige Parolen wie *Gemeinnutz geht vor Eigennutz* oder *Du bist nichts, dein Volk ist alles* wurden nach der nationalsozialistischen »Machtergreifung« von der Konzeption einer totalen Erziehung abgelöst. Die Mitglieder der HJ *sollten gänzlich erfasst, ihrer bisherigen Erziehungsträger entfremdet, ihres Privatlebens beraubt und möglichst lückenloser Beeinflussung durch den Nationalsozialismus unterworfen werden.*

Durch Reichsgesetz vom Dezember 1936 wurde die HJ zur Staatsjugend erklärt, somit die Mitgliedschaft für jeden Jugendlichen zur Pflicht. Im Zusammenhang mit Aufrüstung und Kriegsvorbereitung wurden nun die bisherigen erzieherischen Grundsätze überlagert von dem Bestreben, die Wehrbereitschaft der Jugendlichen zu steigern und die Staatsjugend zum Ort vormilitärischer Ausbildung zu machen. Diese zunehmende Militarisierung sollte dann im Kriegseinsatz von HJ-Angehörigen in den letzten Kriegsmonaten eine schlimme Ausprägung erfahren.

Schulen

Die »Gleichschaltung« der öffentlich organisierten Erziehung begann mit der Zentralisierung nach Ausschaltung der Länderministerien und der Errichtung des Reichserziehungsministeriums im Mai 1934. Ein Hauptinstrument zur Gleichschaltung des Schulwesens war das Gesetz zur Wiederherstellung des Berufsbeamtentums vom April 1933, mit dessen Hilfe jüdische und »politisch unzuverlässige« Lehrer entlassen wurden.

Erst als fast die gesamte Lehrerschaft der nationalsozialistischen Lehrerorganisation beigetreten war, wurden die Säuberungsaktionen zurückgefahren. In die Lehrerbildung wurden neue Fächer wie Wehrgeografie und Grenzland- und Rassenkunde aufgenommen, um *die deutsche Jugend von Grund auf ganz anders* zu erziehen. Entgegen den Erwartungen setzten die Nationalsozialisten keine grundsätzlichen Änderungen des Schulsystems selbst durch. Zunächst beschränkte man sich auf die Einflussnahme auf Unterrichtsinhalte, später wurde die Rassenkunde zum nationalsozialistischen Unterrichtsprinzip erklärt.

Im Geschichtsunterricht sollten unter anderem das Reich des Mittelalters, die Ostsiedlungen und die preußische Großmachtbildung die Begeisterung für vaterländische Größe und Heroismus sowie *Verständnis für die schöpferischen Kräfte des Volks wecken*. Dem Deutschunterricht wies man die Aufgabe zu, *unsere Jugend so zu festigen, dass sie ihres Deutschtums bewusst, dass sie selbstsicher, wehrhaft und tatbereit wird*. Der Biologieunterricht vermittelte Abstammungs- und Rassenlehre, aber selbst im Mathematikunterricht wurden Textaufgaben eingesetzt, um die nationalsozialistische Ideologie zu verbreiten.

Bereits 1933 wurden NS-Rituale im Schulleben verbindlich gemacht: der Hitlergruß zu Unterrichtsbeginn und die Flaggenehrung bei Schuljahresbeginn.

Parallel zum bestehenden Schulsystem versuchte die NSDAP ein kleines, aber elitäres eigenes Schulsystem aufzubauen. Die Nationalpolitischen Erziehungsanstalten (Napola) und die Adolf-Hitler-Schulen (AHS) versprachen den Schülern und Studenten Aufstiegschancen. Eine entsprechende »Abschlussbeurteilung nach nationalsozialistischen Grundsätzen« vorausgesetzt, konnten deren Absolventen nach Arbeits- und Wehrdienst auf einer der drei »Ordensburgen« (Krössinsee bei Falkenburg in Pommern, Vogelsang in der Eifel und Sonthofen) zu »Politischen Leitern« ausgebildet werden.

Universitäten

Auch für den Hochschulbereich bot das Gesetz zur Wiederherstellung des Berufsbeamtentums die rechtliche Grundlage, die Ziele der nationalsozialistischen Politik durchzusetzen, nämlich die Entlassung von jüdischen und politisch missliebigen Beamten. Die freien Stellen sollten mit ideologiekonformen Wissenschaftlern besetzt werden.

Die Entlassungswelle ebbte erst im Jahr 1938 ab. Unter den etwa 2000 bis 3000 Wissenschaftlern, die Deutschland und Österreich verlassen mussten, befanden sich allein 24 Nobelpreisträger. Das Hauptkriterium für die Einstellung ihrer Nachfolger war die politische und weltanschauliche Zuverlässigkeit, was zu einem Absinken des wissenschaftlichen Niveaus führte.

Der die Gleichschaltung der Universitäten betreibende Kampfbund für deutsche Kultur wurde unterstützt vom Nationalsozialistischen Deutschen Studentenbund (NSDStB), der bereits 1931 die absolute Mehrheit in Studentenvertretungen an 28 deutschen Hochschulen hatte.

Nach der Machtübernahme organisierte die nationalsozialistische Studentenschaft Aktionen an den Universitäten. Ab April 1933 wurden so genannte »Schwarze Listen« der Autoren veröffentlicht, deren Werke als »unsittlich«, »dekadent«, »geschichtsverfälschend«, »jüdisch« und »volksfremd« galten und von denen die Bibliotheken gesäubert werden sollten. Am 10. Mai wurden im Rahmen der »Aktion wider den undeutschen Geist« in allen Universitätsstädten deren Bücher verbrannt, die der NS-Studentenbund zusammen mit SA und Polizei beschlagnahmt hatte.

Die »Verbrennungsfeiern« fanden unter Beteiligung der Professorenschaft statt. Umrahmt von Fackelzügen wurden die ›12 Thesen wider den undeutschen Geist‹ proklamiert und anschließend mit »Feuersprüchen« unter Nennung bestimmter Autoren deren Bücher auf einen brennenden Scheiterhaufen geworfen.

Zu den verfemten Schriftstellern gehörten unter anderem Sigmund Freud, Erich Kästner, Heinrich und Thomas Mann, Karl Marx, Erich Maria Remarque, Emil Ludwig, Carl von Ossietzky, Kurt Tucholsky, Arnold und Stefan Zweig. Die meisten von ihnen und viele andere Autoren wurden verboten, darunter auch Heinrich Heine, der geschrieben hatte: *Wo man Bücher verbrennt, dort verbrennt man am Ende auch Menschen.*

Dualismus von Staat und Partei

Das Herrschaftsgefüge des Dritten Reiches wurde als »gelenktes Chaos« umschrieben, es war gekennzeichnet durch einen Wirrwarr miteinander konkurrierender Instanzen, sich überschneidender Zuständigkeiten und unklarer Weisungsbefugnisse. Die einzig feste Bezugsgröße dabei war der Führer Adolf Hitler.

Führerkult und Führerprinzip

Hitler war bereits vor der Machtübernahme zum machtpolitischen und ideologischen Bezugspunkt der nationalsozialistischen Bewegung geworden.

Der durch permanente Agitation sich verstärkende Führerkult war für die NSDAP bereits in ihrer Aufstiegsphase zu einem zentralen Element geworden. Neben der Etablierung von äußeren Symbolen – Einführung des Hitler-Grußes innerhalb der NSDAP 1926 – gelang es Hitler durch die Fixierung auf seine Person die ideologischen Unterschiede innerhalb der Partei in ihrer Außenwirkung zu verwischen.

Hitler und das Parteiprogramm erschienen eins, *Idee und Organisation waren nun in der charismatischen Führerpartei untrennbar miteinander verbunden* (Thamer). Hitler selbst war überzeugt davon, dass er selbst und niemand sonst der kommende große Führer sei, über den er in ›Mein Kampf‹ geschrieben hatte: *Indem das parlamentarische Prinzip der Majoritätsbestimmung die Autorität der Person ablehnt und an deren Stelle die Zahl des jeweiligen Haufens setzt, sündigt es wider den aristokratischen Grundgedanken der Natur. So wie sich die beste Rasse gegenüber allen anderen durchsetzt, so tritt der Beste kraft seiner Persönlichkeit an die Spitze und übernimmt allein die Verantwortung.*

In der NS-Parteiorganisation galt das Führerprinzip uneingeschränkt: *Die Entscheidung des Führers als letzte Instanz ist endgültig.* Allerdings gründete sich Hitlers herausragende Stellung in der Partei nicht allein auf seinen Machtwillen oder besondere persönliche Qualitäten, sondern vor allem auf die Zustimmungs- und Unterordnungsbereitschaft der anderen. Die von Hitler postulierte strikte Kommandostruktur von oben nach unten blieb ein Anspruch. De facto führten Macht- und Kompetenzstreitigkeiten sowie das Ausnutzen von Freiräumen durch tatkräftige und verantwortungsfreudige Unterführer zu polykratischen Strukturen, zu deren Entstehen Hitler selbst beitrug, indem er neben vielen bestehenden Instanzen Sonderbeauftragte als ihm unmittelbar unterstellte Führungsinstanzen einsetzte. Dieses Phänomen blieb nicht auf die Partei beschränkt, sondern wurde bewusst auch auf den Staat übertragen.

Machtzersplitterung und Führerwille

Hitlers Politik nach dem Prinzip des *divide et impera* (teile und herrsche) zersplitterte erst die Machtbefugnisse. Dies erlaubte ihm dann, sie erneut zusammenzusetzen und über allen Rivalitäten und Konflikten stehend die Rolle einer obersten Schiedsinstanz zu spielen.

Zwar wurde die NSDAP mit dem Gesetz zur Sicherung der Einheit von Partei und Staat vom 1. Dezember 1933 *Trägerin des deutschen Staatsgedankens und mit dem Staate unlösbar verbunden*, doch entsprach dem keine eindeutige Institutionalisierung ihrer Rolle. Die postulierte Einheit sollte durch das Prinzip der Personalunion gewährleistet werden, das aber weitgehend nur auf die Person des Führers und Reichskanzlers zutraf. Die an anderer Stelle als Hauptaufgabe der Partei bezeichnete Erziehung des Volkes zu Nationalsozialisten bedeutete tatsächlich jedoch das Einfrieren der Bewegung auf subsidiäre Hilfsfunktionen bei der Durchsetzung des Führerstaates und beim Machterhalt. Die politische Bedeutungslosigkeit des Stellvertreters des Führers, Rudolf Hess, und das Verbleiben der NSDAP-Zentrale in München unterstrichen die Stellung der Partei. Da es zur Verschmelzung von Partei und Staat nie kam, blieb das Nebeneinander staatlicher Behörden und parteilicher Instanzen bestehen. Noch dichter wurde das Geflecht durch die Ämtervielfalt innerhalb der NSDAP und ihrer Gliederungen. Zudem wurden bestehende Ämter und Institutionen nie aufgelöst, sondern es wurden bei Bedarf neue geschaffen.

Der Dualismus von Staat und Partei und die Polykratie der Instanzen gehörten zum Strukturmerkmal des NS-Regimes. Allein der vermeintliche oder tatsächliche Führerwille konnte Klarheit in den Wirrwarr miteinander konkurrierender Instanzen, sich überschneidender Zuständigkeiten und unklarer Weisungsbefugnisse bringen. Hitler konnte, *indem er einen gegen den anderen ausspielte und jedem recht zu geben schien, die eigene Macht desto unangefochtener behaupten und steigern* (Karl Dietrich Bracher). Er war die oberste Instanz, die *monokratische Herrschaft mit polykratischen Mitteln* ausübte. Stabilisiert wurde dieses vorläufig wohlgeordnete Chaos jedoch nicht allein durch die Autorität Hitlers, sondern auch durch eine zumindest in Ansätzen vorhandene Übereinstimmung der Interessen bei den Unterführern.

Biografien

Ernst Röhm, Politiker und SA-Führer (1887–1934)

Teilnahme am Hitlerputsch, baute die SA auf; stand Hitler nach dessen Machtübernahme im Weg, der ihn im so genannten Röhm-Putsch verhaften und von der SS erschießen ließ.

1919	Beitritt zum Freikorps von Franz Ritter von Epp Mitglied der Deutschen Arbeiterpartei (DAP), Verbindung zu Hitler
1920	Beitritt zur NSDAP
1923	Deutscher Kampfbund
November 1923	Teilnahme am Hitler-Putsch, Entlassung aus der Reichswehr (15 Monate Festungshaft auf Bewährung)
1924	Gründung des »Frontbanns« und Reorganisation der SA
April 1925	erste Differenzen mit Hitler
1930	Wiedereintritt in die NSDAP
Januar 1931	erneute Übernahme der SA-Führung
1933	Reichsminister ohne Geschäftsbereich
30. Juni 1934	Röhm-Putsch; Verhaftung Röhms durch die SS
1. Juli 1934	Ermordung in München-Stadelheim durch einige SS-Unterführer

Dr. Wilhelm Frick, NS-Politiker (1877–1946)

Als Reichsinnenminister ab 1933 trug er wesentlich zur Sicherung des NS-Regimes bei; war an der Durchführung der Rassengesetzgebung beteiligt.

1901	Promotion in Heidelberg (Rechtswissenschaften)
1919	Leitung der Politischen Polizei in München
1923	Leitung der Münchner Kriminalpolizei; später dann Teilnahme am Hitler-Putsch (15 Monate Festungshaft auf Bewährung)
1926–1930	Beamter beim Oberversicherungsamt in München
1928	Reichstagsfraktionsvorsitzender der NSDAP
1933–1943	Reichsinnenminister
Oktober 1946	Verurteilung vor dem Nürnberger Tribunal und Hinrichtung

Dr. Joseph Goebbels, Reichspropagandaminister (1897–1945)

Einer der Hauptverantwortlichen für die Verbrechen des NS-Regimes

1917–1921	Studium der Germanistik, Altphilologie und Geschichte
28. Oktober 1926	Gauleiter von Berlin-Brandenburg
1928–1945	Mitglied des Reichstages
1930	Ernennung zum Reichspropagandaleiter
1933	Reichsminister für Volksaufklärung und Propaganda und Präsident der Reichskulturkammer
18. Februar 1943	Aufruf zum »totalen Krieg«
Juli 1944	Ernennung zum »Reichsbevollmächtigten für den totalen Kriegseinsatz«

Hermann Göring, NS-Politiker (1893–1946)

Der mit den unterschiedlichsten Ämtern ausgestattete zweite Mann hinter Hitler hatte maßgeblichen Anteil am Unterdrückungs- und Schreckenssystem der Nazis

1913–1918	Offizierslaufbahn, Jagdflieger
1922	Beitritt zur NSDAP
9. November 1923	Beteiligung am Hitler-Putsch
1928–1945	Mitglied des Reichstags für die NSDAP
April 1933-Mai 1945	preußischer Ministerpräsident
März 1935	Oberbefehl über die neu gegründete Luftwaffe
8. Februar 1938	Ernennung zum Generalfeldmarschall der Wehrmacht
19. Juni 1940	»Reichsmarschall des Großdeutschen Reiches«
8. Mai 1945	amerikanische Gefangennahme
1. Oktober 1946	Todesurteil vor dem Alliierten Gericht
15. Oktober 1946	Selbstmord in der Nürnberger Haftanstalt

Hjalmar Schacht, Bankier, Politiker (1877–1970)

Der Finanzexperte näherte sich während der Weimarer Republik zunehmend rechtsradikalen Kreisen an und setzte sich 1932 für eine Regierungsbildung durch die Nationalsozialisten ein; nach der Ernennung zum Reichswirtschaftsminister war er u. a. verantwortlich für die Devisenbeschaffung zur Finanzierung der Rüstungsindustrie; geriet in Opposition zu Hitler und nahm seit 1938 Kontakt mit konservativen Kreisen der Widerstandsbewegung auf.

1908	stellvertretender Direktor der Dresdner Bank
1916	Direktor der privaten Nationalbank für Deutschland
1918	Mitbegründer der DDP
1920	Geschäftsinhaber der Nationalbank für Deutschland
November 1923	Reichswährungskommissar
ab 16. März 1933	Reichsbankpräsident
August 1934	Berufung zum Reichswirtschaftsminister im Kabinett Hitler
Mai 1935	Amt des Generalbevollmächtigten für die Kriegswirtschaft
1937	Rücktritt von seinen Ämtern als Wirtschaftsminister und Generalbevollmächtigter, bis 1943 Minister ohne Geschäftsbereich
Januar 1939	Rücktritt vom Amt des Reichsbankpräsidenten
Juli 1944	Verhaftung wegen Kontakten zum Widerstand (bis Kriegsende in den Konzentrationslagern Ravensbrück und Flossenbürg inhaftiert)
1946	Freispruch im alliierten Kriegsverbrecherprozess
1947	Stuttgarter Spruchkammer: Einstufung als »Hauptschuldiger«, Urteil: acht Jahre Arbeitslager, 1948 aufgehoben
ab 1950	Wirtschafts- und Finanzberater von Entwicklungsländern
1953	Gründung der Düsseldorfer Außenhandelsbank Schacht und Co.; ›76 Jahre meines Lebens‹ erscheint

Die Kirchen und der Nationalsozialismus

1930	NSDAP-Mitgliedschaft für Katholiken von Bischöfen verboten, Verbot 1933 aufgehoben
1932	»Deutsche Christen« (Protestanten pro NS-Regime)
April 1933	Verbot der Zeugen Jehovas
25. April 1933	Militärpfarrer Ludwig Müller als Bevollmächtigter für die Angelegenheiten der evangelischen Kirchen
11. Juli 1933	Gründung der Evangelischen Reichskirche
20. Juli 1933	Reichskonkordat, in der Folge Aufhebung des Mitgliedsverbots
23. Juli 1933	Kirchenwahlen: Führungsrolle der »Deutschen Christen«; Ludwig Müller Reichsbischof
Frühjahr 1934	Bildung der Bekennenden Kirche (Protestanten gegen NS-Regime)
September 1933	Gründung des Pfarrer-Notbundes durch Martin Niemöller
1935 – 1937	Kampagne gegen Geistliche und Ordensleute: Bruch des Reichskonkordats
September 1935	Nürnberger Gesetze
Juli 1935	Ernennung eines Reichskirchenministers
Mai 1936	Denkschrift der »Bekennenden Kirche« an Hitler
März 1937	Enzyklika ›Mit brennender Sorge‹
1937	Verhaftungswelle von Geistlichen in Preußen
18.–19. Mai 1937	erste und einzige Reichstagung der KNB/KNV in Mannheim
1938	endgültige Zerschlagung der Zeugen Jehovas
9./10. November 1938	Reichspogromnacht
3. August 1941	Predigt des Bischofs von Münster, Clemens August Graf von Galen, gegen das NS-Regime
November 1941	»Hirtenwort« an Hitler
1943	Max Josef Metzger: »Manifest für ein neues Deutschland«
5. November 1943	Tod des Berliner Dompropstes Bernd Lichtenberg auf dem Transport ins KZ Dachau
9. April 1945	Ermordung Dietrich Bonhoeffers im KZ Flossenbürg

Die Kirchen und der Nationalsozialismus

Trotz des grundsätzlichen ideologischen Unterschieds zwischen Nationalsozialismus und Christentum vermied Hitler zunächst einen Konfrontationskurs mit der evangelischen und der katholischen Kirche. Seine Politik war vielmehr darauf ausgerichtet, auch die Kirchen gleichzuschalten, dabei allerdings das öffentliche Leben weitgehend zu entkonfessionalisieren. Bereits 1930/31 leitete die NSDAP einen religionspolitischen Kurswechsel ein, um verstärkt um die evangelischen und katholischen Gläubigen werben zu können.

Obrigkeitkeitsstaat und Kirche

Beide großen Kirchen standen zunächst dem Nationalsozialismus nicht grundsätzlich ablehnend gegenüber. Die Vorstellung von einer starken Obrigkeit mit enger Verbindung von Thron und Altar entsprach durchaus protestantischer Tradition, während die Katholiken aufgrund ihrer Ausgrenzung im Kaiserreich erst in der Weimarer Republik durch den politischen Katholizismus staatstragend geworden waren und so erst nach Hitlers Annäherung ihre indifferente Haltung aufgaben. Die einschneidenden Jahre 1933 bis 1943 waren vom Versuch des Nationalsozialismus geprägt, die Kirchen gleichzuschalten, und von deren unkoordiniertem Abwehrkampf, der von ihrer inneren Zerrissenheit Zeugnis ablegt.

Mit dem Beginn des Zweiten Weltkrieges stoppte das nationalsozialistische Regime weitgehend seine Aktionen gegen die beiden Kirchen und versuchte mit einem »Burgfrieden« die »Endlösung der Kirchenfrage« auf die Zeit nach dem Endsieg zu verschieben. Von den christlichen Glaubensgemeinschaften wurden die Zeugen Jehovas am erbittertsten verfolgt.

Die katholische Kirche

Da die Katholiken, die in Deutschland etwa ein Drittel der Gesamtbevölkerung stellten, in der Weimarer Republik eine eigene politische Vertretung im Zentrum und der Bayerischen Volkspartei (BVP) hatten, reagierte die katholische Bevölkerung deutlich zurückhaltend auf den Aufstieg der NSDAP.

Eine Analyse der Wahlergebnisse bis zum März 1933 zeigt, dass die NSDAP in mehrheitlich katholischen Gegenden den jeweils geringsten Stimmenanteil verbuchen konnte.

Bereits 1930 verbot in Hessen ein katholischer Geistlicher gläubigen Katholiken Mitglied der NSDAP zu werden. Eingetragenen Parteimitgliedern sollte der Zugang zu den Sakramenten verwehrt sein. Das Mainzer Bistum untersagte im Herbst 1930 seinen Gläubigen die Mitgliedschaft in der NSDAP als unvereinbar mit katholischen Lehren und Grundsätzen. Dieses Verbot wurde von anderen Diözesen übernommen, von den bayerischen allerdings nur mit Einschränkung.

Das Reichskonkordat

Nach der Machtübernahme bemühte sich Hitler um die beiden großen Konfessionen, die er als *wichtigste Faktoren zur Erhaltung unseres Volkstums* bezeichnete. Er bekräftigte den Willen zur Sicherung des christlichen Einflusses auf Schule und Erziehung und versprach als Element seiner Außenpolitik die Pflege der Beziehungen zum Vatikan. Nachdem noch Zentrum und BVP dem Ermächtigungsgesetz zugestimmt hatten, versuchten die deutschen Bischöfe ihrerseits, das Verhältnis zum Nationalsozialismus neu zu bestimmen. Sie hoben das Mitgliedsverbot auf und forderten die Gläubigen *zur Treue gegenüber der rechtmäßigen Obrigkeit und zur gewissenhaften Erfüllung der staatsbürgerlichen Pflichten* auf. Möglicherweise lag ein Grund für den überraschenden Kurswechsel der Bischöfe in der Angst, sonst die Reichskonkordatsverhandlungen zu gefährden.

Der katholischen Kirche lag viel daran, sich nach der vollzogenen Anerkennung durch das NS-Regime durch eine schnelle bindende Rechtsvereinbarung ihren Freiraum zu sichern. Das am 20. Juli 1933 zwischen Kardinalstaatssekretär Eugenio Pacelli – dem späteren Papst Pius XII. – und Vizekanzler Franz von Papen unterzeichnete Reichskonkordat garantierte die Freiheit des Bekenntnisses und seine öffentliche Ausübung. Es wurde die Beibehaltung und Neueinrichtung von Bekenntnisschulen gewährleistet und der Religionsunterricht an öffentlichen Schulen zum ordentlichen Lehrfach erklärt. Umstritten ist bis heute der Artikel, der Geistlichen und Ordensleuten die Mitgliedschaft in politischen Parteien sowie jede Tätigkeit für sie verbot. Einerseits war damit das Ende des politischen Katholizismus in Deutschland gekommen, andererseits war der katholische Klerus vor einer Mitarbeit in der NSDAP gesetzlich geschützt.

Bruch des Konkordats

Entgegen den Konkordatsbestimmungen wurden die katholische Publizistik und die katholischen Verbände jedoch zunehmend eingeengt. NS-Organisationen setzten ohne Rücksicht auf die katholischen Belange ihre totalitären Ansprüche immer rigoroser durch. Als die katholische Kirche auf mehreren Ebenen gegen den NS-Chefideologen Rosenberg und sein Buch ›Mythus des 20. Jahrhunderts‹ vorging, kam es zum Konflikt. Das NS-Regime inszenierte 1935 bis 1937 eine Kampagne gegen Geistliche und Ordensleute, die wegen Vergehen gegen die Devisenbestimmungen und gegen die Sittlichkeit angeklagt wurden (Ardenticura).

Erst im März 1937 reagierte die Kirche mit der päpstlichen Enzyklika ›Mit brennender Sorge‹, worin sie dem NS-Staat Bruch des Konkordats vorwarf. In dieser Schrift, die in Deutschland heimlich vervielfältigt und verteilt wurde, um die Verlesung am Palmsonntag zu gewährleisten, bezeichnete der Papst die fundamentalen Gegensätze in Welt- und Lebensdeutung, aus denen sich der Streit zwischen Weltanschauung und Glaube, Staat und Kirche ergab. Zwar konnte die katholische Kirche kein Interesse daran haben, das Konkordat aufzukündigen, aber nun war die Phase der Koexistenz zwischen dem NS-Staat und ihr zu Ende gegangen.

Der NS-Staat beantwortete das Verlesen der Enzyklika mit der Enteignung von Druckereien, der Verhaftung von Personen, die an der Verteilung beteiligt gewesen waren, und der Wiederaufnahme von Prozessen gegen Priester und Ordensleute, die wegen der Olympischen Spiele unterbrochen worden waren. Weitere Unterdrückungsmaßnahmen galten der endgültigen Zerschlagung der überregionalen katholischen Verbände. Ein Zerwürfnis im Episkopat verhinderte jedoch eine gemeinschaftliche Haltung. Eine Gruppe von Bischöfen um den damals populären Konrad Graf von Preysing (1880–1950), der als Einziger schon immer eine antinationalsozialistische Haltung eingenommen hatte, und Clemens August Graf von Galen (1878–1946) hielt die Koexistenz mit dem totalitären Staat für unmöglich und sah sich so im Gegensatz zu dem Vorsitzenden der Bischofskonferenz, dem Breslauer Kardinal Adolf Bertram (1859–1945), der glaubte, dass die katholische Kirche sich mit dem NS-Staat abfinden könne.

Die evangelische Kirche

Der Nationalsozialismus stieß aufgrund der antidemokratischen und nationalistischen Haltung in weiten Kreisen des Protestantismus während der Endphase der Weimarer Republik dort durchaus auf Zustimmung. In Gebieten mit überwiegend evangelischer Bevölkerung – etwa zwei Drittel der Bevölkerung in Deutschland waren evangelisch – konnte die NSDAP ab 1930 größere Stimmengewinne erzielen als in den katholischen. Hitlers kirchenpolitische Vorstellung, die evangelische Kirche solle sich als eine einheitliche Reichskirche in den NS-Staat einpassen, fiel auf fruchtbaren Boden, denn Reformideen zur Überwindung der Vielgestaltigkeit des deutschen Protestantismus mit seinen 28 Landeskirchen wurden seit einiger Zeit diskutiert.

Die »Deutschen Christen«

Im Sommer des Jahres 1932 traten die »Deutschen Christen« an die Öffentlichkeit, eine Bewegung innerhalb des Protestantismus, die die weitgehende äußere wie innere Gleichschaltung der evangelischen Kirche mit dem Nationalsozialismus – Übernahme des Führerprinzips und der Volkstums- und Rassenideologie – propagierte.

Die »Machtergreifung« wurde von den »Deutschen Christen« gefeiert, und sie erhielten enormen Zulauf aus allen Kreisen der Gesellschaft. Sofort forderten sie die Gleichschaltung der evangelischen Kirche, eine zu bildende Reichskirche sollte nationalsozialistischen Vorstellungen angepasst werden.

Der offiziellen Kirchenleitung blieb in dieser Situation nur wenig Spielraum, da sie keinen Konfrontationskurs mit dem Regime der Nationalsozialisten fahren wollte und auch das Beispiel der katholischen Kirche vor Augen hatte, die dabei war, mit einem Konkordat das Verhältnis zum Staat verträglich zu regeln. Am 25. April 1933 ernannte Hitler ohne jegliche Rücksprache den Königsberger Militärpfarrer Ludwig Müller (1883–1945) zu seinem Bevollmächtigten für die Angelegenheiten der evangelischen Kirchen und erteilte ihm den Auftrag, *alle Arbeiten zur Schaffung einer evangelischen deutschen Reichskirche zu fördern.*

Mit der am 11. Juli 1933 durch die Vertreter der Landeskirchen angenommenen Verfassung entstand aus dem Deutschen Evangelischen Kirchenbund die Evangelische Reichskirche. Damit die »Deutschen Christen« die Schlüsselpositionen in der Kirche besetzen konnten, setzte Reichsinnenminister Frick Kirchenwahlen an, wobei die NSDAP in den Wahlkampf massiv eingriff.

Die Wahlen vom 23. Juli 1933 brachten die »Deutschen Christen« in der Mehrzahl der Landeskirchen an die Macht. Einzelne Synoden übernahmen den so genannten »Arierparagraphen« und versetzten alle nach nationalsozialistischer Auffassung »nichtarischen« Geistlichen und Kirchenbeamten in den Ruhestand. Ludwig Müller wurde zum Reichsbischof gewählt. Allerdings verlor Hitler schnell sein Interesse an der Kirchenpolitik und an der Förderung der »Deutschen Christen« und diese stellten sich selbst ins Abseits, indem sie die *Befreiung von allem Undeutschen im Gottesdienst*, die *Befreiung vom Alten Testament mit seiner jüdischen Lohnmoral*, den *grundsätzlichen Verzicht auf die ganze Sündenbock- und Minderwertigkeitstheologie des Rabbiners Paulus* und die *Rückkehr zu einem heldischen Jesus* forderten. Daraufhin kam es zu Massenaustritten aus der Bewegung der »Deutschen Christen«.

Bekennende Kirche

Im Frühjahr 1934 entstand aus Protest gegen die Gleichschaltungspolitik durch die »Deutschen Christen« eine Oppositionsbewegung, die sich »Bekennende Kirche« nannte. Angesichts der häretischen Theologie ihrer Gegner beanspruchte diese, die rechtmäßige evangelische Kirche zu sein. Da nun anstatt der erwünschten Reichskirche dem NS-Staat eine in sich zerrissene Kirche gegenüberstand, in der »deutschchristliche« und »bekenntniskirchliche« Kirchenleitungen miteinander konkurrierten, ernannte Hitler im Juli 1935 einen Reichsminister für kirchliche Angelegenheiten, der mit seinen Versuchen scheiterte, die sich verstärkenden Parteibildungen zu überwinden.

Entkonfessionalisierung

Die verschärfte Umsetzung der nationalsozialistischen Parole *Entkonfessionalisierung des öffentlichen Lebens* seit 1935 betraf auch die evangelische Kirche, die Pressefreiheit wurde eingeschränkt, die Jugendarbeit behindert, Pfarrer bespitzelt. Eine Denkschrift der »Bekennenden Kirche« an Hitler vom Mai 1936, die nicht nur gegen Eingriffe von Staat und Partei in das kirchliche Leben protestierte, sondern auch die Ideologie und die politische Praxis des Nationalsozialismus kritisierte, musste nach Bekanntwerden im Ausland entschärft werden, und die Kirchenleitung musste die Ermordung eines verantwortlichen Mitarbeiters im Konzentrationslager hinnehmen. Das NS-Regime verdächtigte nun protestierende Pfarrer als Staatsfeinde, und 1937 kam es in Preußen zu einer Verhaftungswelle. Prominentestes Opfer wurde Martin Niemöller (1892–1984), der wegen Gefährdung des öffentlichen Friedens zu acht Monaten Gefängnis verurteilt wurde und anschließend als persönlicher Gefangener Hitlers zunächst ins Konzentrationslager Sachsenhausen, später nach Dachau, eingeliefert wurde, wo er trotz heftiger Proteste aus dem In- und Ausland in Haft blieb und erst im April 1945 durch die einrückenden US-Truppen befreit wurde.

Die Kirchen im Zweiten Weltkrieg

Mit dem Beginn des Zweiten Weltkrieges suchte das nationalsozialistische Regime einen »Burgfrieden« mit den beiden Konfessionskirchen, der jedoch ausschließlich von taktischen Gesichtspunkten bestimmt war, da man die Bevölkerung geschlossen hinter sich brauchte.

Intern vertrat die NS-Führung immer deutlicher die grundsätzliche Unvereinbarkeit von Nationalsozialismus und Christentum, wobei zunächst die ursprüngliche Idee einer Übereinstimmung und ihre Ausprägung in einer evangelischen Reichskirche aufgegeben wurde. Im Februar 1941 ließ Hitler dem Reichskirchenminister mitteilen, dass er die *Zusammenfassung der evangelischen Kirche nicht wünsche.*

Die neuen Vorstellungen, die das Prinzip der radikalen Trennung von Kirche und Staat verfolgten, wurden im besetzten Polen erprobt. Die Kirchen sollten keine Körperschaften des öffentlichen Rechts mehr sein, sondern nur noch auf Vereinsebene wirken dürfen. Mitglied sollten nur Volljährige sein dürfen, ein fundamentaler Einschnitt also gegen das Selbstverständnis der Kirche, nach deren Regeln die Mitgliedschaft durch die Taufe erworben wird. Schulischer Religionsunterricht wurde abgeschafft, alle Stifte und Klöster aufgehoben und kirchliches Eigentum konfisziert. In beiden Kirchen bestand die wohl berechtigte Sorge, dass im Falle eines »Endsieges« diese kirchenpolitischen Regelungen auf alle dann unter nationalsozialistischer Herrschaft stehenden Gebiete übertragen worden wären.

Trotz des zurückgefahrenen »Kirchenkampfes« ging der NS-Staat auch während des Krieges gegen Geistliche vor, 447 wurden in Konzentrationslager eingeliefert (92 Prozent waren katholisch, nur 8 Prozent evangelisch).

Kirchlicher Widerstand

Widerspruch aus theologisch oder religiös begründeter Ablehnung des NS-Staates blieb zunächst in beiden Kirchen auf Einzelpersonen beschränkt. Auch die während des Abwehrkampfes gegen die »Deutschen Christen« formulierten Erklärungen bezüglich der Grenzen des totalen Staates waren kein Widerstand im politischen Sinn. Denn weder gegen die Entrechtung der »nichtarischen« Deutschen durch die Nürnberger Gesetze im September 1935 noch gegen die im Zusammenhang mit der Reichspogromnacht begangenen Untaten haben die Kirchen geschlossen protestiert.

Offener Widerstand dagegen wurde ausschließlich von Einzelpersonen ausgeübt, die auch die Konsequenzen allein zu tragen hatten. Zur Leitfigur des protestantischen Widerstandes wurde Pfarrer Martin Niemöller, der im September 1933 den Pfarrer-Notbund gründete, gegen die Einführung des »Arierparagraphen« in Kirchenämter und die Entlassung von Geistlichen jüdischer Herkunft protestierte.

Die Notwendigkeit des Widerstandes aus christlicher Gesinnung brachte den evangelischen Theologen Dietrich Bonhoeffer (→ »Biografie«) in den Widerstand. Nachdem er im April 1934 anlässlich der nationalsozialistischen Judenpolitik die Verpflichtung der Kirche gegenüber allen Opfern, *auch wenn sie nicht der christlichen Gemeinde angehören*, unterstrichen hatte, führte ihn seine Opposition gegen den NS-Staat in die Kreise des politischen Widerstandes. Dietrich Bonhoeffer wurde am 9. April 1945 im Konzentrationslager Flossenbürg von SS-Leuten erschossen.

Ebenfalls getötet wurde der katholische Priester Max Josef Metzger (1887–1944), der ohne Hilfe von Vertretern der Institution für Völkerverständigung und Weltfrieden kämpfte. Der Pazifist kritisierte das NS-Regime in Predigten und Vorträgen, 1943 verfasste er ein ›Manifest für ein neues Deutschland‹, worauf er wegen Vorbereitung zum Hochverrat und Feindbegünstigung festgenommen und zum Tode verurteilt wurde.

Der Bischof von Münster, Clemens August Graf von Galen, verurteilte in mehreren Predigten die NS-Herrschaft und prangerte in einer stark beachteten Predigt am 3. August 1941 das Euthanasieprogramm an. Im Januar 1944 wandte sich der »Löwe von Münster« gegen »Vergeltungsangriffe« der deutschen Luftwaffe auf britische Städte: Rache sei

»unchristlich und undeutsch«. Wer im Krieg zivile Objekte und Menschen angreife, verleugne »ritterliches Soldatentum, ja edles Mannestum, dessen Stolz es ist, nur den wahrhaften Feind zu bekämpfen«, predigte er. Während man vor einer Festnahme des populären Bischofs zurückschreckte, wurde der Berliner Dompropst Bernhard Lichtenberg, der nach der Reichspogromnacht für die verfolgten Juden und KZ-Häftlinge eingetreten war, verhaftet; er starb auf dem Transport in das KZ Dachau.

Die Zeugen Jehovas

Die »Ernsten Bibelforscher«, die 1931 den Namen Zeugen Jehovas annahmen, wurden vom NS-Regime mit unerbittlicher Härte bekämpft, da sie sich dem Nationalsozialismus bedingungslos verweigerten. Die etwa 25 000 Personen zählende christliche Vereinigung wurde als erste Glaubensgemeinschaft bereits ab April 1933 verboten. Die Zeugen Jehovas verweigerten den Hitler-Gruß, die Mitgliedschaft in NS-Zwangskörperschaften und vor allem den Wehrdienst.

Trotz des Verbotes führten sie ihre Zusammenkünfte und Missionsaktivitäten fort. Tausende der Zeugen Jehovas wurden inhaftiert und zum Teil in Konzentrationslager eingeliefert, etwa 1200 davon wurden ermordet.

1936/37 protestierten sie mit reichsweit organisierten Flugblattaktionen gegen die Einschränkung ihrer Glaubensfreiheit und ihre Verfolgung. 1938 waren die Organisationsstrukturen der Glaubensgemeinschaft zerschlagen.

Biografie

Dietrich Bonhoeffer, Theologe (1906–1945)

Mitglied der Bekennenden Kirche, Anschluss an die Widerstandsbewegung

1923 – 1927	evangelisches Theologiestudium in Tübingen, Rom und Berlin
1928	Vikariat in Barcelona
1929/30	Assistent an der Berliner Theologischen Fakultät
1930	zweites theologisches Examen und Habilitation; Studienaufenthalt am Union Theological Seminary in New York (USA)
1931 – 1933	Privatdozent an der Universität Berlin und Studentenpfarrer
1933 – 1935	Betreuung der deutschen evangelischen Gemeinde in London-Sydenham
1935 – 1937	Mitglied der »Bekennenden Kirche«
1936	Entzug der Lehrerlaubnis für Hochschulen
1940/41	Rede- und Schreibverbot
5. April 1943	Verhaftung durch die Gestapo
5. April 1945	Ermordung im KZ Flossenbürg

Nationalsozialistische Wirtschafts- und Sozialpolitik

Die wirtschaftspolitischen Forderungen der Nationalsozialisten waren von Anfang an ein grandioser demagogischer Bluff. Es wurde nicht einmal der leiseste Versuch unternommen, auch nur eine Forderung zu realisieren, sondern es wurden nur Ablenkungsmanöver veranstaltet [...] *Die eigentliche Wirtschaftspolitik bestand schlicht und ergreifend in der Kriegsproduktion mit ungedeckten Wechseln.* (Hans Jürgen Schönamsgruber, aus: ›Die Wirtschaftspolitik im Nationalsozialismus‹, in: Glasnost online, Berlin 1992–2002)

1926	Parteiprogramm der NSDAP (Urfassung: Februar 1920)
1928	Gründung der Nationalsozialistischen Betriebszellenorganisation (NSBO)
1933	Bereitstellung von 2 Mrd. RM für Großprojekte
ab 16. März 1933	Hjalmar Schacht Reichsbankpräsident
2. Mai 1933	Zerschlagung der Gewerkschaften
10. Mai 1933	Errichtung der Deutschen Arbeitsfront (DAF)
Juni 1933	»Treuhänder der Arbeit«
Juli 1933	Bauern-Entschuldungsgesetz
15. Juli 1933	neues Kartellgesetz (1933 bis 1936: 1600 Kartellverträge und 120 Zwangskartelle)
29. September 1933	Reichserbhofgesetz
20. Januar 1934	Gesetz zur Ordnung der nationalen Arbeit
August 1934	Berufung Schachts zum Reichswirtschaftsminister
1934–1936	»Mefo-Wechsel«
1935	Einführung des Arbeitsbuches
9. September 1936	Vierjahresplan
26. November 1936	allgemeiner Preisstopp
5. November 1937	Hoßbach-Protokoll
1938	Einführung des »Ehrenkreuzes der Deutschen Mutter« (Mutterkreuz)
1938	Einführung des weiblichen Pflichtjahres in Haus- und Landwirtschaft
ab Frühjahr 1942	Anwerbung sowjetischer Zivilarbeiter

Nationalsozialistische Wirtschafts- und Sozialpolitik

Die Ausrichtung von Staat und Gesellschaft nach dem Führer- und Gefolgschaftsprinzip machte auch vor der Wirtschaft nicht halt. Gesetze ersetzten die Tarifautonomie und bestimmten die Arbeitsverhältnisse im autoritären Sinn. Mit der Umsetzung der nationalsozialistischen Parole *Arbeit und Brot* gelang es, einen erheblichen Teil der Arbeiterschaft für die NSDAP zu gewinnen und somit die Voraussetzungen für die Umstellung der Wirtschaft auf die »Kriegswirtschaft« zu schaffen.

Wirtschaftspolitik

Obwohl die Wirtschaft in den Augen führender Nationalsozialisten den Interessen des Staates zu dienen hatte und nicht umgekehrt, nahmen wirtschaftliche Forderungen stets einen wichtigen Platz in der NS-Programmatik ein.

Forderungen des NSDAP-Programms

Ein großer Teil des Parteiprogramms der Nationalsozialisten vom Februar 1920, das 1926 für unabänderlich erklärt wurde, betraf wirtschaftliche Fragen: Unter anderem sollten alle Staatsbürger dazu verpflichtet werden, *geistig oder körperlich zu schaffen*. Ergänzend wurde die *Abschaffung des arbeits- und mühelosen Einkommens* angekündigt.

- »Land und Boden« für eine ausreichende Ernährung und zusätzliche Ansiedlungsmöglichkeiten
- »Brechung der Zinsknechtschaft«
- Verstaatlichung von Trusts
- Gewinnbeteiligung bei Großbetrieben
- *Sofortige Kommunalisierung der Groß-Warenhäuser und ihre Vermietung zu billigen Preisen an kleine Gewerbetreibende*
- Gesetz zur unentgeltlichen Enteignung von Boden für gemeinnützige Zwecke
- Bildung von Stände- und Berufskammern als Bekenntnis zum Gedanken des Ständestaats

Es war ein wesentliches Element der Legalitätstaktik Hitlers, die von diesem Programm bedrohten industriellen Kreise zu beruhigen, indem er die Forderungen als unverbindlich bezeichnete. Erklärend setzte er den Begriff »Sozialismus« mit Volks- und Vaterlandsliebe gleich und interpretierte die besonders hervorgehobene Maxime der NSDAP *Gemeinnutz geht vor Eigennutz* durchaus nicht sozialistisch: *Ich will die Autorität, ich will die Persönlichkeit, ich will, dass jeder den Besitz, den er sich erobert hat, behalten soll, nach dem Grundsatz: Gemeinnutz geht vor Eigennutz.*

Nach der nationalsozialistischen Machtübernahme wurden die Tendenzen zur Sozialisierung des privaten Eigentums völlig aufgegeben, ähnlich erging es den Forderungen nach Förderung des Mittelstandes. Hitler hielt an der Unterordnung der Wirtschaft unter die Ziele der Politik, vor allem der Aufrüstungspolitik fest (Wehrhaftmachung der deutschen Wirtschaft), das heißt, zunächst bestimmten die nationalsozialistische Wirtschaftspolitik taktische und propagandistische Erwägungen, die nicht auf einem schlüssigen Gesamtkonzept basierten.

Die NSDAP und die Wirtschaft

Zwar wurden Hitler und die NSDAP vor 1930 von einzelnen Industriellen wie Fritz Thyssen, dem Inhaber des damals größten deutschen Stahlkonzerns, finanziell unterstützt, doch erst nach der Septemberwahl 1930 kam es zu regelmäßigen Zuwendungen der Industrie. Für die meisten Vertreter der Großindustrie war der Nationalsozialismus allerdings nur eine von mehreren möglichen Alternativen zur Weimarer Republik. Trotzdem wurden Hitler und seine Partei durch den Kontakt mit führenden Wirtschaftskreisen aufgewertet. Von einer finanziellen und, damit verbundenen, politischen Abhängigkeit der NSDAP von der Großindustrie, einer ursächlichen Verbindung von Kapitalismus und Nationalsozialismus, kann nicht gesprochen werden.

Arbeit und Brot

Der Umsetzung des Wahlversprechens *Arbeit und Brot* wurde hohe Priorität eingeräumt. Es war Hitler bewusst, wie wichtig ein Erfolg der Arbeitsmarktpolitik für die Etablierung der NS-Herrschaft sein würde.

Grundsätzlich kam den Nationalsozialisten zugute, dass zu Beginn des Jahres 1933 die Weltwirtschaftskrise bereits im Abklingen war. Schon die Regierung unter Heinrich Brüning hatte geplant, nach der Phase der Deflation dem erwarteten wirtschaftlichen Aufschwung durch staatliche Arbeitsbeschaffung einen zusätzlichen Impuls zu verleihen. An das von der Regierung Kurt von Schleicher entwickelte Sofortprogramm zur Arbeitsbeschaffung knüpften die Nationalsozialisten an, um durch die schnelle Schaffung von Arbeitsplätzen die Arbeitslosigkeit bis hin zur Vollbeschäftigung zu verringern. Innerhalb von vier Jahren gelang es tatsächlich, die Arbeitslosigkeit fast vollständig zu beseitigen. Der propagandistische Gewinn, den die Nationalsozialisten aus dieser Entwicklung ziehen konnten, war ein wesentlicher Beitrag zur Herrschaftssicherung.

Die »Straßen des Führers«

Ein Bündel konjunktur- und beschäftigungspolitischer Maßnahmen führte den wirtschaftlichen Erfolg herbei. Etwa zwei Mrd. Reichsmark wurden allein 1933 für zivile öffentliche Großprojekte wie den Ausbau des Straßennetzes und die Verbesserung der landwirtschaftlichen Infrastruktur sowie zur Förderung privater und geschäftlicher Bauvorhaben bereitgestellt. Der Autobahnbau war der spektakulärste Teil der öffentlichen Infrastrukturmaßnahmen, bei dem die Nationalsozialisten auf die Vorleistungen der Weimarer Republik zurückgreifen konnten. Obwohl seit 1927 ein Entwurf für ein deutsches Autobahnnetz vorlag, stellte die NSDAP das Unternehmen als nationalsozialistische Leistung dar. Die »Straßen des Führers« waren von Anfang an in die Aufrüstungspläne Hitlers einbezogen.

Bis Frühjahr 1936 summierten sich die aufgewendeten Mittel zu einem Betrag von über 5 Mrd. Reichsmark. Drei Viertel der Kosten wurden über die Reichsanstalt für Arbeitsvermittlung und Arbeitslosenversicherung – die Beiträge der Versicherten – finanziert, der Rest durch Kredite. Von den geplanten 9000 Kilometern Autobahnen waren 1939 knapp 2200 fertig. Zieht man die Rüstungsausgaben, die von 720 Mio. Reichsmark 1933 auf 10,8 Mrd. Reichsmark 1937 angestiegen waren, zum Vergleich heran, wird deutlich, welcher Sektor entscheidend zum Abbau der Arbeitslosigkeit beigetragen hat.

Die »Mefo-Wechsel«

Die gewaltigen Staatsausgaben konnten bald nicht mehr aus dem Steueraufkommen finanziert werden. Da Reichsbankpräsident Hjalmar Schacht (→ »Biografien«) nicht wie in den 1920er-Jahren die Geldmenge erhöhen wollte, kreierte er eine Scheinwährung, die so genannten »Mefo-Wechsel«. Auf seine Initiative hin gründeten vier Rüstungskonzerne – darunter auch Krupp und Siemens – die Scheinfirma Metallurgische Forschungsgesellschaft mbH (Mefo), die mit einem Grundkapital von einer Mio. Reichsmark ausgestattet wurde. Unternehmen, die vom Staat Rüstungsaufträge erhielten, zogen zur Bezahlung der Aufträge auf diese Firma die Mefo-Wechsel, die die Reichsbank garantierte. Diese rediskontierte diese Wechsel und gab ihnen damit den Charakter von Zahlungsmitteln.

Die Wechsel konnten zwar nach einer kurzen Sperrfrist eingelöst werden, doch wurde eine Prolongierung im Interesse des Reiches gewünscht. Bis 1938 blieben daher Wechsel in Höhe von 6 Mrd. Reichsmark im Umlauf.

Durch dieses Verfahren wurde der Reichshaushalt entlastet, aber auch der wahre Umfang der Aufrüstung verschleiert, denn die Wechsel galten als Handelswechsel und tauchten darum nicht unter den staatlichen Rüstungsausgaben auf.

Als die Mefo-Wechsel ab 1938 fällig wurden, aber nicht bezahlt werden konnten, warnte Schacht Hitler vor der drohenden Inflationsgefahr und trat zurück. Nun wurde das Instrument der Wechsel durch andere Methoden der Geldvermehrung ersetzt: Lieferschatzanweisungen, Steuergutscheine und erzwungene Reichsanleihen. Banken, Sparkassen und Versicherungen mussten – ohne Wissen der Kunden – die Spareinlagen in Reichsschuldverschreibungen anlegen, womit die Sparer zu Gläubigern des Staates wurden. Auch das Unternehmen Volkswagen trug dazu bei, die Rüstung zu finanzieren, denn als das Volkswagenwerk die Produktion aufnahm, produzierte es Militärfahrzeuge, keiner der 170 000 VW-Sparer erhielt ein Auto.

Durch all diese Maßnahmen konnte der Geldmarkt der Kontrolle der Reichsbank entzogen werden, gleichzeitig wurde aber auch die Grundlage für eine Inflation gelegt.

Autarkiewirtschaft

Die Nationalsozialisten übernahmen die Idee der Autarkie und ordneten sie der Kriegsvorbereitung unter. Der »neue Plan« und der »Vierjahresplan« als Phasen der wirtschaftlichen Aufrüstung trugen beide deutliche Züge der Autarkie.

Unter der Idee der Autarkie versteht man generell eine staatsinterventionistisch gestützte wirtschaftliche Abschließung gegenüber der internationalen Verflechtung und den Zwängen der Weltwirtschaft. Die Nazis übernahmen diesen Gedanken und ordneten ihn ihrer Kriegsvorbereitung unter: Nahrungsfreiheit, Lebensraum, Blockadesicherheit.

Der »neue Plan«

Angesichts des seit der Weltwirtschaftskrise stagnierenden Welthandels und der Währungsabwertung in einer Reihe wichtiger Exportländer blieb die deutsche Außenhandelsbilanz negativ, zumal der Import, vor allen von Rohstoffen, den Export deutlich übertraf. Die Gold- und Devisenreserven der Reichsbank sanken bedrohlich ab. Reichsbankpräsident Schacht entwickelte in dieser Situation den »neuen Plan«, der auf bilateralen Handelsverträgen basierte. Um von überseeischen Importen unabhängig zu werden, wurden die wirtschaftlichen Beziehungen zu Bulgarien, Jugoslawien, Rumänien und Ungarn ausgebaut. Um für die von dort eingeführten Rohstoffe keine Devisen ausgeben zu müssen, wurde das so genannte »Clearing-System« eingeführt, durch das die Warenpreise durch bilaterale Vereinbarungen unter Umgehung des Weltmarktes festgelegt wurden. Für die Länder Südosteuropas, die über wenig Devisen verfügten, war diese Form des Handels zunächst auch ein Vorteil, der aber dann in wirtschaftliche und politische Abhängigkeit umschlug.

Mit dem »neuen Plan« gelang es Schacht eine positive Handelsbilanz zu erzielen, wobei dieser Erfolg vor allem der Rüstung zugute kam.

Rohstoffversorgung

Flankierend wurde auf autarkiefördernde Industrie- und Forschungsvorhaben gesetzt. Fehlendes Erdöl sollte durch synthetische Treibstoffe, fehlender Rohgummi durch synthetischen Kautschuk (Buna) und Wolle bzw. Baumwolle durch Kunstseide und Zellwolle ersetzt werden. Das Wort »Ersatz« wurde zu einem zentralen Begriff der deutschen Wirtschaftspolitik. Trotz aller staatlichen Lenkungsmaßnahmen hatten nicht alle Probleme der Rohstoffversorgung beseitigt werden können, sodass aus diesem Grund, aber auch um die Aufrüstung weiter zu intensivieren, am 9. September 1936 ein Vierjahresplan verkündet wurde, der den endgültigen Übergang zur nationalen Autarkiewirtschaft bedeutete. Göring (→ »Biografien«) wurde »Beauftragter für den Vierjahresplan«, was de facto die Entmachtung Schachts bedeutete.

Der Vierjahresplan

In einer geheimen Denkschrift zum Vierjahresplan hatte Hitler programmatisch das Ziel umrissen, Wirtschaft und Armee innerhalb von vier Jahren in Kriegsbereitschaft zu versetzen. Göring zwang die private Wirtschaft, sich den Erfordernissen anzupassen; so wurden dieser die Rohstoffmengen durch staatlich festgelegte »Verbrauchsberechtigungen« zugewiesen. Staat und Partei griffen durch verordnete Programme dirigierend in den Produktionsprozess ein. Die Konzentration der Wirtschaft auf die Rüstung schuf zwar Arbeitsplätze, schränkte jedoch auch die Konsumgüterproduktion für die Bevölkerung ein. Mit der Bildung der Reichswerke Hermann Göring besaß der Staat Betriebe der Schwerindustrie.

Zwar wurden mit all diesen Maßnahmen die Gewichtung zwischen Privatwirtschaft, Wirtschaftsministerium und NS-Regime verschoben – Göring nahm die Rolle eines Wirtschaftsdiktators ein –, doch es entstand keine Planwirtschaft, sondern eine staatliche Kommandowirtschaft, da der Staat nur in Teilbereiche der Wirtschaft massiv eingriff, das heißt, die kapitalistische Wirtschaft wurde nicht abgeschafft, sondern ausschließlich auf die Rüstung ausgerichtet.

Es bestand eine deutliche Diskrepanz zwischen Anspruch und Wirklichkeit des Vierjahresplans. Vor allem die Autarkieziele wurden bis Kriegsbeginn nur annähernd erreicht, nicht einmal eine ausreichende Versorgung mit Nahrungsmitteln konnte sichergestellt werden. Die von Hitler verlangte wehrwirtschaftliche Blockadesicherheit war nicht hergestellt worden.

Die Nachfrage der Bevölkerung nach Konsumartikeln wurde vom NS-Regime auf Güter umgelenkt, die im Inland in Massen produziert werden konnten. Dies hieß in der Regel den Ersatz hochwertiger Produkte durch solche von minderer Qualität. *Nicht Butter und Kanonen, sondern Kanonen und Vierfruchtmarmelade konnte das Regime bieten* (Thamer). Die Engpässe bei Nahrungsmitteln, Konsumgütern und Rohstoffen konnten erst im Laufe des Jahres 1940 beseitigt werden. Da die Wirtschaft spätestens seit 1936 planmäßig auf den Krieg hin ausgerichtet worden war, bedeutete die Umstellung auf die Kriegswirtschaft im September 1939 keinen qualitativen Einschnitt.

Agrarpolitik

Zu den Verlierern nationalsozialistischer Politik gehörte mit den Bauern die Gruppe, von der die NSDAP mit die größte Unterstützung bekommen hatte. Während der »Ackermann« zu einer herausgehobenen Symbolfigur in der Propaganda wurde und die Landwirtschaft als »Nährstand« zur tragenden Säule erhoben wurde, litten die Bauern unter den Zwängen der nationalsozialistischen Wirtschaftslenkung und Agrargesetzgebung.

Neben der Beseitigung der Arbeitslosigkeit hatte Hitler die »Rettung des deutschen Bauern« als zweiten Schwerpunkt der nationalsozialistischen Wirtschaftspolitik bezeichnet. Neben dem Ziel Autarkie der Versorgung mit Nahrungsmitteln sahen die Ideologen der NSDAP in der bäuerlichen Bevölkerung die *Quelle rassischer Erneuerung*. Einflussreichster Propagandist der Blut- und Bodenideologie war Walter Darré (1895–1953), der ein neues Adelsbauerntum als »biologischen Kern« der künftigen Geschichte definierte. Das Bauerntum als *Hauptquell des deutschen Volkes* wurde gegen die *Wurzellosigkeit* des großstädtischen Proletariats gestellt. Immerhin wurde stark verschuldeten Bauern durch Gesetz im Juli 1933 die Hälfte der Schulden erlassen und die Zinsen für die Restschuld herabgesetzt.

Der Gleichschaltung der landwirtschaftlichen Verbände folgte Darrés Ernennung zum Reichsbauernführer und zum Reichsminister für Ernährung und Landwirtschaft. Im Reichsnährstand wurden nun sämtliche an der Erzeugung und dem Absatz landwirtschaftlicher Produkte beteiligten Personen per Zwangsmitgliedschaft gleichgeschaltet. Dieser zählte um 1935 etwa 17 Millionen Mitglieder und sollte neben der Lenkung der Produktion, des Vertriebs und der Preise landwirtschaftlicher Erzeugnisse sich auch deren sozialer und kultureller Belange annehmen.

Als Krönung der agrarromantischen Ideologie (Thamer) galt das am 29. September 1933 erlassene Reichserbhofgesetz mit dem »Neuadel Erbhofbauer«, wodurch das familiäre Eigentum am Hof bis zur Größe von 125 Hektar zwar als unveräußerlich, zugleich aber auch als unbelastbar bezeichnet wurde. Daher war eine größere Kreditaufnahme nicht möglich. Bauer konnte nur sein, wer *deutschen oder stammesgleichen Blutes* war. Die Besitzer von landwirtschaftlichen Betrieben, die unter oder über der Erbhofgröße lagen, hießen ausnahmslos Landwirte.

Die Bilanz der nationalsozialistischen Agrarpolitik war widersprüchlich. Die Abkoppelung vom Weltmarkt und die staatlichen Eingriffe verbesserten die Einkommenslage der Bauern nicht, zudem führte die Landflucht zu einer drohenden Versorgungskrise, der mit billigen Arbeitskräften (HJ, BDM, Ernteeinsatz von Schulen, Pflichtjahr für Mädchen) versucht wurde zu begegnen. Zudem wurde die Landwirtschaft an den Vierjahresplan gekoppelt und noch weiter reglementiert. Zwar konnte der Anteil der Selbstversorgung insgesamt erhöht und Steigerungen bei der Produktion von Getreide, Hülsenfrüchten, Eiern und Kartoffeln erzielt werden, doch blieben Defizite besonders bei Fetten und Futtermitteln auch weiterhin bestehen.

Der Mittelstand

Die durch das Parteiprogramm der NSDAP hervorgerufenen Hoffnungen des Mittelstandes auf die Verwirklichung eines Ständestaates wurden nach dem 30. Januar 1933 enttäuscht. Zwar profitierten auch die mittleren Schichten von den Arbeitsbeschaffungsprogrammen und einigen mittelstandfördernden Maßnahmen, etwa Regelungen zum Schutz des Einzelhandels, doch die erhoffte zügige Umstrukturierung der Wirtschaft zu Lasten des Großkapitals blieb aus. Im Gegenteil, die versprochene Ausschaltung der Warenhäuser wurde nicht durchgeführt, und auch die Großbanken blieben erhalten. Stattdessen gingen kleinere Unternehmen zugrunde, da sich, bedingt durch die forcierte Aufrüstung, die Welle der Konzentration erhöhte. Insgesamt verstärkte das NS-Regime, *was es zu - bekämpfen versprochen hatte: den gesellschaftlichen Wandel von einer kleingewerblich mittelständischen Ordnung zu einer großwirtschaftlichen Struktur* (Thamer).

Gleichschaltung der Gewerkschaften

Die Ausschaltung der Gewerkschaften erfolgte unmittelbar nach dem 1. Mai 1933, dem traditionellen Feiertag der Arbeiterbewegung. An die Stelle der gewerkschaftlichen Organisation der Arbeiterschaft trat die nationalsozialistische Massenorganisation der Deutschen Arbeitsfront (DAF).

Der »Tag der nationalen Arbeit«

Bereits Ende März 1933 begann der SA-Terror gegen die Gewerkschaften. Der Angriff galt den freien Gewerkschaften, die in eine vom Staat gesteuerte Deutsche Arbeitsfront (DAF) umgewandelt werden sollten. Die Funktionäre des Allgemeinen Deutschen Gewerkschaftsbundes (ADGB) entschlossen sich in dieser Situation, aus Sorge um den Erhalt der eigenen Organisation, zu einem Kurs der Anpassung und distanzierten sich vom Kurs der SPD. Die Gewerkschaftsführung suchte sogar das Gespräch mit der Nationalsozialistischen Betriebszellenorganisation (NSBO), der 1928 gegründeten und noch immer weitgehend unbedeutenden Nazi-Gewerkschaft. Der ADGB-Vorsitzende Theodor Leipart erklärte, die Gewerkschaften hätten ein *Recht auf den Schutz des Staates,* und stellte dafür die Mitarbeit im NS-Staat in Aussicht. Doch diese war von der NSDAP nicht erwünscht.

Während an vielen Orten Gewerkschaftsfunktionäre terrorisiert wurden, versuchte man gleichzeitig die Arbeiter für den Nationalsozialismus zu gewinnen. Die Nationalsozialisten erklärten den alten, nie offiziell anerkannten Arbeitertag, den 1. Mai, durch Gesetz zum »Tag der nationalen Arbeit«. Die SPD hatte es während der Weimarer Republik nie vermocht, diesen Tag zum Feiertag zu erheben. Die Gewerkschaften riefen ihre Mitglieder dazu auf, an den von der Regierung inszenierten Feiern teilzunehmen.

Die Deutsche Arbeitsfront

Bereits einen Tag später überfielen und besetzten SA und SS-Hilfspolizei im ganzen Land die Gewerkschaftshäuser, beschlagnahmten das Vermögen und verhafteten die Funktionäre. Die Leitung übernahmen kommissarisch NSBO-Funktionäre. Kurz darauf unterstellten sich die liberalen Hirsch-Duncker'schen Gewerkschaften und der Deutschnationale Handlungsgehilfenverband dem Aktionskomitee zum Schutze der deutschen Arbeit unter dem Stabsleiter der Politischen Organisation der NSDAP, Robert Ley, das speziell für die Aktion des 2. Mai 1933 gegründet worden war.

An die Stelle der gewerkschaftlichen Organisation der Arbeiterschaft trat am 10. Mai 1933 die Deutsche Arbeitsfront (DAF). Als deren Ziel verkündete ihr Führer Robert Ley (→ »Biografien«) die *Bildung einer wirklichen Volks- und Leistungsgemeinschaft, die dem Klassenkampfgedanken abgeschworen hat.* Konkret sollte dies das Ende der Tarifautonomie bedeuten, denn im Juni 1933 wurden so genannte »Treuhänder der Arbeit« eingesetzt, die anstelle der Arbeitnehmer- und Arbeitgeberverbände über Tarif- und Betriebsordnungen entscheiden sollten.

Die DAF wurde in der Folgezeit zu einem staatlichen Lenkungs- und Kontrollorgan ausgebaut. Mit dem Gesetz zur Ordnung der Nationalen Arbeit wurde die betriebliche Mitbestimmung beseitigt und das Führerprinzip auf die Betriebe übertragen. An der Spitze der Betriebsgemeinschaft stand nun der Betriebsführer, der in allen innerbetrieblichen Angelegenheiten entschied und zugleich Vorsitzender im Vertrauensrat, dem ehemaligen Betriebsrat, war. Er war aber an die Weisungen des Treuhänders der Arbeit gebunden und konnte unter bestimmten Bedingungen abgesetzt werden.

1935 wurde die soziale Entrechtung der Arbeitnehmer weiter vorangetrieben, indem das Arbeitsbuch eingeführt wurde, in das Art und Zeit der Beschäftigung eingetragen werden mussten. Das Buch wurde jedoch nicht nur zur Verteilung des Arbeitseinsatzes, sondern auch zur Erfassung von so genannten »Arbeitsscheuen« verwendet. Die Beschäftigung von Personen ohne Arbeitsbuch war nicht gestattet. Offensichtlich wurde der Verlust an politischen und sozialen Rechten in den Augen der Arbeiterschaft durch die Vollbeschäftigung und scheinbaren Lohnzuwachs wettgemacht.

Kriegswirtschaft

Die wirtschaftliche Situation im Rüstungssektor, der auf einen langen Krieg nicht vorbereitet war, bestimmte die Wahl der Blitzkriegsstrategie entscheidend mit. Hitlers Überlegungen basierten auf den Erfahrungen des Ersten Weltkrieges, weswegen er die Ernährung der Bevölkerung gewährleistet wissen wollte, um einer Kriegsmüdigkeit vorzubeugen. Die Besetzung Dänemarks und Norwegens sicherte die schwedischen Erzzufuhren, die Eroberung von Belgien, der Niederlande und von Nordfrankreich brachte neben dem Zugriff auf wichtige Industriegüter und Rohstoffe auch den Zugang zu einem großen Arbeitskräftepotenzial, das für die deutsche Kriegswirtschaft zwangsverpflichtet werden konnte.

Nachdem der Überfall auf die UdSSR nicht mit dem erwarteten schnellen Erfolg geendet hatte, musste die Umstellung der Wirtschaft auf die veränderte Kriegssituation erfolgen. Rüstungsminister Fritz Todt (1891–1942) und sein Nachfolger Albert Speer (1905–1980) errichteten die totale Kriegswirtschaft. Prägend für diesen Abschnitt war eine Zentralisierung und Rationalisierung der wirtschaftlichen Strukturen mit dem Ziel, die Rüstungsproduktion zu steigern. Während des Krieges gegen die Sowjetunion ordnete Hitler zur Behebung des Arbeitskräftemangels den Einsatz der sowjetischen Kriegsgefangenen an. Da sich der NS-Staat an keinerlei internationale Verpflichtungen für deren Behandlung gebunden fühlte, wurden sie so schlecht versorgt, dass nach einem Massensterben Betriebe zur Selbstversorgung übergingen, um die eigene Produktivität zu gewährleisten.

Ab Frühjahr 1942 wurden auch angeworbene sowjetische Zivilarbeiter eingesetzt, für die nach Goebbels' Proklamation des totalen Krieges eine bessere Behandlung angeordnet wurde. Der andauernde Facharbeitermangel konnte damit nicht behoben werden, ebenso blieben als zentrales Problem noch immer fehlende Rohstoffe. Das Wirtschaftsimperium der SS konnte sich diesen Problemen entziehen, denn durch die Verfügung über die Konzentrationslager, die für die Wirtschaft ein immer wichtigerer Faktor wurden, hatte die SS Zugriff auf ein großes Arbeitskräftepotenzial. Zudem unterlag sie beim Abbau von Rohstoffen in den besetzten Gebieten nicht der Kontrolle durch das Rüstungsministerium.

Als Hitler im März 1945 die Zerstörung aller wirtschaftlichen Einrichtungen beim Rückzug verlangte – *verbrannte Erde* – verhinderten Speer und einzelne Unternehmer, dass die Existenzgrundlagen der deutschen Bevölkerung nicht völlig vernichtet wurden.

Die Rolle der Frau im Nationalsozialismus

Das Geschlechterbild des Nationalsozialismus ließ sich auf die Formel *Der Mann ein Soldat – die Frau eine Mutter von künftigen Soldaten* bringen. Allerdings war auch in der NS-Frauenpolitik eine Diskrepanz zwischen Anspruch und Wirklichkeit zu beobachten. Der männerbündische Charakter der nationalsozialistischen Bewegung fand seinen Ausdruck in deren Ideologie. Absoluter Mittelpunkt war der Mann, die Frau fand nur auf ihn bezogen Beachtung. Der völkische Staat, schrieb Hitler in ›Mein Kampf‹, sehe *sein Menschheitsideal* [...] *in der trotzigen Verkörperung männlicher Kraft und in Weibern, die wieder Männer zur Welt zu bringen vermögen.*

Auch wenn die Nationalsozialisten in den Wahlkämpfen der Endphase der Weimarer Republik aus taktischen Gründen zu vorsichtigeren Formulierungen gezwungen waren, *die Frau ist Geschlechts- und Arbeitsgenossin des Mannes*, blieb das Geschlechterbild des frühen Nationalsozialismus vorherrschend. Allerdings erwuchs im Verlauf der NS-Herrschaft ein Widerspruch aus *einer bürgerlichen Sexualmoral als Grundmuster der Familienpolitik und des sozialen Verhaltens einerseits und dem vor allem in der SS propagierten rassistischen NS-Züchtungsdenken andererseits, das zwischen ehelicher und nichtehelicher Mutterschaft keinen Unterschied mehr machte* (Thamer).

Parallel zur Rücknahme der in der Weimarer Republik erreichten Verbesserungen für die Frauen – *Frauen-Emanzipation ist nur ein vom jüdischen Intellekt erfundenes Wort* (Weis) – verherrlichten die Nationalsozialisten die Mutterrolle. Dem Mutterkult dienten die besondere Hervorhebung des bereits seit 1922 begangenen Muttertages und das von der NSDAP verliehene so genannte »Mutterkreuz« (in Bronze für 4 bis 6 Kinder, Silber für 6 bis 8 und Gold für 8 und mehr Kinder). Die Maßnahmen gegen die Erwerbstätigkeit von Frauen zeigten allerdings nur dort Erfolg, wo die Einflussmöglichkeit des Staates direkt gegeben war. So trat ein deutlicher Rückgang von Frauenbeschäftigung in den akademischen Berufen ein, nachdem Frauen durch Gesetze aus ihren Berufen verdrängt und am Studium gehindert wurden. Seit 1936 durften Frauen weder Richterinnen noch Staats- oder Rechtsanwältinnen werden. Insgesamt kam es aber bereits in den Friedensjahren zu einer Steigerung der Frauenerwerbstätigkeit, was auf den vermehrten Einsatz von unqualifizierten Arbeiterinnen zurückzuführen war, die vor allem von der expandierenden Rüstungsindustrie als Billiglohnkräfte gesucht wurden. Das Beschäftigungsverbot für Ehefrauen wurde aufgehoben und 1938 das weibliche Pflichtjahr in Haus- und Landwirtschaft eingeführt. Im Krieg blieb die totale Mobilmachung für Frauen aus, nur ledige Frauen wurden dienstverpflichtet. Die Aufgabe der NS-Frauenorganisationen NS-Frauenschaft und Deutsches Frauenwerk lag darin, Frauenarbeit im Sinne der NS-Ideologie zu leisten. Daneben wurde die praktische Schulung innerhalb der Frauen zugeordneten häuslichen und familiären Welt durchgeführt. Zu diesem Zwecke wurde der Reichsmütterdienst eingerichtet, der Kurse in den Bereichen Haushalts- und Gesundheitsführung, in Erziehungsfragen und im Brauchtum anbot. Trotz ihrer Zielsetzung stimmten die beiden Organisationen, an deren Spitze die populäre Reichsfrauenführerin Gertrud Scholtz-Klink stand, nicht in allen Punkten mit der NS-Frauenpolitik überein, die Einflussmöglichkeiten blieben jedoch gering.

Judenverfolgung

9. Dezember 1931	Reichsfluchtsteuerverordnung
1. April 1933	organisierter Boykott gegen jüdische Einrichtungen
7. April 1933	Gesetz zur Wiederherstellung des Berufsbeamtentums
14. Juli 1933	Gesetz über den Widerruf von Einbürgerungen und die Aberkennung der deutschen Staatsangehörigkeit, Gesetz zur Verhütung erbkranken Nachwuchses
22. September 1933	Reichskulturkammergesetz
15. Mai 1934	Theatergesetz
21. Mai 1935	Wehrgesetz
15. September 1935	Nürnberger Gesetze
März 1938	Gesetz über die Rechtsverhältnisse der jüdischen Kultusvereinigungen
26. April 1938	Verordnung über die Anmeldung aller jüdischen Vermögen über 5000 RM
14. Juni 1938	Verordnung über die Kennzeichnung jüdischer Gewerbebetriebe
25. Juli 1938	Verordnung über Streichung der Zulassung aller jüdischen Ärzte
17. August 1938	Verordnung zur Durchführung des Gesetzes über die Änderung von Familiennamen und Vornamen
5. Oktober 1938	Reisepässe von Juden werden mit »J« versehen
28. Oktober 1938	Ausweisung von Juden mit polnischer Staatsangehörigkeit
9. November 1938	Pogromnacht (»Reichskristallnacht«)
12. November	Verordnung über »Sühneleistung« der Juden (1 Mrd. RM); Verordnung zur Ausschaltung der Juden aus dem Wirtschaftsleben
3. Dezember 1938	Verordnung über den Einzug jüdischen Vermögens
ab 1939	Oskar Schindler (1908–1974) rettet rund 1000 Juden vor der Vernichtung in Auschwitz
30. April 1939	Vorbereitung der Zusammenlegung in so genannten »Judenhäusern«
1. September 1939	Ausgangsbeschränkungen für Juden
23. September 1939	Einzug von Rundfunkgeräten

Entrechtung und Vernichtung der Juden

Gewalttaten gegen jüdische Bürger und ihr Eigentum am 1. April 1933 leiteten die Maßnahmen gegen die etwa 500000 deutschen Juden ein, gefolgt von der Entlassung jüdischer Richter und Beamter und dem Erlass der Nürnberger Gesetze und schließlich der Wannsee-Konferenz, auf der die »Endlösung der europäischen Judenfrage« beschlossen wurde. Die Verfolgung der Juden als Abfolge staatlicher Repressionsakte spiegelt das Schema »Definition – Enteignung – Konzentration – Ausrottung« wider. Daneben bestand die Praxis eines gesellschaftlichen Antisemitismus, dem die jüdische Bevölkerung permanent ausgesetzt war.

Zu Staatsbürgern minderen Rechts wurden die deutschen Juden durch die im Jahr 1935 in Nürnberg erlassenen Gesetze, das Reichsbürgergesetz und das Gesetz zum Schutze des deutschen Blutes und der deutschen Ehre.

Das Novemberpogrom von 1938 führte zur Zerstörung fast aller Synagogen, der Verwüstung jüdischer Geschäfte und der Verhaftung von etwa 26000 Juden. Noch gingen die Nationalsozialisten allerdings davon aus, die Judenfrage durch Vertreibung zu lösen. 270000 bis 300000 Juden gelang es, sich bis zum Emigrationsverbot im Herbst 1941 im Ausland in Sicherheit zu bringen. Die Zurückgebliebenen fielen der auf der Wannsee-Konferenz beschlossenen *Endlösung der europäischen Judenfrage*, dem größten Völkermord der Weltgeschichte, zum Opfer.

Erste Schritte der Judenpolitik

Nach der Machtübernahme der Nationalsozialisten war ein primäres Ziel der faschistischen Machthaber der generelle *Ausschluss der Juden aus der Volksgemeinschaft* (Hitler).

Dem Antisemitismus kam als zentrales Element der nationalsozialistischen Ideologie wesentliche Bedeutung beim Integrationsprozess der heterogen zusammengesetzten Parteibasis zu. Der Ausschluss der Juden aus der »Volksgemeinschaft« sollte als wichtige Grundlage für weitere Zielsetzungen des NS-Regimes dienen.

Gerade zu der Zeit, als mit der Weimarer Verfassung die Emanzipation der Juden abgeschlossen schien, verbalisierte sich der moderne Antisemitismus unter anderem im Parteiprogramm der Na-

16. Oktober 1940	Befehl zur Errichtung des Warschauer Gettos
1. September 1941	Einführung des Judensterns
1. Oktober 1941	Beginn der systematischen Deportationen aus dem »Altreich«
3. Oktober 1941	Arbeitseinsatz der Juden
23. Oktober 1941	Emigrationsverbot
24. November 1941	Errichtung des Gettos Theresienstadt
20. Januar 1942	Wannsee-Konferenz
24. April 1942	Verbot öffentlicher Verkehrsmittel für Juden; Verbot der Haltung von Haustieren für Juden
2. Juni 1942	Beginn der Deportation deutscher Juden nach Theresienstadt
April/Mai 1943	Aufstand und Zerstörung des Warschauer Gettos

tionalsozialistischen Arbeiterpartei: *Staatsbürger kann nur sein, wer Volksgenosse ist. Volksgenosse kann nur sein, wer deutschen Blutes ist, ohne Rücksicht auf Konfession. Kein Jude kann daher Volksgenosse sein.*

Durch die Gleichsetzung von Judentum und Marxismus erhielt vor allem beim bürgerlichen Mittelstand eine Bedrohung doppeltes Gewicht und wurde ohne großes Hinterfragen als Ursache für die unsichere wirtschaftliche Situation akzeptiert. Neben der seit längerem manifesten Forderung nach der politischen Ausschaltung des Judentums wurde von Hitler nun auch die wirtschaftliche postuliert.

Juden im Deutschen Reich

Im Juni 1993 lebten im Deutschen Reich ohne das Saargebiet 499 682 von der Statistik als »Glaubensjuden« bezeichnete Personen, das waren 0,77 Prozent der Gesamtbevölkerung. Die deutsche Staatsangehörigkeit besaßen davon 80,2 Prozent, Reichsausländer, das heißt Glaubensjuden mit ständigem Wohnsitz im Reichsgebiet, waren 19,8 Prozent, die meisten davon – 11,3 Prozent – polnische Staatsangehörige.

Die jüdische Bevölkerung konzentrierte sich vor allem in den Großstädten, z. B. Berlin (160 564), Frankfurt/M. (26 158), Breslau (20 202), Köln (14 816) und Leipzig (11 564). Insgesamt hatten über 50 Prozent der deutschen Juden ihren Wohnsitz in sechs der zehn größten deutschen Städte.

Beginn der Judenpolitik

Der 30. Januar 1933 war nicht so sehr Anfang einer radikalen Verschärfung, sondern viel mehr der Zeitpunkt des Beginns der Maßnahmen gegen das deutsche Judentum. Während der Weimarer Republik hatte es antisemitische Aktionen gegeben, die allerdings regional stark divergierten und immer gegen einzelne Gruppen gerichtet waren, so gegen gesellschaftlich exponierte Persönlichkeiten, gegen die nach dem Krieg zugewanderten Ostjuden, deren Erscheinungsbild es der nationalsozialistischen Propaganda erlaubte, die latente Xenophobie in der Bevölkerung zu kanalisieren, und gegen jüdische Gewerbetreibende.

Der Boykott vom 1. April 1933

Dienten die Boykottaufrufe und Verunglimpfungen vor der Machtergreifung im Wesentlichen der Mobilisierung der eigenen Anhänger, so wurde mit dem 30. Januar 1933 der Antisemitismus zum Bestandteil der deutschen Innenpolitik.

Hauptangriffsziel blieben die jüdischen Gewerbetreibenden, wenngleich die Forderungen durch den Bund Nationalsozialistischer Juristen, der die Säuberung aller Gerichte sowie Neuwahlen der Anwaltskammern verlangte, und durch den Nationalsozialistischen Ärztebund, der sich durch besonders aggressive Verbalinjurien auszeichnete, das Augenmerk auch auf diese Berufsgruppen lenkten. Einen vorläufigen Höhepunkt bildete am 1. April 1933 der organisierte Boykott jüdischer Geschäfte, jüdischer Waren, jüdischer Ärzte und jüdischer Rechtsanwälte.

Der Weg zur wirtschaftlichen Diskriminierung

Sieht man den Boykott als singuläres Ereignis, so konnten die Nationalsozialisten nicht zufrieden sein. Noch hatten sich zu viele den Anordnungen der örtlichen Komitees nicht gefügt, zu wenige offen ihre Ablehnung gezeigt, und trotzdem hatten die Aktionen das Augenmerk des Auslands auf die antisemitischen Maßnahmen gelenkt. Vor allem in den USA, England und Frankreich kam es zu Protesten gegen die Vorgänge in Deutschland.

Erfolgreich war der Boykott vom 1. April sicherlich in einer Funktion, gleich ob diese bewusst geplant oder erst im Nachhinein bedeutungsvoll wurde: Es bestand kein Zweifel daran, über zunehmende wirtschaftliche Diskriminierung und Verdrängung die Ausgrenzung einer Minderheit erreichen zu wollen. Für das seit langem von den Nationalsozialisten propagierte Ziel, den jüdischen Einfluss in der Wirtschaft auszuschalten, hatte der Boykott die Funktion des Startzeichens.

Politik der Nadelstiche

Von den Gesetzen im April 1933 waren zunächst nur jüdische Beamte, Rechtsanwälte und Ärzte betroffen. Während die Entfernung von Juden aus allen Ehrenämtern ebenfalls nur für eine kleine Anzahl Auswirkungen hatte, weiteten die Regelungen über Zulassungen zu Beruf und Ausbildung den Kreis der Betroffenen schnell aus.

Das am 7. April erlassene Gesetz zur Wiederherstellung des Berufsbeamtentums gab die rechtliche Möglichkeit zur Versetzung von Angehörigen des öffentlichen Dienstes in den sofortigen Ruhestand.

Erste Verordnungen gegen die Juden

In der ersten Verordnung zur Durchführung des Gesetzes wurden als Nichtarier auch diejenigen definiert, die nur von einem nichtarischen Großelternteil abstammten. Es gelang jüdischen Organisationen, namentlich dem Reichsbund jüdischer Frontsoldaten, eine Einschränkung des Gesetzes zu erreichen. Ausgenommen wurden Frontkämpfer, Väter oder Söhne von Kriegsgefallenen sowie alle Beamten, die schon vor dem 1. August 1914 verbeamtet waren.

Anfang 1933 waren im Reich nicht mehr als 5000 jüdische Beamte aller Beförderungsstufen fest angestellt. Bei der Volkszählung vom Juni 1933 waren noch 2500 im Staatsdienst.

Da die Ausnahmeregelung auch für die sich an das Berufsbeamtengesetz anschließenden Berufsverbote für jüdische Rechtsanwälte und Notare, jü-

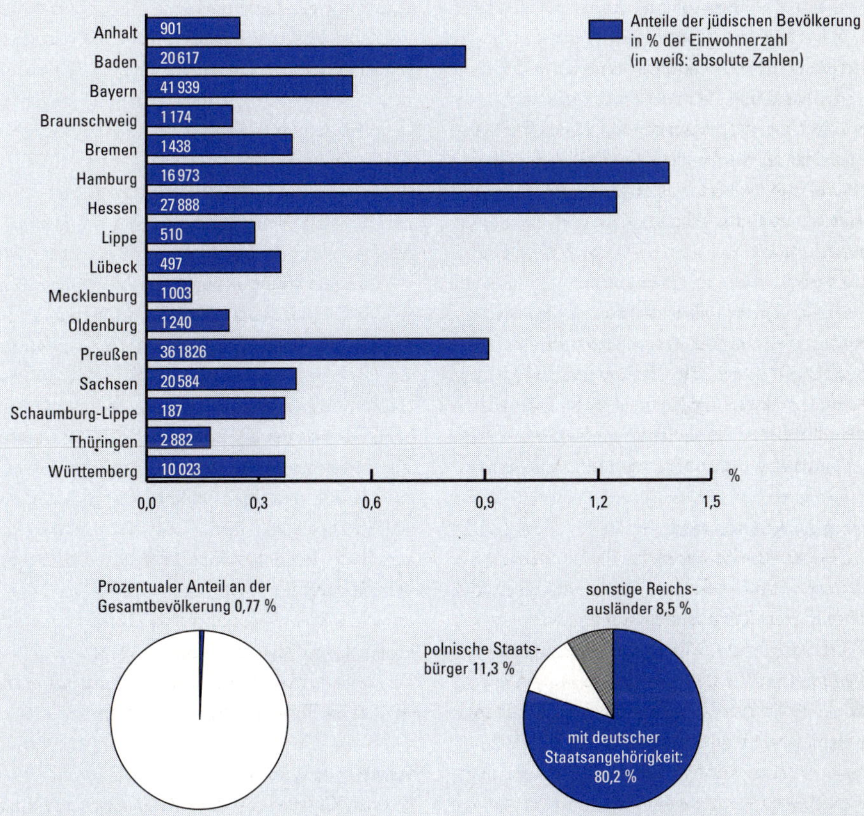

Jüdische Bevölkerung nach Ländern 1933

dische Kassenärzte, Medizinstudenten, Assistenten und Privatdozenten an Universitäten galt, waren weit weniger jüdische Erwerbstätige betroffen, als die Nationalsozialisten gedacht hatten, da ihre Propaganda vom »jüdischen Feigling« ad absurdum geführt wurde.

Die Mehrzahl der betroffenen Ärzte und Rechtsanwälte fiel unter die Ausnahmebestimmungen, was nicht darüber hinwegtäuschen darf, dass die Existenzgrundlage der Betroffenen zerstört worden war, denn die Zahl der Patienten und mehr noch der Klienten nahm rapide ab. Dieser stille Boykott zwang zur Schließung von Kanzleien und Praxen. Was blieb, war die Möglichkeit zur Auswanderung, die infolge der beruflichen Qualifikation und der vorhandenen finanziellen Ressourcen bei diesen Berufsgruppen früh beschritten wurde.

Vom Berufsbeamtengesetz und von anderen gesetzlichen Maßnahmen der ersten Monate des Jahres 1933 waren schätzungsweise 12 000 bis 13 000 jüdische Erwerbstätige oder ca. fünf Prozent der in der Volks- und Berufszählung vom 16. Juni 1933 erfassten 240 487 jüdischen Erwerbspersonen betroffen.

In den Monaten nach der Machtergreifung hatte sich noch kein einheitliches Konzept für die Ausschaltung der jüdischen Selbstständigen herauskristallisiert. Regierung und Parteileitung, die sich gezwungen sahen, die wirtschaftliche Lage und die öffentliche Meinung im Ausland zu berücksichtigen, standen vielfach in Konflikt mit unteren Parteiinstanzen, die mit dem Anspruchsdenken der »alten Kämpfer« konfrontiert waren, die antisemitische Propaganda rigoros durchgesetzt sehen und aus der wirtschaftlichen Liquidierung der Juden persönlichen Nutzen ziehen wollten.

Der Sommer 1933 war gekennzeichnet von den Bemühungen der NS-Führungsriege, die wilden Aktionen der Parteibasis wenn schon nicht zu unterbinden, so doch zu kontrollieren. Die Einschränkung der jüdischen Wirtschaftsbetätigung erfolgte also über die zentralen Maßnahmen hinaus durch Aktionen der örtlichen und regionalen Parteistellen und Wirtschaftsorganisationen.

Den Bemühungen der Nationalsozialistischen Betriebszellenorganisation (NSBO), gegen die jüdischen Angestellten vorzugehen, waren zunächst Grenzen gesetzt, denn diese arbeiteten in der Mehrzahl in jüdischen Betrieben. Betroffen waren davon diejenigen, die bei jüdischen Großfirmen beschäftigt waren, wo der Einfluss der NSBO ausreichte, um die Entlassung von jüdischen Angestellten zu erreichen.

Wirtschaftliche Maßnahmen

Die wenigen zentralen antijüdischen Gesetzesmaßnahmen für den Bereich der Wirtschaft liefen hauptsächlich parallel zur allgemeinen Gleichschaltungspolitik. Durch den Ausschluss jüdischer Vertreter in wirtschaftlichen Selbstverwaltungsorganisationen und Interessenverbänden schwand jede Form der Einflussnahme. Allerdings wurden jüdische Unternehmer durch das Gesetz zur Ordnung der nationalen Arbeit zu Betriebsführern, die damit in die neue Wirtschaftsordnung eingebunden und de jure mit Rechten gegen ihre »arischen Beschäftigten« ausgestattet waren.

Die öffentliche Diskriminierung jüdischer Geschäfte setzte sich in jedem Fall fort. Das Jahr 1933 war von einer Politik der Nadelstiche gegen jüdische Firmen gekennzeichnet, die Schritt für Schritt deren Wettbewerbsfähigkeit einschränkten.

Bei Großhandelsfirmen war die Art und Weise der Beeinträchtigung branchenabhängig, aber da zunächst die Geschäftsverbindungen zu nichtjüdischen Firmen der Kontrolle durch die Partei entzogen waren und diese Firmen nicht auf ihre jüdische Kundschaft verzichten wollten oder konnten, war die Situation hier besser als beim Einzelhandel, der durch offenen und stillen Boykott am leichtesten getroffen werden konnte und wurde.

Umschwung in der Judenpolitik

Den eigentlichen Beginn und Ausgangspunkt der deutschen Rassengesetzgebung stellte das Gesetz über den Widerruf von Einbürgerungen und die Aberkennung der deutschen Staatsangehörigkeit vom 14. Juli 1933 dar, das sich speziell und unmittelbar nur gegen Ostjuden richtete.

Betrachtet man das Jahr 1934 auf der Ebene der Gesetzgebung, so war nach den hektischen Anfängen eine ruhigere Phase eingetreten. Lediglich zwei

Gesetze mit antijüdischem Inhalt, das Theatergesetz vom 15. Mai 1934 und das Gesetz über den Ausgleich bürgerlich-rechtlicher Ansprüche vom 13. Dezember 1934, erzeugten auf jüdischer Seite die trügerische Illusion einer sich beruhigenden Entwicklung.

Seit Sommer 1934 hatte auf einer anderen Ebene eine antijüdische Hetzkampagne eingesetzt. Der Gauleiter von Franken, Julius Streicher (→ »Biografien«), appellierte im von ihm herausgegebenen ›Stürmer‹ an die niedrigsten Instinkte der Leser.

Im Frühjahr 1935 begann eine neue antisemitische Welle. Die Diffamierung jüdischer Geschäfte in der Presse wurde ausgedehnt und verschärft. Erschwerung der Werbung, das weitgehend eingehaltene Verbot für Parteimitglieder, jüdische Geschäften zu frequentieren bzw. Rechtsgeschäfte abzuschließen und unkontrollierte Aktionen wie Schaufensterschmierereien trafen besonders die kleineren und mittleren Geschäfte hart.

Hatten sich noch im März 1935 der Verband nationaldeutscher Juden und der Verband jüdischer Frontsoldaten mit Glückwunschbekundungen an Hitler für die Wiedereinführung der Wehrpflicht bedankt, so brachte die Verkündigung des Wehrgesetzes vom 21. Mai 1935 Ernüchterung. Nicht herangezogen wurden Personen, deren beide Elternteile »jüdisches Blut« oder die drei jüdische Großelternteile hatten. Allerdings trennte die Verordnung über die Zulassung von Nichtariern zwischen den Begriffen Rasse und Religion, wodurch die Vermutung der Zugehörigkeit zur jüdischen Rasse allein aufgrund der Religionszugehörigkeit nicht bewiesen werden konnte.

Die Nürnberger Gesetze

Der Höhepunkt der Ausgrenzungskampagne waren die so genannten »Nürnberger Gesetze«, durch die die Juden zu Bürgern zweiter Klasse erklärt wurden.

Blutschutzgesetz und Reichsbürgergesetz

Während die Staatsbürokratie sich bedeckt hielt, steigerten sich im Sommer des Jahres 1935 wilde Aktionen und Pressekampagnen und nahmen an Heftigkeit zu. Erstmals kam es zu Versuchen der Gestapo, die Judenpolitik mitzubestimmen. Mit dem Erlass der Nürnberger Gesetze war auf jüdischer Seite die Hoffnung verbunden, dass der Höhe- und Endpunkt der nationalsozialistischen Rassengesetzgebung erreicht war. Man glaubte vor allem an das Ende aller außergesetzlichen Maßnahmen und erwartete ein zwar eingeengtes, aber berechenbares Leben innerhalb eines definierten Rechtskreises.

Das Blutschutzgesetz verbot Eheschließungen zwischen Juden und *Staatsangehörigen deutschen oder artverwandten Blutes* sowie den außerehelichen Verkehr. Die Beschäftigung weiblicher »arischer« Hausangestellter war Juden untersagt, die Reichs- und Nationalflaggen durften sie nicht zeigen.

Das Reichsbürgergesetz definierte den Begriff des Staatsangehörigen und errichtete den Status eines so genannten »Reichsbürgers« als alleinigem Träger der vollen politischen Rechte: *Reichsbürger ist nur der Staatsangehörige deutschen oder artverwandten Blutes, der durch sein Verhalten beweist, dass er gewillt und geeignet ist, in Treue dem deutschen Volk und Reich zu dienen.* Allerdings beantworteten beide Gesetze nicht die Frage, wer nun eigentlich »Jude« ist. Erst die Erste Verordnung zum Reichsbürgergesetz umriss erschöpfend den unter den Begriff des »Juden« fallenden Personenkreis. Unterschieden wurde zwischen folgenden rassischen Erkennungsmerkmalen:

- *Deutschblütiger:*
  vier deutschblütige Großeltern
- *Mischling 2. Grades:*
  ein nichtarischer Großelternteil
- *Mischling 1. Grades:*
  zwei nichtarische Großeltern
- *Jude:*
  zwei oder mehr nichtarische Großeltern

Ausgrenzung der jüdischen Minderheit

In den folgenden Jahren konnten die Nationalsozialisten bei ihrer systematischen Ausgrenzung der Juden auf die Nürnberger Gesetze als deren »legale« Grundlage zurückgreifen.

Per Gesetz wurde die jüdische Minderheit von der nichtjüdischen Mehrheit ausgegrenzt und der gesetzlich angeordneten Diskriminierung und Verfolgung preisgegeben. Jede nach dem Reichsbürgergesetz ausgeübte Diskriminierung und Verfolgung von Juden konnte nun durch Hinweis auf die Gesetzlichkeit dieser Maßnahmen zu einem rein bürokratischen Akt ohne persönliche Verantwortung des Vollziehenden herabgestuft werden. Die Folge dieser Gesetzgebung war eine entschiedene Verstärkung der Segregation, zumal jeder Kontakt zwischen Juden und Nichtjuden verschiedenen Geschlechts jetzt kriminalisierbar und damit lebensgefährlich war.

Viele Menschen sahen ihre persönlichen Beziehungen plötzlich der Kontrolle und dem Zugriff der Behörden, der Parteistellen und der nationalsozialistischen Medien ausgesetzt. Anklage und Verfolgung wegen »Rassenschande« und vor allem die Veröffentlichung von Gerichtsberichten in den Parteizeitungen zerstörten unzählige jüdisch-nichtjüdische Beziehungen und den zukünftigen Lebensweg der Betroffenen.

Durch das Gesetz zum Schutze des deutschen Blutes und der deutschen Ehre war es Juden vom 1. Januar 1936 an verboten, nichtjüdische Frauen unter 45 Jahren in ihren Haushalten zu beschäftigen. Ausgenommen von dem Verbot waren lediglich Hausangestellte, die bereits bei Erlass des Gesetztes in jüdischen Haushalten beschäftigt waren und bis zum 31. Dezember 1935 ihr 35. Lebensjahr vollendet hatten, sowie Haushalte, in denen ein jüdischer Mann nicht Haushaltsvorstand war oder der Hausgemeinschaft angehörte. In allen anderen Fällen mussten Juden ihre nichtjüdischen weiblichen Hausangestellten entlassen.

Wirtschaftliche Einschränkungen

Die Nürnberger Gesetze, die keine wirtschaftlichen Bestimmungen enthielten, drängten die Aktionen der Straße und nicht genehmigte Vorstöße untergeordneter Dienststellen zurück. Wenngleich Äußerungen wie Goebbels' Erklärung, *die Judenfrage werde vom Staat gelöst* und *wer nach Annahme der Nürnberger Gesetze noch auf eigene Faust Exzesse verübe, werde zur Rechenschaft gezogen werden,* vor allem zur Beruhigung des Auslands gedacht waren, wurde doch versucht, die antisemitische Hetze staatlich zu kontrollieren. Allerdings wurde um die gleiche Zeit von verschiedenen Stellen versucht, Präzedenzfälle zu schaffen, um für die in Nürnberg offen gelassenen Fragen Antworten vorzuschreiben. So wurden vom Propagandaministerium die jüdischen Kunst- und Antiquitätenhändler aus der Reichskammer der bildenden Künste ausgeschlossen und ihnen damit die Berufsausübung untersagt.

Arisierung

In den Jahren bis 1935 waren kleine jüdische Unternehmen ruiniert worden, indem der Besitzer in Schutzhaft genommen oder ins Konzentrationslager gebracht wurde. Nach den Nürnberger Gesetzen erhöhte sich deren Anzahl, da wegen des Verdachts der Rassenschande auffallend viele jüdische Geschäftsleute verhaftet wurden. Das Schicksal eines jüdischen Unternehmens konnte von Beginn der nationalsozialistischen Machtübernahme an entweder Liquidation oder »Arisierung« lauten. Ein liquidierter Betrieb hörte zu existieren auf, während der arisierte Betrieb von einer deutschen Firma aufgekauft wurde. Die Ausschaltung eines jüdischen Geschäftes wurde häufig dann gefordert, wenn die Chance zur Ausschaltung unliebsamer Konkurrenz gesehen wurde.

Zunächst verliefen die Firmenübernahmen in Form von »freiwilligen« Verträgen, bis ab November 1938 aufgrund staatlicher Verordnungen die Phase der Zwangsarisierungen einsetzte. In manchen Fällen kam es vor dem Januar 1938 zu »freundschaftlichen Arisierungen«, bei denen marktgerechte Preise bezahlt wurden. Falls bei diesen Übernahmen Überprüfungs- und Genehmigungsbehörden ihr Veto einlegten und eine niedrigere Kaufsumme festsetzten, konnte dem jüdischen Vorbesitzer unter der Hand die Differenzsumme ausbezahlt werden.

Diese Art der Arisierung erfolgte häufig durch einen früheren Angestellten. Genauso gut konnte sich das in den neuen Besitzer gesetzte Vertrauen als falsch erweisen und mit einer Denunziation enden. Viele, die blieben, mussten sich in fremden

Berufen versuchen. In den Jahren bis 1938 veränderte sich die jüdische Berufsstruktur grundlegend. Ehemalige Unternehmer und leitende Angestellte erscheinen subsumiert unter dem Begriff »Vermittler« in den Statistiken. Dahinter verbirgt sich, der Not gehorchend, die Hinwendung zum Hausiererhandel. Eine andere Form der Berufsumschichtung stellte die Überführung eines Ladengeschäftes in die eigene Wohnung dar.

Seit dem Jahr 1936 durften Juden keine Hilfspositionen in Steuer- und Devisensachen mehr ausüben. Verboten wurden das Betreiben von Apotheken, die Zulassung zur Fachprüfung als Wirtschaftsprüfer im Genossenschaftswesen und die Vereidigung als Bücherrevisor. Ab 1937 wurden Staatenlose nur noch zum Viehhandel zugelassen, wenn sie deutschstämmig waren, und Juden von den Industrie- und Handelskammern nicht mehr als Sachverständige bestellt.

Im Wesentlichen beschränkte sich die Gesetzgebung darauf, die Juden aus den halböffentlichen Stellungen des Wirtschaftslebens zu verdrängen und in einigen Bereichen ihre Neuzulassung zu verhindern.

Zwischen 1935 und 1938 wurden die meisten jüdischen Privatbanken arisiert. Diese waren stark vom Boykott betroffen, und ihren jüdischen Kunden fehlte die Finanzkraft. Und mit der Jahreswende 1937/38 setzte eine Fülle von Ausschaltungs- und Diskriminierungsmaßnahmen ein, die die deutschen Juden marginalisierten.

Das Schicksalsjahr 1938

Das Schicksalsjahr 1938 war für die Juden zunächst von einer Flut gegen sie gerichteter Gesetze geprägt. Das Personenstandsgesetz unterstrich die Bedeutung der Religionszugehörigkeit, indem jetzt verlangt wurde, die frühere Zugehörigkeit zur jüdischen Religionsgemeinschaft bei den Personenstandsbehörden verzeichnen zu lassen. Die Zugehörigkeit zur jüdischen Religion wurde gleichbedeutend mit der jüdischen Rasseeigenschaft.

Verstärkte Ausgrenzung

Ab 1938 durften jüdische Schüler nicht mehr gemeinsam mit arischen Schülern das Abitur ablegen, für sie wurden gesonderte Prüfungsausschüsse gebildet. Aufgrund einer Anordnung der Polizeiabteilung im Reichsinnenministerium mussten Straßen oder Plätze, die nach Juden benannt waren, unverzüglich unbenannt werden.

Durch das Gesetz über die Rechtsverhältnisse der jüdischen Kultusvereinigungen vom März 1938 verloren die jüdischen Kultusvereinigungen und ihre Verbände die Stellung von Körperschaften des öffentlichen Rechts. Als Vereinen des bürgerlichen Rechts stand nun den Kultusgemeinden nicht mehr das Recht zu, selbst Steuern zu erheben. Sie waren nun auf freiwillige Beiträge angewiesen. Rückwirkend zum 1. Januar wurden die jüdischen Gemeinden zur Grundsteuer veranlagt, ab April 1938 musste auch ihr bebauter Grundbesitz versteuert werden. Als Antwort auf dieses Gesetz beschloss die Reichsvertretung der deutschen Juden sich in einen Reichsverband der Juden in Deutschland umzuwandeln. Er sollte alle deutschen Juden umfassen.

Die Zweite Verordnung zur Durchführung des Gesetzes über die Änderung von Familiennamen und Vornamen verpflichtete Juden zur Annahme der zusätzlichen Vornamen Sara bzw. Israel.

Nachdem Heydrich (→ »Biografien«) im November 1937 das Ausstellen von Reisepässen an Juden verboten hatte, kam es im Februar 1938 zu einer weiteren Verschärfung der Kontrolle. Jeden Passbewerber zwang die dritte Bekanntmachung über den Kennkartenzwang zur Abgabe einer gesonderten Erklärung über seine Religionszugehörigkeit. Die Verordnung über die Reisepässe von Juden erklärte die Reisepässe deutscher Juden für ungültig, sofern sie nicht durch ein eingestempeltes »J« gekennzeichnet wurden.

Die Reaktion Polens, polnischen Staatsangehörigen die Einreise zu verweigern, wenn deren Auslandspässe nicht einen zur Weitergeltung notwendigen Kontrollvermerk enthielten, führte zu einer Großaktion von Gestapo und SD, der ersten jüdischen Massendeportation. Über 15 000 Juden polnischer Staatsangehörigkeit wurden verhaftet und in Eisenbahnwaggons an die Grenze gebracht, um sie vor Ablauf der von Polen gesetzten Frist abzuschieben. Da die Grenzbehörden den Übertritt verweigerten, wurden sie in der Nacht vom 28./29. Oktober 1938 zum illegalen Grenzübertritt gezwungen und irrten tagelang im Niemandsland zwischen den deutschen und polnischen Grenztruppen umher.

Beschleunigung des Arisierungsprozesses

1938 bedeutete für die deutschen Juden auch in wirtschaftlicher Hinsicht einen Wendepunkt. Jüdische Unternehmen, die sich bis jetzt noch mit glücklichem Lavieren über Wasser hatten halten können, mussten innerhalb kurzer Zeit die Realität erkennen. Im April 1938 fielen zunächst für Juden die Grundsteuervergünstigungen fort, dann wurde die Verordnung gegen die Unterstützung der Tarnung jüdischer Gewerbebetriebe erlassen, die gewissermaßen die Unternehmen den folgenden Maßnahmen nahezu schutzlos auslieferte.

Am 26. April 1938 folgte die Verordnung über die Anmeldung des Vermögens von Juden, nach der jeder Jude bis zum 30. Juni sein gesamtes Vermögen über 5000 RM anzumelden hatte. Jede Veräußerung, Verpachtung, Nießbrauchbestellung eines jüdischen gewerblichen, land- oder forstwirtschaftlichen Betriebes und jede Neueröffnung eines Betriebes oder einer Filiale durch Juden wurde genehmigungspflichtig gemacht.

Die Maßnahmen, die im April und Juni 1938 durchgeführt wurden, bereiteten die völlige Ausschaltung der Juden aus dem Wirtschaftsleben vor. Zunächst wurde eine Beschleunigung des Arisierungsprozesses erreicht.

Liquidationen wurden von den Aufsichtsbehörden dem Druckmittel der »Arisierung« vor allem dann vorgezogen, wenn es sich um so genannte »unerwünschte Betriebsformen« handelte. Darunter fielen vor allem die von der NSDAP bereits vor der Machtergreifung bekämpften Einheitspreisgeschäfte, auch wenn diese inzwischen ihren Angebotscharakter verändert hatten.

Die 3. Verordnung zum Reichsbürgergesetz, veröffentlicht am 14. Juni 1938, bestimmte die Voraussetzungen, unter welchen ein Betrieb als jüdisch zu gelten habe. Nach dieser Verordnung musste auch ein Verzeichnis aller jüdischen Gewerbebetriebe angelegt werden. Probleme brachte der Paragraf 2 der Verordnung mit sich, denn in Fällen, in denen am 1. Januar 1938 dem Vorstand oder Aufsichtsrat einer Aktiengesellschaft ein Jude angehört hatte, musste die Gesellschaft den Nachweis führen, dass nicht mehr als ein Viertel des Kapitals in jüdischen Händen war. Schwierigkeiten ergaben sich dadurch, dass Parteistellen sich nicht an die Bestimmungen der Verordnung hielten, die ausdrücklich Gewerbebetriebe der »jüdischen Mischlinge« und der »jüdisch versippten Personen« ausnahm.

Durch das Gesetz zur Änderung der Gewerbeordnung für das Deutsche Reich vom 6. Juli 1938 wurden die Juden aus Berufen ausgeschlossen, in denen sie sich bisher formal noch betätigen durften. Am härtesten traf die noch Erwerbstätigen das Verbot des Handels mit Grundstücken, der Vermittlung von Immobilienverträgen und Darlehen, der gewerbsmäßigen Haus- und Grundstücksverwaltung und des Hausiererhandels, also jene Nische, die vielen ehemals in anderen Berufen Tätigen ein Auskommen ermöglicht hatte.

Auch die Partei beobachtete die Arisierungen genau und hatte stellenweise weitergehende Informationen über betriebsinterne Vorgänge als die Industrie- und Handelskammer.

Die vierte Verordnung zum Reichsbürgergesetz entzog mit Wirkung vom 30. September 1938 jüdischen Ärzten die Approbation. Jüdischen Rechtsanwälten wurde mit der am 14. Oktober 1938 verkündeten fünften Verordnung zum Reichsbürgergesetz Berufsverbot erteilt. Bei beiden Berufsgruppen durfte eine Minderheit als so genannte Krankenbehandler bzw. Konsulenten für Juden tätig bleiben.

Die Reichspogromnacht

Das Massenpogrom vom 9. und 10. November 1938, das zynisch bagatellisierend »Reichskristallnacht« genannt wurde und für das als unmittelbarer Vorwand die Ermordung des deutschen Gesandtschaftsrats Ernst vom Rath durch den 17-jährigen Herschel Grynszpan in Paris diente, war in Wirklichkeit eine von Partei, SA und SS geplante und organisierte Aktion. Als 1936 der jüdische Student David Frankfurter ein Attentat auf den NS-Funktionär Wilhelm Gustloff verübte, hatten die Nationalsozialisten aus Rücksicht auf die Olympiade auf Rachemaßnahmen verzichten müssen.

Die in der Nacht einsetzenden »spontanen« Gewaltaktionen auf jüdische Geschäfte, Privathäuser und Synagogen liefen in allen Städten und größeren Gemeinden nach deren Anweisungen ab. Polizei und Feuerwehr hatten die Anordnung erhalten, lediglich die daneben liegenden Gebäude vor einem Übergreifen der Brände zu schützen, im Übrigen jedoch dem »Volkszorn« freien Lauf zu lassen. Fast alle Synagogen in Deutschland wurden angezündet, die Thorarollen zerstört und sakrale Gerätschaften geraubt. 91 Menschen wurden ermordet, 30 000 vorübergehend in Konzentrationslagern interniert.

Intentionen der Reichskristallnacht

Die Ereignisse um den 9. November bildeten den Auftakt zur vollständigen Enteignung und Vernichtung der Juden. Die Intention der Reichspogromnacht war nicht nur, die Juden weiter aus der Wirtschaft auszuschalten, sondern sie in ihrer Gesamtheit aus der Gesellschaft auszugrenzen

Die Zerstörung und Plünderung jüdischen Eigentums, die Internierung wohlhabender Juden und der Transport dieser Personen in Konzentrationslager waren der sichtbare Sieg des rassischen Radikalismus. Besonders die Verordnung zur Wiederherstellung des Straßenbildes bei jüdischen Gewerbebetrieben war Ausdruck einer keine Rücksichten mehr kennenden Politik.

Diese Verordnung legte den Inhabern der zerstörten Geschäfte oder Wohnungen die Verpflichtung auf, *alle Schäden, welche durch die Empörung des Volkes über die Hetze des internationalen Judentums gegen das nationalsozialistische Deutschland* entstanden waren, *sofort zu beseitigen*. Die Kosten der Wiederherstellung mussten die Betroffenen natürlich selbst tragen, versicherungsrechtliche Ansprüche wurden zugunsten des Reiches beschlagnahmt. Zudem mussten die Juden eine »Sühneleistung« von 1 Milliarde Reichsmark aufbringen.

Endgültige Ausschaltung aus dem Wirtschaftsleben

Eine der drei am 12. November 1938 erlassenen Maßnahmen, die Verordnung zur Ausschaltung der Juden aus dem deutschen Wirtschaftsleben, die vom 1. Januar 1939 ab für Juden den Betrieb von Geschäften, Handwerksbetrieben, Handel und Dienstleistungen auf Märkten und Messen sowie die Mitgliedschaft in Genossenschaften verbot, beendete zusammen mit der Verordnung über den Einzug jüdischen Vermögens vom 3. Dezember 1938 jede Möglichkeit jüdischer Erwerbstätigkeit.

Jüdische Unternehmer konnten von diesem Zeitpunkt an gezwungen werden, ihren Betrieb zu arisieren oder zu liquidieren. Für die zur Arisierung vorgesehenen Firmen wurden Treuhänder eingesetzt. Darüber hinaus wurde die Deponierung von Bargeld, Wertpapieren und sämtlichen Wertgegenständen auf Sperrkonten verfügt, jegliche Verfügung darüber war genehmigungspflichtig. Die Devisenknappheit des Reiches erlaubte Juden bei der Auswanderung jedoch die Mitnahme von Juwelen und Gegenständen aus Edelmetallen gegen Einbringung von Devisen.

Die Wochen nach jenem 12. November 1938 waren von hektischen Versuchen geprägt, die verlangte Ausschaltung der Juden aus dem Wirtschaftsleben durchzuführen. Befand der Gauwirtschaftsberater ein öffentliches Interesse am baldigen Verschwinden eines jüdischen Betriebs, wurde die Liquidation angeordnet, wenn kurzfristig kein kapitalkräftiger Bewerber für die Arisierung gefunden werde konnte.

Gettoisierung

Neben den Maßnahmen, die gegen Ende des Jahres 1938 auf die völlige Ausschaltung der Juden aus der Wirtschaft abzielten, grenzte eine Flut von Erlassen die Juden weiter aus der Gesellschaft aus. Juden durften nicht mehr die Uniform der alten oder neuen Wehrmacht tragen, jüdische Frauen erhielten nicht das Ehrenkreuz bei entsprechender Kinderzahl.

Von einschneidender Bedeutung war die Verordnung über die Polizeiverordnungen des Reichsministers, aufgrund derer die Regierungspräsidenten und gleichgeordnete Behörden das Recht hatten, Juden deutscher Staatsangehörigkeit und staatenlose Juden räumliche oder zeitliche Beschränkungen des Inhalts aufzuerlegen, bestimmte Bezirke nicht zu betreten oder sich zu bestimmten Zeiten in der Öffentlichkeit nicht zu zeigen.

Während Juden im Rahmen der früheren Wehrgesetzgebung der Ersatzreserve überwiesen worden waren, wurden sie aufgrund der Verordnung zur Änderung der Verordnung über die Musterung und Aushebung von jeder Ableistung des Wehr- und Arbeitsdienstes ausgeschlossen.

Die Gettoisierung der Juden in so genannten »Judenhäusern« wurde noch im Dezember 1938 eingeleitet, indem Mietbeihilfe nicht mehr zugebilligt wurde. Ab Februar 1939 durften in Berlin und München frei gewordene Räume aus einem Mietverhältnis zwischen einem nichtjüdischen Vermieter und einem jüdischen Mieter nicht mehr an Juden vermietet werden. Im April 1939 erfolgte die Anweisung, Juden in bestimmten Häusern zusammenzulegen und den jüdischen Wohnraum notfalls einzuengen.

Die Gettosituation, in der Juden lebten, wurde durch ihre Einweisung in die Judenhäuser noch verstärkt, sie konnten durch die Gemeindebehörden dazu gezwungen werden, ihre bisherigen Wohnungen aufzugeben und mit anderen Juden zusammenzuziehen.

Die Folge dieser Maßnahmen war, dass Juden wie Gefangene lebten, ohne schon formal in Haft zu sein. Die Abtrennung von der übrigen Bevölkerung war jetzt vollendet. Neben der sichtbaren Ausgrenzung diente die Einweisung in Judenhäuser auch der organisatorischen Vorbereitung der Deportation. Die Wohnungstüren waren mit dem Davidstern gekennzeichnet.

Selbsthilfe und Auswanderung

Im Rahmen der gegebenen Möglichkeiten versuchte eine jüdische Selbsthilfe wenigstens eine gewisse Autonomie jüdischen Lebens unter dem NS-Regime zu bewahren und die Auswanderung zu unterstützen.

Die Reichsvertretung der deutschen Juden

Zur Zeit der nationalsozialistischen Machtübernahme waren die deutschen Juden nur unzureichend organisiert. Zwar gab es zahlreiche Organisationen, die die deutschen Juden unter dem Gesichtspunkt bestimmter Interessen und Aufgaben vereinigten, doch scheiterten zunächst alle Bemühungen eine jüdische Gesamtvertretung zu schaffen. Die Aufgabe, als Sprecher der jüdischen Interessen aufzutreten, wurde vor allem von den Landesverbänden der jüdischen Kultusgemeinden wahrgenommen.

Aufgaben der Reichsvertretung

Der am 31. Januar 1932 gegründete Dachverband der Landesverbände, die Reichsvertretung der jüdischen Landesverbände Deutschlands, erwies sich als ein wenig geeignetes Instrument zur Vertretung der Interessen des gesamten deutschen Judentums. Im Herbst des Jahres 1933 konstituierte sich daher die Reichsvertretung der deutschen Juden. Sie repräsentierte die allgemeinen Belange der Juden in Deutschland und übernahm die Aufgabe, ihre aktive Reaktion auf die nationalsozialistische Entrechtungspolitik einheitlich zu organisieren. Ihre beiden Hauptaufgaben waren folgende:

- Vertretung der Interessen der deutschen Juden vor Reichs- und Länderregierungen sowie einzelnen Behörden,
- Verhandlung mit den jüdischen Hilfsorganisationen des Auslands über Unterstützung.

Presse und Schule

Nach 1933 kam der jüdischen Presse wachsende Bedeutung für die jüdische Gemeinschaft zu. Als relativ freie Presse war sie ihre ausschließliche zuverlässige Nachrichtenquelle. Die Zeitungen und Zeitschriften, die meist von Organisationen und Verbänden herausgegeben wurden, nahmen in der Folgezeit an Umfang und Auflage zu. Sie boten jüdischen Journalisten, die durch die nationalsozialistische Ausgrenzungspolitik ihren Arbeitsplatz verloren hatten, Arbeitsmöglichkeiten.

Bereits im April 1933 zielte das Gesetz gegen die Überfüllung deutscher Schulen und Hochschulen direkt gegen das Schulwesen. Wie die 1. Durchführungsverordnung bestimmte, durften an keiner Schule – ausgenommen die Volksschulen – und an keiner Hochschule mehr als 5,0 Prozent jüdische Schüler und Studenten vertreten sein, sie hatten 1,5 Prozent der Gesamtzahl aller Schüler und Studenten im Reich nicht zu überschreiten. Obwohl die Volksschulen nicht berührt waren, zwang auch der dort Einzug haltende nationalsozialistische Geist die Juden zu innovativen Maßnahmen. Die Reichsvertretung der deutschen Juden stellte sich zur Aufgabe, das jüdische Erziehungs- und Bildungswesen auf- und auszubauen. Während in Norddeutschland die jüdischen Gemeinden schon ab 1933 begonnen hatten, eigene Schulen einzurichten, besuchten in süddeutschen Städten die jüdischen Schüler und Schülerinnen auch weiterhin die höheren Schulen. Am 15. November 1938 wurde den jüdischen Kindern der Besuch deutscher Schulen verboten.

Organisierte Berufsumschichtung

Im Sommer 1933 gründete sich der Kulturbund deutscher Juden Berlin. Er sollte den jüdischen Kulturschaffenden, die infolge der nationalsozialistischen Ausgrenzungspolitik ihre Arbeitsplätze verloren hatten, eine Fortsetzung ihrer Tätigkeit ermöglichen. Die staatliche Genehmigung war an zahlreiche Auflagen gebunden:

- Nur Juden als Mitglieder der geplanten Organisation
- Teilnahme an den – geschlossenen – Veranstaltungen nur für Mitglieder
- Keine öffentlichen Auftritte des Kulturbundes
- Beschränkung auf rein jüdische Belange

In den Jahren bis 1938 – und eingeschränkt bis 1941 – entstanden zahlreiche lokale und regionale Organisationen.

Seit den Nürnberger Gesetzen machte sich die Reichsvertretung der deutschen Juden die Ausbildung in für die Auswanderung geeigneten Berufen insbesondere Landwirtschaft und Handwerk zur besonderen Aufgabe. Berufsbildung und -umschichtung wurden nun ausschließlich in den Dienst der Auswanderung gestellt.

Obwohl diese Arbeit der jüdischen Organisationen und Gemeinden von den NS-Behörden behindert wurde, ist es ihnen gelungen, von 1931 bis zum Beginn des Jahres 1938 insgesamt 23 230 Personen im In- und Ausland auszubilden und für die Auswanderung vorzubereiten. Als 1935 die Möglichkeit zur Unterbringung jüdischer Jugendlicher in Einzellehrstellen erschwert wurde, suchten die jüdischen Organisationen Kollektivausbildungsplätze zu schaffen. Auf diesem Weg konnte die zionistische Organisation Hechaluz, die für die Auswanderung nach Palästina in landwirtschaftlichen und handwerklichen Berufen ausbildete – »Hachscharah« die in- und ausländischen Ausbildungsplätze fast verdoppeln.

Die organisierte Berufsumschichtung kam vor allem den nach Palästina auswandernden jungen Juden zugute, die dort meist in landwirtschaftlichen Siedlungen, vornehmlich in Kibbuzim, aufgenommen wurden.

Vor allem in Hinsicht auf eine Auswanderung nach Palästina sahen die jüdischen Organisationen als wichtige Voraussetzung die Vertrautheit mit der hebräischen Sprache an. Die Reichsvertretung der deutschen Juden hatte durch ihre Richtlinien den Unterricht des Neuhebräischen in den jüdischen Volksschulen eingeführt. Daneben boten Organisationen wie die Jüdische Jugendhilfe oder der Hechaluz hebräische Sprachkurse an. Für Erwachsene richtete die Zionistische Vereinigung für Deutschland in allen größeren deutschen Städten hebräische Abendkurse ein.

Emigration

Nachdem die von den Juden erhoffte positive Wendung ihres Schicksals ausgeblieben war, blieb als letzter Ausweg die Auswanderung. In ihrer programmatischen Erklärung zu den Nürnberger Gesetzen erklärte die Reichsvertretung der deutschen Juden 1935 die Vorbereitung und Durchführung der Auswanderung zum Kernstück ihrer zukünftigen Arbeit.

Ein im gleichen Jahr gegründeter Wanderungsausschuss bei der Reichsvertretung sollte die Arbeit der drei Organisationen lenken, die den Juden zur Vorbereitung und Unterstützung ihrer Auswanderung zur Verfügung standen: das »Palästina-Amt« in Berlin für die Auswanderung nach Palästina, der Hilfsverein der deutschen Juden (später Hilfsverein der Juden in Deutschland) für die Emigration in europäische und überseeische Länder (außer Palästina), die Hauptstelle für jüdische Wanderfürsorge, die vor 1933 für die jüdische Binnenmigration zuständig gewesen war und nun Juden vorwiegend osteuropäischer Staatsangehörigkeit unterstützte, die aufgrund der politischen Lage in ihre ursprünglichen Heimatländer zurückkehren mussten.

Die erste Fluchtwelle

Die hohe Zahl von Emigranten im Jahr 1933 erklärt sich durch den Terror der sich etablierenden NS-Herrschaft. Zur ersten Fluchtwelle gehörten vor allem Juden, die aus politischen Gründen doppelt gefährdet waren. Sie suchten größtenteils – wie auch nichtjüdische Flüchtlinge – Zuflucht in Europa, bevorzugt in Frankreich. Die relativ niedrigen Gesamtzahlen der jüdischen Auswanderung in den folgenden Jahren erklären sich durch das Einsetzen der Phase der »schleichenden Verfolgung«. Zudem setzte mit der Devisengesetzgebung vom Juni 1934 ein starkes Auswanderungshindernis ein. In diesem Jahr lag unter den Auswanderungszielen Palästina an der Spitze, auch nahmen die überseeischen Länder – USA, Brasilien, Argentinien, Südafrika – an Bedeutung zu.

Im Jahr 1936 übertraf zum ersten Mal die Überseewanderung die jüdische Emigration nach Palästina, während Europa nur noch eine untergeordnete Bedeutung als Auswanderungsziel zukam. 1937 nahmen Brasilien und Südafrika – bisher wichtige Einwanderungsländer – jüdische Einwanderer nur noch mit Einschränkung auf. Neben den Vereinigten Staaten, die ihre Aufnahmebereitschaft zunächst nur geringfügig verstärkten, gewann Argentinien an Bedeutung.

Während in der ersten Jahreshälfte 1938 rund 14 000 Juden Deutschland verließen, stieg während der zweiten Jahreshälfte infolge der politischen Ereignisse die Zahl der Auswanderer stark an. Insgesamt emigrierten bis zum Ende des Jahres 40 000 Personen, die höchste Zahl seit Beginn der jüdischen Auswanderung. Die Hauptziele lagen in Übersee, auch Palästina gewann wieder an Bedeutung. Eine Sonderform der Auswanderung nach Palästina war die »Jugend-Alijah«, die es von ihrem offiziellen Beginn im Februar 1934 bis Ende März 1939 mehr als 3500 Mädchen und Jungen ermöglichte, direkt aus Deutschland oder einigen europäischen Transitländern nach Palästina gebracht zu werden.

Die Sperrmark

Bis Mitte 1938 war weniger als ein Drittel der jüdischen Bevölkerung Deutschlands ausgewandert. Neben anderen Gründen ist diese Tatsache auch durch wirtschaftliche Faktoren bedingt, da Angehörige der Berufsgruppen, die von der Ausschaltungspolitik direkt betroffen waren, den Entschluss zur Emigration leichter fassten als diejenigen, deren Tätigkeitsbereich nur bedingt eingeschränkt war. Hemmend auf die Auswanderung wirkte auch die Reichsfluchtsteuerverordnung vom Dezember 1931. Zu dieser Steuer kam noch ein erheblicher Verlust beim Geldtransfer.

Die inländischen Vermögenswerte der Emigranten wurden zur »Sperrmark« bzw. »Effektensperrmark«, die in Deutschland fest lagen und nur unter bestimmten Voraussetzungen und bei ständig steigendem Verlust freigegeben wurden.

Der Verlust beim Verkauf von Auswanderer-Sperrmark betrug 1934 etwa 48 Prozent und 1938 mehr als 90 Prozent. Die Mitnahme von Bardevisen war ab 1934 nur noch in einer Höhe von 2000 RM möglich. Ab Herbst 1935 wurden nur noch bei der Auswanderung nach Palästina und einigen anderen Ländern mit deutschen Guthaben Bardevisen zugeteilt.

Britische Einwanderungspolitik

Nach der Reichspogromnacht änderte Großbritannien seine bis dahin restriktive Einwanderungspolitik und nahm von Januar bis September 1939 etwa 20 000 jüdische Flüchtlinge aus Deutschland auf. Die Einreisegenehmigungen wurden in der Regel jedoch nur unter der Bedingung der Weiterwanderung erteilt.

Zu den Gruppen, denen Großbritannien die Einreise erlaubte, gehörten vorrangig die jüdischen Männer, die nach der Pogromnacht in Konzentrationslagern inhaftiert worden waren und erst nach einer bestimmten Wartezeit in ihr endgültiges Einwanderungsland weiterwandern konnten.

Hinzu kamen jene Frauen, die mit der Zulassung *domestic permits* Aufnahme als Hausangestellte fanden, und Mitglieder des Hechaluz sowie Jugend-Alijah-Anwärter, die auf die Weiterwanderung nach Palästina warteten.

Auch die Niederlande, Dänemark und Schweden gewährten den beiden letztgenannten Gruppen Transitaufenthalt. Frankreich, Belgien und die Niederlande nahmen von November 1938 bis Kriegsbeginn etwa 5000 jüdische Flüchtlinge aus Deutschland auf. Nach der Pogromnacht waren die europäischen Länder auch bereit, eine größere Anzahl von Kindern – ohne Begleitung der Eltern – aufzunehmen.

Das zur Organisation der Kinderunterbringung gegründete »Movement for the Care of Children from Germany« brachte von November 1938 bis Kriegsbeginn ungefähr 5500 Kinder aus Deutschland nach Großbritannien. Hinzu kam eine unbekannte Zahl von Kindern, die direkt von ihren Angehörigen verschickt wurden.

Im Februar 1939 erfolgte die Gründung der Reichszentrale für jüdische Auswanderung. Mit der Übertragung der Leitung auf den Chef der Sicherheitspolizei erhielten der Reichsführer SS und damit Gestapo und SD die Federführung in allen Fragen der jüdischen Auswanderung. Die SS hatte die seit langem angestrebte Führungsrolle in der antijüdischen Politik des NS-Staates erreicht. Nach Kriegsbeginn war nur noch eine beschränkte Auswanderung in das neutrale Ausland und nach Übersee möglich. Nach Wegfall auch der USA als Einwanderungsland war eine organisierte Auswanderung nicht mehr durchzuführen.

Im Jahre 1940 konnten noch rund 15000, 1941 noch etwa 8000 Juden aus Deutschland entkommen.

Die »Endlösung« – Deportation und Ermordung

Bis Kriegsbeginn hatten sich die Nationalsozialisten – von einigen schlimmen Ausnahmen abgesehen – damit begnügt, die Juden zu marginalisieren, aus dem Erwerbsleben auszuschalten und in die Emigration zu treiben. Mit der Vergrößerung des deutschen Machtbereichs geriet ein weiterer großer Teil der jüdischen Bevölkerung Europas in die nationalsozialistische Vernichtungsmaschinerie. Die »Endlösung«, der organisierte Völkermord an den Juden, wurde im Januar 1942 in Berlin-Wannsee beschlossen.

Judenpolitik am Kriegsbeginn

1939 war das deutsche Judentum aus den Bereichen des Staates, des kulturellen Lebens und der Wirtschaft vertrieben. Die nach Kriegsbeginn ausgesprochenen Berufsverbote – unter anderem durften Juden nicht mehr die Laufbahn des gehobenen Bibliotheksdienstes, des Veterinärbeamten in der allgemeinen Verwaltung und des mittleren Forstdienstes ergreifen; untersagt wurde die Betätigung in der Säuglings- und Kinderpflege – können nur aus einem Hang zur Perfektion erklärt werden, da eine Betätigung von Juden in den genannten Berufen längst unmöglich war.

Durch eine Durchführungsverordnung wurde der Tätigkeitsbereich der Rechtskonsulenten beschnitten, da diese als Verteidiger in Strafsachen, *wenn dies aus besonderen Gründen geboten erscheint*, zurückgewiesen werden konnten. Jüdische Angeklagte standen danach ohne Beistand vor den Gerichten.

Am 10. September 1939 verhängte Heinrich Himmler über Juden eine Ausgangssperre nach 22 Uhr. Am 23. September ordnete die Gestapo die Einziehung ihrer Rundfunkgeräte an. Am 19. Oktober wurde die am 12. November 1938 verfügte Kontribution von einer Milliarde Reichsmark um 25 Prozent erhöht. Im November wurden Juden vom Erhalt der Kleiderkarten ausgeschlossen, ab Januar 1940 auch vom Bezug von Spinnstoffen, Schuhen und Ledermaterial.

Einschränkung der jüdischen Bewegungsfreiheit

Sofort nach Kriegsbeginn stellte sich die Frage bezüglich eines Einsatzes jüdischer Zwangsarbeiter. Klarheit über den Zwangseinsatz brachte erst die Verordnung über die Beschäftigung von Juden vom Herbst 1941, die die wesentlichen Punkte regelte. Unter anderem konnte der Arbeitgeber das Arbeitsverhältnis jederzeit zum Schluss des folgenden Werktages kündigen, und Juden durften nicht als Lehrlinge beschäftigt werden. Die Überwachung der jüdischen Zwangsarbeiter wurde durch die im September 1941 in Kraft tretende Verordnung über die Kennzeichnung der Juden durch den Judenstern erleichtert, die die Juden für die bald folgenden Deportationen markierte. Von nun an konnte auch das Ausgehverbot, das seit Kriegsbeginn Juden das Verlassen ihrer Wohnung zwischen 20 und 6 Uhr verbot, besser überwacht werden. Ebenfalls die Bewegungsfreiheit schränkten die Bestimmungen ein, die für Juden den Einkauf der rationierten Lebensmittel auf bestimmte Zeiten festlegten.

Aberkennung der deutschen Staatsbürgerschaft

Im November 1941 hatte die 11. Verordnung zum Reichsbürgergesetz die Aberkennung der Staatsangehörigkeit nach erfolgter Deportation, Verlust des Vermögens und das Ruhen der Pensionen bestimmt. Nach dieser Verordnung genügte die bloße Feststellung, dass ein Jude seinen »gewöhnlichen Aufenthalt« im Ausland hatte, um sein Vermögen zu konfiszieren. Als Ausland galten auch die von deutschen Truppen besetzten oder unter deutsche Verwaltung genommenen Gebiete.

Beginn der Deportationen

Obwohl noch bis in das zweite Kriegsjahr hinein von staatlicher Seite die Auswanderung der Juden gefördert wurde, erwiesen sich die militärischen Erfolge Deutschlands als ein Erschwernis für diese

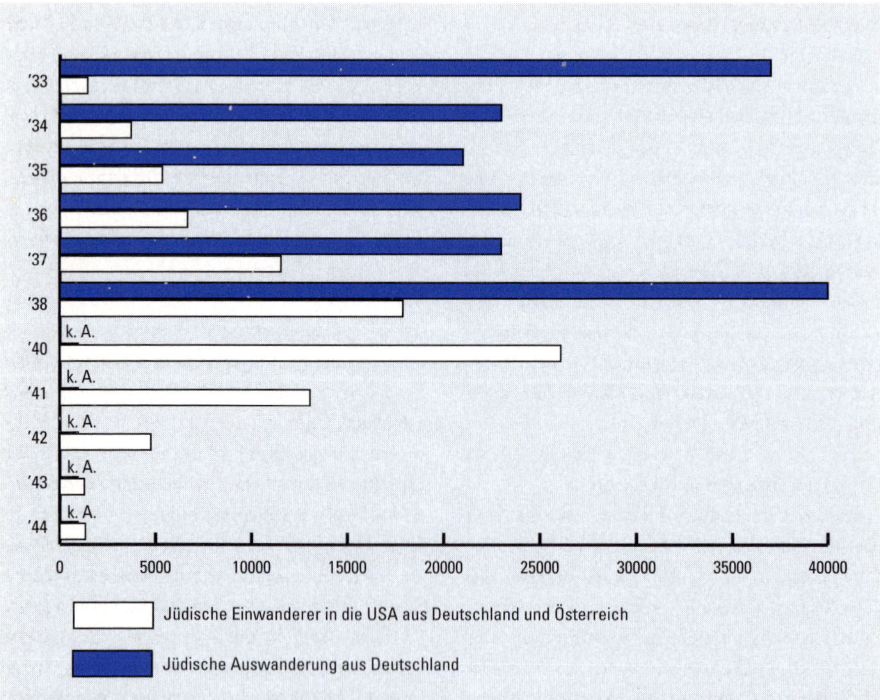

Ein- und Auswanderung

Politik. Die Vergrößerung des deutschen Machtbereichs erhöhte zwangläufig die Zahl derer, die unter die einschlägigen Rassengesetze fielen. Die Gruppe der potenziellen Auswanderungsländer schrumpfte zusammen. Am 23. Oktober 1941 beendete eine Anordnung Himmlers, nach der die Auswanderung von Juden generell und mit sofortiger Wirkung zu verhindern war, die letzte Möglichkeit, der nun einsetzenden Phase der physischen Vernichtung zu entgehen.

Mit der 11. Verordnung war der letzte legislatorische Akt geschaffen, die Juden aus Deutschland zu vertreiben. Die Deportation von Juden aus dem Reichsgebiet hatte man bereits an verschiedenen Stellen geprobt. Im Herbst 1939 waren die im annektierten »Gau Wartheland« ansässigen polnischen Juden in die Gegend von Lublin und in andere Gebiete des Generalgouvernements deportiert worden. Im Februar 1940 wurden 1000 deutsche Juden aus Stettin und Umgebung in den Bezirk Lublin nach Piaski abgeschoben, im März folgten ihnen 360 Juden aus dem Regierungsbezirk Schneidemühl.

Im Oktober 1940 ordneten die Gauleiter Robert Wagner (Baden; 1895–1944) und Josef Bürckel (Saarpfalz; 1895–1946), die in Personalunion auch Chefs der Zivilverwaltung von Elsass und Lothringen waren, die Ausweisung von etwa 6500 Juden aus Baden, Pfalz und Saarland sowie aus Elsass und Lothringen in das unbesetzte Frankreich an. Obwohl die genannten Aktionen regional begrenzt waren, muss man sie aber, ebenso wie die Deportationen aus Österreich nach dem Anschluss, als Probefälle für die generelle Abschiebung aller Juden aus dem Deutschen Reich ansehen.

Die Vernichtungsmaschinerie

Die systematischen Deportationen von Juden aus Deutschland begannen Mitte Oktober 1941. Die NS-Judenpolitik war von diesem Zeitpunkt an ausschließlich darauf gerichtet, die europäischen Juden zu ermorden. Der Gestapo-Chef Reinhard Heydrich (→ »Biografien«) hatte den von ihm selbst verfassten und von Göring unterzeichneten Auftrag, *alle erforderlichen Vorbereitungen in organisatorischer, sachlicher und materieller Hinsicht zu treffen für eine Gesamtlösung der Judenfrage im deutschen Einflussgebiet in Europa.*

Ausbau der Konzentrationslager

Ein Teil der Vernichtungsmaschinerie existierte bereits in Form der Einsatzgruppen des SD und der SS, die zwischen Juni 1941 und April 1942 fast 560 000 Menschen ermordeten, darunter fast die ganze jüdische Zivilbevölkerung der nach dem Beginn des Russlandfeldzuges eroberten Gebiete. Während im Osten der Massenmord an polnischen, ukrainischen und russischen Juden im Gange war, bereitete die Gestapo im Westen die Deportationen vor.

Seit Mitte des Jahres 1941 hatte man damit begonnen, Vernichtungslager im Osten des Reiches aufzubauen. Es waren dies nicht mehr eigentliche Konzentrationslager, sondern Todesfabriken, in denen die einzuliefernden Gefangenen möglichst effektiv liquidiert werden sollten. Das erste dieser Lager war Chelmno (Kulmhof), 60 Kilometer von Lodz entfernt, in dem man zur Ermordung der Juden die Auspuffgase von Lastkraftwagen verwendete. Ende 1941 war ein ähnliches Lager in Belzec unweit von Lublin fertiggestellt. Der Bau des Lagers Sobibór begann im März 1942, das 1940 eingerichtete Konzentrationslager Majdanek wurde nun in ein Vernichtungslager umgewandelt, ebenso das Lager Treblinka.

Das KZ Auschwitz

Das Konzentrationslager Auschwitz lag in der Nähe der polnischen Stadt Oswiecim. Am 20. Mai 1940 wurde das Lager mit 30 Häftlingen aus dem Konzentrationslager Sachsenhausen erstbelegt, erster Lagerkommandant war der SS-Hauptsturmführer Rudolf Höß (→ »Biografien«).

Im März 1941 ordnete Himmler an, das KZ für die Aufnahme von Häftlingen bis zu einer Stärke von 30 000 zu vergrößern, in dem im Einzugsgebiet liegenden Dorf Birkenau ein Lager für 100 000 Kriegsgefangene zu errichten und dem IG-Farben-Konzern 10 000 Häftlinge zum Bau gewerblicher Anlagen in Dwory zur Verfügung zu stellen.

Am 8. Oktober 1941 wurde mit dem Bau des Kriegsgefangenenlagers begonnen, das schon am 26. November 1941 als Konzentrationslager Auschwitz II bezeichnet wurde. Die für den Bau des Werkes zur Herstellung synthetischen Benzins abgestellten Häftlinge wurden ab 31. Mai 1942 in dem von der IG-Farbenindustrie neu erbauten Nebenlager Buna untergebracht, das ab 1. Dezember 1943 als Arbeitslager Monowitz bezeichnet wurde. Der immer umfangreicher werdende Lagerbereich machte die Teilung des Lagers erforderlich.

Am 22. November 1943 wurden selbstständige Konzentrationslager um Auschwitz herum gebildet, und im Juni 1941 erhielt Rudolf Höß von Himmler den Auftrag, die Errichtung von Massenvernichtungsanlagen in Auschwitz für die Endlösung der Judenfrage zu planen. Die systematischen Massenmorde begannen im Januar 1942: Juden aus Oberschlesien wurden durch Zyklon B getötet. Ab Juni 1942 wurden auch Juden aus dem übrigen Reichsgebiet und aus deutsch besetzten Gebieten in großer Zahl umgebracht.

Die erste Selektion in arbeitstaugliche und arbeitsunfähige Häftlinge erfolgte am 4. Mai 1942. Schwache, kranke und alte Häftlinge aus den Judentransporten des Reichssicherheitshauptamtes wurden seit dieser Zeit sofort nach der Ankunft selektiert und ohne Registrierung in die Gaskammern geschickt. Ab September 1943 kamen in zahlreichen Transporten deutsche Juden aus dem Getto Theresienstadt zur »Sonderbehandlung« in das neu eröffnete so genannte »Familienlager« in Birkenau.

Die Sterblichkeitsrate war sehr hoch, und nach einer mehrmonatigen Quarantäne wurden die übrig gebliebenen Häftlinge umgebracht. Zwischen Mai und Oktober 1944 wurden etwa 400 000 ungarische Juden Opfer der Mordaktionen. Die letzte bedeutende Vernichtungsphase betraf noch einmal vor allem deutsche Juden, die im Zuge der Liquidierung des Gettos Theresienstadt ab September 1944 nach Auschwitz überstellt wurden. Im November 1944 erging ein Befehl Himmlers, die Vergasungen einzustellen; das genaue Datum des Befehls ist nicht bekannt, zum letzten Mal wurden die Gaskammern wohl am 28. November 1944 benutzt. Anschließend wurden bis zum 26. Januar 1945 die Krematorien abgebrochen oder gesprengt, um die Spuren der Morde zu verwischen. Die Evakuierung der Häftlinge von Auschwitz begann ab 18. Januar 1945 in Richtung Westen, während die im Lager zurückgelassenen kranken und schwachen Häftlinge am 27. Januar 1945 durch die sowjetischen Truppen befreit wurden.

Bevor die Vernichtung der Juden in ihr letztes Stadium trat, wurde auf der am 20. Januar 1942 stattfindenden Konferenz in Berlin-Wannsee (»Wannsee-Konferenz«) die als »Endlösung« bezeichnete Ausrottung des europäischen Judentums koordiniert. Die vom Chef des Reichsicherheitshauptamtes, Reinhard Heydrich, eingeladenen 14 Teilnehmer der Konferenz, Spitzenbeamte der Ministerialbürokratie und der SS, beschlossen die Rationalisierung der Judenverfolgung und ihre Ausdehnung auf alle besetzten Gebiete. Dabei ging man von einer Anzahl von elf Millionen zu ermordender Juden aus (→ Karte »Konzentrations- und Vernichtungslager«).

Das Getto Theresienstadt

»Privilegierte Juden«, das heißt, solche, die wegen ihrer Verheiratung mit arischen Ehepartnern bevorzugt behandelt wurden, wurden seit Beginn 1942 in das Lager Theresienstadt transportiert. Nach einem Beschluss der Wannsee-Konferenz sollten in dieses Sondergetto Juden im Alter von über 65 Jahren geschickt werden, die im Ersten Weltkrieg schwer verwundet worden waren oder hohe Auszeichnungen erhalten hatten. Hinzu kamen jüdische Ehegatten einer nicht mehr bestehenden Mischehe, die vom Kennzeichnungszwang befreit waren, soweit nicht Kinder unter 14 Jahren im Haushalt lebten, und jüdische alleinstehende »Mischlinge«, die nach den gesetzlichen Bestimmungen als Juden galten.

Das Getto Theresienstadt wurde am 24. November 1941 in der ehemaligen Garnisonstadt in Nordböhmen errichtet. Als Unterkünfte dienten zunächst einige Kasernen, die mit dem inneren Wall einer alten Festung verbunden waren. Am 27. Juni 1942 wurde die von der tschechischen Bevölkerung bis dahin vollständig geräumte Stadt – mit

Ausnahme einiger Gebäude – der Gettoverwaltung übergeben.

Die Bezeichnung »Getto« war absichtlich gewählt worden, um die Deportation von Juden in die weiter östlich gelegenen Vernichtungslager zu verschleiern. Daher sollte nach einem Erlass des Reichssicherheitshauptamtes, von dem Theresienstadt unmittelbar kontrolliert wurde, statt von Evakuierung von Juden nach Theresienstadt von einer Wohnsitzverlegung gesprochen werden. Außerdem sollten durch die Verbringung bevorzugter Gruppen nach dem Getto Theresienstadt zu deren Gunsten unternommene Interventionen ausgeschaltet werden.

Einer von der SS ernannten »Jüdischen Selbstverwaltung« oblag insbesondere die Rechtspflege und Rechtsprechung, die Sorge für die öffentliche Ordnung, Sicherheit und Ruhe, die Finanz- und Wirtschaftslenkung, der Arbeitseinsatz, die Gesundheits- und Sozialfürsorge sowie die Raumbewirtschaftung. Das Getto Theresienstadt war außer für Juden aus dem Protektorat Böhmen und Mäh-

Konzentrations- und Vernichtungslager 1943

ren, von denen rund 90 Prozent dorthin verbracht wurden, vor allem für privilegierte Juden aus dem Reichsgebiet bestimmt.

Ab Dezember 1944 kamen auch Juden aus den Sammellagern in Ungarn, die nicht in die Lager im Osten deportiert werden konnten, und ab 21. April 1945 Evakuierungstransporte aus anderen Konzentrationslagern mit insgesamt 12488 ebenfalls nichtjüdischen Häftlingen, die alle überlebten, nach Theresienstadt.

Rund 57 Prozent der dorthin verbrachten Juden wurden zwischen Januar 1942 und Ende Oktober 1944 in Vernichtungslager im Osten abtransportiert, ungefähr 23 Prozent sind im Getto Theresienstadt verstorben.

Liquidierung der Gettos

Ab 1942 führten die Deportationen in den Osten meist nicht mehr auf dem Umweg über die Gettos, sondern direkt in die Todeslager. Die Gettos selbst wurden nun größtenteils liquidiert oder reduziert.

Internationales Aufsehen erregte die Liquidierung des großen Warschauer Gettos, weil sie von einer Aufstandsbewegung begleitet war. In diesem Getto lebten auf einer Fläche von vier Quadratkilometern ungefähr 500 000 Juden. Seit Mitte 1942 begannen – entsprechend den Beschlüssen der Wannsee-Konferenz – unter dem Vorwand der Aussiedlung Massendeportationen in die Vernichtungslager.

Im Herbst 1942 entstand eine jüdische Widerstandsgruppe, die erneuten Transporten im Januar 1943 bewaffneten Widerstand entgegensetzte. SS- und Polizeitruppen benötigten bis zum 16. Mai 1943 fast einen Monat, um den ungleichen Kampf zu gewinnen. Wer von der Gettobevölkerung lebend in Gefangenschaft geraten war, wurde entweder an Ort und Stelle erschossen oder mit dem nächsten Transport in die Gaskammern nach Treblinka geschickt.

Judenverfolgung in deutsch besetzten Ländern

Nicht für alle von deutschen Truppen besetzten oder kontrollierten Länder Europas hatten die Massenvernichtungsaktionen die gleichen Konsequenzen.

Für das Altreich waren die »Umsiedlungsaktionen« in die Vernichtungslager Polens im September 1944 weitgehend abgeschlossen. Etwa 135 000 deutsche Juden wurden nach dem Osten deportiert. Von den Verschleppten sind zwischen Mai und Juni 1945 etwa 5000 zurückgekehrt, die meisten aus Theresienstadt. Annähernd 5000 hatten den Krieg in Deutschland in der Illegalität überlebt oder waren von Freunden, Bekannten oder Nachbarn verborgen worden. Weitere 15 000 Juden waren dank ihrer arischen Ehepartner von der Deportation verschont geblieben. So haben etwa 1,5 Prozent der 1933 im Deutschen Reich lebenden Juden das nationalsozialistische Regime im Inland oder in Lagern überlebt.

Die verbliebenen 98,5 Prozent sind entweder ausgewandert, in Deutschland eines natürlichen Todes gestorben, durch Selbstmord oder im Holocaust umgekommen. Von den 275 000 bis 300 000 jüdischen Emigranten wurden schätzungsweise 30 000 Personen, die bei Kriegsbeginn in Westeuropa lebten und vor dem Einmarsch der Wehrmacht zum Teil als »feindliche Ausländer« interniert worden waren, während der deutschen Besetzung nach dem Osten deportiert und dort ermordet.

In den besetzten Gebieten Osteuropas töteten die Einsatzgruppen der SS und des SD die polnischen und russischen Juden häufig an Ort und Stelle, die Juden aus dem übrigen, von Deutschland beherrschten Europa wurden deportiert. Im besetzten Frankreich begannen die Transporte nach Auschwitz im Juni 1942, die etwas mehr als 100 000 niederländischen Juden wurde in ihrer großen Mehrzahl in den Todeslagern ermordet. In Griechenland konnte nur ein Viertel der jüdischen Bevölkerung überleben.

Im mit Deutschland verbündeten Rumänien begannen die Massaker mit dem Kriegseintritt des Landes im Februar 1941. Bis zur Kapitulation Rumäniens im August 1944 hatte die »Eiserne Garde« 300 000 Juden liquidiert. Ungarn, obwohl mit Deutschland verbündet, konnte seine jüdische Bevölkerung weitgehend schützen. Erst als das Land im März 1944 von deutschen Truppen besetzt wurde, kam es auch hier zur Katastrophe. Zwischen

April und Juni 1944 wurden knapp 400 000 Juden nach Auschwitz deportiert.

In Italien wurden die deutschen rassenpolitischen Forderungen nicht in letzter Konsequenz umgesetzt. Erst nach der italienischen Kapitulation vor den Alliierten, als deutsche Truppen in den zuvor von Italien besetzten Gebieten Frankreichs und einem großen Teil Italiens die Herrschaft übernahmen, kam es zu einer gezielten Verfolgung der Juden, der 10 000 zum Opfer fielen.

Für die Vernichtung der europäischen Juden wird heute der Begriff »Holocaust« (gr. *holokaustos* – Brandopfer) gebraucht. Da diese Bezeichnung jedoch zu sehr das »geopfert werden« betont, verwenden die Angehörigen des Judentums das hebräische Wort *Shoa*, das die Leiden des jüdischen Volkes in Vertreibung und Krieg bezeichnet. Der *Shoa* fielen insgesamt zwischen fünf und sechs Millionen Juden zum Opfer.

Das Euthanasieprogramm

Bereits vor dem Holocaust hatte sich die völlige Missachtung menschlichen Lebens durch die NS-Rassenpolitik beim »Euthanasieprogramm« gezeigt. Im Zuge der nationalsozialistischen Rassenpolitik waren bis 1939 auf der Grundlage des Gesetzes zur Verhütung erbkranken Nachwuchses vom 14. Juli 1933, nach dem gegen seinen Willen sterilisiert werden konnte, wer an *schwerem Alkoholismus, angeborenem Schwachsinn, Schizophrenie, zirkulärem Irresein oder den erblichen Formen von Veitstanz, Blindheit, Taubheit und schwerer körperlicher Mißbildung litt*, 375 000 Deutsche diesem Eingriff unterzogen worden. Im Juli 1939 teilte die SS den Professoren für Psychiatrie mit, dass die Absicht bestehe, unter dem Namen »Euthanasie« ein Programm durchzuführen, das die Tötung von Geisteskranken in ganz Deutschland vorsehe.

Nach Kriegsbeginn begann die *Vernichtung lebensunwerten Lebens*, Insassen aus den Heil- und Pflegeanstalten wurden im Rahmen des Euthanasieprogramms ermordet, insgesamt rund 190 000 Menschen. Zur Auswahl der für die Tötung zu bestimmenden Personen wurde die »Reicharbeitsgemeinschaft Heil- und Pflegeanstalten« geschaffen, die »Gemeinnützige Stiftung für Anstaltspflege« führte die Tötungen durch. Heil- und Pflegeanstalten, wie Hartheim bei Linz, Sonnenstein bei Pirna, Grafeneck in Württemberg, Bernburg, Brandenburg und Hadamar, erhielten die Bezeichnung »Euthanasieanstalt«. Diese wurden durch den Einbau von Vergasungseinrichtungen und Verbrennungsöfen für den Zweck der Massentötung hergerichtet. Da der Massenmord auch im Krieg nicht offen durchgeführt werden konnte, wurden zahlreiche Tarnorganisationen eingerichtet, berüchtigt wurde die »T4-Zentrale« (nach der Adresse Tiergartenstraße 4 in Berlin). Als Einzelheiten der Tötungen publik wurden, brach Hitler im August 1941 die »Aktion T4« ab, um sie noch geheimer fortsetzen zu lassen, wobei zunächst Einzeltötungen mit Hilfe überdosierter Giftmengen durchgeführt wurden. 1942 begann eine Phase »wilder Euthanasie«, das Morden erfolgte nun in fast allen Anstalten Deutschlands. Ein dem Reichsinnenministerium unterstellter »Reichsausschuß zur wissenschaftlichen Erfassung von erb- und anlagebedingten schweren Leiden« ließ in einzelnen Heilanstalten zudem so genannte »Kinderfachabteilungen« errichten, in die Kinder angeblich zur Heilung oder zur Pflege, in Wahrheit aber zum Zwecke der Tötung eingewiesen wurden.

Sinti und Roma

Schon im Kaiserreich und der Weimarer Republik waren die Sinti und Roma staatlichen Erfassungsmaßnahmen ausgesetzt gewesen. Bereits 1931 begann die SS ihrerseits mit der Erfassung dieser Bevölkerungsgruppe, deren Erforschung mit der Gründung des »Rassenhygiene-Instituts« 1936 in Berlin unter Leitung von Dr. Robert Ritter ein wissenschaftlicher Anstrich verliehen werden sollte. Die Nürnberger Gesetze hatten auch für die allgemein »Zigeuner« genannten Sinti und Roma verheerende Folgen. Da sie gemäß der nationalsozialistischen Weltanschauung »nichtarischen Blutes« waren, wurden sie gleich den Juden kollektiv zum Tode verurteilt.

Nach ihrer Machtübernahme gingen die Nationalsozialisten dazu über, die rund 30 000 Sinti und Roma in Deutschland in die so genannten »Zigeunerlager« zu sperren. Als Asoziale klassifiziert, blieben den meisten die legalen Auswanderungswege versperrt.

In den Kommentaren und Verordnungen zu den Nürnberger Gesetzen erschienen die Zigeuner neben den Juden als die typischen Vertreter »artfremden« Blutes, bald darauf wurden die ersten in Konzentrationslager eingeliefert. 1938 richtete Himmler die Reichszentrale zur Bekämpfung des Zigeunerwesens ein. Die Rassenhygienische und Bevölkerungsbiologische Forschungsstelle in Berlin lieferte pseudowissenschaftliche Gutachten, auf deren Grundlagen eine Kategorisierung der Sinti und Roma vorgenommen wurde, um die Hauptgruppe »rassehygienisch« auszusondern. Ab März 1939 erhielten alle Sinti und Roma im Deutschen Reich mit einem »Z« gekennzeichnete »Rasseausweise« statt ihrer eingezogenen deutschen Pässe. Nach Beginn des Krieges verschärften sich die Maßnahmen gegen die Zigeuner analog zur Judenpolitik bis hin zum Völkermord.

Biografien

Heinrich Himmler, Politiker (1900–1945)

Als Reichsführer SS unmittelbar verantwortlich die schlimmsten Verbrechen unter dem NS-Regime; der gefürchtetste und neben Hitler mächtigste Mann im NS-Staat

1918	Abbruch (unter Zwang) der Offiziersausbildung
1923	Eintritt in die NSDAP
1926–1930	stellvertretender Reichspropagandaleiter der NSDAP
1927–1929	stellvertretender Reichsführer der SS
ab Januar 1929	Reichsführer der SS
ab 1930	Reichstagsabgeordneter
1931	Niederschlagung der SA-Meuterei
1932	Ernennung zum Sicherheitschef der Parteizentrale in München, des »Braunen Hauses«
März 1933	Ernennung zum Polizeipräsidenten von München
ab 20. April 1934	Inspekteur der Geheimen Staatspolizei (Gestapo)
ab Juli 1934	Reichsführer SS
17. Juni 1936	Ernennung zum »Chef der Deutschen Polizei«
7. Oktober 1939	Reichskommissar für die Festigung des deutschen Volkstums
1939/40	In Polen organisiert Himmler mithilfe der Einsatzgruppen die Vertreibung, Verfolgung und Ermordung von Hunderttausenden Polen und Juden.
1942	»Generalplan Ost«: zwangsweise Vertreibung und Umsiedlung von Polen, Tschechen, Ukrainern und Weißruthenen nach Sibirien
25. August 1943	Ernennung zum Reichsinnenminister
21. Juli 1944	Befehlshaber des Ersatzheers und Chef der Heeresausrüstung
2. Dezember 1944	Oberbefehl der Heeresgruppe Oberrhein, zum Aufbau einer neuen Verteidigungslinie
Februar 1945	Flucht in ein SS-Lazarett
März 1945	Ablösung als Oberbefehlshaber der Heeresgruppen
28. April 1945	Entlassung aus allen Ämtern und Verhängung eines Haftbefehls
23. Mai 1945	Selbstmord in einem britischen Gefangenenlager in Lüneburg

Rudolf Höß, Lagerleiter des KZ Auschwitz (1900–1947)

Als Kommandant des KZ Auschwitz organisierte er den Massenmord; ab 1943 Inspekteur aller Konzentrationslager

1917	Eisernes Kreuz I. und II. Klasse
1922	Eintritt in die NSDAP
1923/24	wegen Beteiligung an der Ermordung seines ehemaligen Lehrers Kadow Verurteilung zu einer zehnjährigen Haftstrafe
1928	im Rahmen einer allgemeinen Amnestie entlassen
1934	Mitglied der SS; Block- und Rapportführer im KZ Dachau
4. Mai 1938	Ernennung zum Lagerkommandanten des KZ Auschwitz
9. November 1943	Abberufung aus Auschwitz; Leiter der für die Konzentrationslager zuständigen Amtsgruppe D im SS-Wirtschafts-Verwaltungs-Hauptamt (WVHA)
Mai 1944	Rückkehr nach Auschwitz
11. März 1946	Verhaftung durch britische Militärpolizei
25. Mai 1946	Überstellung an die polnischen Behörden
2. April 1947	Todesurteil des Obersten Polnischen Volksgerichts
16. April 1947	Hinrichtung in Auschwitz

Julius Streicher, NS-Politiker (1885–1946)

Herausgeber des Wochenblattes ›Der Stürmer‹, das der fanatische Antisemit zu einer beispiellosen radikalen Hetze gegen das Judentum nutzte.

ab 1905	dauerhafte Anstellung als Lehrer, Volksschullehrer
1923	Gründung der Wochenzeitung ›Der Stürmer‹; Teilnahme am Hitler-Putsch; danach Suspendierung vom Schuldienst
1929	endgültiges Ausscheiden aus dem Schuldienst
1934	Gruppenführer der Sturmabteilung (SA)
1940	Untersuchungskommission gegen Streicher
1945	Verhaftung durch amerikanische Soldaten in Österreich
16. Oktober 1946	Hinrichtung in Nürnberg

Reinhard Heydrich, NS-Politiker (1904–1942)

Baute den Sicherheitsdienst (SD) innerhalb der SS auf; seit 1939 Chef des Reichssicherheitshauptamts; seit Juli 1941 mit der Endlösung der Judenfrage in Europa beauftragt

1926–1931	Besuch der Marinenachrichtenschule
April 1931	wegen »ehrenwidrigen Verhaltens« aus der Marine verabschiedet
Juni/Juli 1931	Eintritt in die NSDAP und in die SS
Juli 1932	Leiter des neu geschaffenen SD
Februar 1933	Übernahme der Führung der bayerischen politischen Polizei
Januar 1934	Kontrolle über die politische Polizei in den anderen Ländern
April 1934	Übernahme des Geheimen Staatspolizeiamts (Gestapa)
1936	Leiter der Sicherheitspolizei und des SD für das gesamte Deutsche Reich (Gestapo)
1939	Chef des Reichssicherheitshauptamts
31. August 1939	Verantwortung des Überfalls auf den Sender Gleiwitz von Angehörigen des SD
31. Juli 1941	Beauftragung mit »Endlösung der Judenfrage«
29. September 1941	auf Anordnung Hitlers stellvertretender Statthalter für das Protektorat Böhmen und Mähren
20. Januar 1942	Einberufung der Wannsee-Konferenz durch Heydrich
27. Mai 1942	Attentat in Prag, an dessen Folgen er am 4. 6. 1942 stirbt

Widerstand gegen das NS-Regime

ab 1933	Herbert-Baum-Gruppe
März 1933	Verhaftung des KPD-Vorsitzenden Ernst Thälmann
Frühjahr 1933	Aufbau der SPD-Auslandszentrale in Prag (Sopade)
August 1935	Volksfrontstrategie der KPD
1939–1945	Das Ausmaß jugendlich-oppositionellen und nichtkonformen Verhaltens nahm während des Zweiten Weltkriegs deutlich zu. Auf diese Zunahme reagierte der nationalsozialistische Verfolgungsapparat mit einer drastischen Verschärfung des Jugendarrests und der Errichtung von Jugendkonzentrationslagern wie dem Lager Moringen bei Göttingen.
8. November 1939	Attentat auf Hitler durch Georg Elser im Münchner Bürgerbräukeller
November 1939 bis April 1945	Elser als »Ehrenhäftling« (am 9. April 1945 auf Weisung Hitlers im KZ Dachau erschossen)
ab 1940	Formierung des Kreisauer Kreises
18. Mai 1942	Brandanschlag in Berlin durch die Herbert-Baum-Gruppe
27. Februar bis 6. März 1943	Frauenprotest in der Rosenstraße in Berlin
Juni 1942 bis Februar 1943	Weiße Rose in München
1943	In diesem Jahr kam es in München zu einer einzigartigen Zusammenarbeit zwischen einer deutschen Widerstandsgruppe, der »Antinazistischen Deutschen Volksfront« (ADV), und einer Widerstandsorganisation sowjetischer Kriegsgefangener und Zwangsarbeiter, der »Brüderlichen Zusammenarbeit der Kriegsgefangenen« (BZK bzw. russisch BSW).
Herbst 1942	Zerschlagung der Roten Kapelle
22. Februar 1943	Hinrichtung von Mitgliedern der Weißen Rose
20. Juli 1944	Attentat durch Claus Schenck Graf von Stauffenberg
23. Januar 1945	Hinrichtung Moltkes in Berlin-Plötzensee
2. Februar 1945	Hinrichtung Goerdelers in Berlin-Plötzensee
April 1945	Freiheitsaktion Bayern

Der Widerstand gegen das NS-Regime

Der Widerstand gegen das NS-Regime setzte früh ein. Er reichte von passivem Widerstand und non-konformem Verhalten bis zu Emigration und dem Attentats- und Umsturzversuch vom 20. Juli 1944. Getragen wurde der Widerstand von relativ kleinen und in der Bevölkerung weitgehend isolierten Gruppen, die sich nie zu einer Widerstandsbewegung entwickelten. Oppositionskreise in der Wehrmacht zählten ebenso dazu wie die Mitglieder der »Weißen Rose«, des »Kreisauer Kreises« oder der »Roten Kapelle«. Das Attentat vom 20. Juli 1944, der »Aufstand des Gewissens«, scheiterte.

Formen des Widerstandes

Unter Widerstand gegen das NS-Regime werden verschiedenartige Einstellungen, Haltungen und Handlungen gegen den Nationalsozialismus als Ideologie und seine praktizierte Herrschaft zusammengefasst. Formen kritischer und gegnerischer Einstellung zum Nationalsozialismus waren

- **Verweigerung** – als persönliche Abwehr von Herrschaftsanspruch und Selbstbehauptung von Gruppen,
- **Opposition** – als Haltung grundsätzlicher Gegnerschaft – und
- **Widerstand** als bewusstes Handeln.

Alle diese verschiedenartigen Einstellungen, Haltungen und Handlungen könnten unter dem Begriff **Resistenz** zusammengefasst werden, doch dann wäre fast jedes nicht regime-konforme Alltagsverhalten ohne Rücksicht auf die Motive Widerstand gewesen. Unter **Widerstand** im eigentlichen Sinn ist daher jenes bewusste Handeln zu verstehen, das als moralisch und pädagogisch beispielhafte Leistung auf die Behinderung, Schwächung oder Beseitigung der nationalsozialistischen Herrschaft gerichtet war, wobei der Handelnde dabei Risiken, Nachteile, Gefährdung seiner Person für seine Überzeugung auf sich nahm.

Kommunistischer Widerstand

Die mit der Reichstagsbrandverordnung verfolgten Kommunisten waren die ersten, die in den Untergrund gingen und versuchten, ihre zerschlagene Organisation wieder aufzubauen und den Kampf gegen das NS-Regime zu führen.

Die etwa 360000 Mitglieder zählende Kommunistische Partei war die einzige große Organisation, die in Erwartung einer nationalsozialistischen Herrschaft Vorbereitungen getroffen hatte. Um aus dem Untergrund heraus Widerstand leisten zu können, war ein organisatorisches Netz aufgebaut worden. Da die Kommunisten von den Nationalsozialisten als entschlossenste Gegner gefürchtet wurden, richtete sich der Terror des NS-Regimes in den ersten Monaten vor allem gegen sie. Nach dem Reichstagsbrand und dem Verbot der KPD begann die staatliche Jagd auf deren Funktionäre. Anfang Juli 1933 saßen zwischen 12000 und 15000 kommunistische Aktivisten in Haft. Nach der Verhaftung des Parteivorsitzenden Ernst Thälmann im März 1933 begann die KPD einen Teil des Politbüros ins Ausland zu verlegen, der andere Teil blieb als »Inlandsleitung« in Berlin.

Den Kampf gegen das NS-Regime führten die Kommunisten hauptsächlich mit Flugblättern und weiteren Druckschriften, gelegentlich auch durch spektakuläre Aktionen wie dem Durchtrennen des Hauptstromkabels während einer Hitler-Rede in Stuttgart.

Von 1933 bis 1935 erschien im Untergrund sogar noch ›Die Rote Fahne‹, das Zentralorgan der KPD. Den staatlichen Sicherheitsorganen fielen immer mehr Funktionäre und Parteimitglieder zum Opfer, sodass die verlustreiche Propagandaoffensive durch eine neue Taktik abgelöst wurde.

Im August 1935 kam aus Moskau, wo der Kongress der Kommunistischen Internationale (Komintern) stattgefunden hatte, die Anweisung mit den bisher als »Sozialfaschisten« bekämpften Sozialdemokraten und auch linksbürgerlichen Gruppen zu kooperieren (Volksfrontstrategie). An die Stelle der erfolglosen Aufklärungsversuche mittels Druckschriften sollte nun die Überzeugungsarbeit in den Betrieben treten, um unzufriedene Arbeiter zu gewinnen, doch inzwischen hatten sich die Umstände geändert. Zwar hatte sich die Arbeiterschaft nicht vom Nationalsozialismus vereinnahmen lassen, doch auch sie war vom Abbau der Arbeitslosigkeit und von den außenpolitischen Erfolgen des Regimes nicht unbeeindruckt geblieben. An die Stelle des von oben gelenkten Kampfes trat nun eine größere Eigenverantwortung der illegalen Parteibasis, es bildeten sich immer wieder Gruppen und Zellen auf regionaler Ebene, die der Verfolgung der jetzt effizienter arbeitenden Gestapo ausgesetzt waren.

»Rote Kapelle« nannte die deutsche Abwehr das wohl bedeutendste kommunistische Widerstandsnetz, das sich aus Künstlern, Intellektuellen und Beamten ideologisch höchst heterogen zusammensetzte und Zellen in Deutschland, Frankreich, Belgien und den Niederlanden hatte.

Diese deutschen Gruppen leiteten der Oberleutnant Harro Schulze-Boysen (1909–1942) und der Oberregierungsrat im Reichswirtschaftsministerium Arvid Harnack (1901–1942). Die Gruppe Harnack/Schulze-Boysen nahm Kontakt zum sowjetischen Nachrichtendienst auf, dem sie militärische, wirtschaftliche und politische Vorgänge mitteilte. Im Herbst 1942 wurde die Gruppe von der Gestapo zerschlagen, und 92 Mitglieder wurden der Spionage und anderer Vergehen angeklagt. 49 von ihnen, darunter 19 Frauen, wurden hingerichtet.

Sozialdemokratischer Widerstand

Die Sozialdemokraten versuchten, nachdem ihr betont legalistischer Kurs sich als Fehleinschätzung erwiesen hatte, aus dem Ausland und aus dem Untergrund heraus mit anderen Widerstandsgruppen zusammenzuarbeiten. Die Sozialdemokratie war schon 1932 beim »Preußenschlag« nicht mehr in der Lage gewesen, dem nationalsozialistischen Gegner Paroli bieten zu können. Nach der Machtübernahme versteifte sich die Parteiführung entgegen der Meinung der Basis auf den Kurs eines betonten Legalismus, um wenigstens die Organisation zu retten, was ihr infolge ihres flexiblen Verhaltens auch gelang.

Im Frühjahr 1933 baute sie eine Auslandszentrale in Prag auf, von wo der Exilparteivorstand nach dem Verbot der Partei die Deutschland-Berichte der Sozialdemokratischen Partei Deutschlands (Sopade) herausgab, die als Bindeglied zwischen den einzelnen Gruppen im In- und Ausland von großer Bedeutung waren.

Grenzsekretariate wurden rings um Deutschland eingerichtet, die Nachrichten und Berichte über die Lage unter dem NS-Regime sammelten und über die Propagandamaterial ins Reich eingeschleust wurde. Nach dem Einmarsch deutscher Truppen in Prag 1939 floh der sozialdemokratische Parteivorstand nach Paris, ein Jahr später fielen die emigrierten Sozialdemokraten nach der deutschen Besetzung der Stadt entweder in die Hände der Gestapo oder konnten nach Großbritannien bzw. in die USA fliehen. Nun riss die Verbindung zwischen Exilsozialdemokraten und innerdeutschem sozialdemokratischem Widerstand endgültig ab, und die sozialdemokratischen Zellen mussten sich auf eine Strategie des Überlebens beschränken, was vor allem die Behauptung des eigenen »Milieus« gegen nationalsozialistische Indoktrination und Infiltration bedeutete.

Einzelne sozialdemokratische Widerstandskämpfer, wie Theodor Haubach, Julius Leber, Wilhelm Leuschner, Carlo Mierendorff und Adolf Reichwein, überwanden die eigenen Parteigrenzen und suchten Kontakte zu zivilen und militärischen Widerstandsgruppen, in denen sie dann tätig wurden. Bis auf Mierendorff, der durch einem Luftangriff starb, wurden alle hingerichtet.

Von der SPD organisatorisch unabhängige Widerstandsgruppen waren die Sozialistische Arbeiterpartei Deutschlands (SAPD), bei der der spätere Bundeskanzler Willy Brandt Mitglied war, die Gruppe »Neu Beginnen« und der Internationale Sozialistische Kampfbund (ISK).

Konservativer Widerstand

Die Radikalisierung der nationalistischen Politik, insbesondere gegenüber den Juden, aber auch die offensichtlich auf Krieg angelegte Außenpolitik Hitlers führte im Adel, unter Beamten und Diplomaten zu Sorge und Kritik. Mehrere Widerstandsgruppen, unter denen der Kreisauer Kreis und der Goerdeler-Kreis hervorragten, planten für die Zeit nach dem Ende des NS-Regimes oder versuchten eben dieses herbeizuführen.

Der Kreisauer Kreis

Der Kreisauer Kreis formierte sich ab 1940 um Helmuth James Graf von Moltke (→ »Biografien«), nach dessen Gut Kreisau in Niederschlesien die Gestapo diese Widerstandsgruppe bezeichnete, die etwa 40 Personen mit unterschiedlichem sozialen und politischen Hintergrund umfasste. Zum Kern des Kreises zählten die zumeist im Staatsdienst tätigen Peter Graf Yorck von Wartenburg, Horst von Einsiedel, Carl Dietrich von Trotha, Adam von Trott zu Solz, der Sozialdemokrat Adolf Reichwein, der die Kontakte zu den Vertretern der Arbeiter- und Gewerkschaftsbewegung Theo Haubach, Wilhelm Leuschner und Carlo Mierendorff herstellte, der Jesuitenpater Augustin Rösch, die Patres Alfred Delp und Lothar König vertraten die katholische Kirche, Eugen Gerstenmaier, Harald Poelchau und Hans-Bernd von Haeften hatten Kontakt zur Bekennenden Kirche.

Der Kreisauer Kreis knüpfte Kontakte zur nationalkonservativen Widerstandsgruppe um Carl Friedrich Goerdeler und dem militärischen Widerstand, dessen Attentatsversuche unterstützt wurden und der seinerseits unter den Kreisauern potenzielle Kandidaten für eine Machtübernahme suchte und auch fand.

Die ›Grundsätzliche Erklärung‹ vom Mai 1942 formulierte die Absicht, eine Neuordnung und Neuorientierung von Staat und Gesellschaft nach der Überwindung des Nationalsozialismus zu gestalten. In drei größeren Treffen wurden programmatische Schriften wie die ›Grundsätze für die Neuordnung‹ ausgearbeitet, die als Grundlagen einer humanen und sozialen Ordnung des Zusammenlebens im nationalen und europäischen Rahmen gedacht waren. Die Programmatik des Kreisauer Kreises war von christlich-ethischen und sozialreformerischen Gesichtspunkten bestimmt und enthielt Formen der indirekten Demokratie; Deutschland sollte in eine europäische Ordnung eingeschlossen sein.

Im Januar 1944 wurde Helmuth Graf von Moltke (→ Biografien) im Rahmen der Ermittlungen gegen die Abwehr verhaftet, was das Ende der Gruppe bedeutete. Einige schlossen sich der Widerstandsgruppe um Goerdeler an und beteiligten sich am Attentat auf Hitler. Erst im Zusammenhang mit den Ermittlungen nach dem 20. Juli 1944 kam die Gestapo dem Kreisauer Kreis auf die Spur, viele Mitglieder wurden verhaftet, zum Tode verurteilt und hingerichtet.

Der Goerdeler-Kreis

Carl Friedrich Goerdeler (→ »Biografien«), seit 1930 Oberbürgermeister von Leipzig, hatte sich von 1931 bis 1935 als Reichskommissar für die Preisüberwachung an der Politik des Dritten Reiches beteiligt. Aus Protest gegen die finanzpolitischen Machenschaften, mit deren Hilfe die Aufrüstung vorangetrieben wurde, und die Kirchen- und Judenpolitik des NS-Regimes trat er 1937 von allen Ämtern zurück.

Eine Zeit lang missbilligte er mehr die Methoden als die Ziele des NS-Staates, doch immer mehr rückte Goerdeler aufgrund seiner Verbindungen und Kontakte in das Zentrum eines Widerstandskreises, der über Generalstabschef Ludwig Beck und dessen Nachfolger Franz Halder mit der Militäropposition verbunden war, aber auch Kontakte zum oppositionellen Kreis um den Stuttgarter Industriellen Robert Bosch und zu Mitgliedern der »Berliner Mittwochsgesellschaft« aufnahm. Nach Kriegsbeginn nahm Carl Goerdeler über den bisherigen nationalkonservativen Kreis hinaus auch Kontakt zu dem ehemaligen Gewerkschafter und Abgeordneten der Zentrumspartei, Jakob Kaiser, und dem Sozialdemokraten Wilhelm Leuschner auf.

Der Goerdeler-Kreis tendierte inzwischen zum Staatsstreich durch das Militär und entwarf eine konservative Staats- und Gesellschaftsordnung, die in der von Goerdeler und Beck verfassten Denkschrift ›Das Ziel‹ ausgearbeitet wurde.

Mehrfach versuchte Goerdeler 1940 und erneut 1942 vergeblich, hochrangige Truppenbefehlshaber für einen Staatsstreich zu gewinnen. Schon vor dem Attentat am 20. Juli 1944 geriet er in die Fänge der Gestapo, er wurde zum Tode verurteilt und am 2. Februar 1945 hingerichtet. Sein Schicksal mussten weitere Mitglieder des Kreises teilen.

Die Weiße Rose

Unter dem Namen Weiße Rose verfasste und verteilte zwischen Juni 1942 und Februar 1943 eine Gruppe Münchener Studenten Flugblätter gegen Hitler und den Nationalsozialismus.

Den Kern der Weißen Rose bildeten die Studenten Hans und Sophie Scholl (→ »Biografien«), Alexander Schmorell, Christoph Probst, Willi Graf und der Professor Kurt Huber. Ziel dieser Widerstandsgruppe war es, durch Information, Aufklärung und Überzeugungsversuche Menschen gegen das NS-Regime zu mobilisieren. Die ersten vier Flugblätter veröffentlichte die Gruppe im Juni/Juli 1942 in einer Auflage von jeweils etwa 100 Exemplaren. Verteilt wurden diese Flugblätter an einen kleinen Kreis ausgesuchter Adressaten. Es waren Aufrufe zur moralisch-sittlichen Umkehr und Appelle an das Gute im Menschen, das durch das NS-Regime verschüttet sei. Im Januar 1943 entstand ein fünftes Flugblatt. Es erschien in einer Auflage von 6000 bis 9000 und tauchte in mehreren Städten Süddeutschlands und in Österreich auf.

Ab dem Februar des Jahres 1943 unternahm die Gruppe nächtliche Aktionen, bei denen sie verschiedene Gebäude in München mit Parolen wie *Nieder mit Hitler*, *Hitler Massenmörder* und *Freiheit* beschrifteten.

In diesem Monat entstand auch das sechste und letzte Flugblatt der Gruppe. Es richtete sich an die Münchner Studentenschaft und forderte vor dem Hintergrund der Schlacht um Stalingrad zum bedingungslosen Kampf gegen das NS-Regime auf. Bei der Verteilung dieses Flugblatts wurden die Geschwister Hans und Sophie Scholl am 18. Februar 1943 in der Münchner Ludwig-Maximilian-Universität vom Hausmeister beobachtet und bis zur Verhaftung durch die Gestapo festgehalten. Beide wurden am 22. Februar zusammen mit Christoph Probst vom Volksgerichtshof zum Tode verurteilt und noch am selben Tag hingerichtet. In einem weiteren Prozess wurden Graf, Schmorell und Huber am 19. April 1943 ebenfalls zum Tode verurteilt; auch sie wurden hingerichtet.

Ansonsten gab es an den Universitäten nur wenig Widerstand gegen den Nationalsozialismus, da zum einen die Studentenschaft sehr früh die Nähe zum Nationalsozialismus gesucht hatte, zum anderen die Nazis für primitiv gehalten wurden und man daher unter sich blieb, ohne diese sozial motivierte oppositionelle Haltung nach außen zu demonstrieren.

Militärischer Widerstand

Von wenigen Ausnahmen abgesehen formierten sich Widerstandsgruppen im Militär erst, als die aggressive Außenpolitik Hitlers sichtbar wurde. Während des Krieges traten immer mehr Staatsstreich- und Attentatspläne in den Vordergrund. Das Attentat vom 20. Juli 1944 misslang.

Widerstand vor dem Zweiten Weltkrieg

Hitler erreichte mit seiner versprochenen Aufrüstung die Neutralität der Militärs, zumal Generalität und Offizierkorps der Weimarer Republik mehrheitlich mehr als skeptisch gegenübergestanden hatten. Die militärische Führung begrüßte auch die Ausschaltung der SA, wodurch die Reichswehr zur alleinigen »Waffenträgerin der Nation« wurde. Keine Bedenken gab es auch, als Hitler mit der Übernahme des Reichspräsidentenamtes Oberbefehlshaber der Streitkräfte wurde, Reichswehrminister Blomberg ließ die Soldaten sogar mit einer neuen Eidesformel Hitler persönlich Treue geloben.

Nur wenige Offiziere empörten sich darüber, dass den Säuberungen während des Röhm-Putsches auch zwei ehemalige Generäle zum Opfer fielen. Vor allem Major Hans Oster (→ »Biografien«)

– schockiert über die Ermordung seines ehemaligen Vorgesetzten Kurt von Schleicher – wurde zum Gegner des Nationalsozialismus und mit Billigung von Admiral Wilhelm Canaris (→ »Biografien«), dem Chef der Abwehr – dem militärischen Nachrichtendienst –, zu einem Hauptaktivisten des militärischen Widerstands. Aber erst die Ereignisse um die Blomberg-Fritsch-Affäre sowie die aggressive NS-Außenpolitik ließen allmählich bei einigen Militärs eine kritische Haltung gegenüber Hitler aufkommen. Im Rahmen des außenpolitischen Kurses am Rande eines Krieges in der Sudetenkrise 1938 entstanden erste Staatsstreichpläne. Zu dieser Zeit arbeitete Oster mit Ludwig Beck (1880–1944), dem Chef des Generalstabs des Heeres, zusammen, um sich der nationalsozialistischen Kriegspolitik entgegenzustellen.

Beck, der erst mit Denkschriften Einfluss zu nehmen suchte, trat nach seinen vergeblichen Bemühungen, die Generale zur Gehorsamsverweigerung zu bewegen, im August 1938 zurück. Auch Becks Nachfolger Franz Halder (1884–1972) stand Hitlers Außenpolitik ablehnend gegenüber, doch im Gegensatz zu Canaris und Oster, die bereit waren, Hitler zu töten, wollte er lediglich eine Änderung des außenpolitischen Kurses erzwingen. Staatsstreichpläne beider Gruppen anlässlich Hitlers Politik gegenüber der Tschechoslowakei im September 1938, über die man Großbritannien informiert hatte, musste man infolge des »Münchner Abkommens« fallen lassen. Die militärische Opposition resignierte ab dem 1. September 1939 und unterließ jegliche Aktivitäten, lediglich Oster versuchte die Niederlande, Dänemark und Norwegen vor dem deutschen Überfall zu warnen.

Widerstand während des Krieges

Die deutschen Erfolge zu Beginn des Zweiten Weltkrieges ließen das Ansehen Hitlers wachsen, 1940 war Hitler auf dem Höhepunkt seiner Popularität. Ludwig Beck war inzwischen in Kontakt mit dem Goerdeler-Kreis getreten, die Gruppe innerhalb der Abwehr suchte ihrerseits Verbindungen zum Kreisauer Kreis und versuchte über den Vatikan für einen Frieden zu wirken. Als Hans von Dohnanyi (1902–1945), ein enger Mitarbeiter Osters, 1943 verhaftet wurde, geriet auch dieser unter Verdacht und stand seitdem unter Beobachtung der Gestapo. Im Februar 1944 wurde auch Canaris kaltgestellt, im Juli verhaftet und am 9. April 1945 kurz vor Einrücken der US-Truppen im Konzentrationslager Flossenbürg hingerichtet.

Erste Attentatsversuche

Ab Ende 1941 entstanden oppositionelle Gruppen von jüngeren Offizieren um Claus Schenck Graf von Stauffenberg (→ »Biografien«) und Henning von Tresckow (1901–1944), die in engem Kontakt zu General Friedrich Olbricht (1888–1944), dem Befehlshaber des Ersatzheeres, und zum zivilen Widerstand um Goerdeler standen. Angesichts der Gräuel der deutschen Besatzungspolitik im Osten, der Endlösung der Judenfrage sowie der aussichtslosen militärischen Lage Deutschlands nahm die oppositionelle Haltung innerhalb der Wehrmacht zu. Doch nur wenige waren bereit so weit zu gehen wie Henning von Tresckow, dem es 1943 gelang, eine Zeitbombe in Hitlers Flugzeug zu verstecken, deren Zünder allerdings versagte.

Im März 1943 verhinderte Hitlers zu früher Aufbruch einen Anschlag, bei dem der Abwehroffizier Rudolf-Christoph von Gersdorff (1905–1980) eine Bombe zünden wollte. Ein anderer Attentatstermin musste im November 1943 ungenutzt aufgegeben werden, da Hitler nicht zu einer Vorführung von Uniformen erschien.

Der 20. Juli 1944

Angesichts der aussichtslosen militärischen Situation Deutschlands im Sommer 1944 – in der Normandie waren die Alliierten gelandet, die Ostfront war in der Mitte zusammengebrochen – entschlossen sich die oppositionellen Offiziere zur Ermordung Hitlers, um aufzuzeigen, *dass die deutsche Widerstandsbewegung vor der Welt und vor der Geschichte den entscheidenden Wurf gewagt hat* (Tresckow). Es ging also nicht mehr nur darum, Hitler zu beseitigen, sondern es sollte für das »andere Deutschland« ein Fanal gesetzt werden. Der Entwurf einer Regierungserklärung sollte nach dem Umsturz von Ludwig Beck als provisorischem Oberhaupt und Goerdeler als Kanzler unterzeichnet werden. Alle vertrauenswürdigen Offiziere wurden informiert.

Um das Land unter Kontrolle zu bekommen, wollte man den vorhandenen Operationsplan »Walküre« nutzen, der Maßnahmen für den Fall innerer Unruhen vorsah. Claus Graf Schenck von Stauffenberg, der im Juni 1944 Zugang zum Führerhauptquartier erhielt, entschloss sich dazu, am 20. Juli das Attentat auszuführen. Stauffenberg hatte allerdings beim Kriegseinsatz in Afrika ein Auge, die rechte Hand und zwei Finger der linken Hand verloren, sodass die Zündung des Sprengstoffes äußerst kompliziert war.

Am 20. Juli 1944 stellte Stauffenberg seine mit Sprengstoff gefüllte Aktentasche in der Besprechungsbaracke in der Wolfsschanze in Ostpreußen in Hitlers Nähe ab. Allerdings hatte er nur die Hälfte der Ladung scharf stellen können. Stauffenberg verließ den Raum, um auf schnellstem Wege nach Berlin zu gelangen, um die Operation »Walküre« mitzutragen. Um 12.45 Uhr explodierte die Bombe, fünf der vierundzwanzig Anwesenden wurden getötet, Hitler jedoch nur leicht verletzt. Stauffenberg, der die Explosion aus der Entfernung wahrgenommen hatte, ging irrtümlich vom Erfolg der Aktion aus.

Da die Mitverschwörer in Berlin keine Informationen über die Auswirkungen des Anschlags erhielten, wurde erst nach Eintreffen Stauffenbergs gegen 15 Uhr der Alarm nach dem Plan »Walküre« gegeben. Generaloberst Friedrich Fromm (1888–1944), der Befehlshaber des Ersatzheeres, verweigerte seine Unterstützung und musste verhaftet werden. Das Regierungsviertel in Berlin wurde abgeriegelt und einige wenige Wehrkreise begannen mit der Internierung von SS- und Gestapoführern.

Da es nicht gelang den Berliner Rundfunk und das Propagandaministerium zu besetzen, konnten die Meldungen vom Überleben Hitlers die Situation grundlegend ändern. Als gegen 21 Uhr eine Rundfunkrede Hitlers angekündigt wurde, war der Staatsstreich gescheitert, hitlertreue Offiziere gingen gegen die Putschisten vor.

Stauffenberg und seine wichtigsten Mitstreiter wurden willkürlich erschossen. Die zur Verfolgung der Attentäter gegründete »Sonderkommission 20. Juli« verhaftete in den folgenden Monaten etwa 5600 Personen. Allein im Jahr 1944 fällte der Volksgerichtshof unter dem Vorsitz des Präsidenten des Volksgerichtshofes, Roland Freisler (→ »Biografien«), über 2000 Todesurteile. Viele ihrer Angehörigen wurden in Sippenhaft genommen und in Gefängnisse oder Konzentrationslager eingeliefert.

Hitlers Rache traf auch diejenigen, die lediglich Kenntnis von den Umsturzplänen hatten. Prominentestes Opfer war Generalfeldmarschall Erwin Rommel, der zum Selbstmord gezwungen wurde.

Andere Formen des Widerstands

Neben den beschriebenen Widerstandsbewegungen gab es noch eine Reihe anderer, die sich aber wesentlich von diesen unterschieden. Der Jugendwiderstand war weitestgehend unpolitisch, während sich die Herbert-Baum-Gruppe, die vor allem jüdische Mitglieder hatte, in ihrem Agitationsrahmen kaum über Brandanschläge hinauswagte.

Der Frauenprotest beschränkte sich auf ein spezielles Ereignis in der Berliner Rosenstraße, der aber immerhin Erfolg hatte.

Und dann gibt es noch den »wagemutigen« Einzeltäter Georg Elser, dessen Versuch eines Attentats auf Hitler von Klaus Maria Brandauer 1989 – ›Einer aus Deutschland‹ – verfilmt wurde.

Unpolitische Jugendopposition

Der politisch motivierte Widerstand der Weißen Rose stellte im Bereich der Jugendopposition eine Ausnahme dar und unterschied sich von anderen eher unpolitischen Jugendgruppen.

Gegen die Disziplinierung, Militarisierung und Entindividualisierung des Jugendlebens in der Hitler-Jugend (HJ) setzten einige Jugendgruppen neue Leitvorstellungen und Ansätze eines Lebensstils. Die bekannteste politisch-oppositionelle Gruppe waren die Edelweißpiraten, benannt nach ihrem Emblem, einer Edelweißanstecknadel. Die Mitglieder dieser subkulturellen Jugendgruppen nannten sich selbst »Navajos« (Köln), »Fahrtenjungs« (Düsseldorf), »Ruhrpiraten« oder »Meuten« (Leipzig).

Insgesamt handelte es sich um mehrere tausend Jugendliche, die in der Regel aus dem Arbeitermilieu stammten. Sie lehnten den zunehmenden Zwangscharakter, den Drill und die wachsende Militarisierung der HJ ab und versuchten sich von dieser durch eine eigene einheitliche Kleidung abzuheben.

Ihre Haltung gegenüber dem Regime war von wenigen Ausnahmen abgesehen unpolitisch, 1944 wurden 13 Kölner Edelweißpiraten als Kriminelle von der Gestapo gehängt, weil sie unter anderem Anschläge auf NS-Parteiführer und -dienststellen vorbereitet hatten.

Im Wesentlichen ging es ihnen – wie auch der »Swingjugend« – um die Schaffung eines Freiraums, der es erlaubte, eine eigene Jugendkultur und Identität auszuleben.

Die Angehörigen der so genannten »Swingjugend« stammten aus bürgerlichen Kreisen, meist höhere Schüler, die etwas Englisch konnten und sich in Cafés oder Tennisclubs trafen, um den im Dritten Reich verpönten Swing zu hören. Ihre Abgrenzung gegenüber dem normierten NS-Alltag zeigte sich auch in der bewussten Verwendung von Anglizismen.

Die Herbert-Baum-Gruppe

In Berlin scharten sich um Herbert Baum, Martin Kochmann, Marianne Cohn und Sala Rosenbaum rund 100 Jugendliche, die mehrheitlich jüdischer Herkunft waren. Sie kamen aus der jüdischen Jugendbewegung, stammten aus dem Arbeiter- oder kleinbürgerlichem Milieu und waren kommunistisch oder sozialistisch orientiert.

Die Gruppe machte bereits ab 1933 mit regimefeindlichen Parolen auf sich aufmerksam. Nach der Verschärfung der nationalsozialistischen Judenpolitik kam neben dem bisherigen Kampf die Notwendigkeit hinzu, sich auf ein Leben in der Illegalität vorzubereiten, um den Deportationen zu entgehen. Als spektakuläres Fanal versuchte die Gruppe einen Brandanschlag auf die von der NSDAP inszenierte antikommunistische Propagandaausstellung ›Das Sowjetparadies‹, die am 8. Mai 1942 in Berlin eröffnet worden war. Da der am Abend des 18. Mai explodierte Brandsatz zwar elf Personen verletzte, aber nur geringen Sachschaden anrichtete, konnte der Anschlag vertuscht werden. Die Gestapo verhaftete vier Tage später zahlreiche Mitglieder der Gruppe, mehr als 20 Personen – darunter auch Baum – wurden zum Tode verurteilt.

Der Frauenprotest in der Rosenstraße

Eine das NS-Regime überraschender Widerstandsaktion ereignete sich 1943 in der Berliner Rosenstraße. Ab 27. Februar 1943 sollten alle noch im Reich lebenden Juden nach Auschwitz deportiert werden. In Berlin wurden etwa 11 000 Juden verhaftet, die in der Rüstungsindustrie Zwangsarbeit verrichtet hatten, darunter auch etwa 1500, die in so genannten »Mischehen« lebten.

Diese wurden in einem Verwaltungsgebäude der Jüdischen Kultusvereinigung in der Rosenstraße 2–4 interniert. Gegen diese Festsetzung protestierten deren nichtjüdische Angehörige, meist die Ehefrauen, und demonstrierten eine Woche lang vor den Augen der SS, bis zur Freilassung der Internierten am 6. März 1943.

Dieser Protest in Form von öffentlichem Ungehorsam irritierte die Machthaber, und die Ereignisse in der Rosenstraße bilden einen Beweis dafür, welche mutigen Formen von offenem Widerstand möglich gewesen wären.

Der Einzeltäter Georg Elser

Im Gegensatz zu allen anderen Widerstandsgruppen oder -kreisen führte Georg Elser 1939 sein Attentat auf Hitler ganz allein durch.

Der württembergische Tischler Georg Elser (1903–1945) hatte, obwohl er Mitglied des kommunistischen Roten Frontkämpferbundes gewesen war, keinerlei Kontakt zu kommunistischen Gruppierungen im Untergrund oder im Exil. Er war ein Einzelgänger und besaß einen ausgeprägten Sinn für Recht und Gerechtigkeit. Als Motive für seine Tat nannte er zum einen die während der Zeit der NS-Herrschaft gesunkenen Löhne und die verschlechterten Arbeitsbedingungen, zum anderen die auf den Krieg hinsteuernde Außenpolitik Adolf Hitlers.

Als Ort seines Anschlags wählte Elser den Bürgerbräukeller in München, wo alljährlich am 8. November unter Anwesenheit Hitlers die Gedenkfeier zum Hitlerputsch von 1923 stattfand. Elser ließ sich dort an mehr als 30 Abenden unbemerkt einschließen und deponierte in einer Säule eine Zeitbombe, die um 21.20 Uhr mehrere Menschen tötete und über 60 verletzte.

Hitler entging jedoch dem Attentat, weil er die Veranstaltung früher verließ, um ausnahmsweise mit dem Zug anstelle des Flugzeugs nach Berlin zurückzukehren. Die nationalsozialistische Propaganda nannte den Zufall, der Hitler unversehrt davonkommen ließ, *eine Fügung des Schicksals, einen Akt der Vorsehung.*

Elser wurde beim illegalen Grenzübertritt in die Schweiz noch vor der Detonation der Bombe am 8. November zufällig festgenommen und legte am 14. November ein Geständnis ab, nachdem bei ihm eindeutige Beweise gefunden worden waren. Auf Hitlers persönlichen Befehl wurde er als »Ehrenhäftling« inhaftiert und am 9. April 1945 im Konzentrationslager Dachau auf Weisung von höchster Stelle erschossen.

Biografien

Helmuth James Graf von Moltke, Jurist (1907–1945)

Versammelte im Kreisauer Kreis etwa 40 Personen mit unterschiedlichem politischen und sozialen Hintergrund (Offiziere, Beamte, Gewerkschafter, Geistliche); der Kreis diente als konspirativer Treffpunkt für Widerständler sowie als Diskussionsplattform für eine christlich-ethisch und sozialreformerisch geprägte Neuorientierung von Staat und Gesellschaft.

1929	Übernahme der Leitung des Guts Kreisau
1935–1938	Anwaltskanzlei in Berlin
1938	Teilhaber eines größeren Berliner Anwaltsbüros; erstes Zusammentreffen mit Peter Yorck Graf von Wartenburg
1939–1944	Kriegsverwaltungsrat
1940–1944	Kreisauer Kreis
1941	Kontakt zu Carl Friedrich Goerdeler
1942/43	insgesamt drei Beratungen der Kreisauer Gemeinschaft auf Moltkes Familiengut
18. Januar 1944	Festnahme durch die SS
ab Februar 1944	Haft im Konzentrationslager Ravensbrück
Janaur 1945	Anklageerhebung und Verkündung des Todesurteils durch NS-Richter Roland Freisler
23. Januar 1945	Hinrichtung in Berlin-Plötzensee

Carl Friedrich Goerdeler, Widerstandskämpfer (1884–1945)

Trat 1937 aus Protest gegen die finanzpolitischen Machenschaften und die Kirchen- und Judenpolitik der Nationalsozialisten von allen staatlichen Ämtern zurück und wurde zu einer zentralen Figur des deutschen Widerstands.

1920	2. Bürgermeister von Königsberg
1930	Oberbürgermeister von Leipzig
1931/32	Reichskommissar zur Überwachung der Preise
1934	erneute Berufung zum Reichspreiskommissar
1935	Entlassung als Reichskommissar
1937	Rücktritt vom Bürgermeisteramt in Leipzig
Februar 1940	Beteiligung an den Planungen der Gruppe um Ulrich von Hassel für einen Staatsstreich zur Ausschaltung Hitlers.
18. Juli 1944	Flucht vor der Gestapo nach Westpreußen
12. August 1944	Festnahme
8. September 1944	Todesurteil durch den Volksgerichtshof
2. Februar 1945	Hinrichtung in Berlin-Plötzensee

Sophie (1921–1943) und Hans Scholl (1918–1943)

Hans Scholl bildete während des Studiums in München die Widerstandsgruppe Weiße Rose, der sich auch seine Schwester anschloss. Beim Verteilen von regimekritischen Flugblättern in der Universität München verhaftet und zum Tod verurteilt.

1933	Eintritt Hans Scholls in die Hitlerjugend
Dezember 1937	kurzzeitige Inhaftierung der Geschwister
April 1939	Beginn von Hans Scholls Medizinstudium in München
1940	Ausbildung von Sophie zur Kindergärtnerin
1942	Beginn von Sophie Scholls Biologie- und Philosophiestudium
Juni/Juli 1942	die ersten vier Flugblätter der »Weißen Rose«
13. Januar 1943	das fünfte Flugblatt der »«Weißen Rose
15. Februar 1943	Fertigstellung und Versand des sechsten Flugblatts
18. Februar 1943	Verhaftung der Geschwister
22. Februar 1943	Verurteilung und Hinrichtung in München-Stadelheim

Claus Schenck Graf von Stauffenberg, Militär (1907–1944)

Schockiert von der grausamen Besatzungspolitik der Wehrmacht, der Judenverfolgung und überzeugt von der Aussichtslosigkeit des Krieges schloss er sich dem Widerstand gegen Hitler an; führte das gescheiterte Attentat am 20. Juli 1944.

Mai 1933	Ernennung zum Leutnant; Mitglied der Sturmabteilung (SA)
1938	Beförderung zum 2. Generalstabsoffizier
1940	Generalstabsoffizier bei der Westoffensive
Oktober 1943	Stabschef des Allgemeinen Heeresamts
5. Juli 1944	Entschluss zur Durchführung des Attentats auf Hitler
20. Juli 1944	Attentat auf Hitler in der Wolfsschanze, Verhaftung Stauffenbergs
20./21. Juli 1944	von SS-Männern in Berlin erschossen

Wilhelm Canaris, Militär (1887–1945)

Er stand dem Großmachtstreben Hitlers schon früh skeptisch gegenüber;
hatte in seiner Funktion als Leiter des Amtes Ausland/Abwehr im Oberkommando der Wehrmacht Zugang zu brisanten militärstrategischen Informationen und reichte diese zum Teil an Widerständler wie Hans Oster oder Ludwig Beck weiter.

März 1920	Unterstützung des Kapp-Lüttwitz-Putsches
1924–1928	Tätigkeit in der Marineleitung
1935	Ernennung zum Konteradmiral im Reichskriegsministerium
1938	Weitergabe von wichtigen Informationen an Hans Oster und Ludwig Beck für den Versuch eines Staatsstreichs
1941–1944	Er protestiert gegen die Erschießung russischer Kriegsgefangener und ermöglicht zahlreichen Verfolgten die Flucht.
ab 1943	Canaris unter Beobachtung durch die Gestapo
Februar 1944	Entlassung aufgrund des Überlaufens eines Abwehragenten zu den Briten
23. Juli 1944	Verhaftung nach dem Attentat vom 20. Juli 1944
9. April 1945	Ermordung im KZ Flossenbürg durch die SS

Hans Oster, Militär (1887–1945)

Gehörte der militärischen Widerstandsbewegung im Amt der Abwehr des Oberkommandos der Wehrmacht an; wurde nach dem Hitler-Attentat am 20. Juli 1944 festgenommen.

1932	wegen einer Verletzung des Ehrenkodex aus Reichswehr entlassen
1933	Zivilangestellter in der Abwehrabteilung des Reichswehrministeriums
1935	unter Canaris Leitung der Zentralabteilung im Amt der Abwehr
1939/40	lässt den Alliierten Informationen über die deutschen Angriffspläne gegen die Niederlande, Belgien und Dänemark zukommen
1941	Koordination verschiedener Widerstandsaktivitäten innerhalb der Wehrmacht
1943	Beurlaubung und Beobachtung durch die Gestapo
31. März 1944	Amtsenthebung und Entlassung aus der Wehrmacht
21. Juli 1944	Festnahme
9. April 1945	Hinrichtung im KZ Flossenbürg

Roland Freisler, NS-Jurist (1893–1944)

Als Präsident des Volksgerichtshofs ab 1942 war er die berüchtigte Verkörperung des nationalsozialistischen Terrorsystems; verhängte unzählige Todesurteile, vor allem in den Prozessen gegen Mitglieder des Widerstands vom 20. Juli 1944.

1914–1917	Kriegsteilnehmer
1917	Beitritt zu den russischen Bolschewiken
1920	Rückkehr nach Deutschland; Fortsetzung des Jurastudiums
1925	Eintritt in die NSDAP
1933	Leiter der Personalabteilung im preußischen Justizministerium
ab 5. März 1933	Abgeordneter für die NSDAP
Februar 1934	Staatssekretär im Reichsjustizministerium
20. Januar 1942	Teilnahme an der Wannsee-Konferenz
ab 20. August 1942	Präsident des Volksgerichtshofes in Berlin
ab Juli/August 1944	Schauprozess gegen die Attentäter vom 20. Juli 1944
3. Februar 1945	Tod durch Bombenangriff in Berlin

Der Weg in den Zweiten Weltkrieg

14. Oktober 1933	Austritt Deutschlands aus dem Völkerbund
26. Januar 1934	Nichtangriffs- und Freundschaftspakt mit Polen
14. April 1934	Erklärung von Stresa (England, Frankreich, Italien): Erhaltung des Status quo
Juli 1934	Umsturzversuch in Österreich (Dollfuß – Schuschnigg)
1935/1936	Eroberung Äthiopiens durch Italien
13. Januar 1935	Rückgliederung des Saargebietes ins Deutsche Reich
16. März 1935	Einführung der allgemeinen Wehrpflicht
Mai 1935	Beistandspakte der Sowjetunion mit der Tschechoslowakei und mit Frankreich
18. Juni 1935	Flottenabkommen mit England
7. März 1936	Einmarsch deutscher Truppen ins entmilitarisierte Rheinland
Juli 1936	Nichteinmischungspakt zwischen Deutschland und Österreich
1. November 1936	Verkündung der Achse Rom–Berlin
25. November 1936	Antikominternpakt zwischen Deutschland und Japan
5. November 1937	Geheimkonferenz der NS-Führung (Hoßbach-Protokoll)
ab 4. Februar 1938	Hitler Oberbefehlshaber der Wehrmacht
12. Februar 1938	Berchtesgadener Abkommen
11./12. März 1938	Einmarsch der Wehrmacht in Österreich
10. April 1938	Volksplebiszit über den Anschluss Österreichs (99 %)
24. April 1938	Karlsbader Programm
30. September 1938	Münchner Abkommen
1. Oktober 1938	Besetzung des Sudetenlandes
14. März 1939	Unabhängigkeitserklärung der Slowakei
16. März 1939	Erklärung des Reichsprotektorats Böhmen und Mähren
31. März 1939	Beistandspakt zwischen Großbritannien, Frankreich und Polen
22. Mai 1939	Stahlpakt Deutschland und Italien
23. August 1939	Hitler-Stalin-Pakt
1. September 1939	Überfall auf Polen

Nationalsozialistische Außenpolitik

Das Parteiprogramm der NSDAP von 1920 war mit seinem revisionistischen Charakter der außenpolitischen Ziele keineswegs singulär. Erst Adolf Hitler stellte 1925 in ›Mein Kampf‹ die Gewinnung von neuem Lebensraum in den Mittelpunkt, der nach seiner Ansicht nur im Osten liegen konnte. Um antibolschewistische und antisemitische Elemente verstärkt, entwickelte sich daraus ein nationalsozialistischer utopischer »Stufenplan zur Neuordnung der Welt«. Ein germanisches Großreich sollte in Europa entstehen, gebildet aus allen Staaten, deren Bevölkerung »arisch« war.

Hitlers Ziele

Als Partner auf Hitlers Weg war die Seemacht Großbritannien vorgesehen, während die Sowjetunion erobert werden sollte, um den deutschen Lebensraum bis an den Ural verschieben zu können. Gleichzeitig sollte die Vernichtung des europäischen Judentums in Angriff genommen werden. In einer späteren Phase war die Ausschaltung Japans und Großbritanniens geplant, um dann mit der nun letzten verbliebenen Großmacht USA die Weltherrschaft auszufechten, was aufgrund der Überlegenheit der »arischen« Rasse nur mit einem deutschen Sieg enden konnte. Zunächst offenbarte Hitler seine außenpolitischen Ziele nur seinen engsten Vertrauten.

Primärziel Hitlers war es, zunächst die eigene Herrschaft in Deutschland zu sichern, um Zeit zu gewinnen bzw. die Möglichkeiten zu schaffen, das außenpolitische Programm Wirklichkeit werden zu lassen. So offenbarte er seine außenpolitischen Ziele und Gedanken vor den Befehlshabern des Heeres und der Marine am 3. Februar 1933 lediglich einem kleinen Kreis: *Kampf gegen Versailles; Gleichberechtigung bei der Abrüstungskonferenz in Genf; Aufbau der Wehrmacht; Wiedereinführung der allgemeinen Wehrpflicht; Eroberung neuen Lebensraums im Osten und dessen rücksichtslose Germanisierung.* Die Hauptgefahr ging nach Hitler von einem französischem Antirevisionismus aus, der sich gegen eine deutsche Wiederaufrüstung zur Wehr setzen würde.

Um Zeit zu gewinnen, war die nationalsozialistische Außenpolitik begleitet von ständigen Beteuerungen des deutschen Friedenswillens. Zunächst sah es für jedermann durchaus so aus, als sei Hitler bestrebt, die Revisionspolitik der Weimarer Republik fortzusetzen. Unterstützt wurde diese Vorstellung durch die personelle Kontinuität im Auswärtigen Amt.

Das Reichskonkordat

Mit dem Abschluss der Reichskonkordats errang Hitler seinen ersten außenpolitischen Erfolg und einen beträchtlichen Prestigegewinn. Das am 20. Juli 1933 in Rom unterzeichnete Konkordat regelte die Verhältnisse zwischen dem Vatikan und dem Deutschen Reich und enthielt unter anderem Bestimmungen über die öffentliche Ausübung des katholischen Bekenntnisses in Deutschland, über den Schutz katholischer nichtpolitischer Organisationen, über die Aufrechterhaltung der katholischen Fakultäten an den Hochschulen, über den Schutz des kirchlichen Eigentums, über die Beibehaltung und Neuerrichtung katholischer Bekenntnisschulen und die Erteilung des katholischen Religionsunterrichts an den Schulen.

Mit dem Abschluss dieses Vertrages konnte das nationalsozialistische Deutschland seine Konzessionsbereitschaft beweisen und den Verdacht der Kirchenfeindlichkeit widerlegen.

Austritt aus dem Völkerbund

Der Austritt aus dem Völkerbund im Oktober 1933 signalisierte eine Abkehr von der Außenpolitik der Weimarer Republik und bedeutete die außenpolitische Selbstisolierung Deutschlands.

Hitler war grundsätzlich ein Gegner des in der Weimarer Republik akzeptierten Weges eines Systems kollektiver Sicherheit in Europa. Doch zunächst wahrte er hier außenpolitische Kontinuität und setzte im Rahmen des Völkerbundes und der Abrüstungskonferenz in Genf die bisherige deutsche Politik fort. Das Ansehen des Völkerbundes, das in Deutschland nie sehr groß war, wurde zusätzlich geschwächt, als am 27. März Japan austrat. Auf der Abrüstungskonferenz sprach die deutsche Delegation von Gleichberechtigung, Abrüstung und allgemeinem Friedenswillen. Sie verwies dabei auf die von Deutschland bisher bereits erbrachten Vorleistungen.

Kurzzeitig konnte man bei dem Gegensatz zwischen französischem Sicherheitsverlangen und dem deutschen Wunsch nach Gleichberechtigung auf die Vermittlung von England und Italien hoffen. Doch als sich das Verhandlungsklima infolge des Bekanntwerdens deutscher innenpolitischer Ereignisse zunehmend verschlechterte, erklärte Deutschland am 14. Oktober 1933 seinen Austritt aus der Abrüstungskonferenz und auch aus dem Völkerbund. Hitler landete damit seinen ersten Wochenendcoup. Ausgehend von der Annahme, dass der an Wochenenden beschränkte Handlungsspielraum eine schnelle Absprache der ausländischen Regierungen verhindere, verwendete er dieses Verfahren noch dreimal: bei der Einführung der allgemeinen Wehrpflicht 1935, bei der Besetzung des Rheinlandes 1936 und beim Einmarsch in Österreich 1938.

Ein außenpolitisches Risiko ging Hitler mit dem Völkerbundaustritt kaum ein, sehr schnell überwog in England die Überzeugung, den französischen Sicherheitswünschen zu weit entgegengekommen zu sein. Die vergrößerte internationale Isolierung der NS-Regierung wurde durch eine verstärkte Konsolidierung im Innern kompensiert. In einem mit Reichstagswahlen verbundenen Plebiszit stimmten am 12. November 1933 über 95 Prozent der Wahlberechtigten dem Austritt Deutschlands zu.

Pakt mit Polen

Hitler kehrte nun dem bisherigen System kollektiver Bündnisse den Rücken und begann die Politik multilateraler Bündnis- und Friedenssysteme durch eine Politik bilateraler Bündnisse zu ersetzen. Er betrachtete die deutsche Außenpolitik als seine ureigenste Domäne und neigte immer mehr dazu, Entscheidungen ohne das Auswärtige Amt zu treffen.

Der Abschluss des Nichtangriffs- und Freundschaftspaktes mit Polen am 26. Januar 1934 stieß selbst in Parteikreisen auf Unverständnis und Ablehnung, da das diktatorisch geführte Polen unmittelbar nach der nationalsozialistischen Machtübernahme einen Präventivkrieg gegen Deutschland erwogen hatte.

Zudem war es polnisches Bestreben, die dem Völkerbund unterstehende Freie Stadt Danzig in polnisches Staatsgebiet einzugliedern. Hitlers unerwarteter außenpolitscher Schritt war hingegen innerhalb seines außenpolitischen Programms konsequent: Durch den Vertrag dokumentierte er Friedenswillen und Pragmatismus. Er sah darin keinen Wandel seiner Ostpolitik, sondern lediglich eine zeitliche Verschiebung. Zudem war er bereit, Verträge wann immer nötig zu brechen.

Als Reaktion auf den deutsch-polnischen Vertrag wandte sich die Sowjetunion dem Westen zu und trat am 18. September 1934 dem Völkerbund bei. Im Mai 1935 folgten Beistandspakte mit Frankreich und der Tschechoslowakei.

Die französische Außenpolitik suchte seit 1933 eine engere Bindung an die osteuropäischen Bundesgenossen Tschechoslowakei, Jugoslawien und Rumänien. Daneben entstand 1934 auf Betreiben Frankreichs ein Balkanpakt, den Jugoslawien, Griechenland, Rumänien und die Türkei in Athen miteinander abschlossen.

Im September 1934 schlossen Estland, Lettland und Litauen eine Baltische Entente.

Putschversuch in Österreich

Der Umsturzversuch in Österreich im Juli 1934 scheiterte an der Haltung Italiens und fügte dem deutschen Ansehen Schaden zu.

In Österreich hatte im März 1933 Bundeskanzler Engelbert Dollfuß staatsstreichartig das Parlament ausgeschaltet. Mithilfe von Notverordnungen errichtete Dollfuß ein autoritäres Regime und gründete als Basis seiner Herrschaft im Mai 1933 die Vaterländische Front, die vor allem gegen die Sozialdemokraten sowie die Nationalsozialisten gerichtet war. Zur Absicherung des von ihm entwickelten Systems des Austrofaschismus nach außen lehnte er sich eng an das faschistische Italien an, zum Deutschen Reich dagegen ging er auf Distanz. Im Juni 1933 wurde die österreichische NSDAP verboten, die auf den Anschluss Österreichs an Deutschland hinarbeitete. Konzentrationslager und Standgerichte wurden errichtet, die Polizeistrafgewalt erhöht und der Verfassungsgerichtshof ausgeschaltet.

Eine sozialistische Erhebung im Februar 1934, die blutig niedergeschlagen wurde, führte zum Verbot der Sozialdemokratischen Partei Österreichs (SPÖ) und der Gewerkschaften. Im Mai 1934 wurde versucht, mit einer Verfassung einen autoritären Ständestaat zu errichten. Im Juli des Jahres 1934 unternahmen österreichische Nationalsozialisten von Deutschland aus einen Putschversuch, der zwar noch am selben Tag niedergeschlagen, in dessen Verlauf aber Dollfuß ermordet wurde. Dadurch verschlechterten sich die Beziehungen zwischen Deutschland, Österreich und Italien weiter.

Der neue österreichische Bundeskanzler Kurt von Schuschnigg (1897–1977) musste im Juli 1936 infolge der inzwischen erfolgten deutsch-italienischen Annäherung einen Vertrag mit dem Deutschen Reich schließen, in dem sich die Partner zur gegenseitigen Nichteinmischung in die innenpolitischen Angelegenheiten des Vertragspartners verpflichteten.

Rückgliederung des Saargebiets

Am 13. Januar 1935 fand gemäß den Bestimmungen des Versailler Vertrages unter Kontrolle des Völkerbundes die Abstimmung unter der Bevölkerung des Saarlandes statt, in der sich 90,8 Prozent der Stimmberechtigten für die Rückkehr zu Deutschland aussprachen. Obwohl die Rückgewinnung des Saargebietes für Deutschland einen außenpolitischen Prestigegewinn bedeutete, verschlechterte sich infolge der im Vorfeld gelaufenen nationalsozialistischen Propagandaschlacht das Verhältnis zu Frankreich.

Einführung der allgemeinen Wehrpflicht

Unter Verletzung internationaler Verträge führte die deutsche Reichsregierung im März 1935 die allgemeine Wehrpflicht ein. Am Wochenende des 16. März 1935 verkündete Hitler die Wiedereinführung der allgemeinen Wehrpflicht und die einseitige völlige Aufkündigung aller Rüstungsbeschränkungen des Versailler Vertrages.

Da schon die Weimarer Republik versucht hatte, diese mittels verschiedener Maßnahmen zu umgehen, konnte Hitler nach 1933 relativ schnell eine planmäßige Wiederaufrüstung einleiten. Sie umfasste die Vergrößerung des Friedensheeres auf 300 000 Mann, den Aufbau einer Luftwaffe als dritter Teilstreitkraft und die Herstellung bisher untersagter Waffen. Da die anfängliche Tarnung der deutschen Aufrüstung nach und nach aufgegeben worden war, konnte der spektakuläre Schritt im März 1935 nur bedingt überraschen. Jetzt begann der zügige Ausbau der nun offiziell in Wehrmacht umbenannten Reichswehr. Im August 1936 wurde im Rahmen der Wehrpflicht die zweijährige Dienstzeit eingeführt.

Stresafront

Nach der eigenmächtigen Aufkündigung aller Rüstungsbeschränkungen sah es zunächst danach aus, als werde Deutschland dadurch außenpolitisch noch stärker isoliert. Die Regierungschefs der ehemaligen Siegermächte Frankreich, Großbritannien und Italien verpflichteten sich am 14. April 1934 im norditalienischen Stresa *mit allen geeigneten Mitteln jeder einseitigen Aufkündigung von Verträgen zu widersetzen, durch die der Friede in Europa gefährdet werden könnte.*

Doch sowohl dieses Abkommen als auch die förmliche Verurteilung Deutschlands durch den Völkerbund wegen des Bruchs des Vertrags von Versailles verfehlten ihre Wirkung, da sich Großbritannien zu bilateralen Gesprächen über ein Flottenabkommen bereit fand.

Flottenabkommen mit England

Das Flottenabkommen mit England vom 18. Juni 1935 annullierte faktisch den Versailler Vertrag und schwächte die »Stresafront«. Dieses Abkommen legte die deutsche Flottenstärke auf 35 Prozent der britischen bei Parität in der U-Boot-Rüstung fest. Dies entsprach in etwa der Stärke der französischen Flotte, die für Hitler den Maßstab bildete.

Mit diesem Vertrag waren die Beschränkungen von Versailles faktisch annulliert, die deutsche Wiederbewaffnung – trotz Stresa – sanktioniert. Hitler, der diesen außerordentlichen außenpolitischen Erfolg in offenkundiger Abkehr von der Seestrategie des Kaiserreiches erreicht hatte, sah in dieser gelungenen deutsch-englischen Zusammenarbeit die beginnende Verwirklichung seiner *Politik der getrennten Interessensphären.*

Englands Politiker sahen, trotz vereinzeltem Wohlwollen gegenüber der nationalsozialistischen Politik, in Deutschland vor allem ein notwendiges Bollwerk gegen eine sowjetische Expansion nach Westen. Hitler hingegen sah im englischen Entgegenkommen eine Schwäche und kam zu der Überzeugung, dass durch eine Politik der vollendeten Tatsachen weitere Erfolge erzielt werden könnten.

Die Rheinlandbesetzung

Wieder an einem Wochenende, am 7. März 1936, ließ Hitler daher deutsche Truppen in das gemäß dem Versailler Vertrag entmilitarisierte Rheinland einmarschieren, um *ihre künftigen Friedensgarnisonen zu beziehen* (Hitler).

Durch die geringe Anzahl der eingesetzten Soldaten und den Befehl, sich bei französischen und belgischen Gegenaktionen sofort zurückzuziehen, war dies politisch ein äußerst gefährliches Unternehmen, denn ein deutscher Rückzug hätte eine unabsehbare Schwächung von Hitlers Macht bedeutet, zumal er seinen Entschluss gegen den Rat des Generalstabes und des Auswärtigen Amtes gefasst hatte. Hinterher nannte er die 48 Stunden nach dem Einmarsch ins Rheinland die *aufregendsten meines ganzen Lebens.*

Rechtlich begründet wurde dieser Bruch des Vertrages von Locarno mit der am 27. Februar 1936 erfolgten Ratifizierung des im Mai 1935 geschlossenen französisch-russischen Beistandspaktes. Bereits damals hatte Hitler vorsorglich argumentiert, dieser Vertrag bringe in das System von Locarno *ein Element der Rechtsunsicherheit*, da er das europäische Gleichgewicht gefährde. Frankreich breche damit den Locarno-Vertrag.

Mögliche Konsequenzen versuchte Hitler in einer Reichstagsrede vom selben Tag abzufedern, in der er Friedensbereitschaft signalisierte, ein Bündnisangebot aussprach und Deutschlands Rückkehr in den Völkerbund ankündigte. Aber letztendlich erwiesen sich alle Sorgen als unbegründet, da die maßgeblichen französischen Politiker sich nicht zu einer einheitlichen Haltung durchringen konnten, vor allem da die erwünschte englische Unterstützung ausblieb. London verwies auf die eigene öffentliche Meinung, die für eine militärische Konfrontation kein Verständnis haben werde, da Deutschland keinen Angriff auf Frankreich unternommen habe, sondern lediglich *in seinem eigenen Vorgarten spazieren gegangen* sei.

Am 19. März 1936 wurde Deutschland auf der Sitzung des Völkerbundstribunals des Vertragsbruches für schuldig erklärt, Sanktionen wurden abgelehnt. Durch die zurückhaltende Reaktion der Westmächte auf die Remilitarisierung des Rheinlandes erwuchs in Hitler die Überzeugung, Demokraten werden immer zurückweichen, um dem Frieden Opfer zu bringen. Ihm hingegen sei alles erlaubt.

Deutschlands neue Verbündete

Massiv begünstigt wurde Hitlers Remilitarisierung des Rheinlandes durch eine Änderung der weltpolitischen Konstellation um die Jahreswende 1935/36, die von Italien ausgegangen war.

Italiens Krieg gegen Äthiopien

Wohl mehr koloniale Interessen als das nach außen vorgetragene Ziel der Erneuerung des *imperium romanum* hatten den italienischen Diktator Benito Mussolini Anfang Oktober 1935 veranlasst, italienischen Truppen zu befehlen, das zwischen den eigenen Kolonien Eritrea und Somaliland gelegene Kaiserreich Äthiopien anzugreifen.

Der siebeneinhalb Monate dauernde Kampf um das letzte große selbstständige Land Afrikas wurde von italienischer Seite in brutalster Weise geführt. Gegen die schlecht bewaffnete äthiopische Armee setzten die Italiener modernste Waffen, Panzer,

Kampfflugzeuge und Giftgas – auch gegen die Zivilbevölkerung – ein. Zwar erklärte der auf Antrag Englands zusammengetretene Völkerbund Italien zum Aggressor, und es verpflichteten sich 48 Staaten, die verhängten Sanktionen anzuwenden, doch diese wurden nicht oder nur halbherzig eingehalten. Ein italienischer Sieg konnte daher nicht verhindert, sondern lediglich verzögert werden, doch die wohlwollende deutsche Neutralität veranlasste Mussolini eine Revision der Einstellung zum Locarno-Vertrag und eine Änderung der Österreich-Politik anzudenken.

Der spanische Bürgerkrieg

Die aus den Wahlen in Spanien im Frühjahr 1936 als Sieger hervorgegangene Volksfront hatte die von sozialen und politischen Spannungen geschüttelte Republik nicht zu stabilisieren vermocht. Am 17. Juli 1936 begann von Spanisch-Marokko aus ein Aufstand nationalistischer Militärs unter der Führung von General Franco, der einige Tage später auf das Festland übergriff. Der Bürgerkrieg, der sich aus diesem Staatsstreich entwickelte, wurde ein Konflikt, der die Emotionen sogar über Europa hinaus erregte. Die eine Seite sah darin einen Überfall auf eine fortschrittliche Demokratie, die andere einen Kreuzzug des Guten gegen den bolschewistischen Terror.

Hitlers Motive, den Putschisten zu Hilfe zu kommen, begründeten sich einerseits in der Furcht vor einem linken Spanien, zum anderen in der Hoffnung, sein Verhältnis zu Mussolini zu verbessern, der Franco ebenfalls unterstützte. Zudem wurde dieser Krieg als »eine Art Freilichtlabor« zum Erproben neuer Waffen. Symbolischen Charakter erhielt die Zerstörung der baskischen Stadt Guernica durch die deutsche Legion Condor.

Nachdem sich die Sowjetunion zugunsten der spanischen Republik festgelegt hatte und den größten Teil der Hilfe leistete, die die spanische Regierung erhielt, war es für die englische und die französische Regierung sehr schwer geworden zu intervenieren, trotz der Sympathien bei den Linken in beiden Ländern. In Frankreich war zu diesem Zeitpunkt sogar die Volksfrontregierung unter Léon Blum an der Macht.

In den Internationalen Brigaden kämpften Arbeiter, Studenten, Abenteurer und Intellektuelle aus aller Welt für die Republik. Unter ihnen befanden sich Alfred Kantorowicz, Arthur Koestler, der spätere französische Kulturminister André Malraux, der nachmalige britische Premier Clement Attlee, Erich Weinert, George Orwell, Theodore Dreiser, Romain Rolland und Ernest Hemingway.

Die Achse Berlin–Rom

Hitler nutzte den Besuch des italienischen Außenministers Graf Ciano im Oktober 1936 in Deutschland, um basierend auf der formellen Anerkennung des italienischen Kaiserreiches Äthiopien eine deutsch-italienische Zusammenarbeit anzusprechen. Mussolini proklamierte darauf am 1. November in Mailand die »Achse Berlin–Rom«, *um die die übrigen Staaten Europas sich gruppieren könnten*. Damit waren der Mittelmeerraum als Expansionsobjekt des italienischen Imperialismus und Osteuropa als der Deutschlands von beiden Ländern anerkannt.

Der Antikominternpakt

Mit dem Antikominternpakt sicherten sich Deutschland und das Kaiserreich Japan im November 1936 Rückendeckung für den Fall eines Konflikts mit der Sowjetunion. Durch den Beitritt Italiens entstand das weltpolitische Dreieck Berlin-Rom-Tokio.

Japan, das 1932 die Mandschurei als Kaiserreich proklamiert hatte, bereitete nun von dort aus den Angriff gegen China vor. Die expansive Politik sollte durch den Antikominternpakt mit Deutschland, der am 25. November 1936 unterzeichnet wurde, abgesichert werden.

Der Vertrag sah vor, gemeinsame Maßnahmen gegen die Propagandatätigkeit der Kommunistischen Internationale (Komintern) zu vereinbaren. In einem geheimen Zusatzabkommen wurde festgelegt, dass keiner der beiden Partner ohne gegenseitige Zustimmung Verträge mit der Sowjetunion abschließen werde, *die mit dem Geiste dieses Abkommens nicht übereinstimmen*. Der Abschluss des Hitler-Stalin-Paktes verletzte dann eindeutig diesen Passus.

Zudem sah das Zusatzprotokoll für den Fall eines unprovozierten Angriffs durch die Sowjetunion die Neutralität des Vertragspartners vor. Obwohl das Abkommen mit Japan für Deutschland kurzzeitig sogar Nachteile mit sich brachte, da es die engen militärischen und wirtschaftlichen Bindungen an China beendete, erfüllte es die Konzeption des späteren Außenministers Joachim von Ribbentrop (1893–1946) eines weltpolitischen Dreiecks Rom-Berlin-Tokio (»RoBerTo«), mit dem er England politisch zu isolieren glaubte. Hitler selbst hoffte auf einen Beitritt Großbritanniens zum Kominternpakt, um seinem antisowjetischen Wunschbündnis einen Schritt näher zu kommen. Italien trat dem Pakt 1937 bei.

Politik der Aggression

Im Jahr 1937 wurde die Grenze vom reinen Verteidigungs- zum offensiven Aggressionskrieg konzeptionell endgültig überschritten. Noch am 5. November desselben Jahres eröffnete Hitler in einer Geheimkonferenz seinem Kriegsminister Blomberg, Außenminister von Neurath und den Oberbefehlshabern aller Waffengattungen (Fritsch, Göring, Raeder) seine Überlegungen, die sein Wehrmachtsadjudant Friedrich Hoßbach einige Tage später aus dem Gedächtnis niederschrieb (Hoßbach-Protokoll).

Hoßbach-Protokoll

Als eigentliches Ziel der deutschen Außenpolitik nannte Hitler nicht die Entwicklung des Außenhandels oder den Erwerb von Kolonien, sondern die Gewinnung von Siedlungsraum und Rohstoffgebieten *in unmittelbarem Anschluss an das Reich in Europa*.

Die erste Angriffsrichtung galt dabei den Nachbarn Österreich und der Tschechoslowakei als Ausgangspunkte weiterer Eroberungspläne. Da diese Raumerweiterung nur gewaltsam und unter Risiko vor sich gehen könne, erläuterte er seinen Zuhörern drei mögliche Szenarien:

- Der späteste Termin für einen deutschen Angriff im Osten seien die Jahre 1943/45, da bis dahin die potenziellen Gegner rüstungstechnisch noch nicht nachgezogen und ihre eigenen überlegenen materiellen und personellen Ressourcen entfaltet hatten.
- Falls Frankreich in eine innere Krise stürzen sollte, sodass die französische Armee nicht gegen Deutschland eingesetzt werden könnte, dann sei der Zeitpunkt zum Handeln gegen die Tschechoslowakei gekommen.
- Wenn Frankreich in einen Krieg mit Mussolinis Italien verwickelt würde, müsse Deutschland die »Erledigung der tschechischen und österreichischen Frage« vielleicht schon im Jahre 1938 vornehmen.

Angesichts der mangelnden Risikobereitschaft seiner Zuhörer, die sich in ihren teilweise ablehnenden Einwänden artikulierte, musste Hitler erkennen, dass er seine Expansionspolitik mit *zögernden und bedenklichen Diplomaten und Generalen* nicht durchführen konnte.

Im Verlauf der Blomberg-Fritsch-Krise vom Januar 1938, in deren Verlauf die beiden ihre Posten räumen mussten, kam es zu weiteren personellen Veränderungen und Umstrukturierungen der Wehrmacht. Daneben wurde Außenminister von Neurath durch Joachim von Ribbentrop ersetzt. Am 4. Februar 1938 übernahm Hitler selbst den Oberbefehl über die Wehrmacht.

Der Anschluss Österreichs

Die meisten Deutschen und Österreicher sahen im Anschluss Österreichs im März 1938 die Verwirklichung des Großdeutschen Reiches, während Hitler darin nur eine Voraussetzung für weitere Expansion erblickte.

Nach dem Zusammenbruch Österreich-Ungarns 1918 hatten die Siegermächte in Paris den Wunsch Deutschösterreichs nach dem Anschluss an Deutschland untersagt. Nach der nationalsozialistischen Machtergreifung in Deutschland wurde die Anschlussbewegung in Österreich immer stärker vom Nationalsozialismus getragen, was nach dem gescheiterten Putsch von 1934 zu einem vorübergehenden Stillstand führte.

Obwohl das Abkommen zwischen Deutschland und Österreich vom Juli 1936 die gegenseitige

Nichteinmischung garantierte, geriet die Regierung Schuschnigg infolge der beginnenden Zusammenarbeit von Hitler und Mussolini zunehmend in eine außenpolitische Isolation. So konnte Hitler seine Annexionspläne schneller wieder aufgreifen, als er im November 1937 gedacht hatte, zumal Frankreich zu Beginn des Jahres 1938 durch eine innenpolitische Krise die Hände gebunden waren und nicht eingreifen konnte.

Der österreichische Bundeskanzler Kurt von Schuschnigg wurde am 12. Februar 1938 von Hitler in Berchtesgaden unter Drohungen aufgefordert, die österreichische Außenpolitik der deutschen anzuschließen und den Nationalsozialisten Arthur Seyß-Inquart (1892–1946) zum Innenminister zu ernennen. Schuschnigg, der glaubte, durch das Berchtesgadener Abkommen zumindest die staatliche Unabhängigkeit Österreichs bewahrt zu haben, versuchte diese durch eine auf den 13. März angesetzte Volksabstimmung plebiszitär abzusichern. Nachdem mittels Manipulationen versucht wurde, das Abstimmungsergebnis im Sinne Schuschniggs zu beeinflussen, hatte Hitler einen erneuten Grund, die Ungültigkeit der Abstimmung zu fordern, was er mit der Drohung eines militärischen Einmarsches unterstrich.

Obwohl Schuschnigg zurücktrat und sein Amt an Seyß-Inquart übergab, erteilte Hitler am Abend des 11. März 1938 den Befehl zum Einmarsch in Österreich. Als Vorwand diente ein von Göring gefälschtes Telegramm, das als angeblicher Hilferuf der österreichischen Regierung ausgegeben wurde. Am Morgen des 12. März marschierten unter dem Jubel der Bevölkerung deutsche Truppen in Österreich ein. Hitler selbst überschritt unter einem Fahnenmeer und Glockengeläut die Grenze bei seiner Geburtsstadt Braunau am Inn und begleitete den Einmarsch bis Linz, wo er unter dem Eindruck der Situation am Abend den unverzüglichen vollständigen Anschluss Österreichs an das Deutsche Reich verkündete.

Ein Plebiszit über die staatsrechtliche Angliederung Österreichs am 10. April mit mehr als 99 Prozent Zustimmung bedeutete einen überwältigenden Prestigeerfolg für den Staatsmann Hitler, denn nun war das Großdeutsche Reich verwirklicht, eine Idee, die in der Revolution von 1848 artikuliert worden war. Nachdem die Annexion Österreichs keinerlei Interventionen anderer Mächte hervorgerufen hatte, richtete sich nun Hitlers Augenmerk »planmäßig« auf die Tschechoslowakei.

Die Zerschlagung der Tschechoslowakei

Im Vielvölkerstaat Tschechoslowakei, der sich selbst als tschechoslowakischer Nationalstaat verstand, hatte es die dort lebenden 3,5 Mio. Köpfe zählende deutsche Minderheit (neben 0,9 Mio. Ungarn und 0,2 Mio. Polen) trotz aller Loyalität gegenüber dem Staat nicht vermocht, die volle Gleichberechtigung zu erlangen.

Nach 1933 organisierten sich die sudetendeutschen Anhänger eines Anschlusses an das Deutsche Reich in der Bewegung Konrad Henleins (1898–1945), der Sudetendeutschen Heimatfront, die 1935 in Sudetendeutsche Partei umbenannt wurde.

Das Karlsbader Programm

In der Forderung nach dem Selbstbestimmungsrecht der deutschen Minderheit sah Hitler den Hebel, mit dem die Tschechoslowakei destabilisiert werden sollte. Henlein, der sich seit 1937 offen zum Nationalsozialismus bekannte, wurde angewiesen, ein Maximalprogramm zu fordern, das die tschechische Regierung nicht erfüllen konnte.

Im Karlsbader Programm vom 24. April 1938 wurde die weitgehende Selbstverwaltung der Sudetendeutschen und ihre volle Gleichberechtigung und Gleichrangigkeit mit dem tschechischen Staatsvolk verlangt. Am 30. Mai konkretisierte Hitler sein Vorgehen in einer Weisung an die Wehrmacht, in der er sich entschlossen zeigte, *die Tschechoslowakei in absehbarer Zeit durch eine militärische Aktion zu zerschlagen.*

Der Generalstabschef des Heeres, Ludwig Beck, lehnte Hitlers Kriegspläne als verfrüht ab und trat im August von seinem Amt zurück.

Die britische Regierung entschloss sich Hitler durch Konzessionen von seinen Zielen abzubringen. Nachdem dieser die völlige Abtrennung der Sudetengebiete verlangt hatte, suchte Premierminister Arthur Neville Chamberlain das persönliche Gespräch mit Adolf Hitler, um den Frieden zu retten. Als dieser aber die sofortige Übergabe der Gebiete und die Berücksichtigung ungarischer und polnischer Interessen forderte, musste Chamberlain Mussolini um Vermittlung bitten, wodurch es zu einer Konferenz in München kam.

Das Münchner Abkommen

Im September 1938 legten Hitler, Mussolini, Daladier und Chamberlain im Münchner Abkommen die Sudetenkrise bei, indem die Westmächte der Abtretung des Sudetenlandes an das Deutsche Reich zustimmten.

Ohne Beteiligung der tschechischen Regierung kamen der britische Premierminister Neville Chamberlain, der französische Ministerpräsident Édouard Daladier, Hitler und Mussolini in dem am 30. September 1938 unterzeichneten Münchner Abkommen überein, die Sudetengebiete mit mehr als 50 Prozent deutscher Bevölkerung von der Tschechoslowakei ohne Volksabstimmung räumen und gleichzeitig von deutschen Truppen besetzen zu lassen.

Frankreich und England gaben für den verbleibenden tschechischen Staat eine gemeinsame Garantieerklärung ab, der auch Deutschland und Italien später beizutreten versprachen. Offiziell erklärte Hitler, dass Deutschland nun keine weiteren territorialen Ansprüche mehr habe.

Auch Polen holte sich seinen Anteil an der Beute; am Tag des deutschen Einmarsches in das Sudetenland am 1. Oktober besetzte es das Teschener Gebiet. Mit der darauf folgenden Autonomieerklärung der Slowakei und der Karpato-Ukraine begann der innere Auflösungsprozess der Tschechoslowakei.

Im Münchner Abkommen missachteten vier Großmächte die Souveränität eines Staates, bei dessen Entstehung drei von ihnen beteiligt gewesen waren. Die Staaten in Südosteuropa lehnten sich daraufhin noch stärker an Deutschland an.

Am 30. September unterzeichneten Chamberlain und Hitler eine Erklärung, in der sich das Deutsche Reich und England verpflichteten, niemals gegeneinander Krieg zu führen und Fragen der europäischen Politik nur nach gegenseitigen Konsultationen zu entscheiden. Eine ähnliche Erklärung mit Frankreich folgte am 6. Dezember.

Daladier und Chamberlain wurden bei ihrer Rückkehr aus München in ihren Ländern gefeiert. Ihre Konzessionsbereitschaft schien *the peace in our time* (den Frieden für unsere Zeit) gewährleistet zu haben. Hitler hingegen war unzufrieden, obwohl nun Versailles auch in territorialer Hinsicht überwunden war und alle nationalstaatlichen, großdeutschen Forderungen erfüllt waren. Er jedoch sah das Münchner Abkommen nur als halben Sieg an, denn was für viele Deutsche das zu erreichende Ziel der Außenpolitik gewesen war, war für Hitler nur die Basis für den Kampf um seine persönlichen Ziele.

Die Zerschlagung der »Rest-Tschechei«

Durch Missbrauch des slowakischen Nationalsozialismus und Drohungen erzwang Adolf Hitler im März 1939 die Selbstaufgabe des tschechischen Rumpfstaates.

Bereits am 21. März 1939 gab Hitler der Wehrmacht die Weisung, die *Erledigung der Rest-Tschechei* und die *Inbesitznahme des Memellandes* vorzubereiten. Nun waren es die slowakischen Nationalisten, die die Rolle der Sudetendeutschen übernahmen, indem diese scheinbar von Deutschland aus in ihren Bestrebungen unterstützt wurden. Und nachdem Hitler dem Slowakenführer Jozef Tiso (1887–1947) damit gedroht hatte, die Slowakei Ungarn zu überlassen, falls sie sich nicht von der Tschechoslowakei löse, rief die slowakische Landesregierung, die ursprünglich lediglich eine Autonomie innerhalb der Tschechoslowakei angestrebt hatte, am 14. März 1939 die Unabhängigkeit der Slowakei aus und stellte das Land unter den Schutz des Deutschen Reiches.

Der tschechische Staatspräsident Emil Hacha (1872–1945) erfuhr am selben Tag in Berlin, dass deutsche Truppen auf dem Vormarsch nach Prag waren. Hitler drohte mit der Bombardierung Prags durch die deutsche Luftwaffe und erpresste so eine Erklärung Hachas, in der er das Schicksal der Tschechoslowakei *vertrauensvoll in die Hand des Führers* lege. Bereits am 16. März konnte Hitler in Prag die tschechischen Territorien zum Reichsprotektorat Böhmen und Mähren erklären. Die Karpato-Ukraine kam an Ungarn, mit der Slowakei wurde ein Schutzvertrag abgeschlossen, der den Schein einer Souveränität wahrte.

Mit diesem Gewaltakt hatte Hitler der Welt verdeutlicht, dass seine Zusage, er habe über das Sudetenland hinaus keine territorialen Forderungen mehr, Schall und Rauch gewesen war. Mit der Annexion der Tschechoslowakei war klar geworden, dass er keine Revision von Versailles, sondern eine imperialistische Politik betrieb (→ Karte).

Das Ende der britischen Appeasementpolitik

Von nun an war vor allem England entschlossen, jedem weiteren aggressiven Akt des nationalsozialistischen Deutschland mit militärischen Gegenmaßnahmen zu begegnen. Folgerichtig führte es die allgemeine Wehrpflicht ein und sicherte am 31. März 1939 zusammen mit Frankreich Polen zu, bei einer Bedrohung dessen Bestand bewahren und für die nationale Souveränität des Landes eintreten zu wollen.

Damit endete ein politisches Konzept, das unter dem Namen Appeasementpolitik (Beschwichtigungspolitik) als *angebliches Modell für politische Leichtfertigkeit und Naivität gegenüber einer Diktatur in die Geschichte eingegangen ist* (Thamer). Neben einem Verständnis für das deutsche Bemühen den Vertrag von Versailles zu revidieren stand im Mittelpunkt der englischen Politik die Aufgabe, die Weltmachtposition des Empire zu verteidigen. Und dabei wurde Japan, nicht Deutschland, als der Hauptgegner gesehen. Zudem musste die englische Regierung auf die Friedenssehnsucht der Bevölkerung Rücksicht nehmen. Allerdings war die Appeasementpolitik nicht als Beschwichtigung, sondern als Kriegsverhütungspolitik gedacht. Parallel zu ihrer Entspannungspolitik versuchte England seine militärischen Defizite durch eine schnelle Aufrüstung auszugleichen.

Annäherung an die Sowjetunion

Da Polen nicht bereit war, gemeinsam mit Deutschland gegen die Sowjetunion vorzugehen, entschloss sich Hitler im März 1939 Polen zu erobern und suchte von nun an eine Annäherung an Stalin.

Bis März 1939 hatte Hitler mit Polen *ein tragbares Verhältnis* herstellen wollen, um *zunächst gegen den Westen zu kämpfen.* Doch durch die Besetzung des Memelgebietes durch deutsche Truppen am 23. März 1939, dessen Rückgabe von Litauen erzwungen worden war, fühlte sich Polen zunehmend bedroht. Daher lehnte die polnische Regierung nicht nur die von Deutschland angesprochene Regelung der Danzig-Frage ab, sondern ließ am 24. März eine Teilmobilmachung durchführen.

Nach der englischen und französischen Garantieerklärung für Polen, die noch immer auf eine friedliche Lösung abzielte, da man in London *nicht für Danzig sterben* wollte, wies Hitler am 3. April die Wehrmacht an, einen Angriff auf Polen vorzubereiten (»Fall Weiß«). Anfang April wurden der deutsch-polnische Nichtangriffspakt und das deutsch-britische Flottenabkommen gekündigt.

Der Stahlpakt

Infolge der sich nach dem 31. März 1939 anbahnenden Mächtekonstellation musste Hitler eine Annäherung an die Sowjetunion suchen, was angesichts seiner Lebensraumpläne eine Kehrtwendung seiner bisherigen Politik bedeutete. Erste Kontakte mit Stalin suchten allerdings die Westmächte, die ihm eine Beteiligung an der Politik der Garantien vorschlugen.

Stalin hingegen wollte nach beiden Seiten offen bleiben und verlangte zudem ein Durchmarschrecht durch Polen und die baltischen Staaten, was für Polen unannehmbar war. Auch ein Bündnis mit der Sowjetunion lehnten die Polen ab. Die deutsch-russischen Gespräche wurden dadurch erschwert, dass jede Seite der anderen misstraute und befürchtete, man benutze sie nur als Druckmittel gegen die Westmächte.

Am 22. Mai 1939 schlossen Deutschland und Italien den Stahlpakt, der die Achse Berlin–Rom festigte und erweiterte. Die Vertragspartner verpflichteten sich, dem jeweils anderen bei Ausbruch von militärischen Verwicklungen Beistand zu leisten. Die Grenze zwischen Deutschland und Italien wurde als endgültig anerkannt, was ein Zusatzabkommen über die Aussiedlung der Deutschen aus Südtirol nötig machte.

Der militärische Wert dieses Bündnisses war gering, da Mussolini erklärte, Italien sei vor 1943 aus ökonomischen und rüstungstechnischen Gründen nicht kriegsbereit. Als sich im Juli herausstellte, dass Japan nicht bereit war, diesem Bündnis beizutreten, um nicht in einen europäischen Krieg verwickelt zu werden, blieb der deutschen Außenpolitik nur noch die Annäherung an die Sowjetunion.

Der Hitler-Stalin-Pakt

Unter Berufung auf den Berliner Vertrag von 1926 schlossen am 23. August 1939 Deutschland und die Sowjetunion einen Nichtangriffspakt (»Hitler-Stalin-Pakt«). In einem geheimen Zusatzprotokoll sicherte sich die sowjetische Seite einen erheblichen Teil des polnischen Staatsgebietes für den Fall einer deutschen Eroberung.

Bereits im Mai hatte die Sowjetunion durch die Ablösung des Außenkommissars Litwinow, der als Befürworter einer westlich orientierten Außenpolitik galt, durch Stalins Vertrauten Molotow ein Signal an Deutschland gegeben. Außenminister von Ribbentrop verwies gegenüber seinen sowjetischen Verhandlungspartnern darauf, dass es zwischen beiden Ländern *von der Ostsee bis zum Schwarzen Meer* kein Problem gäbe, *das nicht zu lösen sei*. Hitler, der den Angriff auf Polen für den 26. August vorgesehen hatte, lief die Zeit davon. Doch erst im August erklärte sich die Sowjetunion mit verbindlichen Verhandlungen einverstanden, obwohl sie gleichzeitig mit einer englisch-französischen Delegation Kontakt aufnahm.

Am 23. August 1939 unterzeichneten von Ribbentrop und Molotow in Moskau einen deutsch-sowjetischen Nichtangriffspakt (»Hitler-Stalin-Pakt«) und ein geheimes Zusatzprotokoll, das erst

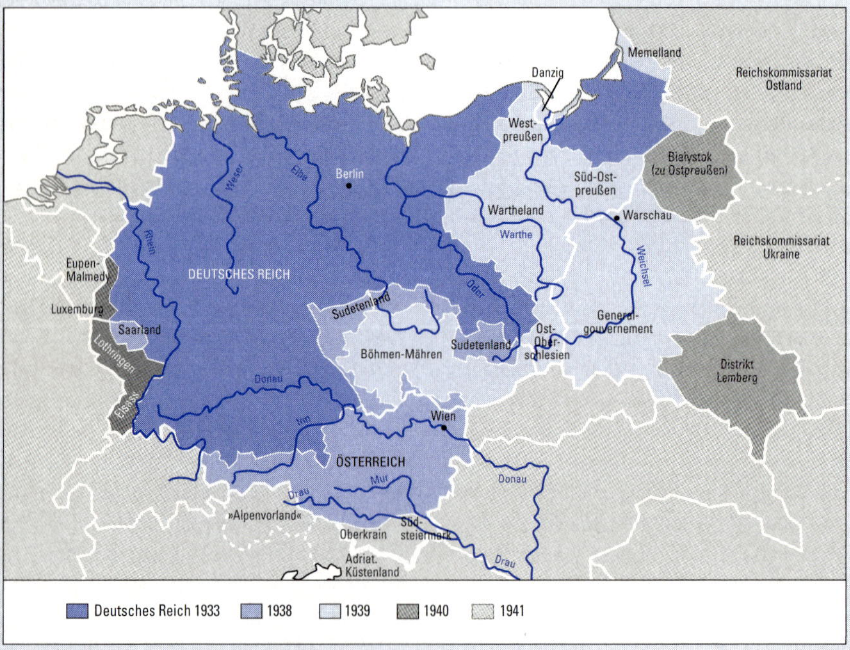

Das Großdeutsche Reich von 1933 bis 1945

1946 bekannt wurde und von der Sowjetunion noch längere Zeit geleugnet wurde. Dieses Abkommen schrieb den Verzicht auf gegenseitige Gewaltanwendung fest sowie die Wahrung der wechselseitigen Neutralität bei einem Angriff auf eine andere Macht. Das geheime Zusatzprotokoll grenzte die jeweiligen Interessensphären ab und schrieb die vierte Teilung Polens fest.

Dieser Vertrag knüpfte zwar an den Berliner Vertrag von 1926 und damit an Rapallo an, doch diese hatten den Zweck gehabt, das Verhältnis zwischen den beiden Staaten zu normalisieren und den Handel zu fördern, während nun die Vernichtung eines souveränen Staates beschlossen wurde.

Für Hitler hatte das Abkommen den Erfolg, dass die bedrohliche Allianz zwischen den Westmächten und der Sowjetunion endgültig zerbrochen war und der geplante Überfall auf Polen ohne den gefürchteten Zweifrontenkrieg durchgeführt werden konnte. Damit sollte sich auch die Ausgangsposition für den vorgesehenen Krieg gegen die Sowjetunion verbessern, sodass der Pakt einen ersten Schritt hin zur Eroberung neuen Lebensraumes im Osten bedeutete.

Für Stalin war das Abkommen die Möglichkeit, den Machtbereich nach Westen auszudehnen. Die in seiner Folge vorgenommene Westverschiebung der Sowjetunion auf Kosten Polens, die Annexionen der baltischen Staaten und von Gebieten in Südosteuropa überdauerten den Zweiten Weltkrieg und bestimmten die Nachkriegsgeschichte Europas.

Die Frage, ob Stalin den Pakt auch geschlossen hatte, um Zeit für die Vorbereitung auf den Krieg mit Deutschland zu gewinnen oder Hitler zu einem Werkzeug bei der Entfachung eines imperialistischen Krieges zwischen dem Reich und den Westmächten zu machen, wurde bis heute nicht beantwortet. Zumindest glaubte Stalin sicherlich an eine dauerhaftere Zusammenarbeit mit Deutschland, da die Sowjetunion ihren Lieferverpflichtungen – vor allem auch kriegswichtiger Güter – aus der vereinbarten wirtschaftlichen Kooperation immer pünktlich nachkam.

Obwohl Hitler nach dem Bündnis mit Josef Stalin zum Angriff auf Polen entschlossen war, führte er noch einige weitere diplomatische Täuschungsmanöver durch.

Nach dem deutsch-sowjetischen Bündnis wurden die russischen Gespräche mit den Westmächten abgebrochen. Hitler hingegen erläuterte bereits am 22. August den Oberbefehlshabern der Wehrmacht seine Pläne und ließ am Tag darauf 30 Divisionen Richtung Polen in Marsch setzen. Am 25. August erfuhr Hitler zunächst, dass die englische Garantieerklärung an Polen zu einem britisch-polnischen Beistandspakt ausgebaut worden war, der allerdings Danzig ausklammerte, anschließend wurde ihm die Absage Mussolinis übermittelt, in einen Krieg einzutreten.

Hitler ließ den Angriff auf Polen stoppen, um mit England zu verhandeln, das Bereitschaft signalisierte, die Berechtigung der deutschen Forderung nach der Rückgabe Danzigs anzuerkennen. Er versuchte nun zu einem Zeitpunkt, da die deutschen Truppen schon Gewehr bei Fuß standen, England zur Neutralität zu bewegen und Polen zu isolieren. Doch letzten Endes war der Sinn aller Diplomatie die Suche nach einem Alibi, *vor allem dem deutschen Volke gegenüber, um ihm zu zeigen, dass ich alles getan hatte, den Frieden zu erhalten.*

Der Zweite Weltkrieg I – 1939 bis 1942

1. September 1939	deutscher Überfall auf Polen
3. September 1939	Kriegserklärungen Frankreichs und Großbritanniens
27. September 1939	endgültige Niederwerfung Polens
30. November 1939	sowjetischer Überfall auf Finnland
12. März 1940	Frieden von Moskau
9. April bis 10. Juni 1940	Unternehmen »Weserübung« (Besetzung von Dänemark und Norwegen)
10. Mai 1940	Beginn des Westfeldzuges
15. Mai 1940	Kapitulation der Niederlande
28. Mai 1940	Kapitulation Belgiens
22. Juni 1940	Waffenstillstand von Compiègne (Frankreich)
August 1940 bis März 1941	Luftschlacht um England
27. September 1940	Dreimächtepakt (Deutschland, Italien, Japan)
14. November 1940	Zerstörung der Stadt Coventry durch deutsche Luftangriffe
13. April 1941	sowjetisch-japanischer Neutralitätspakt
17. April 1941	jugoslawische Kapitulation
21. April 1941	griechische Kapitulation
6. Juni 1941	Kommissarbefehl
22. Juni 1941	Beginn des Unternehmens Barbarossa
14. August 1941	Atlantik-Charta (USA, Großbritannien)
7. Dezember 1941	japanischer Überfall auf Pearl Harbor
11. Dezember 1941	deutsche Kriegserklärung an die USA
1. Januar 1942	»Vereinte Nationen« (26 Staaten bekennen sich zur Atlantik-Charta)
29. Januar 1942	Nordafrikanische Gegenoffensive unter Erwin Rommel: Eroberung von Bengasi
24. Februar 1942	gescheitertes Bombenattentat auf Franz von Papen – deutscher Botschafter in der Türkei – in Ankara

Der Zweite Weltkrieg

Hitlers fixe Idee, *Deutschland wird entweder Weltmacht oder gar nicht sein,* stürzte im September 1939 die Welt in die größte Katastrophe der Menschheitsgeschichte. Am Ende des Krieges hatte Deutschland als politisches und völkerrechtliches Subjekt aufgehört zu existieren. Deutschlands asiatischer Verbündeter Japan wurde durch zwei Atombombenabwürfe schwer getroffen. Die Welt spaltete sich in zwei Lager, in denen die neuen Weltmächte USA und Sowjetunion bestimmend wurden.

Die Kriegsjahre 1939–1942

Mit dem deutschen Angriff auf Polen am 1. September 1939 und den darauf folgenden Kriegserklärungen Großbritanniens und Frankreichs an das Deutsche Reich begann der Zweite Weltkrieg.

Der Polenfeldzug

Vorgetäuschte Zwischenfälle an der deutsch-polnischen Grenze und ein von der SS fingierter Überfall auf den Sender Gleiwitz lieferten Hitler den erwünschten propagandistischen Anlass zur Auslösung des Krieges. Am Vormittag des 1. September erklärte er vor dem Reichstag: *Seit 5.45 Uhr wird jetzt zurückgeschossen!* Der »Fall Weiß«, der Feldzug gegen Polen, hatte in den frühen Morgenstunden begonnen.

Zwei deutsche Heeresgruppen drangen in einer Zangenbewegung von Pommern und Ostpreußen und von Schlesien und der Slowakei nach Polen vor. Während die deutsche Westgrenze nur schwach besetzt blieb, setzte Hitler gegen Polen etwa 1,5 Mio. Mann, 3600 gepanzerte Fahrzeuge und über 1900 Flugzeuge ein. Die an Zahl und Bewaffnung weit überlegenen deutschen Truppen schlugen die polnische Armee in mehreren Kesselschlachten vernichtend.

Am 3. September hatten Frankreich und Großbritannien Deutschland den Krieg erklärt. Australien, Indien und Neuseeland schlossen sich der britischen Kriegserklärung am 6. September, die kanadische und südafrikanische Regierung am 19. September an. Die Strategie Frankreichs und Englands war jedoch defensiv. Während Frankreich es vorzog auf einen deutschen Angriff zu warten, präferierte England die Anwendung wirtschaftlicher Druckmittel. Zusätzlich wurde die sukzessive Entsendung britischer Truppen nach Frankreich durchgeführt.

Am 17. September ließ Josef Stalin unter dem Vorwand, Polen sei *zerfallen und nicht mehr existent,* die Rote Armee in Ostpolen einmarschieren, um sich seinen Anteil aus dem Pakt mit Hitler zu sichern.

Nachdem am 27. September der letzte polnische Widerstand in Warschau zusammengebrochen war, legten einen Tag später Deutsche und Russen in einem Grenz- und Freundschaftsvertrag die endgültige Grenzlinie am Bug fest. Zentralpolen mit Warschau kam unter deutsche Militärverwaltung, die baltischen Staaten einschließlich des immer noch souveränen Litauen wurden in den sowjetischen Machtbereich eingegliedert. Für die Betroffenen verlief die Sowjetisierung dieser Gebiete ähnlich grausam wie die Etablierung der SS-Herrschaft. Im Frühjahr 1940 wurden im Wald von Katyn bei Smolensk über 4000 gefangene polnische Offiziere ermordet und vergraben.

Entsprechend Hitlers Ziel, Polen zu vernichten, war die deutsche Politik in den besetzten Gebieten auf Terror und Vernichtung ausgerichtet.

Die unter deutscher Militärverwaltung stehenden polnischen Gebiete wurden am 12. Oktober 1939 zu einem Generalgouvernement für die besetzten Gebiete unter dem Hitler unmittelbar unterstellten Generalgouverneur Hans Frank (→ »Biografien«) vereinigt. Dieser betrieb eine Besatzungspolitik, die hauptsächlich auf die Vernichtung der polnischen Intelligenz wie die Gettoisierung der polnischen Juden ausgerichtet war.

Die westlichen Teile des von deutschen Truppen besetzten Gebiets wurden als so genannte Reichsgaue Danzig-Westpreußen und Wartheland ins Reichsgebiet eingegliedert. Während dort die Aussiedlung der nichtdeutschen Bevölkerung anlief, begann auf Befehl Heinrich Himmlers die Umsiedlung von Volksdeutschen aus den baltischen Staaten, der Ukraine und Weißrussland. Als Reichskommissar für die Festigung des deutschen Volkstums betrieb dieser neben einer brutalen Umsiedlungs- auch eine radikale Germanisierungspolitik. Er organisierte den Terror in den besetzten Ostgebieten und initiierte die Maßnahmen zur Endlösung der Judenfrage.

Krieg in Skandinavien

Von zwei Seiten aus wurde im Norden Europas Krieg geführt. Im Nordosten bemühte sich die Sowjetunion vergeblich darum, Finnland zu besiegen. Und im Westen Skandinaviens gelang den Deutschen die Eroberung Norwegens und Dänemarks und damit die Vertreibung britischer Truppen.

Der finnisch-sowjetische Winterkrieg

Im finnisch-sowjetischen Winterkrieg 1939/40 gelang es Finnland seine staatliche Souveränität zu behaupten. Die Weigerung Finnlands, einer Grenzveränderung zugunsten der Sowjetunion zuzustimmen, hatte diesen finnisch-sowjetischen Winterkrieg ausgelöst.

Am 30. November 1939 überfiel die sowjetische Rote Armee das Dreieinhalbmillionenvolk, das sich unerwartet gegen den übermächtigen Gegner behaupten konnte. Während Freiwillige – vor allem aus Schweden – in die finnische Armee eintraten und der Völkerbund am 14. Dezember die Sowjetunion ausschloss, wurde in Großbritannien geplant, über Norwegen und Schweden zugunsten Finnlands militärisch zu intervenieren. Zugleich hätte die für Deutschland so wichtige Zufuhr von Eisenerz aus Schweden unterbunden werden können, die im Winter über den eisfreien norwegischen Hafen Narvik lief. Obwohl die beiden skandinavischen Länder einem britischen Durchmarsch ablehnend gegenüberstanden, fürchtete Stalin eine Konfrontation mit den Westmächten. So kam es am 12. März 1940 zum Frieden von Moskau, der Finnland die Souveränität beließ, aber vor allem den Verlust der karelischen Landzunge und von Teilen Ostkareliens mit sich brachte.

Die Eroberung Norwegens

Um die kriegswichtigen Lieferungen von Eisenerz aus Schweden zu sichern, ließ Hitler im April 1940 Dänemark und Norwegen besetzen.

Hitler hatte nach der Zerschlagung Polens an einen Westfeldzug gedacht, um durch die Besetzung Belgiens, der Niederlande und Frankreichs eine strategische Basis für den erwarteten Kampf mit Großbritannien zu bekommen. Die deutsche Kriegsmarine stellte die Gefährdung Norwegens in den Mittelpunkt, denn obwohl der Friedensvertrag zwischen Finnland und der Sowjetunion einer britisch-französischen Intervention den Anlass genommen hatte, beabsichtigten die Alliierten die Verminung der norwegischen Küste und die Einrichtung von Stützpunkten.

Hitler hatte auf dem Höhepunkt des finnisch-sowjetischen Krieges einen Plan zur Besetzung Dänemarks und Norwegens ausarbeiten lassen, den er am 9. April 1940 als Unternehmen »Weserübung« ausführen ließ. Während der Einmarsch in Dänemark weitgehend ohne Probleme verlief, kam es in Norwegen, das in einer kombinierten See-, Land- und Luftunternehmung angegriffen wurde, zu Gefechten mit norwegischen und britischen Einheiten, die ihre Operation zeitgleich mit der deutschen eingeleitet hatten. Vor allem die deutsche Flotte erlitt dabei große Verluste.

Trotz der harten Kämpfe mussten infolge der deutschen Luftüberlegenheit die letzten britischen Truppen Anfang Juni das Land verlassen und Norwegen am 10. Juni 1940 kapitulieren. Die Kontrolle übernahm nun ein deutscher Reichskommissar, der von der faschistischen Partei Norwegens Nasjonal-Samling unterstützt wurde. Deren Anführer, Vidkun Quisling (1887–1945), stand von 1942 bis 1945 einer Marionettenregierung vor. Sein Name steht in Norwegen bis heute als Synonym für Kollaboration und Landesverrat.

Der Westfeldzug

Am 10. Mai 1940 begann der Westfeldzug, bei dem wiederum die Neutralität Belgiens und der Niederlande missachtet wurde. Frankreich wurde in sechs Wochen besiegt, das britische Expeditionskorps konnte aus Dünkirchen fliehen.

Hitler hatte gegen den Willen führender Generäle der Wehrmacht, die auf die Erfahrungen des Ersten Weltkrieges verwiesen, sofort nach dem siegreichen Polenfeldzug den Angriff auf Frankreich gefordert. Durch die Ereignisse im Winter und Frühjahr 1939/40 musste jedoch der Angriffstermin insgesamt 29-mal verschoben werden. Am 10. Mai 1940 wurde der bisherige »Sitzkrieg« (franz. *Drôle de Guerre* – komischer Krieg) durch den »Blitzkrieg« abgelöst.

Der »Blitzkrieg«

Der deutsche Angriff missachtete wie 1914 die Neutralität Belgiens und der Niederlande. Im Gegensatz zum Schlieffen-Plan waren der deutschen Offensive Sichelschnitt-Operationen vorgeschaltet, die auf der Beweglichkeit der deutschen Panzerverbände beruhten. Diese stießen durch Luxemburg und die für unpassierbar gehaltenen Ardennen über die Maas bis an die Kanalküste vor, die sie am 20. Mai 1940 bei Abbéville erreichten. Nachdem gleichzeitig nach starken Luftangriffen der Vormarsch in den Niederlanden zur Kapitulation am 15. Mai geführt hatte, waren die französische Nordarmee, das britische Expeditionskorps und die belgische Armee abgeschnitten.

Das britische Desaster von Dünkirchen

Die britischen Truppen (etwa 250 000 Mann) hatten sich nach Dünkirchen zurückgezogen und konnten zusammen mit über 100 000 Franzosen und Belgiern – allerdings unter Zurücklassung von schwerem Gerät – von der britischen Marine nach England evakuiert werden.

Diese Aktion, die die drohende Vernichtung oder Gefangenschaft verhinderte, wurde durch einen folgenschweren Befehl Hitlers begünstigt, der die deutschen Panzerverbände auf ihrem Vormarsch anhalten ließ. Am 28. Mai kapitulierten die belgischen Streitkräfte.

Am 5. Juni 1940 begann, gestützt auf die Panzerwaffe und die Lufthoheit, der zweite Teil des Westfeldzugs mit dem Vorstoß auf Paris. Am 10. Juni erklärte Italien Frankreich und England den Krieg und griff ohne großen Erfolg die französischen Alpenfestungen an.

Nach der fast kampflos erfolgten Einnahme der Hauptstadt durch deutsche Truppen konnte die gefürchtete Verteidigungsstellung, die Maginotlinie, von hinten aufgerollt werden.

Der neue französische Ministerpräsident, der 84-jährige Henri Philippe Pétain, der »Retter von Verdun« im Ersten Weltkrieg, ersuchte nun um Waffenstillstand. Dieser wurde am 22. Juni 1940 am gleichen Ort im Wald von Compiègne und im selben Eisenbahnwaggon geschlossen, in dem am 11. November 1918 die deutsche Delegation die Waffenstillstandsbedingungen hatte entgegennehmen müssen.

Die Teilung Frankreichs

Frankreich wurde zweigeteilt, der größere Teil mit den Küsten am Kanal wie am Atlantik und mit Paris blieb von der Wehrmacht besetzt, im südlichen Teil, der »freien Zone«, übten Pétain und sein Ministerpräsident Pierre Laval die Macht aus. Von Vichy aus erließen sie eine autoritäre Verfassung und kollaborierten mit den Deutschen. Restfrankreich hatte ein Heer von 100 000 Mann und behielt den größten Teil der Flotte wie auch die Souveränität über die Kolonien. General Charles de Gaulle (1890–1970), der sich am 18. Juni 1940 in London zum *Führer der freien Franzosen* erklärt und zur Fortsetzung des Kampfes aufgerufen hatte, konnte zunächst nur wenig Anhänger gewinnen. Die britische Marine übernahm soweit möglich Anfang Juli die französischen Kriegsschiffe oder versuchte sie zu versenken, was die Regierung Pétain mit dem Abbruch der diplomatischen Beziehungen zu England beantwortete.

Frankreich, die nach dem Ersten Weltkrieg stärkste Militärmacht auf dem Kontinent, war in relativ kurzer Zeit geschlagen und von Deutschland als Hegemonialmacht abgelöst worden. Was zwischen 1914 und 1918 unerreichbar geblieben war, hatte Hitler ohne schwere Verluste geschafft. Er stand auf dem Höhepunkt seiner Laufbahn, selbst seine militärischen Kritiker begannen nun an sein »Feldherrngenie« zu glauben.

Auf dem Höhepunkt des Westfeldzugs erzwangen sowjetische Ultimaten in den baltischen Staaten die Bildung kommunistischer Regierungen.

Bald darauf wurden Estland, Lettland und Litauen in die Sowjetunion eingegliedert. Entsprachen diese Aktionen und das von Rumänien abgepresste Bessarabien noch den Abmachungen des Hitler-Stalin-Paktes, ging die Annexion der rumänischen Nordbukowina darüber hinaus.

Luftschlacht um England

Da Großbritannien nicht bereit war, die deutsche Vorherrschaft auf dem Kontinent anzuerkennen, eröffnete Deutschland im August des Kriegsjahres 1940 die Luftschlacht um England als Vorbereitung einer Invasion.

Trotz des siegreichen Westfeldzugs konnte Hitler nicht vollständig zufrieden sein, denn England ging nicht auf seine Vorstellung von der Aufteilung der Welt ein. Er wäre bereit gewesen, einen Frieden zu gewähren, der außer der Rückgabe deutscher Kolonien und der Akzeptanz der deutschen Hegemonie über Europa keine weiteren Bedingungen verlangt hätte. In England jedoch war am 10. Mai 1940 Winston Churchill (1874–1965) an der Spitze einer Allparteienregierung an die Stelle Neville Chamberlains getreten, der vielleicht zu lange an seiner Appeasementpolitik festgehalten hatte. Schon in seiner illusionslosen Rede vor dem Unterhaus am 13. Mai 1940, in der er dem englischen Volk nichts außer *Blut, Mühsal, Tränen und Schweiß* anbot, wurde er zur Zentralfigur des britischen Widerstands und zum Symbol des Durchhaltewillens. Einen Frieden und Verhandlungen mit Hitler konnte es mit ihm nicht geben.

Unternehmen »Seelöwe«

So befahl Hitler im Juli die Vorbereitungen des Unternehmens »Seelöwe«, einer Landungsoperation gegen England, für die allerdings die Luftherrschaft über England und dem Kanal unbedingte Voraussetzung war. Während überall Transportfahrzeuge zusammengezogen wurden, begann am 13. August 1940 ein Großangriff der deutschen Luftwaffe auf die südenglischen Stellungen und die englische Jagdabwehr. In der »Luftschlacht um England« erlitten beide Seiten enorme Verluste, innerhalb von drei Monaten verlor die deutsche Luftwaffe fast drei Viertel ihres Bestandes. Die Royal Air Force konnte ihre Verluste leichter kompensieren. Wegen dieser Verluste und schlechter Wetterlage im Herbst konzentrierte sich die Luftwaffe auf Nachtangriffe gegen London und die englische Rüstungsindustrie.

Die Zerstörung der mittelenglischen Stadt Coventry mit ihren Wohnvierteln am 14. November 1940 wurde zu einem ersten Symbol für den unbegrenzten Luftkrieg. Obwohl schon im Oktober der Invasionsplan aufgegeben werden musste, wurde der Luftkrieg bis zum Frühjahr 1941 fortgeführt. Die Luftwaffe verlor bis Ende März 1941 über 2200 Flugzeuge.

Der Dreimächtepakt

Der Dreimächtepakt vom September 1940 richtete sich einerseits gegen den zukünftigen Gegner USA, kreiste aber auch die Sowjetunion ein.

Am 27. September 1940 unterzeichneten Deutschland, Italien und Japan den Dreimächtepakt, nachdem der Versuch Hitlers, Spanien und das »freie Frankreich« zu einer Koalition gegen England zu bewegen, fehlgeschlagen war. In diesem Vertrag sicherten sich die drei Mächte gegenseitige militärische Unterstützung zu und schrieben die Führung Deutschlands und Italiens *bei der Schaffung der neuen Ordnung in Europa* und Japans in Ostasien fest. Hitlers Absicht war es, durch die japanische Expansion auf das asiatische Festland die Aufmerksamkeit der USA nach Südostasien zu lenken und von einer Intervention in Europa abzuhalten.

Der Balkanfeldzug

Hitlers geplanter Angriff auf die Sowjetunion musste verschoben werden, da Mussolini bei seinen Kriegszügen auf dem Balkan, im Mittelmeerraum und in Afrika deutsche Unterstützung benötigte.

Hitler sah in seinem Pakt mit Stalin lediglich ein temporäres Bündnis, um für die Feldzüge gegen Polen und Frankreich abgesichert zu sein. Ob ihn allein seine Vision der Eroberung von Lebensraum im Osten oder auch strategische Notwendigkeiten nach der verlorenen Luftschlacht um England dazu bewogen, die Sowjetunion als nächstes Angriffsziel zu sehen, muss offen bleiben. Am 18. Dezember 1940 gab Hitler jedenfalls die Weisung für den »Fall Barbarossa«, nach der die Wehrmacht sich darauf vorbereiten musste, *Sowjetrussland in einem schnellen Feldzug niederzuwerfen.*

Doch die italienische Expansionspolitik, die auf ein italienisches Reich rund um das Mittelmeer – *mare nostro* – abzielte, zwang Hitlers Augenmerk auf diese Region. Ab August 1940 hatte Italien zunächst Malta aus der Luft angegriffen, dann Feldzüge gegen Britisch-Somaliland und Ägypten begonnen. Obwohl die italienischen Truppen in Nordafrika stecken blieben, befahl Mussolini am 28. Oktober die Eroberung Griechenlands, was sich infolge des griechischen Widerstands als Fiasko erwies. England konnte Kreta in Besitz nehmen und sich so eine starke strategische Situation im Luftkrieg aufbauen.

Verbündete auf dem Balkan

Im November 1940 traten Ungarn, Rumänien und die Slowakei dem Dreimächtepakt bei, im März 1941 folgte auch Jugoslawien. Als darauf in Belgrad ein Staatsstreich erfolgte, befahl Hitler neben der Zerschlagung Griechenlands auch die Jugoslawiens. Der Doppelangriff begann am 6. April 1941. Bereits am 17. April kapitulierte die jugoslawische, am 21. die griechische Armee.

Die Monarchen Griechenlands und Jugoslawiens bildeten in England Exilregierungen. Jugoslawien wurde in Besatzungszonen eingeteilt, Kroatien wurde unter einem autoritären Regime ein selbstständiger Staat. Eine italienische Militärverwaltung kontrollierte den größten Teil Griechenlands.

Der Krieg gegen Jugoslawien und Griechenland war der letzte Blitzfeldzug des Krieges. Ende Mai gelang es Fallschirmjägern in einer äußerst verlustreichen Operation die Briten von der Insel Kreta zu vertreiben.

Um die italienischen Truppen in Nordafrika zu unterstützen, hatte Hitler im Januar 1941 die Aufstellung eines Afrika-Korps befohlen, das im Februar unter General Erwin Rommel (→ »Biografien«) in das Geschehen eingriff. Nach anfänglichen Erfolgen entstand hier zunächst eine Patt-Situation, da durch Hitlers Favorisierung des Krieges gegen die Sowjetunion den deutschen Streitkräften in Afrika zu wenig Unterstützung zuteil wurde.

Unternehmen Barbarossa

Das Unternehmen Barbarossa, der Angriff auf die Sowjetunion am 22. Juni 1941, war als Vernichtungskrieg gegen den »jüdischen Bolschewismus« geplant. In der Vorbereitungsphase wurde der Überfall auf die Sowjetunion als Weltanschauungs- und Vernichtungskrieg konzipiert. Hitler, der nun immer häufiger von der *Vorsehung* und dem *Willen des Allmächtigen* sprach, verlangte von *seiner* Wehrmacht die Ausschaltung des *jüdisch-bolschewistischen Todfeindes* in einem *Vernichtungskrieg mit barbarischer Härte.*

Vor allem der berühmt-berüchtigte Kommissarbefehl vom 6. Juni 1941, der vorsah, politische Kommissare der Roten Armee als *die Urheber barbarisch asiatischer Kampfmethoden grundsätzlich sofort mit der Waffe zu erledigen*, steht für die völkerrechtswidrigen Richtlinien, mit denen die Truppe propagandistisch vorbereitet wurde. Allerdings konnte keine Maßnahme die durch das deutsche Eingreifen in Südosteuropa notwendig gewordene Verschiebung des Angriffstermins kompensieren.

Die Schlacht bei Kiew

Am 22. Juni 1941 griffen 148 deutsche Divisionen, zu denen rumänische und ungarische, später auch noch italienische, slowakische, kroatische und eine spanische hinzukamen, die Sowjetunion an. Auch Finnland rückte drei Tage später gegen sowjetische Truppen vor, ordnete sich aber nicht dem deutschen Heereskommando unter. Die Finnen wollten die im Winterkrieg verlorenen Gebiete wiedergewinnen. Weitere Ziele verfolgten sie nicht.

Die drei Heeresgruppen Nord, Mitte und Süd trafen auf einen trotz wiederholter und zuverlässiger Warnungen überraschten und durch die Säuberungen Stalins geschwächten Gegner. Hitlers Plan sah einen Blitzfeldzug vor, der in einem Vierteljahr die Angreifer in den Besitz Leningrads, der Ukraine, der Krim, der wichtigen Rohstoffgebiete am Donez und im Kaukasus bringen und Moskau zangenartig umfassen sollte. Der deutsche Generalstab sah allerdings in Moskau als Zentrum des

Straßen- und Bahnnetzes das Hauptziel. Bis zum Oktober durchbrachen deutsche Panzerverbände immer wieder die sowjetischen Stellungen und bildeten Kessel, die dann von der Infanterie aufgerieben wurden.

Im Norden drangen deutsche Truppen bis kurz vor Leningrad vor, begünstigt durch die Schwäche der dort stehenden Gegner. Um die stärkeren gegnerischen Kräfte im Süden zu durchbrechen, ließ Hitler Teile der Heeresgruppe Mitte nach Süden schwenken, und zusammen mit der Heeresgruppe Süd gelang es bei Kiew 665 000 Gefangene zu machen. Für Hitler war dies die *größte Schlacht der Weltgeschichte*, für den deutschen Generalstabschef *der größte Fehler des Ostfeldzuges*, denn der jetzt bei der Heeresgruppe Mitte angesetzte Angriff auf Moskau kam zu spät.

Der erste Rückzug

Obwohl Anfang Oktober in zwei weiteren Kesselschlachten noch einmal 673 000 Gefangene gemacht werden konnten, reichten die deutschen Kräfte nur noch aus, um sich Moskau zu nähern. Da Hitler und die Führung der Wehrmacht Lenin-

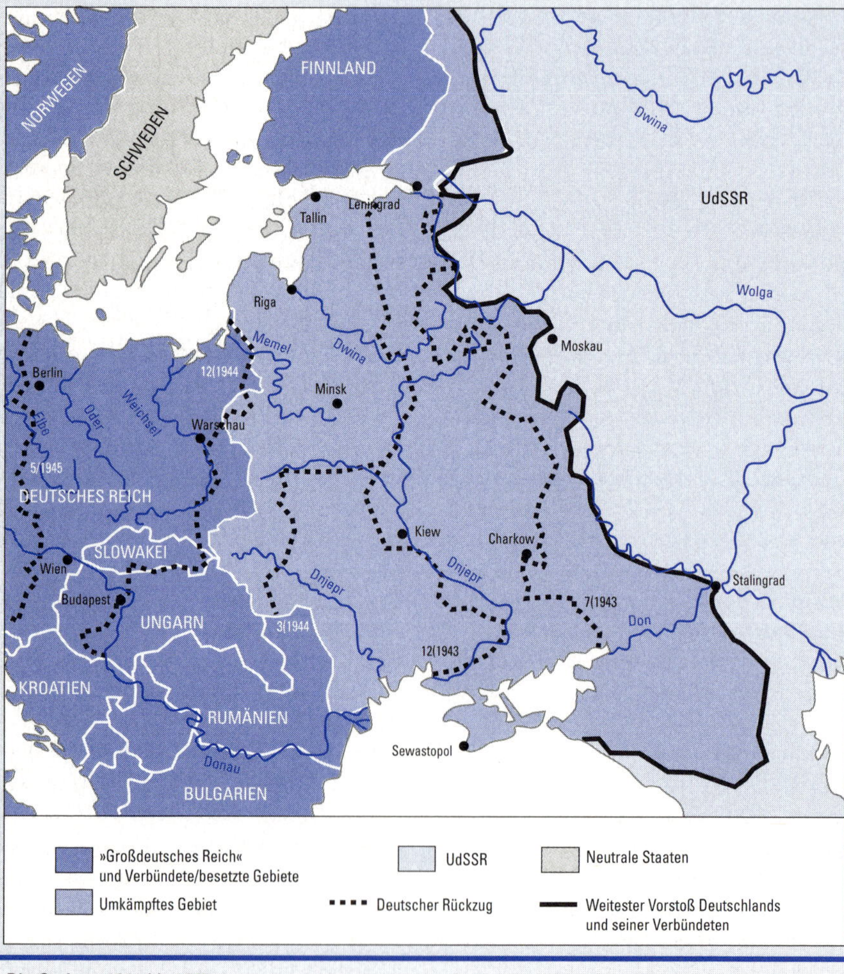

Die Ostfront 1941 bis 1945

grad nicht erobern, sondern vernichten wollten, wurde die Stadt fast 900 Tage lang belagert, wobei eine Million Menschen starben. Die nun einsetzende Schlammperiode schränkte die Mobilität der motorisierten deutschen Einheiten entscheidend ein, und der früh und mit extremer Kälte beginnende Winter stoppte endgültig den Vormarsch der deutschen Soldaten, die nicht mit ausreichender Winterausrüstung ausgestattet worden waren. Stalin, der zum *Großen Vaterländischen Krieg der Sowjetunion* aufgerufen hatte, gelang es nach den Vernichtungsschlachten der ersten Kriegsmonate immer neue Verbände aufzustellen oder aus dem Osten heranzuführen.

Zudem war die Bereitschaft unter der Bevölkerung der baltischen Staaten und der Ukraine, die Deutschen als Befreier vom Stalinismus zu sehen, aufgrund der von den Deutschen praktizierten rassistischen und völkerrechtswidrigen Exzesse schnell in Widerstand umgeschlagen, aus dem sich der Partisanenkrieg entwickelte. Als nun sowjetische Elitetruppen, die bisher aus Angst vor einem japanischen Angriff in Sibirien zurückgehalten worden waren, die deutschen Angriffsverbände vor Moskau zum ersten Mal zum Rückzug zwangen, übernahm Hitler am 19. Dezember 1941 selbst den Oberbefehl über das Heer. Die Verluste konnten nicht mehr kompensiert werden, aus dem Blitzfeldzug gegen die Sowjetunion wurde ein Abnutzungskrieg, den Deutschland gegen die größeren Ressourcen des Gegners einfach nicht gewinnen konnte (→ Karte).

Der amerikanische Kriegseintritt

Der Kriegseintritt der USA nach dem japanischen Überfall auf Pearl Harbor am 7. Dezember 1941 bedeutete eine Kriegswende.

Der sowjetisch-japanische Neutralitätspakt

Bereits zwei Jahre vor dem europäischen hatte der ostasiatische Krieg mit dem Vorrücken japanischer Truppen gegen China am 7. Juli 1937 begonnen. Seit 1931 betrieb Japan eine ähnlich aggressive Außenpolitik wie seine späteren Partner Deutschland und Italien in Europa. Japan propagierte die Schaffung einer *Neuen Ordnung in Ostasien*, die den dortigen Völkern unter japanischer Führung zur *Befreiung von der Bevormundung* verhelfen sollte. Zwischen 1937 und 1941 gelang es den Japanern in China fünf Provinzen und die Küste mit den Haupthäfen zu erobern und 1940 eine Marionettenregierung in Nanking einzusetzen.

Von Vichy-Frankreich erreichte Japan die Zustimmung zur Besetzung Nord-Indochinas, und nachdem es mit dem im September 1940 geschlossenen Dreimächtepakt sich deutscher und italienischer Unterstützung gegen ein Eingreifen der USA versichert hatte, schloss es am 13. April 1941 einen Neutralitätspakt mit der Sowjetunion.

Entgegen den Hoffnungen Hitlers, der von den Japanern die Errichtung einer zweiten Front gegen England erwartet hatte, richtete sich der japanische Angriff im Juli 1941 gegen Süd-Indochina. Auf diese Aggression hin reagierte der amerikanische Präsident Roosevelt mit der Verhängung eines Öl-Embargos über Japan. Da dieses über keinerlei eigene Ölvorkommen verfügte, blieb nur die Wahl, auf die Umsetzung der Hegemonialpläne zu verzichten oder mit den verbleibenden Vorräten zunächst Rohstoffquellen zu erobern.

Eine weitere Expansion bedeutete also gleichzeitig Krieg gegen die USA, zu dem sich Tokio am 1. Dezember 1941 entschloss. Anders als Hitler planten die japanischen Verantwortlichen nicht die Vernichtung des Gegners, sondern die USA sollten zur Anerkennung der japanischen Hegemonie im Pazifik gezwungen werden. Dazu war zunächst die Eroberung von Malaya, der Philippinen und von Hongkong vorgesehen, später sollten Burma und Niederländisch-Indien folgen.

Japanische Erfolge

Die amerikanische Regierung, die aufgrund geheimdienstlicher Informationen von einem bevorstehenden militärischen Angriff der Japaner wusste, wurde dennoch durch Ort und Zeit des ohne Kriegserklärung erfolgten japanischen Angriffs auf Pearl Harbor (Hawaii) am 7. Dezember 1941 überrascht. Die japanische Luftwaffe führte von Flugzeugträgern aus einen erfolgreichen Schlag gegen die in diesem Hafen zusammengezogene amerikanische Pazifikflotte. Allerdings blieben die amerikanischen Flugzeugträger unversehrt, die sich zu diesem Zeitpunkt auf See befanden.

Obwohl Hitler die Aussichten des asiatischen Bundesgenossen recht skeptisch beurteilte, erklärte er vier Tage nach dem japanischen Überfall am 11. Dezember 1941 den USA den Krieg, ohne durch den Dreimächtepakt dazu verpflichtet zu sein.

Nachdem zwischen den USA und Großbritannien bereits im Februar 1941 für den Fall eines Krieges ein »Germany first« vereinbart worden war und sich Präsident Roosevelt auch nach dem 7. Dezember 1941 daran hielt, gelang es den Japanern zunächst mit Erfolg, ihre Kriegsziele durchzusetzen. 1941/42 stießen sie gegen die Philippinen, Niederländisch-Indien, Java und die Sunda-Inseln vor. Nach der Eroberung Timors war auch Australien bedroht. Nach einem Bündnis mit Thailand nahmen die Japaner die britischen Stützpunkte Hongkong und Singapur ein. Sie eroberten Burma und sperrten den Nachschub nach China.

Auch in Ozeanien gelangen Japans Truppen schnelle Erfolge. Noch im Dezember 1941 eroberten die Japaner Guam und Wake, dann den Bismarck-Archipel, Neuguinea und die Salomonen. In weniger als sechs Monaten waren die Japaner nach geringen Verlusten zu einem Großreich aufgestiegen und beherrschten ein Territorium mit etwa 450 Millionen Einwohnern und den für Japan so lebensnotwendigen Ressourcen. Die Anfangserfolge führten in Japan in völliger Verkennung der Realität – ähnlich wie in Deutschland im Sommer 1941 – zu einem Gefühl der Überlegenheit.

Doch schon Anfang Juni 1942 war der Wendepunkt erreicht. In der kombinierten Luft- und Seeschlacht bei den Midway-Inseln zwischen amerikanischen und japanischen Flugzeugträgern unterlagen die Japaner. Die USA hatten damit die Seeherrschaft im Pazifik erlangt.

Die Altlantik-Charta

Nach dem deutschen Sieg über Polen hatten die USA durch die »Cash-and-Carry-Klausel« Großbritannien die Möglichkeit eröffnet, gegen Bezahlung und Abholung amerikanisches Kriegsmaterial zu erwerben. Am 11. März 1941 folgte das Leih- und Pachtgesetz (*Lend-Lease-Act*), durch das der amerikanische Präsident Franklin D. Roosevelt vom Kongress die Vollmacht erhielt – auch ohne Bezahlung –, Material an Länder zu liefern, die nach seiner Ansicht unterstützt werden mussten.

Nach dem deutschen Angriff auf die Sowjetunion errichteten die USA einen Marinestützpunkt auf Island und nahmen britische Schiffe in ihre Geleitzüge auf. Am 11. September 1941 erteilte Roosevelt den Befehl, deutsche U-Boote ohne Warnung zu versenken. Damit waren die USA im Atlantik vom Status der Nicht-Kriegführung zum unerklärten De-facto-Kriegszustand übergegangen.

Am 12. August hatten sich Churchill und Roosevelt an Bord eines Kriegsschiffes getroffen und das gemeinsame politische Programm (»Atlantik-Charta«) verkündet. Den expansionistischen Zielen des Gegners wurde die Vision der »Einen Welt« gegenübergestellt, in der territoriale Veränderungen ohne Zustimmung der Betroffenen nicht anerkannt würden. Im Einzelnen wurden acht Grundprinzipien formuliert:

- Verzicht auf jede territoriale Vergrößerung
- Territoriale Veränderungen nur mit Zustimmung der betroffenen Völker
- Recht aller Völker, ihre Regierungsform selbst zu bestimmen
- Gleichberechtigter Zugang aller Völker zum Welthandel und zu den Rohstoffen
- Wirtschaftliche Zusammenarbeit aller Nationen zur Erlangung besserer Arbeitsbedingungen, wirtschaftlichen Ausgleichs und sozialer Sicherheit
- Aufbau einer alle Völker umfassenden Friedensordnung
- Freiheit der Meere
- Allgemeiner Gewaltverzicht, vorher aber Entwaffnung der Aggressoren, dann Errichtung eines umfassenden Sicherheitssystems.

Am 1. Januar 1942 bekannten sich 26 Staaten – darunter auch die Sowjetunion – als »Vereinte Nationen« zu den Prinzipien der Atlantik-Charta, die allerdings auf die europäischen Kriegsziele der Sowjetunion nicht angewandt wurden, was letztendlich nach dem Ende des Krieges zum so genannten Kalten Krieg führte. Kurz zuvor, am 22. Dezember 1941, hatten auf der Arcadia-Konferenz in Washington Roosevelt und Churchill die Strategie »Germany first« bestätigt.

Die Kriegsjahre 1942–1945

Die durch die Ausweitung des Krieges geschwächte deutsche Luftwaffe konnte den ab 1942 verstärkt anlaufenden alliierten Bombenangriffen gegen Deutschland kaum etwas entgegensetzen.

See- und Luftkrieg

Wie in Afrika und Russland bedeutete das Jahr 1942 auch die Wende auf dem Atlantik und in der Luft. Seit Kriegsbeginn hatte die deutsche Kriegsmarine versucht, Großbritannien den Nachschub aus Übersee abzuschneiden. Jedoch besaß Deutschland im September 1939 nur 57 U-Boote, von denen 22 für Operationen im Atlantik geeignet waren. Ein Bauprogramm wirkte sich erst 1943 aus, als über 430 Boote zur Verfügung standen. Obwohl die U-Boot-Angriffe vom »Führer der U-Boote«, Admiral Dönitz, von Land aus als »Rudeltaktik« koordiniert die britischen Konvois erfolgreich dezimierten, gelang es den Briten mit einer Kombination aus materieller Überlegenheit und dem Einsatz neuer Techniken, die Atlantikschlacht zu ihren Gunsten zu entscheiden.

Die deutsche Luftwaffe war erst in der Luftschlacht um England auf einen ebenbürtigen Gegner getroffen. Die Ausweitung des Krieges machte dann ab 1941 eine Verlagerung der Mehrzahl deutscher Geschwader vor allem nach Russland notwendig. Die im Westen verbliebenen Jagdverbände konnten den ab Frühjahr 1942 vehement einsetzenden Bombenangriffen auf Deutschland nichts Wesentliches entgegensetzen.

Im Februar übernahm der berüchtigte Arthur T. Harris den Oberbefehl über das »Bomber Command«. Nun wurde die Methode des Flächenbombardements angewandt, das heißt, man nahm den Tod der Zivilbevölkerung nicht nur billigend in Kauf, sondern wollte neben der Kampfkraft vor allem den Kampfeswillen der Deutschen untergraben. Die erste deutsche Stadt, die einen Großangriff aus der Luft erlitt, war am 28./29. März 1942 Lübeck. Gegen Köln wurden am 30./31. Mai über 1000 Bomber eingesetzt. Obwohl Jäger von den Fronten abgezogen wurden, gelang keine ausreichende Abschirmung des deutschen Luftraumes.

Der Afrikafeldzug

Im Winter 1941/42 war es auch auf dem afrikanischen Kriegsschauplatz zu Rückschlägen für die deutsch-italienischen Truppen gekommen. Im Januar 1942 traten diese erneut zu einer Offensive an, die im Februar zur abermaligen Eroberung der Cyrenaika führte.

Am 26. Mai 1942 begann der zweite Vorstoß, durch den die britische Stellung bei Tobruk genommen werden konnte. Am 23. Juni überschritten die deutsch-italienischen Einheiten die ägyptische Grenze und standen im Juli vor El Alamein, der letzten britischen Verteidigungsstellung vor Alexandria. Von Juli bis September dauerte der Versuch Rommels die britischen Verteidigungsstellungen zu durchbrechen, um Kairo und vor allem den Suezkanal zu erreichen, doch am 6. September musste er aufgeben.

Während die am 23. Oktober 1942 begonnene britische Gegenoffensive die deutsch-italienische Afrikaarmee zurückdrängte, begannen am 7. und 8. November 1942 alliierte Einheiten bei Casablanca, Rabat, Oran und Algier ihren Vormarsch.

Der französische Oberbefehlshaber der Vichy-Truppen, Admiral Darlan, sorgte für die Einstellung des Widerstandes und den vollständigen Übertritt des Kolonialreiches auf die Seite der Alliierten. Hitler antwortete mit dem Einrücken deutscher Truppen ins bisher unbesetzte Frankreich und der Vernichtung der französischen Flotte.

Die nun errichtete zweite Front, die Stalin allerdings nicht als die von ihm geforderte Entlastung anerkannte, bedeutete das Ende für die Einheiten der Achsenmächte in Afrika, die sich in der Zange zwischen den gelandeten Truppen im Westen und der 8. britischen Armee unter Montgomery im Osten befanden. Als immer weniger Nachschub zu der von der See abgeschnittenen deutsch-italienischen Armee in Tunesien durchkam und eine anglo-amerikanische Offensive zur Einnahme von Tunis führte, musste die Heeresgruppe Afrika am 13. Mai 1943 kapitulieren.

Die Schlacht um Stalingrad

Um nach der Niederlage im Winterkrieg vor Moskau 1941/42 doch noch die Sowjetunion niederzu-

Der Zweite Weltkrieg II bis 1942–1945

28./29. März 1942	erster alliierter Luftangriff auf Deutschland (Lübeck)
30./31. Mai 1942	Luftangriff auf Köln
September 1942	Schlacht um El Alamein
13. Mai 1943	Kapitulation der Heeresgruppe Afrika
19. August 1942 bis 2. Februar 1943	Schlacht um Stalingrad
August 1942	Seeschlacht um die Midway-Inseln (Pazifik)
14.–16. Januar 1943	Konferenz von Casablanca
18. Februar 1943	Goebbels' Rede im Berliner Sportpalast (»totaler Krieg«)
5. Juli 1943	Beginn der Operation »Zitadelle«
13. Oktober 1943	Kriegserklärung der neuen italienischen Regierung
28. November bis 1. Dezember 1943	Konferenz von Teheran
4. Juni 1944	kampflose Übergabe Roms (»offene Stadt«) an die Alliierten
6. Juni 1944	Operation »Overlord«
22. Juni	Beginn der sowjetischen Großoffensive
30. Juli 1944	Durchbruch der Alliierten bei Avranches
25. August 1944	Einzug der Alliierten in Paris
5. September 1944	Kriegserklärung Rumäniens an Deutschland
19. September 1944	Sonderfrieden zwischen Finnland und der Sowjetunion
11. Oktober 1944	Rote Armee in Ostpreußen
Dezember 1944	Ardennen-Offensive
4.–11. Februar 1945	Konferenz von Jalta
13./14. Februar 1945	Bombenangriff auf Dresden
16. April 1945	Beginn der Schlacht um Berlin
30. April 1945	Selbstmord Hitlers
7.–9. Mai 1945	Kapitulation des Deutschen Reiches
6. August 1945	Atombombenabwurf auf Hiroshima
15. August 1945	Atombombenabwurf auf Nagasaki; japanische Kapitulation

werfen, leitete Hitler im Sommer 1942 eine Offensive ein. Zum einen sollte die Stadt Stalingrad – ein wichtiges Rüstungs- und Verkehrszentrum an der Wolga – eingenommen, zum anderen die kaukasischen Ölfelder unter deutsche Kontrolle gebracht werden. Ein taktischer Rückzug der Roten Armee ermöglichte der deutschen Heeresgruppe den Vorstoß bis zum Don, der Wolga und tief in den Kaukasus, am 21. August 1942 wurde auf dem Elbrus die deutsche Fahne gehisst. Zwar hatte die deutsche Machtausdehnung nun ihren Höhepunkt erreicht, doch die Offensive hatte sich festgelaufen, da die in Stalingrad gebundenen Truppen fehlten, um auch noch Baku und Tiflis zu nehmen.

Am 19. August 1942 trat die deutsche 6. Armee unter General Friedrich Paulus (→ »Biografien«) zum Angriff auf Stalingrad (heute Wolgograd) an und eroberte bis Mitte November rund 90 Prozent der Stadt. In erbittert geführten Häuser- und Straßenkämpfen erlitten die deutschen und rumänischen Angreifer schwere Verluste, während die sowjetischen Verteidiger laufend verstärkt wurden. Am 19. November 1942 begann der sowjetische Gegenangriff, der drei Tage später zur Einschließung der deutsch-rumänischen Truppen führte. Hitler, der die Stadt, die den Namen des verhassten Feindes trug, unbedingt erobern wollte, lehnte den sinnvollen Rückzug ab und befahl durchzuhalten. Luftwaffenchef Göring hatte zudem versichert, die Luftwaffe könne den benötigten Nachschub heranschaffen, was zu keinem Zeitpunkt der Fall war. Der strenge Winter und unzureichende Verpflegung dezimierten die Eingeschlossenen, die noch immer auf Entsatz hofften.

Ein am 12. Dezember 1942 begonnener Entlastungsversuch, bei dem sich Panzerverbände dem Kessel Stalingrad bis auf 48 Kilometer näherten, musste aufgrund des sowjetischen Widerstands abgebrochen werden. Mit seinem am 23. Dezember erneuerten Durchhaltebefehl überließ Hitler die 6. Armee ihrem Schicksal und am 31. Januar und 2. Februar 1943 ergaben sich die Reste der deutschen Truppen. Am 30. Januar hatte Hitler mit der Ernennung von Paulus zum Generalfeldmarschall noch versucht, diesen mit seinen Soldaten zum »Heldentod« zu motivieren.

Rund 150 000 deutsche und rumänische Soldaten waren in Stalingrad gefallen, etwa 90 000 Mann gerieten in sowjetische Kriegsgefangenschaft, aus der nur 6000 Überlebende bis 1956 nach Deutschland zurückkehrten. Durch diese bisher größte Niederlage der Wehrmacht ging das Gesetz des Handelns endgültig auf die Rote Armee über.

Rückschläge 1943

Das Jahr 1943 war aus deutscher Sicht von vehementen Rückschlägen geprägt. Luft- und Bombenangriffe auf deutsche Städte wurden von den Alliierten Tag und Nacht geflogen. Die Stimmung in Deutschland schwang um.

Konferenz von Casablanca

Vom 14. bis 16. Januar 1943 trafen sich Churchill und Roosevelt in Casablanca, wo sie die Formel der »bedingungslosen Kapitulation« prägten, zu der Deutschland, Italien und Japan gezwungen werden sollten. Weiterhin sollte der Krieg im Mittelmeerraum weitergeführt und der Bombenkrieg gegen Deutschland intensiviert werden. Ein erster Höhepunkt dieser neuen Strategie, Tag- und Nachtangriffe zu kombinieren, war die »Operation Gomorrha«, die im Juli 1943 Hamburg verwüstete.

Operation Gomorrha

Nach dem Willen von Arthur Harris sollten die britischen und amerikanischen Bomber die Hansestadt bis auf den Grund zerstören. Anschließend wollte er ganz Deutschland »hamburgisieren«. In den orkanartigen Feuerstürmen, die mit Windgeschwindigkeiten von 270 Stundenkilometern durch die Straßen tosten, verbrannten und erstickten allein in der Nacht zum 28. Juli 18 400 Menschen. Das Unternehmen Gomorrha kostete ungefähr 37 000 Bewohnern von Hamburg das Leben, 40 000 wurden verletzt, an die 277 000 Wohnungen wurden zerstört oder beschädigt.

Goebbels' Sportpalastrede

Um der gedrückten Stimmung in Deutschland infolge der permanenten Bombenangriffe und dem Schock, den die Katastrophe von Stalingrad ausgelöst hatte, zu begegnen, proklamierte Reichspropagandaminister Joseph Goebbels am 18. Februar 1943 in einer Massenkundgebung im Berliner Sportpalast den »totalen Krieg«. Zuvor hatte Hitler die totale Mobilisierung sämtlicher personeller und materieller Ressourcen im Deutschen Reich und in den besetzten Gebieten per Generalbefehl angeordnet. Alle Männer zwischen 16 und 65 sowie Frauen zwischen 17 und 45 Jahren konnten nun zur Reichsverteidigung herangezogen werden.

»Operation Zitadelle«

Nach einer letzten gescheiterten deutschen Großoffensive im Juli 1943 übernahm die Rote Armee die Initiative und konnte ohne große Gegenwehr schnell nach Westen – und damit nach Deutschland – vordringen.

Der Durchbruch der Roten Armee bei Stalingrad hatte den gesamten südlichen Teil der Ostfront in Bewegung gebracht. Die deutsche Rückzugsstrategie der verbrannten Erde wurde im Sommer 1943 von einer letzten Offensive durchbrochen. Am 5. Juli begann die Operation »Zitadelle« mit dem Ziel, die sowjetischen Einheiten im Frontbogen von Kursk einzuschließen. Mit rund 900 000 Soldaten, 1800 Flugzeugen und 10 000 Geschützen wollte die Wehrmacht noch einmal die Initiative ergreifen. Die Attacke war jedoch von den Sowjets erwartet worden und der deutsche Angriff blieb nach wenigen Kilometern stecken. Es entwickelte sich die größte Panzerschlacht des Krieges, bei der die Wehrmacht über 400 Panzer und 10 000 Soldaten verlor. Im Anschluss setzte die sowjetische Gegenoffensive ein, bei der die Rote Armee den Dnjepr überquerte, Kiew zurückeroberte und im Januar 1944 die russisch-polnische Vorkriegsgrenze erreichte.

Italiens Kapitulation

Die im November 1942 in Algerien und Marokko gelandeten alliierten Truppen setzten im Juli 1943 auf Sizilien und anschließend auf das italienische Festland über, was zum Ausscheiden Italiens aus dem Krieg führte.

Die Niederlage der deutsch-italienischen Truppen in Nordafrika hatte für die Alliierten optimale Voraussetzungen für ein Landeunternehmen in Italien geschaffen. Am 10. Juli 1943 landeten angloamerikanische Truppen unter General Dwight D. Eisenhower (1890–1969) auf Sizilien und konnten den italienischen Widerstand schnell brechen. Als zudem alliierte Luftangriffe Rom bedrohten, ließ der italienische König Viktor Emanuel III. Benito Mussolini verhaften und an dessen Stelle Pietro Badoglio zum neuen Ministerpräsidenten ernennen, der vorgab den Kampf weiterzuführen. Geheime Friedensverhandlungen führten am 3. September 1943 jedoch zu einem Waffenstillstand zwischen Italien und den Alliierten am 8. September. Daraufhin leitete die deutsche Wehrmacht den »Fall Achse« ein: Entwaffnung und Gefangennahme der italienischen Streitkräfte in Italien, Südfrankreich und dem Balkan sowie die Besetzung Roms durch deutsche Truppen.

Als die Alliierten bei Salerno landeten, mussten sich die deutschen Truppen auf eine Linie nördlich von Neapel zurückziehen. Zwar gelang es einer deutschen Spezialeinheit Mussolini zu befreien und nach Norditalien zu bringen, wo dieser in Salò am Gardasee eine Marionettenregierung installierte, doch Deutschland hatte seinen wichtigsten Kriegspartner verloren. Das befreite Italien erklärte Deutschland am 13. Oktober 1943 den Krieg. In der Folgezeit berannten alliierte Truppen die deutsche »Gustav-Linie« mit dem Kloster Monte Cassino als Zentrum. Erst im Mai 1944 gelang der Durchbruch, Rom wurde von den Deutschen zur »offenen Stadt« erklärt und am 4. Juni von den Angreifern kampflos besetzt. Zu einem blutigen Racheakt wegen des Seitenwechsels kam es auf der ionischen Insel Kephallonia. Dort wurden 4000 italienische Soldaten von deutschen Besatzungstruppen ermordet, nachdem sie sich ergeben hatten.

Konferenz von Teheran

Vom 28. November bis zum 1. Dezember 1943 trafen sich zum ersten Mal die »großen Drei«, Churchill, Roosevelt und Stalin, in Teheran, um die Verhältnisse für ein Nachkriegseuropa zu besprechen. Stalin machte klar, dass er auf seiner Beute aus dem Hitler-Stalin-Pakt bestehe. Um Polen für seine Gebietsverluste zu entschädigen, forderte er eine Westverschiebung Polens bis zur Oder. Außerdem einigten sich die drei prinzipiell auf eine Aufteilung des besiegten Deutschlands, wobei Churchill eine Isolation Preußens und einen Zusammenschluss der süddeutschen Staaten mit Österreich vorschlug, Roosevelt hingegen eine Aufteilung in fünf kleine Staaten forderte.

1944 – Das Jahr des Rückzugs

Mit der erfolgreichen alliierten Invasion in der Normandie vom 6. Juni 1944 war Frankreich verloren und die letzte Phase des Krieges angebrochen.

D-day – Invasion in Frankreich

Seit August 1942 wurde auf Befehl Hitlers versucht, von den Pyrenäen bis zur niederländischen Küste eine Verteidigungslinie aufzubauen, die eine alliierte Landung unmöglich machen sollte. Allerdings war dieser »Atlantikwall« bis zum Sommer 1944 erst in Teilen fertiggestellt.

Während die deutsche Führung die Invasion an der engsten Stelle des Kanals bei Boulogne und Calais erwartete, begann am 6. Juni 1944 der alliierte Großangriff, die Operation »Overlord«, mit über 5300 Schiffen und 12 000 Flugzeugen an der Küste der Normandie. In der Nacht hatten Lastensegler Luftlandetruppen hinter den deutschen Verteidigungsstellungen abgesetzt, die trotz starker Verluste die Verbindung zu den Landungstruppen herstellen konnten. Trotz des blutigen Verlaufs am berühmt-berüchtigten Landungsabschnitt »Omaha Beach« standen nach nicht einmal einer Woche rund 300 000 Mann starke Truppen der Alliierten in Frankreich. Von Brückenköpfen aus gelang es den amerikanischen, britischen und kanadischen Einheiten die deutsche Abwehrfront Stück für Stück zurückzudrängen.

Am 30. Juli 1944 gelang alliierten Panzerverbänden der Durchbruch bei Avranches, die nun die deutsche Front von hinten angreifen konnten. Die deutschen Einheiten mussten sich auf die belgisch-niederländische Grenze und den »Westwall« zurückziehen. Unterstützt von französischen Kämpfern der Résistance rückten die alliierten Truppen – verstärkt durch eine weitere Landungsoperation in Südfrankreich Mitte August – auf die Hauptstadt Paris vor, in das am 25. August 1944 General de Gaulle triumphierend einzog. Entgegen eines Befehls Hitlers hatten die abziehenden deutschen Truppen die Stadt nicht zerstört.

Vor dem Hintergrund der sich abzeichnenden Niederlage im Westen und der sich anbahnenden Katastrophe im Osten ereignete sich das Attentat auf Hitler am 20. Juli 1944.

Zusammenbruch im Osten

Zeitgleich kam es auch an der Ostfront zur Katastrophe. Der sowjetische Durchbruch bei Leningrad führte zum finnischen Entschluss, einen Sonderfrieden mit Stalin zu schließen, der am 19. September unterzeichnet wurde. Anschließend beteiligten sich finnische Truppen an der Vertreibung deutscher Truppen aus Finnland und deren Gefangennahme.

Am 22. Juni 1944, dem dritten Jahrestag des deutschen Überfalls auf die Sowjetunion, begann eine sowjetische Großoffensive gegen die Heeresgruppe Mitte. Nach diesem Frontdurchbruch kesselten 1,2 Mio. sowjetische Soldaten in einer Zangenbewegung drei deutsche Armeen ein. Innerhalb weniger Tage stießen die sowjetischen Truppen über 300 Kilometer nach Westen vor. Als der Vorstoß Ende Juli kurzzeitig aufgehalten werden konnte, hatte die Heeresgruppe Mitte aufgehört zu existieren, über 350 000 deutsche Soldaten waren innerhalb von vier Wochen gefallen oder gefangen genommen worden. Die Rote Armee drang nun Richtung Ostpreußen und den Weichselbogen bei Warschau vor, wo der Angriff Ende Juli 25 Kilometer vor der Stadt zum Stehen kam. Stalin lehnte eine Unterstützung des nationalpolnischen Aufstandes in Warschau ab, der dadurch von den Deutschen niedergeschlagen werden konnte.

Am 13. Juli begann die sowjetische Offensive gegen die Heeresgruppe Nord. Diese wurde von sämtlichen Landverbindungen nach Ostpreußen abgeschnitten und musste sich bis Mitte Oktober nach Kurland zurückziehen, wo sie sich bis zur deutschen Kapitulation am 8. Mai 1945 hielt. Am 11. Oktober überschritt die Rote Armee die Reichsgrenze in Ostpreußen.

Russischer Vormarsch auf den Balkan

Die sich abzeichnende Niederlage Deutschlands und das Vorrücken der Roten Armee führten zum Abfall der Verbündeten in Südosteuropa.

Nachdem es Stalin auf der Konferenz von Teheran gelungen war, ein Eingreifen der Westalliierten in Südosteuropa zu verhindern, begann die Rote Armee mit der Eroberung des gesamten Balkanraums. Am 23.August 1944 ließ der rumänische König den Staatsführer Antonescu verhaften und erklärte zwei Tage später Deutschland den Krieg. Am 5. September erfolgte die Kriegserklärung der Sowjetunion an Bulgarien, und ein Staatsstreich öffnete der Roten Armee den Weg zur Besetzung des Landes. Der Abfall von Rumänien und Bulgarien sowie die sowjetische Besetzung von ungarischen Gebieten machten die Räumung des von der Wehrmacht besetzten Griechenlands und Albaniens notwendig. An der Drina und Drau wurde eine Verteidigungsstellung aufgebaut, die bis kurz vor Kriegsende gehalten werden konnte.

Die letzte Offensive Hitlers

Im Dezember 1944 versuchte Hitler unter Einsatz der letzten Reserven die Initiative an sich zu reißen. Die deutschen Truppen sollten durch die Ardennen brechen und nach Überquerung der Maas Brüssel und Antwerpen einnehmen, wo der alliierte Nachschub abgewickelt wurde.

Durch Trennung der britischen und amerikanischen Truppen sollten die Westmächte friedensbereit gemacht werden, um anschließend die Kapazitäten gegen die vorrückende Rote Armee im Osten einsetzen zu können. Die am 16. Dezember 1944 begonnene Offensive scheiterte aber bereits nach einigen Tagen.

Das Ende des Krieges

Zu Beginn des Jahres 1945 zeichnete sich deutlich ein Sieg der Alliierten in Europa ab. Doch es dauerte bis zum 7./8. Mai – am 30. April beging Hitler Selbstmord –, bis die Militärs unter Führung von Admiral Karl Dönitz die Kapitulation unterzeichnen.

Die Konferenz von Jalta

Auf der Konferenz von Jalta auf der Krim (vom 4. bis 11. Februar 1945) behandelten Churchill, Roosevelt und Stalin zunächst die polnische und dann die deutsche Frage, zudem versprach Stalin, etwa zwei bis drei Monate nach der deutschen Kapitulation in den Krieg gegen Japan einzutreten.

Als Ostgrenze Polens wurde die so genannte »Curzon-Linie« festgelegt, die ungefähr der Demarkationsgrenze des Hitler-Stalin-Paktes entsprach. Obwohl die Westmächte die polnische Westgrenze und damit die Frage der abzutretenden deutschen Gebiete erst in einem Friedensvertrag regeln wollten, sprach Stalin bereits von der Oder-Neiße-Linie.

Beschlossen wurde die Teilnahme Frankreichs an der in Deutschland vorgesehenen Militärregierung, die Errichtung einer Kommission zur Festsetzung der deutschen Reparationen sowie die Aufteilung des Reichsgebietes. Die Einrichtung von Besatzungszonen war bereits im Londoner Protokoll vom 14. November 1944 beschlossen worden. Die Sowjetunion sollte den östlichen Teil des Reichsgebietes von 1937, die USA den südwestlichen und Großbritannien den nordwestlichen erhalten. Analog wurde Großberlin in drei Sektoren aufgeteilt. In Jalta überließ es Stalin den Westalliierten aus ihren Besatzungszonen Teile an Frankreich abzutreten.

Übereinstimmung erzielten die »Großen Drei« auch über die Fragen der Entmilitarisierung und Entnazifizierung der Deutschen, ungeklärt blieb hingegen die zukünftige wirtschaftliche Gestaltung Deutschlands.

Flucht aus dem Osten

Obwohl alle Zeichen zu Beginn des Jahres 1945 auf eine Großoffensive der Roten Armee deuteten, weigerte sich Hitler der Empfehlung seines Generalstabschefs zu folgen, alle Reserven von der Westfront an die Weichsel zu verlegen. Am 12. Januar begann hier der sowjetische Angriff. Schon am 21. Januar überschritt die Rote Armee die Reichsgrenze westlich von Breslau, kurz darauf nahm sie das Industrierevier Oberschlesiens nahezu unzerstört ein, während um die zur Festung erklärte Stadt Breslau erbittert gekämpft wurde. Gleichzeitig befreiten sowjetische Einheiten das Vernichtungslager Auschwitz. Ende Januar stand die Rote Armee 80 Kilometer vor Berlin.

Für die deutsche Zivilbevölkerung im Osten begann mit dem sowjetischen Vormarsch ein endloser Leidensweg. Hunderttausende versuchten vor der drohenden Ermordung, Verschleppung und Vergewaltigung nach Westen zu entkommen und wurden dabei von den vorwärts stürmenden Truppen überrollt. Die Kriegsmarine versuchte bis Mai 1945 Soldaten und Zivilisten aus den abgeschnittenen Gebieten Kurland, Ostpreußen und Pommern über die Ostsee zu evakuieren.

»Die Schlacht um Berlin«

Den letzten grausamen Höhepunkt des alliierten Bombenkrieges bildete am 13. und 14. Februar die Zerstörung des mit Flüchtlingen überfüllten Dresdens, die über 35 000 Menschen das Leben kostete. Im Westen besetzten die Alliierten bis zum 5. März das linksrheinische Gebiet. Am 24. März überschritten Amerikaner und Briten den Rhein und stießen auf das Ruhrgebiet zu. Der von Hitler ausgegebene Befehl, die komplette Infrastruktur zu zerstören, wurde nicht ausgeführt. Am 18. April kapitulierten die im Ruhrkessel eingeschlossenen 325 000 deutschen Soldaten, die amerikanischen Truppen stießen nach Mitteldeutschland vor und am 25. April trafen sie sich mit den Sowjets in Torgau an der Elbe. Diese hatten kurz zuvor Wien eingenommen und begannen am 16. April 1945 die »Schlacht um Berlin«, die Hitler, der in und unter der Reichskanzlei in der Hauptstadt ausharrte, glaubte gewinnen zu können.

Die deutsche Kapitulation

Als er am 12. April vom Tod des amerikanischen Präsidenten Roosevelt erfuhr, hoffte er, nun werde sich eine ähnliche Kriegswende einstellen wie seinerzeit im Siebenjährigen Krieg. Doch als die Sowjets der Reichskanzlei immer näher kamen, verfasste Hitler am 29. April sein »politisches Testament«, in dem er seine Schuld am Krieg zurückwies. Er verstieß Göring und Himmler aus der Partei und allen Ämtern und riet abschließend *zum unbarmherzigen Widerstand gegen den Weltvergifter aller Völker, das internationale Judentum* auf. Einen Tag später heiratete Hitler seine Lebensgefährtin Eva Braun kurze Zeit vor dem gemeinsamen Selbstmord.

Zu seinem Nachfolger hatte Hitler Großadmiral Karl Dönitz (→ »Biografien«) bestimmt. Am 2. und 4. Mai kam es zu Teilkapitulationen der Wehrmacht, am 7. Mai unterzeichnete Generaloberst Alfred Jodl (1890–1946) im amerikanischen Hauptquartier in Reims die deutsche Gesamtkapitulation, die am 8. Mai auf Wunsch Stalins im sowjetischen Hauptquartier in Berlin-Karlshorst durch Generalfeldmarschall Georgi K. Schukow und die hochrangigen deutschen Militärs, Generalfeldmarschall Wilhelm Keitel (1882–1946), Hans-Georg von Friedeburg (1889–1945) und Hans-Jürgen Stumpff (1889–1968), kurz nach null Uhr in der Nacht zum 9. Mai wiederholt wurde.

Das Kriegsende im Pazifik

Nach der Schlacht bei Midway hatten sich die USA im August 1942 zu einem Gegenangriff auf die Salomon-Insel Guadalcanal entschlossen. In den sechsmonatigen schweren Kämpfen zeigte sich, dass die USA in Abnutzungsschlachten ihrem Gegner überlegen waren. Guadalcanal bedeutete für den pazifischen Krieg eine ähnliche Wende wie El Alamein und Stalingrad in Europa.

In der Folgezeit erkämpften sich die alliierten Streitkräfte Insel um Insel. Von Australien aus nahmen sie 1944 Neuguinea ein, von den Marshall-Inseln und Guam aus Anfang 1945 die Philippinen, um dann im Frühsommer die japanischen Inselstützpunkte Iwo Jima und Okinawa in blutigen Kämpfen zu erobern.

Um Japan zur sofortigen Kapitulation zu zwingen, da das verlustreiche Erobern der japanischen Hauptinseln vermieden werden sollte, begannen die USA eine Luftoffensive, in deren Rahmen Tokio in Brand gesetzt und mehr als 80 000 Menschen getötet wurden. Nachdem Japan auf ein Ultimatum nicht einging, entschlossen sich die USA am 6. August 1945 eine Atombombe auf Hiroshima abzuwerfen, die über 92 000 Menschenleben kostete. Am 9. August erklärte die Sowjetunion Japan den Krieg und marschierte in die Mandschurei ein. Am selben Tag wurde die zweite amerikanische Atombombe auf Nagasaki abgeworfen. Darauf erklärte der japanische Kaiser Hirohito am 15. August 1945 die Kapitulation seines Landes.

Unmittelbare Folgen des Krieges

Nach der Zahl der Opfer, dem unermesslichen Leid und dem Grad der Zerstörungen war der Zweite Weltkrieg die größte Katastrophe in der Geschichte der Menschheit.

Der Zweite Weltkrieg, an dem fast ein Drittel der Weltbevölkerung aus 61 Ländern unmittelbar beteiligt war, hatte auf all seinen Schauplätzen etwa 60 Mio. Todesopfer gefordert. Die meisten Toten hatte mit über 20 Mio. die Sowjetunion zu beklagen, die Zahl der deutschen Opfer, darunter 1,6 Mio. Zivilisten, war mit 5,5 Mio. dreimal so hoch wie im Ersten Weltkrieg. Mindestens 13 Mio. Menschen waren durch NS-Verbrechen in Europa ums Leben gekommen. Im Holocaust wurden über 6 Mio. Juden ermordet.

Über 12 Mio. Deutsche wurden vertrieben, von denen etwa 2,3 Mio. ums Leben kamen.

Die größten Kriegszerstörungen hatten in Europa Polen und die Sowjetunion erlitten. Die alliierten Bombenangriffe auf die deutschen Städte hatten insgesamt über ein Drittel des Wohnungsbestandes zerstört oder schwer beschädigt.

Biografien

Hans Frank, Generalgouverneur und NS-Politiker (1900–1946)

Seit 1939 als Generalgouverneur in Polen war er verantwortlich für die dortige grausame Besatzungspolitik; bekannte sich während der Nürnberger Kriegsverbrecherprozesse schuldig und wurde zum Tode verurteilt.

1923	Eintritt in die NSDAP und die Sturmabteilung (SA)
9. November 1923	Teilnahme am Hitler-Putsch in München, Flucht nach Österreich
1930–1942	Leiter der Rechtsabteilung der NSDAP-Reichsleitung
April 1933 bis Dezember 1934	bayerischer Justizminister und Reichskommissar für die Gleichschaltung der Justiz
18. April bis 31. Dezember 1934	Bayerischer Justizminister
22. April bis 19. Dezember 1934	Reichskommissar für die Gleichschaltung der Justiz in den Ländern und für die Erneuerung der Rechtsordnung
12. Oktober 1939 bis Januar 1945	Generalgouverneur der besetzten polnischen Gebiete
4. Mai 1945	Verhaftung durch amerikanische Truppen
16. Oktober 1946	Vollstreckung des Todesurteils

Erwin Rommel, Militär (1891–1944)

Aufstieg beim Militär; nach der Niederlage in Afrika Einsatz in Italien und Frankreich; Kenntnis der militärischen Widerstandsbewegung, am Attentat vom 20. Juli 1944 aber nicht beteiligt; erzwungener Selbstmord am 14. Oktober 1944

1929–1933	Lehrer an der Dresdner Infanterieschule
1936	Berufung in das militärische Begleitkommando von Hitler
Februar 1941	Oberbefehl über das deutsche Afrika-Korps in Libyen
Februar 1943	Oberbefehlshaber der Heeresgruppe Afrika
Mai 1943	Kapitulation der deutschen Heeresgruppe Afrika
August 1943	Besetzung Italiens durch Rommels Heeresgruppe
Juli 1944	Nach dem Attentat vom 20. Juli wird Rommel aus Kreisen der Wehrmachtsführung der Beteiligung am Widerstand beschuldigt
14. Oktober 1944	Befehl, Zyankali zu nehmen oder sich vor dem Volksgerichtshof zu verantworten

Friedrich Paulus, Militär (1890–1957)

Im Russlandfeldzug 1942 Oberbefehlshaber der 6. Armee, wurde bei der Schlacht um Stalingrad mit seinen Soldaten eingeschlossen; setzte sich über Hitlers Durchaltebefehl hinweg und kapitulierte am 31. 1. 1943.

1938	Generalstabschef des XVI. Armeekorps
1939	Teilnahme am Polenfeldzug
1940	Teilnahme am Feldzug gegen Belgien und Frankreich
Januar 1942	Oberbefehl über die 6. Armee im Russlandfeldzug
31. Januar 1943	Ernennung zum Generalfeldmarschall durch Hitler
1943–1953	sowjetische Kriegsgefangenschaft
1946	Zeuge bei den Nürnberger Kriegsverbrecherprozessen

Karl Dönitz, Admiral und Politiker (1891–1980)

Setzte als Befehlshaber im Seekrieg auf das U-Boot als wichtigste Waffe, womit er den Alliierten im Schiffsverkehr über den Atlantik empfindliche Verluste zufügte;
erklärte am 8. Mai 1945 die bedingungslose Kapitulation der Wehrmacht.

1910–1913	Militärlaufbahn in der Marine (Leutnant)
1914–1918	Teilnahme am Krieg in der U-Boot-Flotte
1918–1920	britische Kriegsgefangenschaft
ab 1936	»Führer der U-Boote« (ab 1939: Befehlshaber der U-Boote)
1939	Ernennung zum Konteradmiral
1939–1945	Im U-Boot-Krieg werden laut Dönitz 2800 gegnerische Schiffe versenkt
1942	Beförderung zum Admiral
1943	Beförderung zum Großadmiral, Ablösung Erich Raeders als Großadmiral über die gesamten Marine
1. Mai 1945	Nachfolge Hitlers als Reichspräsident
8. Mai 1945	Rundfunkerklärung über die bedingungslose Kapitulation der Wehrmacht
23. Mai 1945	Verhaftung
Oktober 1946	Nürnberger Hauptkriegsverbrecherprozess: zehn Jahre Haft
1956	Entlassung aus der Haft in Berlin-Spandau

Deutsche Nachkriegsgeschichte bis heute

Die Entstehung zweier deutscher Staaten war das Ergebnis der neuen Aufteilung der Welt. Zwei große »Blöcke« bildeten sich bereits gegen Ende des Zweiten Weltkrieges heraus: der Osten unter der Vorherrschaft der stalinistischen Sowjetunion und der Westen unter amerikanischer Führung. Die Überwindung der deutschen Teilung, wie sie schließlich 1990 erreicht wurde, war seit der Gründung der Bundesrepublik im Jahr 1949 das Hauptanliegen aller westdeutschen Regierungen.

Deutschland von 1945 bis 1949

8. Mai 1945	deutsche Kapitulation unter der provisorischen Regierung Dönitz
5. Juni 1945	Regierungsgewalt geht an die Alliierten über
Juli/August 1945	Konferenz von Potsdam
13. Oktober 1945	Gründung der Christlich Sozialen Union (CSU) in Bayern
November 1945 bis Oktober 1946	Nürnberger Prozesse
Dezember 1945	Gründung der Christlich Demokratischen Union (CDU)
21./22. April 1946	Gründung der Sozialistischen Einheitspartei (SED) in der sowjetischen Besatzungszone
Mai 1946	Wiedergründung der Sozialdemokratischen Partei Deutschlands (SPD)
1. Januar 1947	Gründung der Bi-Zone
12. März 1947	Truman-Doktrin; Beginn der Moskauer Außenministerkonferenz
April 1947	Gründung des Deutschen Gewerkschaftsbundes (DGB)
Juni 1947	Marshall-Plan
Dezember 1947	Londoner Außenministerkonferenz
Februar bis Juni 1948	Londoner Sechsmächtekonferenz
März 1948 bis Mai 1949	Berliner Blockade und Luftbrücke
Juni 1948	Währungsreform, Einführung der D-Mark am 20. Juni und der D-Mark Ost am 23. Juni
1. Juli 1948	Frankfurter Dokumente
August 1948	Herrenchiemseer Konvent zum Grundgesetz
1. September 1948	Konstituierung des Parlamentarischen Rates
Dezember 1948	Gründung der Gesamt-FDP im Westen
23./24. Mai 1949	Verkündung und In-Kraft-Treten des Grundgesetzes
14. August 1949	Wahlen zum 1. Bundestag: Adenauer Bundeskanzler
12. September 1949	Theodor Heuss (FDP) 1. Bundespräsident der Bundesrepublik
7. Oktober 1949	Gründung der Deutschen Demokratischen Republik
21. Oktober 1949	Alleinvertretungsanspruch der Bundesrepublik

Deutschland 1945–1949

**Mit der bedingungslosen Kapitulation der Wehrmacht und der Besetzung des Reichsgebietes durch die Alliierten war nicht nur das Ende der Herrschaft des Nationalsozialismus, sondern auch des deutschen Nationalstaats gekommen.
Die vier Siegermächte – die USA, die Sowjetunion, Großbritannien und Frankreich – übten nun die oberste Staatsgewalt aus. Deutschland wurde in vier Besatzungszonen aufgeteilt, Berlin einem eigenen Viermächtestatus unterstellt und in vier Sektoren unterteilt.**

Ein neuer Anfang

Neue Führungsmächte

Europa musste seine bisherige Führungsrolle in der Weltpolitik an die neuen Führungsmächte Sowjetunion und USA abgeben, aus deren Gegensätzen in ihren weltpolitischen Zielsetzungen sich ein Kalter Krieg zwischen Ost und West entwickelte und die Formierung sich feindlich gegenüberstehender Blöcke zur Folge hatte. Deutschland wurde eines der Hauptfelder des Kalten Krieges und stand im Zentrum des Ost-West-Konfliktes, was unmittelbare Auswirkungen auf die gesamte Neugestaltung des Landes hatte.

Stunde Null

Für den Tag der bedingungslosen Kapitulation wurde das Wort von der Stunde Null geprägt. Die diesem Begriff innewohnende Hoffnung auf einen totalen Neuanfang konnte – wenn überhaupt – nur bedingt erfüllt werden, da die Rahmenbedingungen dem hemmend entgegenstanden.

Der Alltag wurde in der ersten Zeit von Hunger, Not und sozialen Härten bestimmt. Millionen von Flüchtlingen, die Zerstörung von Wohnraum, Infrastruktur und Industrie, Lebensmittelknappheit und der mühsame Wiederaufbau von wirtschaftlichen, politischen, verwaltungstechnischen und sozialen Strukturen kennzeichneten die Situation der Deutschen im Alltag der Nachkriegszeit. Der 8. Mai 1945 brachte zunächst das Ende des Krieges, vielen die Freiheit, allen aber bloß den Anfang eines Befreiungsprozesses.

Aufbau der alliierten Besatzungszonen

Nach der deutschen Kapitulation am 8. Mai 1945 und der Gefangennahme der von den Alliierten nicht anerkannten provisorischen Reichsregierung Dönitz konnten die Siegermächte ohne jegliche Beschränkung mit dem Aufbau des Besatzungsregimes beginnen.

In der Berliner Erklärung vom 5. Juni 1945 übernahmen die Siegermächte ausdrücklich die oberste Regierungsgewalt in Deutschland. Die Militärbefehlshaber in Berlin unterschrieben eine Erklärung in Anbetracht der Niederlage Deutschlands und der Übernahme der obersten Regierungsgewalt. Mit dieser Erklärung und weiteren Ergänzungen nahmen die USA, die Sowjetunion, Großbritannien und Frankreich anstelle der ausgelöschten Staatlichkeit des Reichs die Hoheitsgewalt in Anspruch. Weiterhin wurde Deutschland in vier Besatzungszonen aufgeteilt: Die USA besetzten die südwestliche Zone (mit den späteren Bundesländern Bayern und Hessen sowie Nordwürttemberg-Nordbaden und Bremen), die Sowjetunion erhielt die östliche Zone, Großbritannien übernahm die nordwestliche Zone (die späteren Bundesländer Schleswig-Holstein, Niedersachsen, Nordrhein-Westfalen und Hamburg), Frankreich bekam die westliche Zone (mit den späteren Bundesländern Rheinland-Pfalz und Saarland sowie Teilen von Baden und Württemberg). Die oberste Gewalt in der jeweiligen Besatzungszone sollte durch den dortigen Oberbefehlshaber, der gleichzeitig auch Militärgouverneur war, ausgeübt werden, der nur seiner Regierung Rechenschaft schuldete. Ergänzt wurde dieser Grundsatz durch die Einrichtung eines in Berlin tagenden Alliierten Kontrollrats, dessen Aufgabe die Regelung der »Deutschland-als-Ganzes-betreffenden-Fragen« war.

Berlin wurde in vier Sektoren aufgeteilt, für die jeweils ein Stadtkommandant verantwortlich war. Die gemeinsame Kontrolle erfolgte durch die Kommandantur der Alliierten, wie beim Kontrollrat mussten auch hier die Beschlüsse einstimmig gefasst werden (→ Karte »Besatzungszonen Deutschland und Österreich 1945«).

Die Potsdamer Konferenz

Um über die Neuordnung Europas und das künftige Schicksal Deutschlands zu beraten, trafen sich vom 17. Juli bis 2. August 1945 die Siegermächte im Potsdamer Schloss Cäcilienhof. Sie wurden durch Josef Stalin, Roosevelts Nachfolger Harry S. Truman und Winston Churchill, der Ende Juli von Clement Attlee abgelöst wurde, vertreten. Frankreich nahm an der Konferenz nicht teil.

Das Potsdamer Abkommen vom 2. August 1945, das im Wesentlichen auf den Vereinbarungen der Konferenzen von Teheran und Jalta beruhte, war kein völkerrechtlicher Vertrag im eigentlichen Sinne. Da jedoch in den folgenden Jahren kein Friedensvertrag mit Deutschland zustande kam, wurde das Abschlusskommuniqué der Potsdamer Konferenz die Grundlage für die Deutschlandpolitik der drei, später vier, Siegermächte.

In den 14 Abschnitten des Dokuments verständigten sich die Alliierten unter anderem über die Einrichtung eines Rates der Außenminister, die Demilitarisierung, Entnazifizierung, Demokratisierung und wirtschaftliche Dezentralisierung Deutschlands, Reparationen aus Deutschland, die

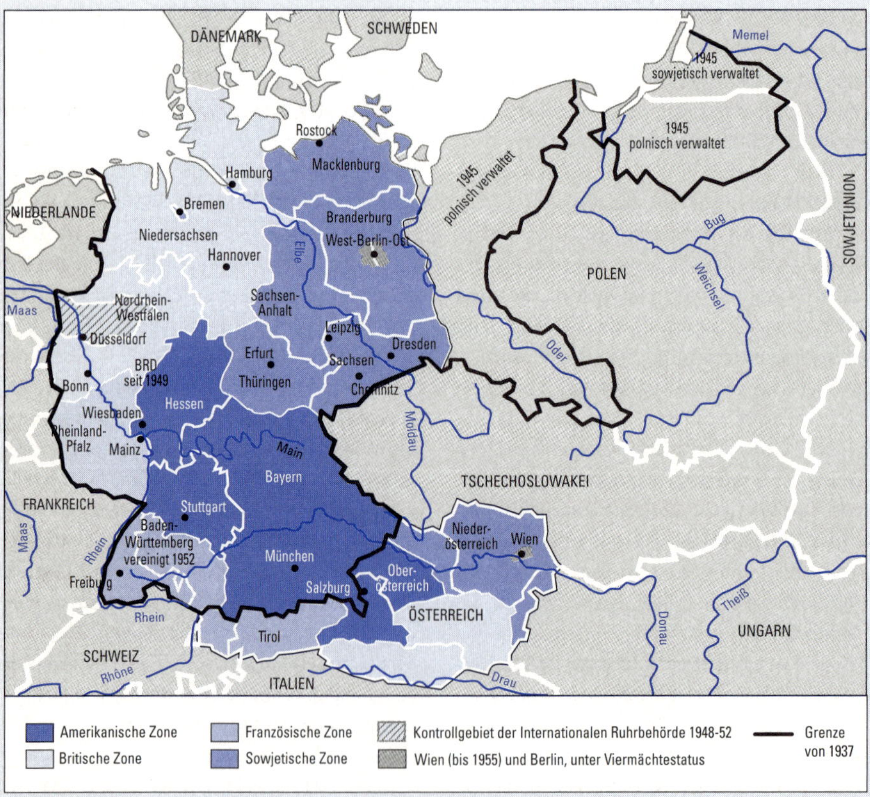

Besatzungszonen Deutschland und Österreich 1945

Abtretung Königsbergs an die Sowjetunion, ein Verfahren gegen die Hauptkriegsverbrecher, die Westverschiebung Polens, die »Überführung« der Deutschen aus Polen, Ungarn und der Tschechoslowakei in *ordnungsgemäßer und humaner Weise*. Nach den Bestimmungen des Abkommens zerfiel Deutschland in den Grenzen von 1937 territorial in sieben große Teile: das der Sowjetunion unterstellte Gebiet um Königsberg, die an Polen gefallenen ehemaligen deutschen Ostgebiete, die vier Besatzungszonen und die ehemalige Hauptstadt Berlin.

Die territorialen Veränderungen standen ausdrücklich unter dem Vorbehalt der Zustimmung durch eine künftige Friedenskonferenz. Für die Reparationen einigten sich die drei Konferenzteilnehmer darauf, dass die Sowjetunion ihre Ansprüche im Wesentlichen aus ihrer Zone deckte, während die Westmächte ihre Forderungen auf die westlichen Besatzungszonen beschränkten. Die Sowjetunion erhielt darüber hinaus in den Westzonen das Recht auf 25 Prozent *derjenigen industriellen Ausrüstung, die für die deutsche Friedenswirtschaft unnötig ist*. 10 Prozent sollte sie ohne Gegenleistung erhalten, 15 Prozent mit Nahrungsmitteln, Rohstoffen oder anderen Waren bezahlen.

Frankreich aber stimmte dem Potsdamer Abkommen unter Vorbehalten gegen die Wirtschaftseinheit Deutschlands und die Einrichtung von Zentralverwaltungen zu, sodass die amerikanische Initiative zur Errichtung von deutschen Verwaltungen, die alle vier Besatzungszonen umfassen sollten, gescheitert war.

Behebung der sozialen Kriegsfolgen

In allen vier Besatzungszonen war zunächst die Behebung der Kriegsfolgen, insbesondere der sozialen Folgen, vordringlich.

Kriegszerstörungen

Etwa ein Viertel des Wohnungsbestandes von 1939 war zerstört oder schwer beschädigt. In den Großstädten konnte häufig die Hälfte der Vorkriegswohnungen nicht mehr benutzt werden. Mit Wohnraumbewirtschaftung und auch Zwangseinquartierungen wurde versucht, den Mangel zu verwalten. Außerdem waren die Hälfte der Schulen, zwei Fünftel der Verkehrsanlagen und ein Fünftel der gewerblichen Bauten zerstört. Die so genannten Trümmerfrauen, die die Hauptlast der Aufräumarbeiten trugen, wurden zum Symbol des Wiederaufbauwillens der deutschen Bevölkerung.

Wirtschaftliche Lage

Nach Kriegsende kam die deutsche Industrieproduktion fast völlig zum Erliegen. So betrug sie im Juli des Jahres 1945 in der amerikanischen Zone etwa zehn Prozent derjenigen des Jahres 1936. Erschwert wurde diese Situation durch die schnell begonnene Demontage der Kriegsindustrien, vor allem Frankreich und die Sowjetunion fingen mit ihren teilweise recht planlosen Demontagen sofort nach der deutschen Kapitulation an, wobei die Russen versuchten, alle in den Westsektoren Berlins liegenden Fabriken zu demontieren, bevor die westlichen Siegermächte dies verhindern konnten.

Ernährungsprobleme

Durch den rapiden Rückgang der wirtschaftlichen Produktion, die Zerstörung der Infrastruktur und vor allem durch die Abtrennung der vorwiegend agrarischen deutschen Ostgebiete war die Versorgungslage mit Lebensmitteln äußerst problematisch, sodass die während des Krieges eingeführte Rationierung der Lebensmittel auch in dieser Phase beibehalten werden musste.

Schwarzer und grauer Markt

Da von den Alliierten das bisherige staatliche Bewirtschaftungssystem beibehalten wurde, entwickelte sich angesichts der relativen Wertlosigkeit des Geldes in den Städten ein schwarzer Markt, auf dem Ware gegen Ware getauscht wurde. Wichtigstes Zahlungsmittel wurden amerikanische Zigaretten. Daneben existierte mit Duldung der Alliierten ein grauer Markt der Kompensationsgeschäfte, auf dem ein Teil der produzierten Waren am Bewirtschaftungssystem vorbei gegen Rohstoffe und Ersatzteile eingetauscht wurde.

Kriegsgefangene

Bei Kriegsende befanden sich noch über zehn Mio. deutsche Soldaten im Gewahrsam der Alliierten, von denen fünf Mio. innerhalb des ersten Jahres wieder freikamen. Die letzten Kriegsgefangenen kehrten jedoch erst im Januar 1956 aus der Sowjetunion zurück. Obwohl die Bedingungen in den Kriegsgefangenenlagern im Westen besser waren, kamen auch hier Tausende zu Tode, aber vor allem in der Sowjetunion, Jugoslawien, Polen und der Tschechoslowakei starben bis zum Jahr 1946 Hunderttausende an Entbehrungen und den Folgen der Zwangsarbeit. Etwa 1,3 Mio. kamen allein in sowjetischer Kriegsgefangenschaft um.

Flüchtlinge und Vertriebene

Bereits in den letzten Kriegsmonaten hatte sich eine große Flüchtlingswelle der vor der Roten Armee fliehenden Bevölkerung nach Westen ergossen. Auf

Flucht und Vertreibung 1944 – 1950

eine Phase wilder Vertreibung folgte nach dem Potsdamer Abkommen die nun organisierte Vertreibung, »Aussiedlung« genannt, die keineswegs in *geregelter und menschlicher Weise*, sondern unmenschlich und brutal ablief. Insgesamt wurden aus den deutschen Ostgebieten, Polen, der Tschechoslowakei und Ungarn etwa zwölf Mio. Deutsche vertrieben, über zwei Mio. kamen während der Vertreibung ums Leben. Bei der ersten Volkszählung im Oktober 1946 wurden 9,6 Mio. Heimatvertriebene gezählt. Sie wurden in Lager und Notquartiere eingewiesen oder bei Privatfamilien untergebracht. Obwohl es nicht selten zu Schwierigkeiten im Zusammenleben zwischen der einheimischen Bevölkerung und den Vertriebenen kam, war deren gelungene Integration eine herausragende menschliche und politische Leistung der ersten Nachkriegsjahre (→ Karte »Flucht und Vertreibung 1944–1950«).

Displaced Persons

Am Ende des Zweiten Weltkrieges befanden sich neun Mio. ehemalige Kriegsgefangene, Zwangsarbeiter und Häftlinge aus Konzentrationslagern in Deutschland, von denen vor allem die aus Osteuropa stammenden nicht alle in ihre Heimat zurückkehren konnten oder auch gar nicht wollten. Die Unterbringung bzw. Versorgung dieser so genannten Displaced Persons (DPs) stellte die Alliierten, die zunächst die Absicht hatten, alle zu repatriieren, vor schwierige logistische Probleme.

Die Nürnberger Prozesse

Bereits im November 1943 hatten die Alliierten die Bestrafung von Kriegsverbrechern angekündigt. Eine in London gebildete Kriegsverbrecherkommission versuchte die Verfahren vor einem Internationalen Gerichtshof vorzubereiten. Allerdings bestanden von Anfang an Differenzen über die Definition von Kriegsverbrechen, da die sowjetischen Vertreter nur bereit waren solche Handlungen als Verbrechen einzustufen, die von den Nationalsozialisten begangen worden waren. Dies widersprach der amerikanischen Intention, in allgemeinen Formulierungen zukunftsweisend Verbrechen gegen das Völkerrecht zu beschreiben.

Dennoch konnten am 8. August 1945 die vier Siegermächte das Abkommen über die Verfolgung und Bestrafung der Hauptkriegsverbrecher und das Statut für den Internationalen Militärgerichtshof unterzeichnen, das die Grundlage für die beabsichtigten Prozesse war. Dieses Statut listete all jene strafbaren Handlungen auf, nach denen Anklage erhoben werden sollte. Die Tatbestände lauteten: »Verschwörung gegen den Frieden«; »Verbrechen gegen den Frieden«, das heißt, die Planung, Auslösung und Führung eines Angriffskrieges; »Kriegsverbrechen«; »Verbrechen gegen die Menschlichkeit«.

Strittig war von Anfang an der Anklagepunkt, der einen völkerrechtswidrigen Angriffskrieg als Rechtsbruch gegen den Frieden ansah, da hierbei argumentiert werden konnte, es werde das Prinzip des *nulla poena sine lege* (keine Verurteilung wegen einer Tat, die zum Zeitpunkt der Begehung noch nicht unter Strafandrohung stand) missachtet. Von deutscher Seite wurde auch eine »Sieger- oder Rachejustiz« befürchtet, da letzten Endes die Sieger über die Verlierer zu Gericht saßen.

In Nürnberg, der Stadt der Reichsparteitage, begann am 20. November 1945 der Prozess gegen 24 Vertreter des NS-Regimes, von denen 21 anwesend waren, sowie sechs Gruppen und Organisationen, die im Sinne der Anklage als »verbrecherische Organisationen« definiert waren: Reichsregierung, NSDAP, SS, Gestapo, SA, Generalstab und Oberkommando der Wehrmacht. Nach fast einem Jahr Verhandlungsdauer, am 1. Oktober 1946, wurden 12 der Angeklagten zum Tode verurteilt und hingerichtet, unter ihnen Außenminister Joachim von Ribbentrop, Reichsinnenminister Wilhelm Frick, Generalfeldmarschall Wilhelm Keitel und der Herausgeber des antisemitischen Hetzblattes ›Der Stürmer‹, Julius Streicher. »Reichsmarschall« Hermann Göring beging vor Vollstreckung des Urteils Selbstmord. Sieben Angeklagte, darunter der Rüstungsminister Albert Speer und Hitlers Stellvertreter Rudolf Hess erhielten langjährige oder lebenslange Haftstrafen (Hess beging 1987 Selbstmord in der Haftanstalt Spandau).

Der Abteilungsleiter im Reichspropagandaministerium, Hans Fritzsche, der Reichsbankpräsident Hjalmar Schacht und Hitlers ehemaliger Vizekanzler Franz von Papen wurden freigesprochen. Nur vier der angeklagten Kollektive, die Führerkorps der NSDAP, Gestapo, SS und SD wurden als verbrecherisch eingestuft, wobei allerdings nach Auffassung des Gerichts die bloße Zugehörigkeit zu einer dieser Organisationen nicht allein strafwürdig, sondern dafür eine individuelle Verantwortung nötig war, um kollektive Massenverurteilungen zu vermeiden. Das Nürnberger Verfahren war nicht das von den Deutschen befürchtete Tribunal der Rache, allerdings auch nicht zur Grundlage eines neuen Völkerrechts geworden. Dennoch wäre das Straftribunal der UNO in Den Haag ohne Nürnberg undenkbar gewesen.

Der beginnende Kalte Krieg verhinderte die in Nürnberg geäußerte Absicht, weitere Verfahren vor dem Internationalen Gerichtshof unter gemeinsamer Gerichtshoheit der Alliierten folgen zu lassen. In der Folgezeit fanden deshalb Kriegsverbrecherprozesse in allen vier Besatzungszonen statt. Allein die Amerikaner führten in Nürnberg zwischen 1946 und 1949 zwölf Prozesse gegen Angehörige des Auswärtigen Amtes, Industrielle, Generäle, Ärzte, Juristen und höhere SS-Funktionäre.

Auch in den ehemals von Deutschland besetzten Ländern versuchten Gerichte, Kriegsverbrechen zu ahnden. Allerdings hatten es viele deutsche Kriegsverbrecher verstanden, sich der Verhaftung zu entziehen. Einigen konnte später noch der Prozess gemacht werden, so dem für die Massendeportationen und -hinrichtungen verantwortlichen Adolf Eichmann 1961 in Israel, anderen jedoch, wie dem berüchtigten KZ-Arzt Mengele, nie.

Re-education

Um die im Potsdamer Abkommen verlangte Umgestaltung des politischen Lebens in Deutschland durchzuführen, beabsichtigten die Alliierten eine radikale Säuberung des öffentlichen Lebens von den Anhängern des Nationalsozialismus. Daneben sollten die Deutschen zu Demokraten umerzogen werden; es erfolgte daher die so genannte Re-education.

Entnazifizierung

Unter den Alliierten erwiesen sich die Amerikaner als Vorreiter der Entnazifizierungspolitik. Bereits im April 1945 hatte die Direktive JCS (**J**oint **C**hiefs of **S**taff) 1067 eine sofortige und gründliche Säuberung des öffentlichen Lebens, der Wirtschaft und des Erziehungswesens von allen Mitgliedern der NSDAP gefordert.

In der amerikanischen Besatzungszone begann die Entnazifizierungsprozedur mit der Beantwortung von 131 Fragen eines Fragebogens, der wahrheitsgetreu ausgefüllt werden musste. Vor allem wurde detaillierte Auskunft über die Mitgliedschaft in allen nationalsozialistischen Organisationen gefordert. Infolge des unverhältnismäßig hohen Aufwandes wurde diese Aktion abgebrochen, immerhin hatten 13 Mio. Deutsche ihren Fragebogen ausgefüllt. Im Frühjahr 1946 legten die Amerikaner in den Ländern ihrer Besatzungszone die Säuberung in deutsche Hände, indem Befreiungsministerien errichtet wurden, denen Spruchkammern nachgeordnet waren. Vor diesen Laiengerichten musste jeder Fall individuell verhandelt und in eine von fünf Kategorien eingestuft werden: Hauptschuldige, Belastete, Minderbelastete, Mitläufer und Entlastete. Die damit verbundenen Strafen reichten von Geldbußen über Berufsverbot bis hin zur Inhaftierung.

Bis 1948 hatte sich allerdings der Eifer der Amerikaner abgeschwächt. Einerseits war der Straf- und Diskriminierungsgedanke im Zeichen des Kalten Krieges nicht mehr zeitgemäß, andererseits waren die Spruchkammern zum Hort von Denunziantentum, Scheinheiligkeit und falschen Leumundszeugnissen (»Persilscheine«) verkommen. So entstanden jetzt Schnellverfahren, von denen aber Belastete profitieren konnten, da sie weniger genau überprüft werden konnten als minder schwere Fälle zu Beginn der Entnazifizierungsprozedur. Grundsätzlich fragwürdig blieben die Spruchkammern als Instanzen zur Gesinnungsprüfung. Allgemein weniger bürokratisch und formalistisch gingen die Militärbehörden der anderen Westmächte in ihren Zonen vor, obwohl auch sie vorwiegend an einer personellen Säuberung interessiert waren. Beide Besatzungsmächte übernahmen das Spruchkammerverfahren, sahen aber von dem Grundsatz der Schuldvermutung, der Einführung des automatischen Berufsverbots und der Notwendigkeit ab, die gesamte Bevölkerung in Sammellisten zu registrieren.

In ihrer Zone verfolgten die Sowjets in Zusammenarbeit mit den deutschen kommunistischen Kadern, die zusammen mit der Roten Armee aus Moskau zurückgekehrt waren, eine Demokratisierung nach eigener Interpretation, das heißt durch Maßnahmen, die eine Beseitigung der privatkapitalistischen Wirtschaftsordnung zum Ziel hatten. Die Entnazifizierung konzentrierte sich dabei auf die rigorose Entfernung der nationalsozialistischen Elite und die kompromisslose Ausschaltung der nicht anpassungsfähigen Führungsschichten. Sie umfasste ferner die grundsätzliche Entfernung von Mitgliedern der NSDAP und ihrer Unterorganisationen aus der Verwaltung, der Justiz sowie dem Bildungs- und Erziehungswesen. Die programmatische Forderung der Sowjets nach *endgültiger Ausrottung der Überreste des Faschismus* ließ genügend Spielraum für eine tief greifende soziale und ökonomische Strukturveränderung zu.

Schulreformen

Mit der Demokratisierung des Bildungswesens und der Massenmedien, die mit Re-education umschrieben wurde, wollten die Alliierten das von den Nationalsozialisten gleichgeschaltete kulturelle Leben auf eine demokratische und pluralistische Grundlage stellen. Vielen Deutschen schien jedoch ein materieller Aufbau dringlicher zu sein als eine Belehrung durch die Besatzungsmächte auf kulturellem Gebiet. Eine dringliche Aufgabe war es, den Schulbetrieb in Deutschland, der seit den letzten Kriegswochen geruht hatte, wieder aufzunehmen. Neben den enormen organisatorischen Problemen musste die Frage nach einer umfassenden, aber auch schnellen Entnazifizierung der Lehrerschaft geklärt werden. Erst im Juni 1947 versuchte der Alliierte Kontrollrat in einer Direktive Grundsätze zur Demokratisierung des deutschen Erziehungssystems aufzustellen, in der allerdings relativ unscharf ein »umfassendes Schulsystem« gefordert wurde. In der Zwischenzeit waren jedoch in allen Zonen recht unterschiedliche Reformen begonnen worden, die die ursprünglich geforderte Einheitlichkeit der Besatzungspolitik auch auf diesem Gebiet nicht mehr zuließen. In der sowjetischen Besatzungszone entstand gemäß der Zielsetzung, die bürgerlichen Privilegien im Bildungswesen abzubauen, als Einheitsschule die achtklassige Grundschule mit anschließender vierstufiger Oberschule oder dreistufiger Berufsschule.

Die Amerikaner und vor allem die Briten wollten grundsätzlich bildungspolitische Reformen von den Deutschen selbst entwickelt und durchgeführt sehen. In beiden Zonen war man zunächst darauf konzentriert, die äußeren Voraussetzungen für einen reibungslosen Schulbetrieb zu schaffen. Als die Amerikaner, die mit Tempo und Ausmaß der deutschen Schulreformen unzufrieden waren, sich anschickten, das amerikanische Schulsystem auf ihre Zone zu übertragen, war es schon zu spät. Dieser Versuch passte 1947/48 nicht mehr zur neuen allgemeinen Deutschlandpolitik der USA, die den Deutschen größere Verantwortung für ihre eigenen Angelegenheiten übertragen wollten.

Stärkeren Einfluss auf die Bildung nahmen die Franzosen, die in ihrer Zone bis 1949 eine Übertragung ihres Schulsystems versuchten. Gegen das Bildungsprivileg des Gymnasiums wandte sich die Forderung nach einer Ausbildung, die auch über Wege wie z. B. Wirtschafts- oder Gewerbeoberschule den Zugang zur Universität eröffnen sollte.

Alliierter Einfluss auf die Medien

Den deutschen Massenmedien, die während der nationalsozialistischen Diktatur von Goebbels' Reichsministerium für Volksaufklärung und Propaganda zentral gelenkt worden waren, widmeten die Alliierten besondere Aufmerksamkeit, da diese als Instrumente für Entnazifizierung, Re-education und Demokratisierung eingesetzt werden sollten. Grundlage für den Wiederaufbau der deutschen Massenmedien war ein Dreistufenplan:

- totales Verbot jeglicher publizistischer Tätigkeit durch Deutsche,
- Übernahme, Vertrieb und Betrieb der Medien durch die Alliierten,

- Neuaufbau von Presse und Rundfunk in demokratischen und pluralistischen Strukturen.

Das publizistische Vakuum der ersten Zeit wurde durch »Mitteilungsblätter« der Alliierten gefüllt, die ein Vorbild für objektive Nachrichtenvermittlung sein sollten. Bereits vor der deutschen Kapitulation hatte der erste Radiosender der Alliierten, Radio Hamburg, am 4. Mai 1945 zu senden begonnen. Anschließend entstanden in allen vier Zonen Rundfunkstationen, ein interzonaler Sender hatte von Beginn an keine Chance. Die Phase der alliierten Medienpolitik, in der das Informationsmonopol bei den Besatzungsmächten lag, wurde durch die Lizenzierungsphase abgelöst. Nachdem sie ein kompliziertes Prüfungsverfahren überstanden hatten, durften nun deutsche Verleger und Journalisten unter Zensur publizieren, wobei vor allem die Amerikaner auf dem Grundsatz der Trennung von Nachricht und Meinung bestanden.

In ihrer Besatzungszone vergaben die Sowjets die Lizenzen zur Herausgabe von Zeitungen an die Parteien und Massenorganisationen, wobei KPD und SED bevorzugt wurden. Die Lizenzpresse genoss keine wirkliche Pressefreiheit, denn die Zensurstellen der Alliierten machten noch lange Zeit von ihrem Überwachungsrecht Gebrauch. Entwürfe eigener deutscher Pressegesetze fanden nicht die Zustimmung der Amerikaner, da diese nicht ihrer Auffassung von Pressefreiheit entsprachen.

Als am 1. Januar 1948 der Nordwestdeutsche Rundfunk als erste Rundfunkanstalt des öffentlichen Rechts im Nachkriegsdeutschland gegründet wurde, zeigte sich, dass das Pluralismuskonzept von Amerikanern und Briten, nach dem der deutsche Rundfunk weder staatlich dominiert noch in den Händen privater Interessengruppen liegen sollte, nicht aufgegangen war. Die Amerikaner mussten rückblickend resignierend konstatieren, dass die *deutsche Unfähigkeit, demokratische Freiheit wirklich zu erfassen*, sich *wohl auf keinem anderen Gebiet, außer vielleicht auf dem der Schulreform, so deutlich gezeigt* hat.

Entwicklung in den Besatzungszonen

Auf der Potsdamer Konferenz waren unter dem Punkt *politische Grundsätze* als *»Ziele der Besetzung Deutschlands* die *endgültige Umgestaltung des deutschen politischen Lebens auf demokratischer Grundlage* und eine *eventuelle friedliche Mitarbeit Deutschlands am internationalen Leben* formuliert. Allerdings nahmen die Alliierten in sehr unterschiedlicher Weise Einfluss auf die Entwicklung in ihren Besatzungszonen.

Um ihre Besatzungsmacht auszuüben, konzipierten die Alliierten ein Gesamtsystem, das drei Ebenen umfasste, die untereinander in Wechselbeziehung standen: Als erste und oberste Entscheidungsebene galt die ständige Außenministerkonferenz der vier Mächte. Die mittlere Entscheidungsebene stellte der Alliierte Kontrollrat dar, der die Staatsgewalt im besetzten Deutschland ausüben sollte. Die dritte Ebene wurde durch die Militärregierungen einer jeden Zone gebildet, die als Exekutive fungierten. Da sich recht bald Schwierigkeiten bei der Konzeption und Entscheidung konkreter Maßnahmen der Besatzungspolitik auf den beiden oberen Ebenen zeigten, begann eine Verlagerung der praktisch wirksamen Entscheidungskompetenz auf die Ebene der zonalen Militärregierungen, was zu einer wachsenden Eigenständigkeit der Zonen, zu einer faktischen Regionalisierung führte.

Die amerikanische Zone

Die Amerikaner entschlossen sich sehr früh, Länder als oberste Verwaltungseinheiten wiederherzustellen und deutsche Regierungen einzusetzen, denen damit freilich die demokratische Legitimation fehlte. Die Proklamation Nr. 2 vom 19. September 1945 schuf die Länder Bayern, Hessen und Württemberg-Baden, im Januar 1946 kam noch Bremen hinzu. Ebenfalls eingesetzte Parlamente hatten nur beratende Funktion.

1946 vollzog sich die stufenweise Demokratisierung der bereits bestehenden politischen Einrichtungen, es fanden Gemeinderats-, Kreistags- und Bürgermeisterwahlen statt. Als im Dezember 1946 die Bevölkerung der Länder über neu ausgearbeitete Verfassungen abstimmte, womit sie diese zur Geltung als Grundgesetze dieser Länder erhob, und zugleich Landtage wählte, aus denen demokratische Regierungen hervorgingen, war die Einrichtung demokratisch legitimierter politischer Einrichtungen abgeschlossen.

Parallel zum Aufbau der Länder und ihrer politischen Institutionen entstanden deutsche zonale Einrichtungen, um koordinierende Aufgaben für die gesamte Zone zu regeln. Am 1. Oktober 1945 war dazu der Stuttgarter Länderrat gebildet worden. Seine politische Bedeutung lag darin, dass von Anfang an die neu gebildeten Länder zusammenarbeiteten und damit eine föderalistische Tradition erneuerten und auch die föderative Ordnung der späteren Bundesrepublik vorbereiteten.

Die britische Zone

Der Neuaufbau der Länder stieß in der britischen Zone infolge der starken regionalpolitischen Verschiedenheit der Kleinstaaten und der preußischen Provinzen auf Schwierigkeiten. Erst im Dezember 1946 bekam dieses Besatzungsgebiet das Aussehen, das es bis zur Konstituierung der Bundesrepublik behalten sollte. Es bestand aus den Ländern Nordrhein-Westfalen, Niedersachsen und Schleswig-Holstein und dem Stadtstaat Hamburg. Im Gegensatz zu den Amerikanern ließen die Engländer in diesen Ländern nur geringe Selbstständigkeit und Eigenverantwortlichkeit zu. Folgerichtig hatten auch die Zoneneinrichtungen einen anderen Charakter, sie waren *bloße Hilfs- und Ergänzungsorgane der britischen Kontrollkommission.*

Der im März 1946 geschaffene Zonenbeirat in Hamburg behielt trotz seiner demokratischen Legitimation Ende 1947 seine beratende Funktion bei. Die Länderkonferenz der Ministerpräsidenten konnte nie die politische Bedeutung des Stuttgarter Länderrats in der amerikanischen Zone erlangen. Von großer Bedeutung waren in der britischen Zone hingegen die Zonenzentralämter, die mit der Zeit zu deutschen Behörden ausgebaut wurden. Überhaupt bemühten sich die Briten um eine Demokratisierung des politischen Lebens von unten nach oben, was sich neben den 1946 abgehaltenen Gemeinde- und Kreistagswahlen in der Revision der deutschen Gemeindeordnung zeigte, wobei ihre demokratischen Elemente durch die Trennung der ausführenden Tätigkeit (Stadtdirektor) von der kontrollierenden und beschließenden Tätigkeit (Rat/Bürgermeister) verstärkt wurden.

Die französische Zone

Auch in der französischen Besatzungszone stieß die politische Neugestaltung auf Schwierigkeiten, da dieses Gebiet ja erst nachträglich aus willkürlich abgetrennten Teilen der amerikanischen und britischen Zone zusammengestückelt worden war. Von allen Besatzungsmächten vertraten die Franzosen die extremsten föderalistischen Ansichten auch im Bereich ihrer eigenen Besatzungszone. Zunächst wurden fünf selbstständige Verwaltungsbezirke (Gouvernements) eingerichtet: Württemberg-Hohenzollern, Baden, Saargebiet, Hessen-Pfalz und Rheinland-Hessen-Nassau. Aus den beiden letzen Bezirken entstand dann im April 1946 das Land Rheinland-Pfalz. Sehr schnell hingegen versuchte Frankreich das Saargebiet in sein Wirtschaftsgebiet einzugliedern. Die Verfassung des Saargebietes vom Dezember 1947 bezeichnete dieses Territorium als »autonomes, demokratisches und sozial geordnetes, wirtschaftlich an Frankreich angeschlossenes Land«. 1948 regelte ein Vertrag die Beziehungen zwischen Frankreich und dem Saargebiet, worin dieses als souveräner Staat anerkannt wurde, *der in einer Art wirtschaftlichem Protektoratsverhältnis zu Frankreich steht.*

Zwar vollzog sich auch in der französischen Zone die Demokratisierung des politischen Lebens von unten nach oben, nacheinander fanden Kommunal- und Kreistagswahlen statt, auf deren Grundlage Länderregierungen gebildet wurden, doch wurden nur sehr wenig deutsche Zonenzentraleinrichtungen zugelassen, von denen keine mit dem Stuttgarter Länderrat oder der Länderkonferenz vergleichbar war.

Die sowjetische Zone

Für die Sowjets war die Schaffung neuer Staatsorgane die *entscheidende Voraussetzung für die antifaschistisch-demokratische Umwälzung.* Nachdem der Aufbau neuer Verwaltungsorgane auf den unteren Ebenen der Kommunen und Kreise bereits im Juni 1945 im Wesentlichen abgeschlossen war, wurden Anfang Juli durch einen Befehl der sowjetischen Militärverwaltung (SMAD) Landes- bzw. Provinzialregierungen in Brandenburg, Mecklenburg, Sachsen, Sachsen-Anhalt und Thüringen eingesetzt. Durch einen weiteren Befehl mussten gleichzeitig elf deutsche Zentralverwaltungen eingerichtet werden, durch die die innere Verwaltungsstruktur der Besatzungszone einen vergleichsweise starken zentralistischen Grundzug erhielt. Anfangs lediglich als beratende Organe der Sowjets fungierend gewannen sie jedoch schnell größere Bedeutung auf Kosten der Länder und ihrer Regierungen.

Parteienentwicklung in den Zonen

In der sowjetischen Besatzungszone forderte die sowjetische Militäradministration bereits im Juni 1945 – also vor der Potsdamer Konferenz – zur Bildung deutscher politischer Parteien auf. Damit wurden die USA und Großbritannien in Zugzwang gebracht, die zunächst keine politische Tätigkeit ohne Genehmigung der Militärgouverneure zulassen wollten. Das Potsdamer Abkommen erzielte dann hinsichtlich der Parteienentwicklung einen Durchbruch, der den Handlungsspielraum der deutschen Politik wesentlich erweiterte.

Die alliierten Truppen trafen auf ihrem Vormarsch vor allem in den größeren Städten auf meist von Sozialdemokraten, Kommunisten und Gewerkschaftern gebildete »Antifaschistische Ausschüsse«, deren wichtigste Aufgabe in der Versorgung der Bevölkerung mit Lebensmitteln und der Wiederaufnahme der Arbeit lag. Die Zusammenarbeit dieser Ausschüsse oder Komitees mit den lokalen Stellen der westlichen Alliierten wurde Ende April 1945 durch die Direktive JCS 1067 untersagt, die jede Form des Fraternisierens mit Deutschen verbot und den Wiederaufbau deutschen politischen Lebens auf demokratischer Grundlage ausdrücklich auf einen späteren Zeitpunkt verschob.

Parteien in der sowjetischen Zone

Im Gegensatz dazu arbeiteten die Sowjets kontinuierlich mit den deutschen Ausschüssen und neu entstandenen Parteien zusammen. Als erste der Siegermächte erlaubte die sowjetische Militäradministration in ihrem Befehl Nr. 2 vom 10. Juni 1945 in ihrer Zone die Bildung deutscher politischer Parteien, denen sie die Ausrottung der Überreste des Faschismus und die Vorbereitung einer demokratischen Staatsform als Aufgabe zuwies. Einen Tag später erfolgte in Berlin der Aufruf des Zentralkomitees der Kommunistischen Partei Deutschlands (KPD), in dem nicht der Aufbau einer Gesellschaft sowjetischer Prägung, sondern *die Aufrichtung eines antifaschistischen, demokratischen Regimes, einer parlamentarisch-demokratischen Republik, mit allen demokratischen Rechten und Freiheiten für das Volk* gefordert wurde.

Neben den Enteignungen der Großgrundbesitzer wurde die *völlig ungehinderte Entfaltung des freien Handels und des freien Unternehmertums auf der Grundlage des Privateigentums* genannt. Die Unterzeichner dieses Aufrufs, unter ihnen auch Wilhelm Pieck und Walter Ulbricht, die die letzten Jahre im Exil in der Sowjetunion verbracht hatten, verzichteten also auf spezifisch kommunistische Propaganda und vertraten einen eigenen deutschen Weg zum Sozialismus, um breitere Volksschichten als jene vor dem Jahr 1933 und damit eine Mehrheit zu erreichen.

Am 15. Juni gründete sich ebenfalls in Berlin die Sozialdemokratische Partei Deutschlands (SPD), als deren Sprecher der ehemalige Reichstagsabgeordnete Otto Grotewohl auftrat. Die programmatischen Forderungen waren radikaler als die der KPD, unter anderem wurde die Beseitigung des ohne Arbeit erzielten Einkommens aus Mieten und Grund und Boden gefordert. Bald darauf konstituierten sich die bürgerliche Christlich Demokratische Union (CDU) und die Liberal-Demokratische Partei Deutschlands (LDPD). Der Versuch der KPD, die anderen Parteien organisatorisch an sich zu binden, endete erfolgreich mit der Gründung der Einheitsfront der antifaschistisch-demokratischen Parteien am 14. Juli 1945.

Als im Verlauf des Jahres 1945 die KPD-Funktionäre erkennen mussten, dass die Unterstützung für die KPD in der Bevölkerung weit hinter der für die SPD zurückblieb, und das schlechte Abschneiden der kommunistischen Parteien bei den Wahlen in Österreich und Ungarn bekannt wurde, versuchte man die bereits früher angesprochene Vereinigung von KPD und SPD zu beschleunigen. Unter Druck und mithilfe einer Einschüchterungskampagne gegen Einheitsgegner innerhalb der SPD konnte am 21./22. April 1946 der Gründungsparteitag der Sozialistischen Einheitspartei (SED) stattfinden, Otto Grotewohl und Wilhelm Pieck wurden zu gleichberechtigten Vorsitzenden gewählt. Nach außen behauptete die SED, als *unabhängige Partei* für die *wahren Interessen des Volkes zu kämpfen*, tatsächlich war es die Aufgabe der SED, die Weisungen der sowjetischen Militärverwaltung ideologisch zu begründen.

Gegen eine Vereinigung unter kommunistischen Vorzeichen hatten sich die Mitglieder der Berliner SPD gewandt und in einer Urabstimmung, die jedoch nur in den drei Westsektoren stattfand, sprachen sich am 31. März 1946 über 80 Prozent der Abstimmungsberechtigten gegen einen sofortigen Zusammenschluss beider Parteien aus. Allerdings wurde ein Bündnis mit der Kommunistischen Partei Deutschlands von 62 Prozent bejaht.

Parteien in den Westzonen

Langsamer ging der Aufbau der Parteien in den Westzonen vor sich, da hier, ganz im Gegensatz zur sowjetischen Besatzungszone, wo die Parteien von oben nach unten gegründet wurden, die Besatzungsmächte auf einen Aufbau von unten nach oben setzten und eine Lizenzierung deswegen zunächst nur auf lokaler Ebene vornahmen. Als erste westliche Besatzungsmacht gestattete Großbritannien am 1. Januar 1946 einen Zusammenschluss auf zonaler Ebene.

Bereits im April 1945 hatte von Hannover aus der ehemalige Reichstagsabgeordnete Kurt Schumacher, der während der NS-Zeit in verschiedenen Konzentrationslagern inhaftiert gewesen war, mit dem Neuaufbau der SPD in den Westzonen begonnen. Mit seiner Forderung nach der Verstaatlichung von Großfinanz und Großindustrie lag er durchaus auf der Linie des Berliner Zentralausschusses der SPD. Allerdings lehnte Schumacher eine Zusammenarbeit mit der KPD ab, da er im Kommunismus ein Instrument des sowjetischen Expansionsdranges sah. So bestand innerhalb der SPD bereits vor der Vereinigung der Ost-SPD mit der KPD eine programmatische Kluft. Im Mai 1946 wurde auf dem ersten Parteitag der »West«-SPD Kurt Schumacher zum Vorsitzenden gewählt. Bis zu ihrer Umwandlung zur Volkspartei auf dem Godesberger Parteitag bekannte sich die SPD zum demokratischen Sozialismus.

Die CDU entstand als neue Partei aus einer christlich-bürgerlichen Sammlungsbewegung, die im Unterschied zur früheren Zentrumspartei auch protestantische Schichten an sich binden wollte. In der sowjetischen Zone und auch in Berlin war vor allem der Gewerkschafter Jakob Kaiser an der Formulierung des Programms eines »christlichen Sozialismus« beteiligt, das auch in den Westzonen auf große Zustimmung stieß.

Alle bis dahin entstandenen regionalen christlich-demokratischen Gruppierungen einigten sich auf der Reichstagung im Dezember 1945 in Bad Godesberg auf den gemeinsamen Namen Christlich Demokratische Union ohne jedoch eine Gesamtorganisation zu bilden. Die am 13. Oktober 1945 in Bayern gegründete Christlich Soziale Union (CSU) behielt ihren Namen wie auch ihre Selbstständigkeit bei. Die CSU vertrat grundsätzlich ähnliche Vorstellungen wie die CDU, war aber ein Stück konservativer und stärker föderalistisch orientiert als diese.

Der ehemalige Kölner Oberbürgermeister Konrad Adenauer wurde im Frühjahr 1946 zum Vorsitzenden der Christdemokraten in der britischen Zone gewählt. Nachdem im Ahlener Programm von 1946 noch ein christlicher Sozialismus gefordert wurde, setzte sich in der Folgezeit der bürgerliche und industrielle Flügel durch, der Einfluss der Gewerkschafter ging stark zurück.

Die ehemaligen Politiker der liberalen Parteien der Weimarer Republik, die den Neuanfang des Liberalismus nach dem Krieg betrieben, suchten die traditionelle Spaltung in rechts- und linksliberale Organisationen zu vermeiden. In Baden und Württemberg war Theodor Heuss der Mitbegründer der Demokratischen Volkspartei (DVP). Im Januar 1946 vereinigten sich die verschiedenen Gruppierungen der britischen Besatzungszone zur Freien Demokratischen Partei Deutschlands (FDP). Diesen Namen nahm auch die Bundespartei an, die sich im Dezember 1948 in Heppenheim gründete.

Die Gewerkschaften und der FDGB

Nach dem Ende der nationalsozialistischen Herrschaft organisierten sich die deutschen Arbeitnehmer schnell in Gewerkschaften. In Abkehr von der Weimarer Republik wurde eine Einheitsgewerkschaft angestrebt.

Sehr rasch zeigte sich nach Kriegsende, dass es die Nationalsozialisten nicht vermocht hatten, den Gewerkschaftsgedanken zu vernichten. Überall entstanden gewerkschaftliche Organisationen, die zunächst auf Widerstände vonseiten der Alliierten stießen. In der sowjetischen Besatzungszone wurde mit dem Befehl Nr. 2 vom 10. Juni 1945 die Gründung von Gewerkschaften offiziell genehmigt. Der daraufhin entstandene Freie Deutsche Gewerkschaftsbund (FDGB) war eine Einheitsgewerkschaft mit zentraler Leitung unter starker kommunistischer Beteiligung.

Der Deutsche Gewerkschaftsbund (DGB)

In den Westzonen strebten die Gewerkschafter in Abkehr von der Weimarer Republik eine weltanschaulich neutrale, nicht an einzelne Parteirichtungen gebundene Einheitsgewerkschaft an. Anstelle der damaligen Richtungsgewerkschaften sollte eine zentral gelenkte Einheitsorganisation entstehen. Die Westalliierten misstrauten jedoch einer zu mächtigen Gewerkschaftsorganisation und bevorzugten eine dezentralisierte Form und verlangten daher zunächst den Aufbau von unten. Im Juni 1946 gab eine alliierte Direktive den Weg zu größeren, überregionalen Zusammenschlüssen frei und erklärte die Organisationsweise nach dem Industrieprinzip für verbindlich, womit zumindest die Zersplitterung in miteinander rivalisierende Berufsverbände verhindert wurde.

Im April 1947 konnte so die Gründung des Deutschen Gewerkschaftsbundes (DGB) in der britischen Zone erfolgen, unter dessen Dach nun mehr als zwei Mio. Mitglieder durch 15 Einzelgewerkschaften der verschiedenen Industriezweige vertreten waren. In der amerikanischen und auch etwas später in der französischen Zone konnten die Gewerkschaftsverbände nun zumindest auf Landesebene tätig werden.

Politische Entwicklung

Infolge der ungelösten und immer bedrohlicher werdenden wirtschaftlichen Probleme unterstützten die Amerikaner Gespräche der Ministerpräsidenten der amerikanischen und britischen Zone über geeignete Formen der wirtschaftlichen Zusammenarbeit über die Grenzen hinweg.

Im Gegensatz zu Frankreich und der Sowjetunion ging Großbritannien im Juli 1946 auf den amerikanischen Vorschlag ein, die eigene Zone mit der amerikanischen zu verschmelzen. Das am 1. Januar 1947 ins Leben gerufene vereinigte Wirtschaftsgebiet (Bi-Zone) entwickelte sich zum Modell des künftigen Weststaates.

Die Bi-Zone

Die im Potsdamer Abkommen festgelegte Bestimmung, ganz Deutschland solle als wirtschaftliche Einheit behandelt werden, konnte nie verwirklicht werden, was zu schlimmen Versorgungsengpässen führte. Der weiterhin blühende Schwarzmarkt war ein markantes Indiz für die ungelösten wirtschaftlichen Probleme dieser Nachkriegsphase. Um diese Hindernisse aus dem Weg zu schaffen, betrieben die Amerikaner eine Zusammenarbeit der Länder der eigenen und der britischen Zone auf der Ebene der Ministerpräsidenten. Standen auf den ersten Konferenzen vor allem wirtschaftliche Angelegenheiten auf der Tagesordnung, wurden im Februar und März 1946 in Bremen bereits politische Aspekte diskutiert, sodass die Ministerpräsidenten sich durchaus als die eigentlichen Repräsentanten der deutschen Einheit sehen konnten.

Der Rohstoffmangel in der amerikanischen und der Nahrungsmittelmangel in der britischen Zone waren die Grundlage für die nun immer deutlicher werdende Zusammenarbeit der beiden Besatzungsmächte. Im Mai des ersten Nachkriegsjahres stoppten die Amerikaner die Demontagen in ihrer Zone. Die damit beabsichtigte Einflussnahme auf die französische und die sowjetische Besatzungspolitik gelang nicht, denn beide Mächte waren nicht bereit die wirtschaftlichen Bestimmungen des Potsdamer Abkommens umzusetzen.

Als der amerikanische Außenminister James F. Byrnes auf der Pariser Außenministerkonferenz die anderen drei Mächte aufforderte, ihre Zonen mit der amerikanischen wenigstens zu einer wirtschaftlichen Einheit zu verbinden, hatte die Abkehr von der bisherigen Besatzungspolitik begonnen. Als die Vereinigten Staaten kurz darauf ihre Vorschläge im Alliierten Kontrollrat konkretisierten, lehnten die Franzosen und Sowjets einen wirtschaftlichen Zusammenschluss der Zonen einhellig ab, lediglich die Briten stimmten zu.

Erneut war es Außenminister Byrnes, der am 6. September 1946 mit einer Rede in Stuttgart öffentlich den neuen deutschlandpolitischen Kurs der amerikanischen Regierung vorstellte, der die baldige Errichtung eines nicht-kommunistischen deutschen Kernstaates vorsah. Noch im Herbst 1946 schlossen die britische und die amerikanische Militärregierung Abkommen über die Bildung von Verwaltungseinrichtungen der Bi-Zone, die am 1. Januar 1947 offiziell errichtet wurde.

Nach einigen Umstrukturierungen im Laufe des Jahres 1947 hatte die Organisation der Bi-Zone im Februar 1948 ihre endgültige Gestalt erhalten: Oberstes Organ in der großen neuen Zone waren der Wirtschaftsrat, eine parlamentarische Versammlung, deren Mitglieder von den Länderparlamenten entsandt wurden, ein Länderrat, der aus Vertretern der acht Länderregierungen gebildet wurde, und sechs Verwaltungen.

Die Moskauer Außenministerkonferenz

Zum Zeitpunkt der Moskauer Außenministerkonferenz im Frühjahr des Jahres 1947 war das Verhältnis zwischen den beiden Weltmächten, der Sowjetunion und den Vereinigten Staaten, bereits dermaßen angespannt, dass eine Einigung zwischen beiden über die deutsche Frage nicht mehr im Rahmen des Möglichen lag.

Das Vorgehen der Sowjetunion in Mittel- und Osteuropa hatte sehr schnell das partnerschaftliche Verhältnis der Anti-Hitler-Koalition durch Misstrauen ersetzt. Bereits am 5. März 1946 brachte Churchill das Bild vom »Eisernen Vorhang«, der von Stettin bis Triest über Europa niedergegangen sei, in die Politik ein. Aber nicht nur in Europa, sondern auch in anderen Teilen der Welt fühlten sich die Amerikaner vom sowjetischen Expansionsdrang herausgefordert.

Auf diese Weise erzwangen die Vereinigten Staaten die Räumung des nördlichen Irans von den sowjetischen Truppen. Den Versuch, den sowjetischen Einfluss auch auf Griechenland und die Türkei auszudehnen, beantwortete der amerikanische Präsident Harry S. Truman mit der Auflistung von Grundsätzen, die später als »Truman-Doktrin« bezeichnet wurde. Mit der Aussage, die Vereinigten Staaten seien entschlossen, *freien Ländern materielle Hilfe bei einer Bedrohung ihrer Freiheit zu leisten*, begann die so genannte amerikanische »Containment«-Politik, mit der die kommunistische Expansion »eingedämmt« werden sollte, und natürlich auch der Kalte Krieg.

Die Verkündung der Truman-Doktrin am 12. März 1947 fiel auf den Beginn der Moskauer Außenministerkonferenz, was von vornherein eine Lösung der dort angesprochenen Probleme unmöglich machte. Während die Amerikaner die sowjetische Deutschlandpolitik als Versuch ansahen, ganz Deutschland in die sowjetische Einflusssphäre einzubeziehen, beurteilte die Sowjetunion die Einrichtung der Bi-Zone wie auch den späteren Marshall-Plan als gezielte Maßnahmen des »amerikanischen Wirtschaftsimperialismus«.

Aus diesen Gründen beharrte die Sowjetunion auf der Moskauer Konferenz vehement auf ihren Reparationsforderungen und verlangte die unverzügliche Auflösung der amerikanisch-britischen Bi-Zone. Auch die Franzosen wichen nicht von ihrer Forderung nach der Abtrennung von Ruhr- und Saargebiet von Deutschland ab. Das Scheitern der Moskauer Außenministerkonferenz ließ Amerikaner und Briten noch stärker auf einen Aus- und Aufbau der Bi-Zone hinarbeiten.

Die Münchner Ministerpräsidentenkonferenz

Wie sehr die Einrichtung der Bi-Zone die Kluft zu den beiden anderen Besatzungszonen vertieft hatte, zeigte spätestens die Münchner Ministerpräsidentenkonferenz, die von nun an zum Symbol für die deutsche Teilung wurde.

Der bayerische Ministerpräsident Hans Ehard lud seine Kollegen zu einer Zusammenkunft für den 6. und 7. Juni 1947 nach München ein, um gemeinsam Vorschläge an die Militärregierungen zu formulieren, *um ein weiteres Abgleiten des deutschen Volkes in ein rettungsloses wirtschaftliches und politisches Chaos zu verhindern* (Benz).

Da Frankreich seinen Ministerpräsidenten die Auflage gemacht hatte, dass keine politischen Themen besprochen werden sollten, war die Beteiligung der Vertreter der sowjetischen Besatzungszone unsicher, da diese im Vorfeld vorgeschlagen hatten, den Teilnehmerkreis der Konferenz durch Vertreter von Parteien und Gewerkschaften zu erweitern und *in den Mittelpunkt der Tagesordnung die Schaffung der wirtschaftlichen und politischen Einheit Deutschlands zu stellen* (Benz).

Als die überraschend doch noch erschienenen Ministerpräsidenten der sowjetischen Zone eine Änderung der Tagesordnung wünschten, um ausschließlich über die sofortige Bildung einer zentralen Regierung in Deutschland zu sprechen, wozu die Vertreter der Westzonen jedoch nicht befugt waren, reisten sie wieder ab, noch bevor die Konferenz überhaupt begonnen hatte.

Das Bekenntnis zur deutschen Einheit, das Ehard in seiner Eröffnungsrede ablegte, konnte nicht darüber hinwegtäuschen, wie weit die Spaltung Deutschlands bereits gediehen war. Da die Deutschen keine gemeinsame Initiative entwickeln wollten oder konnten, musste der Ost-West-Konflikt auch auf Deutschland übergreifen.

Währungs- und Wirtschaftsreform

Die amerikanische Regierung sah in den wirtschaftlichen Problemen der europäischen Länder ein entscheidendes Hindernis, um dem kommunistischen Expansionsdrang wirksam entgegenzutreten. In das US-amerikanische außenpolitische Konzept wurde der im Juni 1947 vom amerikanischen Außenminister George C. Marshall entwickelte Plan eines großzügigen wirtschaftlichen Hilfsprogramms (Marshall-Plan / European Recovery Program – ERP) aufgenommen.

Im Rahmen der von den Amerikanern betriebenen Containment-Politik war es nur konsequent, die Position der politischen Partner auch ökonomisch abzusichern. Deshalb kündigte der neue amerikanische Außenminister Marshall am 5. Juni 1947 in einer Rede ein Programm umfassender wirtschaftlicher Hilfe, großzügiger Finanzhilfen und Rohstofflieferungen für Europa an, das auch der Sowjetunion und den von ihr kontrollierten Staaten angeboten wurde. Wie von den Amerikanern erwartet, gingen allerdings nur die westlichen Staaten auf das Angebot ein.

Da Deutschland auch während der Zeit der nationalsozialistischen Herrschaft mit den europäischen Ländern wirtschaftlich verflochten geblieben war, kam ihm eine Schlüsselrolle für den wirtschaftlichen Wiederaufbau Europas zu und sollte deshalb in die Zuweisung der Mittel einbezogen werden, allerdings »ohne die Deutschen zu den Herren Europas zu machen«. Mit der Zustimmung zum Marshall-Plan akzeptierten Großbritannien und vor allem Frankreich somit faktisch auch den geplanten politischen Aufbau der Westzonen.

Bis Ende 1951 stellten die USA insgesamt Finanzmittel im Wert von 13,4 Mrd. Dollar bereit, von denen etwa 20 Prozent nach Großbritannien, 16 Prozent nach Frankreich und 10 Prozent in die Bundesrepublik gingen.

Durch den psychologischen Effekt des Marshall-Plans machte sich in den Westzonen eine Aufbruchsstimmung breit, die sich mit der Währungsreform im Sommer des Jahres 1948 noch verstärken sollte.

Neuordnung der Währung

Eine grundsätzliche Vorbedingung für die Einbeziehung der Westzonen in den Marshall-Plan war die Neuordnung der deutschen Währung, die durch die im Juni 1948 durchgeführte Währungsreform gewährleistet werden sollte.

Die Wirtschaft der Westzonen benötigte für eine strukturelle Gesundung eine Währungsreform, die den aus der nationalsozialistischen Rüstungsfinanzierung herrührenden Geldüberhang von ungefähr 380 Mrd. weitgehend wertloser Reichsmark, dem kein entsprechendes Güterangebot gegenüberstand, beseitigte. Amerikanische gesamtdeutsche Pläne in dieser Richtung waren bereits 1946 von den Sowjets abgelehnt worden. Als im Alliierten Kontrollrat auch die Regelung von nachgeordneten Detailfragen an der amerikanisch-russischen Rivalität scheiterte, mussten die Amerikaner im Hinblick auf den Erfolg des Marshall-Plans, dessen Lieferungen nicht im Dickicht des Kompensationshandels verschwinden sollten, eine Lösung für die Westzonen finden. Am Sonntag, dem 20. Juni 1948, fand die Währungsreform statt.

Mit dem Verfall der Reichsmark erloschen alle Schulden des ehemaligen Deutschen Reiches und damit auch des Nachfolgestaates. Alle Bank- und Sparguthaben wurden im Verhältnis 100 : 6,5 abgewertet. Schulden waren nur zu einem Zehntel ihres Reichsmarkbetrages zurückzuzahlen, regelmäßige Zahlungen wie Löhne, Renten, Mieten usw. wurden im Verhältnis 1 : 1 umgewertet. Jeder Bewohner der Westzonen erhielt ein Kopfgeld von 40 D-Mark, 20 DM folgten einen Monat später.

Die Währungsreform begünstigte in erster Linie die Besitzer von Sachwerten, weil deren Eigentum von der Neuordnung unberührt blieb, während die Besitzer von Sparguthaben fast entschädigungslos enteignet wurden. Erst 1949 und 1952 erfolgten die sozialpolitischen Maßnahmen eines Lastenausgleichs, der auch die Kriegs- und Kriegsfolgelasten gleichmäßig verteilen sollte.

Die Sowjetunion hingegen verbot die Einführung der D-Mark in ihrer Besatzungszone und im Ostsektor Berlins. Am 23. Juni 1948 führte sie eine eigene Währung, die D-Mark Ost, ein, die in ganz Berlin gelten sollte. Die westlichen Besatzungsmächte führten daraufhin in ihren Sektoren die D-Mark ein. Mit der verloren gegangenen Währungseinheit Berlins war ein weiteres Band, das bisher die Teile Deutschlands miteinander verbunden hatte, zerschnitten worden.

Wirtschaftsreform – Beginn der sozialen Marktwirtschaft

Zusammen mit der Währungsreform erfolgte in den drei Westzonen eine Wirtschaftsreform: Beide Reformen gemeinsam begründeten den schon bald einsetzenden wirtschaftlichen Aufstieg.

Im März des Jahres 1948 war Ludwig Erhard vom Wirtschaftsrat zum Direktor der Verwaltung für Wirtschaft, also zum »Wirtschaftsminister« der Bi-Zone, gewählt worden. Bereits im April kündigte er einen Kurswechsel der bisher praktizierten Wirtschaftspolitik an: Das System der totalen Bewirtschaftung sollte gelockert werden, die Marktkräfte sollten allmählich wiederbelebt werden, und er favorisierte den Wettbewerbsgedanken und die freie Berufs- und Konsumwahl.

Kurz vor der Währungsreform setzte Erhard im Wirtschaftsrat die Annahme des Gesetzes über die wirtschaftspolitischen Leitsätze nach der Währungsreform durch, mit der es zusammen in Kraft trat. Ohne Zustimmung der Besatzungsmächte waren damit Bewirtschaftung und Preisbindung weitgehend aufgehoben. Zugleich war dies der Beginn der sozialen Marktwirtschaft, die am Anfang von Preissteigerung und anwachsender Arbeitslosigkeit begleitet war. Allerdings wurde nun über Nacht plötzlich in den Geschäften alles, was bisher gesetzwidrig zurückgehalten worden war, angeboten. Der Schwarzmarkt verschwand spurlos.

Berliner Blockade

Durch die Währungsreform eskalierte der Konflikt in der Viersektoren-Stadt Berlin. Die Einführung der Deutschen Mark beantworteten die Sowjets mit der Blockade Berlins, das von da an über eine Luftbrücke versorgt werden musste.

Die »kleine Luftbrücke«

Berlin war als Reichshauptstadt durch das Potsdamer Abkommen von der Aufteilung Deutschlands in vier Besatzungszonen ausgenommen und der Kommandantur der Alliierten unterstellt worden. Diese hatte die Stadt in vier Sektoren aufgeteilt. Berlin behielt aber als einheitliche Verwaltung den Magistrat. Die Zugangsrechte und -wege der westlichen Alliierten nach Berlin, das von sowjetischem Besatzungsgebiet umschlossen war, wurden nach der deutschen Kapitulation nicht besprochen, lediglich die Luftverbindungen nach Berlin durch drei so genannte »Korridore« geregelt. Nachdem der Alliierte Kontrollrat durch den Auszug der Sowjets im März 1948 funktionsunfähig geworden war, kam es zu ersten Behinderungen der westalliierten Transporte auf den Berliner Zufahrtsstraßen.

Bereits im April 1948 reagierten die Amerikaner mit der Einrichtung einer kurzfristigen »kleinen Luftbrücke« auf das sowjetische Vorgehen. Ein weiterer Höhepunkt des sich verschärfenden Ost-West-Gegensatzes in Bezug auf Berlin war der Auszug der Sowjetvertreter aus der Kommandantur der Alliierten, die analog zur Blockade des Alliierten Kontrollrats vollzogen wurde.

Das Scheitern der Blockade

Auf die Einführung der D-Mark in den Westsektoren Berlins verhängte die sowjetische Militärverwaltung am 24. Juni 1948 eine totale Sperre der Schienen- und Straßenwege, einige Tage später auch der Wasserwege von und nach dem Westteil Berlins. Zuvor war bereits die Elektrizitätsversorgung aus dem Ostteil der Stadt eingestellt worden.

Das Ziel der Sowjets war es, die Westalliierten zum Abzug ihrer in Berlin stationierten 8000 Soldaten zu zwingen, um die Stadt dann endgültig in ihre Zone einzugliedern. Der amerikanische Militärgouverneur in Deutschland, General Lucius D. Clay, trat für eine unnachgiebige Haltung der Vereinigten Staaten in Berlin ein, da er die Ansicht vertrat, die Sowjetunion werde wegen dieses Konflikts keinen Krieg riskieren.

Amerikaner und Briten reagierten auf die sowjetische Blockade mit der Organisation einer Luftbrücke, über die fast ein Jahr lang die Minimalversorgung der zwei Mio. Berliner in den Westsektoren gewährleistet wurde. In 195 000 Flügen wurden fast 1,5 Mio. Tonnen – vor allem Lebensmittel, Kohle und Baumaterialien – eingeflogen.

Im Herbst 1948 flüchtete der Berliner Magistrat in die Westsektoren und unterstrich dort unter der Führung Ernst Reuters die kompromisslose Haltung der Berliner Bevölkerung, die zusammen mit dem reibungslosen Funktionieren der Luftbrücke für das Scheitern der Blockade verantwortlich war. Am 12. Mai 1949 beendeten die Sowjets nach Geheimverhandlungen mit den USA und einem Viermächteabkommen ihre Aktion. Die westlichen Siegermächte waren mit diesem Vorgehen zu Schutzmächten Westdeutschlands geworden.

Etablierung eines westdeutschen Staates

Nach dem Scheitern der Londoner Außenministerkonferenz Ende 1947 begannen Amerikaner und Briten auf die Etablierung eines westdeutschen Staates hinzuarbeiten. Auf der Londoner Sechsmächtekonferenz konnten die bestehenden Widerstände Frankreichs abgebaut werden. Die »Londoner Empfehlungen« bildeten die Grundlage für die »Frankfurter Dokumente«, die den westdeutschen Ministerpräsidenten übergeben wurden. Sie wurden aufgefordert, eine verfassunggebende Nationalversammlung einzuberufen. Weiterhin wurde ein Besatzungsstatut angekündigt.

Die Londoner Außenministerkonferenz

Die letzte und entscheidende Phase einer Staatsgründung auf dem Gebiet der drei westlichen Besatzungszonen begann nach der Londoner Außenministerkonferenz, die am 15. Dezember 1947 ergebnislos abgebrochen wurde, nachdem der Ost-West-Gegensatz einen Konsens in der deutschen Frage nicht mehr zuließ.

Da die alliierte Viermächteverwaltung in Deutschland faktisch gescheitert war, kam es noch in London zu Gesprächen unter den drei Westmächten, in denen es unter anderem darum ging, französische Bedenken gegen eine politische Neuordnung der Westzonen abzubauen. Um den französischen Widerstand und deutsche Befürchtungen abzuschwächen, interpretierten die Amerikaner die Anfang 1948 erfolgte Umstrukturierung der Bi-Zonen-Verwaltung als rein wirtschaftliche Angelegenheit und nicht als Vorwegnahme der politischen Struktur eines Weststaates. Dass allerdings eine Lösung der Probleme nicht in eine ferne Zukunft verschoben werden sollte, machte noch im Januar der britische Außenminister Bevin deutlich, als er die Zeit *für eine Konsolidierung Westeuropas* als reif bezeichnete.

Die Londoner Sechsmächtekonferenz

Auf der Ende Februar 1948 beginnenden Sechsmächtekonferenz in London, an der außer den USA, Großbritannien und Frankreich auch die Niederlande, Belgien und Luxemburg teilnahmen, konkretisierte sich der Plan, eine *Grundlage für die Beteiligung eines demokratischen Deutschlands an der Gemeinschaft der freien Völker zu schaffen.* Amerikanisch-britischen Überlegungen, die auf einen handlungsfähigen deutschen Staat auf föderalistischer Basis mit ausreichenden Kompetenzen der Zentralgewalt abzielten, standen den natürlich erheblichen französischen Sicherheitsbedenken gegenüber.

Die Fortsetzung der Konferenz von April bis Juni 1948 wurde durch die sowjetische Sprengung des Alliierten Kontrollrats und die beginnende Berliner Blockade beeinflusst. Die Konferenzteilnehmer kamen zu konkreten Ergebnissen, die als »Londoner Empfehlungen« an die sechs eigenen Regierungen unter anderem folgende Punkte beinhalteten:

Dem deutschen Volk sollte Gelegenheit gegeben werden, die gemeinsame Grundlage für eine freie und demokratische Regierungsform zu schaffen. Die Ministerpräsidenten der Westzonen sollten die Vollmacht erhalten, *eine verfassunggebende Versammlung zur Ausarbeitung einer Verfassung einzuberufen,* und man befürwortete eine föderative Regierungsform.

Soweit der Inhalt der Londoner Beschlüsse in den Westzonen bekannt wurde, rief er eine überwiegend negative Reaktion hervor. Zum einen wurde die auch angesprochene »Internationale Ruhrkontrolle« von deutscher Seite als eine »moderne Form der Annektion« bezeichnet, zum anderen sah man durch die empfohlenen Maßnahmen zur politischen Integration der Westzonen eine Gefährdung der deutschen Einheit.

Die Frankfurter Dokumente

Den zu diesem Zeitpunkt obersten Repräsentanten der Westzonen, den neun Ministerpräsidenten der Länder und den beiden Bürgermeistern von Bremen und Hamburg, wurden am 1. Juli 1948 in Frankfurt von den Militärgouverneuren drei Dokumente (»Frankfurter Dokumente«) übergeben, die später als die Geburtsurkunden der Bundesrepublik bezeichnet werden sollten.

Im ersten Dokument wurden die deutschen Vertreter autorisiert, *eine verfassunggebende Versammlung einzuberufen, die spätestens am 1. September 1948 zusammentreten sollte.*

Das zweite Dokument ersuchte die Ministerpräsidenten und Bürgermeister darum, die Grenzen der bestehenden Länder in den Westzonen zu überprüfen, *um zu bestimmen, welche Änderungen sie etwa vorzuschlagen wünschen.*

Im dritten Dokument wurde schließlich ein Besatzungsstatut angekündigt, in dem die Beziehungen zwischen einer künftigen westdeutschen Regierung und den alliierten Besatzungsmächten definiert werden sollten.

Die Koblenzer Beschlüsse

Den Führungsanspruch der Ministerpräsidenten, an die sich die Frankfurter Dokumente in erster Linie gewandt hatten, machten nun die Führungen der großen Parteien streitig, die sich sogleich in deren Tagung in Koblenz im Juli 1948 einschalteten. Die dort erarbeitete Stellungnahme zu den Frankfurter Dokumenten hob hervor, dass vermieden werden müsse, *die Spaltung zwischen West und Ost zu vertiefen.* Man wollte die Einheit Deutschlands nicht durch die Gründung eines Weststaats verspielen und sprach sich für eine provisorische Zusammenfassung und Organisation der Westzonen aus.

Die Ministerpräsidenten lehnten folglich den Begriff »Verfassung« ab und schlugen ein »Grundgesetz« vor, das anstelle einer verfassunggebenden Nationalversammlung von einem von den Länderparlamenten beschickten Parlamentarischen Rat bestimmt werden sollte. Die Landtage sollten dieses Grundgesetz ratifizieren, während die Besatzungsmächte die Annahme durch einen Volksentscheid gefordert hatten. Der auf westdeutschem Gebiet zu errichtende »Kernstaat« sollte stellvertretend für die deutsche Nation als Gesamtheit agieren, bis sich eines Tages die sowjetische Besatzungszone anschließen würde. Sowohl von Konrad Adenauer wie von Kurt Schumacher wurde die »Magnettheorie« propagiert, nach der die steigende wirtschaftliche und soziale Attraktivität der Westzonen die sowjetische Besatzungszone geradezu magnetisch anziehen würde.

Der Kompromiss

Die Koblenzer Beschlüsse riefen aufseiten der Militärgouverneure Verärgerung hervor, allenfalls der französische konnte zufrieden sein, dass die Weststaatsgründung nicht so schnell geschah. Einstimmig jedoch machten die Besatzungsmächte den Ministerpräsidenten deutlich, dass die Londoner Empfehlungen, die die Grundlage der Frankfurter Dokumente bildeten, als verpflichtende Handlungsanweisungen zu betrachten waren, die angenommen oder abgelehnt, aber nicht verändert werden konnten.

In Gesprächen zwischen den einzelnen Militärgouverneuren und den Ministerpräsidenten ihrer Zonen wurde nach Kompromissmöglichkeiten gesucht, die unter dem Eindruck der sowjetischen Berlinpolitik und den wirtschaftlichen und organisatorischen Unzulänglichkeiten in den Westzonen, aber auch der unnachgiebigen Haltung des amerikanischen Militärgouverneurs Clay auch gefunden wurden.

Das Ziel auf der deutschen Seite war klar: Den Alliierten sollte so weit entgegengekommen werden, wie es notwendig war, ohne den grundsätzlichen Vorbehalt gegen die Gründung eines deutschen Teilstaates aufzugeben. Auf einer durchaus turbulenten Schlusskonferenz in Frankfurt am 26. Juli 1948 gelang es, einen für beide Seiten akzeptablen Konsens zu erreichen, sodass die drei westlichen Besatzungsmächte das offizielle Einverständnis zur Errichtung der Bundesrepublik Deutschland geben konnten.

Der Weg zur Bundesrepublik

Am 10. August 1948 begann auf Herrenchiemsee ein Sachverständigenausschuss Richtlinien für ein Grundgesetz zu erarbeiten. In der Zeit vom 10. bis zum 23. August 1948 sollte dieses auf Einladung des bayerischen Ministerpräsidenten zusammengekommene Gremium von Sachverständigen einen Verfassungsentwurf beraten.

Der so genannte »Herrenchiemseer Konvent« besaß keinerlei Kompetenz, politische Entscheidungen zu treffen oder auch nur zu empfehlen. Seine Aufgabe bestand darin, für den Parlamentarischen Rat alternative Lösungsmöglichkeiten für die zentralen Verfassungsprobleme zu erarbeiten und zusammenzustellen.

Dieser »Bericht über den Verfassungskonvent« enthielt unter anderem einen kompletten Verfassungsentwurf für ein Grundgesetz der Bundesrepublik, bestehend aus 149 Artikeln. Die Sachverständigen hatten ihre Verfassungsvorstellungen vor allem aus einer kritischen Konfrontation mit der Weimarer Verfassung und ihren Problemen gewonnen, sodass darauf geachtet wurde, die offensichtlichen Strukturfehler hinsichtlich einer gemischt parlamentarischen und präsidialen Konstruktion zu vermeiden.

Am 1. September 1948 konstituierte sich in Bonn der Parlamentarische Rat und begann mit der Ausarbeitung des deutschen Grundgesetzes, das am 8. Mai 1949 angenommen und am 23. Mai verkündet wurde.

Annahme des Grundgesetzes

Nachdem auf der Frankfurter Schlusskonferenz die Errichtung der Bundesrepublik beschlossen worden war, wählten im August 1948 die Länderparlamente die Abgeordneten für den Parlamentarischen Rat, in dem dann die beiden großen Parteien CDU/CSU und SPD mit jeweils 27 Abgeordneten gleich stark vertreten waren. Die FDP war mit fünf, die Deutsche Partei (DP), das Zentrum und die KPD mit jeweils zwei Abgeordneten vertreten. Als Tagungsort wurde Bonn bestimmt, was sich später als eine Präjudizierung des Sitzes der zukünftigen Bundesorgane erweisen sollte.

Am 1. September 1948 fand dann die feierliche Eröffnung des Parlamentarischen Rates statt, dessen 65 Abgeordnete den 72-jährigen CDU-Politiker Konrad Adenauer zum Präsidenten wählten. Den Platz des Vorsitzenden des Hauptausschusses, in dem die wesentliche Arbeit geleistet wurde, nahm Carlo Schmid von der SPD ein.

Als strittige Themen erwiesen sich die Funktion des Staatsoberhauptes, die zweite Kammer des Parlaments, die Verteilung der Steuern und das Verhältnis von Kirche und Staat. Als im Februar 1949 das Grundgesetz im Wesentlichen fertig war, musste es noch den Militärgouverneuren zur Begutachtung vorgelegt werden, die jedoch auf dessen Nichtübereinstimmung in einigen Punkten mit ihren Richtlinien vom November verwiesen. Nach einer Intervention der alliierten Außenminister in diesem deutsch-alliierten Verfassungskonflikt, der vor allem von der unnachgiebigen Position General Clays getragen wurde, kam es – auch angesichts der Berlin-Problematik – am 25. April 1949 zu erfolgreichen abschließenden Verhandlungen mit den Militärgouverneuren. Am 8. Mai wurde das Grundgesetz in dritter Lesung mit 53 gegen 12 Stimmen (der Abgeordneten der DP, des Zentrums, der KPD und von sechs Abgeordneten der CSU) angenommen. Die Genehmigung der Militärgouverneure erfolgte am 12. Mai, anschließend ratifizierten die Länderparlamente mit Ausnahme Bayerns das Verfassungswerk.

Die ablehnende Haltung der bayerischen Parlamentarier zeigte keine Folgen, da sie zugleich beschlossen, dass das Grundgesetz auch für Bayern rechtsgültig sei, sobald es von zwei Dritteln der deutschen Länder anerkannt wurde. Am 23. Mai 1949 konnte so das Grundgesetz feierlich verkündet werden und am 24. Mai in Kraft treten. Es enthielt in der Präambel das Bekenntnis zur nationalen und staatlichen Einheit Deutschlands in einem vereinten Europa.

Das Ende des militärischen Besatzungsregimes

Mehr als die Verfassung existierte zu diesem Zeitpunkt vom neuen Staat noch nicht. Immerhin hatte der Parlamentarische Rat am 10. Mai 1949 in einer kontroversen Sitzung die strittige Hauptstadtfrage gelöst: Bonn und nicht Frankfurt wurde zur vorläufigen Hauptstadt der Bundesrepublik gewählt. Allerdings bedeuteten die Verabschiedung des Grundgesetzes sowie die folgende Konstituierung der Bundesrepublik Deutschland im Sommer 1949 noch nicht die völkerrechtliche Gleichstellung des neuen Staates. Zwar hörte das militärische Besatzungsregime auf, doch blieb die westdeutsche Souveränität bis 1955 durch ein gemildertes, aber dennoch wirksames Besatzungsregime beeinträchtigt.

Das neue Besatzungsstatut war auf der Washingtoner Außenministerkonferenz im April beschlossen worden und etablierte einen neuen Kontrollapparat, der hauptsächlich aus drei Institutionen bestand: der Alliierten Hohen Kommission, dem militärischen Sicherheitsamt und der kurzlebigen Internationalen Ruhrbehörde. Bei der Hohen Kommission handelte es sich um eine zivile oberste alliierte Behörde, die die Rechte, die den Alliierten aufgrund des Besatzungsstatuts in der Bundesrepublik weiterhin blieben, ausübte und dies durch ihren Amtssitz auf dem Petersberg hoch über Bonn auch augenscheinlich dokumentierte.

Der erste Bundestag

Bereits die Auseinandersetzungen im Parlamentarischen Rat um den Sitz der Bundeshauptstadt und das Wahlgesetz – Mehrheits- oder Verhältniswahlrecht – waren Teil des beginnenden Wahlkampfes zum ersten Bundestag gewesen, der nach der Verabschiedung des Grundgesetzes vehement einsetzte. Der von der CDU/CSU als Wahllokomotive eingesetzte Verfechter der sozialen Marktwirtschaft, Ludwig Erhard, entschied wesentlich das Ergebnis für die von Konrad Adenauer geführte Union gegen die mit Kurt Schumacher angetretene SPD.

Aus den Bundestagswahlen am 14. August 1949 gingen die Unionsparteien bei einer Wahlbeteiligung von 78,5 Prozent mit 31 Prozent als Gewinner gegenüber der SPD mit 29,2 Prozent der Stimmen hervor. Die FDP erhielt 11,9 Prozent und die KPD 5,7 Prozent. Die restlichen Stimmen fielen auf die kleineren Parteien.

Die CDU/CSU hatte mit ihren 139 Sitzen zwar acht Sitze mehr als die unterlegene SPD, verfügte jedoch nicht über die für die Kanzlerwahl notwendige Mehrheit der 402 Bundestagsmandate. Adenauer bastelte eine Koalition mit FDP und Deutscher Partei und wurde am 15. September vom Bundestag mit einer Stimme Mehrheit zum Bundeskanzler gewählt. Am 12. September hatte sich die Bundesversammlung für den Vorsitzenden der FDP, Theodor Heuss (→ »Biografie«), als Bundespräsidenten entschieden. Am 20. September gab Adenauer seine Regierungserklärung ab, nachdem die Bundesregierung vereidigt worden war. Dies war die Geburtstunde der Bundesrepublik.

Der zweite deutsche Staat

Mit der Konstituierung der Provisorischen Volkskammer und der Inkraftsetzung der Verfassung wurde am 7. Oktober 1949 mit der Deutschen Demokratischen Republik der zweite deutsche Staat auf dem Gebiet des am 8. Mai 1945 untergegangenen Deutschen Reiches gegründet.

Die Volkskongressbewegung

Um auf die bei der Londoner Außenministerkonferenz erkennbare Tendenz der westlichen Alliierten mit einer westlichen Teilstaatsgründung die deutsche Frage zu lösen, reagierte in der sowjetischen Besatzungszone die SED mit der so genannten Volkskongressbewegung.

Am 6. und 7. Dezember 1947 tagte in Ost-Berlin der Deutsche Volkskongress für Einheit und gerechten Frieden, dessen Delegierte auf eine Initiative der SED hin aus Parteien und Massenorganisationen der sowjetischen Zone gewählt worden waren und zum geringen Teil auch aus den Westzonen stammten.

Mit dieser Bewegung sollte Druck auf die Londoner Verhandlungen ausgeübt werden, und die SED versuchte sich damit als treibende Kraft zugunsten der deutschen Einheit darzustellen. Der Kongress forderte von der Londoner Außenministerkonferenz die Vorbereitung eines Friedensvertrages sowie eine gesamtdeutsche Regierung *aus Vertretern aller demokratischen Parteien.*

Der zweite Volkskongress, der dann am 17. und 18. März 1948 tagte und sich in der Tradition der Märzrevolution von 1848 sah, lehnte den Marshall-Plan ab, erkannte die Oder-Neiße-Linie an und beschloss ein Volksbegehren zur deutschen Einheit. Er wählte auch den Deutschen Volksrat, von dessen 400 Mitgliedern 100 aus den Westzonen kamen. Einer seiner Ausschüsse, der Verfassungsausschuss unter Otto Grotewohl, erarbeitete auf der Grundlage einer älteren SED-Vorlage den Entwurf einer Verfassung der Deutschen Demokratischen Republik, der vom Volksrat am 22. Oktober gebilligt und am 19. März 1949 formell beschlossen wurde. Der Entwurf orientierte sich formal am Modell der Weimarer Verfassung, trug aber den von der SED propagierten gesellschaftspolitischen Zielen Rechnung.

Der dritte Volkskongress, der die Verfassung bestätigen sollte, wurde, um legalisiert zu sein, am 15. und 16. Mai gewählt. Die Wahl fand nach dem Prinzip der Einheitsliste des »Demokratischen Blocks« statt, in dem die Parteien und die Massenorganisationen zusammengeschlossen waren, wobei 25 Prozent der Sitze von vornherein für die SED festgelegt waren. Die Wähler konnten nur dieser Einheitsliste insgesamt ihre Zustimmung geben oder diese verweigern. Zudem war die Wahl mit einer Volksabstimmung über die deutsche Einheit verbunden, indem der Stimmzettel mit folgender Erläuterung versehen war: *Ich bin für die Einheit Deutschlands und einen gerechten Friedensvertrag. Ich stimme darum für die nachstehende Kandidatenliste zum Dritten Deutschen Volkskongress.*

66,1 Prozent der Wähler gaben der Einheitsliste ihre Zustimmung. Der Verfassungsentwurf wurde vom dritten Volkskongress gebilligt, der auch einen zweiten Volksrat wählte.

Entstehung der DDR

Als im August und September 1949 die Bundesrepublik Deutschland endgültig Gestalt annahm, konferierten die Spitzen der SED in Moskau mit Vertretern der dortigen kommunistischen Partei über die Situation.

Am 1. Oktober 1949 erklärte die sowjetische Regierung den Westmächten, dass mit der »Bildung der volksfeindlichen Separatregierung in Bonn« eine neue Lage entstanden sei. Am 7. Oktober erklärte sich der zweite Volksrat zur Provisorischen Volkskammer der DDR, die die Verfassung in Kraft setzte. Begründet wurde diese Umwandlung in eine Volksvertretung mit der Verschärfung des »nationalen Notstandes in Deutschland« durch die Gründung der Bundesrepublik.

Die provisorische Volkskammer beschloss ein Gesetz über die Provisorische Regierung der DDR und bildete eine Länderkammer, die als Vertretung der fünf Länder fungieren sollte. Der Ostteil Berlins war durch die Verfassung zur Hauptstadt der DDR erklärt worden. Am 10. Oktober übergab die SMAD vor ihrer Auflösung ihre Verwaltungsfunktionen an die noch zu bildende Provisorische Regierung der DDR und wurde durch eine Sowjetische Kontrollkommission ersetzt. Einen Tag später wurde Wilhelm Pieck zum Präsidenten der DDR gewählt.

Am 12. Oktober bezeichnete Ministerpräsident Otto Grotewohl in seiner Regierungserklärung die Freundschaft zur Sowjetunion als Grundlage der Außenpolitik und die Tradition des Antifaschismus als innere Verpflichtung.

Die Deutsche Demokratische Republik wurde von den Westmächten nicht als zweiter deutscher Staat anerkannt. Mit Ausnahme der KPD sprachen alle Parteien und Organisationen der Bundesrepublik der Regierung der DDR die Legitimation durch die Bevölkerung ab. Am 21. Oktober 1949 formulierte Bundeskanzler Adenauer den Alleinvertretungsanspruch der Bundesregierung.

Deutschland von 1949 bis 1963

14. August 1949	Adenauer wird erster Bundeskanzler
27. November 1949	Petersberger Abkommen
1950 – 1966	Adenauer Bundesvorsitzender der CDU
25. Juni 1950	Beginn des Koreakriegs
September 1951	Wiedergutmachungsgesetz
10. März 1952	Stalin-Noten
Juli 1952	Montanunion
1953	Wahlrechtsänderung: Einführung der Fünfprozentklausel
17. Juni 1953	Niederschlagung des Arbeiteraufstandes in der DDR
September 1953	Entschädigungsgesetz
23. Oktober 1954	Pariser Verträge (Westeuropäische Union)
5. Mai 1955	Pariser Verträge in Kraft; Beitritt zur NATO
Mai 1955	Gründung des Warschauer Paktes
23. September 1955	Hallstein-Doktrin
23. Oktober 1956	Saargebiet votiert für Deutschland; 1. Januar 1957 Wiedereingliederung
25. März 1957	Römische Verträge (EWG)
1. Januar 1958	Römische Verträge in Kraft; Europäische Atomgemeinschaft
Juli 1958	Charles de Gaulle wird französischer Staatspräsident
27. November 1958	Berlin-Ultimatum
1. Juli 1959	Heinrich Lübke wird Bundespräsident (1964 im Amt bestätigt)
12./13. August 1961	Beginn des Berliner Mauerbaus
17. September 1961	Adenauer zum vierten Mal Bundeskanzler
Oktober 1962	›Spiegel‹-Affäre
Dezember 1962	F. J. Strauß als Verteidigungsminister abgesetzt
22. Januar 1963	Vertrag über die deutsch-französische Zusammenarbeit
15. Oktober 1963	Rücktritt von Bundeskanzler Adenauer

Die Bundesrepublik 1949–1963

Der Name Konrad Adenauer steht heute wie kein anderer für die ersten Jahre der Bundesrepublik nach dem Zweiten Weltkrieg, in denen der erste Bundeskanzler die Weichen auch für spätere Zeiten gestellt hat. Zu seinen größten Erfolgen gehören die Anbindung an und die Integration der Bundesrepublik in die westlichen Bündnissysteme sowie die neue Position der BRD in Europa und die Verbesserung der deutsch-französischen Beziehungen.

Die 1950er-Jahre

Die Bundesrepublik bildete in den 50er-Jahren ein stabiles demokratisches System heraus, in dem die wichtigsten Parteien untereinander grundsätzlich koalitionsfähig waren und in den Parlamenten zusammenarbeiteten. 1961 waren dann nur noch CDU/CSU, SPD und FDP im Bundestag vertreten, regionale und Weltanschauungsparteien hatten an Bedeutung verloren, die Sozialistische Reichspartei (SRP) und die Kommunistische Partei Deutschlands (KPD) waren verboten worden.

Die Parteien

Der erste Bundestag erinnerte noch stark an die Verhältnisse im Reichstag während der Weimarer Republik, denn in ihm waren elf Parteien vertreten (→ Abbildung »Die Ergebnisse der Wahlen zum 1., 2. und 3. Deutschen Bundestag«).

Das geänderte Wahlrecht – die Fünfprozentklausel bezog sich seit 1953 auf das gesamte Bundesgebiet – bewirkte, dass bei der zweiten Bundestagswahl 1953 nur noch sechs Parteien vertreten waren. 1961 hatte sich ein Dreiparteiensystem verfestigt (→ Abbildung »Die Ergebnisse der Wahlen zum 1., 2. und 3. Deutschen Bundestag«).

Die Weltanschauungsparteien der Weimarer Zeit, die weitgehend an partikulare Interessen gebunden waren, wurden nun durch Volksparteien abgelöst, die auf eine möglichst große Wählerbasis abzielten und durch ihr Programm unterschiedliche Wählergruppen zu mobilisieren vermochten.

Christlich Demokratische Union (CDU)

Der CDU gelang es aufgrund ihres interkonfessionellen Anspruchs relativ schnell, die evangelischen Bevölkerungsteile zu integrieren. Sie fungierte als umfassende bürgerliche Sammelpartei, die auch die ehemals nicht-demokratischen Wählerschichten einbezog. Zwar wurden programmatisch die Westintegration und die Marktwirtschaft artikuliert. Auch die deutlich antikommunistische Haltung wie die Frontstellung gegen die Sozialdemokratie erwiesen sich als identitätsstiftend, aber mehr als alle ideologischen Formulierungen erwies sich die Personalisierung des politischen Kurses durch Konrad Adenauer als Garant des Erfolges. So kann der überzeugende Wahlerfolg der Union 1953 mit 45,2 Prozent als Kanzlerplebiszit bezeichnet werden. Adenauer wurde während der 50er-Jahre allmählich zur Leitfigur, unterstützt vom Vertrauen der westlichen Siegermächte, die in ihm einen Garanten für die definitive Abkehr Deutschlands von Weltmachtträumen sahen.

Christlich Soziale Union (CSU)

Die Anfangsphase der CSU war geprägt von innerparteilichen Auseinandersetzungen, Abwanderungen zur 1948 gegründeten Bayernpartei (BP) waren die Folge, die bis Mitte der 1950er-Jahre auch einen Teil der potenziellen CSU-Klientel hinter sich bringen konnte. 1954 musste die CSU zum einzigen Mal in ihrer Geschichte in die Opposition, kehrte aber bereits 1957 in die Regierungsverantwortung zurück. Langsam setzte sich in der CSU ein pragmatischer, auf einen Ausgleich zwischen bayerischer Tradition und notwendiger Öffnung bedachter Mittelweg durch, der die Mitgliederzahlen rasch steigen ließ. Der Parteivorsitzende Hanns Seidel (1955–1961) legte die Grundlagen für die Umwandlung vom Agrar- zum Industriestaat, und sein Nachfolger Franz Josef Strauß stärkte die Rolle auf Bundesebene.

Im Laufe der 50er-Jahre gelang es den Unionsparteien zunehmend konkurrierende Parteien wie das Zentrum oder die Bayernpartei zur Bedeu-

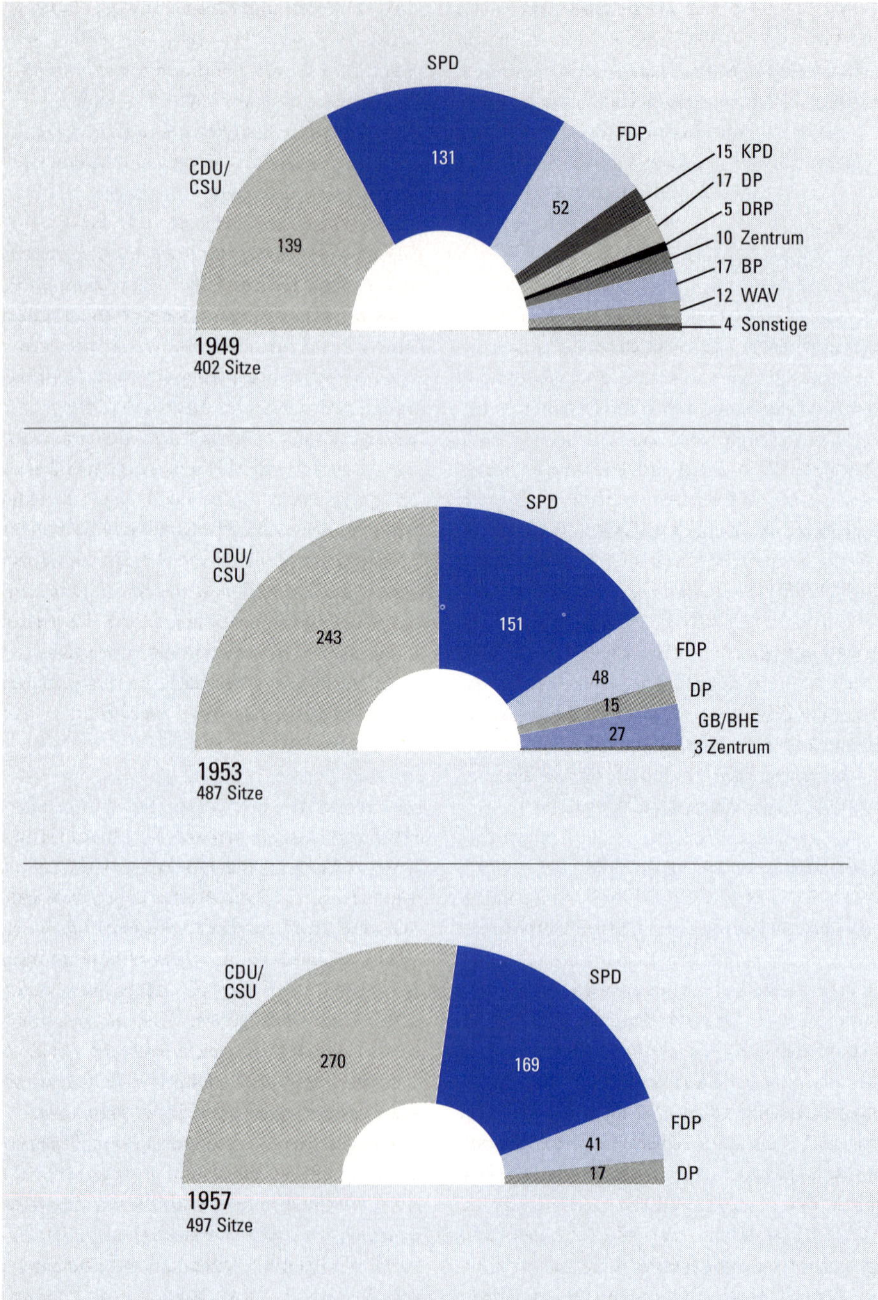

Die Ergebnisse der Wahlen zum 1., 2. und 3. Deutschen Bundestag
(aus: ›Die Fischer Chronik‹ Sp. 50)

tungslosigkeit herabsinken zu lassen und so bei der Bundestagswahl 1957 mit 50,2 Prozent die absolute Mehrheit zu erreichen. Auch die Deutsche Partei (DP) und der regional starke Gesamtdeutsche Block/Block der Heimatvertriebenen und Entrechteten (GB/BHE) gerieten in den Integrationssog der Union (→ Abbildung »Die Ergebnisse der Wahlen zum 1., 2. und 3. Deutschen Bundestag«).

Freie Demokratische Partei (FDP)

Von allen Koalitionspartnern der CDU/CSU konnte sich allein die FDP als eigenständige Kraft weiter behaupten, indem sie sich vor allem in der Rechts- und Bildungspolitik ein eigenes Profil gab. Über die strittige Saarfrage kam es zu einem innerparteilichen Konflikt, in dessen Folge die FDP 1956 die Regierungskoalition verließ.

1957 verabschiedete die FDP das Berliner Programm, in dem eine Trennlinie gegen Marxismus und Sozialismus gezogen wurde. Unter ihrem Vorsitzenden Erich Mende stellte sich die Partei seit 1960 als bürgerliches Korrektiv zur Union dar. 1961 erreichte die FDP nach deutlichen Stimmeneinbußen 1957 (7,7 Prozentpunkte) mit 12,8 Prozent ihr bestes Ergebnis und kehrte in die Regierungskoalition unter Adenauer zurück, obwohl sie diesen vor der Wahl als Bundeskanzler abgelehnt hatte.

Sozialdemokratische Partei (SPD)

Nachdem im Verlauf der 1950er-Jahre die kleineren Parteien aus dem Bundestag verschwunden waren, wurde die SPD bis 1966 zur alleinigen parlamentarischen Opposition. Schmerzhaft hatte die Partei nach der Gründung der Bundesrepublik akzeptieren müssen, dass ihr im Gegensatz zu Weimar nun keine Führungsrolle beim Aufbau der neuen Republik zukam. Nachdem die SPD 1953 mit 28,8 Prozent ihr schlechtestes Wahlergebnis der Nachkriegszeit erreicht hatte und auch die Mitgliederzahl abnahm, kam es erst in der zweiten Hälfte des Jahrzehnts aufgrund einer Neuorientierung zu einem Umschwung. Unter ihrem Nachkriegsvorsitzenden Kurt Schumacher bekämpfte die SPD vor allem die Wirtschafts- und Außenpolitik der Regierung. Als *Partei aller Schichten des arbeitenden Volkes* (Schumacher) lehnte sie die soziale Marktwirtschaft ab und stellte als Eckpunkte Sozialisierung und Planwirtschaft und die nationale Einheit heraus. Die Ablehnung der Westintegration resultierte aus der Vorstellung einer Wiedervereinigung innerhalb eines nicht paktgebundenen kollektiven Sicherheitssystems und der durch diese gesehenen Gefährdung.

Die SPD konnte zunächst nicht einmal ihrer Stammwählerschaft aus dem Arbeitermilieu sicher sein, geschweige denn neue Wählerschichten gewinnen. Auch nach dem Tode ihres Vorsitzenden Schumacher blieb die Partei auf ihrem strikten Oppositionskurs, doch langsam wich die prinzipielle Opposition einer pragmatischen Politik in den sozialdemokratisch geführten Bundesländern. Allerdings vollzog die SPD erst mit dem Godesberger Programm 1959 die Wende von der reinen Arbeiter- und Weltanschauungspartei zu einer für breite Schichten wählbaren Volkspartei. Sie bekannte sich jetzt zur sozialen Marktwirtschaft und zur Westintegration. 1961 präsentierte sich die SPD als moderne Alternative zur Union, personifiziert in Willy Brandt, der 1961 als Kanzlerkandidat aufgestellt und 1964 zum Parteivorsitzenden gewählt wurde.

Parteienverbote

Das Parteiensystem verfestigte sich auch durch das Verbot verfassungswidriger Parteien, das in den 50er-Jahren vom Bundesverfassungsgericht zweimal ausgesprochen wurde. 1951 betraf es die vor allem in Norddeutschland aktive neonazistische Sozialistische Reichspartei, die bei der niedersächsischen Landtagswahl 1951 11 Prozen der Stimmen erhielt. 1956 folgte das Verbot der Kommunistischen Partei Deutschlands (KPD), das die Bundesregierung bereits 1951 beantragt hatte.

Die KPD hatte durch ihr Verhalten im Parlamentarischen Rat, wo sie gegen das Grundgesetz und die Errichtung eines westdeutschen Teilstaates stimmte, ihr positives Image, das sie sich durch ihr Profil als dezidierte antifaschistisch-demokratische Kraft in den ersten Nachkriegsjahren erworben hatte, schnell verspielt. Ihr Stimmenanteil von 5,7 bei der ersten Bundestagswahl hatte sich auf 2,2 Prozent 1953 verringert. Zum Zeitpunkt ihres

Verbots hatten sich die Kommunisten nicht zuletzt wegen ihrer starken Anlehnung an die Politik der SED in der Arbeiterschaft und der Arbeiterbewegung weitgehend isoliert.

Adenauers Außenpolitik

Die drei großen Ziele der Außen- und Deutschlandpolitik, die Herstellung der außenpolitischen Handlungsfreiheit, Teilnahme der Bundesrepublik an der wirtschaftlichen und politischen Integration Westeuropas bzw. am atlantischen Bündnis und die Wiedervereinigung Deutschlands, konnten nicht zusammen verwirklicht werden.

Petersberger Abkommen

Die Politik Adenauers war von Anfang an darauf ausgerichtet, Bestimmungen des Besatzungsstatuts zu revidieren und für die Bundesrepublik weitere Souveränitätsrechte zu erhalten. Bereits im Petersberger Abkommen vom 22. November 1949, zwei Monate nach dem In-Kraft-Treten des Besatzungsstatuts, erreichte er eine erste Revision. Die Bundesrepublik erhielt die Erlaubnis, konsularische Beziehungen zu ausländischen Mächten aufzunehmen und internationalen Organisationen beizutreten. Weiterhin wurde die schrittweise Einstellung der Demontagen angekündigt. Als Teilnehmerin am Marshall-Plan wurde die Bundesrepublik vollberechtigtes Mitglied der *Organization for European Economic Cooperation* (OEEC: Organisation für europäische wirtschaftliche Zusammenarbeit). Während diese institutionelle Verankerung im Bundestag unumstritten blieb, gab es um die von Adenauer zugesicherte deutsche Mitarbeit in der Ruhrbehörde und den Beitritt zum Europarat, den zehn westeuropäische Staaten zum Zweck politischer Kooperation gegründet hatten, heftige Debatten. Die SPD forderte Unnachgiebigkeit gegenüber den Alliierten und sah ihre ablehnende Haltung bestätigt, als die Bundesrepublik nur mit eingeschränkten Vollmachten in den Europarat aufgenommen wurde und die gleichzeitige Aufnahme des Saarlandes zu akzeptieren hatte, was die indirekte Abtrennung dieses Gebietes hätte bedeuten können. Allerdings folgte im Mai 1951 die Vollmitgliedschaft und das Saarland wurde nur assoziiertes Mitglied. Im Juni 1951 beendeten die Westalliierten formell den Kriegzustand, im März 1952 erfolgte die Räumung Helgolands durch die Briten.

Montanunion

Nach Adenauers Überzeugung musste die Bundesrepublik die Befürchtungen Frankreichs ernst nehmen und dessen Sicherheitsverlangen befriedigen. Hohe Priorität hatten daher in Adenauers Politik die Aussöhnung mit Frankreich und die Herstellung eines partnerschaftlichen Verhältnisses. Genau in diese Vorstellung passte der vom französischen Außenminister Robert Schuman initiierte Vertrag über die Montanunion (Europäische Gemeinschaft für Kohle und Stahl = EGKS), der im Juli 1952 in Kraft trat, gleichzeitig wurde das Ruhrstatut aufgehoben. Mit diesem Vertrag übertrugen Frankreich, Deutschland, Italien und die Beneluxstaaten nationale Hoheitsrechte auf eine gemeinsame supranationale Gemeinschaft mit dem Ziel eines gemeinsamen Marktes für Kohle und Stahl. Mit der Montanunion war ein erster wichtiger Schritt auf dem Weg zur europäischen Einheit getan, der vom Großteil der deutschen Bevölkerung begrüßt, von der SPD hingegen als »kapitalistisch« und »konservativ« abgelehnt wurde.

Deutschlandvertrag und Europäische Verteidigungsgemeinschaft

Mit dem Angriff des kommunistischen Nordkorea auf das westlich orientierte Südkorea am 25. Juni 1950 trat die Frage einer gemeinsamen westlichen Verteidigungspolitik unter Einbeziehung der Bundesrepublik in den Mittelpunkt. Wenngleich eine Übertragung der entstandenen Situation auf das geteilte Deutschland nicht ohne weiteres möglich war, sah Adenauer die Gefahr eines sowjetischen Angriffs und versuchte die deutsche Wiederbewaffnung voranzutreiben. In einem diplomatischen Alleingang verdeutlichte Adenauer den Amerikanern, dass er die Frage der deutschen Wiederbewaffnung nur im Zusammenhang mit dem Abbau der alliierten Kontrollrechte in der Bundesrepublik zu verfolgen gedachte. Gegen diese Aktion gab es im eigenen Kabinett Widerstände, die mit dem Rücktritt des Innenministers Gustav Heinemann endeten.

Ein Kompromiss zwischen Adenauers Plan, den amerikanischen Wünschen, die auf die Errichtung eines integrierten militärischen Oberkommandos der NATO unter Einbezug deutscher Truppen abzielten, und französischen Befürchtungen, die sowohl bezüglich einer sowjetischen Expansion als auch vor einer deutschen Wiederbewaffnung bestanden, hätte die Europäische Verteidigungsgemeinschaft (EVG) sein sollen. Die bundesdeutschen Divisionen sollten in eine integrierte europäische Armee voll eingegliedert werden. Die anderen Staaten sollten über einen Teil der Truppen selbst verfügen können und außerdem Mitglied der NATO bleiben, während die Bundesrepublik nur über die EVG mit dieser als »zweitklassiger Partner« verbunden sein würde. Mit dem Beitritt zur EVG sollte der am 26. Mai 1952 unterzeichnete Deutschland-Vertrag in Kraft treten, der die Ablösung des Besatzungsstatuts und die Wiederherstellung der deutschen Souveränität zum Inhalt hatte. Der EVG-Vertragsentwurf löste in Deutschland (»Ohne-mich-Standpunkt«) und Frankreich heftige innenpolitische Kontroversen aus und scheiterte im August 1954 in der französischen Nationalversammlung.

Pariser Verträge

Allerdings hatte sich die Ablehnung des Vertragswerks durch das französische Parlament hauptsächlich auf die darin enthaltene Einschränkung der eigenen militärischen Souveränität bezogen, sodass sich eine britische Ersatzlösung, die für die Bundesrepublik zudem wesentlich günstiger war, durchsetzen konnte. In den Pariser Verträgen vom 23. Oktober 1954 wurde die Bundesrepublik in die Westeuropäische Union (WEU) und die NATO integriert. Die damit von einer antideutschen Defensivallianz (Brüsseler Vertrag vom 17. März 1948) zu einem aus Frankreich, Großbritannien, Italien, den Beneluxstaaten und der Bundesrepublik bestehenden Verteidigungssystem gewandelte WEU bildete einen Ersatz für die gescheiterte EVG und schuf eine Voraussetzung für den Eintritt der Bundesrepublik in die NATO.

Der endgültige Beitritt in den Nordatlantikpakt (North Atlantic Treaty Organization) erfolgte mit dem In-Kraft-Treten der Pariser Verträge am 5. Mai 1955. Gleichzeitig kam es zu einer Neufassung des Deutschland-Vertrages zwischen der Bundesrepublik und den drei westalliierten Mächten zur Ablösung des Besatzungsstatuts mit Zusatzverträgen (Truppenvertrag) über die Stationierung ausländischer Streitkräfte bzw. den bundesdeutschen Beitrag zum Unterhalt dieser Streitkräfte.

Ebenfalls verbunden mit den Pariser Verträgen war ein deutsch-französisches Saarabkommen, das diese territoriale deutsch-französische Streitfrage regeln sollte. Für das Saarland war nach einer Volksabstimmung eine Europäisierung vorgesehen. Im Gegensatz zu den Erwartungen der Franzosen und den Befürchtungen der deutschen Regierung sprachen sich am 23. Oktober 1956 67,7 Prozent der Saarländer gegen das Saarabkommen und damit für die Angliederung des Saargebietes an die Bundesrepublik aus. Die französische Regierung beugte sich diesem deutlichen Votum, und am 1. Januar 1957 wurde das Saargebiet zu einem Bundesland der Bundesrepublik, die mit den Pariser Verträgen gleichberechtigter Vertragspartner des westlichen Verteidigungsbündnisses geworden war und den Status eines souveränen Staates unter gewissen Vorbehalten – Rechte der alliierten Truppen – erhalten hatte.

Nach dem Beitritt zur NATO wurden in kürzester Zeit in der Bundesrepublik Streitkräfte aufgebaut und bereits im November rückten die ersten Freiwilligen in die Kasernen ein. Die Wehrgesetzgebung, mit der 1956 die allgemeine Wehrpflicht eingeführt wurde, fand auch die Zustimmung der SPD, nachdem ihrem Verlangen, stärkere politische Kontrolle in die Wehrverfassung einzubringen, Genüge getan wurde. Ein Problem beim Aufbau der Bundeswehr stellte die Einbindung von ehemaligen Soldaten der Wehrmacht dar, denn im Gegensatz zu Reichswehr und Wehrmacht sollten die Soldaten der Bundeswehr »Staatsbürger in Uniform« sein. Um dies zu gewährleisten, wurde der Wehrbeauftragte des Deutschen Bundestages geschaffen. Dennoch stellte sich der Übergang von der Wehrmacht zur Bundeswehr als ein kompliziertes

Gemisch von institutionellen Neuerungen und personeller Kontinuität dar, durchaus sichtbar an der Benennung von Kasernen nach Wehrmachtgenerälen. Erneut flammte die Diskussion um die Bundeswehr auf, als die amerikanische Strategie seit 1956 vorsah, die konventionellen Streitkräfte in Europa zugunsten einer Ausrüstung mit Atomwaffen zu reduzieren.

Bundesrepublik und Sowjetunion

Die Ablehnung der von der Sowjetunion ausgehenden Deutschlandinitiative mit den so genannten »Stalin-Noten« bedeutete den Verzicht auf die Option der Wiedervereinigung im Rahmen der bestehenden weltpolitischen Konstellation.

Die Stalin-Noten

Vor dem Hintergrund einer immer klarer werdenden Annäherung der Bundesrepublik an Westeuropa sah sich die Sowjetunion zu einer Reaktion genötigt. Zur Zeit der Verhandlungen über die Gründung der Europäischen Verteidigungsgemeinschaft (EVG) wurde den Botschaftern der Westmächte in Moskau am 10. März 1952 eine Note der sowjetischen Regierung überreicht, in der Stalin die Wiedervereinigung Deutschlands auf der Grundlage eines Friedensvertrages vorschlägt, über den die Siegermächte unter Beteiligung einer gesamtdeutschen Regierung verhandeln sollten. Deutschland sollte ein einheitlicher, souveräner Staat mit demokratischer Verfassung werden und innerhalb der im Potsdamer Abkommen festgelegten Grenzen bestehen. Es sollte in begrenztem Umfang Streitkräfte aufstellen dürfen, sich aber auch verpflichten, keine Bündnisse abzuschließen, die gegen andere Staaten gerichtet wären. Alle Streitkräfte der Besatzungstruppen sollten aus Deutschland abgezogen werden. Die Westalliierten und Adenauer sahen in diesem Vorschlag eher einen Versuch, die Integration der Bundesrepublik in ein Westbündnis in letzter Sekunde zu verhindern, denn ein ernst gemeintes Angebot, und lehnten in ihrer Antwort jegliche Verhandlung über einen Friedensvertrag vor gesamtdeutschen Wahlen ab.

Zwar stimmte Stalin am 9. April 1952 in einer zweiten Note auch gesamtdeutschen Wahlen unter Aufsicht der Alliierten zu, aber er blieb weiterhin bei seiner Forderung nach bewaffneter Neutralität für Deutschland und zeigte keine Kompromissbereitschaft hinsichtlich der Oder-Neiße-Grenze. Die Westmächte und Adenauer lehnten diesen Vorschlag jedoch vollständig und ohne jede Verhandlungsbereitschaft ab. Sie interpretierten die Stalin-Note als ein gegen die EVG-Gründung gerichtetes Störmanöver und den Versuch, *hinter dem Schirm einer Schuldzuweisung an den Westen die Stabilisierung der DDR als Glied des Sowjetblocks zu erleichtern*. Bis heute gibt es jedoch immer wieder Ansätze, die die Argumente der damaligen Opposition im Bundestag aufgreifen und die Ablehnung von Friedensverhandlungen durch den Westen als verpasste Gelegenheit zur Vereinigung der beiden deutschen Staaten ansehen.

Diplomatische Beziehungen zur UdSSR

Die Sowjetunion beantwortete das In-Kraft-Treten der Pariser Verträge im Mai 1955 mit der Gründung des Warschauer Paktes, in den auch die DDR aufgenommen wurde. Dass die sowjetische Politik nun von der Existenz zweier deutscher Staaten ausging (Zweistaatentheorie), kam auch in der Einladung an Adenauer zu einem Besuch in Moskau zum Ausdruck. Diese sowjetische Initiative zur Aufnahme diplomatischer Beziehungen hatte die Bundesregierung in eine schwierige Lage gebracht, denn einerseits wollte man der Zweistaatentheorie nicht zu internationaler Anerkennung verhelfen, andererseits war es möglich, einen Beitrag zur Abschwächung des Ost-West-Konflikts zu leisten.

Priorität hatte aber für Adenauer die Gelegenheit, in Moskau die Frage der zehn Jahre nach Kriegsende noch immer festgehaltenen deutschen Kriegsgefangenen anzusprechen. In schwierigen Verhandlungen erklärte sich der deutsche Bundeskanzler gegen die Zusage der Freilassung der restlichen deutschen Kriegsgefangenen zur Aufnahme diplomatischer Beziehungen bereit, damit waren erstmals zwei deutsche Botschafter in einer Hauptstadt vertreten.

Zwar machte die deutsche Seite deutlich, dass mit der Aufnahme diplomatischer Beziehungen keine Anerkennung der DDR und der polnischen Westgrenze verbunden war, doch im Westen wurde das Ergebnis der Gespräche als Erfolg der sowjetischen Diplomatie gewertet, denn sehr bald unterzeichneten die Sowjetunion und die DDR einen Vertrag, der die gegenseitigen Beziehungen auf der Basis »völliger Gleichberechtigung« regelte. Allerdings durften tatsächlich die letzten deutschen Kriegsgefangenen die Sowjetunion verlassen und Bundeskanzler Adenauer erreichte als »Befreier der deutschen Kriegsgefangenen« den Höhepunkt seiner politischen Popularität.

Die Hallstein-Doktrin

Um die Anwesenheit zweier Botschafter in einer Hauptstadt eine Ausnahme bleiben zu lassen und die weltweite Anerkennung der DDR zu verhindern, entwickelte die Bundesrepublik basierend auf ihrem Alleinvertretungsanspruch eine Strategie, die später nach dem damaligen Staatssekretär im Auswärtigen Amt, Walter Hallstein, als Hallstein-Doktrin bezeichnet wurde. In der Regierungserklärung vom 23. September 1955 wurde dieses Konzept dann formuliert. Die Bundesrepublik Deutschland werde – aufgrund ihres demokratisch legitimierten Alleinvertretungsanspruchs für das gesamte deutsche Volk – mit keinem Staat diplomatische Beziehungen aufnehmen oder unterhalten, der seinerseits in diplomatischen Beziehungen mit der DDR stehe oder solche eingehe.

Gestützt auf das wirtschaftliche Potenzial und die Entwicklungshilfeleistungen der Bundesrepublik konnte für etwa ein Jahrzehnt die internationale Anerkennung der DDR verzögert werden, aber die bundesdeutsche Außenpolitik schränkte damit ihren Rahmen selbst ein.

Die Römischen Verträge

Mit der Gründung der Europäischen Wirtschaftsgemeinschaft (EWG) suchte man die Integration Europas zumindest auf wirtschaftlichem Gebiet immer stärker voranzutreiben. Im Gegensatz zur innenpolitisch stark umkämpften militärischen Westintegration der Bundesrepublik wurde die Europäische Wirtschaftsgemeinschaft (EWG) 1957 auch mit Zustimmung der SPD-Opposition geschaffen. Gegründet wurde die EWG von den sechs Mitgliedstaaten der Montanunion mit den Römischen Verträgen (EWG-Vertrag) vom 25. März 1957, die am 1. Januar 1958 in Kraft traten. Gleichzeitig gründeten die Unterzeichnerstaaten auch die Europäische Atomgemeinschaft (EURATOM), die Forschung und friedliche Anwendung der Atomenergie koordinieren und vorantreiben sollte. Als Aufgaben der EWG wurden in der Präambel und in Artikel 2 des EWG-Vertrages die folgenden genannt: [...] *die Grundlagen für einen immer engeren Zusammenschluss der europäischen Völker zu schaffen* [...] und *durch die Errichtung eines Gemeinsamen Marktes und die schrittweise Annäherung der Wirtschaftspolitik der Mitgliedstaaten eine harmonische Entwicklung des Wirtschaftslebens innerhalb der Gemeinschaft und engere Beziehungen zwischen den Staaten zu fördern, die in der Gemeinschaft zusammengeschlossen sind.*

Zum Erreichen der genannten Ziele waren die Abschaffung der Zölle zwischen den Mitgliedstaaten, die Umsetzung des freien Waren-, Personen-, Dienstleistungs- und Kapitalverkehrs, die Einführung einer gemeinsamen Landwirtschaftspolitik, einer gemeinsamen Verkehrspolitik und einer gemeinsamen Wettbewerbspolitik, die Koordinierung der Wirtschaftspolitiken der Mitgliedsländer und die Angleichung der nationalen relevanten Rechtsvorschriften vorgesehen.

Deutsch-französische Aussöhnung

Was am Anfang des Jahrzehnts noch unvorstellbar erschien, war an dessen Ende Wirklichkeit geworden: die deutsch-französische Aussöhnung. Im Jahr 1958 allerdings schien diese allerdings in Gefahr zu sein, denn im Juli übernahm mit Charles de Gaulle der Mann in Frankreich die Macht, der 1945 auf der Zerstückelung und Schwächung Deutschlands bestanden hatte. Die deutsche Ungewissheit über den neuen französischen Kurs konnte jedoch sehr bald von der Einsicht abgelöst werden, dass der französische Präsident zur Verständigung mit Deutschland bereit war. De Gaulle und Adenauer trieben ihr gemeinsames Ziel der Aussöhnung ihrer beiden Länder voran. Frankreich wollte vor allem wieder in seine alte Weltmachtrolle gelangen, und zwar durch den Aufbau einer eigenen Nuklearstreitmacht. Adenauer war bereit, die Führungsrolle Frankreichs zu akzeptieren, allerdings nur insoweit, als dabei die Funktionsfähigkeit des atlantischen Bündnisses nicht beeinträchtigt wurde. Ein endgültiger Schlussstrich unter die »Erbfeindschaft« beider Länder wurde mit der Unterzeichnung des deutsch-französischen Freundschaftsvertrages (Elysée-Vertrag) 1963 gezogen.

Das Wirtschaftswunder

Die Grundlage der politischen und sozialen Stabilität in der Ära Adenauer war der außerordentliche wirtschaftliche Aufschwung, das so genannte »Wirtschaftswunder«.

Soziale Marktwirtschaft

Die marktwirtschaftliche Ordnung, mit deren Aufbau Ludwig Erhard gleichzeitig mit der Währungsreform begonnen hatte, brachte zunächst nicht die erhoffte grundlegende Wende zum Besseren. Die Wirtschaft stagnierte, die Arbeitslosigkeit stieg z. B. im ersten Quartal 1950 bis auf 12,2 Prozent. Eine Wende brachte der Koreakrieg, weil nun die Nachfrage nach Investitionsgütern anstieg. Zum ersten Mal wurde die Auslandsnachfrage zum Motor der ökonomischen Expansion. Seit 1952, als ein sich selbst tragendes Wachstum existierte, war der Erfolg der neuen Wirtschaftspolitik gesichert. Die soziale Marktwirtschaft war zur Leitideologie der Bundesrepublik geworden und sicherte nicht nur die Wahlerfolge der CDU/CSU, sondern war die Grundlage aller politischen und sozialen Stabilität in der Ära Adenauer.

Mit den jährlichen realen Zuwachsraten um zehn Prozent stieg die Bundesrepublik in kurzer Zeit von einem zerstörten Land zum drittgrößten Industriestaat der Welt auf. Schon seit Anfang der 1950er-Jahre wurde vor allem im Ausland von einem deutschen »Wirtschaftswunder« gesprochen. Dem Konzept der sozialen Markwirtschaft lag das Modell einer auf dem Privateigentum beruhenden Wettbewerbswirtschaft zugrunde, die sich unter bewusster Ablehnung dirigistischer Staatseingriffe nach den Gesetzen des Marktes entfalten sollte. Die Rolle des Staates sollte sich darauf beschränken, die für das Funktionieren des Marktes notwendigen Rahmenbedingungen zu schaffen.

Wachsender Wohlstand

Der enorme Wirtschaftsboom war verbunden mit Verschiebungen zwischen den und innerhalb der einzelnen Wirtschaftssektoren. Gewinnerin der Umschichtungen war die Industrie, die große Verliererin die Landwirtschaft.

Das Wirtschaftswunder begründete auch das neue deutsche Selbstbewusstsein der 50er- und 60er-Jahre, denn die Früchte des wirtschaftlichen Aufschwungs kamen breiten Schichten der Bevölkerung in Form von realen Einkommensverbesserungen zugute. Die Bundesrepublik schien sich zu einer »nivellierten Mittelstands-Gesellschaft« zu entwickeln. Konsumwellen, die sich häufig ablösten, verdeutlichten den enormen Nachholbedarf, der sich tatsächlich oder vermeintlich angestaut hatte. Mochte sich die Vermögensverteilung auch ungleich entwickeln, das Wirtschaftswunder sorgte dafür, dass vorher diskutierte gesellschaftliche Reformen in der Bevölkerung an Rückhalt verloren. Mit dem wachsenden Wohlstand ging auch das Interesse an der Politik zurück.

Vergangenheitsbewältigung

Die Erfahrungen der Nachkriegszeit und die recht widersprüchlich gehandhabte Entnazifizierung der Besatzungsmächte ließen einen verantwortungsvollen Umgang der bundesdeutschen Bevölkerung mit ihrer Vergangenheit nur bedingt zu. Die Bewältigung der unmittelbaren Vergangenheit überließ man lieber den staatlichen Stellen.

Klima des Vergessens

Zwar war in den ersten Nachkriegsjahren das gesamte Ausmaß der nationalsozialistischen Verbrechen noch nicht bekannt, aber schon zu dieser Zeit offenbarte sich die Unfähigkeit vieler Deutscher, die Verantwortung für das Scheitern der Weimarer Republik und die Machtübernahme der Nationalsozialisten anzuerkennen.

Die recht widersprüchlich und nicht immer nachvollziehbare Entnazifizierungspraxis der Westalliierten hatte auch nicht zu einer Veränderung dieser Einstellung beigetragen. Die Ablehnung der Entnazifizierungsverfahren führte, nachdem ausschließlich deutsche Gerichte dafür zuständig waren, zum Aufkommen einer Amnestiebewegung, gegen die sich nur wenige – allerdings einflussreiche Politiker – stellten. Ausschlaggebend für dieses Klima des Vergessens war jedoch eine Politik der Integration von ehemaligen Nationalsozialisten in den neuen Staat.

Der politische Preis dieser Integrationspolitik waren häufige Skandale wegen der NS-Vergangenheit einzelner Regierungsmitglieder und hoher Beamter wie von Adenauers engstem Mitarbeiter, Hans Globke, dem Mitverfasser eines offiziellen Kommentars zu den Nürnberger Rassegesetzen von 1935. Zwar muss die Inanspruchnahme eines »Rechts auf den politischen Irrtum« kritisch gesehen und aus Sicht der Opfer als moralisch fragwürdig bezeichnet werden, doch verhinderte die Integration NS-Belasteter das Entstehen eines organisierten rechtsextremen Potenzials.

Aufklärung nationalsozialistischer Verbrechen

Immerhin begann mit der Gründung der Zentralen Stelle der Landesjustizverwaltungen zur Aufklärung nationalsozialistischer Gewaltverbrechen in Ludwigsburg 1958 die systematische Erforschung und Verfolgung von NS-Gewaltverbrechen. Die politische Bewältigung des Nationalsozialismus fand dann im Auschwitz-Prozess (1963–1965) und im Majdanek-Prozess (1975–1981) bzw. den Verjährungsdebatten in den 60er-Jahren ihre Fortsetzung.

Von den westdeutschen Gerichten wurden seit dem 8. Mai 1945 bis 1999 insgesamt 6495 Angeklagte rechtskräftig verurteilt, davon etwa 750 seit 1958. Fragwürdig blieb aber, dass – mit wenigen Ausnahmen – kein Richter der NS-Zeit wegen Rechtsbeugung zur Rechenschaft gezogen wurde, auch von den wichtigsten »Schreibtischtätern« wurde kaum einer vor Gericht gestellt, mit Ausnahme von Adolf Eichmann, der 1962 in Jerusalem zum Tode verurteilt wurde.

Wiedergutmachung

Allerdings muss neben der halbherzig personellen Vergangenheitsbewältigung der 1950er-Jahre auch die Wiedergutmachungsgesetzgebung gesehen werden. Adenauer bekannte sich im September 1951 im Bundestag unmissverständlich zur Pflicht moralischer und materieller Wiedergutmachung gegenüber den Vertretern des Judentums und dem Staat Israel.

Ein Jahr später wurde ein Wiedergutmachungsabkommen mit Israel unterzeichnet, das Adenauer im Bundestag vor allem wegen der Höhe der vereinbarten Zahlungen (etwa 3,5 Mrd. DM für eine Laufzeit von 12 Jahren) nur mit den Stimmen der SPD durchbringen konnte. Das Abkommen sollte den »moralischen Kredit« der Bundesrepublik in der Welt wiederherstellen und hatte in dieser Hinsicht eine wichtige symbolische Bedeutung. *Auf die Dauer wirkte es aber auch stark auf das Bewusstsein der Deutschen selber ein, das Gefühl einer moralischen Verantwortung gegenüber dem jüdischen Volk setzte sich durch.*

Im September 1953 verabschiedete der Bundestag ein Entschädigungsgesetz für Opfer der nationalsozialistischen Verfolgung, das – im Unterschied zu den vorherigen zonalen Regelungen – nun allerdings diejenigen ehemaligen Verfolgten ausschloss, die sich nach In-Kraft-Treten des Grundgesetzes weiterhin als Kommunisten betätigten. Nicht entschädigungsberechtigt waren ferner Homosexuelle sowie Sinti und Roma und die meisten der von den Nazis als »asozial« Verfolgten.

Die Berlin-Frage

Seit der Gründung der DDR war Berlin die Schwachstelle im Herrschaftsbereich der SED. Da Berlin auch nach der Gründung der beiden deutschen Staaten nach wie vor dem Viermächtestatus unterstand, obwohl die Oberhoheit der Siegermächte seit 1948 nur noch in den Sektoren ausgeübt wurde, und die militärische Präsenz der Westmächte wie auch ihre Schutzgarantie zugunsten der Westberliner Bevölkerung die Sowjets an Aktionen gegen den Status quo gehindert hatten, musste damit gerechnet werden, dass es bei passender Gelegenheit zu einem Konflikt kommen konnte. Als die SED-Führung den Arbeiteraufstand am 17. Juni 1953 durch sowjetische Truppen niederschlagen ließ, verzichteten die Westmächte, um ein Kriegsrisiko zu vermeiden, auf ein von der Bevölkerung erwartetes Eingreifen in Ost-Berlin und beschränkten sich auf schriftliche Proteste.

Im November des Jahres 1958 wurde die besondere Situation durch den sowjetischen Partei- und Regierungschef Nikita Chruschtschow ein weiteres Mal in den Mittelpunkt der Weltpolitik gerückt. Wie 1948 bediente sich die Sowjetunion erneut des Druckmittels der Blockade von West-Berlin. Chruschtschow erklärte im November 1958, dass es ein Recht der Alliierten, in Berlin zu bleiben, nicht mehr geben könne. Am 27. November überreichte er sein Ultimatum an den Westen und forderte die Umwandlung Berlins in eine *selbstständige politische Einheit* mit dem Status einer *entmilitarisierten Freien Stadt.* Innerhalb eines halben Jahres müssten die Verhandlungen zu dieser Lösung führen, andernfalls werde die Sowjetunion mit der Regierung der DDR eine Vereinbarung treffen, dass diese die ihr zustehenden Hoheitsrechte auszuüben habe.

Dieser neue Status für West-Berlin wurde mit der Drohung eingefordert, der DDR die uneingeschränkte Kontrolle über alle Verkehrswege von und nach Berlin zu übergeben. Damit hätten die Westmächte und die Bundesrepublik von nun an Verhandlungen darüber mit der DDR führen müssen, was die internationale Anerkennung zur Voraussetzung hatte. Die drei Westmächte und Adenauer waren sich nicht einig, wie dem sowjetischen Ultimatum zu begegnen sei. Im Gegensatz zu den Übrigen verfolgte die britische Regierung einen kompromissbereiten Kurs, der sogar die Anerkennung der DDR einschloss. Eine Konferenz auf Außenministerebene in Genf brachte 1959 angesichts der gegensätzlichen Zielvorstellungen keine Lösung.

Ein erneutes Gipfeltreffen wurde für 1960 in Paris angesetzt, das Nikita Chruschtschow bewusst platzen ließ. Die Situation Berlins blieb weiterhin ungeklärt, allerdings bestand im Westen wenig Zweifel daran, dass die Sowjetunion bald aktiv werden würde, um der Massenflucht der DDR-Bürger einen Riegel vorzuschieben. Der amerikanische Präsident John F. Kennedy erklärte öffentlich die Entschlossenheit des Westens zur Verteidigung West-Berlins als Teil der freien Welt. Anfang August 1961 erhielt die SED-Führung auf einer Konferenz der Führer kommunistischer Parteien in Moskau die Erlaubnis für den Mauerbau, der den drohenden wirtschaftlichen Kollaps der DDR verhindern sollte. In der Nacht vom 12. zum 13. August besetzte die Nationale Volksarmee (NVA) der DDR die Sektorengrenzen, Baukolonnen errichteten eine zwei Meter hohe Mauer um West-Berlin.

Die Westmächte wollten alles vermeiden, was zu einem kriegerischen Konflikt mit der Sowjetunion führen könnte. Erst nach heftigen Vorwürfen des regierenden Berliner Bürgermeisters Willy Brandt protestierten auch die westlichen Stadtkommandanten.

Lediglich eine symbolische Geste war der Besuch des Vaters der Luftbrücke, General Clay, und des amerikanischen Vizepräsidenten Johnson, die den Westberlinern Unterstützung zusagten. Die Mauer blieb jedoch und wurde ebenso wie die gesamte innerdeutsche Grenze »perfektioniert«. Die Krise um Berlin wurde durch die Kubakrise abgelöst, in der Amerika der Sowjetunion die Grenzen der Politik militärischer Erpressung aufzeigte. Allerdings bedeutete dieses Ereignis für die Bundesrepublik die Erkenntnis, dass die deutsche Frage *offenkundig in einer von wechselseitiger atomarer Vernichtungskapazität gekennzeichneten bipolaren Weltordnung einen nur noch untergeordneten Stellenwert* hatte.

Adenauers letzte Amtszeit

Das Ende der Ära Adenauer setzte 1959 ein, als er das Amt des Bundespräsidenten für seinen innerparteilichen Machtkampf instrumentalisierte. Mit den Bundestagswahlen 1961 überschritt Adenauer endgültig den Zenit seiner Macht. Seine letzten Jahre als Bundeskanzler wurden überschattet von den Diadochenkämpfen um seine Nachfolge. In der Öffentlichkeit büßte er erheblich an Ansehen durch die ›Spiegel‹-Affäre von 1962 ein.

Bundespräsidentenwahl 1959

Als 1959 die zweite Amtszeit von Bundespräsident Theodor Heuss ablief, votierte Adenauer für den

Bundeswirtschaftsminister Ludwig Erhard als Nachfolger, nicht zuletzt wohl deshalb, weil dieser dann als sein Nachfolger im Kanzleramt höchstwahrscheinlich nicht mehr in Frage gekommen wäre. Erhards politische Fähigkeiten hatte Adenauer stets eher abschätzig qualifiziert, vor allem aber bezweifelte er dessen Standhaftigkeit gegenüber der Sowjetunion.

Als Erhards Anhänger innerhalb der Partei, die auf seine Popularität bei der nächsten Bundestagswahl nicht verzichten wollten, gegen diese Lösung der Kandidatenfrage protestierten, schlug dieser die Kandidatur aus. Daraufhin ließ sich Adenauer überraschend selbst nominieren und begründete seinen Schritt mit der Möglichkeit, auch als Bundespräsident gestaltend in die Politik eingreifen zu können. Ebenso überraschend zog er, nachdem er von der relativen Machtlosigkeit des höchsten Staatsamtes überzeugt worden war und seine Fraktion trotz seiner Bedenken an Erhard als Kanzlerkandidaten festhielt, seine Kandidatur zurück und überredete Landwirtschaftsminister Heinrich Lübke, sich der Wahl zu stellen. Dieser wurde am 1. Juli 1959 zum Bundespräsidenten gewählt und blieb nach seiner Wiederwahl 1964 bis 1969 im Amt. Die Art und Weise wie Adenauer das höchste Staatsamt für seine egoistischen Ziele versucht hatte zu instrumentalisieren, rief auch bei seinen Anhängern in der Union Kritik hervor.

Bundestagswahl 1961

Das wichtigste Ergebnis der Wahl zum vierten deutschen Bundestag am 17. September war der Verlust der absoluten Mehrheit der CDU/CSU. Gegenüber 1957 verlor sie 4,8 Prozent der Stimmen und kam auf 45,3 Prozent. Die SPD unter Willy Brandt erreichte ihr bestes Wahlresultat seit 1919, was nicht zuletzt auf das Godesberger Programm zurückzuführen war. Die FDP steigerte sich mit ihrem Stimmenanteil von 12,8 Prozent um 5,1 Prozent gegenüber 1957 (→ Abbildung unten). Insgesamt wurde das Wahlergebnis als ein Votum gegen Adenauer interpretiert, vor allem von der FDP, die sich im Wahlkampf eindeutig gegen eine vierte Amtszeit des Bundeskanzlers ausgesprochen hatte.

In den folgeden Koalitionsverhandlungen erklärte sich die FDP in Ermangelung einer Alternative – ein Zusammengehen mit der SPD hätte die Spaltung der Partei bedeutet – letztendlich zu einer Koalition mit der CDU/CSU unter Adenauers Führung bereit, wenn dessen Amtszeit befristet würde. Adenauer gab hierzu eine vage Zusage. Die FDP hatte sich allerdings durch ihr Verhalten ein Image als »Umfallerpartei« gegeben.

Die ›Spiegel‹-Affäre

Am 10. Oktober 1962 setzte sich ›Der Spiegel‹ in seiner Titelgeschichte mit Fragen der Verteidigung der Bundesrepublik im Rahmen der Sicherheits-

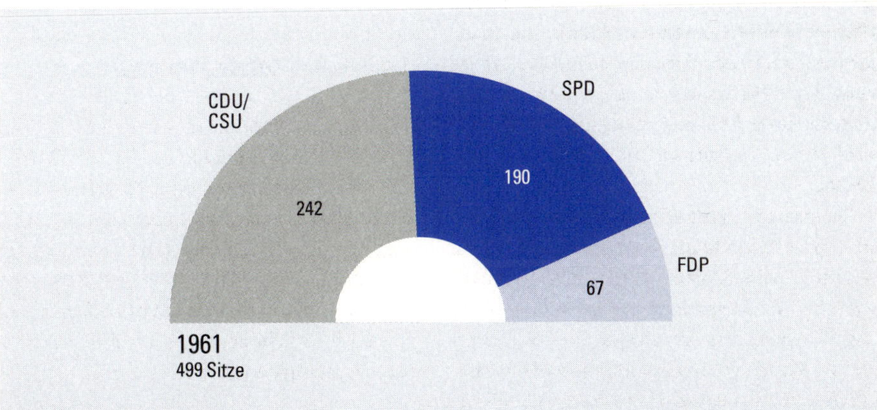

Die Ergebnisse der Wahl zum 4. Deutschen Bundestag am 17. September 1961
(aus: ›Die Fischer Chronik‹, Sp. 276)

doktrin der NATO auseinander und kam zu dem Ergebnis, dass die gesamten NATO-Streitkräfte in Westeuropa einem sowjetischen Kernwaffenangriff nicht gewachsen wären. Der detaillierte Bericht erweckte den Eindruck, als werde aus Geheimstudien zitiert und der sowjetischen Seite geheime Informationen preisgegeben.

›Der Spiegel‹ stellte sich in dem Artikel auf die Seite der militärischen Führung der USA, die eine Verstärkung der konventionellen Rüstung der Bundeswehr wollte, während Bundesverteidigungsminister Franz Josef Strauß eine Bewaffnung mit taktischen Atomwaffen befürwortete. Mit der Schlussfolgerung, die Verteidigung der Bundesrepublik sei nicht gesichert und das Konzept des Verteidigungsministers gefährde den Frieden, sollte Strauß als eine Belastung für das atlantische Bündnis dargestellt werden.

18 Tage nach dem Erscheinen des Artikels wurden in der Nacht vom 26. zum 27. Oktober 1962 der gesamte ›Spiegel‹-Verlag, die Bonner ›Spiegel‹-Redaktion und mehrere Privatwohnungen besetzt und der ›Spiegel‹-Herausgeber Rudolf Augstein verhaftet. Dabei wurden die zuständigen Bundes- und Landesminister, die der SPD bzw. FDP angehörten, nicht oder verspätet informiert.

Der Verfasser des Artikels, Conrad Ahlers, wurde auf Veranlassung von Verteidigungsminister Strauß im Urlaub in Spanien verhaftet, der unter Umgehung des Auswärtigen Amtes über den Militärattaché an der dortigen deutschen Botschaft intervenierte. Die Durchsuchung und Besetzung des ›Spiegel‹-Verlags – nur mit der Hilfe anderer Verlage konnte die Redaktion die nächsten Nummern veröffentlichen – wurde durch die Polizei in exzessiver Weise durchgeführt, was von führenden CDU/CSU-Politikern mit dem Landesverratsvorwurf gerechtfertigt wurde. Die Bundesregierung und die Bundesanwaltschaft sprachen Vorverurteilungen aus. Adenauer selbst sah einen *Abgrund an Landesverrat* und behauptete, dass ›Der Spiegel‹ *systematisch, um Geld zu verdienen, Landesverrat getrieben* habe.

Durch die übertriebenen Aktionen und unbewiesenen Anschuldigungen war in der Öffentlichkeit der Eindruck entstanden, Strauß führe einen Rachefeldzug gegen ein ihm kritisch eingestelltes Presseorgan. Die bundesdeutsche Presse, Künstler, Geistliche, Angehörige der Hochschulen und viele andere engagierten sich für den ›Spiegel‹ und protestierten gegen die Bundesregierung wegen ihrer vermeintlich massiven Eingriffe in die Presse- und Meinungsfreiheit.

Die ›Spiegel‹-Affäre wurde zu einer Regierungskrise. Die SPD forderte den Rücktritt des Verteidigungsministers. Da die FDP nach wie vor nicht zu einem Bündnis mit den Sozialdemokraten bereit war, kündigte sie den Rücktritt ihrer fünf Minister an, erklärte aber, zu einer Fortsetzung der Koalition ohne Strauß bereit zu sein. Adenauer bildete am 14. Dezember ein neues Kabinett, dem Strauß nicht mehr angehörte, und kündigte gleichzeitig seinen Rücktritt für den Herbst 1963 an.

Die ›Spiegel‹-Affäre hatte eine sichtbare Veränderung des politischen Klimas in Deutschland offen gelegt, denn nicht die Staatsmacht, sondern die Öffentlichkeit war aus einer politischen Krise als Sieger hervorgegangen.

Zusammenfassung: Die Ära Adenauer

Schon als Präsident des Parlamentarischen Rats war **Konrad Adenauer** zum Sprecher der werdenden Bundesrepublik gegenüber den westlichen Mächten geworden. Er verstand es – wie kein anderer Bundeskanzler nach ihm – den von ihm geführten Regierungen, aber auch seiner eigenen Partei, seinen Stempel aufzudrücken.

Die im Grundgesetz angelegte starke Stellung des Bundeskanzlers schöpfte Konrad Adenauer voll aus. Handlungsfähige Regierungen und die schrittweise Konzentration des Parteiensystems bildeten die Grundlage dieser **»Kanzlerdemokratie«**. Die Zustimmung zur Innen- und Außenpolitik Adenauers machte die Union zur entscheidenden politischen Kraft in der ersten Phase der Bundesrepublik. Die **SPD**, die von Anfang an eine **offensive Oppositionspolitik** gegen die Regierung betrieb, wandelte sich unter dem Eindruck ihrer Wahlniederlagen von 1953 und 1957 mit dem **Godesberger Programm** von 1959 zur Volkspartei.

Obwohl die grundsätzlichen innen- und außenpolitischen Entscheidungen mit der Gründung der Bundesrepublik bereits gefallen waren, mussten deren Akzeptanz und parlamentarische Absicherung wie Zustimmung noch erkämpft werden. Angesichts ihrer eingeschränkten Souveränität lagen wichtige Aufgaben der Bundesregierung im Abbau besatzungsrechtlicher Beschränkungen, im Bemühen, den jungen Staat zum Partner der Westmächte zu machen, und die deutsche Teilung zu überwinden. Die Zeit nach dem Erreichen der staatlichen Souveränität war geprägt von der **Aussöhnung mit Frankreich** und dem beginnenden Aufbau der Europäischen Wirtschaftsgemeinschaft.

Grundlage aller politischen Stabilität in der Ära Adenauer war der außerordentliche wirtschaftliche Aufschwung. Sehr schnell wurde vor allem im Ausland von einem deutschen **»Wirtschaftswunder«** gesprochen.

Die Problematik der Nachkriegszeit ließ eine breite **Aufarbeitung der deutschen Vergangenheit** zunächst nicht zu. Jedoch bestand über die meisten Parteigrenzen hinweg innerhalb der bundesdeutschen Politik ein Konsens, der als eine Voraussetzung des neuen Staates die Aufarbeitung der Vergangenheit sah. Nicht zuletzt die Schaffung besonderer Beziehungen zu Israel verdeutlichte die Bemühungen der Bundesrepublik in dieser Hinsicht, obwohl innenpolitisch manches nur Stückwerk blieb.

Die besondere **Rolle Berlins** ließ die Problematik des geteilten Deutschland immer wieder deutlich werden.

Biografien

Konrad Adenauer, Politiker (1876 – 1967)

Der erste Bundeskanzler der Bundesrepublik verfolgte eine Politik der Westintegration, innerhalb derer er eine Aussöhnung mit Frankreich und ein atlantisches Bündnis mit den USA vorantrieb.

1894 – 1901	Studium der Rechts- und Volkswissenschaften
1905	Eintritt in die Deutsche Zentrumspartei
1917 – 1933	Oberbürgermeister von Köln
1919	Verleihung des Ehrendoktors der Universität Köln
1921 – 1933	Präsident des Preußischen Staatsrates
1926	Verhandlung über eine Kandidatur für das Reichskanzleramt
1933	Adenauer widersetzt sich NS-Anweisung und muss untertauchen
1934	Verhaftung durch die Gestapo (nach zwei Tagen wieder entlassen)
1935	Adenauer lehnt Einladungen katholischer Widerstandsgruppen ab
1944	Verhaftung nach dem Hitler-Attentat und Flucht vor der Gestapo: Internierung im Gestapo-Zuchthaus Brauweiler
Mai 1945	Wiedereinsetzung als Oberbürgermeister von Köln
September 1945	Gründungsmitglied der Christlich Demokratischen Partei (CDU) Absetzung als Oberbürgermeister wegen »Unfähigkeit«
März 1946	Wahl zum Vorsitzenden der CDU in der britischen Zone
3. März 1948	Wahl zum Präsidenten des Parlamentarischen Rates in Bonn
14. August 1949	Wahl in den 1. Deutschen Bundestag (bis 1966)
15. September 1949	Wahl zum 1. Bundeskanzler der BRD (1953, 1957 und 1961 bestätigt)
1950 bis 1966	Bundesvorsitzender der CDU
September 1955	Moskaureise
15. Oktober 1963	Rücktritt als Bundeskanzler
1965 – 1968	Veröffentlichung der Memoiren unter dem Titel ›Konrad Adenauer – Erinnerungen‹
25. April 1967	Staatsakt im Bundestag in Bonn: Pontifikalrequiem im Kölner Dom und Beisetzung Konrad Adenauers auf dem Waldfriedhof in Rhöndorf

Theodor Heuss, Politiker (1884–1963)

Der erste Bundespräsident versuchte als Vertreter der demokratisch-liberalen Traditionen das Ansehen Deutschlands im Ausland wiederherzustellen.

1902–1905	Studium und Promotion der Nationalökonomie
1910–1918	Mitgliedschaft in der Fortschrittlichen Volkspartei
1918	Eintritt in die Deutsche Demokratische Partei (DDP)
1918–1922	Übernahme der Redaktion der Wochenzeitschrift ›Deutsche Politik‹
1924–1928	Reichstagsmitglied für die DDP
1930–1933	Reichstagsabgeordneter der Deutschen Staatspartei
1932	Analyse des Nationalsozialismus unter dem Titel ›Hitlers Weg‹; nach 1933 öffentlich verbrannt
12. Juli 1933	Aberkennung des Reichstagsmandats
1937–1945	Niederschrift und Veröffentlichung (teilweise unter Pseudonym) verschiedener Biografien: über Friedrich Naumann, Hans Poelzig, Justus von Liebig und Robert Bosch
1945/46	Kultusminister in Württemberg-Baden
ab Dezember 1946	Mitglied des Württemberg-Badischen Landtags
September 1948	liberaler Abgeordneter im Parlamentarischen Rat in Bonn
ab 12. Dezember 1948 bis 12. September 1949	1. Vorsitzender der FDP
12. September 1949	Wahl zum Bundespräsidenten der Bundesrepublik Deutschland
1952	Heuss erklärt die dritte Strophe des Deutschlandliedes zur Nationalhymne
17. Juli 1954	Wiederwahl als Bundespräsident (bis 1959)
1956–1958	Staatsbesuche in aller Welt
12. Dezember 1963	Theodor Heuss stirbt in Stuttgart

Bundesrepublik Deutschland von 1963 bis 1969

Oktober 1963	Ludwig Erhard Bundeskanzler
20.12.1963	Beginn des Auschwitz-Prozesses
1965	Verjährungsdebatte
September 1965	erneut CDU/FDP-Regierung unter Erhard
1965/1966	Starfighter-Affäre (Flugverbot nach 65 Abstürzen)
30. November 1966	Große Koalition mit Kurt Georg Kiesinger (CDU) als Bundeskanzler und Willy Brandt (SPD) als Außenminister
1966/1968	Landtagswahlerfolge der Nationaldemokratischen Partei (NPD)
1967	Anfänge der Außerparlamentarischen Oppostion (APO)
2. Juni 1967	Bei Protesten gegen den Schah-Besuch wird der Student Benno Ohnesorg in Berlin erschossen
1. Juli 1967	Europäische Gemeinschaft, gebildet aus EWG, EGKS und EURATOM
31. Januar 1968	Wiederaufnahme der diplomatischen Beziehungen mit Jugoslawien (Bruch der Hallstein-Doktrin)
11. April 1968	Attentat auf Rudi Dutschke, Anführer der Studentenbewegung
30. Mai 1968	Verabschiedung der Notstandsverfassung
21. August 1968	Niederschlagung des »Prager Frühlings«
3. Dezember 1968	Parteiengesetz (Finanzierung) für verfassungswidrig erklärt

Die Jahre des Übergangs: 1963–1969

Konrad Adenauers Nachfolger Ludwig Erhard konnte nur wenige Jahre mit der FDP zusammen regieren. Die 1966 gebildete große Koalition trug durch das Fehlen einer schlagkräftigen parlamentarischen Opposition zum Entstehen der außerparlamentarischen Opposition (APO) bei.

Die Kanzlerschaft Ludwig Erhards

Mit Ludwig Erhard wurde 1963 einer der populärsten Politiker der Nachkriegszeit Nachfolger von Adenauer, doch an die Erfolge, die er als Wirtschaftsminister in allen Kabinetten unter Adenauer errungen hatte, konnte er nicht anknüpfen. Von Beginn an sah sich Erhard massiver Kritik aus den Reihen der eigenen Fraktion und des Koalitionspartners FDP ausgesetzt, die sich gegen seine Außenpolitik, aber auch seine Führungsqualität richtete. Anders als der Machtpolitiker Konrad Adenauer versuchte Ludwig Erhard sich als »Volkskanzler« über den Parteien zu profilieren. Er kritisierte die *egoistischen* Interessenverbände und suchte den Kontakt zum *guten* Volk. Erhard proklamierte die *formierte Gesellschaft*, die das Konzept der sozialen Marktwirtschaft ergänzen sollte. Er verstand darunter *den Wunsch nach einer Stabilisierung der Lebensordnung und zugleich nach einer sinnvoll gegliederten Gesellschaft, die den Einzelnen und der Gemeinschaft* [...] *ein Gefühl der Geborgenheit gibt.*

Nach der Zuspitzung des Ost-West-Konflikts in der Kubakrise trat in den folgenden Jahren ein deutlicher Wandel im Verhältnis der beiden Supermächte ein. Die USA und die Sowjetunion hatten ihre Interessensphären weitgehend abgesteckt und bemühten sich um Entspannung.

Diese Tendenzen engten den deutschland- und außenpolitischen Spielraum der Bundesregierung ein, denn die an der Erhaltung des Status quo in Europa interessierten USA ermöglichten ihr allenfalls eine erste vorsichtige Abkehr von der bisherigen Haltung. Da der Alleinvertretungsanspruch und die Hallstein-Doktrin beibehalten wurden, kam es in den Jahren 1963 und 1964 lediglich zur Eröffnung von Handelsmissionen in einigen Ostblockstaaten. Im Nahen Osten erlebte die deutsche Diplomatie hingegen Schiffbruch. Aufgrund der an Israel im Rahmen des Wiedergutmachungsabkommens von 1952 geleisteten Zahlungen hatte die Bundesrepublik nicht unwesentlich zum Aufbau des Landes beigetragen, ohne dass beide Länder diplomatische Beziehungen zueinander aufgenommen hatten. Seit 1957 erhielt Israel auch Waffen, was die arabischen Staaten, die aufgrund der Hallstein-Doktrin großzügig mit Krediten versorgt wurden, hinnahmen. Erst als die Bundesrepublik auf Wunsch der USA 1964 begann, Israel mit Panzern und Flugzeugen zu beliefern, reagierte Ägypten, indem es Wirtschafts- und Handelsabkommen mit der DDR abschloss. Obwohl eine offizielle Anerkennung der DDR durch Ägypten unterblieb, verschlechterten sich die bundesdeutsch-ägyptischen Beziehungen rapide. Als der Staatsratsvorsitzende der DDR, Walter Ulbricht, im Frühjahr 1965 mit den Ehren eines Staatsoberhauptes in Kairo empfangen wurde, brach die Bundesregierung nicht – wie kurzzeitig erwogen – die diplomatischen Beziehungen mit Ägypten ab, sondern beschloss, solche mit Israel aufzunehmen. Die arabischen Staaten – mit Ausnahme von Libyen, Marokko und Tunesien – beendeten daraufhin ihre Beziehungen zur Bundesrepublik, jedoch ohne offizielle Anerkennung der DDR.

Das Nahost-Debakel schwächte das Ansehen Erhards weiter, zumal dem in der Außenpolitik Unerfahrenen von Anfang an auf diesem Gebiet wenig Kompetenz attestiert worden war.

Auschwitz-Prozess

Mit dem Auschwitz-Prozess, der am 20. Dezember 1963 in Frankfurt/Main eröffnet wurde, begann das bisher größte Strafverfahren gegen die Täter des Holocaust. Diese erneute – durch ausführliche Berichterstattung in die Öffentlichkeit getragene – Konfrontation mit der eigenen Vergangenheit polarisierte die deutsche Bevölkerung. Bei einem Teil überwog – wie auch im Ausland – die Empörung über drei Freisprüche und das zum Teil niedrige Strafmaß. Neben einer Gruppe, die vehement verlangte, endlich einen Schlussstrich unter die Vergangenheit zu ziehen, gab es erste Äußerungen, die die Gräueltaten der NS-Zeit leugneten und als Erfindung der Siegermächte abtaten (Auschwitz-Lüge).

Verjährungsdebatte

Nach den in der Bundesrepublik geltenden Gesetzen hätten nach dem 8. Mai 1965 alle nationalsozialistischen Gewaltverbrechen – sofern noch keine Ermittlungen eingeleitet waren – nicht mehr verfolgt werden dürfen. Zwar wurde versucht, durch rechtzeitige Anklageerhebung möglichst viele Fälle der Verjährung zu entziehen, doch dies war in der knappen Zeit – die zentrale Ermittlungsstelle hatte ja erst 1958 mit der systematischen Verfolgung begonnen – in Anbetracht der schwierigen Ermittlungen nicht zu erreichen. Da die Bundesregierung eine Verlängerung der Verjährungsfrist aus formaljuristischen Gründen ablehnte, entwickelte sich um die Forderung nach Aufhebung oder Verlängerung der Verjährungsfrist in der Bundesrepublik eine leidenschaftlich geführte Diskussion, die ihren Höhepunkt im Bundestag erreichte, wo sich über die Parteigrenzen hinweg Gegner und Befürworter zusammenfanden. Am Ende stand im März 1965 ein Kompromiss, der den Ablauf der Verjährungsfrist von 1965 auf 1970 verschob. 1969 wurde dann die Verjährung für Völkermord aufgehoben und die Frist für Mord auf 30 Jahre heraufgesetzt, 1979 die Verjährungsfrist für Mord gänzlich aufgehoben.

Gefahr von rechts?

Die Diskussionen um den Auschwitz-Prozess und die Verjährungsdebatte erhielten ihre Brisanz durch die überraschend großen Wahlerfolge der 1964 gegründeten Nationaldemokratischen Partei Deutschlands (NPD). Das nationalistische und revisionistische Parteiprogramm von 1967 rief zum Kampf gegen Kommunismus und »Amerikanismus« auf, prangerte den »Monopolanspruch« der »Bonner Parteien« und ihre »Verzichtspolitik« an und erhob Anspruch *auf die Gebiete, in denen das deutsche Volk seit Jahrhunderten gewachsen ist.* Vor allem die Erfolge auf Landesebene (1966 Hessen 7,9 Prozent, Bayern 7,4 Prozent, 1968 Baden-Württemberg 9,8 Prozent) ließen im Ausland Erinnerungen an die Schlussphase der Weimarer Republik aufkommen, da Parallelen im Hinblick auf die wirtschaftliche Entwicklung durchaus gesehen werden konnten.

Die Bundesregierung konnte sich zur Einleitung eines Verfahrens gegen die NPD beim Bundesverfassungsgericht nicht entschließen, da erstens die Beweislage schwierig war, zum anderen die Ansicht vorherrschend war, eine verbotene Partei sei in der Illegalität schwerer zu kontrollieren. Daneben bestand die Hoffnung, eine erneut anspringende Konjunktur werde die Wahlergebnisse der

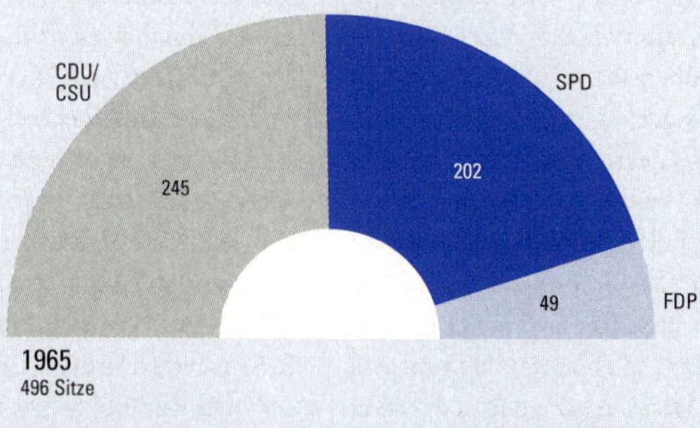

Die Ergebnisse der Wahl zum 5. Deutschen Bundestag am 19. September 1965 (aus: ›Die Fischer Chronik‹, Sp. 364)

NPD auf ein »Normalmaß« zurückfahren, was dann auch der Fall war. Bei den Bundestagswahlen 1969 verfehlte die Partei mit 4,3 Prozent der Stimmen den befürchteten Einzug in den Bundestag.

Bruch der Regierungskoalition

Ludwig Erhard konnte bei der Bundestagswahl im September 1965 noch einmal mit der CDU/CSU gewinnen und verfehlte mit 46,6 Prozent der Stimmen knapp die absolute Mehrheit. Die Union und die FDP einigten sich zwar auf eine Fortsetzung der bürgerlich-liberalen Koalition, doch die Verhandlungen hatten starke Gegensätze zwischen CSU und FDP aufgezeigt, die sich erfolgreich gegen einen Eintritt des CSU-Vorsitzenden Strauß ins neue Kabinett wehrten (→ Abbildung »Die Ergebnisse der Wahl zum 5. Deutschen Bundestag am 19. September 1965«).

Ausgerechnet der ausgewiesene Wirtschaftspolitiker und »Vater des Wirtschaftswunders« Ludwig Erhard musste die Bundesrepublik in ihre erste wirtschaftliche Krise führen, die im Rückblick eine harmlose Verlangsamung des Wirtschaftswachstums war. Zwischen 1960 und 1965 ging die Rate des jährlichen Wirtschaftswachstums von 9 auf 5,7 Prozent zurück, erst zwischen Herbst 1966 und Sommer 1967 kam es zu einem stärkeren Konjunktureinbruch. Die Wirtschaftspolitik der Bundesregierung hatte auf das Abschwächen der Konjunktur fast nur mit Maßhalte-Appellen reagiert und ein rechtzeitiges Gegensteuern versäumt. Die Stimmung in der Bevölkerung war allerdings schlechter als die objektive wirtschaftliche Lage. Noch wenige Wochen vor Erhards Rücktritt standen 100 000 Arbeitslosen 600 000 offene Stellen gegenüber. Aber nach der jahrelang anhaltenden Hochkonjunktur hatte dann die eigentliche Wirtschaftskrise 1966/67 eine starke psychologische Wirkung. Die prozyklische Wirtschaftspolitik der Bundesregierung hatte die Krise noch verstärkt, da in dieser Situation staatliche Investitionen erforderlich gewesen wären und nicht Sparprogramme. Zu diesen sah sich Erhard genötigt, um die Finanzierungslücken des Bundeshaushalts zu schließen, die durch Steuersenkungen in den Vorjahren entstanden waren.

Erhards Sturz und die Bildung der großen Koalition

Die Haushaltsproblematik führte im Herbst des Jahres 1966 zum endgültigen Bruch der Koalition aus CDU/CSU und FDP. Um das Haushaltsdefizit von rund sieben Mrd. DM auszugleichen, plante die Union Steuererhöhungen, während die FDP strikt dagegen war. Da die Liberalen dieses Mal nicht aus Gründen des Machterhalts »umfallen« wollten, schieden die FDP-Minister am 27. Oktober 1966 aus der Regierung aus. Im Vorfeld hatten der CSU-Vorsitzende Strauß und der rheinland-pfälzische CDU-Landesvorsitzende Kohl an Erhard vorbei ein Zusammengehen mit der SPD vorbereitet, für das in deren Reihen der Fraktionsvorsitzende Herbert Wehner warb. Er glaubte, die SPD könne nur über eine Beteiligung an der Macht ihre Regierungsfähigkeit auf Bundesebene unter Beweis stellen. Die SPD-Basis war freilich mit der Entscheidung der Parteispitze für eine Koalition mit der Union nicht einverstanden, da man nicht einsah, warum die Partei die Mitverantwortung für eine als verfehlt erachtete Innen-, Wirtschafts- und Außenpolitik übernehmen sollte.

Erhard hatte trotz des Rücktritts der FDP-Minister an seinem Amt festgehalten. Erst die Nachfolgediskussion in den eigenen Reihen veranlasste ihn am 30. November 1966 zum Rücktritt. Als Kandidaten hatte die CDU/CSU-Fraktion den Ministerpräsidenten von Baden-Württemberg, Kurt Georg Kiesinger, nominiert, der am 31. November vom Bundestag zum Kanzler gewählt wurde. In seinem Kabinett saßen die führenden Politiker der Koalitionsparteien: Willy Brandt (SPD) als Außenminister und Vizekanzler, Franz Josef Strauß (CSU) als Finanzminister, Gerhard Schröder (CDU) als Verteidigungsminister, Gustav Heinemann (SPD) als Justizminister und Herbert Wehner (SPD) als Minister für gesamtdeutsche Fragen. Rainer Barzel (CDU) und Helmut Schmidt (SPD) übernahmen den jeweiligen Fraktionsvorsitz.

Die große Koalition wurde von beiden Partnern als ein Bündnis auf Zeit gesehen, geschlossen zur Lösung bestimmter Aufgaben. Neben der Beseitigung des Haushaltsdefizits und der Überwindung der wirtschaftlichen Rezession standen als weitere wichtige Aufgaben eine Änderung des Wahlrechts und die Notstandsgesetzgebung an.

Die Politik der großen Koalition

Das wichtigste Ziel der neuen Regierung unter Kiesinger und Brandt wurde in relativ kurzer Zeit erreicht, die Überwindung der Wirtschaftskrise. Der Wirtschaftsminister Karl Schiller (SPD) und der Finanzminister Strauß einigten sich auf eine – vom englischen Wirtschaftswissenschaftler John Maynard Keynes in den 1930er-Jahren entwickelte – Politik der staatlichen Förderung des Wirtschaftsaufschwungs. Danach sollte der Staat zur Krisenbewältigung eine antizyklische Politik betreiben, um unter Zuhilfenahme von Krediten die wirtschaftliche Aktivität anzukurbeln. Die beiden Minister schufen dafür auch die gesetzlichen Voraussetzungen im Gesetz zur Förderung der Stabilität und des Wachstums in der Wirtschaft vom Mai 1967, in dem das »magische Viereck« von Preisstabilität, wirtschaftlichem Wachstum, Vollbeschäftigung und außenwirtschaftlichem Gleichgewicht umschrieben war.

Bereits im Februar 1967 war als weiteres Instrument die »konzertierte Aktion« ins Leben gerufen worden, die als Gesprächsrunde von Vertretern der Ministerien und der Bundesbank, der Gewerkschaften und Wirtschaftsverbände mithelfen sollte, das Handeln der Tarifparteien mit den konjunkturellen Möglichkeiten in Einklang zu bringen. Mit dem Erholen der Konjunktur zerbrach dann diese Interessengemeinschaft an den Einzelinteressen.

Mit diesen Instrumenten und weiteren Maßnahmen zur Konjunkturankurbelung gelang es der Regierung schnell, die Staatsfinanzen zu sanieren und bereits für 1968 ein deutliches Wachstum zu sichern. In diesem Jahr nahm das Bruttosozialprodukt um 7,1 Prozent zu, die Arbeitslosenquote sank auf 1,5 Prozent und die Löhne stiegen um 6,2 Prozent. Die Krisenstimmung schwächte sich ab, sobald der Wirtschaftsaufschwung erkennbar war.

In der Außen- und Deutschlandpolitik brach die große Koalition mit alten Konzepten. Mit der Aufnahme diplomatischer Beziehungen zu Rumänien und Jugoslawien 1967 wurde die uneingeschränkte Geltung der Hallstein-Doktrin durchbrochen. Im Sommer 1967 kam es erstmals zu einem Briefwechsel zwischen dem DDR-Ministerratsvorsitzenden Stoph und Bundeskanzler Kiesinger. Die Weiterführung der ansatzweisen Verbesserung der Beziehung zur UdSSR wurde durch deren Einmarsch in die Tschechoslowakei verhindert.

CDU/CSU und SPD brachten während ihrer Zusammenarbeit einige wichtige Reformvorhaben zur Modernisierung von Staat und Gesellschaft in Gang. Die Finanzverfassungsreform regelte die Verteilung des Steueraufkommens zwischen Bund und Ländern und führte Gemeinschaftsaufgaben ein, die von beiden gemeinsam betrieben und finanziert wurden. Die Strafrechtsreform brachte die Abschaffung des Zuchthauses und eine Liberalisierung vor allem des Sexualstrafrechts: Ehebruch und Homosexualität bei Erwachsenen war nicht mehr strafbar. Die geplante Einführung des Mehrheitswahlrechts, die wohl zu einem Zweiparteiensystem geführt hätte, scheiterte an der SPD.

Außerparlamentarische Opposition (APO)

Die aus der großen Koalition resultierende Bedeutungslosigkeit der parlamentarischen Opposition und der damit verbundene Funktionsverlusts des Parlaments hatten bei einem Teil der Bevölkerung – vor allem der akademischen Jugend – ein kritisches Verhältnis gegenüber dem politischen und gesellschaftlichen System der Bundesrepublik erzeugt. Ein Vorbild war unter anderem die Studentenbewegung in den USA gewesen, die sich gegen den Krieg in Vietnam richtete und als Bürgerrechtsbewegung die gleichen Bürgerrechte für die afro-amerikanische Bevölkerung forderte. Deutsche Ursprünge lagen in der »Ostermarsch«-Bewegung, in der seit 1960 sehr unterschiedliche Gruppen gemeinsam, zunächst gegen Atomwaffen, dann gegen Rüstung allgemein, demonstriert hatten.

Zum Motor der APO wurde an den Universitäten – vor allem an der Freien Universität in West-Berlin – die ehemalige Studentenorganisation der SPD, der Sozialistische Deutsche Studentenbund (SDS). Der Protest richtete sich zunächst gegen reformunwillige Hochschulen und autoritäre Professoren (*Unter den Talaren der Muff von tausend*

Jahren). Anstelle der alten akademischen Selbstverwaltung (Ordinarien-Universität) forderten der Verband Deutscher Studentenschaften (VDS) und der SDS vor allem die Einführung der Drittelparität zwischen Professoren, Assistenten und Studierenden in den Entscheidungsgremien. Mit aus den USA übernommenen Protest- und Verweigerungsformen, wie *go-in*, *sit-in* und *teach-in*, wurde der Protest in der Öffentlichkeit bekannt.

Aus dem auf eine Reform des Bildungswesens drängenden Protest entwickelte sich in der Bundesrepublik – wie in Frankreich – eine politische Bewegung, die über den akademischen Bereich hinausging und als »neue Linke« die Umgestaltung der Gesellschaft forderte, indem sie dem westlichen Kapitalismus und der Konsumgesellschaft den Kampf ansagte und den Sozialismus sowjetischer Prägung ablehnte. Vorbilder wurden in Revolutionären der Dritten Welt wie Fidel Castro, Mao Tse-tung, Ho Chi Minh und Che Guevara gesehen.

Der Protest richtete sich zunehmend gegen alle überkommenen Autoritäten in Schule, Elternhaus, Gesellschaft und Staat, gegen den Vietnamkrieg, gegen den stellvertretend für alle unterdrückten kolonialen Befreiungsbewegungen gekämpft wurde, sowie gegen die Diktatoren der Welt. So war es auch kein Zufall, dass es zur Eskalation der Protestbewegung anlässlich des Staatsbesuchs des iranischen Schahs Resa Pahlevi kam. Am 2. Juni 1967 wurde bei Zusammenstößen zwischen Demonstranten, die gegen das iranische Regime protestierten, und der Polizei der Student Benno Ohnesorg von einem Polizisten erschossen. Diese Tat ließ die Studierenden im gesamten Bundesgebiet auf die Straßen gehen und gegen die Staatsgewalt protestieren. In Berlin selbst schlugen die Wogen der Erregung auf beiden Seiten hoch, nach langwierigen Auseinandersetzungen mussten der Polizeipräsident, dessen Konzept die Atmosphäre der Gewalt vor allem herbeigeführt hatte, der Innensenator und der regierende Bürgermeister zurücktreten.

Ein viel diskutiertes Thema innerhalb der Studentenbewegung wurde in dieser Zeit die Macht der Medien und die daraus resultierende Möglichkeit zu Manipulation. Im Mittelpunkt der Kritik stand der Springer-Konzern, der etwa ein Drittel der gesamten Zeitungsauflage kontrollierte und dem vorgeworfen wurde, vor allem über die Tageszeitung ›Bild‹ eine Hetzkampagne gegen »Linke« und Studenten zu führen, indem sie beispielsweise Rudi Dutschke *geradezu als Staatsfeind verteufelte*.

Dutschke war der führende Theoretiker des SDS, der ein *idealistisch-marxistisch-inspiriertes Konzept einer herrschaftsfreien Gesellschaft* propagierte. Am 11. April 1968 wurde ein Attentat auf ihn verübt, das er schwer verletzt überlebte, an dessen Spätfolgen er jedoch 1979 starb. Da der Täter angab, er sei zu seinem Anschlag durch die Lektüre von ›Nationalzeitung‹ und ›Bild‹-Zeitung angeregt worden, kam es zu Demonstrationen und Aktionen gegen Zeitungsbetriebe des Springer-Konzerns. Ein »Sternmarsch« auf Bonn am 11. Mai 1968, an dem sich rund 30 000 Demonstranten beteiligten, richtete sich gegen die vom Bundestag diskutierte Notstandsverfassung, die dennoch am 30. Mai 1968 verabschiedet wurde.

Notstandsverfassung

In das Grundgesetz waren aufgrund der negativen Erfahrungen mit Artikel 48 der Weimarer Verfassung keine Vorschriften für den Fall des Notstandes aufgenommen worden. Im Deutschlandvertrag von 1954 war festgelegt worden, dass die den drei ehemaligen westlichen Besatzungsmächten noch zustehenden und von ihnen ausgeübten Rechte bezüglich des Schutzes und der Sicherheit ihrer in der Bundesrepublik stationierten Streitkräfte auf deutsche Behörden übergehen sollten, sobald diese vom Gesetzgeber die entsprechenden Vollmachten erhalten haben würden, um die Sicherheit dieser Streitkräfte zu gewährleisten und *einer ernstlichen Störung der öffentlichen Sicherheit und Ordnung zu begegnen*. Man musste also Notstandsgesetze in das Grundgesetz einbauen, um diese Einschränkung der Souveränität der Bundesrepublik aufzuheben. Erste Entwürfe fanden in den frühen 1960er-Jahren nicht die notwendige Mehrheit im Parlament, sodass die große Koalition es als ihre Aufgabe sah, die Notstandsgesetze zu beschließen und damit die alliierten Vorrechte abzulösen.

Der Kampf gegen die Notstandsgesetze wurde vor allem von der Studentenbewegung und den

Gewerkschaften getragen, die von ihnen einen Machtzuwachs für den Staat erwarteten, der damit diktatorische Vollmachten erhalten würde. Die am 28. Juni 1968 in Kraft getretene Notstandsverfassung enthielt Ermächtigungen für außerordentliche Maßnahmen im Falle innerer oder äußerer Bedrohung. Zum Kern der Notstandsverfassung gehört insbesondere ein möglicher Einsatz der Bundeswehr im Inneren, die, soweit das Grundgesetz nichts anderes bestimmt, nur zur Verteidigung eingesetzt werden dürfe. Im Spannungs- und Verteidigungsfall, aber auch zur *Abwehr einer drohenden Gefahr für den Bestand oder die freiheitliche demokratische Grundordnung des Bundes oder eines Landes* könne sie jedoch von der Regierung zur Unterstützung der Polizei und des Bundesgrenzschutzes herangezogen werden, um zivile Objekte zu schützen oder *militärisch bewaffnete Aufständische* zu bekämpfen. Sehr umstritten waren die durch die Notstandsgesetzgebung möglichen Einschränkungen verschiedener Grundrechte (Freizügigkeit, Berufsfreiheit) einschließlich Zwangsverpflichtungen *zum Zwecke der Verteidigung.*

Spaltung der APO

Die Zusammenarbeit mit den Gewerkschaften im Kampf gegen die Notstandsgesetze blieb eine Ausnahme. Und die von der Studentenbewegung stets propagierte Zusammenarbeit mit der Arbeiterbewegung blieb aus, da die meisten Arbeiter den Aktionen an den Universitäten mit Unverständnis begegneten. Die Studentenbewegung spaltete sich in der Folgezeit in eine Vielzahl von unterschiedlichen Gruppen, eine kleine Minderheit beschritt den Weg in den Terrorismus. Einige schlossen sich der im April 1969 gegründeten Deutschen Kommunistischen Partei (DKP) an, andere entdeckten die Ökologie als neue soziale Bewegung. Die Mehrheit der 68er-Generation begab sich auf den *langen Weg durch die Institutionen*, womit Dutschke den Versuch bezeichnet hatte, eine Gesellschaftsveränderung nicht durch eine Revolution, sondern durch eine allmähliche Veränderung von innen – aus den Institutionen und Verbänden – heraus zu bewirken. Das bleibende Ergebnis der Studentenbewegung war *eine nachhaltige Veränderung der politischen Kultur in der Bundesrepublik.*

Zusammenfassung: Die Jahre des Übergangs

Als **Ludwig Erhard** im Oktober 1963 die Nachfolge Konrad Adenauers als Bundeskanzler antrat, schien das Staatsschiff in gewohnten Gewässern zu treiben, doch erwies sich seine Regierungszeit als eine schwierige Phase des Übergangs. 1965 sprach Erhard selbst vom Ende der Nachkriegszeit. Während der **Auschwitz-Prozess** und die durch ihn in Gang gekommene Diskussion die Bereitschaft zumindest eines Teils der Bevölkerung dokumentierten, die NS-Vergangenheit aufzuarbeiten, mehrten sich die Anzeichen für ein Wiedererstarken rechtsradikaler Gruppierungen. Unmittelbare Auswirkungen auf die Innenpolitik ergaben sich aus dem **Konjunktureinbruch 1966**, durch den der Nachkriegsboom zu Ende ging. Erhard war nicht in der Lage, die Haushaltskrise zu bewältigen, die sich zur Regierungskrise ausweitete. Zur Lösung dringend anstehender Aufgaben schlossen CDU/CSU und SPD ein Regierungsbündnis, an dessen Spitze **Kurt Georg Kiesinger** (CDU) als Bundeskanzler und **Willy Brandt** (SPD) als Vizekanzler und Außenminister standen. Die Bildung einer großen Koalition trug durch das Fehlen einer schlagkräftigen parlamentarischen Opposition zum Entstehen der **außerparlamentarischen Opposition (APO)** bei. Die vor allem von Studenten getragene Protestbewegung richtete sich allerdings nicht nur gegen politische Verhältnisse im engeren Sinne – gegen den Vietnamkrieg oder die Notstandsgesetze –, sondern allgemein gegen die Autorität des »Establishments«. Mit der Bundespräsidentenwahl 1969, bei der die FDP für den sozialdemokratischen Kandidaten Gustav Heinemann stimmte, zeichnete sich die Ablösung der großen Koalition ab.

Die Bundesrepublik bis zur Einigung

Mit dem Beitritt zu den Vereinten Nationen und der Unterzeichnung der KSZE-Schlussakte bilden die 1970er-Jahre eine Stabilisierungsphase in der deutschen Außenpolitik; innenpolitisch erreicht der RAF-Terror seinen Höhepunkt. Während 1982 mit der »Ära Kohl« der Prozess der Europa-Bildung (Schengener Abkommen) beginnt, setzt in Osteuropa mit der Berufung von Michail Gorbatschow zum Generalsekretär der KP in der Sowjetunion die Auflösung des Warschauer Paktes ein.

Neue Koalition

Die Bundespräsidentenwahl im März 1969, bei der zum ersten Mal ein Sozialdemokrat in dieses Amt gewählt wurde, kündigte einen politischen Wechsel an, denn nachdem sich die Gemeinsamkeiten innerhalb der Großen Koalition mit der Verabschiedung der Notstandsgesetze erschöpft hatten, wurden Stimmen in der SPD laut, die für eine Koalition mit der FDP eintraten. Die FDP hatte die Zeit der Opposition dazu genutzt, um einen Richtungswechsel hin zu einem »demokratischen und sozialen Liberalismus« durchzuführen. Vor allem Walter Scheel und der renommierte Sozialwissenschaftler Ralf Dahrendorf vertraten die neuen Zielvorstellungen der »Sozialliberalen« nach außen, mit denen sie der SPD näher standen als der Union und sogar dem nationalliberalen Flügel der FDP.

Eine erste »Zusammenarbeit« zwischen SPD und FDP erfolgte in der Bundesversammlung bei der Wahl des Bundespräsidenten, als die FDP-Delegierten ihre Stimmen dem Sozialdemokraten Gustav Heinemann gaben und ihm damit am 5. März 1969 im dritten Wahlgang zum Sieg verhalfen. Heinemann nannte seinen Erfolg *ein Stück Machtwechsel* und sagte einen weiteren bei den anstehenden Bundestagswahlen voraus.

Die Regierung Brandt

Erstmals übernahm mit Willy Brandt 1969 ein Sozialdemokrat das Amt des Bundeskanzlers. Die von ihm geführte sozialliberale Regierung suchte eine Verbesserung der Beziehungen zwischen der Bundesrepublik und dem Ostblock und versprach *mehr Demokratie wagen* zu wollen.

Bei der Bundestagswahl im September ergab sich eine Mehrheit von zwölf Mandaten für SPD und FDP, die eine Koalitionsregierung bildeten. Da die CDU/CSU mit 46,1 Prozent stärkste Fraktion vor der SPD mit 42,7 Prozent geblieben war und die FDP nur 5,8 Prozent der Stimmen erhalten hatte, wären auch andere Koalitionen möglich gewesen. Der SPD-Parteivorsitzende Willy Brandt sah jedoch nur im Bündnis mit den Liberalen die Möglichkeit, seine politischen Zielvorstellungen in die Realität umzusetzen (→ Abbildung »Die Ergebnisse der Wahl zum 6. Deutschen Bundestag am 28. September 1969«).

Das Reformprogramm

Sein beabsichtigtes Reformprogramm beschrieb der neue Bundeskanzler Willy Brandt mit den Formeln *Kontinuität und Erneuerung*, *Fähigkeit zum Wandel* und *mehr Demokratie wagen*. Aufgrund der Mehrheit von CDU/CSU im Bundesrat war die notwendige Zustimmung der Länder zu den Reformgesetzen oft nur schwer zu erreichen, auch verschiedene Urteile des Bundesverfassungsgerichtes zwangen die sozialliberale Koalition zu Kompromissen oder gar zur Aufgabe von Reformprojekten.

Zu den durchgeführten Reformen zählten unter anderem eine Strafrechtsreform, die Herabsetzung von Volljährigkeits- und Wahlalter von 21 auf 18 Jahre, eine Schulreform, die Ausweitung der Mitbestimmung in Betrieben und Behörden und der Ausbau des Sozialsystems.

Allerdings stießen die innenpolitischen Vorhaben der Bundesregierung sehr schnell an ihre Grenzen. Zum einen bestanden Differenzen zwischen den Koalitionspartnern, zum anderen wurde der Bundesrat seit 1972 durch die unionsgeführten

Deutschland bis zur Einigung

September 1969	SPD/FDP-Regierung unter Willy Brandt
12. August 1970	Moskauer Vertrag
7. Dezember 1970	Warschauer Vertrag
3. September 1971	Viermächteabkommen über Berlin
November/ Dezember 1972	deutsch-deutscher Grundlagenvertrag
1973	Freigabe der Wechselkurse
1973–1975	Konferenz über Sicherheit und Zusammenarbeit in Europa (KSZE) in Helsinki (Unterzeichnung der Schlussakte am 1. August 1975)
September 1973	Mitgliedschaft bei den Vereinten Nationen
Herbst 1973	Ölkrise
Mai 1974	Brandts Rücktritt – Helmut Schmidt wird Bundeskanzler
1975	1. Weltwirtschaftsgipfel in Rambouillet
1976	Dioxin-Unfall von Seveso
1977	Höhepunkt des RAF-Terrors
1979	Sowjetischer Einmarsch in Afghanistan
13. März 1979	Europäisches Währungssystem
13. Dezember 1979	NATO-Doppelbeschluss
13. Januar 1980	Gründung der Partei Die Grünen
26. Oktober 1980	Bombenattentat auf Münchner Oktoberfest
1981	2. Ölkrise
Frühjahr 1982	Bruch der SPD-FDP-Koalition
1. Oktober 1982	Helmut Kohl Bundeskanzler nach Misstrauenvotum gegen Schmidt
15. Juni 1985	Schengener Abkommen
26. April 1986	Reaktorkatastrophe von Tschernobyl
1. Juli 1987	In-Kraft-Treten der Einheitlichen Europäischen Akte (EEA)
1987	Barschel-Affäre
September 1987	Honecker besucht die Bundesrepublik
9. November 1989	Fall der Mauer

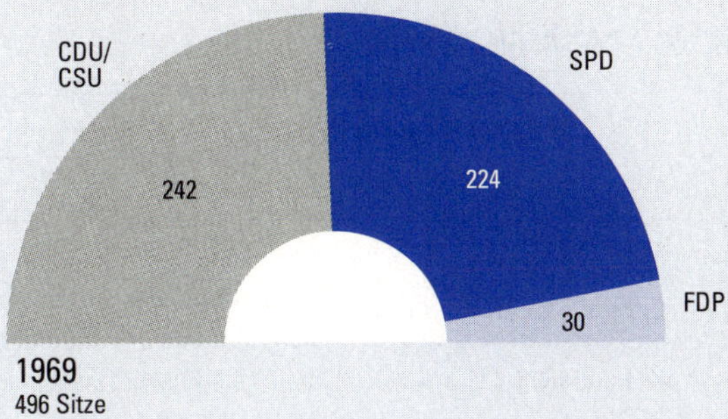

Die Ergebnisse der Wahl zum 6. Deutschen Bundestag am 28. September 1969 (aus: ›Die Fischer Chronik‹, Sp. 438)

Länder dominiert, was zumeist eine Anpassung der Gesetze erforderlich machte. Eine besondere Rolle kam zu dieser Zeit dem Bundesverfassungsgericht zu, das aufgrund seiner Zusammensetzung – es bestand eine konservative Mehrheit – häufig von der Opposition angerufen wurde und daraufhin regierungskritische Urteile fällte.

Strafrechtsreform

Die Reform des deutschen Strafrechts, die vom damaligen Justizminister Gustav Heinemann noch zur Zeit der Großen Koalition eingeleitet worden war, wurde von der sozialliberalen Koalition fortgeführt. Eine besondere Bedeutung kam nach den Auseinandersetzungen der APO-Zeit der Neuregelung des Demonstrationsstrafrechts zu. In seiner neuen Fassung vom Mai 1970 schränkte es die Strafverfolgung auf gewalttätige Formen des Protestes ein und verlagerte die Beweislast auf die Exekutive, während vorher wegen des weit gefassten Tatbestandes des Landfriedensbruchs jeder – auch als Unbeteiligter – Verhaftete seine Unschuld hatte beweisen müssen.

Während die Neuregelung des Demonstrationsstrafrechts von der Opposition heftig bekämpft wurde, ging die Reform des Sexualstrafrechts ohne größere Schwierigkeiten vonstatten. Straftatbestände wie Ehebruch, Kuppelei, Sodomie und Homosexualität unter Erwachsenen wurden abgeschafft. Homosexuelle Handlungen mit Minderjährigen werden allerdings – nicht wie sonst bis 14 Jahren – bis zur Volljährigkeit bestraft, die auf 18 Jahre festgelegt wurde. Im Juni 1970 senkte der Bundestag das Alter für das aktive Wahlrecht von 21 auf 18, für das passive Wahlrecht von 25 auf 21 Jahre.

Auf starke Anteilnahme der Öffentlichkeit stieß die Reform des Artikels 218 des Strafgesetzbuches, der seit 1871 jede Unterbrechung einer Schwangerschaft unter Strafe stellte. Eine Ausnahme galt nur, wenn eine Gefahr für Leben und Gesundheit der Schwangeren drohte. Während dieser Auseinandersetzung formierte sich eine neue, autonome Frauenbewegung, die mit Parolen wie *Mein Bauch gehört mir* den männlich dominierten Parteien das Recht absprach, über die Köpfe der Frauen hinweg eine Lösung der Frage zum Schwangerschaftsabbruch zu suchen.

Im April 1974 verabschiedete der Bundestag die Neufassung des Paragraphen 218, nach der die Abtreibung in den ersten drei Monaten straffrei bleiben sollte, wenn sich die Schwangere vor dem Eingriff einer ärztlichen Beratung unterzog (Fristenlösung), danach sollte sie nur im Fall der medizinischen Indikation straffrei bleiben. Das Gesetz wurde jedoch durch das Bundesverfassungsgericht noch am Tag seiner Verkündung außer Kraft gesetzt. Erst zwei Jahre später, im Jahr 1976, konnte die Regierungskoalition im Bundestag die strafrechtliche Neuregelung des Schwangerschaftsabbruchs als *weit gefasste Indikationslösung* verabschieden. Die soziale Indikation, die einen Abbruch in den ersten drei Monaten auch aufgrund einer sozialen Notlage der Frau straffrei machte, blieb heftig umstritten.

Bildungsreform

Die Reformen im Bildungsbereich begannen 1971 mit dem Bundesausbildungs-Förderungs-Gesetz (BAFöG), nach dem nicht nur Studenten gefördert wurden, sondern jede Vollzeit-Ausbildung, sofern Bedürftigkeit vorlag. 1973 beschlossen die Regierungschefs der Länder und des Bundes einen von der Bund-Länder-Kommission erarbeiteten Bildungsgesamtplan, der die staatlichen Bemühungen im Bildungswesen im Rahmen eines Gesamtkonzepts vorsah. Daraus entwickelte sich die Debatte um die integrierte Gesamtschule, für die die Bundesregierung und die SPD-regierten Länder optierten, während Kritik von Seiten der Union und ihr nahe stehenden Verbänden kam.

Die Umsetzung des bildungspolitischen Postulats nach exemplarischem Lernen – der Entwicklung von Lernfähigkeit als Voraussetzung für lebenslanges Lernen – erfolgte in der Oberstufenreform der höheren Schulen, die 1972 von der Kultusministerkonferenz beschlossen wurde.

Die staatlichen Pläne bezüglich einer Studienreform bzw. Strukturreform der bundesdeutschen Hochschulen konnten nur in Ansätzen verwirklicht werden. Auch wenn insgesamt auf dem Gebiet der Bildungspolitik eine Diskrepanz zwischen den ursprünglichen Absichten und den erzielten Ergebnissen festgestellt werden muss, gelang der sozialliberalen Politik der quantitative Ausbau des Bildungswesens und damit auch die Verbreiterung der Bildungschancen – die Abiturientenquote stieg von 5 Prozent in den 1960er-Jahren auf 18 Prozent im Jahr 1972. Allerdings musste auch sehr schnell festgestellt werden, dass viele Reformvorhaben nicht mehr finanzierbar waren.

Mitbestimmung

Die Haltung der FDP ließ die von den Gewerkschaften geforderte Stärkung der Betriebsratsrechte und die Ausweitung der paritätischen Mitbestimmung über den Montanbereich hinaus nur recht zögerlich vorankommen. Während die Novellierung des Betriebsverfassungsgesetzes 1971 den Zugang der Gewerkschaften zu den Betrieben verbesserte und den Kündigungsschutz der Arbeitnehmer verstärkte, zog sich die Mitbestimmungsdiskussion immer mehr in die Länge. Erst 1976 konnte das neue Mitbestimmungsgesetz verabschiedet werden, das für alle Großunternehmen eine paritätische Besetzung der Aufsichtsräte vorsah, jedoch im Konfliktfall das Übergewicht bei den Aktionärsvertretern beließ.

Ausbau des Sozialstaats

Die günstige wirtschaftliche Situation zu Beginn der sozialliberalen Koalition ermöglichte es der Bundesregierung die Sozialleistungen erheblich auszuweiten. Die Einführung der flexiblen Altersgrenze, Leistungsverbesserungen in der Krankenversicherung, Erhöhungen von Kinder- und Wohngeld bauten den Sozialstaat aus. Die Wachstums- und Beschäftigungskrise 1974/1975 zeigte dann aber sehr schnell die Grenzen auf, an die die Finanzierung des sozialen Netzes stieß.

Die neue Ostpolitik

Die Absicht, neue Akzente in der Ost- und Deutschlandpolitik zu setzen, bildete die Grundlage der sozialliberalen Regierungskoalition. Gemäß dem Konzept »Wandel durch Annäherung« gab sie den Alleinvertretungsanspruch auf und erkannte damit die Existenz der DDR an.

Die größten Gemeinsamkeiten zwischen den beiden Koalitionsparteien bestanden in der Deutschland- und Ostpolitik, in der Bundeskanzler Willy Brandt und sein Außenminister Walter Scheel ein »geregeltes Nebeneinander« mit Sowjetunion, Polen, Tschechoslowakei und DDR anstrebten. Bereits in der Regierungserklärung vom 28. Oktober 1969 wurde zum ersten Mal von *zwei Staaten in Deutschland* gesprochen, die zu einem Miteinander kommen müssten, um das Auseinanderleben der deutschen Nation zu verhindern und um die menschlichen Probleme zu lösen.

Brandt unterstrich die Bereitschaft seiner Regierung, über die bisherigen Gewaltverzichtsangebote hinaus den Status quo in Europa zu akzeptieren, die staatliche Existenz der DDR anzuerkennen und damit auch den Alleinvertretungsanspruch der Bundesrepublik aufzugeben. Er war entschlossen, die Einheit der deutschen Nation zu wahren und die völkerrechtliche Anerkennung der DDR, die von den DDR-Politikern gefordert wurde, zu verweigern: *Auch wenn zwei Staaten in Deutschland existieren, sind sie doch füreinander nicht Ausland; ihre Beziehungen zueinander können nur von besonderer Art sein.*

Da es seit der gescheiterten Ministerpräsidentenkonferenz in München 1947 keine offiziellen Begegnungen von Politkern der beiden deutschen Staaten gegeben hatte, sah man den Treffen von Bundeskanzler Brandt und dem DDR-Ministerratsvorsitzenden Stoph am 19. März 1970 in Erfurt und am 21. Mai 1970 in Kassel mit hohen Erwartungen entgegen. Allerdings blieben die jeweiligen Standpunkte auch nach den Begegnungen unverändert. Immer deutlicher wurde, dass der Schlüssel zur Lösung aller weiteren Fragen in einer Verständigung mit der Sowjetunion lag.

Der Moskauer Vertrag

Ab Januar 1970 führte der Brandt-Vertraute und Staatssekretär im Bundeskanzleramt, Egon Bahr, in Moskau mit dem sowjetischen Außenminister Gromyko Vorgespräche über einen Vertrag zwischen beiden Staaten. Am 12. August 1970 fand die Unterzeichnung des Moskauer Vertrages durch die Regierungschefs und die Außenminister statt. Mit der in ihm enthaltenen Vereinbarung über den Gewaltverzicht und die Anerkennung der Grenzen und Machtverhältnisse in Europa – was jedoch nach bundesdeutscher Lesart eine spätere Wiedervereinigung der beiden deutschen Staaten nicht ausschloss – war der Moskauer Vertrag *eine Art Rahmen- und Mustervertrag* für die nachfolgenden Abkommen mit Polen, der DDR und dem Nachbarn Tschechoslowakei.

Der Warschauer Vertrag

Mit dem am 7. Dezember 1970 in Warschau unterzeichneten deutsch-polnischen Vertrag begann die Normalisierung der Beziehungen der beiden Länder. In ihm garantierte die Bundesrepublik Polen die Unverletzlichkeit seiner Westgrenze, der Oder-Neiße-Linie, den Verzicht auf Gewalt und auf jegliche deutsche Gebietsansprüche. Willy Brandt unterstrich die historische Bedeutung der Aussöhnung zwischen beiden Staaten durch seinen – protokollarisch nicht vorgesehenen – Kniefall am Denkmal für die Opfer des Warschauer Gettos.

Viermächteabkommen über Berlin

Nachdem die im Zuge der allgemeinen Entspannungspolitik zwischen den Blöcken angelaufenen Gespräche der vier Siegermächte über eine neue Berlin-Regelung ins Stocken geraten waren, ließ die Bundesregierung in Moskau verlauten, dass die Ratifizierung der Ostverträge (Moskauer und Warschauer Vertrag) im Bundestag auf Schwierigkeiten stieße, wenn nicht Sicherheitsgarantien für Berlin vorzuweisen seien. Da der Sowjetunion an einem Gelingen der bundesdeutschen Ostpolitik gelegen war, konnten die Verhandlungen mit dem Berlin-Abkommen vom 3. September 1971 schließlich erfolgreich abgeschlossen werden.

Das Abkommen bestätigte die Verantwortung der vier Mächte für Berlin und ihre Rechte in Berlin sowie den völkerrechtlichen Status quo der Stadt. Die Sowjetunion verpflichtete sich zur Erleichterung des zivilen Transitverkehrs von der Bundesrepublik nach West-Berlin. Weitere Regelungen betrafen die Verbesserung der Kommunikations- und Reisemöglichkeiten zwischen West- und Ost-Berlin sowie zwischen West-Berlin und der DDR. Weiterhin wurden geringfügige Gebietskorrekturen sowie die Vertretung West-Berlins im Ausland durch die Bundesrepublik vereinbart. Allerdings wurden die Bindungen West-Berlins an die Bundesrepublik mit dem Hinweis eingeschränkt, dass *diese Sektoren so wie bisher kein Bestandteil der Bundesrepublik Deutschland sind und auch weiterhin nicht von ihr regiert werden.* Auch wenn mit diesem Abkommen nicht alle Erwartungen erfüllt wurden und es auch in der Folgezeit zu einzelnen Meinungsverschiedenheiten hinsichtlich der Auslegung einzelner Bestimmungen kam, war der Krisenherd Berlin endgültig entschärft.

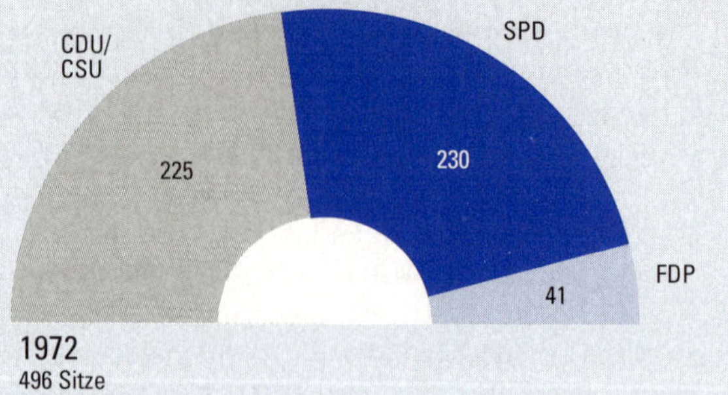

Die Ergebnisse der Wahl zum 7. Deutschen Bundestag am 19. November 1972 (aus: ›Die Fischer Chronik‹, Sp. 492)

Das Patt im Bundestag

Die Ostverträge trafen auf den heftigen Widerstand der konservativen Opposition, die aufgrund der knappen Mehrheitsverhältnisse im Bundestag versuchte, die Regierung durch ein konstruktives Misstrauenvotum zu stürzen.

Die neue Ostpolitik wurde nicht nur von den Vertriebenenverbänden und der CDU/CSU angegriffen, sie wurde auch von einzelnen Abgeordneten der Regierungskoalition abgelehnt, die durch Parteiwechsel das Stimmenverhältnis zwischen Regierungskoalition und Opposition auf 249 zu 247 senkten.

Nachdem zwei FDP-Abgeordnete erklärten, im Falle eines konstruktiven Misstrauensvotums gegen Willy Brandt für den CDU/CSU-Kandidaten zu stimmen, machte in dieser Situation die Opposition zum ersten Mal von dieser in Artikel 67 des Grundgesetzes vorgesehenen Möglichkeit Gebrauch. Sie argumentierte, die Bundesregierung habe für ihre Politik keine Mehrheit mehr im Lande, und forderte den Bundestag auf, einen neuen Bundeskanzler zu wählen. Der Kanzlerkandidat der Union, Rainer Barzel, verfehlte jedoch am 27. April 1972 seine Wahl, da er nur 247 von 249 Stimmen erhielt. Mindestens zwei Abgeordnete aus dem eigenen Lager mussten damit gegen Barzel votiert haben.

Die Handlungsunfähigkeit der Regierung, die sich einen Tag später bei der Abstimmung über den Bundeshaushalt zeigte, zwang Brandt dazu, Neuwahlen für den 19. November 1972 anzusetzen, um das Patt im Bundestag aufzulösen.

Brandt und Oppositionsführer Barzel, dem es in erster Linie um den Regierungswechsel und nicht um die Ablehnung der Ostverträge gegangen war, versuchten einen Weg zur Ratifizierung zu finden. Eine gemeinsame Resolution des Bundestages, die aber nicht Bestandteil des Vertrages war, formulierte einen Wiedervereinigungsvorbehalt zu den Ostverträgen, um sie damit für die Unionsfraktion zustimmungsfähig zu machen. Trotzdem scheiterte Barzel mit seinem Vorschlag innerhalb seiner Fraktion vor allem am Widerstand des mächtigen CSU-Vorsitzenden Strauß. Die Union einigte sich schließlich auf Stimmenthaltung, eine Aktion, die im Hinblick auf die anstehenden Wahlen wenig Voraussicht zeigte, da diese »Entscheidung« keine klare Stellungnahme bedeutete. Am 17. Mai 1972 ratifizierte der Bundestag die Verträge mit der Sowjetunion und Polen.

Die Bundestagswahl 1972

Am 20. September 1972 stellte Bundeskanzler Willy Brandt die Vertrauensfrage, um nach dem einkalkulierten Scheitern die Auflösung des Bundestages und Neuwahlen zu erreichen. Die Wahl im November wurde zu einem Plebiszit über die Ost- und Deutschlandpolitik. Bei einer Rekord-Wahlbeteiligung von 91,1 Prozent wurde die SPD erstmals in der Geschichte der Bundesrepublik mit 45,8 Prozent stärkste Partei, während die FDP 8,4 Prozent der Stimmen erhielt. Der Anteil der CDU/CSU sank auf 44,9 Prozent, das schlechteste Ergebnis der Union seit 1953 (→ Abbildung oben). Mit einer Mehrheit von 271 zu 225 Stimmen im Bundestag erlaubte dieses klare Wahlergebnis eine Fortsetzung der erfolgreichen sozialliberalen Koalition und ihrer Ostpolitik.

Der Grundlagenvertrag

Mit dem Grundlagenvertrag nahmen 1972 die Bundesrepublik und die Deutsche Deomkratische Republik offizielle Beziehungen zueinander auf.

Als Ergänzung zum Viermächteabkommen hatten der Staatssekretär im Bundeskanzleramt Egon Bahr und der DDR-Staatssekretär Michael Kohl ein Transitabkommen ausgehandelt, das den Verkehr zwischen der Bundesrepublik und West-Berlin regeln sollte. Beide Verhandlungspartner erarbeiteten auch den vom Bundestag im September 1972 ratifizierten Verkehrsvertrag, der praktische technische Fragen aller Verkehrswege regelte. Ermöglicht wurden auch Reiseerleichterungen für Bürger der Bundesrepublik, die mehrmals im Jahr Besuche in der DDR machen konnten, sowie für DDR-Bürger, die in dringenden Familienangelegenheiten in die Bundesrepublik reisen durften.

Eine umfassende Regelung der Beziehungen der beiden deutschen Staaten erfolgte im Grundlagenvertrag, der am 8. November 1972 in Bonn und am 21. Dezember in Ost-Berlin unterzeichnet wurde. Darin vereinbarten die Vertragspartner unter anderem normale gutnachbarliche Beziehungen zueinander zu unterhalten und gegenseitig auf Gewaltanwendung und die Drohung mit Gewalt zu verzichten. Die Unverletzlichkeit der innerdeutschen Grenze, die uneingeschränkte Achtung ihrer territorialen Integrität, die Beschränkung der Hoheitsgewalt jedes der beiden Staaten auf das eigene Staatsgebiet und die Respektierung der Unabhängigkeit und Selbstständigkeit jedes der beiden Staaten in seinen inneren und äußeren Angelegenheiten wurden ausdrücklich bekräftigt. Um der Besonderheit der Beziehungen Ausdruck zu verleihen, wurde nicht der Austausch von Botschaftern, sondern von »ständigen Vertretern« vereinbart. In einem dem Vertrag beigefügten »Brief zur deutschen Einheit« betonte die Bundesregierung, dass sie das Ziel weiterverfolge, *auf einen Zustand in Europa hinzuwirken, in dem das deutsche Volk in freier Selbstbestimmung seine Einheit wiedererlangt*. Mit dem Grundlagenvertrag gab die Bundesrepublik ihren Alleinvertretungsanspruch auf und erkannte die Souveränität der DDR an.

Das Bundesverfassungsgericht lehnte im Juli 1973 eine Verfassungsklage Bayerns gegen diese faktische Anerkennung der DDR ab und erklärte den Grundlagenvertrag für *mit dem Grundgesetz vereinbar*, verwies aber hinsichtlich einer künftigen friedensvertraglichen Regelung auf das Fortbestehen der Viermächteverantwortung für Deutschland als Ganzes. Die in einem Zusatzprotokoll zum Grundlagenvertrag vereinbarte Mitgliedschaft in den Vereinten Nationen erfolgte im September 1973, was für die DDR zu einer weltweiten Anerkennung führte.

Europapolitik

Bei aller Wichtigkeit der Ost- und Deutschlandpolitik ließ die Bundesregierung die Europapolitik nicht aus den Augen. Bereits im Jahr 1969 konnte Bundeskanzler Brandt auf dem Treffen der Staats- und Regierungschefs der Europäischen Gemeinschaft (EG) in Den Haag seinen Vorschlag durchsetzen, erneut mit Großbritannien, Dänemark und Irland Beitrittsverhandlungen aufzunehmen, die schließlich 1973 zum Erfolg führten. Langsam begann auch die organisierte außenpolitische Zusammenarbeit der EWG-Staaten, während die Weiterentwicklung der EWG zu einer Währungsunion zunächst an den währungspolitischen Turbulenzen der Folgejahre scheiterte.

Die Ölkrise

Im Herbst 1973 verwendeten die arabischen Staaten ihr Erdöl erstmals als politische Waffe und drosselten die Exporte in die westlichen Industrieländer. Die Ölkrise war einer der wesentlichen Faktoren der nun einsetzenden Wirtschaftskrise.

Als in der Folge des Jom-Kippur-Krieges 1973 die arabischen Erdöl produzierenden Staaten ihre Produktion drosselten und damit eine Vervielfa-

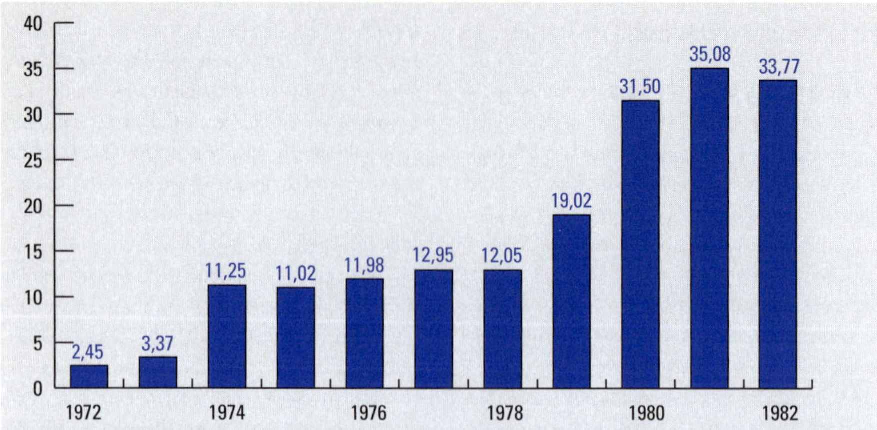

Die Preisentwicklung des Erdöls von 1972 bis 1982 (US-$ pro Barrel) (aus: ›Die Fischer Chronik‹ Sp. 519)

chung des Ölpreises herbeiführten (»Erdöl als Waffe«), entwickelte sich in den betroffenen Industriestaaten ein Bewusstsein von den Grenzen des Wachstums. Die Organisation der Erdöl exportierenden Länder (OPEC) zog mit ihrer Preispolitik nach, sodass der Ölpreis von 2,70 US-Dollar pro Barrel (159 Liter) Anfang 1973 auf 11,60 Dollar 1974 stieg (→ Abbildung »Die Preisentwicklung des Erdöls von 1972 bis 1982«). Die Energieverteuerung führte in der Bundesrepublik zu einer Stagnation des Wirtschaftswachstums und einem Anwachsen der Arbeitslosigkeit. Das Bruttosozialprodukt, das 1973 gegenüber dem Vorjahr noch um real 5,3 Prozent gestiegen war, stagnierte 1974 bei 0,4 Prozent und sank 1975 um 3,4 Prozentpunkte. Die Arbeitslosenquote stieg von 1,2 Prozent 1973 auf 4,7 Prozent 1975. Die Regierung konnte diese Entwicklung auch mit einem Stabilitätsprogramm nicht stoppen. Vergeblich versuchte sie die Gewerkschaften für eine zurückhaltende Lohnpolitik zu gewinnen, doch diese setzten aufgrund des starken Preisanstiegs Lohnerhöhungen durch, die die Inflation weiter anheizten.

Brandts Rücktritt

Der Reformeifer war einer tiefen Ernüchterung gewichen. Nachdem der Kanzler schon seit einiger Zeit in den eigenen Reihen kritisiert worden war, übernahm dieser nach der Enttarnung seines Mitarbeiters Günther Guillaume als Agent und Offizier des DDR-Geheimdienstes die politische Verantwortung und trat von seinem Amt zurück.

Allerdings war auch der Führungsstil Brandts, der sich an tagespolitischen Fragen zunehmend desinteressiert zeigte, bereits zuvor in den eigenen Reihen auf Kritik gestoßen. Ein Grund für Brandts Verhalten lag sicherlich an den ständigen Angriffen, die von der Opposition und den mit der Ostpolitik unzufriedenen Vertriebenenverbänden gegen ihn geführt wurden. Dabei scheuten diese auch nicht vor persönlicher Diffamierung – auch mit zahlreichen erfundenen »Skandalgeschichten« – zurück, um Brandts Stellung zu schwächen.

Dem Bundeskanzler gelang es zudem nicht, auf die Notwendigkeit einer neuen Einstellung zu Wachstum und Lebensqualität hinzuweisen, und konnte sich auch nicht als Krisenmanager profilieren. Willy Brandt erklärte im Mai 1974 seinen Rücktritt vom Amt des Bundeskanzlers. Ob Guillaume, der zusammen mit seiner Ehefrau wegen schweren Landesverrats verurteilt und später in die DDR abgeschoben wurde, wichtige Informationen verraten hatte, konnte noch nicht genau bewiesen werden.

Die Regierung Schmidt

SPD und FDP waren für die Fortsetzung der Koalition, und am 16. Mai 1974 wählten sie im Bundestag den bisherigen Finanzminister Helmut Schmidt (SPD) zum neuen Bundeskanzler. Vizekanzler und Außenminister wurde Hans-Dietrich Genscher, denn sein Vorgänger Walter Scheel war tags zuvor zum Nachfolger des Bundespräsidenten Heinemann gewählt worden.

Schmidt, der seine Regierungserklärung unter das Motto »Konzentration und Kontinuität« stellte, erarbeitete sich einen Ruf als »Macher«, der jedoch infolge der vom RAF-Terrorismus geprägten Zeit seine innenpolitischen Zielsetzungen nur bedingt umsetzen konnte. Kaum im Amt waren Helmut Schmidts volkwirtschaftliche Fähigkeiten gefragt, denn infolge der schweren Ölkrise von 1973 war die Bundesrepublik in eine Wirtschaftskrise geraten, bei der zunächst vor allem die Inlandsnachfrage und die Beschäftigung zurückgingen, während die Inflation anhielt (Stagflation).

Bei der Bundestagswahl 1976 wurde die Union mit 48,6 Prozent stärkste Partei. Die sozialliberale Koalition konnte jedoch fortgesetzt werden, obwohl ihre Mehrheit auf zehn Stimmen geschrumpft war (→Abbildung »Die Ergebnisse der Wahl zum 8. Deutschen Bundestag am 30. Oktober 1976«).

Die Wirtschaftskrise

Der Arbeitslosigkeit suchte die Regierung Schmidt mit beschäftigungswirksamen öffentlichen Programmen gegenzusteuern. Der Wirtschaftskrise suchte sie national mit einer Ausweitung der staatlichen Kreditaufnahme zu begegnen.

Arbeitslosigkeit und Inflation

Die wichtigste Herausforderung, der sich die Regierung Schmidt während ihrer gesamten Amtszeit stellen musste, bildete die Arbeitslosigkeit. Die lange Phase der relativen Vollbeschäftigung war 1973 zu Ende gegangen. Von einer halben Million 1974 erhöhte sich die Zahl der Arbeitslosen auf 1,8 Millionen 1982. Dennoch stand die Bundesrepublik im internationalen Vergleich nicht schlecht da, was sowohl staatlichen Konjunkturprogrammen, der engen Zusammenarbeit der Regierung mit den Gewerkschaften und dem Greifen der sozialstaatlichen Sicherheitssysteme zuzuschreiben war. Durch den Kampf gegen die Arbeitslosigkeit stieg allerdings die Staatsverschuldung an, an Steuersenkungen oder eine Sparpolitik war nicht zu denken.

Zu der »importierten« Inflation infolge der gestiegenen Ölpreise trat eine »hausgemachte«, weil die Gewerkschaften, um die gestiegenen Energiekosten für die Arbeitnehmer auszugleichen, hohe Lohnsteigerungen – 1974 über elf Prozent – durchsetzen konnten. Die Unternehmensgewinne sanken und Investitionen wurden zurückgestellt. Das Zusammentreffen steigender Preise und hoher Ar-

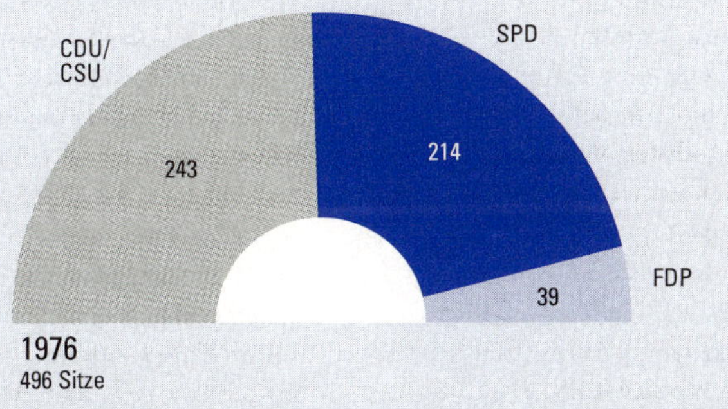

Die Ergebnisse der Wahl zum 8. Deutschen Bundestag am 30. Oktober 1976
(aus: ›Die Fischer Chronik‹, Sp. 580)

beitslosigkeit bei stagnierender wirtschaftlicher Entwicklung wurde als »Stagflation« bezeichnet. 1975 befand sich die bundesdeutsche Wirtschaft in einer Rezession mit über einer Million Arbeitslosen, während die Preise um knapp sechs Prozent stiegen. Die Bundesregierung versuchte dem Problem mit Konjunkturprogrammen zu begegnen, die überwiegend die Nachfrage stützen und die Unternehmen steuerlich entlasten sollten. Die öffentliche Hand ließ hohe Haushaltsdefizite zu.

Die Bekämpfung der Inflation oblag der Bundesbank, die sich allerdings vorrangig um die Wahrung der Preisstabilität und nicht um die Vollbeschäftigung kümmerte und so die Geldmenge knapp hielt. 1976 schien diese Aufgabenteilung erste Erfolge zu zeitigen, doch die Arbeitslosigkeit überstieg auch weiterhin die Millionengrenze. 1977 musste der Sparkurs zugunsten langfristig angelegter Ausgabenprogramme aufgegeben werden, wodurch die Neuverschuldung des Staates wieder stieg. Als 1981 die zweite Ölkrise die Bundesrepublik traf und es wieder zur Rezession mit rasch steigender Arbeitslosigkeit bei gleichzeitig hoher Inflation kam, wurde die Staatsverschuldung zum Wahlkampfthema Nummer eins, aber auch zum Streitpunkt in der Koalition. Für Schmidt hatten die Konsolidierung des Haushalts und die Entlastung der Unternehmen Priorität, konnte mit Rücksicht auf die Stimmung in der eignen Partei dem Drängen der FDP auf Reduzierung der Neuverschuldung und Kürzung von Sozialleistungen aber nur begrenzt nachgeben.

Freigabe der Wechselkurse

Als Mitte der 70er-Jahre eine Verschärfung der alle Industrienationen belastenden Wirtschaftskrise drohte, fiel der Bundesrepublik eine Führungsrolle beim internationalen Krisenmanagement zu.

Während die Weltwirtschaft von 1945 bis zum Vietnamkrieg (1964–1975) von der Führungsrolle der USA geprägt war, wurden die Weltmärkte seit 1968 immer wieder durch die amerikanische Wirtschaftspolitik destabilisiert, die die gesamte Weltwirtschaft inflationierte.

Für die bundesdeutsche Wirtschaft, die von Exporten und weltwirtschaftlicher Verflechtung stark abhängig war, bedeuteten die Währungsturbulenzen und die unterschiedlichen Inflationsraten eine existenzielle Gefahr. Bundeskanzler Schmidt war sich in den entscheidenden weltpolitischen Fragen mit dem französischen Staatspräsidenten Giscard d'Estaing einig, und beide initiierten 1975 den ersten Weltwirtschaftsgipfel in Rambouillet bei Paris. Wenngleich die Zielvorstellungen, nämlich eine Abstimmung der Wirtschafts- und Finanzpolitik der teilnehmenden Länder sowie die Abwehr protektionistischer Maßnahmen, nicht erreicht wurden, wurde mit den Gipfelgesprächen die nationalistisch beschränkte Perspektive überwunden.

In Westeuropa lag das Hauptproblem in der Koordinierung der Wirtschaftspolitik und vor allem der Währungen. Seit der Freigabe der Wechselkurse 1973 war die DM in die Rolle einer europäischen Leitwährung hineingewachsen. Nachdem die Europäische Gemeinschaft (EG) sich der Wirtschaftskrise nicht gewachsen gezeigt hatte, wurde die notwendige europäische wirtschafts- und finanzpolitische Stabilisierung von der Bundesrepublik und Frankreich als den beiden stärksten Industrienationen Westeuropas betrieben. Mit der Gründung des Europäischen Währungssystems (EWS) 1979 gelang Schmidt und Giscard d'Estaing ein wichtiger Erfolg zur währungspolitischen Harmonisierung der EG. Mit dem EWS wurden die Währungen der Mitgliedstaaten aneinander gekettet, um Turbulenzen zu verhindern.

Deutschland- und Außenpolitik

In der Deutschland- und Außenpolitik konnte die Regierung Schmidt/Genscher zunächst auf der von den Vorgängern begonnenen Ostpolitik aufbauen. Der Abschluss der Konferenz über Sicherheit und Zusammenarbeit in Europa (KSZE) 1975 in Helsinki konnte als ein wichtiger Schritt auf dem Wege zu einer gesamteuropäischen Friedensordnung gesehen werden, doch gegen Ende der 1970er-Jahre setzte erneut eine Vereisung in den Beziehungen zwischen den Supermächten mit Auswirkungen auf Europa ein.

Deutsch-deutsche Beziehungen

In den deutsch-deutschen Beziehungen setzte Schmidt auf Kontinuität. Im Verhältnis zur DDR kam es zu einem geregelten Nebeneinander, auf den Grundlagenvertrag aufbauend wurden verkehrstechnische Abkommen sowie neue Handelsabkommen einschließlich eines zinslosen Überziehungskredites für die DDR unterzeichnet.

Am 1. August 1975 wurde in Helsinki die Konferenz über Sicherheit und Zusammenarbeit in Europa (KSZE), an der 33 europäische Staaten – inklusive Bundesrepublik und DDR – sowie die Vereinigten Staaten und Kanada teilgenommen hatten, mit einer Schlussakte beendet. In dieser Schlussakte von Helsinki wurde zum einen der territoriale Status quo in Europa festgeschrieben (die Unverletzlichkeit der Grenzen, Nichteinmischung in innere Angelegenheiten der Staaten und Gewaltverzicht), zum anderen aber auch die Achtung der Menschenrechte und Grundfreiheiten auf politischem und religiösem Gebiet gefordert.

Die Hoffnungen, die an die KSZE geknüpft waren, wurden allerdings schnell gedämpft, denn bereits im selben Jahr verstärkte die Sowjetunion ihre politische und militärische Präsenz in Afrika und modernisierte ihre atomaren Mittelstreckenwaffen, indem sie ihre auf Westeuropa gerichteten älteren Raketen durch moderne SS-20-Raketen mit jeweils drei Sprengköpfen ersetzte. Zwar hatten sich die USA und Sowjetunion in langjährigen Rüstungskontrollverhandlungen – Strategic Arms Limitation Talks (SALT I 1972, SALT II 1979) – auf die Begrenzung ihrer interkontinentalen Nuklearwaffen geeinigt, dabei blieben die Mittelstreckenwaffen ausgeklammert.

Bundeskanzler Schmidt sah in diesen eine Gefährdung des strategischen Gleichgewichts und plädierte für eine Nachrüstung auf westeuropäischer Seite, die infolge von unterschiedlichen Interessen der USA und der Westeuropäer zunächst nicht zustande kam. Erst der am 12. Dezember 1979 von den Außen- und Verteidigungsministern der NATO zur Nachrüstung gefasste Doppelbeschluss enthielt ein zweigleisiges Vorgehen: eine Nachrüstung mit eigenen Mittelstreckensystemen (108 Pershing-II-Raketen und 464 Cruise-Missiles) bis 1983 und gleichzeitige Verhandlungen mit der Sowjetunion über Abrüstung in diesem Bereich.

Als im November 1981 in Genf die amerikanisch-sowjetischen Verhandlungen begannen, hatte in den Ländern der NATO eine Friedensbewegung begonnen, die Regierungen zur Aufgabe der Nachrüstung zu drängen. In der bundesdeutschen Friedensbewegung, aber auch innerhalb der SPD, galten die noch zu stationierenden amerikanischen Raketen als gefährlicher als die Bedrohung durch das bereits vorhandene sowjetische Potenzial.

Terror in Deutschland

Aus einem kleinen Teil der linken Protestbewegung hatte sich nach 1968 die terroristische Gruppierung »Rote Armee Fraktion« (RAF) gebildet, deren Aktivitäten anfangs noch unter einer sozialrevolutionären Zielsetzung standen, später jedoch in Gewaltausübung um der Gewalt willen übergingen. Lange Zeit wurde die Entwicklung rechtsextremer Terrorgruppen mehr als unterschätzt, deren Ansichten stark vom Nationalsozialismus beeinflusst sind.

Linker Terrorismus und die Reaktion

Zu Beginn der 1970er-Jahre entwickelten sich aus den Kreisen der außerparlamentarischen Opposition (APO) und der Studentenbewegung politische Terrorgruppen, die die politische Kultur der Bundesrepublik maßgeblich beeinflussten, indem sie durch Gewalt und Terror den Staat zu zunehmend harten Reaktionen zwangen.

Größte Bedeutung erlangten die Bewegung 2. Juni, die Revolutionären Zellen und die Rote Armee Fraktion (RAF). Ziel der RAF war es, das »System« der Bundesrepublik zu beseitigen, das sie als Inbegriff einer neofaschistischen, kapitalistischen und imperialistischen Organisation zur Ausbeutung der Dritten Welt betrachteten. Ihre Mitglieder wurden zum Teil in palästinensischen Lagern militärisch ausgebildet und unterhielten Beziehungen zu terroristischen Gruppen wie der Action Directe in Frankreich, der Irish Republican Army (IRA) in Irland oder den Brigate Rosse (Roten Brigaden) in Italien. Seit den 1980er-Jahren erhielten RAF-Mitglieder Unterstützung in vielerlei Hinsicht auch von der DDR. Die RAF proklamierte den bewaffneten Kampf nach dem Vorbild der Tupamaros im Uruguay der 1960er-Jahre.

Hauptakteure der ersten Generation des Terrorismus waren Andreas Baader und Gudrun Ensslin, denen sich wenig später die Journalistin Ulrike Meinhof anschloss. Aus dem Untergrund baute die »Baader-Meinhof-Gruppe« die RAF auf, die eine Serie von bewaffneten Banküberfällen und Attentaten verübte. Zwar konnte im Sommer 1972 nach der größten Fahndungsaktion in der Geschichte der Bundesrepublik die Führungsgruppe der RAF, Andreas Baader, Holger Meins, Jan-Carl Raspe, Gudrun Ensslin und Ulrike Meinhof, verhaftet werden, doch aus den Reihen der Sympathisanten rekrutierte sich schnell eine zweite Terroristen-Generation.

In der Reaktion auf die sich seit Mai 1972 häufenden Gewaltaktionen billigte der Bundestag im Juni drei die Verfassung verändernde Gesetze zur inneren Sicherheit. Strafrecht, Strafprozessrecht, Anwaltsordnung und Strafvollzugsrecht wurden verschärft. Ebenfalls 1972 beschlossen die Regierungschefs von Bund und Ländern die Vereinheitlichung der Überprüfungs- und Einstellungspraxis von Bewerbern für den öffentlichen Dienst (Extremistenbeschluss, Radikalenerlass). Dieser Extremistenbeschluss geriet in die öffentliche Diskussion, weil er in den Bundesländern unterschiedlich ausgelegt wurde und in einer Reihe von Fällen zu Entscheidungen geführt hatte, die als »Berufsverbote« auf heftige Kritik stießen.

Eskalation des Terrors

In den folgenden Jahren versuchte die neue RAF mit terroristischen Aktivitäten die Freilassung der Inhaftierten zu erpressen. Im November 1974 wurde in Berlin der Präsident des Kammergerichtes, Günter von Drenkmann, erschossen, nachdem der Entführungsversuch gescheitert war, im Februar 1975 entführten Mitglieder der »Bewegung 2. Juni« in Berlin den CDU-Vorsitzenden Peter Lorenz und erzwangen die Freilassung von Gesinnungsgenossen, im April 1975 endete die Besetzung der Botschaft der Bundesrepublik in Stockholm durch sieben deutsche Terroristen blutig, im Dezember 1975 beteiligten sich zwei deutsche Terroristen am Überfall des international gesuchten »Carlos« auf das Verwaltungszentrum der OPEC in Wien.

Im Jahr 1977 eskalierte der Terror und erschütterte die Gesellschaft der Bundesrepublik schwer (»Deutschland im Herbst«). Ermordet wurden im April Generalbundesanwalt Siegfried Buback und im Juli der Bankier Jürgen Ponto. Im September wurden der Arbeitgeberpräsident Hanns-Martin Schleyer gekidnappt und seine vier Begleiter ermordet. Die Forderung der RAF nach der Freilassung von Gesinnungsgenossen unterstützte ein palästinensisches Kommando, das eine Lufthansa-Maschine nach Mogadischu (Somalia) entführte.

Die Bundesregierung entschied sich für die unbedingte Aufrechterhaltung des staatlichen Gewaltmonopols, und ein Antiterrorkommando des Bundesgrenzschutzes (GSG 9) befreite die Geiseln am 18. Oktober kurz nach Mitternacht. Kurz darauf begingen Baader, Ensslin und Raspe im Gefängnis Stuttgart-Stammheim Selbstmord. Am 19. Oktober wurde der ermordete Manager Hanns-Martin Schleyer im Kofferraum seines Autos in Mulhouse (Frankreich) aufgefunden.

Terror in den 1980er- und 1990er-Jahren

Die dritte Generation der RAF setzte die Gewaltaktionen nach 1977 fort. 1981 erfolgten ein Attentat auf das Hauptquartier der US-Luftstreitkräfte in Europa in Ramstein und ein Anschlag auf den US-General Frederick J. Kroesen in Heidelberg. Ermordet wurden 1985 der Industrielle Ernst Zimmermann, 1986 der Diplomat Gerold von Braunmühl und der Manager Karl Heinz Beckurts, 1989 der Bankier Alfred Herrhausen und 1991 der Treuhandchef Detlev Carsten Rohwedder.

Im April 1992 verkündete die RAF, *Angriffe auf führende Repräsentanten aus Wirtschaft und Staat* einzustellen. Sechs Jahre später erklärten die letzten noch im Untergrund lebenden Mitglieder der RAF die Rote Armee Fraktion für aufgelöst. *(Heute beenden wir dieses Projekt. Die Stadtguerilla in Form der RAF ist nun Geschichte.)* Obwohl die RAF keinen Solidarisierungserfolg in der Gesellschaft erzielen konnte, gelang es ihr vor allem in der zweiten Hälfte der 1970er-Jahre, die bisher *schwerste Krise des Rechtsstaats* (Helmut Schmidt) zu provozieren. Die Demonstration staatlicher Härte und der massive Ausbau des Instrumentariums der inneren Sicherheit, die von der Mehrheit der Bevölkerung begrüßt wurden, stießen bei liberalen und linken Kritikern, auch aus dem Ausland, auf Widerspruch.

Terror von Rechts

Nach dem Niedergang der NPD bildeten sich am rechten Rand kleinere Gruppen, die aus einer sich verbreitenden Unzufriedenheit mit der Bonner Parteiendemokratie und ungelösten sozialen Problemen Kapital schlugen. Sie schürten daher den Hass gegen Minderheiten und soziale Randgruppen. Kernziel rechtsextremistischer Vorstellungen war der Umsturz der demokratisch verfassten Staatsordnung, sodass sich rechtsterroristische Attentate daher in der Regel auf die Erschütterung der öffentlichen Sicherheit und Ordnung, seltener gegen bestimmte Personen richteten.

Am 26. September 1980 wurden durch einen Bombenanschlag beim Münchner Oktoberfest 13 Menschen getötet und mehr als 200 zum Teil schwer verletzt. Der Täter hatte Verbindungen zur Wehrsportgruppe Hoffmann, einer paramilitärischen rechtsextremistischen Organisation, die im Januar 1980 von Bundesinnenminister Gerhart Baum verboten worden war.

Rechtsextreme Parteien

In den 1980er-Jahren kam es zu Neugründungen rechtsextremer Parteien, von denen die 1983 in Bayern gegründeten Republikaner am erfolgreichsten eine populistische Politik verfolgten, die ihnen innerhalb von kurzer Zeit ein beträchtliches Wählerpotenzial bescherte und den Einzug in verschiedene Kommunal- und Landesparlamente ermöglichte. Zentrales Agitationsthema der Partei war von Anfang an die Ausländer- und Asylpolitik. Sie machte dabei nach Deutschland zugewanderte Ausländer für soziale Probleme wie Arbeitslosigkeit, Wohnungsnot und die hohe Steuerbelastung verantwortlich.

Konnten die Wahlerfolge der rechten Parteien – NPD, DVU und Republikaner – als vorübergehende Erscheinungen und Reaktionen auf bestimmte Krisenphänomene interpretiert werden, so hat sich diese Situation seit Ende der 1980er-Jahre deutlich zum Schlechten verändert. Es muss heute von einem neuen »rechten Lager« ausgegangen werden, was jedoch kein spezifisch deutsches Phänomen und Problem ist, sondern eine europaweite Entwicklung unterstreicht.

Umweltschutz und Bürgerinitiativen

In den 1970er-Jahren entstand aus einem Gefühl der Unzufriedenheit und Ohnmacht gegenüber den Parteien und dem politischen System in der Bevölkerung ein »neues politisches Bewusstsein«, das sich in der wachsenden Zahl von Bürgerinitiativen manifestierte. Vor allem das Thema Umweltschutz entwickelte sich zu einem zentralen Punkt der innenpolitischen Diskussion, und eine neu entstandene Frauenbewegung hatte die Gleichberechtigung der Frauen zum Ziel.

Die neue Partei Die Grünen artikulierte das Unbehagen an der modernen industriellen Gesellschaft und machte die Ökologie zu einem der vorrangigen politischen Themen.

Das neue politische Bewusstsein

Ende der 1960er-Jahre entstand im Sog der Aufbruchsstimmung von 1968 ein »neues politisches Bewusstsein«. Dies äußerte sich in einer kritischen Einstellung gegenüber dem »Establishment«, wobei die nicht immer gewaltfreien Aktionen sich gegen bestehende Wertvorstellungen und politische Ordnungssysteme richteten.

Der Monopolanspruch der Parteien bei der politischen Willensbildung wurde durch eine aktive Bürgerinitiativbewegung zurückgedrängt, die zunächst grundsätzlich keine fundamentale Veränderung der Gesellschaft mehr anstrebte, sondern konkrete Ziele im kommunalen oder regionalen Nahbereich erreichen wollte.

In den 1970er-Jahren trat die Umweltfrage in den Mittelpunkt des öffentlichen Interesses. Die Folgen einer fortgeschrittenen Industrialisierung (z. B. Waldsterben, Luftverschmutzung) und die

Auswirkungen von Umweltkatastrophen (Dioxin-Unfall im oberitalienischen Seveso 1976, Nuklearstörfall in Harrisburg/USA 1979) riefen das vehemente Engagement vor allem der akademisch gebildeten jüngeren Generation hervor.

Es bildeten sich lokale und regionale Umweltinitiativen und -gruppen – der 1972 gegründete Bundesverband Bürgerinitiativen Umweltschutz (BBU) vereinigte 1978 rund 1000 Initiativen mit 300 000 Beteiligten –, die gegen die mangelnde Handlungsbereitschaft der etablierten Parteien bei der Lösung ökologischer Probleme protestierten und Alternativen aufzuzeigen suchten, die allerdings den Zielkonflikt zwischen Umweltschutz und wirtschaftlichem Wachstum einseitig zugunsten der Erhaltung der Natur entschieden.

Die neue Frauenbewegung

Aus und in der Auseinandersetzung mit der Studentenbewegung entstand Ende der 1960er-Jahre eine »neue« Frauenbewegung. Es entwickelten sich eine marxistisch-sozialistische und eine radikalfeministische Richtung. Vor allem zu Beginn der 1970er-Jahre organisierten aktive Feministinnen Frauenrechtsgruppen, die auf die allgemeine Benachteiligung der Frau aufmerksam machten. Ein zentrales Thema der Frauenbewegung war zu dieser Zeit die Auseinandersetzung um den §218.

Bündnis 90/Die Grünen

Die Zusammenarbeit von bisher weitgehend unabhängig operierenden Umweltschutzgruppen mit dem breiten Spektrum der Alternativ-, Frauen- und Friedensbewegung mündete zu Beginn der 1980er-Jahre in die Gründung einer neuen Partei. Die am 13. Januar 1980 in Karlsruhe gegründete Partei Die Grünen bekannte sich auf ihrem ersten Programmparteitag in Saarbrücken zu einer Politik, deren Ausrichtung die Mitglieder mit den Attributen *ökologisch, sozial, basisdemokratisch und gewaltfrei* umschrieben. Trotz des von Anfang an vorhandenen Gegensatzes zwischen den reformorientierten Pragmatikern (»Realos«) und den radikal-oppositionellen Aktivisten (»Fundis«) zwangen Die Grünen einerseits schon bald die Altparteien dazu, ein eigenes Umweltprogramm zu entwickeln, und konnten sich andererseits schnell im Parteisystem der Bundesrepublik etablieren.

Nach ihrem Einzug in verschiedene Landesparlamente gelangten sie 1983 erstmals in den Bundestag, 1985 übernahmen sie als Juniorpartner der SPD in Hessen und 1998 auch auf der Bundesebene Regierungsverantwortung. 1993 schlossen sie sich mit Bürgerrechtlern der ehemaligen DDR zur gesamtdeutschen Partei Bündnis 90/Die Grünen zusammen.

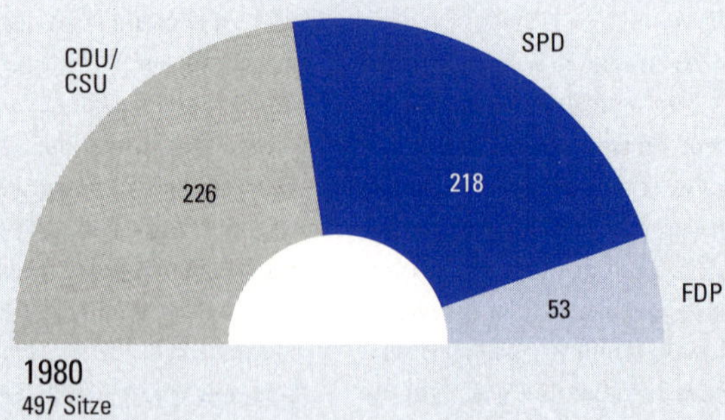

Die Ergebnisse der Wahl zum 9. Deutschen Bundestag am 5. Oktober 1980
(aus: ›Die Fischer Chronik‹, Sp. 680)

Schmidts zweite Amtszeit

Obwohl es der CDU/CSU-Opposition gelang, in Kommunal- und Landtagswahlen Erfolge zu erzielen und im Mai 1979 mit ihrer Mehrheit in der Bundesversammlung Karl Carstens zum Bundespräsidenten zu wählen, konnte sich die Regierung Schmidt/Genscher erneut eine deutliche Mehrheit bei den Wahlen sichern. Die sich rapide verschärfende Wirtschaftskrise führte allerdings zu zunehmenden Spannungen zwischen den beiden Regierungsparteien, die die sozialliberale Koalition unter wechselseitigen Vorwürfen 1982 auseinander brechen ließen.

Obwohl im Vorfeld der Bundestagswahl von 1980 vor allem erneute wirtschaftliche Probleme parteiinterne Kritik aufkommen ließen und auch Vorbehalte des Koalitionspartners FDP Helmut Schmidt in Schwierigkeiten brachten, ermöglichte das Wahlergebnis die Fortsetzung des Regierungsbündnisses. Die Polarisierung der Wahlen durch den Kanzlerkandidaten der CDU/CSU, Franz Josef Strauß, der den Wahlkampf unter das Motto »Freiheit statt Sozialismus« stellte, brachte der Union das schlechteste Ergebnis seit 1949 (→ Abbildung links unten).

Bruch der SPD/FDP-Koaltion

In den Folgejahren verschärften sich die Auseinandersetzungen um die Gestaltung der Wirtschafts- und Sozialpolitik. Die Höhe der Staatsverschuldung, die vor allem durch eine zweite Welle von Ölpreiserhöhungen bedingt war, und die Arbeitslosigkeit, welche die Zweimillionengrenze überschritt, sprengte die sozialliberale Koalition. Da der Verteidigungshaushalt wegen der beschlossenen Rüstungsverpflichtungen nicht gekürzt werden konnte, entfielen die Kürzungen weitgehend auf den Sozialhaushalt, in dem gleichzeitig wegen der hohen Arbeitslosigkeit die Kosten stiegen. Teile in der Sozialdemokratischen Partei waren auch nicht bereit, Helmut Schmidt bei der von ihm eingeleiteten Nachrüstungsdebatte zu folgen. Sein Einsatz für die Stationierung der Pershing-II-Raketen stieß auf weitgehende Ablehnung der eigenen Fraktion, die nicht als Raketenpartei gelten wollte.

Die Schwierigkeit, die Balance zwischen den Vereinigten Staaten, die den Fortgang der deutschen Entspannungsbemühungen kritisch verfolgten, und der Sowjetunion, die 1979 ihre Soldaten in Afghanistan einmarschieren ließ, zu halten, konnte Schmidt nur so lange bewältigen, wie die eigene Partei hinter ihm gestanden hatte.

Im Sommer 1982 versagte ihm aber genau diese die Gefolgschaft. Selbst mit der Vertrauensfrage, bei der der Bundeskanzler in namentlicher Abstimmung im Februar 1982 die Ja-Stimmen aller Abgeordneten der Koalition erhielt, und einer anschließenden Kabinettsumbildung gelang es ihm nicht, auf Dauer das Ruder herumzureißen. Nachdem ein von Schmidt selbst angefordertes Strategiepapier des Wirtschaftsministers Otto Graf Lambsdorff (FDP), in dem dieser einen radikalen Sparkurs mit Einschnitten ins soziale Netz forderte, vom Kanzler als »Scheidungsbrief« bezeichnet wurde, traten die vier liberalen Minister zurück.

Der Koalitionswechsel der FDP war von Hans-Dietrich Genscher und Otto Graf Lambsdorff bereits im Frühjahr 1982 vorbereitet worden, da sie fürchteten, ihre Partei würde an der Seite der Sozialdemokratie Stimmen verlieren, zumal die SPD bei Landtagswahlen erdrutschartige Niederlagen hatte einstecken müssen. Weiterhin sah die FDP-Führung keine Chance, zusammen mit der SPD die notwendige Wende in der Wirtschafts- und Finanzpolitik auf den Weg zu bringen. Schmidts Angebot einer Neuwahl wurde von den übrigen Parteien im Parlament abgelehnt. Er regierte noch zwei Wochen mit einer SPD-Minderheitsregierung weiter, und erst am 1. Oktober 1982 brachte die Opposition den Antrag auf ein konstruktives Misstrauensvotum ein. Als neuen Bundeskanzler wählte der Bundestag den CDU-Partei- und CDU/CSU-Fraktionsvorsitzenden Helmut Kohl.

Die Ära Helmut Kohl

In den vorgezogenen Neuwahlen zum Bundestag im März 1983 erreichten CDU/CSU und FDP eine deutliche Bestätigung für den Regierungswechsel, und erstmals seit den 1950er-Jahren zog mit der Partei der Grünen eine vierte Fraktion in den Deutschen Bundestag ein.

Um die Auflösung des Bundestags und Neuwahlen zu erreichen, hatte der neue Bundeskanzler Kohl am 17. Dezember 1982 im Bundestag die Vertrauensfrage gestellt. Verabredungsgemäß enthielten sich die Abgeordneten von CDU/CSU und FDP der Stimme, sodass er die erforderliche Mehrheit verfehlte und noch am selben Tag Bundespräsident Karl Carstens (CDU) die Auflösung des Bundestages vorschlagen konnte. Aus den Bundestagswahlen vom 6. März 1983 gingen die Unionsparteien gestärkt, die FDP dagegen geschwächt hervor. Die Union erreichte 48,8 Prozent der Stimmen und die Liberalen fielen mit 7 Prozent deutlich gegenüber 1980 zurück, die SPD erzielte 38,2 Prozent, bemerkenswert aber war, dass Die Grünen mit 5,6 Prozent zum ersten Mal in den Bundestag gelangten.

Hans-Jochen Vogel wurde als Nachfolger von Herbert Wehner SPD-Fraktionsvorsitzender und Oppositionsführer im Bundestag. Am 23. Mai 1984 wählte die Bundesversammlung Richard von Weizsäcker zum Bundespräsidenten, der am 8. Mai 1985 eine weltweit beachtete Rede anlässlich des Tages der Befreiung von dem menschenverachtenden System der nationalsozialistischen Gewaltherrschaft hielt.

Wirtschafts- und Finanzpolitik

Ihr Hauptaufgabenfeld sah die neue, von der Union geführte Regierung in der Wirtschafts- und Finanzpolitik – ihrer Domäne – und diese begann sie mit einer Haushaltssanierung. Zur Bekämpfung des wachsenden Haushaltsdefizits wurden Kürzungen der Staatsausgaben und Einschränkungen der sozialen Leistungen durchgesetzt, gespart wurde vor allem bei Personalausgaben und Bauinvestitionen des Bundes.

Flankiert wurden diese Bemühungen von steuerpolitischen Maßnahmen. Die Mehrwertsteuer wurde erhöht, und eine umfassende, in mehreren Etappen vollzogene Steuerreform sollte durch ihre Entlastungswirkung die Investitionsbereitschaft der Wirtschaft erhöhen und die Binnennachfrage ankurbeln. Begünstigt durch die Entwicklung der Weltwirtschaft und das Sinken der Ölpreise gelang bis gegen Ende der 1980er-Jahre eine Stabilisierung der Staatsfinanzen und ein erneutes wirtschaftliches Wachstum.

Der wirtschaftliche Aufschwung brachte allerdings keine tatsächlich durchgreifende Lösung für die strukturellen Probleme, vor allem jenen auf dem Arbeitsmarkt. Zwar stieg ab 1985 die Zahl der Arbeitsplätze, aber ebenso stieg die Zahl der Arbeitsuchenden, denn die starken Geburtenjahrgänge drängten auf den Arbeitsmarkt, und hinzu kamen die steigende Frauenerwerbsquote und die

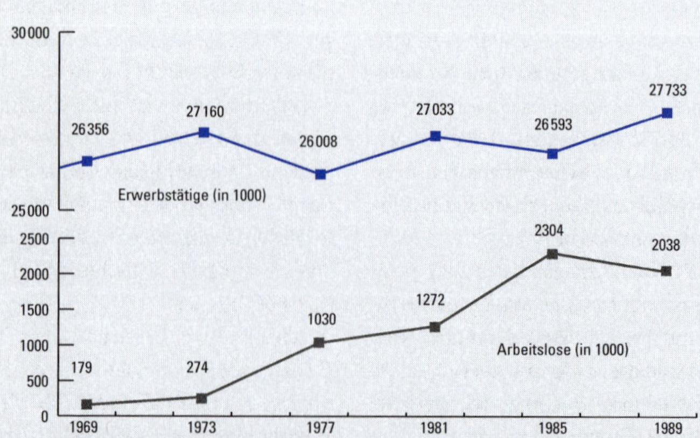

Erwerbstätige und Arbeitslose von 1969 bis 1989 (aus: ›Die Fischer Chronik‹, Sp. 861/862)

Zuwanderung, sodass bis 1989 über zwei Millionen Menschen arbeitslos blieben (→ Abbildung).

War die Arbeitslosigkeit früher vor allem konjunkturabhängig, so erschien sie jetzt zunehmend strukturell bedingt. Die mit dem Wandel einer Industrie- zur Dienstleistungsgesellschaft verbundenen Schwierigkeiten betrafen vor allem die früheren Schlüsselindustrien wie Kohle, Stahl und Schiffbau, deren regionale Hochburgen besonders stark von Arbeitslosigkeit betroffen wurden. Im Kampf gegen die Arbeitslosigkeit setzten die Gewerkschaften vor allem auf eine Arbeitszeitverkürzung, wogegen die Arbeitgeber die mangelnde Attraktivität des Wirtschaftsstandortes Deutschland wegen zu hoher Lohn- und Lohnnebenkosten heraufbeschworen.

Diese anhaltende Arbeitslosigkeit trug entscheidend mit dazu bei, dass die Unionsparteien bei der Bundestagswahl im Januar 1987 deutliche Stimmeneinbußen hinnehmen mussten und mit 44,3 Prozent das bis dahin schlechteste Ergebnis seit 1953 erzielten, während Die Grünen mit 8,6 Prozent die höchsten Stimmengewinne aller Bundestagsparteien verzeichneten. Unverkennbar war den »Altparteien«, vor allem jedoch der SPD, mit diesen ein ernstzunehmender Konkurrent erwachsen, von dessen Protest gegen die Nutzung von Kernenergie, selbst der friedlichen, sich in diesem Zeitraum viele Wähler angesprochen fühlten.

Die Atomdebatte

Nach der Reaktorkatastrophe im ukrainischen Tschernobyl in der Nacht zum 26. April 1986 entbrannte auch in der Bundesrepublik eine heftige Debatte über die friedliche Nutzung der Atomenergie. Der Reaktorunfall in Tschernobyl führte auch in der Bundesrepublik zu einer erhöhten radioaktiven Belastung der Luft und des Bodens.

Unter dem Eindruck des Unglücks kam es zu Großdemonstrationen von Kernkraftgegnern gegen den Bau und Betrieb von Atomkraftwerken. Deren Gefahren und die Förderung von geeigneten Energiesparmaßnahmen wurden zu beherrschenden innenpolitischen Themen.

Als Konsequenz beschloss die Bundesregierung im Juni 1986 die Errichtung eines neuen Ministeriums für Umwelt, Naturschutz und Reaktorsicherheit. Bei zum Teil gewalttätigen Aktionen demonstrierten Anhänger der Anti-Atomkraft-Bewegung an den deutschen Standorten: der atomaren Wiederaufbereitungsanlage im bayerischen Wackersdorf, dem atomaren Zwischen- und Endlager Gorleben in Niedersachsen und dem fertig gestellten Atomkraftwerk Brokdorf in Schleswig-Holstein.

Außenpolitik

Die bundesdeutsche Außenpolitik suchte auf die durch die Wiederaufnahme des amerikanisch-sowjetischen Abrüstungsdialogs von 1985 gegebenen Möglichkeiten der Ost-West-Entspannung einzuwirken und den Friedensprozess aktiv mitzugestalten.

Obwohl Kohl die Nachrüstung mit seiner Koalition unterstützte, hatte er im Wahlkampf *Frieden schaffen mit immer weniger Waffen* proklamiert. Die Stationierung der Mittelstreckenraketen vom Typ Pershing II begann dennoch gemäß dem NATO-Doppelbeschluss Ende 1983, den die Mehrheit des Bundestages stützte. Umstrittener als die Nachrüstung war innerhalb der Regierung die Frage, ob sie der vom amerikanischen Präsidenten Reagan angekündigten »Strategic Defensive Initiative« (SDI – Strategische Verteidigungsinitiative), einer vom Weltraum aus operierenden Raketenabwehr gegen atomare Angriffe (»Krieg der Sterne«) zustimmen sollte. Obwohl Außenminister Genscher mit Rücksicht auf die Sowjetunion sich dagegen aussprach, stimmte die Bundesregierung dem SDI-Projekt zu. Nachdem die Sowjetunion im November 1983 die bilateralen Abrüstungsverhandlungen mit den USA abgebrochen hatte, fand nach dem Amtsantritt Michail Gorbatschows (vgl. dazu auch → Kapitel »Kommunismus im Wandel« im → Band »Sozialkunde«) 1985 eine entscheidende Änderung der sowjetischen Außen- und Sicherheitspolitik statt.

Gorbatschow versuchte, die wirtschaftlichen Belastungen seines Landes durch die Rüstung zu reduzieren, und nahm deshalb die Abrüstungsverhandlungen mit den USA wieder auf, die im Dezember 1987 zur Unterzeichnung des Vertrages über »Intermediate-range Nuclear Forces« (INF –

Kernwaffen mittlerer Reichweite) führten, der den vollständigen und weltweiten Abbau aller amerikanischen und sowjetischen landgestützten längerer und kürzerer Mittelstreckenraketen vorsah.

Da während der Verhandlungen über den INF-Vertrag die CSU und Teile der CDU nicht mit der »doppelten Nulllösung«, das heißt, auch dem Abbau der Raketen mit kürzerer Reichweite einverstanden waren, da davon auch Raketen der Bundeswehr, die über einen unter amerikanischem Verschluss stehenden Atomsprengkopf verfügten, betroffen gewesen wären, kam es zu einem öffentlich ausgetragenen Streit in der Regierungskoalition und zu einer deutsch-amerikanischen Missstimmung. Bundeskanzler Helmut Kohl beendete die Debatte und gab die Zustimmung der Bundesrepublik zur »doppelten Nulllösung«.

Im Juli 1987 trat die von den zwölf Mitgliedsländern ein Jahr zuvor beschlossene Einheitliche Europäische Akte (EEA) in Kraft, die die Verträge von Rom und Paris erweiterte und in der Präambel als Ziel die Europäische Union nannte. Wichtigster Beschlusspunkt war die für 1993 vereinbarte Vollendung des europäischen Binnenmarktes.

Deutschlandpolitik

In der Deutschlandpolitik unterstrich Bundeskanzler Kohl zwar häufig öffentlich seine normative Distanz zum System und zur Ideologie des SED-Staates, aber in der Sache gab es doch eine weitgehende Kontinuität von der sozialliberalen hin zur bürgerlichen Koalition. Die Deutschlandpolitik der liberalkonservativen Regierung, die nicht anders als die Vorgängerregierung auf die weitere Normalisierung der deutsch-deutschen Beziehungen im Alltag zielte, wirkte auf Teile der bundesdeutschen Öffentlichkeit überraschend, die sich noch an die Haltung der Unionsparteien gegenüber den Ostverträgen und dem deutsch-deutsch Grundlagenvertrag erinnerten.

Besonders überraschend waren in den Jahren von 1983 bis 1984 für die Öffentlichkeit die vom bayerischen Ministerpräsidenten und CSU-Chef Franz Josef Strauß vermittelten und gewährten Milliardenkredite von westdeutschen Banken an die DDR, die deren prekäre Devisenlage jedoch nur vorübergehend verbessern konnten.

Dass die Milliardenkredite das in wirtschaftliche Turbulenzen geratene SED-Regime stabilisierten, wenn auch nur kurzzeitig, war der bundesdeutschen Politik natürlich bewusst, doch niemand sah im Westen eine Alternative zu dieser Politik des pragmatischen Umgangs mit dem Nachbarn, der doch ständig weitere menschliche Erleichterungen im Reise- und Besuchsverkehr und der Familienzusammenführung mit sich brachte.

Im Gegenzug der Kreditvergabe wurde im September 1987 eine Verordnung des Ministerrates über Erleichterungen in der Familienzusammenführung bekannt gegeben und der Zwangsumtausch für Rentner und Kinder gesenkt.

Wie sehr die deutsch-deutschen Beziehungen noch immer von der politischen Großwetterlage abhängig waren, zeigte sich an den Umständen um den Staatsbesuch des DDR-Staatsratsvorsitzenden und SED-Generalsekretärs Erich Honecker in der Bundesrepublik Deutschland. Die Einladung dazu war von Bundeskanzler Helmut Schmidt bereits im Jahr 1981 ausgesprochen worden, doch Honecker musste seine Reise auf Befehl der damaligen sowjetischen Führung unter Breschnew und später unter Andropow und Tschernenko mehrfach verschieben, da diese die finanziellen Beziehungen zwischen Bonn und Ost-Berlin missbilligten und fürchteten, die DDR könne in Abhängigkeit zur Bundesrepublik geraten. Erst im September 1987 konnte schließlich der umstrittene Staatsbesuch des DDR-Staatschefs stattfinden, bei dem Erich Honecker mit allen protokollarischen Ehren empfangen wurde, die dem Oberhaupt eines souveränen Staates zukamen. Bundeskanzler Helmut Kohl betonte dabei zwar die Gültigkeit des Grundlagenvertrages, doch zugleich vertrat er mit aller Entschiedenheit den Anspruch der Bundesrepublik Deutschland, die deutsche Einheit in freier Selbstbestimmung des deutschen Volkes herbeizuführen.

Innenpolitik

Innenpolitisch wurden die 1980er-Jahre von der Nachrüstungsdebatte, politischen Skandalen und der »Ausländerpolitik« geprägt.

Vor allem das Jahr 1983 stand im Zeichen der innenpolitischen Auseinandersetzung über den Vollzug des NATO-Doppelbeschlusses. Seit dem Frühjahr kam es in der Bundesrepublik zu zahlreichen Demonstrationen gegen die nukleare Nachrüstung. An den Ostermärschen beteiligten sich über 700 000 Rüstungsgegner. Die Friedensbewegung befürchtete den Übergang vom »Kalten« zum »Heißen Krieg« und die Resonanz, die sie in der Bevölkerung fand, erklärte sich dadurch, dass die verdrängte Angst vor der atomaren Katastrophe wieder ins Bewusstsein trat. In seiner Regierungserklärung begründete der Bundeskanzler die Stationierung der US-Mittelstreckenwaffen unter anderem damit, dass die Sowjetunion trotz mehrerer Abrüstungsvorschläge des Westens auf ihren Maximalforderungen beharre.

Die Nachrüstungsdebatte hob die Bedeutung der Sicherheitspolitik ins allgemeine Bewusstsein. Die exponierte Lage der Bundesrepublik zwischen den westlichen und östlichen Atommächten zwang die Bundesregierung zu einer Vermittlerrolle im Ost-West-Entspannungsprozess. Die politische Unzufriedenheit in der Bundesrepublik, die sich mit 84,3 Prozent Wahlbeteiligung bei der Bundestagswahl 1987, der niedrigsten seit 1949, zeigte, musste neben zahlreichen unpopulären wirtschafts- und sozialpolitischen Maßnahmen und einer verfehlten Arbeitsmarktpolitik auch auf die zahlreichen politischen Skandale in dieser Ära zurückgeführt werden.

Politische Skandale

Die »Flick-Spendenaffäre« hatte bereits den Bundestagswahlkampf 1983 überschattet. Der Flick-Konzern hatte mithilfe von verschleierten Zahlungen, insbesondere an die FDP, die CDU und die CSU, hohe Steuervergünstigungen beim Verkauf von Daimler-Benz-Aktien erwirken können. Die Geldbeträge waren über parteinahe gemeinnützige Organisationen geleitet worden, die als »Spendenwaschanlagen« dienten.

Die bisher in einer rechtlichen Grauzone betriebenen Spendengeschäfte führten zu 1700 Ermittlungsverfahren, die zumeist mit Geldstrafen endeten. Die beiden FDP-Politiker Hans Friderichs und Otto Graf Lambsdorff, die als Wirtschaftsminister jeweils über die Steuerbefreiungen zu entscheiden hatten, wurden 1987 wegen Steuerhinterziehung verurteilt. 1984 hatte Graf Lambsdorff als Minister ebenso zurücktreten müssen wie Bundestagspräsident Rainer Barzel (CDU).

Der deutsche Bundestag beeilte sich daraufhin zwar, die Parteienfinanzierung gesetzlich schärfer zu fassen und die Umgehungsmöglichkeiten der Transparenzpflicht für Parteispenden zu beschneiden, doch die erneuten Parteispendenaffären der CDU Ende des Jahres 1999 und der SPD 2001/2002 zeigen auf, dass viele Politiker nichts dazugelernt zu haben scheinen. 1983/1984 entwickelte sich die Affäre um den angeblich homosexuellen ranghöchsten Bundeswehrgeneral, Günter Kießling, den stellvertretenden Oberbefehlshaber der NATO in Brüssel, zu einer »Groteske der Sonderklasse« (Die Zeit). Der Dilettantismus der ermittelnden Stellen hätte beinahe den Ruf eines integren Mannes zerstört. Schaden erlitt auf jeden Fall die politische Kultur der Bundesrepublik.

Im Jahr 1987 erschütterte die Barschel-Affäre das politische Klima der Bundesrepublik Deutschland. Der schleswig-holsteinische Ministerpräsident Uwe Barschel hatte den SPD-Kandidaten Björn Engholm im Wahlkampf durch Detektive abhören lassen und durch falsche Beschuldigungen ausschalten wollen. Nachdem er am 13. September 1987 die Mehrheit verloren hatte und versuchte mit Hilfe der FDP an der Macht zu bleiben, gab er bei einer Pressekonferenz eine mit einem »Ehrenwort« bekräftigte Unschuldserklärung ab, die sich später als falsch herausstellte. Im Oktober 1987 wurde Barschel tot in der Badewanne eines Genfer Hotels aufgefunden. Viele Details der Affäre blieben umstritten, darunter auch die Verwicklungen Barschels mit dem DDR-Sicherheitsdienst und seine Aktivitäten im Waffenhandel.

Ausländer- und Asylpolitik

Obwohl die Zuwanderung von Gastarbeitern (später ausländische Arbeitnehmer genannt) und Aus- und Übersiedlern in die Bundesrepublik zu keinem Zeitpunkt problemlos abgelaufen war, hatte sie bisher nie die Öffentlichkeit so stark sensibilisiert wie die verstärkte Zunahme der Zahl von Asylbewerbern am Ende der 1980er-Jahre. Seit Beginn der 1960er-Jahre, als durch den Mauerbau der Zuzug von gut ausgebildeten Flüchtlingen aus der DDR stark reduziert wurde, kam ein verstärkter Zustrom von Gastarbeitern aus dem europäischen Ausland und der Türkei hinzu (→ Grafik »Ausländische Bevölkerung in der BRD 1970 – 1999«).

Die weltpolitische und die weltökonomische Situation, die Politik Michail Gorbatschows und die daraus resultierenden Entwicklungen in Osteuropa führten seit Mitte der 1980er-Jahre zu einer neuen historischen Dynamik der Bevölkerungsentwicklung für die Bundesrepublik Deutschland. Trotz der in Zusammenhang mit dem Zweiten Weltkrieg und der Nachkriegszeit erfolgten Vertreibung und Aussiedlung lebten noch immer Millionen Menschen mit deutscher Volkszugehörigkeit in Ländern des Ostblocks.

Bei ihrer Übersiedlung in die Bundesrepublik wurden und werden diese Personengruppen amtlich als »Aussiedler« bezeichnet. Nach dem deutschen Staatsbürgerrecht sind diese deutschstämmigen Aussiedler sowie ihre Ehegatten und Kinder als Deutsche mit allen Rechten und Pflichten anzuerkennen. In der zweiten Hälfte der 1980er-Jahre zeigten die osteuropäischen Regierungen verstärkt eine Bereitschaft zur Zusammenarbeit, um diese Bürger ausreisen zu lassen.

Im Grundgesetz (Art. 16) war, nicht zuletzt aufgrund der Erfahrungen mit dem Nationalsozialismus, das Recht auf Asyl als Grundrecht verankert: *Politisch Verfolgte genießen Asylrecht.* Der nun einsetzende wachsende Zustrom von Asylbewerbern führte zu einer zunächst ergebnislosen Debatte über eine Änderung des Grundgesetzes. Bund, Länder und Gemeinden sahen sich bei der Unterbringung und Versorgung durch die dramatisch ansteigende Zahl der Zufluchtsuchenden vor enorme Probleme gestellt. Die Gewährung des Asylrechts und sein wirklicher oder angeblicher Missbrauch wurden zu einem wichtigen innenpolitischen Thema. Die Ausländerfeindlichkeit nahm zu und eskalierte im gerade wiedervereinigten Deutschland zu gewalttätigen Ausschreitungen durch Jugendliche aus dem rechten Lager (»Skinheads«).

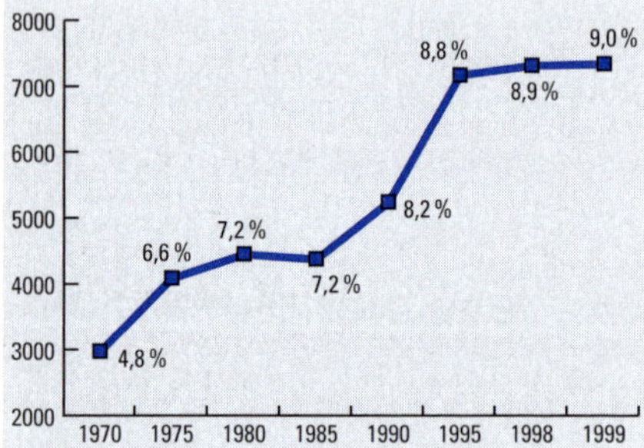

Ausländische Bevölkerung in der BRD 1970–1999

Zusammenfassung: Die Bundesrepublik bis zur Einigung

Die Bundestagswahl 1969 macht den **Wandel des politischen Klimas** in der Bundesrepublik deutlich. Erstmals gelang es der SPD, mehr als 40 Prozent der Stimmen zu gewinnen und zusammen mit der FDP die Regierung zu übernehmen. Die sozialliberale Koalition mit Willy Brandt und Walter Scheel an der Spitze suchte eine neue Politik, vor allem im Verhältnis zur DDR, zu entwickeln.

Mit dem deutsch-sowjetischen **Moskauer Vertrag** über gegenseitigen Gewaltverzicht und dem deutsch-polnischen Warschauer Vertrag über die Anerkennung der bestehenden polnischen Westgrenze sowie dem **Berlin-Abkommen** leitete Brandt eine neue Deutschland- und Ostpolitik ein.

Über die **Ost- und Deutschlandpolitik** der Regierung kam es zu schweren Auseinandersetzungen mit der CDU/CSU-Opposition. Doch deren Widerstand gegen die Ostpolitik zahlte sich nicht aus, die Union verlor die Bundestagswahlen 1972, während SPD und FDP Stimmen hinzugewannen.

Das Leitmotiv der innenpolitischen Neuorientierung formulierte Bundeskanzler Brandt als ***mehr Demokratie wagen***. Das damit angesprochene **Reformprogramm** umfasste die Liberalisierung und Modernisierung des Strafrechts, die Verbesserung des Bildungssystems, die Ausweitung der Mitbestimmung für Arbeitnehmer und den Ausbau des Sozialstaats. Da trotz der gewonnenen Wahl von 1972 die Verwirklichung weiterer Reformen auf sich warten ließ, wurde Willy Brandt verstärkt mangelnde Durchsetzungsfähigkeit vorgeworfen. Als sein persönlicher Referent im April 1974 als vermeintlicher Agent der DDR enttarnt wurde, trat der Bundeskanzler zurück.

Die von seinem Nachfolger Helmut Schmidt geführte sozialliberale Koalition zerbrach 1982 an den Folgen einer anhaltenden **Wirtschaftskrise** – mit weitreichenden Konsequenzen für Wirtschaftswachstum und Arbeitsplätze – und den Auseinandersetzungen um den **NATO-Doppelbeschluss**. Gleichzeitig führten die Terroranschläge der RAF zur bisher *schwersten Krise des Rechtsstaats* (H. Schmidt).

CDU/CSU und FDP verständigten sich auf die Bildung einer neuen Regierung, am 1. Oktober 1982 wurde Helmut Kohl zum Bundeskanzler gewählt. Bei der vorgezogenen Bundestagswahl im März 1983 erreichte er eine Bestätigung des Regierungswechsels, mit der 1980 gegründeten Partei **»Die Grünen«** zog erstmals seit den 1950er-Jahren eine vierte Fraktion in den Bundestag ein.

Hauptziel der Wirtschafts- und Finanzpolitik der Regierung Kohl war es, das Wirtschaftswachstum zu erhalten und eine **Massenarbeitslosigkeit** zu **verhindern**. In der Außen- und Deutschlandpolitik dominierten zunächst die Elemente der Kontinuität. Der politische Umbruch in Osteuropa ließ Ende der 1980er-Jahre die Möglichkeit entstehen, das Ende der deutschen Zweistaatlichkeit herbeizuführen.

Die Deutsche Demokratische Republik 1949 – 1989

7. Oktober 1949	Gründung der Deutschen Demokratischen Republik
1950	Rat für gegenseitige Wirtschaftshilfe (RGW)
1952/1953	Bodenreform und Enteignung
März 1953	Stalins Tod
17. Juni 1953	Arbeiteraufstand
14. Mai 1955	Warschauer Pakt
20. September 1955	staatliche Souveränität
1956	Nationale Volksarmee entsteht; Volksaufstand in Polen und Ungarn
1958	Berliner Blockade
1959/1960	Zwangskollektivierung
13. August 1961	Sperrung der Grenzen nach West-Berlin und Beginn des Mauerbaus
Juni 1963	»Neues Ökonomisches System«
1967	Staatsbürgerschaftsrecht
1968	Ökonomisches System des Sozialismus
April 1968	neue Verfassung
3. Mai 1971	Ulbrichts Rücktritt
November / Dezember 1972	deutsch-deutscher Grundlagenvertrag
1974	neue Verfassung
1. August 1975	Unterzeichnung der KSZE-Schlussakte von Helsinki
1976	Ausbürgerung des Liedermachers Wolf Biermann
1983 und 1984	Kredite über insgesamt 2 Mrd. DM, vermittelt durch F. J. Strauß
April 1986	Reaktorunglück bei Tschernobyl
1987	Honecker auf Staatsbesuch in Bonn
1988	Bruch der Breschnew-Doktrin durch Michail Gorbatschow
1. Januar 1989	neue Reiseverordnung
September 1989	Montagsdemonstrationen in Leipzig, Dresden etc.
9. November 1989	Öffnung der Berliner Mauer

Die Deutsche Demokratische Republik 1949–1989

In den ersten Jahren nach Gründung der DDR etablierte sich die totalitäre SED-Parteidiktatur nach dem Vorbild des sowjetischen Herrschaftssystems unter Stalin. Gleichzeitig mit der Verabschiedung der Verfassung konstituierte sich am 7. Oktober 1949 der aus der Volkskongressbewegung gebildete zweite Deutsche Volksrat zur provisorischen Volkskammer, dem Parlament der DDR.

Die Partei hat immer recht

Am 10. Oktober 1949 bestimmten die Parlamente der fünf Länder der sowjetischen Besatzungszone eine provisorische Länderkammer, die zusammen mit der Volkskammer einen Tag später den SED-Vorsitzenden Wilhelm Pieck zum ersten Präsidenten der DDR wählte, am 12. Oktober bestätigte die Volkskammer die erste DDR-Regierung unter dem Ministerpräsidenten Otto Grotewohl.

Die Gründung der DDR wurde als Voraussetzung für den *Übergang vom Kapitalismus zum Sozialismus* angesehen. Als *eine Form der Diktatur des Proletariats* wurde die »Volksdemokratie« eingeführt, die den Parteienpluralismus zwar formal bestehen ließ, aber die Parteien und Massenorganisationen in der »Nationalen Front« zusammenfasste, die von der SED geleitet werden sollte. Die SED, die sich seit Januar 1949 als *Partei neuen Typs* bezeichnete, beanspruchte als *bewusste Vorhut der Arbeiterklasse* die Führung der Arbeiterschaft. Ihre Organisationsprinzipien beruhten auf dem leninistischen Grundsatz des »demokratischen Zentralismus«, de facto lag die Macht in der Partei bei einer kleinen Gruppe von Spitzenfunktionären (Politbüro), die die jeweilige aktuelle Politik im engsten Kreis festlegten. Die Parteitage und Tagungen des Zentralkomitees der SED dienten hauptsächlich der Bestätigung und öffentlichen Propagierung der SED-Beschlüsse. An die Stelle des alten Parteivorstandes war ein Zentralkomitee (ZK) getreten, dessen Mitglieder das Politbüro und ein Sekretariat wählten. Generalsekretär wurde Walter Ulbricht.

Die SED sah ihr Vorbild in der Kommunistischen Partei der Sowjetunion und seit dem III. Parteitag der SED 1950 legte ein Parteistatut alle Mitglieder auf die Führungsrolle der KPdSU und Stalin fest. Damit waren die machtpolitischen Grundlagen für ein totalitäres System des Staatssozialismus nach sowjetischem Vorbild (Stalinismus) gelegt. Als wesentliche Merkmale des Stalinismus lassen sich ausmachen:

- Einparteien-Herrschaft bei Ausschaltung jeder innerparteilichen Demokratie,
- willkürliche Machtausübung durch bürokratisch und zentralistisch organisierte Apparate,
- Unterdrückung jeglicher freien Meinungsäußerung,
- zentralistische Planung und Leitung der verstaatlichten Wirtschaft durch einen bürokratischen Apparat.

Der umfassende Führungsanspruch der SED in Staat und Gesellschaft gipfelte in der Formel: *Die Partei hat immer recht.*

Planmäßiger Aufbau des Sozialismus

Im Sinne der Formel *Von der Sowjetunion lernen heißt siegen lernen* ordnete Walter Ulbricht 1952 auf der zweiten Parteikonferenz der SED den *planmäßigen Aufbau des Sozialismus* an, dessen inhaltliche Ausgestaltung in Fünfjahresplänen vorgegeben wurde. Eine unmittelbare Folge war die Beseitigung der fünf Länder Mecklenburg, Brandenburg, Sachsen-Anhalt, Thüringen und Sachsen, die durch 14 Bezirke ersetzt wurden.

Mit Ausnahme der Länderkammer verschwanden alle föderalen Institutionen. Diese Zentralisierung entsprach den Prinzipien der sowjetischen Planwirtschaft, die nun eine schnelle Industrialisierung, das heißt, Förderung der Schwerindustrie zu Lasten der Konsumgüterindustrie vorsah. Damit wurde die Zentralverwaltungswirtschaft aus der Kriegs- und Nachkriegszeit fortgeführt. Zugleich begann die Kollektivierung der Landwirtschaft, die Zusammenlegung der selbstständigen landwirtschaftlichen Betriebe zu genossenschaftlich geführten Großbetrieben, den Landwirtschaftlichen Produktionsgenossenschaften (LPG).

Diese Versuche einer »sozialistischen Umgestaltung« der Wirtschaft führten zu ernsten Versorgungsengpässen, denen die SED mit Aufrufen zur Sparsamkeit und zur Steigerung der Arbeitsproduktivität begegnete.

Der Arbeiteraufstand

In diese Phase wirtschaftlicher Schwierigkeiten fiel im März 1953 der Tod Stalins, der zu einer deutlichen Verunsicherung der politischen Elite der DDR führte. Die Empfehlungen der neuen sowjetischen Führung, den harten wirtschaftlichen Kurs abzumildern, wurde lediglich verbal entsprochen (»neuer Kurs«).

Als eine angekündigte mindestens zehnprozentige Erhöhung der Arbeitsnormen der Industriearbeiter ohne Lohnausgleich ausdrücklich bestätigt wurde, kam es in vielen Städten der DDR zu Arbeiterdemonstrationen, bei denen nicht nur wirtschaftspolitische Fragen gestellt, sondern auch allgemeine gesellschaftliche und politische Forderungen erhoben wurden. Am 16. Juni 1953 traten die Bauarbeiter der Ostberliner Stalinallee in Streik, der am nächsten Tag auf alle Industriezentren der DDR übergriff und in einen Volksaufstand in mehr als 500 Orten mündete.

Der Industriearbeiterschaft schlossen sich Unzufriedene aus allen Schichten an. Neben einer Verbesserung der staatlichen Lohn- und Sozialpolitik, freien Gewerkschaften und freien Wahlen forderten die Streikenden den Rücktritt der SED-Regierung und die Ablösung Ulbrichts.

Am Mittag des 17. Juni 1953 verhängten die sowjetischen Stadtkommandanten den Ausnahmezustand und ließen die Rote Armee mit Panzern gegen die Aufständischen vorgehen. Dadurch konnte der offene Teil der Aufstandsbewegung blutig – über 100 Menschen wurden getötet – niedergeschlagen werden, doch kam es bis Ende Juni zu weiteren Arbeitsniederlegungen.

Nach SED-Lesart handelte es sich bei dem Aufstand des 17. Juni um eine »Konterrevolution« oder einen »faschistischen Putschversuch«, der von westdeutschen und amerikanischen Agenten gesteuert worden sei, doch hatten sich die Bundesregierung und Westmächte bewusst zurückgehalten, um die Situation nicht eskalieren zu lassen. Die Verfolgung der Aufständischen endete mit der Verurteilung von über 1500 Angeklagten.

Die gewaltsame Niederschlagung des Aufstandes sollte enorme Auswirkungen auf das politische Verhalten der DDR-Bevölkerung haben. Dieses Schockerlebnis führte dazu, dass es z. B. in der Entstalinisierungskrise von 1956 in der DDR im Gegensatz zu Polen oder Ungarn relativ ruhig blieb. Die SED reagierte unmittelbar auf die Ereignisse im Juni mit einigen sozialpolitischen Zugeständnissen – Rücknahme von Preis- und Tariferhöhungen – und Säuberungen in den eigenen Reihen und in den Massenorganisationen.

Einbindung in den Ostblock

1955 erhielt die DDR von der Sowjetunion zwar formal die Souveränität, blieb aber dennoch von den Moskauer Weisungen abhängig. Wirtschaftlich (Rat für gegenseitige Wirtschaftshilfe), militärisch (Warschauer Pakt) und politisch wurde sie in den Ostblock eingebunden.

Die DDR selbst datierte ihre Zuständigkeit für die Außenpolitik zwar schon in die Zeit ihrer Gründung, doch sie bekam die Souveränitätsrechte von der Sowjetunion – wie die Bundesrepublik von den Westmächten – sukzessive übertragen. Am 20. September 1955 gewährte Moskau der DDR mit dem Vertrag über die Beziehung zwischen der DDR und der UdSSR die staatliche Souveränität. Nach der wirtschaftlichen Einbindung in den Ostblock (Beitritt zum Rat für gegenseitige Wirtschaftshilfe 1950) wurde die DDR 1955 auch militärisch eingebunden.

Dem sich am 14. Mai konstituierenden Warschauer Pakt gehörte sie als Gründungsmitglied an. Ein Jahr später entstand die Nationale Volksarmee (NVA) aus den seit 1952 bestehenden Verbänden der Kasernierten Volkspolizei und den im Geheimen aufgebauten See- und Luftstreitkräften. Die NVA unterstand unmittelbar dem Oberkommando der Vereinten Streitkräfte des Warschauer Paktes.

Entstalinisierung

Die 1956 in der Sowjetunion eingeleitete Entstalinisierung wurde in der DDR nur äußerlich durchgeführt. Im Frühjahr 1956 wurde die SED-Führung von der durch den sowjetischen Parteichef Nikita Chruschtschow auf dem XX. Parteitag der KPdSU ausgelösten Forderung nach Entstalinisierung – Abkehr von stalinistischen Herrschaftsmethoden im staatlichen und wirtschaftlichen Bereich – überrascht.

Chruschtschow rechnete mit Stalins Verbrechen in einer für die stalinistische Führungsriege der Ostblockstaaten schockierenden Offenheit ab, befürwortete eine vom »Dogmatismus« befreite Entwicklung von Wirtschaft und Wissenschaft und verlangte den Wettbewerb der sozialistischen Staaten mit den kapitalistischen Ländern des Westens.

Dem Kurs der Entstalinisierung, der in Polen und Ungarn (Volksaufstand 1956) schwere innenpolitische Erschütterungen hervorrief, folgte Ulbricht nur äußerlich, etwa in der Verdammung des Personenkults, verweigerte sich aber einer rückwärts gewandten Fehlerdiskussion (*Die Generallinie unserer Partei war und ist richtig*).

Während auf der einen Seite im Zuge einer allgemeinen Amnestie auch politische Häftlinge profitieren konnten, ging Ulbricht gleichzeitig gegen reformwillige Mitglieder des Politbüros und partei- und staatsfeindliche Gruppierungen vor, die für einen menschlicheren Sozialismus und einen »dritten Weg«, ein Bündnis von SPD mit den *echten sozialistischen Kräften in der SED*, eintraten.

Die Verfolgung Andersdenkender wurde durch die Verschärfung des Strafrechts erleichtert, Ende 1957 wurde z. B. der Versuch und die Beihilfe zum Verlassen der DDR – der so genannten Republikflucht – zu einem Verbrechen erklärt. Zudem trat an die Spitze des Ministeriums für Staatssicherheit mit Erich Mielke ein Vertrauter Ulbrichts.

Zwangskollektivierung 1959/60

Angesichts einer kurzfristig günstigeren Wirtschaftsentwicklung seit 1957 und erheblich sinkenden Flüchtlingszahlen verkündete Walter Ulbricht auf dem V. Parteitag der SED als Hauptaufgabe die *Vollendung der sozialistischen Produktionsverhältnisse* und die wirtschaftliche Überholung Westdeutschlands bis zum Jahr 1961.

Die SED drängte nun den verbliebenen privaten Mittelstand weiter zurück. Die meisten der noch bestehenden privaten kleinen Industrie- und produzierenden Handwerksbetriebe wurden in halbstaatliche Betriebe umgewandelt. Die durchgreifendsten Strukturveränderungen sollten allerdings in der Landwirtschaft durchgeführt werden.

Nach der Bodenreform und der ersten Enteignungswelle 1952/53, die vorwiegend Großbetriebe erfasst hatte, erfolgte 1959/60 mit enormem propagandistischen Aufwand die Zwangskollektivierung. Die Herabstufung der Bauern auf den Status staatlich besoldeter, unselbstständiger Landarbeiter führte zu einer Versorgungskrise und damit verbunden zu einem erneuten Anstieg der Flüchtlingszahlen von Ost nach West.

Verstärkt wurde diese Entwicklung durch die von Chruschtschow im Oktober 1958 ausgelöste Berlin-Krise, die unter der Bevölkerung der DDR den Eindruck entstehen ließ, die Flucht über West-Berlin werde nur noch kurze Zeit möglich sein. Die Massenflucht vor allem qualifizierter Fachkräfte zu Beginn der 1960er-Jahre zwang die DDR-Führung zum Handeln. Ulbricht erhielt aus Moskau die Genehmigung für die Abriegelung der DDR und den Bau der Berliner Mauer.

Festigung des Regimes

Mit dem Mauerbau in Berlin stoppte die SED-Führung die seit 1945 anhaltende Fluchtbewegung nach Westdeutschland und zugleich wurde die Lösung der Berlin- und Deutschlandfrage auf unbestimmte Zeit verschoben.

Walter Ulbricht – seit 1960 war er neben seinem Amt als erster Sekretär der SED auch Vorsitzender des Staatsrats (der nach dem Tode Wilhelm Piecks als Ersatz für das Staatspräsidium geschaffen worden war) und des Nationalen Verteidigungsrats – hatte noch am 15. Juni 1961 behauptet: *Niemand hat die Absicht, eine Mauer zu errichten!*

Die Vorbereitungen für den Mauerbau waren nicht zu verbergen und allein im August flohen noch über 47 000 Menschen aus Ost-Berlin und der DDR in den Westen (→ Abbildung »Flüchtlinge aus der DDR«). In der Nacht vom 12. zum 13. August 1961 begannen Volkspolizei und NVA unter der Leitung von Erich Honecker mit der Errichtung von Stacheldrahtverhauen und Grenzzäunen entlang der innerstädtischen Demarkationslinie. Eine Woche später wurden diese durch eine Mauer aus Hohlblocksteinen und Betonpfählen ersetzt.

Die Mauer – von der SED-Führung als »antifaschistischer Schutzwall« bezeichnet – wurde ebenso wie die gesamte innerdeutsche Grenze in der Folgezeit durch Kontrollstreifen, Hundelaufanlagen und Selbstschussgeräte zum »Todesstreifen« perfektioniert.

Reformierung der Wirtschaft

Nachdem mit dem Mauerbau die Fluchtmöglichkeit in den Westen versperrt war, begann die Bevölkerung der DDR sich mit dem Regime zu arrangieren. Die Reformierung des Wirtschaftssystems führte zu einer wirtschaftlichen Stabilisierung.

Die Mauer war das steinerne Symbol des gescheiterten Versuchs, in der DDR eine sozialistische Gesellschaftsordnung aufzubauen, die von der Bevölkerung hätte angenommen werden können. Sie war aber auch eine der wesentlichen Voraussetzungen für den wirtschaftlichen Aufschwung und die Steigerung des Lebenstandards, die nach 1961 in der DDR einsetzten und diese im Verlauf der 60er-Jahre zur zweitstärksten Industriemacht im Rat für gegenseitige Wirtschaftshilfe werden ließ.

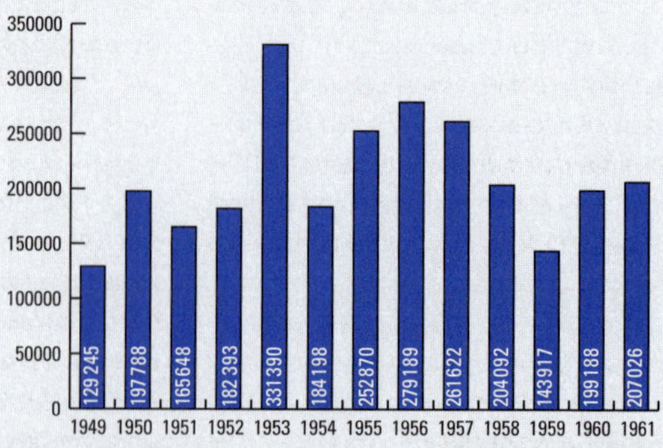

Flüchtlinge aus der DDR (aus: ›Die Fischer Chronik‹, Sp. 287)

Neues Ökonomisches System

Nachdem den Bürgern der DDR sowohl die Fluchtmöglichkeit versperrt als auch die Hoffnung auf eine Wiedervereinigung mit der Bundesrepublik genommen worden war, begannen sich viele mit dem System zu arrangieren. Die SED-Führung hingegen wollte durch eine Wirtschaftsreform mehr Wachstum mit einer besseren Versorgung der Bevölkerung verbinden.

Im Juni 1963 verordneten das Zentralkomitee der SED und der Ministerrat der DDR die Einführung des »Neuen Ökonomischen Systems der Planung und Leitung der Volkswirtschaft« (NÖSPL oder NÖS), durch das die Planwirtschaft durch den Einbau von materiellen Leistungsanreizen und der Steigerung der Eigenverantwortlichkeit der Betriebe effizienter gemacht und die Arbeitsproduktivität erhöht werden sollte.

Die Kompliziertheit des Systems führte neben den erhofften Leistungssteigerungen aber auch zu Unzufriedenheit bei der arbeitenden Bevölkerung. Schnell begann aber die SED um die Macht zu fürchten, denn die Stärkung der Eigenverantwortlichkeit und Eigeninitiative der Betriebe durchlöcherte das Prinzip der zentralen Planung und einheitlichen Strukturpolitik und gefährdete damit den Führungsanspruch der Partei.

Als Konsequenz daraus wurde im Jahr 1965 eine zweite Phase des Neuen Ökonomischen Systems eingeleitet, um der längerfristigen Strukturentwicklung und der Effektivität der Volkswirtschaft besser Rechnung zu tragen. 1968 wurde das Reformmodell in Ökonomisches System des Sozialismus (ÖSS) umbenannt und stärker auf die Förderung von »Fortschrittsindustrien« abgestellt, was die Leistung der DDR-Industrie auf den Stand der Bundesrepublik bringen sollte (*überholen ohne einzuholen*). – Das Ziel, den Westen ein- oder gar zu überholen, wurde nie erreicht, aber es stellte sich ein bescheidener Wohlstand ein. Versorgungsengpässe vor allem bei hochwertigen Konsumgütern konnten freilich nie beseitigt werden.

Die Ablösung Ulbrichts

In den 1960er-Jahren bemühte sich die DDR unter Ulbrichts Führung verstärkt um internationale Anerkennung und betonte gleichzeitig die Eigenstaatlichkeit bzw. die Abgrenzung gegenüber der Bundesrepublik. 1967 beschloss die Volkskammer ein eigenes DDR-Staatsbürgerschaftsrecht, im April 1968 folgte die neue Verfassung der DDR, die nun als *sozialistischer Staat deutscher Nation* bezeichnet wurde.

Als Ulbricht gegenüber der Sowjetunion zunehmend auf wirtschaftlicher und ideologischer Eigenständigkeit beharrte und die wirtschaftliche Entwicklung der DDR gegenüber den anderen Ostblockstaaten zu deutlich herausstrich, begann die Moskauer Führung die Opposition um Erich Honecker innerhalb der SED-Führung zu unterstützen, die Ulbrichts Politik immer kritischer gegenüberstand. Als dieser die sowjetische Politik hinsichtlich der Vertragsverhandlungen mit der Bundesregierung ablehnte, verlor er die Unterstützung durch Moskau und musste 1971 auf Betreiben Erich Honeckers zurücktreten, von dem sich Leonid Breschnew eine flexiblere Haltung der DDR in der begonnenen Ost-West-Entspannung versprach. Ulbricht blieb bis zu seinem Tod nur noch Vorsitzender des Staatsrats.

Ost-West-Entspannung

Das Ende der Ära Ulbricht bedeutete für die Geschichte der DDR einen ähnlichen Einschnitt wie ihn die Bildung der sozialliberalen Regierung Brandt/Scheel für die Geschichte der Bundesrepublik darstellte. Obwohl der Übergang von Ulbricht auf Honecker äußerlich unspektakulär und undramatisch verlief, waren ihm langjährige Richtungsstreitigkeiten innerhalb der SED Führung vorausgegangen. Walter Ulbrichts Kritiker, die ab dem Jahr 1969 vor allem dessen deutschlandpolitische Vorstellungen ablehnten, bedurften jedoch der Zustimmung des sowjetischen Politbüros. Nachdem der KPdSU-Generalsekretär Leonid Breschnew Ulbricht schließlich aufgefordert hatte zurückzutreten, bat dieser bei der 16. Tagung des Zentralkomitees am 3. Mai 1971, ihn von seinen Aufgaben zu entbinden und Erich Honecker (→ »Biografie«) zu seinem Nachfolger zu bestimmen.

Real existierender Sozialismus

1971 proklamierte die SED-Führung die Wende zum Realismus. Im Vordergrund stand als Hauptaufgabe die *weitere Erhöhung des materiellen und kulturellen Lebensniveaus*.

Die sozialistische Führung bemühte sich um eine Neuorientierung auf wirtschaftlichem und sozialem Gebiet, indem sie eine Wende hin zum Realismus proklamierte. Die Bevölkerung sollte durch Lohn- und Rentenerhöhungen, eine großzügige Sozialpolitik und eine konsumorientierte Wirtschaftspolitik gewonnen werden.

Die Hauptaufgabe des Fünfjahresplans von 1971 bis 1975 sollte die Erfüllung *der Bedürfnisse der Menschen* sein. Kennzeichnend für diese Orientierung an den realen Gegebenheiten war die Formel vom *real existierenden Sozialismus*, die Honecker 1973 zum ersten Mal benutzte. Anstelle der alten Parole *Wie wir heute arbeiten, werden wir morgen leben* traten nun Aufforderungen wie *Leiste was, damit du dir was leisten kannst*.

Die bislang vernachlässigte Infrastrukturpolitik, wie z. B. der Wohnungsbau, wurde vorangetrieben. Seit 1973 nahm die Zahl der neu erbauten oder modernisierten Wohnungen sprunghaft zu. Die Renten wurden erhöht, die Arbeitszeit verkürzt, die unteren Einkommen angehoben und alles zur Deckung der Grundbedürfnisse Notwendige massiv subventioniert.

Honecker versuchte die organisatorische Leitungsstruktur der Industrie zu straffen. Ab 1972 wurden fast alle noch privaten und halbstaatlichen Betriebe sowie industriell arbeitende Produktionsgenossenschaften des Handwerks in Staatseigentum überführt. Auf dem wirtschaftlichen Sektor kam es zunächst zu einigen Fortschritten. Zwischen 1970 und 1980 erreichte die DDR unter den Ländern des Rats für gegenseitige Wirtschaftshilfe (RGW) den höchsten Lebensstandard. Die Industrieproduktion und die Durchschnittslöhne stiegen, die Versorgung mit hochwertigen Konsumgütern verbesserte sich.

Abgrenzungspolitik

Das Beharren der Bundesrepublik auf der Einheit der deutschen Nation führte in der DDR zu einer Abgrenzungspolitik und zum Hervorheben der grundsätzlichen Unterschiede im politischen und gesellschaftlichen System. Um die totale Kontrolle der Bevölkerung zu gewährleisten, wurde der Überwachungsstaat ausgebaut.

Die DDR verstärkte von 1974 an ihre Politik der ideologischen Abgrenzung, die ihren deutlichsten Ausdruck in der neuen Verfassung von 1974 fand, aus der der Begriff »deutsche Nation« gestrichen wurde.

Die DDR bezeichnete sich nun als *sozialistischer Staat der Arbeiter und Bauern* und nicht mehr als *sozialistischer Staat deutscher Nation*. Die DDR-Nationalhymne ›Auferstanden aus Ruinen‹ durfte wegen ihrer Zeile *Deutschland, einig Vaterland* nicht mehr gesungen werden.

Parallel dazu verschärfte die DDR die Disziplinierung nach innen. Die zahlreichen Vereinbarungen, die zwischen den beiden deutschen Staaten zu Beginn der 1970er-Jahre geschlossen worden waren, hatten für die DDR neben der willkommenen außenpolitischen Akzeptanz – innerhalb eines Jahres nach Abschluss des Grundlagenvertrages nahmen 68 Länder diplomatische Beziehungen mit Ost-Berlin auf, außerdem wurden beide deutsche Staaten Mitglieder der UN – auch innenpolitisch erhebliche Konsequenzen.

Die Anzahl der Besucher aus Westdeutschland stieg stark an, die Zahl der Telefongespräche zwischen Ost und West stieg von 700 000 im Jahr 1970 auf über 23 Millionen zehn Jahre später. Da die DDR-Führung zudem die Beeinflussung durch die westlichen Medien – das Fernsehen der Bundesrepublik konnte fast überall in der DDR empfangen werden – fürchtete, ging sie zu einem Kurs der Abschottung gegenüber Einflüssen aus dem Westen über. Sie erhöhte die Effizienz der Sperranlagen an der innerdeutschen Grenze, und das Ministerium für Staatssicherheit baute sein Spitzelsystem aus.

Um den absoluten Herrschaftsanspruch der SED auch im real existierenden Sozialismus durchzusetzen, wurde unter Honecker der Personalbestand des Staatssicherheitsdienstes auf 91 000 Mitarbeiter verdoppelt. Um Regimegegner aufzuspüren, bediente es sich eines Netzes von Inoffiziellen Mitarbeitern (IM), die ihre Führungsoffiziere über Äußerungen und Absichten von Bekannten und Freunden informierten.

Ende der kulturellen Liberalisierung

Im Jahr 1976 endete eine kurze Phase der Liberalisierung in der Kulturpolitik der DDR. Die SED-Führung entwickelte die Ausbürgerung zu einem Instrument, mit dem Regimekritiker aus dem Land entfernt werden konnten.

Härte gegen Regimekritiker

1973 hatte Erich Honecker den Intellektuellen, Schriftstellern und Künstlern *ein weites Feld für künstlerische Kreativität* zugewiesen, doch bereits 1976 mit der Ausbürgerung Wolf Biermanns war diese kulturpolitische Liberalisierung beendet. Nach der Unterzeichnung der KSZE-Schlussakte (Konferenz für Sicherheit und Zusammenarbeit in Europa) 1975 durch die DDR entstanden vor allem innerhalb der evangelischen Kirche – die katholische Kirche hatte im sozialistischen Staat nur eine geringe Bedeutung – Menschenrechts-, Friedens- und Umweltgruppen, die sich auf das Recht auf Freizügigkeit beriefen, die Abrüstung in Ost und West forderten und auf Umweltprobleme in der DDR aufmerksam machten.

Die SED-Führung ging mit Härte gegen die Regimekritiker vor. Nachdem der Kernphysiker Robert Havemann 1976 unter anderem unabhängige Oppositionsparteien gefordert hatte, wurde er kriminalisiert und unter permanenten Hausarrest gestellt. Als der Wirtschaftswissenschaftler Rudolf Bahro 1977 in der Bundesrepublik eine systemkritische Analyse des SED-Staates publizierte, wurde er unter dem Vorwurf der illegalen Nachrichtenübermittlung verhaftet und verurteilt.

Die größte Aufmerksamkeit erzielte allerdings die spektakuläre Ausbürgerung des Liedermachers Wolf Biermann nach einem Konzert in Köln Ende des Jahres 1976, in dessen Verlauf er sich zur Situation in der DDR geäußert hatte. Ihm wurde die DDR-Staatsbürgerschaft aberkannt und die Wiedereinreise verweigert. Gegen diese Aktion regte sich massiver Protest von etwa 100 Künstlern, gegen die mit Repressalien vorgegangen wurde. Einigen wurde, in der irrigen Annahme, damit die Ruhe unter den »Kulturschaffenden« wiederherzustellen, die Ausreise erlaubt (unter anderem Eva-Maria und Nina Hagen, Sarah Kirsch, Manfred Krug, Reiner Kunze).

Die evangelische Kirche

Die Diskrepanz zwischen Anspruch und Realität, zwischen Friedensbeteuerung und Militarisierung der Gesellschaft, ließ Opposition auch in Kreisen der evangelischen Kirche entstehen.

Trotz umfangreicher Verhandlungen zwischen Vertretern des Staates und der evangelischen Kirche – dem einzig verbliebenen staatsfreien Raum im Land – blieb das beiderseitige Verhältnis problematisch. Zwar betonte der Staatsratsvorsitzende Honecker 1978 das Verfassungsrecht auf freie Religionsausübung, und die Gegenseite erklärte, als Kirche im Sozialismus den Staat mittragen und verbessern zu wollen, doch noch im selben Jahr protestierte die evangelische Kirche gegen die Einführung des Wehrkundeunterrichts ab der 9. Klasse und überschritt damit aus Sicht des Staates den Rahmen ihres auf die Religionsausübung beschränkten Auftrages.

Im Jahr 1981 wurde der stark beachtete Slogan *Schwerter zu Pflugscharen* kreiert, und 1982 forderten Rainer Eppelmann und Robert Havemann in ihrem »Berliner Appell« – *Frieden schaffen ohne Waffen* – von den Supermächten wirksame Schritte zu Abrüstung und Entmilitarisierung und den Verzicht auf die Einmischung in die inneren Angelegenheiten der beiden deutschen Staaten.

Die von Bärbel Bohley, der Bezirksvorsitzenden des Verbandes Bildender Künstler der DDR (VBK), und der Lehrerin Ulrike Poppe gegründete Gruppe »Frauen für den Frieden« richtete sich gegen die im Gesetz über den Wehrdienst von 1982 enthaltene Bestimmung, dass bei Mobilmachung sowie im Verteidigungsfall künftig auch Frauen der Wehrpflicht unterworfen sein sollten.

Im Umbruchsjahr 1985 formierten sich politische Organisationen, welche die Forderungen der Bürgerrechtsbewegungen der sozialistischen Nachbarstaaten übernahmen. Die Initiative »Frieden und Menschenrechte« forderte erstmals eine freiheitliche Demokratie. Die Reaktion der DDR-Führung auf alle oppositionellen Aktivitäten bestand in Einschüchterung, Verhaftung und Ausweisung. Allerdings darf trotz dieser oft unter erheblichem persönlichen Risiko durchgeführten Aktionen nicht übersehen werden, dass es »die Opposition« in der DDR nicht gegeben hat.

Die Mehrheit der Bevölkerung versuchte den Konflikt mit den Staatsorganen zu vermeiden und zog sich in den privaten Bereich zurück (Nischengesellschaft). Im Unterschied zu den oppositionellen Gruppen wuchs die Gruppe der »Antragsteller« – jener Bürger, die den Antrag auf Ausreise stellten – in den 1980er-Jahren rapide an. Mit den Ausreisegenehmigungen (1984 z.B. für 30000 Menschen) glaubte die SED-Führung ein Unruhepotenzial zu beseitigen, doch letzten Endes hat die Massenbewegung der Ausreisewilligen erheblich zur Destabilisierung der DDR beigetragen.

Sozialistische Erziehung

Als Mittel zur Stabilisierung des Systems dienten Bemühungen um eine »sozialistische Erziehung« der jungen Generation. Der veränderten gesellschaftlichen Stellung der Frau versuchte der Staat Rechnung zu tragen, indem er die Verwirklichung der Gleichberechtigung proklamierte.

In der DDR waren die gesellschaftlichen Bedingungen weit stärker mit dem politischen System verknüpft als in der Bundesrepublik. Um *allseitig gebildete sozialistische Persönlichkeiten* heranzubilden, *die ihrem sozialistischen Vaterland treu ergeben sind*, setzte die darauf abzielende Erziehung sehr früh ein und wurde in Kindergärten und Schulen durch Massenorganisationen wie die Jungen Pioniere und die Freie Deutsche Jugend (FDJ) begleitet. Bereits in der sowjetischen Besatzungszone war 1946 ein Gesetz zur Demokratisierung der deutschen Schule verabschiedet worden, dessen Ziel die Gleichheit der Bildungschancen war, Privatschulen sowie z. B. der Religionsunterricht als Schulfach wurden aufgehoben.

Schon im Jahr 1959 wurde die zehnjährige allgemeinbildende Polytechnische Oberschule als Pflichtschule eingeführt. Die erweiterte Oberschule führte mit den Klassen 11 und 12 zum Abitur, was auch über die Berufsausbildung mit Abendschulen erreicht werden konnte. Insgesamt lag die Abiturientenquote in der DDR deutlich niedriger als die der Bundesrepublik. Unter Honecker war die Politik gegenüber der Jugend zwiespältiger geworden. Während die bisherige sozialistische Indoktrination mit der sozialistischen Wehrerziehung und durch die Einführung des Wehrkundeunterrichts 1978 ergänzt wurde, um auch ein ideologisch fundiertes Feindbild des westdeutschen »Klassenfeindes« zu vermitteln, erfuhr die Jugend andererseits eine liberalere Haltung des Staates, indem sich dieser nun mit der Verteufelung des Westeinflusses bezüglich Aussehen (Haarlänge), Kleidung (Jeans) und Musik (Rock) zurückhielt. Viele Jugendliche arrangierten sich mit dem DDR-System, ohne sich mit ihm grundlegend zu identifizieren. Ihr Engagement beschränkte sich auf Formeln und Rituale wie Jugendweihe und Ähnliches.

Gleichberechtigung

Ein signifikanter Unterschied zur bundesdeutschen Gesellschaft zeigte sich im Anteil der Frauen an den Berufstätigen der DDR, der knapp 50 Prozent betrug. Zwischen der von der SED aus ideologischer Sicht geforderten Gleichberechtigung der Frau und deren Realisierung bestand zwar eine Diskrepanz, doch im Hinblick auf die Eingliederung ins Berufsleben gelang diese besser als in der Bundesrepublik. Infolge des Weiterbestehens traditioneller geschlechtsspezifischer Rollenzuweisungen bedeutete dies für die Frauen trotz des perfektionierten Kindergarten- und Krippensystems ständig Konflikte mit dem Privatleben.

Die 1980er-Jahre

Auch im real existierenden Sozialismus gelang es den Politikern nicht ein effizientes Wirtschaftssystem zu errichten, das mehr als nur die Grundversorgung der Bevölkerung sicherstellen konnte. Um die sozialpolitischen Leistungen beibehalten zu können, musste sich die DDR im westlichen Ausland verschulden.

Auslandsverschuldung

Die nach dem Kurswechsel von 1971 erfolgte Schwerpunktsetzung auf die Erhöhung sozialpolitischer Leistungen hatte zwar Lohn- und Rentenerhöhungen, die Einführung des Babyjahrs und weitere Vergünstigungen für berufstätige Mütter und den Ausbau von Kindergärten und Kinderkrippen gebracht, aber diese Verbesserung des Lebensstandards ging mit einem Investitionsrückgang in der Industrie einher, was bedeutete, dass auch weiterhin mit veralteten Industrieanlagen produziert werden musste.

Neben den eigenen hausgemachten Ursachen trug auch die negative Entwicklung der allgemeinen Weltwirtschaft dazu bei, dass sich die wirtschaftliche Lage der DDR zu Beginn der 1980er-Jahre weiter verschlechterte.

Binnenverschuldung

Die Ölkrise – die steigenden Weltmarktpreise erreichten zeitlich verzögert auch die DDR – wirkte sich negativ auf deren Außenhandelsbilanz aus. Die hohen staatlichen Subventionen für die »sozialen Errungenschaften« mussten verstärkt durch eine immer höhere Verschuldung im »nicht sozialistischen Wirtschaftsgebiet«, vor allem in der Bundesrepublik, finanziert werden.

Die Verschuldung der DDR im Westen stieg von 1970 bis 1989 um mehr als das Zwanzigfache an. Durch die starke Subventionierung der Verbraucherpreise – diese sollten aus politischen Gründen stabil gehalten werden – nahm auch die Binnenverschuldung des DDR-Staatshaushalts zu. Da die Zinsen für die Kredite mit neuen Krediten bezahlt werden mussten, setzte ein verhängnisvoller Schuldenkreislauf ein.

Der Versuch, die dringend benötigten westlichen Devisen durch forcierten Export in den nichtsozialistischen Wirtschaftsbereich zu erhalten, konnte nicht das Anwachsen der Schuldenlast verhindern, führte aber zugleich zu einer Missstimmung in der Bevölkerung, die bemängelte, dass die Konsumgüter der gehobenen Qualität nicht für den eigenen Markt, sondern von vornherein nur für den Außenhandel produziert wurden.

Westdeutsche Kredite

Die Zahlungsunfähigkeit der DDR konnte nur durch zwei 1983 und 1984 vom bayerischen Ministerpräsidenten Franz Josef Strauß vermittelte und von der Bundesregierung genehmigte Bankkredite über jeweils eine Mrd. DM vermieden werden. Dadurch konnte die DDR am internationalen Geldmarkt wieder die dringend benötigten Devisen erhalten.

Zu diesem Zeitpunkt befürchtete die bundesdeutsche Politik, dass ein Kollabieren der DDR ein sowjetisches Eingreifen heraufgerufen hätte. Die SED-Führung »bezahlte« mit humanitären Erleichterungen, dem Abbau der Selbstschussanlagen an der Grenze ab Ende 1983, mehr Ausreisegenehmigungen und der Erhöhung der Anzahl der durch die Bundesregierung freizukaufenden politischen Gefangenen. Auf DDR-Seite war der Verhandlungspartner von F. J. Strauß Alexander Schalck-Golodkowski – Staatssekretär im Außenhandelsministerium und zugleich Offizier im besonderen Einsatz des Ministeriums für Staatssicherheit – gewesen, der fast unkontrolliert die internationalen Geschäftskooperationen der DDR leitete, aus denen Devisen erwirtschaftet wurden.

Über die bereits 1966 gegründete Kommerzielle Koordinierung (KoKo) wickelte er mittels Tarnfirmen in der Bundesrepublik Deutschland Verkäufe von Waffen, Blutplasma und aus Enteignungen stammenden Antiquitäten ab.

Auch die Regimegegner wurden »wirtschaftlich genutzt«. Die Bundesregierung kaufte regelmäßig politische Gefangene frei, wofür die DDR zwischen 1970 und 1989 etwa 3,2 Mrd. DM in bar und vor allem in Warenlieferungen erhielt. Zwar gelang es der DDR-Führung Mitte der 1980er-Jahre, den wirtschaftlichen Kollaps des Landes zu verhindern, doch 1986 begann erneut eine wirtschaftliche Abschwungphase.

Sowjetische Reformpolitik und Wiedervereinigung

Der Aufbruch zur Demokratie, der sich im so wichtigen Jahr 1989 im gesamten Ostblock ereignete, beruhte hauptsächlich auf der Reformpolitik Michail Gorbatschows, der als neuer Generalsekretär der KPdSU ab 1985 unter den Schlagworten »Glasnost« (Offenheit) und »Perestroika« (wirtschaftliche und politische Umwälzung) einen Wandel in der sowjetischen Gesellschaft eingeleitet hatte.

Gorbatschows Reformkurs wurde von der SED-Führung abgelehnt, ließ jedoch in der Bevölkerung Hoffnungen auf Veränderungen entstehen. Als 1989 die Lage in der DDR eskalierte, öffnete die DDR-Führung die Grenzen.

Isolation innerhalb des Ostblocks

Als sich in der zweiten Hälfte der 1980er-Jahre die Isolation der DDR innerhalb des eigenen Lagers abzeichnete, da sie sich weigerte, die Veränderungen in Polen, Ungarn und der Sowjetunion zur Kenntnis zu nehmen, musste der Westen weiterhin eine Politik des Status quo betreiben, solange das Verhalten der auf dem ostdeutschen Gebiet stationierten Roten Armee nicht abzuschätzen war. Demzufolge betrachtete die Bundesrepublik die DDR de facto als einen zweiten deutschen Staat, was beim Staatsbesuch Erich Honeckers 1987 in Bonn klar zutage trat.

Die Wiedervereinigung Deutschlands war kein Thema. Vielmehr wurde im gemeinsamen Kommuniqué von Honecker und Kohl betont, dass das Verhältnis der beiden deutschen Staaten zueinander ein *stabilisierender Faktor für konstruktive Ost-West-Beziehungen* bleiben müsse.

In der westlichen Politik hatte sich die Meinung

ausgebildet, die Veränderungen in den Staaten des Ostblocks müssten von innen erfolgen und könnten von außen eher kompliziert, aber kaum positiv beeinflusst werden. Die Regierung Kohl/Genscher vertrat jetzt das Grundprinzip der Ostpolitik der sozialliberalen Koalition (»Wandel durch Annäherung«), das heißt Beharren auf dem Status quo, um mittel- und längerfristig Veränderung und Verbesserung zu erzielen.

Die SED-Führung beobachtete das Bemühen Gorbatschows um eine Neugestaltung der Beziehungen zur Bundesrepublik und den USA mit Misstrauen. In dessen politischer Vision eines *gemeinsamen Hauses in Europa* konnte sie keine Existenzgarantie der Sowjetunion für die DDR erkennen. Honecker setzte auf das Scheitern des sowjetischen Reformkurses und wollte bis dahin versuchen, diese Phase ohne eigene Reformen zu überdauern, was auch eine Abgrenzung gegenüber den sozialistischen Nachbarländern bedeutete. Er setzte auf die Eigenständigkeit der DDR und sprach vom *Sozialismus in den Farben der DDR*. Mit dem Wandel der sowjetischen Haltung zur DDR, dem wirtschaftlichen Niedergang und zunehmender Unzufriedenheit in der Bevölkerung, aber auch unter Parteifunktionären, nahm der innenpolitische Druck auf die Regierung Honecker zu.

Mit der Aufgabe der Breschnew-Doktrin 1988 durch Gorbatschow schien ein sowjetisches Eingreifen in der DDR immer unwahrscheinlicher, und so wurden dort Opposition und Widerstand aussichtsreicher und weniger riskant, obgleich der Minister für Staatssicherheit, Erich Mielke, bis zum Schluss versuchte, gegen alle vorzugehen, die ihren Unmut artikulierten.

Reisefreiheit statt Massenflucht

Die am 1. Januar 1989 in Kraft getretene neue Reiseverordnung veranlasste – trotz verschärfter Repression – immer mehr DDR-Bürger Anträge auf Ausreise zu stellen. Am 2. Mai 1989 begann Ungarn mit dem Abbau der elektronischen Sicherungsanlagen an der Grenze zu Österreich, und damit wurde zum ersten Mal seit 1945 der »Eiserne Vorhang« ein Stück weit geöffnet. Die Entscheidung war von der ungarischen Führung getroffen worden, ohne die DDR zu konsultieren.

Am 7. Mai fanden in der DDR zum letzten Mal Kommunalwahlen nach dem Einheitslistenprinzip statt. Das Wahlergebnis, das sich im Rahmen vorheriger Wahlen bewegte, wurde von Honecker als *ein eindrucksvolles Bekenntnis zu der auf Frieden und Sozialismus gerichteten Politik der SED* bezeichnet. Jedoch hatten vor allem Mitglieder der Bürgerrechtsbewegung in mehreren Städten die Auszählung der Stimmen beobachtet und machten anschließend die festgestellten Wahlfälschungen öffentlich. Da offizielle Beschwerden abschlägig beschieden wurden, begann die Opposition Anfang Juni mit Protestversammlungen, die Leitung des Bundes der Evangelischen Kirchen forderte eine Erklärung.

In dieser kritischen Atmosphäre signalisierte die SED-Führung – mit ihren apologetischen Äußerungen, die Niederschlagung der Studentenrebellion in Peking am 4. Juni betreffend – die Unterstützung eines totalitären Regimes und sprach damit auch eine Warnung an die eigenen Bürger aus.

In dieser Situation versuchten immer mehr Menschen das Land zu verlassen, im Sommer stellten 120 000 Ausreisewillige einen Antrag. Flüchtlinge erzwangen durch die Besetzung der ständigen Vertretung Bonns in Ost-Berlin sowie über die Botschaften der Bundesrepublik in Budapest, Warschau und Prag die Ausreise.

Als die Prager Botschaft wegen Überfüllung geschlossen werden musste, erreichte Bundesaußenminister Genscher in Verhandlungen mit seinem DDR-Amtskollegen Oskar Fischer die Zustimmung der SED, die dort ausharrenden DDR-Bürger ausreisen zu lassen. Ungarns Außenminister Gyula Horn erklärte am 31. August, nachdem sein Land der internationalen Flüchtlingskonvention beigetreten war, der DDR, dass das Flüchtlingsproblem nur noch entsprechend den Bestimmungen der Konvention gelöst werde. Ab dem 11. September erlaubte Ungarn DDR-Bürgern die Ausreise in den Westen und negierte so alle damit in Zusammenhang stehenden bilateralen Vereinbarungen mit der DDR. Ungarn wurde damit Transitland für DDR-Flüchtlinge, die sich in anderen Reformstaaten aufgehalten hatten; innerhalb von drei Tagen erreichten 15000 die Bundesrepublik, bis Ende September wurden es 32500.

Die DDR-Führung beschuldigte Ungarn des Verrats am Sozialismus und nannte den *Imperialismus der BRD* als den *eigentlichen Schuldigen* an der Situation. Versuche der DDR, über den Warschauer Pakt Einfluss auf Ungarns Haltung zu nehmen, scheiterten an der Ablehnung Gorbatschows. Der Unmut der Bürger, die das Land nicht verlassen wollten, äußerte sich vor allem in Protestaktionen und Demonstrationen.

Seit Anfang September wurde auf den Leipziger »Montagsdemonstrationen« Reisefreiheit statt Massenflucht gefordert. Mahnwachen in den größeren Städten machten auf die willkürlichen Verhaftungen aufmerksam, mit denen die Staatssicherheit der ständig wachsenden Opposition Herr werden wollte. Anstatt der schwierigen Situation mit Reformen zu begegnen, konzentrierte sich die DDR-Führung auf die Feierlichkeiten des 40. Gründungstages der DDR.

Die Wende

Am Vorabend des 7. Oktober 1989 waren Berlin, Leipzig, Dresden und Magdeburg Schauplätze schwerer Auseinandersetzungen. Honecker erhoffte hingegen von den Feierlichkeiten – 70 ausländische Delegationen waren eingeladen – und vor allem von der Anwesenheit der sowjetischen Delegation unter Michail Gorbatschow eine stabilisierende Wirkung. Doch dieser wies mehrfach – auch öffentlich – mit dem Satz *Wer zu spät kommt, den bestraft das Leben* auf die unabdingbare Notwendigkeit von Reformen innerhalb des Ostblocks hin.

Die mit Spannung erwartete Montagsdemonstration am 9. Oktober in Leipzig verlief friedlich, unter anderem weil die sowjetische Führung sich entschlossen hatte, nicht einzugreifen. Der von 75000 Demonstranten skandierte Ruf *Wir sind das Volk* wurde zur zentralen Parole der »Wende«. Versuche einer Gruppe unter Egon Krenz, innerhalb des Politbüros eine Änderung von Honeckers Linie zu erreichen, scheiterten. Immerhin sprach man gegen den erbitterten Widerstand Honeckers erstmals von notwendigen Erneuerungen. Der Einsatz von Schusswaffen bei der am 16. Oktober bevorstehenden Montagsdemonstration in Leipzig wurde untersagt, sodass 150000 Menschen friedlich demonstrieren konnten.

Am 18. Oktober 1989 zwangen Egon Krenz und seine Mitverschwörer Honecker und andere Hardliner zum Rücktritt und Krenz trat selbst an dessen Stelle.

Die Öffnung der Mauer

Obwohl die neue DDR-Führung versprach, künftig Demonstrationen als Teil der politischen Kultur des Staates zu tolerieren und neue Reisegesetze in Aussicht stellte, setzten sich die Proteste und Montagsdemonstrationen fort, denn im Grunde waren die Probleme, die zu Honeckers Ablösung geführt hatten, weiterhin ungelöst geblieben.

Am 4. November 1989 kam es in Berlin mit mehr als 700000 Teilnehmern zur größten Demonstration in der Geschichte der DDR, die parallel zu weiteren Veranstaltungen in anderen Großstädten stattfand. Am 7. November des historischen Jahres 1989 traten zunächst der Ministerrat und einen Tag später auch das Politbüro geschlossen zurück, um vor allem Krenz und Hans Modrow, der zum neuen Ministerpräsidenten bestimmt wurde, eine Chance zu geben.

Am frühen Abend des 9. November 1989 erfuhr die Öffentlichkeit durch den SED-Sprecher Günter Schabowski von einer noch unklaren Reiseverordnung, alle Grenzen in die Bundesrepublik und nach West-Berlin zu öffnen. Damit waren die Grenzen praktisch offen, obwohl es noch gar keinen amtlichen Beschluss gab. Tausende strömten wie auf Kommando von Ost- und West-Berlin an die Mauer, wo es zu volksfestartigen Szenen kam. Willy Brandt, der zur Zeit des Mauerbaus Regierender Bürgermeister von Berlin gewesen war, erklärte am Abend des 10. November: *Jetzt wächst zusammen, was zusammengehört.*

Biografie

Erich Honecker, DDR-Staatsratsvorsitzender (1912–1994)

Mit diktatorischer Machtfülle und einem repressiven System bestimmte er die Entwicklung der DDR in den 70er und 80er Jahren; er versuchte den Einfluss der Partei auf alle Lebensbereiche auszudehnen, erkannte schließlich nicht die Zeichen der Zeit und konnte der politischen Wende in der DDR nur tatenlos zusehen.

1930	Eintritt in die KPD
1934/35	Flucht nach Holland und Frankreich
1935	Rückkehr nach Berlin und Verhaftung
1937–1945	Inhaftierung (Flucht im März 1945)
1946–1955	Vorsitzender der FDJ
1949–1989	Abgeordneter der Provisorischen Volkskammer
1955/56	Besuch der Parteihochschule des ZK der KPdSU in Moskau
ab 1958	Vollmitglied des Politbüros
1960–1971	Sekretär des Nationalen Verteidigungsrates (NVR)
August 1961	Honecker leitet die Vorbereitungen für den Berliner Mauerbau
3. Mai 1971	Nachfolger von Walter Ulbricht als erster Sekretär des ZK der SED
1976–1989	Staasratsvorsitzender
April 1985	Honecker besucht mit Italien erstmals ein NATO-Land
1987	erster Besuch in der Bundesrepublik Deutschland
18. Oktober 1989	Rücktritt unter Zwang des Politbüros
3. Dezember 1989	Ausschluss aus der SED
30. November 1990	Haftbefehl gegen Honecker wegen des Tatverdachts des gemeinschaftlichen Totschlags
März 1991	Flucht vor der deutschen Strafverfolgung nach Moskau
3. Juni 1992	Anklage wegen der Todesschüsse an der innerdeutschen Grenze
29. Juli 1992	Rückkehr nach Deutschland
Januar 1993	Ausreise aus Deutschland nach Chile
1994	Einstellung des Verfahrens gegen Erich Honecker

Zusammenfassung: Die Deutsche Demokratische Republik

Mit der Konstituierung der **Provisorischen Volkskammer** und der Inkraftsetzung der Verfassung wurde am 7. Oktober 1949 die Deutsche Demokratische Republik (DDR) formal gegründet.

Nach der »antifaschistisch-demokratischen Umwälzung« begann mit der **»Revolution von oben«** der Umbau nach stalinistischem Modell, da die SED sich nun mehr und mehr von ihrem ursprünglichen Ziel, dem »besonderen deutschen Weg zum Sozialismus«, abwandte. Mithilfe der **Planwirtschaft** und Festsetzung von Arbeitsnormen sollte die Schwerindustrie als »Wirtschaftsmotor« aufgebaut werden.

Der Protest gegen die Heraufsetzung der Arbeitsnormen und den staatlichen Terror entlud sich im **Aufstand vom 17. Juni 1953**. Nach dem Aufstand intensivierte die SED die Verfolgung und Ausschaltung ihrer Gegner. Der sowjetische Kurs der Entstalinisierung wurde in der DDR nicht übernommen.

Um den **Flüchtlingsstrom** und die damit verbundene politische Destabilisierung zu unterbinden, ließ die DDR-Führung am 13. August 1961 die Grenze zu West-Berlin sperren und den Bau der **Berliner Mauer** beginnen.

Im Juni des Jahres 1963 kündigte Walter Ulbricht eine Neuorientierung der Wirtschaftspolitik an, 1968 wurde eine **neue Verfassung** erlassen. Im Mai 1971 musste Ulbricht auf sowjetischen Druck als erster Sekretär der SED und als Vorsitzender des Nationalen Verteidigungsrates zurücktreten, blieb aber bis zu seinem Tod 1973 formell Staatsratsvorsitzender.

Unter seinem Nachfolger Erich Honecker erreichte die DDR nach dem Abschluss des **Grundlagenvertrags** 1972 die lang ersehnte **diplomatische Anerkennung**. Gegenüber der Bundesrepublik betrieb Honecker eine Politik der Abgrenzung, aus der Verfassung von 1974 wurde der Begriff »deutsche Nation« gestrichen. Um ihre Neuorientierung auf wirtschaftlichem und sozialem Gebiet zu verdeutlichen, entwickelte die SED-Führung die Formel vom **real existierenden Sozialismus,** dennoch blieb der absolute Herrschaftsanspruch der Partei erhalten. Gegen Regimekritiker wurde mit repressiven Maßnahmen vorgegangen.

Die Auswirkungen der beiden Ölkrisen und hohe Modernisierungskosten brachten die DDR in einen verhängnisvollen Schuldenkreislauf bis hin zur **Zahlungsunfähigkeit**. Daher mussten hohe Auslandskredite aufgenommen werden – auch bei der Bundesrepublik.

Gegen Ende der 1980er-Jahre isolierte sich die DDR im eigenen Lager, da sie sich weigerte, die Veränderungen in Polen, Ungarn und der Sowjetunion zur Kenntnis zu nehmen. Nach den Kommunalwahlen im Mai 1989 eskalierte die Lage. Die **Öffnung der Berliner Mauer** am 9. November 1989 bedeutete das Ende der SED-Herrschaft.

Die Bundesrepublik Deutschland nach 1990

Februar 1990	2+4-Verhandlungen
1. Juli 1990	deutsch-deutscher Staatsvertrag
31. August 1990	Einigungsvertrag
3. Oktober 1990	Wiedervereinigung, Tag der Deutschen Einheit
2. Dezember 1990	Helmut Kohl wird erster Kanzler im wiedervereinten Deutschland
1991	Hauptstadtbeschluss: Votum für Berlin
Ende 1991	Stasi-Unterlagengesetz (Gauck-Behörde)
1992	Asylrechtsreform und Verbot der PKK (Kurdische Arbeiterpartei)
Februar 1993	erstmals Bundeswehrsoldaten außerhalb der BRD im Einsatz
Mai 1993	Honecker stirbt in Chile
1. November 1993	In-Kraft-Treten des Maastrichter Vertrages (EU)
1994	Out of area-Einsätze der Bundeswehr sind mit dem Grundgesetz vereinbar (Bundesverfassungsgerichtsurteil)
Januar 1997	Erklärung zur deutsch-tschechischen Versöhnung
April 1998	SFOR-Mission der Bundeswehr in Bosnien-Herzegowina
März 1999	Reform zum Staatsbürgerrecht
24. März 1999	Abstellung von Kampfflugzeugen für Kampfeinsätze im Kosovo
April 1999	Ökosteuer
Juni 1999	Zustimmung zum KFOR-Einsatz im Kosovo
September 1999	Auflösung der Staatsanwaltschaft für die Aufarbeitung von DDR-Unrecht
2000	Entschädigung der NS-Zwangsarbeiter
2001	Atomkonsens der Schröder-Regierung und der Atomindustrie
11. September 2001	Terroranschläge auf die USA
7. November 2001	Zustimmung zum Anti-Terror-Einsatz der Bundeswehr
1. Januar 2002	Einführung der europäischen Einheitswährung Euro

Die Bundesrepublik Deutschland nach 1990

1990 gelang es der Bundesregierung, die einmalige historische Chance zu nutzen und die Einheit mit der Zustimmung aller Siegermächte zu verwirklichen. 45 Jahre nach dem Zweiten Weltkrieg endete mit dem Beitritt der neuen Länder zur Bundesrepublik die staatliche Teilung. Das geeinte Deutschland stand außenpolitisch vor der Frage, ob mit dem politischen Gewicht nun auch seine Verantwortung in Europa und der Welt zugenommen hat. Innenpolitisch galt es zunächst die politischen, sozialen und wirtschaftlichen Unterschiede auszugleichen, die sich aufgrund der 40-jährigen deutschen Teilung ergeben hatten.

Osteuropa im Umbruch

Die nach dem politischen Umbruch in der DDR geäußerte Forderung nach einer baldigen Wiedervereinigung stieß bei den europäischen Nachbarländern und auch in der Sowjetunion trotz mancher Bedenken auf ein hohes Maß an Entgegenkommen. So konnten sich die Bundesrepublik und die DDR in einer Reihe von Verträgen über die konkreten Schritte zur Erreichung der staatlichen Einheit verständigen.

Das Ende der DDR

Mit der Öffnung der Grenzen war keineswegs die Einigung der beiden deutschen Staaten beschlossen, zu sehr hatte sich die Teilung Deutschlands als Bedingung für den Frieden zwischen Ost und West in den Köpfen festgesetzt. So war die politische Entwicklung in den folgenden Tagen und Wochen von Versuchen geprägt, das neue Nebeneinander und mögliche Miteinander auszuloten.

Die neue Regierung unter Hans Modrow versuchte, von der Eigenstaatlichkeit der DDR noch zu retten, was zu retten war, doch dafür war es Ende 1989 längst zu spät. Modrow schlug eine »Vertragsgemeinschaft« zwischen den beiden deutschen Staaten vor und sprach von der Möglichkeit einer »deutschen Konföderation«

Doch der neuen Regierung fehlte es vor allem an Zeit. Die SED verlor nach dem Sturz Honeckers mehr als die Hälfte ihrer Mitglieder, die Ausreise von DDR-Bürgern in die Bundesrepublik hielt an, und die politische Opposition vor allem das »Neue Forum« und die SPD-Ost versammelten sich am »Runden Tisch« und bildeten damit eine Art Nebenregierung zur Regierung Modrow. Am 3. Dezember traten das Politbüro und das Zentralkomitee der SED geschlossen zurück. Auf einem außerordentlichen Parteitag der SED, die sich jetzt SED-Partei des demokratischen Sozialismus (SED-PDS) nannte, wurde der Rechtsanwalt Gregor Gysi zum Vorsitzenden gewählt.

Ab November 1989 überwog bei den Massendemonstrationen in der DDR nicht mehr die Forderung nach Demokratie, sondern der Wunsch nach der Einheit Deutschlands. Obwohl der Ruf *Deutschland, einig Vaterland* starke Verbreitung fand, äußerte sich Bundesaußenminister Hans-Dietrich Genscher dahingehend, dass die Bundesrepublik keinen *nationalen Alleingang in der Außenpolitik* unternehmen werde, und Bundeskanzler Kohl bekräftigte anlässlich eines Besuches in Polen *die Buchstaben und den Geist* des Warschauer Vertrages von 1970.

Nachdem sich jedoch die Hinweise verdichtet hatten, dass einer Wiedervereinigung von außen weit weniger Hindernisse entgegenstanden als gedacht, unter anderem hatte Gorbatschow geäußert, *die Wiedervereinigung Deutschlands* sei eine *interne Angelegenheit* der Bundesrepublik Deutschland und der DDR, ergriff Helmut Kohl die Initiative und präsentierte am 28. November im Bundestag ein 10-Punkte-Programm zur Überwindung der Teilung Deutschlands und Europas, das im Einzelnen einen behutsamen Weg zur Vereinigung der beiden deutschen Nachbarstaaten vorschlug, der international flankiert werden sollte. Nach einer kurzen Phase einer eigenständigen parteipolitischen Entwicklung kam es in der DDR zu Parteizusammenschlüssen und Wahlbündnissen entsprechend den Grundstrukturen des westdeutschen Parteiensystems.

Die erste freie und geheime Volkskammerwahl am 18. März 1990 brachte mit 48,1 Prozent einen überraschend klaren Wahlsieg der »Allianz für Deutschland« (Wahlslogan: *Nie wieder Sozialismus*) und somit ein weiteres klares Votum für die sofortige Vereinigung. 21,8 Prozent erhielt die SPD, 16,3 Prozent die PDS und 5,3 Prozent der Bund Freier Demokraten. In der ersten freien Wahl ihres Landes votierten die Wähler mehrheitlich gegen den eigenen Staat, der Wahlausgang bedeutete das Ende der DDR (→ Abbildung »Wahl zur Volkskammer am 18. März 1990«).

Die Regierung de Maizière

Der neue DDR-Ministerpräsident Lothar de Maizière (CDU) stellte in seiner Regierungserklärung deutlich klar, dass der Wählerauftrag in der Herstellung der deutschen Einheit bestehe und er diese schnell herbeiführen wolle. Er schlug den Beitritt zur Bundesrepublik nach Artikel 23 des Grundgesetzes vor, sodass die DDR nur erklären musste, dass sie dem Geltungsbereich des Grundgesetzes beitreten wolle. Die Bürgerrechtsbewegung hatte dagegen den Weg über eine gesamtdeutsche Verfassung vorgeschlagen.

Das Ergebnis der sich anschließenden deutsch-deutschen Verhandlungen war ein im Mai 1990 ausgehandelter Staatsvertrag über die Währungs-, Wirtschafts- und Sozialunion, der am 1. Juli desselben Jahres in Kraft trat. An diesem Tag verlor die Ostmark ihre Gültigkeit. Im Einigungsvertrag vom 31. August wurde die Rechtsangleichung der beiden Staaten geregelt, mit dem Tag des Beitritts sollte das gesamte DDR-Recht durch Bundesrecht abgelöst werden.

Mitte Februar 1990 hatten die Außenminister der NATO-Staaten und des Warschauer Paktes beschlossen, dass die äußeren Aspekte der deutschen Wiedervereinigung von den vier ehemaligen Siegermächten und den beiden deutschen Regierungen verhandelt werden sollten. In den so genannten 2 + 4-Verhandlungen – Bundesrepublik und DDR sowie die USA, die Sowjetunion, Großbritannien und Frankreich – wurde die Vereinigung Deutschlands von den ehemaligen Besatzungsmächten anerkannt und international abgesichert sowie die volle Souveränität für das vereinte Deutschland festgelegt. Strittige Punkte bei den Verhandlungen waren die Bündniszugehörigkeit des vereinten Deutschland zur NATO, die Stärke der Bundeswehr, die Sicherheitsgarantien für die deutschen Nachbarn, die endgültige Festlegung der polnischen Westgrenze und der Abzug der alliierten Streitkräfte gewesen.

In der abschließenden Regelung in Bezug auf Deutschland wurde dieses durch das Gebiet der

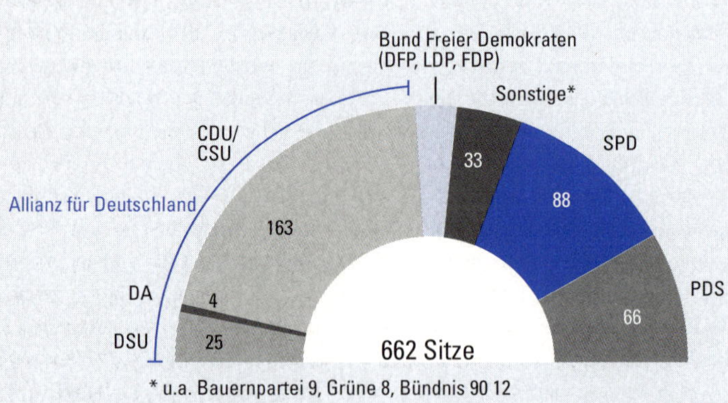

Wahl zur Volkskammer am 18. März 1990
(aus: ›Die Fischer Chronik‹, Sp. 926)

Bundesrepublik, der DDR und Berlins definiert. Die Oder-Neiße-Grenze zu Polen wurde als »endgültig« bezeichnet.

Mit der Verabschiedung der westalliierten Stadtkommandanten am 2. Oktober 1990 war der Besatzungsstatus von Berlin beendet. Am selben Tag trat die Volkskammer zum letzten Mal zusammen und löste sich ebenso auf wie die Nationale Volksarmee (NVA). Mit dem Beitritt der auf dem Gebiet der DDR wieder gebildeten fünf Bundesländer (Brandenburg, Mecklenburg-Vorpommern, Sachsen, Sachsen-Anhalt und Thüringen) am 3. Oktober 1990 hörte die DDR als Staat zu existieren auf. Der 3. Oktober wurde als »Tag der Deutschen Einheit« gesetzlicher Feiertag.

Tags darauf trat der um die ostdeutschen Abgeordneten erweiterte Bundestag in Berlin erstmals zusammen. Fünf neue Minister ohne Geschäftsbereich aus Ostdeutschland gehörten jetzt zur ersten gesamtdeutschen Bundesregierung.

Eine Fülle von bi- und multilateralen Verhandlungen und Verträgen sicherten den Erfolg der deutschen Vereinigung. Zu den wichtigsten zählten der deutsch-sowjetische Stationierungsvertrag, der den Abzug der rund 380 000 Sowjetsoldaten und ihrer 220 000 Angehörigen festlegte, die Eingliederung der ehemaligen DDR in die EG, der von Kohl und Gorbatschow unterzeichnete »deutsch-sowjetische Vertrag über gute Nachbarschaft, Partnerschaft und Zusammenarbeit« und der deutsch-polnische Grenzvertrag.

Das wiedervereinigte Deutschland

Aus den Landtagswahlen in Ostdeutschland im Oktober 1990 ging die CDU als Sieger hervor und stellte in den neuen Ländern mit Ausnahme Brandenburgs (SPD-Regierung) den Ministerpräsidenten. Im Bundestagswahlkampf warnte die SPD unter ihrem Kanzlerkandidaten Oskar Lafontaine vor der Gefahr der Unkalkulierbarkeit der Kosten und sozialer Ungerechtigkeiten im Rahmen einer zu schnellen Wiedervereinigung. Doch angesichts der allgemeinen unreflektierten Zustimmung zur deutschen Einigung fand diese skeptische Haltung keine Anhänger.

Der erste gesamtdeutsche Kanzler

Die erste gesamtdeutsche Bundestagswahl im Dezember 1990 (→ Abbildung »Die Ergebnisse der Wahl zum 12. Deutschen Bundestag am 2. Dezember 1990«) wurde zu einem Plebiszit über die Vereinigungspolitik der Bundesregierung und zu einem Votum für Helmut Kohl.

Die vereinigte CDU erhielt dabei 36,7, die vereinigte SPD 33,5 Prozent der Stimmen im gesamten Wahlgebiet. Weil bei dieser Wahl die alten und neuen Bundesländer getrennte Wahlgebiete bildeten, kamen die PDS (2,4 Prozent) und Bündnis 90/Die Grünen (1,2 Prozent) aus den neuen Bundesländern in den Bundestag. Die Partei der Grünen aus den alten Ländern scheiterte hingegen an der Fünfprozentklausel. Helmut Kohl wurde schließ-

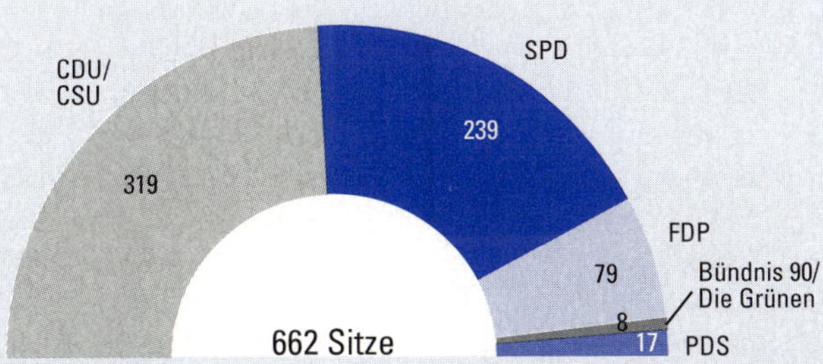

Die Ergebnisse der Wahl zum 12. Deutschen Bundestag am 2. Dezember 1990 (aus: ›Die Fischer Chronik‹, Sp. 904)

lich zum ersten gesamtdeutschen Kanzler gewählt und nahm auch Minister aus den neuen Ländern in sein Kabinett auf.

Wichtige Ereignisse waren 1991 der Hauptstadtbeschluss, der die Verlegung des Sitzes von Bundesregierung und Bundestag nach Berlin vorsah, und die Bundespräsidentenwahl 1994, bei der der Präsident des Bundesverfassungsgerichtes, Roman Herzog, Nachfolger von Richard von Weizsäcker wurde.

Von Bedeutung war eine 1994 verabschiedete Verfassungsreform, mit der der Umweltschutz, das Verbot der Benachteiligung Behinderter und eine verbesserte Gleichberechtigung von Mann und Frau als Staatsziele im Grundgesetz verankert wurden. Im selben Jahr beschlossen die Ministerpräsidenten der Bundesländer eine Reform der Rechtschreibung, die am 1. August 1998 in den Schulen (mit Ausnahme von Schleswig-Holstein) eingeführt wurde, ab 2005 als verbindlich gelten soll, seitdem aber immer wieder zu Diskussionen geführt hat. 1998 beschloss der Bundestag eine Grundgesetzänderung, die unter bestimmten Bedingungen die elektronische Überwachung erlaubt. Dieser so genannte »Große Lauschangriff« wurde 2004 vom Bundesfassungsgericht als nicht mit dem Grundgesetz vereinbar eingestuft.

Mit dem Umzug des Parlaments von Bonn in den Berliner Reichstag wurde die Hauptstadt auch Regierungssitz. Im April 1999 wurde der Reichstag als neuer Sitz des Bundestags feierlich eingeweiht.

Nach der Bestätigung der Regierungskoalition bei der zweiten gesamtdeutschen Bundestagswahl im Oktober 1994 führte eine weit verbreitete »Kanzlermüdigkeit« dazu, dass im September 1998 erstmals in der Geschichte der Bundesrepublik eine amtierende Regierung abgewählt wurde. Gerhard Schröder (SPD) wurde Bundeskanzler.

Die Regierung Schröder

Nach 16 Jahren bürgerlich-liberaler Koalition war der Wunsch nach politischer, aber vor allem personeller Veränderung vorherrschend; die Wähler wollten Helmut Kohl nicht mehr als Bundeskanzler. So wurde erstmals in der Geschichte der Bundesrepublik eine amtierende Regierung abgewählt, und zum zweiten Mal nach 1972 wurden die Sozialdemokraten zur stärksten Partei, die sich mit Bündnis 90/Die Grünen auf eine bereits vor der Wahl erklärte Koalition einigten.

In seiner Regierungserklärung umriss der neue Bundeskanzler Gerhard Schröder (SPD) seine »Politik der neuen Mitte« und nannte ehrgeizige Reformvorhaben (so das Bündnis für Arbeit), mit denen er allerdings unter anderem auf Widerstände bei seinem parteiinternen Rivalen, Finanzminister Oskar Lafontaine, und dem grünen Umweltminister Jürgen Trittin stieß. Der überraschende Rücktritt des ehemaligen saarländischen Ministerpräsidenten Lafontaine als Minister und SPD-Vorsitzender am 11. März 1999 wurde als zweite Chance Schröders bezeichnet. Die innenpolitische Schwerpunktsetzung der rot-grünen Koalition wurde aber auch von Anfang an durch die aus dem Zerfall Jugoslawiens entstandene Problematik und den aufkommenden islamischen Terrorismus erschwert.

Am 23. Mai 1999 wählte die Bundesversammlung den 1998 zurückgetretenen, langjährigen Ministerpräsidenten von Nordrhein-Westfalen, Johannes Rau, als Nachfolger von Roman Herzog zum achten Bundespräsidenten.

2001 unterzeichneten die Bundesregierung und die Energieversorgungsunternehmen den Vertrag zum Atomkonsens über die Restlaufzeit der 19 Kernkraftwerke in Deutschland, die über die nächsten 20 Jahre schrittweise vom Netz genommen werden sollen.

Nachdem mit der Nominierung des bayerischen Ministerpräsidenten Edmund Stoiber zum Kanzlerkandidaten der Union für die Bundestagswahl im September 2002 der Wahlkampf eröffnet wurde, kündigte die Regierung Schröder eine Arbeitsmarkt-Offensive an, wobei sie sogar die Einführung von Kombilöhnen – staatlich subventionierten Löhnen im Niedriglohnsektor – in Betracht zog. Obwohl deutliche Verluste der SPD bei der Landtagswahl in Sachsen-Anhalt im April 2002 – eine Quittung vor allem für die unentschlossene und erfolglose Arbeitsmarktpolitik der Bundesregierung – eine Niederlage bei den Bundestagswahlen erwarten ließ, gelang es den Sozialdemokraten im September 2002 erneut stärkste Partei zu werden.

Neben der Haltung der Regierung in der Irak-Frage – Schröder hatte angekündigt, dass sich Deutschland nicht aktiv an einem bewaffneten Konflikt im Irak beteiligen werde – waren es besonders die Führungsqualitäten des Bundeskanzlers bei der so genannten Jahrhundertflut, die einen Meinungsumschwung in letzter Sekunde für die beiden regierenden Parteien herbeiführten. Starke Niederschläge hatten im August vor allem in den östlichen Bundesländern zu einer Flutkatastrophe geführt, durch die mehrere Hunderttausend Menschen zeitweilig evakuiert werden mussten. Die Gesamtschäden beliefen sich auf rund 22,6 Milliarden Euro.

Dieses Stimmungshoch der Regierung war von kurzer Dauer, wie die teilweise dramatischen Stimmenverluste der SPD bei den folgenden Landtagswahlen und auch der Europawahl im Juni 2004 zeigten. Weniger den Grünen als vielmehr der SPD wurden vom Wähler die ausbleibenden finanz-, arbeitsmarkt- und wirtschaftspolitischen Erfolge angelastet. Kaum noch nachvollziehbare Fehlleistungen wie das Debakel um die Einführung des LKW-Mautsystems zogen die Sozialdemokraten noch tiefer in die Krise. Im Februar 2004 trat Gerhard Schröder überraschend vom Amt des Parteivorsitzenden zurück.

Bei der Bundespräsidentenwahl am 23.Mai 2004 wurde der bisherige Chef des Internationalen Währungsfonds, Horst Köhler, im ersten Durchgang gewählt. Der Kandidat der Opposition obsiegte über die Leiterin der Viadrina-Universität in Frankfurt/Oder, Gesine Schwan, der Kandidatin von SPD und Grünen. Aufgrund des geringen Bekanntheitsgrades beider Bewerber hatten sich zum ersten Mal in der Geschichte der Bundesrepublik Ansätze eines Wahlkampfes beobachten lassen.

Das Erbe der DDR

Die Enttäuschung irrealer Hoffnungen, politische Skandale, die Aufarbeitung des DDR-Erbes und rechtsradikale Gewalttaten prägten die ersten Jahre nach der Wiedervereinigung.

Enteignungen, Verhaftungen und Prozesse

Im März 1991 erhob die Berliner Staatsanwaltschaft Anklage gegen ehemalige SED-Politbüromitglieder, die unter dem Vorwurf der Veruntreuung standen. Das Bundesverfassungsgericht entschied im April, dass die entschädigungslose Enteignung von Grund und Betrieben in der SBZ von 1945–1949 nicht rückgängig gemacht werden muss, auch wurde die vorgesehene Entlassung von mindestens 100 000 Beschäftigten des öffentlichen Dienstes der DDR als verfassungsgemäß gesehen.

Im Zusammenhang mit den »Todesschüssen« an der Mauer wurden im Mai ehemalige DDR-Politiker – darunter Willi Stoph – verhaftet. Ende 1991 wurde das Stasiunterlagengesetz erlassen und zur Verwaltung der Akten die Gauck-Behörde eingerichtet.

1992 sprach das Landgericht Berlin im ersten von mehreren »Mauerschützenprozessen« Haftstrafen für ehemalige DDR-Grenzsoldaten aus. In diesem Zusammenhang wurden auch Erich Honecker und fünf weitere Mitglieder der früheren DDR-Führung angeklagt. Honecker bekannte sich zu seiner politischen Verantwortung für den Mauerbau, lehnte aber jede persönliche Schuld für die Todesopfer an der Mauer ab.

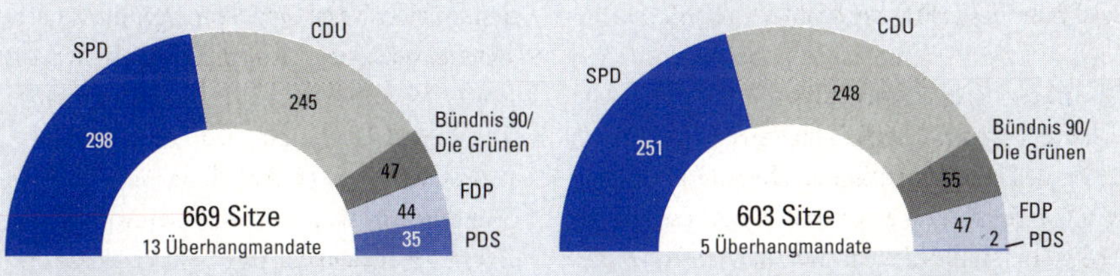

Wahl zum 14. Deutschen Bundestag vom 27.9.1998 (links) und zum 15. Deutschen Bundestag vom 22.9.2002 (rechts)

Verurteilungen

1993 wurde Honecker wegen seines schlechten Gesundheitszustandes aus der Untersuchungshaft entlassen. Er floh nach Chile, wo er im Mai starb. Im selben Monat wurde Hans Modrow wegen Anstiftung zur Fälschung der DDR-Kommunalwahlen schuldig gesprochen. Der ehemalige Minister für Staatssicherheit, Erich Mielke, konnte zunächst nur wegen Beteiligung an der Ermordung zweier Polizisten 1932 in Berlin verurteilt werden. 1994 stellte der Schalck-Untersuchungsausschuss fest, dass die Abteilung des DDR-Devisenbeschaffers Alexander Schalck-Golodkowski eng mit der SED und der Stasi verflochten war und nicht zum Vorteil der DDR-Bevölkerung gewirkt habe. Bei der Privatisierung der DDR-Wirtschaft entstand durch kriminelle Aktivitäten ein finanzieller Schaden in Höhe von 3 bis 10 Mrd. DM.

Im September 1999 wurde die für die Aufarbeitung des DDR-Unrechts zuständige Staatsanwaltschaft aufgelöst. Von 22 854 Ermittlungsverfahren wurden bis zu diesem Zeitpunkt 99,4 Prozent abgeschlossen, 1065 Personen wurden angeklagt, 335 bislang rechtskräftig verurteilt. Im Januar 2000 wies das Bundesverfassungsgericht die Beschwerde des früheren Partei- und Staatschefs der DDR, Egon Krenz, zurück, der wegen Mitverantwortlichkeit für die Todesschüsse an der innerdeutschen Grenze zu sechseinhalb Jahren Haft verurteilt worden war.

Innenpoltische Themen

Parteispendenaffären

Die CDU-Parteispendenaffäre erschütterte 1999/2000 nach der Flick-Affäre in den 1980er-Jahren erneut das Verhältnis der Wähler zu den Parteien. Ausgangspunkt dieses neuen Skandals war ein Ermittlungsverfahren der Augsburger Staatsanwaltschaft gegen den ehemaligen CDU-Schatzmeister Walther Leisler Kiep wegen des Verdachts der Steuerhinterziehung. Wie die Untersuchungen ergaben, hatte die CDU schon seit den 1960er-Jahren gegen die im Parteiengesetz geregelte Parteifinanzierung verstoßen. Die Partei verfügte seit dieser Zeit über Geheimkonten in der Schweiz, von denen falsch deklarierte Zahlungen nach Deutschland zurückgeflossen waren. Außerdem waren Spenden nicht ordentlich verbucht worden, darunter 1991 eine Spende von einer Million DM des Rüstungslobbyisten Schreiber an Kiep, 1994 eine Bargeldspende Schreibers in Höhe von 100 000 DM an den damaligen CDU/CSU-Fraktionsvorsitzenden Wolfgang Schäuble und etwa 2 Millionen DM, die Helmut Kohl in den Jahren 1993 bis 1998 gesammelt hatte und über deren Herkunft er die Aussage verweigerte. Weiterhin hatte es in der Ära Kohl geheime Parteikonten gegeben, über die nur ein sehr kleiner Kreis Bescheid wusste. Dem Untersuchungsausschuss des Bundestages, der auch zu klären versuchte, ob im Zusammenhang mit dem Verkauf der ostdeutschen Leuna-Raffinerie an einen französischen Konzern finanzielle Zuwendungen an die damaligen Regierungsparteien geflossen waren, gelang keine Aufklärung der Affäre.

Im Frühjahr 2002 wurde eine Spendenaffäre der nordrhein-westfälischen SPD bekannt, die allerdings auf die Stadt Köln begrenzt blieb.

NS-Zwangsarbeiter-Entschädigung

Gegen Ende der 1990er-Jahre häuften sich die Entschädigungsforderungen gegen deutsche Unternehmen vonseiten ehemaliger Zwangsarbeiter in der NS-Zeit. Vor allem die betroffenen Großunternehmen favorisierten einen von der Industrie finanzierten und von der Bundesregierung verwalteten Hilfsfonds. 2000 endeten die langwierigen Verhandlungen über deutsche Entschädigungszahlen an einstige NS-Zwangsarbeiter. Damit konnte die Stiftung »Erinnerung, Verantwortung und Zukunft« ihre Tätigkeit aufnehmen. Gegen Jahresende kam es auch zur Einigung über die Höhe der Entschädigung. 10 Mrd. DM sollen je zur Hälfte von der öffentlichen Hand und der deutschen Wirtschaft aufgebracht werden. 8,25 Mrd. DM werden für einmalige Zahlungen an ehemalige Zwangsarbeiter bereitgestellt, eine Mrd. DM ist für den Ausgleich von Vermögensschäden bestimmt, 700 Millionen DM werden in einen Zukunftsfonds für Projekte der Generationen- und Völkerverständigung eingebracht.

Rechte Gewalt

Seit September 1991 häuften sich rechtsradikale Gewalttaten gegen Ausländer und Asylbewerber. Zur Eskalation kam es im sächsischen Hoyerswerda, wo es – zum Teil unter Beifall der Zuschauer – zu schweren Ausschreitungen gegen ein Wohnheim von Vietnamesen kam. In Saarlouis und in Hünxe wurden Brandanschläge gegen Asylbewerberunterkünfte verübt. Im August 1992 randalierten rechtsradikale Jugendliche in Rostock, lieferten sich Straßenschlachten mit der Polizei und fanden für ihre ausländerfeindlichen Aktionen wiederum Zustimmung bei Teilen der Bevölkerung. Im September zerstörten Neonazis Teile der Gedenkstätte des ehemaligen KZ Sachsenhausen. Im November wurden bei einem Brandanschlag auf zwei von Türken bewohnte Häuser drei Menschen getötet, im Mai 1993 starben in Solingen fünf Bewohner eines von Ausländern bewohnten Hauses.

In den Wochen vor Weihnachten 1992 kam es in mehreren deutschen Großstädten zu Demonstrationen und Lichterketten, um Ausländerhass und Rassismus anzuprangern und Solidarität mit den Opfern zu bekunden. Auf staatlicher Seite erfolgte ein Verbot mehrerer rechtsextremistischer Organisationen, darüber hinaus wurde im Dezember 1992 beschlossen, die Republikaner von den Verfassungsschutzbehörden beobachten zu lassen.

Im Mai 1994 griffen Jugendliche in Magdeburg fünf Ausländer an, im Juli schändeten Thüringer Skinheads die Gedenkstätte des KZ Buchenwald. In Hamburg führte der Vorwurf, die Polizei habe sich der Misshandlung von Ausländern schuldig gemacht, zum Rücktritt des Innensenators. 1994 und 1995 kam es zu Brandanschlägen auf die Synagoge in Lübeck. Nach einigen Jahren der Beruhigung stieg die Zahl der Gewalt- und Straftaten durch Rechtsextreme 1997 wieder drastisch an. Eine breit geführte öffentliche Debatte entstand nach einem Sprengstoffanschlag im Juli 2000 in Düsseldorf, bei dem zehn – in der Mehrzahl jüdische – Zuwanderer aus Osteuropa teilweise schwer verletzt wurden. Der Verfassungsschutzbericht 1999 meldete einen verstärkten Zulauf zu Neonazi- und Skinheadgruppen und einen drastischen Anstieg gewalttätiger Ausschreitungen in den neuen Bundesländern, wo etwa die Hälfte von insgesamt 746 Gewaltdelikten mit rechtsextremistischen Hintergrund registriert wurden. Im Jahr 2000 stieg die Zahl der rechtsextrem motivierten Straftaten um 59, der Gewalttaten um 34 Prozent an. Im April startete das Bundesamt für Verfassungsschutz ein Aussteigerprogramm für Rechtsextremisten, zuvor hatte die Bundesregierung beim Bundesverfassungsgericht einen Antrag auf Verbot der NPD gestellt. Allerdings stellte das Gericht am 18.3.2003 das Verfahren ein, das im Januar 2002 vorläufig ausgesetzt worden war. Ein Teil der Richter votierte gegen eine Wiederaufnahme, weil sie die Verschränkung von staatlicher Spitzeltätigkeit und Funktionen auf der Führungsebene der Partei während des laufenden Verbotsverfahrens als Verfahrenshindernis sahen.

Asylproblematik

Der vor allem 1992 unter dem Eindruck der Ereignisse emotional ausgetragene innenpolitische Streit um die Asylpolitik (»Wirtschaftsflüchtlinge«) wurde durch einen parteipolitischen Kompromiss beendet, der eine Beschleunigung des Asylverfahrens vorsah. Das tatsächliche Asylproblem, das sich durch das Ansteigen der Zahl der Asylbewerber (1991: ca. 250 000; 1992: über 300 000) verschärft hatte, führte im Juni 1993 zu einer von der Opposition mitgetragenen Änderung von Art. 16 GG, die das Recht auf Asyl auf jene Bewerber beschränkt, die nicht aus »sicheren Ländern« kommen (zu denen aber alle Nachbarstaaten der BRD gehören), und das Prüfungsverfahren verkürzt. Die Neuregelung führte zu einem starken Rückgang von Antragstellern (von 38 071 im Februar 1993 auf 10 487 im Februar 1994), die Praxis des Vollzugs beseitigte aber keineswegs die Bedenken, es sei ein unveränderliches Grundrecht in seiner Substanz verändert worden. Im ersten Halbjahr 1998 kamen nur noch 42 569 Asylbewerber nach Deutschland, die niedrigste Zahl seit der Asylrechtsreform.

1993 rückte das Kurdenproblem in das Blickfeld der deutschen Öffentlichkeit, als militante Kurden im Juni das türkische Generalkonsulat besetzten und Geiseln nahmen. Die Bundesregierung hatte im März 1992 aus Protest gegen Angriffe des türkischen Militärs gegen Kurden in Ost- und Südanatolien die Waffenlieferungen an die Türkei eingestellt. Nachdem sich die kurdischen Anschläge gegen türkische Einrichtungen in Deutschland häuften, wurden die Kurdische Arbeiterpartei (PKK) und weitere kurdische Einrichtungen verboten. 1994 eskalierten die kurdischen Proteste in Brandstiftungen und Autobahnblockaden. Die Ereignisse mündeten in eine scharfe Diskussion über die Behandlung straffällig gewordener Asylbewerber. 1995 wurden türkische Einrichtungen in mehreren deutschen Städten das Ziel kurdischer Anschläge, 1996 protestierten mehrere tausend Kurden gewaltsam gegen das Verbot einer Großkundgebung. In diesem Zusammenhang wies die Bundesregierung darauf hin, dass die Gewalttaten mutmaßlich ausländischer Extremisten in den vergangenen drei Jahren jährlich um etwa 36 % gestiegen waren. Im Juli 1997 wurden durch Änderungen des Ausländerrechts die Möglichkeiten erleichtert, straffällig gewordene Ausländer auszuweisen, in Einzelfällen auch ohne Gerichtsurteil. Die Kurdenproblematik erhielt neue Brisanz, als im Februar 1999 der Führer der PKK, Abdullah Öcalan, festgenommen und anschließend in der Türkei in erster Instanz zum Tode verurteilt wurde. Im März 1988 scheiterte im Bundestag ein Reformantrag zum Staatsbürgerrecht, der Kindern ausländischer Eltern die Einbürgerung erleichtern sollte. Im März 1999 einigten sich die Regierungsparteien und die FDP auf einen gemeinsamen Gesetzesentwurf. Danach erhalten in Deutschland geborene Kinder mit der Geburt die deutsche Staatsbürgerschaft, wenn ein Elternteil bestimmte Aufenthaltsnachweise besitzt. Bis zu ihrem 23. Lebensjahr müssen sie sich zwischen der deutschen und der ausländischen Staatsangehörigkeit entscheiden.

Im August 2001 präsentierte Bundesinnenminister Schily den Entwurf für ein Zuwanderungsgesetz, der vorsah, nur noch zwischen befristeter und unbefristeter Aufenthaltserlaubnis zu unterscheiden. Bei der humanitären Aufnahme sollen Menschen, die nicht zurückkehren können, ein befristetes Aufenthaltsrecht erhalten. Anerkannte Asylbewerber und Flüchtlinge nach der Genfer Flüchtlingskonvention erhalten eine befristete Aufenthaltserlaubnis. Im März 2002 wurde das Zuwanderungsgesetz vom Bundesrat in tumultartiger Atmosphäre beschlossen, wogegen sechs unionsgeführte Bundesländer eine Normenkontrollklage führten. Im Dezember 2002 verhinderte das Bundesverfassungsgericht das Inkrafttreten, indem es das Zustandekommen des Gesetzes für verfassungswidrig erklärte. Nachdem das Zuwanderungsgesetz im Mai 2003 erneut vom Bundestag verabschiedet und im Juni vom Bundesrat abgelehnt worden war, rief die Bundesregierung den Vermittlungsausschuss an, der im Juni 2004 zu einer Einigung kam. Nach Ansicht von Bundesinnenminister Otto Schily seien während der Verhandlungen Verbesserungen im humanitären sowie im Sicherheitsbereich erzielt worden.

Pisa und IGLU

Die im Dezember 2001 veröffentlichten Ergebnisse der Pisa-Studie (Programme for International Student Assessment) lösten in Deutschland nachhaltige Diskussionen aus. Vor allem Politiker konstatierten einen neuen Bildungsnotstand und forderten rasche bildungspolitische Maßnahmen. Die im Auftrag der OECD erstellte Schulleistungs-Studie hatte schwerpunktmäßig die Lesefähigkeit sowie die mathematische und naturwissenschaftliche Grundbildung untersucht und Deutschland im Gesamtvergleich auf den hinteren Plätzen eingereiht.

Immerhin platzierte sich Deutschland bei der IGLU-Studie (Internationale Grundschul-Lese-Untersuchung), die das Leseverständnis von Grundschülern in den vierten Klassen untersuchte, im vorderen Mittelfeld.

Wirtschaftliche Probleme nach der Wiedervereinigung

Das innenpolitische Klima der folgenden Jahre war durch eine Fülle von wirtschaftlichen und sozialen Problemen geprägt und erforderte weit mehr finanzielle Leistungen der alten Bundesrepublik – 1991 allein ca. 160 Milliarden DM –, als erwartet worden war. Ursachen waren der desolate

Zustand von Wirtschaft und Umwelt der DDR, den auch die Regierung Kohl unrealistisch eingeschätzt hatte, sowie der völlige Wegfall des osteuropäischen Absatzmarktes.

»Altlasten«

Der im Osten erhoffte rasche wirtschaftliche Wohlstand stellte sich keineswegs ein. Aufgrund der Umstrukturierungsmaßnahmen und den damit verbundenen Entlassungen, die nur teilweise durch Arbeitsbeschaffungsmaßnahmen aufgefangen werden konnten, stieg die Arbeitslosigkeit dramatisch an und ließ eine desillusionierte Stimmung aufkommen.

Die schnelle Anpassung des politischen und wirtschaftlichen Systems führte oft zu Härten und Maßnahmen, die teilweise geradezu den Wunsch nach der alten, vertrauten DDR wiedererwachen ließen. Die enormen Anstrengungen von westdeutscher Seite, durch die finanziellen Hilfeleistungen einen Neubeginn zu ermöglichen, z. B. durch den Fonds der deutschen Einheit, die so genannte »Anschubfinanzierung« (für 1990 und 1991 je 3 Mrd. DM), den Zuschuss der westdeutschen an die ostdeutsche Arbeitslosenversicherung (allein 23 Mrd. DM), die Bildung der Treuhandgesellschaft (1990), die die verstaatlichten Betriebe der DDR privatisieren oder womöglich erhalten sollte, blieben natürlich nicht ohne Wirkung, konnten aber bisher keinen soliden wirtschaftlichen Aufschwung bewirken. Insgesamt ließ auch eine breite Investitionswelle westdeutscher Unternehmen auf sich warten. Ein wesentlicher Grund dafür lag lange Zeit in den weitgehend ungeklärten Besitzverhältnissen bzw. den so genannten Altlasten (Entsorgung von umweltverschmutzenden Industrieprojekten).

Weltwirtschaftliche Rezession und Arbeitslosigkeit

Die Regierungskoalition fand sich nach den Dezemberwahlen 1990 neben den Schwierigkeiten der Wiedervereinigung mit einer ganz Europa und auch die USA umfassenden Wirtschaftskrise konfrontiert. Die Rezession machte sich in Deutschland verzögert bemerkbar, da die westdeutsche Wirtschaft zunächst wegen des Nachholbedarfs in den neuen Bundesländern einen Boom verzeichnete, von dem sowohl die Industrie und das Baugewerbe als auch der Dienstleistungssektor und vor allem der Handel profitierte. Das Bruttosozialprodukt erhöhte sich 1990 real um 4,5 Prozent und 1991 um 3,1 Prozent. Bereits Ende des Jahres1992 war dieser Trend gebrochen, Deutschland geriet in die weltwirtschaftliche Rezession. Die Zahl der Arbeitslosen stieg auf 3,126 Mio., die Inflation von 3,3 auf 3,7 Prozent.

Der Abstieg wurde 1993 bedrohlich: Das Bruttosozialprodukt nahm um 2,4 Prozent, die Inflation stieg in der alten Bundesrepublik auf 4,2 Prozent. Der Januar 1994 brachte eine Rekordarbeitslosigkeit mit über 4 Mio. Arbeitslosen (8,8 Prozent in den alten und 17 Prozent in den neuen Bundesländern). Zwischen 1991 und 1993 waren ca. zwei Mio. Arbeitsplätze verloren gegangen. Dabei hatte sich in den Ländern der ehemaligen DDR die Zahl der Vollbeschäftigten seit 1989 halbiert, wenn man die Arbeitsbeschaffungsmaßnahmen (ABM) und die Kurzarbeit mit einberechnet (Deutsches Institut für Wirtschaftsforschung). Die Arbeitslosigkeit im vereinigten Deutschland entwickelte sich zu einem Hauptproblem, dem auch im neuen Jahrtausend nicht beizukommen war. Weder die Regierung Kohl, die 1996 bekannt gab, dass es ihr beschäftigungspolitisches Ziel sei, die Zahl der Arbeitslosen bis 2000 zu halbieren, noch die Regierung Schröder schafften es, die Arbeitslosenzahl spürbar zu verringern.

Obwohl Bundeskanzler Schröder mit seinem – letztendlich vergeblichen – Sanierungskonzept für den maroden Baukonzern Holzmann im November 1999 ein wirtschaftspolitisches Signal setzte, konnte die Politik seiner Regierung nicht gegen den stärker als erwartet ausgefallenen Konjunkturabschwung ankommen, da sie nicht bereit war, zugunsten von Konjunkturprogrammen vom stabilitätsorientierten Kurs abzurücken. Diese »Politik der ruhigen Hand« stieß seitens der Opposition auf harsche Kritik.

Die allein schon schwer zu bewältigende strukturelle Arbeitslosigkeit in den alten Ländern wurde verstärkt durch die umwandlungsbedingte Arbeitslosigkeit in der ehemaligen DDR, deren

Arbeitsplatzverluste nicht annähernd kompensiert werden konnten. 1997 betrug die Quote 19,5 Prozent (Ost) gegenüber 11 Prozent (West).

An einem Industriestandort wie Deutschland sind nur noch hoch qualifizierte Arbeitsplätze ungefährdet, denn aufgrund der hohen Sozialstandards, der Steuerlast, der ökologischen Schutzvorschriften und der arbeitsrechtlichen Regelungen ist die deutsche Wirtschaft im globalen Wettbewerb ins Hintertreffen geraten.

Lediglich Großunternehmen – die z. B. über Fusionen (Daimler und Chrysler 1998) zu transnationalen Unternehmen wurden – sind in der Lage, Standortnachteile zu kompensieren und Gewinne in Niedrigsteuerländer zu verlagern. Die kostenintensive westdeutsche Industrie konnte mit vielen Produkten und Arbeitsleistungen aus den so genannten Billiglohnländern international nicht mehr konkurrieren.

Vonseiten der Wirtschaft forderte man unabhängig von den eigenständig durchgeführten Umstrukturierungs- und Rationalisierungsmaßnahmen eine Senkung der Lohn- und Lohnnebenkosten. Über zusätzliche Belastungen – z. B. die neue Pflegeversicherung (1995) – wurde erbittert gestritten, aber auch die Notwendigkeit erkannt, die Arbeitgeberkosten zu kompensieren.

Steuererhöhungen und Reformen

Trotz aller Versuche war es der bürgerlich-liberalen Koalition nicht gelungen, die Staatsschulden zu vermindern. Die Schulden des Bundes, die 1980 bei fast 230 Mrd. DM lagen und 1990 bereits auf über 540 Mrd. angestiegen waren, erhöhten sich 1997 auf mehr als 900 Mrd.

Die Regierung Kohl musste aber auch, entgegen den ursprünglichen Absichtserklärungen, zu neuen Steuern bzw. Steuererhöhungen greifen: Zwischen Juli 1992 und Juli 1993 und ab 1995 war ein Solidaritätszuschlag – ein Zuschlag zur Lohn-, Einkommen- oder Körperschaftsteuer in Höhe von 7,5 Prozent – zu leisten, der dem Aufbau der neuen Bundesländer in Ostdeutschland dienen sollte.

Zum Januar 1993 wurde die Mehrwertsteuer auf 15 Prozent und zum April 1998 auf 16 Prozent erhöht. 1996 verabschiedete der Bundestag in einigen Punkten abgeschwächt das vom Kabinett vorgelegte Aktionsprogramm für Investitionen und Arbeitsplätze (»Sparpaket«), das unter anderem die Lohnfortzahlung im Krankheitsfall absenkte, das Kündigungsschutzgesetz und das Rentenrecht modifizierte und die Lohnersatzleistungen von der Lohnentwicklung abkoppelte.

Ebenfalls 1996 wurde die Kürzung der Arbeitslosenhilfe für Langzeitarbeitslose beschlossen. Abgeschafft wurde hingegen zum Januar 1997 die Vermögensteuer, den Ländern wurden als Entschädigung für den Ausfall Einnahmen aus Anhebungen der Erbschaft-, Schenkung- sowie der Grunderwerbsteuer zugesagt.

1997 scheiterte das von der Regierung vorgelegte Paket zur Steuerreform am Widerstand des Bundesrats, die SPD lehnte das Modell als sozial ungerecht ab. Beschlossen wurde lediglich die Abschaffung der Gewerbekapitalsteuer zum 1. Januar 1998. Auch die Rentenreform, die vorsieht, das Rentenniveau von ca. 70 Prozent auf ca. 64 Prozent der durchschnittlichen Nettolöhne und Nettogehälter zu senken, wurde im Oktober verabschiedet.

Maßnahmen der Regierung Schröder

Im Herbst 1998 versuchte die neue rot-grüne Regierung ihre im Wahlkampf zugesagten Reformvorhaben umzusetzen. Zunächst wurden die Einschränkungen bei der Lohnfortzahlung im Krankheitsfall und beim Kündigungsschutzgesetz aufgehoben. Im März 1999 wurden eine dreistufige Steuerreform und eine Neuregelung der »geringfügigen Beschäftigungen« (»630-Mark-Jobs«) beschlossen, die ab April sozialversicherungspflichtig wurden. Das Steuerentlastungsgesetz 1999/2000/2002 sah eine Senkung der Einkommen- und Körperschaftsteuer vor, die durch die Streichung von Steuervorteilen gegenfinanziert werden sollte. Zur weiteren Gegenfinanzierung der Steuerentlastungen und zur Senkung der gesetzlichen Lohnnebenkosten wurde eine Erhöhung der Energiesteuern (Ökosteuer) vereinbart.

Als das Gesetz zum Einstieg in die ökologische Steuerreform im April 1999 in Kraft trat, stieg die Mineralölsteuer auf Kraftstoffe um 6 Pfennig, auf Heizöl um 4 Pfennig je Liter und auf Gas um

0,32 Pfennig je Kilowattstunde. Gleichzeitig wurde eine Stromsteuer von 2 Pfennig je Kilowattstunde eingeführt.

2000 gelang es der rot-grünen Koalition gegen den Widerstand der Opposition die Steuerreform durch den Bundesrat zu bringen, durch die bei der Einkommensteuer der Eingangssteuersatz und der Spitzensteuersatz sanken. Anteilseigner von Kapitalgesellschaften mussten nur noch die Hälfte der Ausschüttungen bei der Einkommensteuer versteuern (»Halbeinkünfteverfahren«). Gewinne aus dem Verkauf von Beteiligungen deutscher Kapitalgesellschaften sollten nach einer Haltefrist von einem Jahr steuerfrei sein.

Im Herbst 2000 begann die Regierung Schröder eine Rentenreform, die langfristig die Stabilisierung des Beitragssatzes zur Rentenversicherung und die Generationengerechtigkeit zwischen Rentnern und Beitragszahlern gewährleisten soll. Zunächst wurde die Einführung der Erwerbsminderungsrente anstelle der bisherigen Invalidenrente beschlossen. Im folgenden Jahr wurden die kapitalgedeckte Zusatzrente und eine Grundsicherung für bedürftige Rentner eingeführt. Nach dem Altersvermögensgesetz fördert der Staat den stufenweisen Aufbau eines privaten Altersvorsorgesystems durch direkte Zuschüsse und Steuervorteile.

Hartz-Kommission

Im Februar 2002 erhielt die Bundesanstalt für Arbeit eine privatwirtschaftlich ausgerichtete Führungsstruktur. Eine unabhängige Sachverständigenkommission unter Vorsitz des VW-Personalvorstands Peter Hartz (Hartz-Kommission) erarbeitete Vorschläge zur Reform der Arbeitsvermittlung, deren erste Stufen um die Jahreswende 2002/2003 in Kraft traten. Unter anderem wurden in den Arbeitsämtern Personal-Service-Agenturen (PSA) eingerichtet, die Arbeitslose für maximal 12 Monate beschäftigen und diese mit dem Ziel der Dauereinstellung an Unternehmen ausleihen. Als neue Beschäftigungsform wurde die Ich-AG eingeführt, die Arbeitslosen einen unbürokratischen Übergang zur Selbstständigkeit ermöglichen sollte. Auch wurden die Regelungen für den Bezug von Arbeitslosengeld verschärft. Für die Zukunft wurde die Zusammenführung von Arbeitslosen- und Sozialhilfe in Form einer einheitlichen Leistung (Arbeitslosengeld II) beschlossen (Hartz IV). Seine Höhe orientiert sich am bisherigen Sozialhilfesatz.

Agenda 2010

Im März 2003 erläuterte der Bundeskanzler das Vorhaben seiner Regierung, die wirtschaftlichen Rahmenbedingungen zu verbessern und den Sozialstaat durch Strukturreformen zu modifizieren. Erste Gesetzesentwürfe bezogen sich auf die Rentenversicherung und auf das Gesundheitswesen.

Das Gesetz zur Einführung einer bedarfsorientierten Grundsicherung für über 65-Jährige und Erwerbsunfähige sollte Altersarmut verhindern.

Die Vorschläge einer Kommission zur Reform der Sozialsysteme (Rürup-Kommission) sollten helfen, die Lohnnebenkosten unter 40 Prozent zu senken. Die Anhebung des gesetzlichen Renteneintrittsalters von 65 auf 67 Jahre und die Einführung eines so genannten demographischen Nachhaltigkeitsfaktors in die Rentenformel, der das Verhältnis von Rentnern zu Beitragszahlern berücksichtigt, sollen helfen, den Beitragssatz zur Rentenversicherung bis 2030 unter 22 Prozent zu halten

Die öffentliche Meinung bewegte aber mehr ein Paket von Spargesetzen zur Gesundheitsreform, das die dramatische Kostensteigerung im Gesundheitswesen dämpfen sollte. Vorgesehen wurden eine Absenkung des Beitragssatzes und erhöhte Zuzahlungen und Eigenleistungen der Versicherten. Allerdings stießen die ersten Umsetzungen auf wenig Verständnis bei Versicherten und Ärzten.

Die Europäische Union

Mit dem In-Kraft-Treten des Vertragswerks von Maastricht am 1. November 1993 wurde aus der Europäischen Gemeinschaft (EG) die Europäische Union.

Durch die Erweiterung der primär wirtschaftlich orientierten EG wurde durch die Ratifizierung des Maastrichter Vertrags die politisch definierte Europäische Union (EU), die sich den Aufbau einer gemeinsamen Außen- und Sicherheitspolitik, die

Zusammenarbeit bei der Justiz- und Innenpolitik sowie die Festlegung auf den Ausbau des Binnenmarktes zur Wirtschafts- und Währungsunion einschließlich der Einführung einer einheitlichen Währung bis 1999 zum Ziel gesetzt hatte. In diesem Jahr löste die Europäische Zentralbank als Dachinstitution des Europäischen Systems der Zentralbanken das Europäische Währungsinstitut ab und übernahm die Verantwortung für die Währungspolitik. Die Wechselkurse zwischen den teilnehmenden Währungen wurden festgelegt (1 Euro = 1,95583 DM), der Euro zunächst als so genanntes Buchgeld eingeführt.

Die Einführung des Eurobargeldes am 1. Januar 2002 verlief in allen zwölf Euroländern völlig problemlos, allerdings wurden schnell Bedenken über eine mit der Währungsumstellung vorgenommene Erhöhung der Preise geäußert.

Am 1. Mai 2004 kam es zur größten Erweiterung der EU in ihrer Geschichte, es traten zehn Staaten bei: Polen, Ungarn, Slowakei und Tschechien, die drei baltischen Staaten Estland, Lettland und Litauen sowie die beiden Mittelmeerinseln Malta und Zypern. Allerdings trat nur die Republik Zypern – der griechische Südteil – bei, da bei einem getrennten Referendum im April 2004 die Inselgriechen gegen den UN-Plan zur Wiedervereinigung gestimmt hatten, während die Inseltürken dafür votiert hatten.

Die neuen Mitgliedstaaten übernahmen die für den europäischen Binnenmarkt geltenden Regeln für den freien Verkehr von Waren, Personen, Dienstleistungen und Kapital, während für andere Bereiche noch Übergangsregelungen gelten. So müssen Zuwanderer aus den Beitrittsländern auf dem deutschen Arbeitsmarkt über den 1. Mai hinaus eine Arbeitsgenehmigung nachweisen.

Im Juni 2004 einigten sich die 25 EU-Partner auf eine Verfassung für Europa. Zwischen Februar 2002 und Juni 2003 hatten Vertreter von Regierungen und Volksvertretungen der EU-Länder mit Europaabgeordneten und EU-Kommissaren unter Vorsitz des ehemaligen französischen Präsidenten Valéry Giscard d'Estaing die Grundlagen für dieses zukunftsweisende Dokument erarbeitet. Im Vorfeld war vor allem die Stimmengewichtung im Rat umstritten gewesen. Gegen die vorgesehene »doppelte Mehrheit« – bei Entscheidungen zählt nicht nur die Mehrheit der Stimmen, sondern auch die Mehrheit der EU-Bevölkerung – hatten sich Spanien und Polen lange gewehrt.

Für 2007 ist die Aufnahme Bulgariens und Rumäniens geplant. Mazedonien und Kroatien haben ebenfalls Beitrittsanträge gestellt. Über Verhandlungen mit der Türkei, die seit 1999 den Status eines Beitrittskandidaten hat, will der Europäische Rat im Dezember 2004 entscheiden.

Deutschlands Rolle in der Welt

Die Wiedervereinigung, der Zerfall der Sowjetunion und die daraus resultierenden Renationalisierungstendenzen drängten Deutschland in eine neue Rolle, auf die es außen- und sicherheitspolitisch nur unzureichend vorbereitet war. Die Bundesrepublik war vom »Schützling« des Westens zu einem Land im Zentrum Europas geworden, dem eine wichtige Rolle bei der Gestaltung der Zukunft zukam. Grundsätzlich blieben als zentrale Aufgaben die Weiterentwicklung der europäischen Integration und die Aufrechterhaltung der Bindungen mit multilateralen Institutionen erhalten, hinzu kam die Sorge um die Stabilisierung Osteuropas. Dabei lag das Augenmerk auf dem Verhältnis der Bundesrepublik zu Russland.

Die Prioritäten sah die deutsche Außenpolitik seit 1990/91 in der Osterweiterung der Europäischen Union und der NATO. Das neue Selbstverständnis und Selbstbewusstsein machte die deutsche Regierung deutlich, als sie nach der Selbstständigkeitserklärung von Slowenien und Kroatien (Juni 1991) auf eine rasche internationale Anerkennung der beiden Länder drängte und sie noch vor allen anderen EG-Staaten aussprach.

Zustimmung zu Militäreinsätzen

Es zeigte sich jedoch, dass nach 40 Jahren begrenzter außenpolitischer Aktion das Bedürfnis nach Engagement gering war. In den folgenden Jahren wurde daher um die Haltung der Bundesrepublik angesichts des Krieges im ehemaligen Jugoslawien und um den Einsatz der Bundeswehr außerhalb des NATO-Gebietes gerungen. Im Februar 1993 entschied sich das Bundeskabinett für die deutsche Beteiligung an der von den UN beschlossenen Überwachung des Flugverbots über Bosnien-Herzegowina durch den NATO-AWACS-Verband. Im April entschloss sich die Bundesregierung trotz verfassungsrechtlicher Bedenken für die befristete Entsendung von Bundeswehrsoldaten nach Somalia im Rahmen der UN-Friedenstruppe. 1994 erklärte das Bundesverfassungsgericht »out-of-area-Kampfeinsätze« der Bundeswehr im Bündnisrahmen als mit dem Grundgesetz vereinbar. Außenminister Kinkel äußerte im April den Wunsch nach einem ständigen Sitz im UN-Sicherheitsrat.

Im Januar 1997 beschlossen Deutschland und die tschechische Republik die »Erklärung zur deutsch-tschechischen Versöhnung«, nach der sich Deutschland zu seiner Verantwortung für das an der Tschechoslowakei begangene Unrecht während der NS-Zeit bekannte.

Bundeswehr auf dem Balkan

Im April 1998 billigte der Bundestag die unbefristete Fortsetzung der SFOR-Mission der Bundeswehr in Bosnien-Herzegowina mit einem bis zu 3000 Soldaten umfassenden Kontingent. Im November stimmte er für eine deutsche Beteiligung an der NATO-Sondertruppe zum Schutz der OSZE-Beobachter im Kosovo.

Zum ersten Mal nach dem Ende des Zweiten Weltkrieges nahmen deutsche Soldaten unter dem Oberbefehl der NATO am Militäreinsatz im Kosovo teil, die Bundesregierung stellte für den am 24. März 1999 beginnenden Militärschlag ECR-Tornados ab. Zuvor waren mehrere Vermittlungsgespräche von Bundesaußenminister Joschka Fischer, die serbische Führung zur Unterzeichnung des Friedensabkommens von Rambouillet zu bewegen, gescheitert. Nach dem Ende der Militärhandlungen beteiligte sich die Bundeswehr als Teil der internationalen Kosovo-Friedenstruppe KFOR an der Aufgabe, den Südwestteil des Kosovo zu kontrollieren.

Der erste Kampfeinsatz der Bundeswehr gegen einen anderen Staat war in der Öffentlichkeit umstritten, während im Bundestag – mit Ausnahme der PDS und Teilen von Bündnis 90/Die Grünen – ein parteiübergreifender Konsens über die Legitimität dieser Aktion vorherrschte. Der Bundestag stimmte im Juni 1999 auch der Beteiligung der Bundeswehr an der KFOR (Kosovo Force) mit bis zu 8500 Soldaten zu. Bald darauf rückten die deutschen Einheiten in den ihnen zugeordneten Sektor ein. Auch in den folgenden Jahren beteiligte sich die Bundeswehr an NATO-Missionen, wodurch ihr eine tragende Rolle bei der Befriedung der Konflikte auf dem Balkan zukam.

Islamistischer Terror

Nach den Terroranschlägen auf die USA vom 11. September 2001 sicherte die Bundesregierung den USA die uneingeschränkte Solidarität der Bundesrepublik im Kampf gegen den Terrorismus zu und stimmte auch am 7. November einem amerikanischen Ersuchen nach der Entsendung von deutschen Soldaten zur Unterstützung des Antiterrorkrieges in Afghanistan zu. Die Abstimmung darüber im Bundestag sollte jedoch die Regierungskoalition in eine Krise stürzen, denn obwohl eine klare Mehrheit für einen deutschen Militärbeitrag zu erwarten war – mit Ausnahme der PDS war auch die Opposition dafür –, unterstrich eine Reihe von Abgeordneten der SPD und der Grünen ihre ablehnende Haltung. Da nach der Auffassung des Bundeskanzlers eine eigene fehlende Mehrheit in einer solch zentralen Frage die Arbeitsfähigkeit der Koalition gefährdete, verband er die Abstimmung über den Bundeswehreinsatz mit der Vertrauensfrage, um eine eigene Mehrheit erreichen zu können, was ihm am 16. November 2001 auch gelang.

Nach den Anschlägen des 11.9.2001 versuchte die Bundesregierung mit Anti-Terror-Gesetzen gegen das gewaltbereiten Potenzial islamischer Extremisten vorzugehen, die offensichtlich Deutschland als eine Art »Ruheraum« ansahen. Verbindungen der Attentäter von New York und Washington nach Hamburg, aber auch Kontakte der Verantwortlichen des Anschlags von

Madrid im März 2004 nach Deutschland untermauern diese These. Die Anzahl der Ermittlungsverfahren im Zusammenhang mit islamistischem Terror stieg schnell an.

Schröders frühzeitige Ablehnung einer deutschen Beteiligung an einem von den USA geführten Krieg gegen den Irak entsprach der Mehrheitsstimmung in der Bevölkerung. Seit Januar 2003 nichtständiges Mitglied im Sicherheitsrat, im Februar mit der Funktion der Präsidentschaft, zielten die Bemühungen Deutschlands in Zusammenarbeit mit den Vetomächten Frankreich und Russland auf eine diplomatische Lösung des Konflikts ab. Bundeskanzler Schröder und Außenminister Fischer hielten an einem strikten Nein zu einem Krieg fest und fanden dabei Unterstützung vor allem beim französischen Präsidenten Jacques Chirac. Als am 20. März 2003 die USA und Großbritannien den Irak-Krieg ohne UN-Mandat begannen, war das deutsch-amerikanische Verhältnis gespannt. Relativ schnell erfolgte jedoch wieder eine Annäherung.

Allerdings war die Bundesregierung auch in anderen Bereichen vom Kurs der USA abgerückt. Vor allem im Nahost-Konflikt, der im April 2002 erneut eskalierte, vertrat sie eine andere Haltung, indem sie an Jassir Arafat als dem offiziellen palästinensischen Verhandlungspartner festhielt. Auch die Eskalation der Gewalt im Frühjahr 2004 – Militäroffensive im Gaza-Streifen, Ermordung des Hamas-Gründers Scheich Jassin – wurde von deutscher Seite kritisch gesehen.

Anhang

Personen- und Sachregister

Personenregister

(fett gesetzte Ziffern verweisen auf Biografien)

Sachregister